Le Nouveau Testament

Seconde partie de la Bible

Darby 21

Au lecteur

La Bible, qui forme un seul volume, est composée de deux grandes parties :

- L'Ancien Testament avec 39 livres : 5 livres de Moïse (appelés le Pentateuque), 12 livres historiques, 5 livres poétiques et 17 livres prophétiques ;
- Le Nouveau Testament avec 27 livres : 4 évangiles, les Actes des Apôtres, 21 lettres (appelées épîtres) et l'Apocalypse.

L'Ancien Testament a été écrit en hébreu (avec quelques passages en araméen), le Nouveau Testament en grec. Ces langues étant inconnues d'un grand nombre de personnes, des traductions sont donc nécessaires. Elles varient quant à la conformité au texte original, allant d'une traduction approximative à une traduction très littérale, mais difficile à lire. Cette traduction du Nouveau Testament que nous proposons, tout en suivant le texte original d'aussi près que le permet la langue française, est d'une lecture facile.

Les livres de la Bible sont découpés en chapitres, lesquels sont divisés en versets. La numérotation des chapitres et des versets ainsi que les notes et les titres de paragraphes ne font pas partie du texte inspiré. Ils ont été ajoutés pour en faciliter la lecture.

Les références bibliques mentionnées dans les notes sont de la forme "livre chapitre:verset(s)". Par exemple, Jean 3:14-16 signifie : Évangile selon Jean, chapitre 16, versets 14 à 16.

Les mots entre crochets ont été ajoutés à cause des exigences de la langue française.

Les mots en italique et entre crochets correspondent à des passages qui ne se trouvent pas dans certains manuscrits.

Le mot « °Seigneur » avec le caractère ° correspond à « l'Éternel » de l'Ancien Testament.

Centre biblique

15, rue Pierre Andron

F-33520 BRUGES

Info@BibleEnLigne.com

Table des matières

Matthieu

Matthieu

Généalogie de Jésus Christ

1 Livre de la généalogie de Jésus Christ, fils de David, fils d'Abraham.

2 Abraham engendra Isaac ; et Isaac engendra Jacob ; et Jacob engendra Juda et ses frères ;

3 et Juda engendra Pharès et Zara, de Tamar ; et Pharès engendra Esrom ; et Esrom engendra Aram ;

4 et Aram engendra Aminadab ; et Aminadab engendra Naasson ; et Naasson engendra Salmon ;

5 et Salmon engendra Booz, de Rachab ; et Booz engendra Jobed, de Ruth ; et Jobed engendra Jessé ;

6 et Jessé engendra le roi David. Et David engendra Salomon, de celle [qui avait été la femme] d'Urie ;

7 et Salomon engendra Roboam ; et Roboam engendra Abia ; et Abia engendra Asaph ;

8 et Asaph engendra Josaphat ; et Josaphat engendra Joram ; et Joram engendra Ozias ;

9 et Ozias engendra Joatham ; et Joatham engendra Achaz ; et Achaz engendra Ézéchias ;

10 et Ézéchias engendra Manassé ; et Manassé engendra Amos ; et Amos engendra Josias ;

11 et Josias engendra Jéchonias et ses frères, au temps de la déportation à Babylone.

12 Et après la déportation à Babylone, Jéchonias engendra Salathiel ; et Salathiel engendra Zorobabel ;

13 et Zorobabel engendra Abiud ;

et Abiud engendra Éliakim ; et Éliakim engendra Azor ;

14 et Azor engendra Sadok ; et Sadok engendra Achim ; et Achim engendra Éliud ;

15 et Éliud engendra Éléazar ; et Éléazar engendra Matthan ; et Matthan engendra Jacob ;

16 et Jacob engendra Joseph, l'époux de Marie, de laquelle est né Jésus qui est appelé Christ.

17 Toutes les générations [sont] donc, depuis Abraham jusqu'à David, 14 générations ; et depuis David jusqu'à la déportation à Babylone, 14 générations ; et depuis la déportation à Babylone jusqu'au Christ, 14 générations.

Naissance de Jésus

18 Or la naissance de Jésus Christ arriva ainsi : Marie sa mère, étant fiancée à Joseph, se trouva enceinte par l'Esprit Saint avant qu'ils ne soient ensemble.

19 Mais Joseph son mari, étant juste et ne voulant pas la dénoncer publiquement[1], se proposa de la répudier en secret.

— [1] littéralement : l'exposer à l'infamie.

20 Et comme il réfléchissait sur ces choses, voici, un ange du °Seigneur[1] lui apparut dans un rêve, en disant : « Joseph, fils de David, ne crains pas de prendre auprès [de toi] Marie ta femme, car ce qui a été conçu en elle vient de l'Esprit Saint.

— [1] °Seigneur, avec un °, est sans l'article dans le grec ; il signifie : Jéhovah (l'Éternel) de l'Ancien Testament ; ici et ailleurs.

21 Et elle donnera naissance à un fils, et tu l'appelleras du nom de

Jésus[1], car c'est lui qui sauvera son peuple de ses[2] péchés. »

— [1] Jésus : transcription de l'hébreu : Yechoua ; c.-à-d. : l'Éternel [est] sauveur. — [2] littéralement : leurs.

22 Or tout cela arriva afin que soit accompli ce que le °Seigneur a annoncé par l'intermédiaire du prophète, en disant :

23 « Voici, la vierge sera enceinte et donnera naissance à un fils, et on l'appellera du nom d'Emmanuel »[1], ce qui est traduit par : « Dieu avec nous. »

— [1] Ésaïe 7:14.

24 Or Joseph, s'étant réveillé de son sommeil, fit comme l'ange du °Seigneur le lui avait ordonné, et il prit sa femme auprès [de lui].

25 Mais il n'eut pas de relations avec elle jusqu'à ce qu'elle ait donné naissance à un fils ; et il l'appela du nom de Jésus.

Des mages viennent voir Jésus

2 Or, après la naissance de Jésus à Bethléhem de Judée, aux jours du roi Hérode, voici, des mages[1] venus d'Orient arrivèrent à Jérusalem,

— [1] chez les Mèdes, les Perses et les Chaldéens, les mages étaient des sages qui se livraient à l'observation des astres.

2 en disant : « Où est le roi des Juifs qui a été mis au monde ? Car nous avons vu son étoile en Orient, et nous sommes venus nous prosterner devant lui. »

3 Mais le roi Hérode, l'ayant appris, fut troublé, et tout Jérusalem avec lui.

4 Et ayant rassemblé tous les principaux sacrificateurs[1] et les scribes du peuple, il s'informa auprès d'eux [du lieu] où devait naître le Christ.

— [1] ou : prêtres.

5 Et ils lui dirent : « À Bethléhem de Judée, car il est ainsi écrit par l'intermédiaire du prophète :

6 "Et toi, Bethléhem, terre de Juda, tu n'es nullement la plus petite parmi les principales [villes] de Juda, car de toi sortira un conducteur qui fera paître mon peuple Israël."[1] »

— [1] Michée 5:1.

7 Alors Hérode, ayant appelé en secret les mages, se fit préciser par eux le temps où l'étoile était apparue.

8 Et les ayant envoyés à Bethléhem, il dit : « Allez et renseignez-vous exactement au sujet du petit enfant. Et quand vous l'aurez trouvé, faites-le-moi savoir afin que moi aussi, j'aille me prosterner devant lui. »

9 Et eux, ayant entendu le roi, s'en allèrent. Et voici, l'étoile qu'ils avaient vue en Orient allait devant eux, jusqu'à ce qu'elle vienne se tenir au-dessus du lieu où était le petit enfant.

10 Et quand ils virent l'étoile, ils se réjouirent d'une très grande joie.

11 Et étant entrés dans la maison, ils virent le petit enfant avec Marie sa mère ; alors, tombant à ses pieds, ils se prosternèrent devant lui. Et ayant ouvert leurs trésors, ils lui offrirent des dons : de l'or, et de l'encens, et de la myrrhe.

12 Mais, ayant été avertis divinement dans un rêve de ne pas retourner vers Hérode, ils se retirèrent dans leur pays par un autre chemin.

La fuite en Égypte

13 Or après s'être retirés, voici, un ange du °Seigneur apparut à Joseph dans un rêve, en disant :

« Lève-toi, prends le petit enfant et sa mère, et fuis en Égypte, et restes-y jusqu'à ce que je te dise [de revenir]. Car Hérode va rechercher le petit enfant pour le faire périr. »

14 Et lui, s'étant levé, prit de nuit le petit enfant et sa mère, et se retira en Égypte.

15 Et il fut là jusqu'à la mort d'Hérode, afin que soit accompli ce que le °Seigneur avait annoncé par l'intermédiaire du prophète, en disant : « J'ai appelé mon fils hors d'Égypte. »[1]

— [1] Osée 11:1.

16 Alors Hérode, ayant vu qu'il avait été trompé par les mages, fut très en colère. Et il envoya tuer tous les garçons qui étaient dans Bethléhem et dans tout son territoire, depuis l'âge de deux ans et au-dessous, d'après le temps qu'il s'était fait préciser par les mages.

17 Alors fut accompli ce qui a été annoncé par l'intermédiaire de Jérémie le prophète, qui a dit :

18 « Une voix a été entendue dans Rama, des pleurs et de grands gémissements, Rachel pleurant ses enfants ; et elle n'a pas voulu être consolée, parce qu'ils ne sont plus. »[1]

— [1] Jér. 31:15.

Retour d'Égypte

19 Or Hérode étant mort, voici, un ange du °Seigneur apparaît dans un rêve à Joseph, en Égypte,

20 en disant : « Lève-toi, prends le petit enfant et sa mère, et va dans la terre d'Israël ; car ceux qui en voulaient à[1] la vie du petit enfant sont morts. »

— [1] littéralement : qui cherchaient.

21 Et lui, s'étant levé, prit le petit enfant et sa mère, et vint dans la terre d'Israël.

22 Mais ayant appris qu'Archélaüs régnait sur la Judée à la place de son père Hérode, il craignit d'y aller. Et ayant été averti divinement dans un rêve, il se retira dans le territoire de la Galilée

23 et vint habiter dans une ville appelée Nazareth, afin que soit accompli ce qui avait été annoncé par l'intermédiaire des prophètes : « Il sera appelé Nazaréen. »[1]

— [1] pour ce nom, comparer aussi avec Ésaïe 11:1 où l'hébreu de « branche » est « nétser ».

Jean le Baptiseur

3 Or en ces jours-là parut Jean le Baptiseur, qui prêchait dans le désert de Judée[1],

— [1] voir Josué 15:61.

2 [et] disait : « Repentez-vous, car le royaume des cieux s'est approché ! »

3 Car c'est celui dont le prophète Ésaïe a parlé, en disant : « Voix de celui qui crie dans le désert : Préparez le chemin du °Seigneur, aplanissez[1] ses sentiers. »[2]

— [1] ou : faites droits. — [2] Ésaïe 40:3.

4 Or Jean lui-même avait son vêtement en poil de chameau et une ceinture de cuir autour de ses reins. Et il se nourrissait de sauterelles et de miel sauvage.

5 Alors Jérusalem, et toute la Judée, et toute la région des environs du Jourdain sortaient vers lui,

6 et ils étaient baptisés par lui dans le Jourdain[1], confessant leurs péchés.

— [1] littéralement : le fleuve Jourdain.

7 Mais voyant beaucoup de

Pharisiens et de Sadducéens venir à son baptême, il leur dit : « Race de vipères, qui vous a avertis de fuir la colère qui vient ?

8 Produisez donc du fruit qui convienne à la repentance !

9 Et ne vous avisez pas de dire en vous-mêmes : "Nous avons Abraham pour père !" Car je vous dis que Dieu peut, de ces pierres, susciter des enfants à Abraham.

10 Et déjà la hache est mise à la racine des arbres ; tout arbre donc qui ne produit pas de bons fruits est coupé et jeté au feu.

11 Moi, je vous baptise d'eau pour la repentance ; mais celui qui vient après moi est plus puissant que moi, et je ne suis pas digne de porter ses sandales. Lui vous baptisera de l'Esprit Saint et de feu.

12 Il a la pelle à vanner dans sa main, et il nettoiera entièrement son aire de battage et rassemblera son blé dans le grenier ; mais il brûlera entièrement la bale au feu qui ne s'éteint pas. »

Baptême de Jésus

13 Alors Jésus venant de Galilée arrive au Jourdain vers Jean pour être baptisé par lui.

14 Mais Jean s'opposait vigoureusement à lui, en disant : « Moi, j'ai besoin d'être baptisé par toi, et [c'est] toi [qui] viens à moi ? »

15 Et Jésus, répondant, lui dit : « Laisse faire maintenant, car ainsi, il nous est convenable d'accomplir toute justice. » Alors il le laissa [faire].

16 Et Jésus ayant été baptisé remonta aussitôt de l'eau. Et voici, les cieux s'ouvrirent [pour lui], et il vit l'Esprit de Dieu descendre comme une colombe [et] venir sur lui.

17 Et voici, [il y eut] une voix venant des cieux, qui dit : « Celui-ci est mon Fils bien-aimé en qui j'ai trouvé mon plaisir. »

La tentation de Jésus dans le désert

4 Alors Jésus fut emmené par l'Esprit dans le désert pour être tenté par le Diable.

2 Et ayant jeûné 40 jours et 40 nuits, après cela il eut faim.

3 Et le tentateur, s'étant approché, lui dit : « Si tu es Fils de Dieu, dis que ces pierres deviennent des pains. »

4 Mais lui, répondant, dit : « Il est écrit : "L'homme ne vivra pas de pain seulement, mais de toute parole qui sort de la bouche de Dieu."[1] »
— [1] Deut. 8:3.

5 Alors le Diable l'emmène dans la ville sainte, et le place sur le faîte du Temple[1].
— [1] le Temple en général, l'ensemble des cours et bâtiments sacrés ; ici et ailleurs.

6 Et il lui dit : « Si tu es Fils de Dieu, jette-toi en bas, car il est écrit : "Il donnera des ordres à ses anges, à ton sujet, et ils te porteront sur les mains, de peur que tu ne heurtes ton pied contre une pierre."[1] »
— [1] Psaume 91:11-12.

7 Jésus lui dit : « Il est encore écrit : "Tu ne tenteras pas le °Seigneur ton Dieu."[1] »
— [1] Deut. 6:16.

8 Le Diable l'emmène encore sur une très haute montagne, et lui montre tous les royaumes du monde et leur gloire.

9 Et il lui dit : « Je te donnerai

toutes ces choses si, tombant à mes pieds, tu te prosternes devant moi. »

10 Alors Jésus lui dit : « Va-t'en, Satan ! Car il est écrit : "Tu te prosterneras devant le °Seigneur ton Dieu, et c'est à lui seul que tu rendras un culte."[1] »

— [1] Deut. 6:13.

11 Alors le Diable le laisse. Et voici, des anges s'approchèrent [de Jésus] et le servirent.

Retour de Jésus en Galilée – Début de son service

12 Or ayant appris que Jean avait été livré, Jésus[1] se retira en Galilée.

— [1] littéralement : il.

13 Et ayant quitté Nazareth, il alla habiter à Capernaüm qui est au bord de la mer[1], dans les territoires de Zabulon et de Nephthali,

— [1] ici : mer de Galilée ; ou : lac de Tibériade ; ou : lac de Génésareth.

14 afin que soit accompli ce qui avait été annoncé par Ésaïe le prophète qui a dit :

15 « Terre de Zabulon et terre de Nephthali, chemin de la mer, de l'autre côté du Jourdain[1], Galilée des nations,

— [1] c.-à-d. : du côté est du Jourdain.

16 le peuple qui était assis dans les ténèbres a vu une grande lumière ; et sur ceux qui sont assis dans le pays et dans l'ombre de la mort, une lumière s'est levée sur eux. »[1]

— [1] Ésaïe 8:23 ; 9:1.

17 Dès lors Jésus commença à prêcher et à dire : « Repentez-vous, car le royaume des cieux s'est approché ! »

Appel de quatre disciples

18 Et comme il marchait le long de la mer de Galilée, il vit deux frères, Simon appelé Pierre et André son frère, qui jetaient un filet dans la mer, car ils étaient des pêcheurs.

19 Et il leur dit : « Venez à ma suite[1] et je ferai de vous des pêcheurs d'hommes. »

— [1] littéralement : derrière moi.

20 Et aussitôt, ayant laissé les filets, ils le suivirent.

21 Et étant parti de là, il vit deux autres frères, Jacques, le [fils] de Zébédée, et Jean son frère, dans le bateau[1] avec Zébédée leur père, réparant leurs filets. Et il les appela.

— [1] ou : en bateau, à bord ; ainsi dans d'autres passages.

22 Et aussitôt, ayant laissé le bateau et leur père, ils le suivirent.

Jésus enseigne et guérit

23 Et Jésus[1] parcourait toute la Galilée, enseignant dans leurs synagogues, et prêchant l'Évangile du Royaume, et guérissant toute maladie et toute infirmité parmi le peuple.

— [1] littéralement : il.

24 Et sa renommée se répandit dans toute la Syrie. Et on lui amena tous ceux qui se portaient mal, qui étaient affligés de diverses maladies et de divers tourments – des démoniaques, et des épileptiques, et des paralysés – et il les guérit.

25 Et de grandes foules le suivirent, venant de la Galilée, et de la Décapole, et de Jérusalem, et de la Judée, et de l'autre côté du Jourdain[1].

— [1] c.-à-d. : du côté est du Jourdain.

Le « Sermon sur la montagne » (chapitres 5 à 7) Les bienheureux

5 Or voyant les foules, il monta sur la montagne[1]. Et quand il se fut

assis, ses disciples s'approchèrent de lui.

— [1] la montagne en contraste avec la plaine.

2 Et ayant ouvert la bouche, il les enseignait, en disant :

3 « Bienheureux les pauvres en esprit[1], car c'est à eux qu'est le royaume des cieux !

— [1] c.-à-d. : ceux qui ont un esprit d'humilité, qui ne font pas valoir leur intelligence pour discuter ce que Dieu a dit.

4 Bienheureux ceux qui pleurent, car ce sont eux qui seront consolés !

5 Bienheureux ceux qui sont doux, car ce sont eux qui hériteront de la terre[1] !

— [1] ou : du pays ; voir Psaume 37:11 ; hériter du pays (ou posséder le pays) c'était pour un juif hériter de la terre et vice versa.

6 Bienheureux ceux qui ont faim et soif de la justice, car ce sont eux qui seront rassasiés !

7 Bienheureux les miséricordieux, car c'est à eux que miséricorde sera faite !

8 Bienheureux ceux qui sont purs de cœur, car ce sont eux qui verront Dieu !

9 Bienheureux ceux qui procurent la paix, car ce sont eux qui seront appelés fils de Dieu !

10 Bienheureux ceux qui sont persécutés à cause de la justice, car c'est à eux qu'est le royaume des cieux !

11 Vous êtes bienheureux quand on vous insultera, et qu'on vous persécutera, et qu'on dira [en mentant] toute sorte de mal contre vous, à cause de moi.

12 Réjouissez-vous et exultez, parce que votre récompense est grande dans les cieux ! Car c'est ainsi qu'on a persécuté les prophètes qui ont été avant vous.

Les disciples de Jésus sont le sel de la terre et la lumière du monde

13 « Vous, vous êtes le sel de la terre[1]. Mais si le sel a perdu sa saveur, avec quoi sera-t-il salé ? Il n'est plus bon à rien qu'à être jeté dehors et à être foulé aux pieds par les hommes.

— [1] ou : du pays ; voir la note au verset 5.

14 Vous, vous êtes la lumière du monde. Une ville située au sommet d'une montagne ne peut pas être cachée.

15 Et l'on n'allume pas une lampe pour la mettre ensuite sous le boisseau[1], mais sur le porte-lampe ; et elle brille pour tous ceux qui sont dans la maison.

— [1] boisseau : récipient ayant pour capacité 1 boisseau (environ 7,33 litres).

16 Que votre lumière brille ainsi devant les hommes, afin qu'ils voient vos bonnes œuvres[1] et qu'ils glorifient votre Père qui est dans les cieux.

— [1] plutôt : œuvres justes et droites.

L'accomplissement de la Loi et des Prophètes

17 « Ne pensez pas que je sois venu pour abolir la Loi ou les Prophètes ; je ne suis pas venu pour abolir, mais pour accomplir.

18 Car en vérité, je vous [le] dis : jusqu'à ce que le ciel et la terre passent, un seul iota[1] ou un seul trait de lettre de la Loi ne passera certainement pas avant que tout ne soit arrivé.

— [1] iota : nom de la plus petite lettre de l'alphabet grec, qui correspond au yod hébreu, encore plus petit.

19 Celui donc qui aura supprimé[1] l'un de ces plus petits commandements, et aura enseigné ainsi les hommes, sera appelé le plus petit dans le royaume des cieux. Mais celui qui l'aura mis en pratique et enseigné, celui-là sera

appelé grand dans le royaume des cieux.

— [1] ou : violé.

20 Car je vous dis que si votre justice ne surpasse pas celle des scribes et des Pharisiens, vous n'entrerez certainement pas dans le royaume des cieux.

21 « Vous avez entendu qu'il a été dit aux anciens : "Tu ne commettras pas de meurtre ; et celui qui commet un meurtre sera passible du jugement."

22 Mais moi, je vous dis que quiconque se met en colère contre son frère sera passible du jugement. Et celui qui dira à son frère "Raca[1] !" sera passible [du jugement] du sanhédrin[2]. Et celui qui [lui] dira "Fou !" sera passible de la Géhenne[3] de feu.

— [1] raca : stupide, vaurien. — [2] le sanhédrin : le tribunal suprême du peuple juif. — [3] la Géhenne : le lieu des tourments infernaux.

23 Si donc tu présentes ton offrande sur l'autel et que là tu te souviennes que ton frère a quelque chose contre toi,

24 laisse là ton offrande devant l'autel et va d'abord te réconcilier avec ton frère ; et alors viens présenter ton offrande.

25 Mets-toi rapidement d'accord avec ton adversaire pendant que tu es en chemin avec lui, de peur que ton[1] adversaire ne te livre au juge, et que le juge [ne te livre] au garde, et que tu ne sois jeté en prison.

— [1] littéralement : le.

26 En vérité, je te [le] dis : Tu ne sortiras certainement pas de là avant d'avoir payé le dernier quadrant[1].

— [1] quadrant : le quart d'un as (ou sou) romain ; 1 quadrant = 2 pites.

27 « Vous avez entendu qu'il a été dit : "Tu ne commettras pas d'adultère."

28 Mais moi, je vous dis que quiconque regarde une femme pour la convoiter a déjà commis l'adultère avec elle dans son cœur.

29 Et si ton œil droit est pour toi une cause de chute, arrache-le et jette-le loin de toi. Car il est avantageux pour toi qu'un de tes membres périsse et que tout ton corps ne soit pas jeté dans la Géhenne[1].

— [1] la Géhenne : le lieu des tourments infernaux.

30 Et si ta main droite est pour toi une cause de chute, coupe-la et jette-la loin de toi. Car il est avantageux pour toi qu'un de tes membres périsse et que tout ton corps ne s'en aille pas dans la Géhenne[1].

— [1] la Géhenne : le lieu des tourments infernaux.

31 « Il a été dit aussi : "Si quelqu'un répudie sa femme, qu'il lui donne une lettre de divorce."

32 Mais moi, je vous dis que quiconque répudiera sa femme, sauf pour cause de fornication, l'expose à commettre l'adultère. Et celui qui épousera une femme répudiée commet l'adultère.

33 « Vous avez encore entendu qu'il a été dit aux anciens : "Tu ne te parjureras pas, mais tu t'acquitteras envers le °Seigneur de tes serments."

34 Mais moi, je vous dis de ne pas jurer du tout, ni par le ciel, car il est le trône de Dieu,

35 ni par la terre, car elle est le marchepied de ses pieds, ni par Jérusalem, car elle est la ville du

grand Roi.

36 Tu ne jureras pas non plus par ta tête, car tu ne peux pas rendre blanc ou noir un seul cheveu.

37 Mais que votre parole soit "Oui, oui", "Non, non"[1] ; car ce qui est en plus de cela vient du mal[2].

— [1] c.-à-d. : franchement oui, franchement non. — [2] ou : du Méchant.

38 « Vous avez entendu qu'il a été dit : "Œil pour œil et dent pour dent."

39 Mais moi, je vous dis : Ne résistez pas au mal ! Mais si quelqu'un te frappe sur la joue droite, présente-lui aussi l'autre.

40 Et à celui qui veut te faire un procès et prendre ta tunique, laisse-lui aussi le manteau.

41 Et si quelqu'un veut te contraindre à faire un mille[1], fais-en deux avec lui.

— [1] 1 mille = 1500 m environ.

42 Donne à celui qui te demande et ne te détourne pas de celui qui veut t'emprunter [quelque chose].

43 « Vous avez entendu qu'il a été dit : "Tu aimeras ton prochain et tu haïras ton ennemi."

44 Mais moi, je vous dis : Aimez vos ennemis et priez pour ceux qui vous persécutent,

45 afin que vous soyez les fils de votre Père qui est dans les cieux. Car il fait lever son soleil sur les méchants et sur les bons, et il envoie sa pluie sur ceux qui sont justes et sur ceux qui sont injustes.

46 Car si vous aimez ceux qui vous aiment, quelle récompense avez-vous ? Les publicains[1] eux-mêmes n'en font-ils pas autant ?

— [1] publicains : collecteurs d'impôts.

47 Et si vous saluez vos frères seulement, que faites-vous de plus [que les autres] ? Les nations elles-mêmes ne font-elles pas ainsi ?

48 Vous, soyez donc parfaits[1], comme votre Père céleste est parfait[1].

— [1] ou : accompli(s).

Pratique de la justice

6 « Prenez garde de ne pas pratiquer votre justice[1] devant les hommes, pour être vus par eux ; autrement vous n'avez pas de récompense auprès de votre Père qui est dans les cieux.

— [1] le mot justice désigne ici la pratique des œuvres religieuses chez les Juifs : l'aumône, la prière, le jeûne.

2 Quand donc tu fais l'aumône, ne fais pas sonner la trompette devant toi, comme font les hypocrites dans les synagogues et dans les rues, pour être glorifiés par les hommes. En vérité, je vous [le] dis : ils ont reçu leur récompense.

3 Mais toi, quand tu fais l'aumône, que ta [main] gauche ne sache pas ce que fait ta [main] droite,

4 afin que ton aumône soit [faite] dans le secret. Et ton Père qui voit dans le secret te récompensera.

5 « Et quand vous priez, ne soyez pas comme les hypocrites, car ils aiment prier en se tenant debout dans les synagogues et aux coins des rues, afin qu'ils soient vus des hommes. En vérité, je vous [le] dis : ils ont reçu leur récompense.

6 Mais toi, quand tu pries, entre dans ta chambre[1] et, ayant fermé ta porte, prie ton Père qui [est là] dans le secret ; et ton Père qui voit dans le secret te récompensera.

— [1] littéralement : resserre à provisions ; pièce la plus retirée de la maison.

7 Et quand vous priez, ne répétez pas de vaines paroles comme les

gens des nations, car ils s'imaginent qu'ils seront exaucés en parlant beaucoup.

8 Ne leur ressemblez donc pas, car votre Père sait de quoi vous avez besoin avant que vous le lui demandiez.

9 Vous donc, priez ainsi : "Notre Père, [toi] qui es dans les cieux, que ton nom soit sanctifié ;

10 que ton règne vienne ; que ta volonté, qui est faite dans le ciel, le soit aussi sur la terre.

11 Donne-nous aujourd'hui le pain qu'il nous faut ;

12 et pardonne-nous nos offenses[1], comme nous aussi, nous pardonnons à ceux qui nous ont offensés[2] ;

— [1] littéralement : dettes. — [2] littéralement : à ceux qui nous doivent.

13 et ne nous expose pas à la tentation, mais délivre-nous du mal[1]."

— [1] ou : du Méchant.

14 Car si vous pardonnez aux hommes leurs fautes, votre Père céleste vous pardonnera aussi ;

15 mais si vous ne pardonnez pas aux hommes [leurs fautes], votre Père ne pardonnera pas non plus vos fautes.

16 « Et quand vous jeûnez, ne prenez pas comme les hypocrites un air sombre, car ils donnent à leur visage un air épuisé pour montrer aux hommes qu'ils jeûnent. En vérité, je vous [le] dis : ils ont reçu leur récompense.

17 Mais toi, quand tu jeûnes, oins ta tête et lave ton visage

18 pour ne pas montrer aux hommes que tu jeûnes, mais [seulement] à ton Père qui [est là] dans le secret ; et ton Père qui voit dans le secret te récompensera.

« Recherchez d'abord le royaume de Dieu »

19 « Ne vous amassez pas des trésors sur la terre, là où la mite et la rouille détruisent, et où les voleurs font effraction et volent.

20 Mais amassez-vous des trésors dans le ciel, là où ni la mite ni la rouille ne détruisent, et où les voleurs ne [peuvent] pas faire effraction ni voler.

21 Car là où est ton trésor, là sera aussi ton cœur.

22 « La lampe du corps, c'est l'œil. Si donc ton œil est simple, ton corps tout entier sera [plein de] lumière ;

23 mais si ton œil est mauvais, ton corps tout entier sera ténébreux. Si donc la lumière qui est en toi est ténèbres, combien seront grandes les ténèbres !

24 « Personne ne peut servir[1] deux maîtres. Car, ou il haïra l'un et aimera l'autre, ou il s'attachera à l'un et méprisera l'autre. Vous ne pouvez pas servir[1] Dieu et les richesses[2].

— [1] servir, ici : être esclave, servir comme tel. — [2] littéralement : Mamon ; transcription en grec d'un mot araméen désignant la richesse, personnifiée comme une divinité.

25 C'est pourquoi je vous dis : Ne vous inquiétez pas pour votre vie, de ce que vous mangerez [ou de ce que vous boirez], ni pour votre corps, de ce dont vous serez habillés. La vie n'est-elle pas plus que la nourriture et le corps plus que le vêtement ?

26 Regardez les oiseaux du ciel : ils ne sèment pas et ne moissonnent pas, et ils n'amassent pas dans des greniers, et votre

Père céleste les nourrit. Ne valez-vous pas beaucoup mieux qu'eux ? 27 Et qui d'entre vous par ses inquiétudes peut ajouter un instant à la durée de sa vie[1] ?

— [1] littéralement : une coudée à son âge.

28 Et pourquoi vous inquiétez-vous au sujet du vêtement ? Étudiez les lis des champs, comment ils poussent : ils ne travaillent pas et ne filent pas ; 29 cependant, je vous dis que même Salomon dans toute sa gloire n'était pas habillé comme l'un d'eux. 30 Et si Dieu habille ainsi l'herbe des champs qui est [là] aujourd'hui et qui demain sera jetée au four, ne le fera-t-il pas à plus forte raison pour vous, gens de petite foi ? 31 Ne vous inquiétez donc pas, en disant : "Que mangerons-nous ?", ou : "Que boirons-nous ?", ou : "Avec quoi nous habillerons-nous ?" 32 Car les nations recherchent toutes ces choses. Or votre Père céleste sait que vous avez besoin de toutes ces choses. 33 Mais recherchez d'abord le royaume [de Dieu] et sa justice[1], et toutes ces choses vous seront données par-dessus[2].

— [1] c.-à-d. : celle de Dieu. — [2] littéralement : vous seront ajoutées.

34 Ne vous inquiétez donc pas du lendemain, car le lendemain s'inquiétera de lui-même. À chaque jour suffit sa peine.

Conduite envers autrui

7 « Ne jugez pas afin que vous ne soyez pas jugés. 2 Car du jugement dont vous jugerez, vous serez jugés, et avec la mesure dont vous mesurerez, il vous sera mesuré.

3 Et pourquoi regardes-tu le fétu de paille qui est dans l'œil de ton frère, mais ne t'aperçois-tu pas de la poutre qui est dans ton œil ? 4 Ou comment dis-tu à ton frère : "Laisse-moi enlever le fétu de paille de ton œil", et voici, la poutre est dans ton œil ? 5 Hypocrite, enlève d'abord la poutre de ton œil, et alors tu verras clair pour enlever le fétu de paille de l'œil de ton frère.

6 « Ne donnez pas ce qui est saint aux chiens et ne jetez pas vos perles devant les porcs, de peur qu'ils ne les piétinent et que, se retournant, ils ne vous mettent en pièces.

7 « Demandez et il vous sera donné, cherchez et vous trouverez, frappez et il vous sera ouvert. 8 Car quiconque demande reçoit, et celui qui cherche trouve, et à celui qui frappe il sera ouvert. 9 Ou quel est l'homme parmi vous qui, si son fils lui demande un pain, lui donnera une pierre, 10 ou encore, s'il demande un poisson, lui donnera un serpent ? 11 Si donc vous qui êtes mauvais, vous savez donner de bonnes choses[1] à vos enfants, combien plus votre Père qui est dans les cieux donnera-t-il de bonnes choses à ceux qui les lui demandent !

— [1] littéralement : des bons dons.

12 Toutes les choses donc que vous voulez que les hommes vous fassent, vous aussi, faites-leur de même ! Car c'est cela la Loi et les Prophètes.

Le chemin étroit et le chemin large

13 « Entrez par la porte étroite. Car

large est la porte, et spacieux le chemin qui mène à la perdition, et nombreux sont ceux qui entrent par elle.

14 Mais étroite est la porte, et resserré le chemin qui mène à la vie, et peu nombreux sont ceux qui le trouvent.

Les faux prophètes sont reconnus à leurs mauvais fruits

15 « Prenez garde aux faux prophètes qui viennent à vous en habits de brebis, mais qui au-dedans sont des loups voraces.

16 Vous les reconnaîtrez à leurs fruits. Cueille-t-on du raisin sur des ronces ou des figues sur des chardons ?

17 Ainsi, tout bon arbre produit de bons fruits, mais l'arbre mauvais produit de mauvais fruits.

18 Un bon arbre ne peut pas produire de mauvais fruits ni un arbre mauvais produire de bons fruits.

19 Tout arbre qui ne produit pas de bons fruits est coupé et jeté au feu.

20 Ainsi, vous les reconnaîtrez à leurs fruits.

Dire et faire

21 « Ce ne sont pas tous ceux qui me disent : "Seigneur, Seigneur !" qui entreront dans le royaume des cieux, mais [c'est] celui qui fait la volonté de mon Père qui est dans les cieux.

22 Beaucoup me diront en ce jour-là : "Seigneur, Seigneur, n'avons-nous pas prophétisé en ton nom, et n'avons-nous pas chassé des démons en ton nom, et n'avons-nous pas fait beaucoup de miracles en ton nom ?"

23 Et alors je leur déclarerai : Je ne vous ai jamais connus. Allez-vous-en loin de moi, vous qui commettez l'iniquité[1] !

— [1] iniquité : marche sans loi, sans frein.

Parabole des deux maisons

24 « Quiconque donc entend ces paroles que je dis et les met en pratique est comparable à un homme prudent qui a construit sa maison sur le rocher.

25 Et la pluie est tombée, et les torrents sont venus, et les vents ont soufflé, et ils se sont jetés contre cette maison. Et elle n'est pas tombée, car elle avait été fondée sur le rocher.

26 Et quiconque entend ces paroles que je dis et ne les met pas en pratique est comparable à un homme insensé qui a construit sa maison sur le sable.

27 Et la pluie est tombée, et les torrents sont venus, et les vents ont soufflé, et ils se sont abattus contre cette maison. Et elle est tombée et sa chute a été grande. »

28 Et il arriva, quand Jésus eut achevé ces discours, que les foules étaient frappées d'étonnement par son enseignement.

29 Car il les enseignait comme ayant autorité et non comme leurs scribes.

Trois guérisons

8 Et quand il fut descendu de la montagne, de grandes foules le suivirent.

2 Et voici, un lépreux s'étant approché se prosterna devant lui, en disant : « Seigneur, si tu veux, tu peux me purifier. »

3 Et Jésus[1] étendant la main le toucha, en disant : « Je veux, sois

purifié ! » Et aussitôt il fut purifié de sa lèpre.

— [1] littéralement : lui.

4 Puis Jésus lui dit : « Prends garde de ne le dire à personne ! Mais va, montre-toi au sacrificateur et offre le don que Moïse a ordonné, en témoignage pour eux. »

5 Et comme il entrait dans Capernaüm, un centurion s'approcha de lui, en le suppliant

6 et en disant : « Seigneur, mon serviteur est couché à la maison, paralysé, terriblement tourmenté. »

7 Et Jésus[1] lui dit : «J'irai, moi, et je le guérirai. »

— [1] littéralement : il.

8 Mais le centurion répondit et dit : « Seigneur, je ne suis pas digne que tu entres sous mon toit, mais dis seulement une parole et mon serviteur sera guéri.

9 Car moi aussi, je suis un homme placé sous l'autorité [d'autrui], ayant sous moi des soldats. Et je dis à l'un : "Va !" et il va ; et à un autre : "Viens !" et il vient ; et à mon esclave : "Fais cela !" et il le fait. »

10 Alors Jésus, l'ayant entendu, fut dans l'admiration et dit à ceux qui [le] suivaient : « En vérité, je vous [le] dis : je n'ai trouvé personne en Israël qui ait une aussi grande foi.

11 Et je vous dis que beaucoup viendront de l'est et de l'ouest, et se mettront à table avec Abraham, et Isaac, et Jacob dans le royaume des cieux.

12 Mais les fils du Royaume seront jetés dans les ténèbres du dehors ; là seront les pleurs et les grincements de dents. »

13 Et Jésus dit au centurion : « Va et qu'il te soit fait comme tu as cru. » Et à cette heure-là [son] serviteur fut guéri.

14 Et Jésus, étant venu dans la maison de Pierre, vit la belle-mère de Pierre[1] couchée là et ayant de la fièvre.

— [1] littéralement : sa belle-mère.

15 Et il lui toucha la main et la fièvre la quitta ; puis elle se leva et le servit.

Jésus chasse les démons et guérit beaucoup de malades.

16 Et le soir étant venu, on lui apporta beaucoup de démoniaques. Et il chassa les esprits par [une] parole et guérit tous ceux qui se portaient mal,

17 afin que soit accompli ce qui a été annoncé par Ésaïe le prophète qui a dit : « Lui-même a pris nos faiblesses, et a porté nos maladies. »[1]

— [1] Ésaïe 53:4.

Dispositions nécessaires pour suivre Jésus

18 Or Jésus, voyant une foule autour de lui, commanda de passer à l'autre rive.

19 Et un scribe s'étant approché lui dit : « Maître[1], je te suivrai partout où tu iras. »

— [1] c.-à-d. : maître qui enseigne, docteur ; ici et souvent ailleurs.

20 Mais Jésus lui dit : « Les renards ont des tanières et les oiseaux du ciel ont des abris, mais le Fils de l'homme n'a pas [d'endroit] où reposer sa tête. »

21 Et un autre de *[ses]* disciples lui dit : « Seigneur, permets-moi d'aller d'abord enterrer mon père. »

22 Mais Jésus lui dit : « Suis-moi et laisse les morts enterrer leurs morts. »

Jésus et les disciples au milieu de la tempête

23 Et quand il fut monté dans le bateau, ses disciples le suivirent.

24 Et voici, une grande tempête s'éleva sur la mer, si bien que le bateau était recouvert par les vagues. Mais lui dormait.

25 Et les disciples[1] s'étant approchés le réveillèrent, en disant : « Seigneur, sauve[-nous], nous périssons ! »

— [1] littéralement : ils.

26 Et il leur dit : « Pourquoi êtes-vous craintifs, gens de petite foi ? » Alors, s'étant levé, il menaça les vents et la mer, et il se fit un grand calme.

27 Et les hommes furent dans l'admiration et dirent : « De quelle sorte [d'homme] est celui-ci pour que même les vents et la mer lui obéissent ? »

Guérison de deux démoniaques gadaréniens

28 Et quand il arriva à l'autre rive, dans le pays des Gadaréniens, deux démoniaques sortant des tombeaux vinrent à sa rencontre. [Et ils étaient] très violents, de sorte que personne ne pouvait passer par ce chemin-là.

29 Et voici, ils se mirent à crier, en disant : « Qu'y a-t-il entre nous et toi, Fils de Dieu ? Es-tu venu ici pour nous tourmenter avant le temps ? »

30 Et il y avait loin d'eux un grand troupeau de porcs qui paissait.

31 Et les démons le suppliaient, en disant : « Si tu nous chasses, envoie-nous dans le troupeau de porcs. »

32 Et il leur dit : « Allez ! » Et eux étant sortis s'en allèrent dans les porcs. Et voici, tout le troupeau se précipita du haut de la falaise dans la mer, et ils moururent dans les eaux.

33 Alors ceux qui [les] faisaient paître s'enfuirent. Et s'en étant allés dans la ville, ils racontèrent tout [ce qui s'était passé] et ce qui était arrivé aux démoniaques.

34 Et voici, toute la ville sortit à la rencontre de Jésus ; et l'ayant vu, ils lui demandèrent de s'éloigner de leur territoire.

Guérison d'un paralysé

9 Et étant monté dans un bateau, il passa à l'autre rive et vint dans sa propre ville.

2 Et voici, on lui apporta un paralysé couché sur un lit. Et Jésus, voyant leur foi, dit au paralysé : « Aie bon courage, [mon] enfant, tes péchés sont pardonnés. »

3 Et voici, quelques-uns des scribes dirent en eux-mêmes : « Cet homme[1] blasphème. »

— [1] littéralement : Celui-ci.

4 Et Jésus, voyant leurs pensées, dit : « Pourquoi avez-vous de mauvaises pensées dans vos cœurs ?

5 Car quel est le plus facile, de dire : "Tes péchés sont pardonnés" ou de dire : "Lève-toi et marche" ?

6 Or, afin que vous sachiez que le Fils de l'homme a le pouvoir[1] sur la terre de pardonner les péchés – alors il dit au paralysé : "Lève-toi, prends ton lit et va dans ta maison !" »

— [1] ou : autorité ; la puissance avec le droit de l'exercer.

7 Et s'étant levé, il s'en alla dans sa maison.

8 Mais les foules, ayant vu cela, furent dans l'admiration[1] et elles glorifièrent Dieu qui donnait un tel

pouvoir[2] aux hommes.

— [1] plusieurs manuscrits portent : furent saisies de crainte. — [2] ou : autorité ; la puissance avec le droit de l'exercer.

Appel du publicain Matthieu

9 Et Jésus passant plus loin vit un homme nommé Matthieu, assis au bureau des taxes. Et il lui dit : « Suis-moi ! » Et s'étant levé, il le suivit.

10 Et il arriva, comme il était à table dans la maison, que voici, beaucoup de publicains et de pécheurs vinrent et se mirent à table avec Jésus et ses disciples.

11 Et voyant [cela], les Pharisiens dirent à ses disciples : « Pourquoi votre maître mange-t-il avec les publicains et les pécheurs ? »

12 Et Jésus[1] l'ayant entendu [leur] dit : « Ceux qui sont en bonne santé n'ont pas besoin de médecin, mais ceux qui se portent mal.

— [1] littéralement : lui.

13 Mais allez et apprenez ce que c'est que : "Je veux la miséricorde et non le sacrifice."[1] Car je ne suis pas venu appeler des justes, mais des pécheurs. »

— [1] Osée 6:6.

Question sur le jeûne – Ce qui est vieux et ce qui est nouveau

14 Alors les disciples de Jean s'approchent de lui, en disant : « Pourquoi nous et les Pharisiens jeûnons-nous [souvent], mais tes disciples ne jeûnent pas ? »

15 Et Jésus leur dit : « Les fils de la salle des noces[1] peuvent-ils s'affliger tant que l'époux est avec eux ? Mais des jours viendront où l'époux leur sera enlevé, et alors ils jeûneront.

— [1] c.-à-d. : Les compagnons de l'époux.

16 Et personne ne met une pièce de tissu neuf[1] à un vieil habit, car le rapiéçage tire sur l'habit et la déchirure s'aggrave.

— [1] littéralement : non foulé ; c.-à-d. : non lavé, et donc sujet au rétrécissement.

17 On ne met pas non plus du vin nouveau dans de vieilles outres ; autrement les outres éclatent, et le vin se répand, et les outres sont perdues. Mais on met le vin nouveau dans des outres neuves, et les deux sont conservés. »

Guérison d'une femme ayant une perte de sang, et résurrection d'une jeune fille

18 Comme il leur disait ces choses, voici, un chef [de synagogue], étant venu, se prosterna devant lui, en disant : « Ma fille vient de mourir, mais viens, et pose ta main sur elle, et elle vivra. »

19 Et Jésus s'étant levé le suivit, ainsi que ses disciples.

20 Et voici, une femme qui avait une perte de sang depuis douze ans, s'étant approchée par-derrière, toucha le bord de son vêtement.

21 Car elle disait en elle-même : « Si seulement je touche son vêtement, je serai guérie[1]. »

— [1] littéralement : sauvée.

22 Et Jésus, s'étant retourné et la voyant, dit : « Aie bon courage, [ma] fille, ta foi t'a guérie[1]. » Et la femme fut guérie[1] dès cette heure-là.

— [1] littéralement : sauvée.

23 Or Jésus, étant arrivé à la maison du chef [de synagogue], et voyant les joueurs de flûte et la foule qui faisait un grand bruit,

24 dit : « Retirez-vous, car la jeune fille n'est pas morte, mais elle

dort. » Mais ils se moquaient de lui.

25 Et lorsque la foule eut été mise dehors, étant entré, il prit sa main, et la jeune fille se leva.

26 Et le bruit s'en répandit dans tout ce pays-là.

Guérison de deux aveugles

27 Et comme Jésus passait plus loin, deux aveugles [le] suivirent, en criant et en disant : « Aie pitié de nous, Fils de David ! »

28 Et quand il fut arrivé dans la maison, les aveugles s'approchèrent de lui. Et Jésus leur dit : « Croyez-vous que je puisse faire cela ? » Ils lui disent : « Oui, Seigneur. »

29 Alors il toucha leurs yeux, en disant : « Qu'il vous soit fait selon votre foi. »

30 Et leurs yeux s'ouvrirent. Et Jésus leur parla sévèrement, en disant : « Prenez garde que personne ne le sache ! »

31 Mais eux étant partis répandirent sa renommée dans tout ce pays-là.

Guérison d'un homme muet, possédé d'un démon

32 Et comme ils sortaient, voici, on lui amena un homme muet, possédé d'un démon.

33 Et le démon ayant été chassé, le muet parla. Alors les foules furent dans l'admiration et dirent : « Il ne s'est jamais rien vu de pareil en Israël. »

34 Mais les Pharisiens disaient : « Il chasse les démons par le chef des démons. »

Les brebis sont sans berger

35 Et Jésus parcourait toutes les villes et les villages, enseignant dans leurs synagogues, et prêchant l'Évangile du Royaume, et guérissant toute maladie et toute infirmité.

36 Et voyant les foules, il fut ému de compassion pour elles, parce qu'elles étaient fatiguées et dispersées, comme des brebis qui n'ont pas de berger.

37 Alors il dit à ses disciples : « La moisson est grande, mais il y a peu d'ouvriers.

38 Priez donc le Seigneur de la moisson pour qu'il envoie dehors des ouvriers dans sa moisson. »

Les douze apôtres

10 Et ayant appelé auprès [de lui] ses douze disciples, il leur donna autorité[1] sur les esprits impurs pour les chasser, et pour guérir toute maladie et toute infirmité.

— [1] ou : pouvoir ; la puissance avec le droit de l'exercer.

2 Or voici les noms des douze apôtres : le premier, Simon appelé Pierre et André son frère ; et Jacques le [fils] de Zébédée et Jean son frère ;

3 Philippe et Barthélemy ; Thomas et Matthieu le publicain ; Jacques le [fils] d'Alphée et Thaddée ;

4 Simon le Cananéen[1] et Judas l'Iscariote, celui-là même qui le livra.

— [1] ou : Zélote. Cananéen est probablement le nom araméen pour Zélote, c.-à-d. : zélateur.

Jésus envoie les douze apôtres en mission

5 Jésus envoya ces Douze et leur donna des ordres, en disant : « Ne vous en allez pas sur le chemin des nations et n'entrez pas dans une ville de Samaritains.

6 Mais allez plutôt vers les brebis perdues de la maison d'Israël.

7 Et en chemin prêchez, en disant : "Le royaume des cieux s'est approché."

8 Guérissez les malades, ressuscitez les morts, purifiez les lépreux, chassez les démons. Vous avez reçu gratuitement, donnez gratuitement.

9 Ne prenez[1] ni or, ni argent, ni [monnaie de] cuivre dans vos ceintures,

— [1] littéralement : N'acquérez.

10 ni sac pour le chemin, ni deux tuniques, ni sandales, ni bâton. Car l'ouvrier est digne de sa nourriture.

11 Quelle que soit la ville ou le village où vous entrerez, informez-vous [pour savoir] qui y est digne, et restez là jusqu'à ce que vous partiez.

12 Et quand vous entrerez dans une maison, saluez-la.

13 Et si la maison[1] [en] est digne, que votre paix vienne sur elle ; mais si elle n'[en] est pas digne, que votre paix retourne à vous.

— [1] c.-à-d. : ceux qui sont dans la maison.

14 Et si quelqu'un ne vous reçoit pas et n'écoute pas vos paroles, quand vous partirez de cette maison ou de cette ville, secouez la poussière de vos pieds.

15 En vérité, je vous [le] dis : au jour du jugement, ce sera plus supportable pour le pays de Sodome et de Gomorrhe que pour cette ville.

Les persécutions à venir

16 « Voici, moi, je vous envoie comme des brebis au milieu des loups ; soyez donc prudents comme les serpents et simples[1] comme les colombes.

— [1] littéralement : innocents.

17 Et prenez garde aux hommes, car ils vous livreront aux sanhédrins[1] et vous fouetteront dans leurs synagogues.

— [1] sanhédrins : tribunaux locaux juifs.

18 Et vous serez menés devant les gouverneurs et les rois à cause de moi, en témoignage pour eux et pour les nations.

19 Et quand ils vous livreront, ne vous inquiétez pas [de savoir] comment vous parlerez ou ce que vous direz, car il vous sera donné dans cette heure-là ce que vous aurez à dire.

20 Car ce n'est pas vous qui parlerez, mais c'est l'Esprit de votre Père qui parlera en vous.

21 Et le frère livrera [son] frère à la mort et le père [son] enfant ; et les enfants se dresseront contre [leurs] parents et les feront mourir.

22 Et vous serez haïs de tous à cause de mon nom ; mais celui qui persévérera[1] jusqu'à la fin, celui-là sera sauvé.

— [1] littéralement : endurera.

23 Mais quand on vous persécutera dans cette ville, fuyez dans l'autre. Car en vérité, je vous [le] dis : vous n'aurez certainement pas achevé [de parcourir] les villes d'Israël avant que le Fils de l'homme ne soit venu.

24 « Le disciple n'est pas au-dessus du maître ni l'esclave au-dessus de son seigneur.

25 Il suffit au disciple qu'il soit comme son maître et à l'esclave qu'il soit comme son seigneur. S'ils ont appelé le maître de la maison Béelzébul[1], [à] combien plus [forte raison le diront-ils] aux gens de sa maison !

— [1] Béelzébul : nom donné au chef des démons.

26 Ne les craignez donc pas ! Car il n'y a rien de caché qui ne sera découvert ni rien de secret qui ne sera connu.

27 Ce que je vous dis dans les ténèbres, dites-le dans la lumière ; et ce qui vous est dit à l'oreille, proclamez-le sur les toits[1].

— [1] toits en terrasse.

28 Et ne craignez pas ceux qui tuent le corps et qui ne peuvent pas tuer l'âme. Mais craignez plutôt celui qui peut détruire et l'âme et le corps dans la Géhenne[1].

— [1] la Géhenne : le lieu des tourments infernaux.

29 Ne vend-on pas deux moineaux pour un sou ? Et pas un d'entre eux ne tombe en terre sans [l'accord de] votre Père.

30 Et pour vous, même les cheveux de votre tête sont tous comptés.

31 Ne craignez donc pas ! Vous valez mieux que beaucoup de moineaux.

32 Quiconque donc se déclarera pour moi devant les hommes, je me déclarerai, moi aussi, pour lui devant mon Père qui est dans les cieux.

33 Mais celui qui me reniera devant les hommes, je le renierai, moi aussi, devant mon Père qui est dans les cieux.

34 Ne pensez pas que je sois venu mettre la paix sur la terre ; je ne suis pas venu mettre la paix, mais l'épée.

35 Car je suis venu mettre la division entre un homme et son père, entre une fille et sa mère, entre une belle-fille et sa belle-mère ;

36 et les ennemis d'un homme seront les gens de sa maison.

37 Celui qui aime père ou mère plus que moi n'est pas digne de moi ; et celui qui aime fils ou fille plus que moi n'est pas digne de moi ;

38 et celui qui ne prend pas sa croix et ne vient pas à ma suite[1] n'est pas digne de moi.

— [1] littéralement : derrière moi.

39 Celui qui aura trouvé sa vie la perdra ; et celui qui aura perdu sa vie à cause de moi la trouvera.

40 Celui qui vous reçoit me reçoit et celui qui me reçoit reçoit celui qui m'a envoyé.

41 Celui qui reçoit un prophète en qualité de prophète recevra la récompense d'un prophète ; et celui qui reçoit un juste en qualité de juste recevra la récompense d'un juste.

42 Et celui qui aura donné à boire seulement un verre d'eau fraîche à l'un de ces petits, en qualité de disciple, en vérité, je vous [le] dis, il ne perdra certainement pas sa récompense. »

Jean le Baptiseur envoie ses disciples auprès de Jésus

11 Et il arriva, quand Jésus eut achevé de donner [ses] ordres à ses douze disciples, qu'il partit de là pour enseigner et prêcher dans leurs villes.

2 Or Jean, dans la prison, ayant entendu parler des œuvres du Christ, envoya ses disciples[1]

— [1] littéralement : par ses disciples.

3 pour lui dire[1] : « Es-tu, toi, celui qui vient ou devons-nous en attendre un autre ? »

— [1] littéralement : il lui dit.

4 Et Jésus, répondant, leur dit : « Allez rapporter à Jean ce que vous entendez et voyez :

5 les aveugles retrouvent la vue et

les boiteux marchent, les lépreux sont purifiés, et les sourds entendent, et les morts sont ressuscités, et l'Évangile est annoncé aux pauvres.

6 Et bienheureux est celui qui n'aura pas été scandalisé à cause de moi ! »

Témoignage de Jésus au sujet de Jean le Baptiseur

7 Et comme ils s'en allaient, Jésus se mit à parler aux foules au sujet de Jean : « Qu'êtes-vous allés voir dans le désert ? Un roseau agité par le vent ?

8 Mais qu'êtes-vous allés voir ? Un homme habillé de vêtements précieux ? Voici, ceux qui portent des vêtements précieux sont dans les maisons des rois.

9 Mais qu'êtes-vous allés voir ? Un prophète ? Oui, vous dis-je, et bien plus qu'un prophète.

10 C'est celui dont il est écrit : "Voici, moi, j'envoie mon messager devant ta face, lequel préparera ton chemin devant toi."[1]

— [1] Mal. 3:1.

11 En vérité, je vous [le] dis : parmi ceux qui sont nés de femme, il ne s'en est pas levé de plus grand que Jean le Baptiseur. Mais le plus petit dans le royaume des cieux est plus grand que lui.

12 Et depuis les jours de Jean le Baptiseur jusqu'à maintenant, le royaume des cieux est pris par violence et les violents s'en emparent.

13 Car tous les prophètes et la Loi ont prophétisé jusqu'à Jean.

14 Et si vous voulez [bien] l'accepter, c'est lui, Élie qui doit venir.

15 Celui qui a des oreilles[1], qu'il entende !

— [1] plusieurs manuscrits ajoutent : pour entendre.

16 Mais à qui comparerai-je cette génération ? Elle est semblable à de petits enfants assis sur les places publiques et s'adressant aux autres,

17 en disant : "Nous vous avons joué de la flûte et vous n'avez pas dansé ; nous avons chanté des complaintes et vous ne vous êtes pas lamentés."

18 Car Jean est venu, ne mangeant ni ne buvant, et ils disent : "Il a un démon."

19 Le Fils de l'homme est venu, mangeant et buvant, et ils disent : "Voilà un glouton et un buveur, un ami des publicains et des pécheurs." Mais la sagesse a été justifiée par ses enfants[1]. »

— [1] c.-à-d. : les enfants de la sagesse ; plusieurs manuscrits portent : ses œuvres.

Reproches de Jésus aux villes incrédules

20 Alors il commença à adresser des reproches aux villes dans lesquelles le plus grand nombre de ses miracles avaient été faits, parce qu'elles ne s'étaient pas repenties :

21 « Malheur à toi, Chorazin ! Malheur à toi, Bethsaïda ! Car si les miracles qui ont été faits au milieu de vous avaient été faits dans Tyr et dans Sidon, il y a longtemps qu'elles se seraient repenties avec le sac et la cendre.

22 Mais je vous [le] dis : au jour du jugement, ce sera plus supportable pour Tyr et Sidon que pour vous.

23 Et toi, Capernaüm, qui as été élevée jusqu'au ciel, tu descendras[1] jusque dans l'Hadès[2]. Car si les miracles qui ont été faits au milieu de toi avaient été faits

dans Sodome, elle subsisterait encore aujourd'hui.

— [1] plusieurs manuscrits portent : tu seras abaissée. — [2] Hadès : expression très vague, comme Shéol dans l'Ancien Testament ; le lieu invisible où les âmes des hommes vont après la mort ; distinct de Géhenne, le lieu des tourments infernaux.

24 Mais je vous dis qu'au jour du jugement, ce sera plus supportable pour le pays de Sodome que pour toi. »

Le Père révélé et l'appel de Jésus

25 En ce temps-là, Jésus prit la parole et dit : « Je te loue, ô Père, Seigneur du ciel et de la terre, parce que tu as caché ces choses aux sages et aux intelligents, et que tu les as révélées aux petits enfants.

26 Oui, Père, car c'est ce que tu as trouvé bon devant toi.

27 Toutes choses m'ont été données par mon Père. Et personne ne connaît le Fils si ce n'est le Père ; et personne ne connaît le Père si ce n'est le Fils, et celui à qui le Fils voudra le révéler.

28 Venez à moi, vous tous qui vous fatiguez et qui êtes chargés, et moi, je vous donnerai du repos.

29 Prenez mon joug sur vous et apprenez de moi, car je suis doux et humble de cœur ; et vous trouverez le repos pour vos âmes.

30 Car mon joug est facile [à porter] et mon fardeau est léger. »

Les disciples arrachent des épis un jour de sabbat

12 En ce temps-là, un [jour de] sabbat[1], Jésus traversait les champs de blé. Et ses disciples eurent faim, et se mirent à arracher des épis et à manger.

— [1] littéralement : lors du sabbat.

2 Et voyant [cela], les Pharisiens lui dirent : « Regarde ! Tes disciples font ce qu'il n'est pas permis de faire le [jour du] sabbat[1]. »

— [1] littéralement : un (ou : le) sabbat ; ici et souvent ailleurs.

3 Mais il leur dit : « N'avez-vous pas lu ce que fit David quand il eut faim, et ceux qui étaient avec lui,

4 comment il entra dans la Maison de Dieu et comment ils mangèrent les pains de présentation ? [Or] il ne lui était pas permis d'en manger ni à ceux qui étaient avec lui, mais seulement aux sacrificateurs.

5 Ou n'avez-vous pas lu dans la Loi que, le [jour du] sabbat, les sacrificateurs dans le Temple profanent le sabbat et ne sont pas coupables ?

6 Mais je vous dis qu'il y a ici plus grand que le Temple.

7 Et si vous aviez connu ce que signifie : "Je veux la miséricorde et non le sacrifice"[1], vous n'auriez pas condamné ceux qui ne sont pas coupables.

— [1] Osée 6:6.

8 Car le Fils de l'homme est seigneur du sabbat. »

Guérison, un jour de sabbat, d'un homme ayant une main desséchée

9 Et étant parti de là, il vint dans leur synagogue.

10 Et voici, [il y avait là] un homme ayant une main desséchée. Et ils l'interrogèrent, en disant : « Est-il permis de guérir le [jour du] sabbat ? » [C'était] afin de l'accuser.

11 Mais il leur dit : « Quel homme parmi vous, s'il n'a qu'une brebis et qu'elle vienne à tomber dans une fosse un [jour de] sabbat, n'ira pas la prendre et l'en retirer ?

12 Combien donc un homme vaut-il mieux qu'une brebis ! De sorte qu'il est permis de faire du bien le [jour du] sabbat. »

13 Alors il dit à l'homme : « Étends ta main ! » Et il l'étendit et elle fut rendue saine comme l'autre.

Jésus, serviteur de Dieu

14 Et les Pharisiens, étant sortis, tinrent conseil contre lui pour le faire périr.

15 Mais Jésus, le sachant, se retira de là. Et de grandes *[foules]* le suivirent et il les guérit tous.

16 Mais il leur commanda sévèrement de ne pas faire connaître publiquement qui il était,

17 afin que soit accompli ce qui avait été annoncé par Ésaïe le prophète, qui a dit :

18 « Voici mon serviteur que j'ai élu, mon bien-aimé en qui mon âme a trouvé son plaisir. Je mettrai mon Esprit sur lui, et il annoncera [le] jugement aux nations.

19 Il ne contestera pas et ne criera pas, et personne n'entendra sa voix dans les rues.

20 Il ne brisera pas le roseau abimé et n'éteindra pas la mèche qui fume [encore], jusqu'à ce qu'il ait fait triompher le jugement.

21 Et les nations espéreront en son nom. »[1]

— [1] Ésaïe 42:1-4.

Le blasphème contre l'Esprit Saint

22 Alors on lui amena un démoniaque aveugle et muet, et il le guérit, de sorte que le muet parlait et voyait.

23 Et toutes les foules étaient frappées de stupeur et disaient : « Celui-ci serait-il le Fils de David ? »

24 Mais les Pharisiens, ayant entendu [cela], dirent : « Celui-ci ne chasse les démons que par Béelzébul, [le] chef des démons. »

25 Et connaissant leurs pensées, Jésus[1] leur dit : « Tout royaume divisé contre lui-même sera dévasté ; et toute ville ou maison divisée contre elle-même ne subsistera pas.

— [1] littéralement : il.

26 Et si Satan chasse Satan, il est divisé contre lui-même. Comment donc son royaume subsistera-t-il ?

27 Et si moi, je chasse les démons par Béelzébul, vos fils, par qui les chassent-ils ? C'est pourquoi ils seront eux-mêmes vos juges.

28 Mais si moi, je chasse les démons par l'Esprit de Dieu, alors le royaume de Dieu est parvenu jusqu'à vous.

29 Ou [encore], comment quelqu'un pourra-t-il entrer dans la maison de l'homme fort et piller ses biens s'il n'a pas d'abord lié l'homme fort ? Et alors il pillera sa maison.

30 Celui qui n'est pas avec moi est contre moi, et celui qui ne rassemble pas avec moi disperse.

31 C'est pourquoi je vous dis : Tout péché et [tout] blasphème[1] sera pardonné aux hommes, mais le blasphème[1] contre l'Esprit ne sera pas pardonné.

— [1] ou : injure, parole injurieuse.

32 Et celui qui aura dit [une] parole contre le Fils de l'homme, il lui sera pardonné. Mais celui qui aura parlé contre l'Esprit Saint, il ne lui sera pardonné ni dans ce siècle ni dans celui qui est à venir.

L'homme est jugé sur ses paroles

33 « Ou bien faites l'arbre bon et son fruit bon, ou bien faites l'arbre mauvais et son fruit mauvais ; car

on reconnaît l'arbre à son fruit.

34 Race de vipères, comment étant mauvais pouvez-vous dire de bonnes choses ? Car de l'abondance du cœur la bouche parle.

35 L'homme bon, du bon trésor, produit de bonnes choses, et l'homme mauvais, du mauvais trésor, produit de mauvaises choses.

36 Et je vous dis que, de toute parole futile que les hommes auront dite, ils rendront compte au jour du jugement.

37 Car par tes paroles tu seras justifié et par tes paroles tu seras condamné. »

Le signe de Jonas

38 Alors quelques-uns des scribes et des Pharisiens lui répondirent, en disant : « Maître, nous désirons voir un signe de ta part. »

39 Mais lui, répondant, leur dit : « Une génération mauvaise et adultère recherche un signe, mais il ne lui sera pas donné de signe si ce n'est le signe du prophète Jonas.

40 Car comme Jonas fut dans le ventre du très grand poisson trois jours et trois nuits, ainsi, le Fils de l'homme sera trois jours et trois nuits dans le cœur de la terre.

41 Des hommes de Ninive se lèveront lors du jugement avec cette génération, et ils la condamneront, car ils se sont repentis à la prédication de Jonas. Et voici, il y a ici plus que Jonas.

42 La reine du Midi se lèvera lors du jugement avec cette génération, et elle la condamnera, car elle vint des extrémités de la terre pour entendre la sagesse de Salomon. Et voici, il y a ici plus que Salomon.

Le sort d'Israël incrédule

43 « Or quand l'esprit impur est sorti d'un homme, il traverse des lieux arides, cherchant du repos, et il n'en trouve pas.

44 Alors il dit : "Je retournerai dans ma maison d'où je suis sorti." Et y étant venu, il la trouve vide, balayée et ornée.

45 Alors il va prendre avec lui sept autres esprits plus mauvais que lui-même. Et étant entrés, ils habitent là, et la dernière condition de cet homme est pire que la première. Ainsi en sera-t-il aussi de cette génération mauvaise. »

La vraie famille de Jésus

46 Comme il parlait encore aux foules, voici, sa mère et ses frères se tenaient dehors, cherchant à lui parler.

47 [Et quelqu'un lui dit : « Voici, ta mère et tes frères se tiennent dehors, cherchant à te parler. »]

48 Mais lui, répondant, dit à celui qui lui parlait : « Qui est ma mère et qui sont mes frères ? »

49 Et étendant sa main vers ses disciples, il dit : « Voici ma mère et mes frères.

50 Car celui qui fait la volonté de mon Père qui est dans les cieux, celui-là est mon frère, et ma sœur, et ma mère. »

Parabole du semeur

13 Et en ce jour-là, Jésus, étant sorti de la maison, s'assit au bord de la mer.

2 Et de grandes foules se rassemblèrent vers lui, si bien qu'il monta dans un bateau où il s'assit. Et toute la foule se tenait sur le

rivage.

3 Et il leur parla de beaucoup de choses par des paraboles, en disant : « Voici, le semeur sortit pour semer.

4 Et comme il semait, quelques [grains] tombèrent au bord du chemin, et les oiseaux vinrent et les dévorèrent.

5 Et d'autres tombèrent sur les endroits pierreux, là où ils n'avaient pas beaucoup de terre. Et ils levèrent aussitôt parce qu'ils n'avaient pas une terre profonde.

6 Mais le soleil s'étant levé, ils furent brûlés, et parce qu'ils n'avaient pas de racines, ils se desséchèrent.

7 Et d'autres tombèrent parmi les ronces ; et les ronces montèrent et les étouffèrent.

8 Et d'autres tombèrent sur la bonne terre et produisirent du fruit, l'un 100, et un [autre] 60, et un [autre] 30.

9 Celui qui a des oreilles[1], qu'il entende ! »

— [1] plusieurs manuscrits ajoutent : pour entendre.

Pourquoi Jésus parlait en paraboles

10 Et les disciples s'étant approchés lui dirent : « Pourquoi leur parles-tu en paraboles ? »

11 Et lui, répondant, leur dit : « C'est parce qu'à vous il est donné de connaître les mystères du royaume des cieux, mais à eux cela n'est pas donné.

12 Car à celui qui a, il sera donné et il sera dans l'abondance, mais à celui qui n'a pas, même ce qu'il a lui sera enlevé.

13 C'est pourquoi je leur parle en paraboles, parce qu'en voyant ils ne voient pas et qu'en entendant ils

n'entendent pas et ne comprennent pas.

14 Et pour eux s'accomplit la prophétie d'Ésaïe qui dit : "En entendant vous entendrez et vous ne comprendrez aucunement, et en voyant vous verrez et vous n'apercevrez aucunement.

15 Car le cœur de ce peuple s'est épaissi et ils sont devenus durs d'oreille et ils ont fermé leurs yeux, de peur qu'ils ne voient des yeux, et qu'ils n'entendent des oreilles, et qu'ils ne comprennent du cœur, et qu'ils ne se convertissent, et que je ne les guérisse."[1]

— [1] Ésaïe 6:9-10.

16 Mais bienheureux sont vos yeux parce qu'ils voient, et vos oreilles parce qu'elles entendent !

17 Car en vérité, je vous dis que beaucoup de prophètes et de justes ont désiré voir ce que vous voyez, mais ils ne l'ont pas vu, et d'entendre ce que vous entendez, mais ils ne l'ont pas entendu.

Explication de la parabole du semeur

18 « Vous donc, écoutez la parabole du semeur !

19 Toutes les fois que quelqu'un entend la parole du Royaume et ne [la] comprend pas, le Méchant vient et enlève ce qui a été semé dans son cœur. C'est là celui qui a reçu la semence au bord du chemin.

20 Et celui qui a reçu la semence sur les endroits pierreux, c'est celui qui entend la Parole et qui la reçoit aussitôt avec joie.

21 Il n'a pas de racines en lui-même, mais ne tient qu'un temps. Et quand la détresse ou la persécution arrive à cause de la Parole, il est aussitôt scandalisé.

22 Et celui qui a reçu la semence

parmi les ronces, c'est celui qui entend la Parole. Et les soucis[1] de ce siècle[2] et la tromperie des richesses étouffent la Parole, et il[3] est sans fruit.

— [1] littéralement : le souci. — [2] c.-à-d. : les soucis rencontrés au cours de la vie. — [3] ou : elle.

23 Et celui qui a reçu la semence sur la bonne terre, c'est celui qui entend et comprend la Parole, qui aussi porte du fruit et produit l'un 100, et un [autre] 60, et un [autre] 30. »

Parabole de l'ivraie

24 Il leur proposa une autre parabole, en disant : « Le royaume des cieux a été fait semblable à un homme qui avait semé de la bonne semence dans son champ.
25 Mais pendant que les hommes dormaient, son ennemi vint, et sema de l'ivraie[1] parmi le blé, et s'en alla.

— [1] ivraie : graminée qui envahit les champs de céréales et dont les graines sont toxiques.

26 Et lorsque l'herbe eut poussé et produit du fruit, alors apparut aussi l'ivraie.
27 Et les esclaves du maître de la maison s'étant approchés lui dirent : "Seigneur, n'as-tu pas semé de la bonne semence dans ton champ ? D'où vient donc qu'il a de l'ivraie ?"
28 Et il leur dit : "Un ennemi a fait cela." Et les esclaves lui dirent : "Veux-tu donc que nous allions la ramasser ?"
29 Mais il dit : "Non, de peur qu'en ramassant l'ivraie, vous ne déraciniez le blé avec elle.
30 Laissez-les croître ensemble, tous les deux, jusqu'à la moisson. Et au temps de la moisson, je dirai aux moissonneurs : Ramassez d'abord l'ivraie et liez-la en bottes pour la brûler entièrement, mais rassemblez le blé dans mon grenier." »

Parabole de la graine de moutarde

31 Il leur proposa une autre parabole, en disant : « Le royaume des cieux est semblable à une graine de moutarde qu'un homme prit et sema dans son champ.
32 Elle est, en fait, plus petite que toutes les semences, mais quand elle a pris sa croissance, elle est plus grande que les légumes et devient un arbre, de sorte que les oiseaux du ciel viennent s'abriter dans ses branches. »

Parabole du levain

33 Il leur dit une autre parabole : « Le royaume des cieux est semblable à du levain qu'une femme prit et cacha dans trois mesures de farine jusqu'à ce que tout soit levé. »

L'enseignement par les paraboles

34 Jésus dit toutes ces choses aux foules en paraboles, mais il ne leur disait rien sans parabole,
35 afin que soit accompli ce qui a été annoncé par le prophète qui a dit : « J'ouvrirai ma bouche en paraboles, je proclamerai des choses qui ont été cachées dès la fondation [du monde]. »[1]

— [1] Psaume 78:2.

Explication de la parabole de l'ivraie

36 Alors, ayant congédié les foules, il entra dans la maison. Et ses disciples s'approchèrent de lui, en disant : « Expose-nous la parabole de l'ivraie du champ. »
37 Et lui, répondant, dit : « Celui

qui sème la bonne semence, c'est le Fils de l'homme ;

38 et le champ, c'est le monde ; et la bonne semence, ce sont les fils du Royaume ; et l'ivraie, ce sont les fils du Méchant ;

39 et l'ennemi qui l'a semée, c'est le Diable ; et la moisson, c'est l'achèvement du siècle ; et les moissonneurs, ce sont des anges.

40 Ainsi, tout comme l'ivraie est ramassée et *[entièrement]* brûlée au feu, il en sera de même à l'achèvement du siècle :

41 le Fils de l'homme enverra ses anges et ils arracheront de son royaume toutes les causes de chute[1] et ceux qui commettent l'iniquité[2],

— [1] cause de chute : c'est proprement un trébuchet ou un crochet de détente d'un piège. — [2] iniquité, ici : marche sans loi, sans frein.

42 et ils les jetteront dans la fournaise de feu. Là seront les pleurs et les grincements de dents.

43 Alors les justes brilleront comme le soleil dans le royaume de leur Père. Celui qui a des oreilles[1], qu'il entende !

— [1] plusieurs manuscrits ajoutent : pour entendre.

Parabole du trésor

44 « Le royaume des cieux est semblable à un trésor caché dans un champ, qu'un homme après l'avoir trouvé a caché. Et dans sa joie, il s'en va et vend tout ce qu'il a et achète ce champ-là.

Parabole de la perle de très grand prix

45 « Le royaume des cieux est encore semblable à un marchand qui cherche de belles perles.

46 Et ayant trouvé une perle de très grand prix, il s'en alla, et vendit tout ce qu'il avait, et l'acheta.

Parabole du filet de pêche

47 « Le royaume des cieux est encore semblable à un filet jeté dans la mer et rassemblant toutes sortes [de poissons].

48 Et quand il est rempli, les pêcheurs[1] le tirent sur le rivage et, s'étant assis, ils mettent ensemble les bons [poissons] dans des paniers, mais ils jettent dehors les mauvais.

— [1] littéralement : ils.

49 Il en sera de même à l'achèvement du siècle : les anges sortiront, et sépareront les mauvais du milieu des justes,

50 et les jetteront dans la fournaise de feu. Là seront les pleurs et les grincements de dents.

Ancien et nouvel ordre de choses

51 « Avez-vous compris toutes ces choses ? » Ils lui disent : « Oui. »

52 Et il leur dit : « C'est pour cela que tout scribe qui a été fait disciple du royaume[1] des cieux est semblable à un maître de maison qui tire de son trésor des choses nouvelles et des choses vieilles. »

— [1] littéralement : au royaume ; ou : pour le royaume.

Jésus dans son pays

53 Et il arriva, quand Jésus eut achevé [de dire] ces paraboles, qu'il partit de là.

54 Et étant venu dans son pays, il les enseignait dans leur synagogue, si bien qu'ils étaient frappés d'étonnement et disaient : « D'où lui viennent cette sagesse et ces miracles ?

55 Celui-ci n'est-il pas le fils du charpentier ? Sa mère ne s'appelle-t-elle pas Marie, et ses

frères Jacques, et Joseph, et Simon, et Jude ?

56 Et ses sœurs ne sont-elles pas toutes parmi nous ? D'où lui viennent donc toutes ces choses ? »

57 Et ils étaient scandalisés[1] à cause de lui. Et Jésus leur dit : « Un prophète n'est pas méprisé, si ce n'est dans son pays et dans sa maison. »

— [1] c'est proprement un trébuchet ou un crochet de détente d'un piège.

58 Et il ne fit pas là beaucoup de miracles à cause de leur incrédulité.

Mort de Jean le Baptiseur

14 En ce temps-là, Hérode le tétrarque entendit [parler de] la renommée de Jésus,

2 et il dit à ses serviteurs : « C'est Jean le Baptiseur ! Il est ressuscité des morts, et c'est pourquoi les miracles s'opèrent par lui. »

3 Car Hérode, ayant fait prendre Jean, l'avait fait lier et mettre en prison à cause d'Hérodias, la femme de son frère Philippe.

4 Car Jean lui disait : « Il ne t'est pas permis de l'avoir [pour femme]. »

5 Et tout en voulant le faire mourir, il craignait la foule parce qu'on le considérait comme un prophète.

6 Mais pendant qu'on célébrait l'anniversaire d'Hérode, la fille d'Hérodias dansa au milieu [des invités] et plut à Hérode.

7 Aussi lui promit-il avec serment de lui donner ce qu'elle demanderait.

8 Et elle, poussée par sa mère, [lui] dit : « Donne-moi ici, sur un plat, la tête de Jean le Baptiseur. »

9 Et le roi en fut affligé, mais à cause des serments et de ceux qui étaient à table avec lui, il ordonna qu'on la lui donne.

10 Et il envoya décapiter Jean dans la prison.

11 Puis sa tête fut apportée sur un plat et donnée à la jeune fille ; et elle [la] porta à sa mère.

12 Alors ses disciples vinrent prendre le corps et ils l'enterrèrent. Et s'en étant allés, ils rapportèrent à Jésus [ce qui était arrivé].

13 Et Jésus, l'ayant entendu, se retira de là en bateau dans un lieu désert, à l'écart. Et les foules, l'ayant appris, le suivirent à pied des [différentes] villes.

Première multiplication des pains

14 Et étant sorti [du bateau], il vit une grande foule ; et il fut ému de compassion envers eux, et il guérit leurs infirmes.

15 Et le soir étant venu, les disciples s'approchèrent de lui, en disant : « Le lieu est désert et l'heure est déjà avancée[1]. Renvoie les foules, afin qu'elles s'en aillent dans les villages et qu'elles s'achètent des vivres. »

— [1] littéralement : passée.

16 Mais Jésus leur dit : « Il n'est pas nécessaire qu'elles s'en aillent ; vous, donnez-leur à manger ! »

17 Mais ils lui disent : « Nous n'avons ici que 5 pains et 2 poissons. »

18 Alors il dit : « Apportez-les-moi ici. »

19 Et ayant donné l'ordre aux foules de s'asseoir sur l'herbe, ayant pris les 5 pains et les 2 poissons, il leva les yeux vers le ciel, et il bénit. Et ayant rompu les pains, il les donna aux disciples, et les disciples [les donnèrent] aux

foules.

20 Et ils mangèrent tous et furent rassasiés. Puis ils ramassèrent les morceaux qui restaient, 12 paniers pleins.

21 Or ceux qui avaient mangé étaient environ 5 000 hommes, sans compter les femmes et les enfants.

Jésus sur la montagne et les disciples dans la tempête

22 Et aussitôt il obligea les disciples à monter dans le bateau, et à le précéder à l'autre rive, pendant qu'il renverrait les foules.

23 Et quand il eut renvoyé les foules, il monta sur la montagne, à l'écart, pour prier. Et le soir étant venu, il était là, seul.

24 Or le bateau était déjà éloigné de la terre de plusieurs stades[1], battu par les vagues, car le vent était contraire.

— [1] plusieurs manuscrits portent : était déjà au milieu de la mer ; 1 stade = 185 m environ.

25 Et à la quatrième veille de la nuit, il alla vers eux, marchant sur la mer.

26 Et les disciples, le voyant marcher sur la mer, furent troublés et dirent : « C'est un fantôme ! » Et ils crièrent de peur.

27 Mais *[Jésus]* leur parla aussitôt, en disant : « Ayez bon courage, c'est moi, n'ayez pas peur ! »

28 Et Pierre, lui répondant, dit : « Seigneur, si c'est toi, commande-moi d'aller vers toi sur les eaux. »

29 Et il dit : « Viens ! » Et Pierre, étant descendu du bateau, marcha sur les eaux et alla vers Jésus.

30 Mais voyant *[que]* le vent *[était fort]*, il eut peur ; et comme il commençait à s'enfoncer, il s'écria, en disant : « Seigneur, sauve-

moi ! »

31 Et aussitôt Jésus, étendant la main, le prit et lui dit : « [Homme de] petite foi, pourquoi as-tu douté ? »

32 Et quand ils furent montés dans le bateau, le vent tomba.

33 Et ceux qui étaient dans le bateau se prosternèrent devant lui, en disant : « Véritablement, tu es le Fils de Dieu ! »

Plusieurs guérisons à Génésareth

34 Et étant passés à l'autre rive, ils vinrent dans la région de Génésareth.

35 Et les hommes de ce lieu, l'ayant reconnu, envoyèrent [des messagers] dans toute la région environnante, et on lui apporta tous ceux qui se portaient mal.

36 Et ils le priaient de [les laisser] seulement toucher le bord de son vêtement. Et tous ceux qui le touchèrent furent complètement guéris[1].

— [1] littéralement : sauvés.

Jésus et la tradition

15 Alors les Pharisiens et les scribes, venant de Jérusalem, s'approchent de Jésus, en disant :

2 « Pourquoi tes disciples transgressent-ils la tradition des anciens ? Car ils ne se lavent pas les mains quand ils mangent du pain. »

3 Mais lui, répondant, leur dit : « Et vous, pourquoi transgressez-vous le commandement de Dieu à cause de votre tradition ?

4 Car Dieu a dit : "Honore [ton] père et [ta] mère"[1] et : "Que celui qui parlera en mal de [son] père ou de [sa] mère soit puni de mort[2]."[3]

— [1] Exode 20:12. — [2] littéralement : meure de mort. — [3] Exode 21:17.

5 Mais vous, vous dites : "[Celui] qui dira à [son] père ou à [sa] mère : 'Ce dont j'aurais pu t'assister[1] est une offrande [à Dieu]'
— [1] littéralement : Ce dont tu pourrais tirer profit de ma part.

6 n'a pas du tout à honorer son père[1]." Ainsi, vous avez annulé la parole de Dieu à cause de votre tradition.
— [1] plusieurs manuscrits ajoutent : ou sa mère.

7 Hypocrites ! Ésaïe a bien prophétisé à votre sujet, en disant :
8 "Ce peuple m'honore des lèvres, mais leur cœur est très éloigné de moi ;
9 mais ils me rendent un culte en vain, enseignant comme doctrines des commandements d'hommes."[1] »
— [1] Ésaïe 29:13.

Enseignement sur la vraie souillure
10 Et ayant appelé la foule auprès [de lui], il leur dit : « Écoutez et comprenez !
11 Ce n'est pas ce qui entre dans la bouche qui souille l'homme ; mais ce qui sort de la bouche, voilà ce qui souille l'homme. »
12 Alors les disciples, s'étant approchés, lui dirent : « Sais-tu que les Pharisiens ont été scandalisés en entendant [cette] parole ? »
13 Mais lui, répondant, dit : « Toute plante que mon Père céleste n'a pas plantée sera déracinée.
14 Laissez-les, ce sont des aveugles conducteurs *[d'aveugles]*. Et si un aveugle conduit un aveugle, ils tomberont [tous] les deux dans une fosse. »
15 Et Pierre, répondant, lui dit : « Explique-nous [cette] parabole. »
16 Mais il dit :« Vous aussi, êtes-vous encore sans intelligence ?
17 Ne comprenez-vous pas encore que tout ce qui entre dans la bouche va dans le ventre, puis est rejeté dans la fosse ?
18 Mais les choses qui sortent de la bouche viennent du cœur, et ces choses-là souillent l'homme.
19 Car du cœur viennent les mauvaises pensées, les meurtres, les adultères, les fornications, les vols, les faux témoignages, les blasphèmes.
20 Ce sont ces choses qui souillent l'homme, mais de manger avec des mains non lavées ne souille pas l'homme. »

La grande foi d'une cananéenne
21 Et Jésus, partant de là, se retira dans la région[1] de Tyr et de Sidon.
— [1] pas nécessairement dans le territoire, mais dans le voisinage.

22 Et voici, une femme cananéenne venue de ces territoires, étant sortie, s'écria en disant : « Seigneur, Fils de David, aie pitié de moi ! Ma fille est cruellement tourmentée par un démon. »
23 Mais il ne lui répondit pas un mot. Et ses disciples, s'étant approchés, le prièrent, en disant : « Renvoie-la, car elle nous poursuit de ses cris[1]. »
— [1] littéralement : elle crie derrière nous.

24 Mais lui, répondant, dit : « Je n'ai été envoyé qu'aux brebis perdues de la maison d'Israël. »
25 Et elle vint se prosterner devant lui, en disant : « Seigneur, assiste-moi ! »
26 Mais lui, répondant, dit : « Il ne convient pas de prendre le pain des enfants et de le jeter aux chiens[1]. »
— [1] littéralement : petits chiens ; plus méprisant que chiens.

27 Et elle dit : « Oui, Seigneur ! Car même les chiens[1] mangent des miettes qui tombent de la table de leurs maîtres. »

— [1] littéralement : petits chiens ; plus méprisant que chiens.

28 Alors Jésus, répondant, lui dit : « Ô femme, ta foi est grande ! Qu'il te soit fait comme tu veux ! » Et dès cette heure-là sa fille fut guérie.

De nombreuses guérisons près de la mer de Galilée

29 Et Jésus, étant parti de là, vint près de la mer de Galilée. Et étant monté sur la montagne, il s'assit là. 30 Et de grandes foules s'approchèrent de lui, ayant avec elles des boiteux, des aveugles, des estropiés, des muets et beaucoup d'autres [malades]. Et elles les déposèrent à ses pieds, et il les guérit, 31 de sorte que les foules étaient dans l'admiration en voyant les muets parler, les estropiés guérir, les boiteux marcher et les aveugles voir. Et elles glorifièrent le Dieu d'Israël.

Seconde multiplication des pains

32 Et Jésus, ayant appelé ses disciples auprès [de lui], dit : « Je suis ému de compassion envers la foule, car voilà déjà 3 jours qu'ils restent auprès de moi, et ils n'ont rien à manger. Et je ne veux pas les renvoyer à jeun, de peur que les forces ne leur manquent en chemin. » 33 Alors les disciples lui disent : « Où [trouverions-]nous dans le désert assez de pains pour rassasier une si grande foule ? » 34 Et Jésus leur dit : « Combien avez-vous de pains ? » Et ils dirent : « Sept et quelques petits poissons. »

35 Et il commanda à la foule de s'asseoir par terre. 36 [Alors] il prit les 7 pains et les poissons, et ayant rendu grâce, il les rompit et les donna à ses disciples, et les disciples [les donnèrent] à la foule. 37 Et ils mangèrent tous et furent rassasiés. Et ils ramassèrent 7 corbeilles pleines des morceaux qui restaient. 38 Or ceux qui avaient mangé étaient 4 000 hommes, sans [compter] les femmes et les enfants. 39 Et ayant renvoyé les foules, il monta dans le bateau et vint dans la région de Magadan.

Les Pharisiens et les Sadducéens demandent à Jésus un signe du ciel

16 Et les Pharisiens et les Sadducéens, s'étant approchés, lui demandèrent, pour le mettre à l'épreuve, de leur montrer un signe du ciel. 2 Mais lui, répondant, leur dit : [« Quand le soir est venu, vous dites : "Il fera beau temps, car le ciel est rouge" ;] 3 [et le matin : "Il y aura aujourd'hui de l'orage, car le ciel est rouge et sombre." Vous savez discerner l'apparence du ciel, mais vous ne pouvez pas [discerner] les signes des temps ?] 4 Une génération mauvaise et adultère recherche un signe, mais il ne lui sera pas donné de signe si ce n'est le signe de Jonas. » Et les laissant, il s'en alla.

Le levain des Pharisiens et des Sadducéens

5 Et quand les disciples furent venus à l'autre rive, ils avaient oublié de prendre des pains.

6 Et Jésus leur dit : « Ouvrez les yeux et prenez garde au levain des Pharisiens et des Sadducéens. »

7 Et ils raisonnaient en eux-mêmes, en disant : « C'est parce que nous n'avons pas pris des pains. »

8 Mais Jésus, le sachant, dit : « Pourquoi raisonnez-vous en vous-mêmes, gens de petite foi, sur ce que vous n'avez pas [pris] des pains ?

9 Ne comprenez-vous pas encore, et ne vous souvenez-vous pas des 5 pains pour les 5 000 [hommes] et combien de paniers vous en avez recueillis ?

10 Ni des 7 pains pour les 4 000 [hommes] et combien de corbeilles vous en avez recueillies ?

11 Comment ne comprenez-vous pas que ce n'était pas au sujet des pains que je vous disais : Prenez garde au levain des Pharisiens et des Sadducéens ? »

12 Alors ils comprirent qu'il leur avait dit de prendre garde, non au levain des pains, mais à l'enseignement des Pharisiens et des Sadducéens.

Pierre déclare que Jésus est le Christ – Service auquel Jésus le destine

13 Or lorsque Jésus fut venu dans la région de Césarée de Philippe, il interrogea ses disciples, en disant : Qui disent les hommes que je suis, [moi,] le Fils de l'homme ?

14 Et ils répondirent : « Les uns [disent] : "Jean le Baptiseur", d'autres : "Élie", et d'autres : "Jérémie ou l'un des prophètes". »

15 Il leur dit : « Mais vous, qui dites-vous que je suis ? »

16 Et Simon Pierre, répondant, dit : « Toi, tu es le Christ, le Fils du Dieu vivant. »

17 Et Jésus, répondant, lui dit : « Tu es bienheureux, Simon Barjonas[1], car la chair et le sang ne t'ont pas révélé [cela], mais mon Père qui est dans les cieux.

— [1] Barjonas : fils de Jonas.

18 Et moi aussi, je te dis que tu es Pierre[1] ; et sur ce rocher je bâtirai mon Assemblée et [les] portes de l'Hadès[2] ne prévaudront pas contre elle.

— [1] ou : une pierre. — [2] Hadès : expression très vague, comme Shéol dans l'Ancien Testament ; le lieu invisible où les âmes des hommes vont après la mort ; distinct de Géhenne, le lieu des tourments infernaux.

19 Je te donnerai les clefs du royaume des cieux, et ce que tu lieras sur la terre sera lié dans les cieux, et ce que tu délieras sur la terre sera délié dans les cieux. »

20 Alors il commanda expressément aux disciples de ne dire à personne qu'il était le Christ.

Jésus annonce une première fois sa mort et sa résurrection

21 Dès lors Jésus commença à montrer à ses disciples qu'il fallait qu'il aille à Jérusalem et qu'il souffre beaucoup de la part des anciens, et des principaux sacrificateurs, et des scribes, et qu'il soit mis à mort, et qu'il soit ressuscité le troisième jour.

22 Et Pierre le prenant à part se mit à le reprendre, en disant : « Seigneur, que Dieu t'en préserve[1], cela ne t'arrivera certainement pas ! »

— [1] littéralement : Seigneur, propice pour toi !

23 Mais lui, s'étant retourné, dit à

Pierre : « Va-t'en loin derrière moi, Satan, tu es pour moi une cause de chute ! Car tes pensées ne sont pas aux choses de Dieu, mais à celles des hommes. »

Renoncer à tout pour suivre Jésus

24 Alors Jésus dit à ses disciples : « Si quelqu'un veut venir à ma suite[1], qu'il renonce à lui-même, et qu'il prenne sa croix et me suive.
— [1] littéralement : derrière moi.

25 Car celui qui voudra sauver sa vie[1] la perdra, mais celui qui perdra sa vie[1] à cause de moi la trouvera.
— [1] vie et âme.

26 En effet, quel profit y aura-t-il pour un homme s'il gagne le monde entier, mais qu'il fasse la perte de son âme[1] ? Ou que donnera un homme en échange de son âme[1] ?
— [1] vie et âme.

27 Car le Fils de l'homme va venir dans la gloire de son Père, avec ses anges, et alors il rendra à chacun selon sa conduite.

28 En vérité, je vous [le] dis : quelques-uns de ceux qui se tiennent ici ne feront certainement pas l'expérience de la mort avant d'avoir vu le Fils de l'homme venir dans son règne. »

La Transfiguration de Jésus

17 Et six jours après, Jésus prend avec [lui] Pierre, et Jacques, et Jean son frère, et il les fait monter sur une haute montagne, à l'écart.

2 Et il fut transfiguré devant eux ; et son visage brilla comme le soleil, et ses vêtements devinrent blancs comme la lumière.

3 Et voici, Moïse et Élie leur apparurent, parlant avec lui.

4 Alors Pierre, répondant, dit à Jésus : « Seigneur, il est bon que nous soyons ici. Si tu [le] veux, je vais faire ici trois tentes, une pour toi, et une pour Moïse, et une pour Élie. »

5 Comme il parlait encore, voici, une nuée lumineuse les couvrit[1]. Et voici, de la nuée [se fit entendre] une voix qui dit : « Celui-ci est mon Fils bien-aimé en qui j'ai trouvé mon plaisir ; écoutez-le ! »
— [1] comme en Exode 40:34-35.

6 Et quand les disciples entendirent cela, ils tombèrent sur leur face et eurent une grande frayeur.

7 Mais Jésus s'approcha, et les toucha, et dit : « Levez-vous et n'ayez pas peur ! »

8 Et levant leurs yeux, ils ne virent personne sinon Jésus, lui seul.

Question des disciples au sujet d'Élie

9 Et comme ils descendaient de la montagne, Jésus leur donna cet ordre, en disant : « Ne parlez de la vision à personne jusqu'à ce que le Fils de l'homme soit ressuscité d'entre les morts. »

10 Et les disciples l'interrogèrent, en disant : « Pourquoi donc les scribes disent-ils qu'il faut qu'Élie vienne d'abord ? »

11 Et lui, répondant, dit : « En effet, Élie vient et il rétablira toutes choses.

12 Mais je vous dis qu'Élie est déjà venu, et ils ne l'ont pas reconnu, mais ils lui ont fait tout ce qu'ils ont voulu. De même, le Fils de l'homme va [lui] aussi souffrir de leur part. »

13 Alors les disciples comprirent qu'il leur parlait de Jean le Baptiseur.

Guérison d'un démoniaque épileptique nécessitant la puissance de Jésus

14 Et quand ils furent venus auprès de la foule, un homme s'approcha de Jésus[1], et se jeta à genoux devant lui,

— [1] littéralement : lui.

15 et dit : « Seigneur, aie pitié de mon fils, parce qu'il est épileptique et souffre cruellement ; car il tombe souvent dans le feu et souvent dans l'eau.

16 Et je l'ai apporté à tes disciples, mais ils n'ont pas pu le guérir. »

17 Et Jésus, répondant, dit : « Ô génération incrédule et perverse, jusqu'à quand serai-je avec vous ? Jusqu'à quand vous supporterai-je ? Amenez-le-moi ici ! »

18 Et Jésus menaça le démon[1] et le démon sortit de lui. Et l'enfant fut guéri dès cette heure-là.

— [1] littéralement : le menaça.

19 Alors les disciples, s'étant approchés de Jésus, [lui] dirent à l'écart : « Pourquoi n'avons-nous pas pu le chasser ? »

20 Et il leur dit : « [C'est] à cause de votre incrédulité. Car en vérité, je vous [le] dis : si vous aviez de la foi comme une graine de moutarde, vous diriez à cette montagne : "Déplace-toi d'ici jusque-là !" et elle se déplacerait. Et rien ne vous serait impossible.[1] »

— [1] plusieurs manuscrits ajoutent (verset 21) : Mais cette sorte [de démon] ne sort que par la prière et par le jeûne.

Jésus annonce une deuxième fois sa mort et sa résurrection

22 Et comme ils retournaient en Galilée, Jésus leur dit : « Le Fils de l'homme va être livré entre les mains des hommes,

23 et ils le feront mourir, et le troisième jour il ressuscitera. » Et ils furent très attristés.

L'impôt du Temple payé par Jésus et Pierre

24 Et lorsqu'ils furent venus à Capernaüm, les receveurs des didrachmes[1] s'approchèrent de Pierre et dirent : « Votre maître[2] ne paie-t-il pas les didrachmes ? »

— [1] les didrachmes : impôt juif personnel de 2 drachmes (moitié d'un statère) ; 1 didrachme = 5,7 g d'argent environ ; voir Exode 30:11-16 ; comparer avec Néh. 10:33-34. — [2] c.-à-d. : maître qui enseigne.

25 Il dit : « Oui. » Et quand il fut entré dans la maison, Jésus prit les devants, en disant : « Qu'en penses-tu, Simon ? Les rois de la terre, de qui reçoivent-ils [les] tributs ou [les] impôts, de leurs fils ou des étrangers ? »

26 Et comme il disait : « Des étrangers », Jésus lui dit : « Alors les fils en sont donc exempts.

27 Mais afin que nous ne les scandalisions pas, va-t'en à la mer, jette un hameçon et prends le premier poisson qui montera. Et quand tu lui auras ouvert la bouche, tu y trouveras un statère[1] ; prends-le et donne[-le]-leur pour moi et pour toi.

— [1] 1 statère = 11,4 g d'argent environ.

Qui est le plus grand ? – Les occasions de chute – La valeur d'un petit enfant

18
À cette heure-là, les disciples s'approchèrent de Jésus, en disant : « Qui donc est le plus grand[1] dans le royaume des cieux ? »

— [1] littéralement : est plus grand [que d'autres].

2 Et ayant appelé auprès [de lui] un petit enfant, il le plaça au milieu d'eux

3 et dit : « En vérité, je vous [le] dis : si vous ne vous convertissez

pas et ne devenez pas comme les petits enfants, vous n'entrerez certainement pas dans le royaume des cieux.

4 Par conséquent, celui qui s'abaissera lui-même comme ce petit enfant, celui-là est le plus grand[1] dans le royaume des cieux.
— [1] littéralement : est plus grand [que d'autres].

5 Et celui qui reçoit en mon nom un petit enfant comme celui-ci me reçoit.

6 Mais si quelqu'un est une cause de chute pour un de ces petits qui croient en moi, il serait avantageux pour lui qu'on suspende autour de son cou une meule[1] et qu'il soit noyé dans les profondeurs de la mer.
— [1] littéralement : meule d'âne ; c.-à-d. : tournée par un âne.

7 Malheur au monde qui cause tant de chutes ! Car il est nécessaire qu'il arrive des causes de chute, mais malheur à cet homme par qui la cause de chute arrive !

8 Et si ta main ou ton pied est pour toi une cause de chute, coupe-les et jette-les loin de toi ! Il vaut mieux pour toi entrer dans la vie manchot ou boiteux que d'avoir deux mains ou deux pieds et d'être jeté dans le feu éternel.

9 Et si ton œil est pour toi une cause de chute, arrache-le et jette-le loin de toi ! Il vaut mieux pour toi entrer dans la vie n'ayant qu'un œil que d'avoir deux yeux et d'être jeté dans la Géhenne[1] de feu.
— [1] la Géhenne : le lieu des tourments infernaux.

10 Prenez garde de ne pas mépriser un de ces petits ; car je vous dis que dans les cieux leurs anges voient continuellement la face de mon Père qui est dans les cieux.[1]
— [1] plusieurs manuscrits ajoutent (verset 11) : Car le Fils de l'homme est venu pour sauver ce qui était perdu.

12 Qu'en pensez-vous ? Si un homme a 100 brebis et que l'une d'elles se soit égarée, ne laissera-t-il pas les 99 [autres] sur les montagnes pour aller chercher celle qui s'est égarée ?

13 Et s'il arrive qu'il la trouve, en vérité, je vous dis qu'il en a plus de joie que des 99 [autres] qui ne se sont pas égarées.

14 Ainsi, ce n'est pas la volonté de votre Père qui est dans les cieux qu'un seul de ces petits périsse.

Comment régler les torts entre frères – La prière en commun – La présence du Seigneur au milieu des siens

15 « Et si ton frère pèche *[contre toi]*, va, reprends-le[1] seul à seul. S'il t'écoute, tu as gagné ton frère.
— [1] ou : convaincs-le.

16 Mais s'il ne t'écoute pas, prends avec toi encore une ou deux personnes, afin que par la bouche de deux ou de trois témoins toute affaire soit établie.[1]
— [1] voir Deut. 19:15.

17 Et s'il refuse de les écouter, dis-le à l'assemblée. Et s'il refuse aussi d'écouter l'assemblée, qu'il te soit comme un homme des nations et comme un publicain.

18 En vérité, je vous [le] dis : tout ce que vous lierez sur la terre sera lié dans le ciel et tout ce que vous délierez sur la terre sera délié dans le ciel.

19 *[En vérité,]* je vous dis encore que si deux d'entre vous sont d'accord sur la terre pour une chose quelconque, quelle que soit la chose qu'ils demanderont, elle

sera faite pour eux par mon Père qui est dans les cieux.

20 Car là où deux ou trois sont rassemblés à[1] mon nom, je suis là au milieu d'eux. »

— [1] ou : pour ; littéralement : vers.

Le pardon des péchés

21 Alors Pierre, s'étant approché, lui dit : « Seigneur, combien de fois mon frère péchera-t-il contre moi et lui pardonnerai-je ? [Sera-ce] jusqu'à 7 fois ? »

22 Jésus lui dit : « Je ne te dis pas jusqu'à 7 fois, mais jusqu'à 70 fois 7 [fois].

23 C'est pourquoi le royaume des cieux a été fait semblable à un roi qui voulut faire ses comptes avec ses esclaves.

24 Et quand il eut commencé à le faire, on lui en amena un qui lui devait 10 000 talents[1].

— [1] 1 talent (d'argent) = 17,1 kg environ.

25 Et comme il n'avait pas de quoi payer, son seigneur ordonna qu'il soit vendu, ainsi que sa femme, et ses enfants, et tout ce qu'il avait, et que soit acquittée [la dette].

26 Alors l'esclave, se jetant à ses pieds, se prosterna devant lui, en disant : "Prends patience envers moi et je te paierai tout."

27 Et le seigneur de cet esclave-là, ému de compassion, le relâcha et lui remit la dette.

28 Mais cet esclave, étant sorti, trouva un de ceux qui étaient esclaves avec lui, [et] qui lui devait 100 deniers[1]. Et l'ayant saisi, il l'étranglait, en disant : "Paie puisque tu dois quelque chose !"

— [1] le denier était le salaire journalier d'un ouvrier.

29 Alors celui qui était esclave avec lui, se jetant à ses pieds, le supplia, en disant : "Prends patience envers moi et je te paierai."

30 Et il ne [le] voulut pas, mais il s'en alla et le jeta en prison jusqu'à ce qu'il ait payé la dette.

31 Or ceux qui étaient esclaves avec lui, voyant ce qui était arrivé, furent extrêmement affligés et s'en allèrent déclarer à leur seigneur tout ce qui s'était passé.

32 Alors son seigneur, l'ayant appelé auprès de lui, lui dit : "Mauvais esclave, je t'ai remis toute cette dette parce que tu m'en as supplié.

33 N'aurais-tu pas dû, [toi] aussi, avoir pitié de celui qui est esclave avec toi, comme moi aussi, j'ai eu pitié de toi ?"

34 Et son seigneur, étant en colère, le livra aux bourreaux jusqu'à ce qu'il ait payé toute la dette.

35 C'est ainsi que vous fera aussi mon Père céleste si vous ne pardonnez pas de tout votre cœur, chacun à son frère. »

Enseignements sur le divorce, le mariage et le célibat

19 Et il arriva, quand Jésus eut achevé ces discours, qu'il partit de la Galilée et alla dans les territoires de la Judée, de l'autre côté du Jourdain[1].

— [1] c.-à-d. : du côté ouest du Jourdain.

2 Et de grandes foules le suivirent et il les guérit là.

3 Et les Pharisiens s'approchèrent de lui et le mirent à l'épreuve, en disant : « Est-il permis à un homme de répudier sa femme pour n'importe quel motif ? »

4 Et lui, répondant, dit : « N'avez-vous pas lu que celui qui les a

créés, dès le commencement, les a faits homme et femme[1],

— [1] littéralement : mâle et femelle.

5 et qu'il a dit : "C'est pourquoi l'homme quittera son[1] père et sa[2] mère, et s'attachera à sa femme, et les deux deviendront une seule chair[3]" ?

— [1] littéralement : le. — [2] littéralement : la. — [3] littéralement : seront pour une seule chair ; voir Genèse 2:24.

6 Ainsi, ils ne sont plus deux, mais une seule chair. Donc, ce que Dieu a uni, que l'homme ne le sépare pas. »

7 Ils lui disent : « Alors pourquoi Moïse a-t-il commandé de donner une lettre de divorce et de [la] répudier ? »

8 Il leur dit : « Moïse, à cause de votre dureté de cœur, vous a permis de répudier vos femmes ; mais au commencement il n'en était pas ainsi.

9 Et je vous [le] dis : celui qui répudie sa femme – sauf pour cause de fornication – et qui en épouse une autre, commet l'adultère.[1] »

— [1] plusieurs manuscrits ajoutent : Et celui qui épouse une femme répudiée commet l'adultère.

10 [Ses] disciples lui disent : « Si telle est la condition de l'homme à l'égard de la femme, il n'est pas avantageux de se marier. »

11 Mais il leur dit : « Tous ne reçoivent pas [cette] parole, mais ceux à qui cela est donné.

12 Car il y a des eunuques qui sont nés ainsi dès le ventre de leur mère ; et il y a des eunuques qui ont été faits eunuques par les hommes ; et il y a des eunuques qui se sont faits eux-mêmes eunuques à cause du royaume des cieux. Que celui qui peut recevoir [cette parole] la reçoive. »

Jésus et les enfants

13 Alors on lui apporta des petits enfants, pour qu'il leur impose les mains et qu'il prie ; mais les disciples réprimandaient ceux [qui les apportaient].

14 Alors Jésus dit : « Laissez venir à moi les petits enfants et ne les en empêchez pas, car le royaume des cieux est à ceux qui sont comme eux[1]. »

— [1] littéralement : car aux tels est le royaume des cieux.

15 Et leur ayant imposé les mains, il partit de là.

Le jeune homme riche

16 Et voici, quelqu'un s'étant approché lui dit : « Maître, que dois-je faire de bon pour avoir la vie éternelle ? »

17 Et il lui dit : « Pourquoi m'interroges-tu sur ce qui est bon ? Un seul est bon. Mais si tu veux entrer dans la vie, garde les commandements. »

18 Il lui dit : « Lesquels ? » Et Jésus dit : « Tu ne commettras pas de meurtre ; tu ne commettras pas d'adultère ; tu ne commettras pas de vol ; tu ne porteras pas de faux témoignage ;

19 honore ton père et ta mère ; et tu aimeras ton prochain comme toi-même. »

20 Le jeune homme lui dit : « J'ai gardé toutes ces choses ; que me manque-t-il encore ? »

21 Jésus lui dit : « Si tu veux être parfait, va, vends tes biens, et donne aux pauvres, et tu auras un trésor dans le ciel. Et viens, suis-moi ! »

22 Mais le jeune homme, ayant entendu [cette] parole, s'en alla tout triste, car il avait de grands biens.

23 Alors Jésus dit à ses disciples : « En vérité, je vous dis qu'un riche entrera difficilement dans le royaume des cieux.

24 Et je vous [le] dis encore : il est plus facile à un chameau de passer par un trou d'aiguille qu'à un riche d'entrer dans le royaume de Dieu. »

25 Et les disciples, l'ayant entendu, furent extrêmement étonnés et dirent : « Qui donc peut être sauvé ? »

26 Et Jésus, [les] regardant, leur dit : « Pour les hommes cela est impossible, mais pour Dieu toutes choses sont possibles. »

Récompense promise aux douze apôtres

27 Alors Pierre, répondant, lui dit : « Voici, nous, nous avons tout quitté et nous t'avons suivi ; qu'en sera-t-il donc pour nous ? »

28 Et Jésus leur dit : « En vérité, je vous dis que vous qui m'avez suivi – lors de la régénération, quand le Fils de l'homme s'assiéra sur le trône de sa gloire – vous serez assis, vous aussi, sur douze trônes, jugeant les douze tribus d'Israël.

29 Et quiconque aura quitté maisons, ou frères, ou sœurs, ou père, ou mère, ou enfants, ou champs, à cause de mon nom, en recevra 100 fois autant et héritera de la vie éternelle.

30 Mais beaucoup de premiers seront derniers et beaucoup de derniers seront premiers.

Parabole du maître de la vigne et de ses ouvriers

20 « En effet, le royaume des cieux est semblable à un maître de maison qui sortit dès le matin afin d'embaucher des ouvriers pour sa vigne.

2 Et étant tombé d'accord avec les ouvriers pour un denier[1] par jour, il les envoya dans sa vigne.

— [1] denier : pièce de monnaie romaine.

3 Et étant sorti vers la troisième heure, il en vit d'autres qui se tenaient sur la place publique à ne rien faire.

4 Et il dit à ceux-là : "Allez vous aussi dans la vigne et je vous donnerai ce qui sera juste".

5 Et ils s'en allèrent. *[Et]* étant sorti encore vers la sixième heure et vers la neuvième heure, il fit de même.

6 Et étant sorti vers la onzième heure, il en trouva d'autres qui se tenaient là, et il leur dit : "Pourquoi vous tenez-vous ici tout le jour à ne rien faire ?"

7 Ils lui disent : "Parce que personne ne nous a embauchés." Il leur dit : "Allez vous aussi dans la vigne !"

8 Et le soir étant venu, le maître de la vigne dit à son intendant : "Appelle les ouvriers et paie-leur le salaire, en commençant par les derniers, jusqu'aux premiers."

9 Et lorsque ceux [qui avaient été embauchés] vers la onzième heure furent venus, ils reçurent chacun un denier.

10 Et quand les premiers furent venus, ils croyaient recevoir davantage, mais ils reçurent, eux aussi, chacun un denier.

11 Et l'ayant reçu, ils murmuraient contre le maître de maison,

12 en disant : "Ces derniers ont travaillé une heure et tu les as faits égaux à nous qui avons supporté le poids du jour et la grosse chaleur."

13 Mais lui, répondant, dit à l'un

d'eux : "Mon ami, je ne te fais pas tort ; n'es-tu pas tombé d'accord avec moi pour un denier ?

14 Prends ce qui est à toi et va-t'en ! Mais je veux donner à ce dernier autant qu'à toi.

15 Ne m'est-il pas permis de faire ce que je veux de ce qui m'appartient ? Ton œil est-il mauvais parce que moi, je suis bon ?"

16 Ainsi, les derniers seront premiers et les premiers seront derniers.[1] »

— [1] plusieurs manuscrits ajoutent : Car il y a beaucoup d'appelés, mais peu d'élus.

Jésus annonce une troisième fois sa mort et sa résurrection

17 Et Jésus, montant à Jérusalem, prit à part les douze *[disciples]* et, en chemin, il leur dit :

18 « Voici, nous montons à Jérusalem et le Fils de l'homme sera livré aux principaux sacrificateurs et aux scribes. Et ils le condamneront à mort

19 et le livreront aux nations pour se moquer [de lui], et le fouetter, et le crucifier ; et le troisième jour il ressuscitera. »

La demande de la mère des fils de Zébédée

20 Alors la mère des fils de Zébédée s'approcha de lui avec ses fils, [et] elle se prosterna pour lui faire une demande.

21 Et il lui dit : « Que veux-tu ? » Elle lui dit : « Dis que mes deux fils que voici s'assoient, l'un à ta droite et l'autre à ta gauche, dans ton royaume. »

22 Et Jésus, répondant, dit : « Vous ne savez pas ce que vous demandez. Pouvez-vous boire la coupe que moi, je vais boire ? » Ils lui disent : « Nous le pouvons. »

23 Il leur dit : « Vous boirez bien ma coupe, mais de s'asseoir à ma droite et à ma gauche, ce n'est pas à moi de le donner, sinon à ceux pour qui cela est préparé par mon Père. »

24 Et les dix [autres], l'ayant entendu, furent indignés à l'égard des deux frères.

25 Alors Jésus, les ayant appelés auprès [de lui], dit : « Vous savez que les chefs des nations dominent en seigneurs sur elles et que les grands exercent l'autorité sur elles.

26 Il n'en sera pas ainsi parmi vous ; mais celui qui voudra devenir grand parmi vous sera votre serviteur ;

27 et celui qui voudra être le premier parmi vous sera votre esclave.

28 De même, le Fils de l'homme n'est pas venu pour être servi, mais pour servir et pour donner sa vie en rançon pour[1] un grand nombre. »

— [1] littéralement : à la place de ; différent de 1 Tim. 2:6.

Guérison de deux aveugles à Jéricho

29 Et comme ils sortaient de Jéricho, une grande foule le suivit.

30 Et voici, deux aveugles assis au bord du chemin, ayant entendu que Jésus passait, crièrent en disant : « Aie pitié de nous, *[Seigneur]*, Fils de David ! »

31 Et la foule les reprit afin qu'ils se taisent. Mais ils criaient [encore] plus fort, en disant : « Aie pitié de nous, Seigneur, Fils de David ! »

32 Et Jésus, s'arrêtant, les appela et dit : « Que voulez-vous que je fasse pour vous ? »

33 Ils lui disent : « Seigneur, que

nos yeux soient ouverts ! »

34 Et Jésus, ému de compassion, toucha leurs yeux ; et aussitôt ils retrouvèrent la vue et le suivirent.

L'entrée royale de Jésus dans Jérusalem

21 Et quand ils approchèrent de Jérusalem et qu'ils furent arrivés à Bethphagé, vers le mont des Oliviers, alors Jésus envoya deux disciples,

2 en leur disant : « Allez au village qui est en face de vous, et aussitôt vous trouverez une ânesse attachée et un ânon avec elle ; détachez-les et amenez-les-moi.

3 Et si quelqu'un vous dit quelque chose, vous direz : "Le Seigneur en a besoin." Et aussitôt il les enverra. »

4 Et tout cela arriva afin que soit accompli ce qui avait été annoncé par le prophète qui a dit :

5 « Dites à la fille de Sion : "Voici, ton roi vient à toi, plein de douceur, et monté sur une ânesse et sur un ânon, le petit d'une bête de somme." »[1]

— [1] Zach. 9:9.

6 Et les disciples, s'en étant allés et ayant fait comme Jésus leur avait commandé,

7 amenèrent l'ânesse et l'ânon, et mirent leurs vêtements sur eux ; et Jésus[1] s'assit dessus.

— [1] littéralement : il.

8 Et une très grande foule étendit ses vêtements sur le chemin, et d'autres coupaient des branches aux arbres et les répandaient sur le chemin.

9 Et les foules qui allaient devant lui et celles qui suivaient criaient, en disant : « Hosanna[1] au Fils de David ! Béni soit celui qui vient au nom du °Seigneur ![2] Hosanna dans les lieux très hauts ! »

— [1] Hosanna signifie : Sauve je te prie ; cette expression était devenue une exclamation de joie, équivalente à : Gloire à Dieu ! — [2] voir Psaume 118:25-26.

10 Et comme il entrait dans Jérusalem, toute la ville fut troublée, en disant : « Qui est celui-ci ? »

11 Et les foules disaient : « Celui-ci est le prophète Jésus qui vient de Nazareth en Galilée. »

Jésus chasse les vendeurs du Temple

12 Et Jésus entra dans le Temple et chassa dehors tous ceux qui vendaient et qui achetaient dans le Temple. Et il renversa les tables des changeurs et les sièges de ceux qui vendaient les colombes.

13 Et il leur dit : « Il est écrit : "Ma Maison sera appelée une maison de prière"[1], mais vous, vous en avez fait une caverne de bandits[2]. »

— [1] Ésaïe 56:7. — [2] voir Jér. 7:11.

14 Et des aveugles et des boiteux s'approchèrent de lui dans le Temple, et il les guérit.

15 Alors les principaux sacrificateurs et les scribes, voyant les choses merveilleuses qu'il faisait, et les enfants qui criaient dans le Temple et disaient : « Hosanna au Fils de David ! », en furent indignés.

16 Et ils lui dirent : « Entends-tu ce que ceux-ci disent ? » Mais Jésus leur répondit : « Oui ! N'avez-vous jamais lu : "Par la bouche des petits enfants et de ceux qui tètent, tu as établi ta louange."[1] ? »

— [1] Psaume 8:3.

17 Et les ayant laissés, il sortit de la ville pour aller à Béthanie, et il y

passa la nuit.

Le figuier stérile

18 Et le matin, comme il retournait à la ville, il eut faim.

19 Et voyant un figuier sur le chemin, il s'en approcha et n'y trouva rien, que des feuilles. Et il lui dit : « Que plus jamais aucun fruit ne vienne de toi ! » Et à l'instant le figuier se dessécha.

20 Et voyant [cela], les disciples furent étonnés et dirent : « Comment le figuier s'est-il desséché en un instant ? »

21 Et Jésus, répondant, leur dit : « En vérité, je vous [le] dis : si vous avez de la foi et que vous ne doutiez pas, non seulement vous ferez ce qui [a été fait] au figuier, mais même si vous disiez à cette montagne : "Soulève-toi et jette-toi dans la mer !", cela se ferait.

22 Et tout ce que vous demanderez par la prière, si vous croyez, vous le recevrez. »

Questions des chefs du peuple sur l'autorité de Jésus

23 Et quand il fut entré dans le Temple, comme il enseignait, les principaux sacrificateurs et les anciens du peuple s'approchèrent de lui, en disant : « Par quelle autorité fais-tu ces choses ? Et qui t'a donné cette autorité ? »

24 Et Jésus, répondant, leur dit : « Je vous demanderai, moi aussi, une chose ; et si vous me la dites, je vous dirai, moi aussi, par quelle autorité je fais ces choses.

25 Le baptême de Jean, d'où était-il ? Du ciel ou des hommes ? » Et ils raisonnaient en eux-mêmes, en disant : « Si nous disons : "Du ciel", il nous dira : "Pourquoi donc ne l'avez-vous pas cru ?"

26 Mais si nous disons : "Des hommes", nous craignons la foule, car tous tiennent Jean pour un prophète. »

27 Et répondant, ils dirent à Jésus : « Nous ne savons pas. » Lui aussi leur dit : « Moi non plus je ne vous dis pas par quelle autorité je fais ces choses.

Parabole des deux enfants

28 « Mais qu'en pensez-vous ? Un homme avait deux enfants. Et s'étant approché du premier, il dit : "[Mon] enfant, va travailler aujourd'hui dans la vigne."

29 Et lui, répondant, dit : "Je ne veux pas." Mais plus tard, ayant du remords, il y alla.

30 Et s'étant approché du second, il dit la même chose. Et lui, répondant, dit : "Moi, [j'y vais], seigneur." Mais il n'y alla pas.

31 Lequel des deux a fait la volonté du père ? » Ils disent : « Le premier. » Jésus leur dit : « En vérité, je vous dis que les publicains et les prostituées vous devancent dans le royaume de Dieu.

32 Car Jean est venu à vous dans la voie de la justice et vous ne l'avez pas cru. Mais les publicains et les prostituées l'ont cru, et vous, l'ayant vu, vous n'en avez pas eu de remords ensuite pour le croire.

Parabole des mauvais vignerons – Rejet de la pierre maîtresse de l'angle

33 « Écoutez une autre parabole. Il y avait un maître de maison qui planta une vigne, et l'environna d'une clôture, et y creusa un pressoir, et construisit une tour. Et

il la loua à des vignerons et s'en alla hors du pays.

34 Et lorsque la saison des fruits approcha, il envoya ses esclaves aux vignerons pour recevoir les fruits qui lui revenaient[1].

— [1] littéralement : ses fruits.

35 Et les vignerons, ayant pris ses esclaves, battirent l'un, tuèrent l'autre et en lapidèrent un autre.

36 Il envoya encore d'autres esclaves, plus nombreux que les premiers, et ils leur firent de même.

37 Et enfin, il envoya vers eux son fils, en disant : "Ils auront du respect pour mon fils."

38 Mais les vignerons, voyant le fils, dirent entre eux : "Celui-ci est l'héritier ; venez, tuons-le et nous aurons son héritage !"

39 Et l'ayant pris, ils le jetèrent hors de la vigne et le tuèrent.

40 Quand donc le maître de la vigne viendra, que fera-t-il à ces vignerons ? »

41 Ils lui disent : « Il fera périr misérablement ces méchants et louera la vigne à d'autres vignerons qui lui remettront les fruits en leur saison. »

42 Jésus leur dit : « N'avez-vous jamais lu dans les Écritures : "La pierre qu'ont rejetée ceux qui construisaient, celle-là est devenue la pierre maîtresse[1] de l'angle ; celle-ci vient du °Seigneur et est merveilleuse à nos yeux "[2] ?

— [1] littéralement : la tête. — [2] Psaume 118:22-23.

43 C'est pourquoi je vous dis que le royaume de Dieu vous sera enlevé et sera donné à une nation qui en produira les fruits.

44 *[Et celui qui tombera sur cette pierre sera brisé ; et celui sur qui elle tombera, elle l'écrasera.]* »

45 Et les principaux sacrificateurs et les Pharisiens, ayant entendu ses paraboles, comprirent qu'il parlait d'eux.

46 Mais [tout en] cherchant à se saisir de lui, ils craignaient les foules parce qu'elles le tenaient pour un prophète.

Parabole des noces du fils du roi

22 Et Jésus, répondant, leur parla encore en paraboles, en disant :

2 « Le royaume des cieux a été fait semblable à un roi qui fit des noces pour son fils.

3 Et il envoya ses esclaves pour appeler ceux qui étaient invités aux noces ; mais ils ne voulurent pas venir.

4 Il envoya encore d'autres esclaves, en disant : "Dites aux invités : Voici, j'ai préparé mon festin ; mes taureaux et mes bêtes grasses sont tués, et tout est prêt ; venez aux noces."

5 Mais eux, n'en ayant pas tenu compte, s'en allèrent, l'un à son champ et un autre à son commerce.

6 Et les autres, s'étant saisis de ses esclaves, les outragèrent et les tuèrent.

7 Mais le roi se mit en colère et, ayant envoyé ses troupes, il fit périr ces meurtriers et brûla leur ville.

8 Alors il dit à ses esclaves : "Les noces sont prêtes, mais les invités n'en étaient pas dignes.

9 Allez donc aux carrefours des chemins et tous ceux que vous trouverez, invitez-les aux noces."

10 Et ces esclaves-là, étant sortis, [s'en allèrent] sur les chemins et rassemblèrent tous ceux qu'ils trouvèrent, tant mauvais que bons. Et la [salle] des noces fut remplie de gens qui étaient à table.

11 Et le roi étant entré pour voir ceux qui étaient à table, aperçut là un homme qui n'était pas revêtu d'un habit de noces.

12 Et il lui dit : "Ami, comment es-tu entré ici sans avoir un habit de noces ?" Et il eut la bouche fermée.

13 Alors le roi dit aux serviteurs : "Liez-le pieds et mains, et jetez-le dans les ténèbres de dehors. Là seront les pleurs et les grincements de dents."

14 Car il y a beaucoup d'appelés, mais peu d'élus. »

Le tribut dû à César

15 Alors les Pharisiens allèrent tenir conseil pour le prendre au piège dans [ses] paroles.

16 Et ils lui envoient leurs disciples avec les Hérodiens, en disant : « Maître, nous savons que tu es vrai, et que tu enseignes la voie de Dieu en vérité, et que tu ne t'embarrasses de personne. Car tu ne regardes pas à l'apparence des hommes.

17 Dis-nous donc ce que tu en penses : est-il permis, ou non, de payer le tribut à César ? »

18 Mais Jésus, connaissant leur méchanceté, dit : « Pourquoi me tentez-vous, hypocrites ?

19 Montrez-moi la monnaie du tribut. » Et ils lui apportèrent un denier.

20 Et il leur dit : « De qui sont cette image et cette inscription ? »

21 Ils lui disent : « De César. » Alors il leur dit : « Rendez donc les choses de César à César et les choses de Dieu à Dieu. »

22 Et l'ayant entendu, ils furent étonnés ; puis le laissant, ils s'en allèrent.

Question des Sadducéens sur la résurrection

23 En ce jour-là, des Sadducéens, qui disent qu'il n'y a pas de résurrection, s'approchèrent de lui et l'interrogèrent,

24 en disant : « Maître[1], Moïse a dit : "Si quelqu'un meurt en n'ayant pas d'enfants, son frère épousera sa femme et suscitera une descendance à son frère[2]."

— [1] c.-à-d. : maître qui enseigne. — [2] voir Deut. 25:5.

25 Or il y avait parmi nous sept frères. Et le premier s'étant marié mourut, et n'ayant pas de descendance, il laissa sa femme à son frère.

26 [Il en fut] de même aussi pour le deuxième, puis pour le troisième, jusqu'au septième.

27 Et après eux tous, la femme mourut.

28 Lors de la résurrection, duquel des sept [frères] sera-t-elle donc la femme ? Car tous l'ont eue [pour femme]. »

29 Et Jésus, répondant, leur dit : « Vous vous égarez, ne connaissant pas les Écritures ni la puissance de Dieu.

30 Car, à la résurrection, on ne se marie pas et on n'est pas non plus donné en mariage, mais on est comme des anges[1] dans le ciel.

— [1] plusieurs manuscrits ajoutent : de Dieu.

31 Et quant à la résurrection des morts, n'avez-vous pas lu ce qui vous a été annoncé par Dieu qui a dit :

32 "Moi, je suis le Dieu d'Abraham, et le Dieu d'Isaac, et le Dieu de Jacob"[1] ? Il n'est pas [le] Dieu des morts, mais des vivants. »

— [1] Exode 3:6.

33 Et les foules, ayant entendu [cela], étaient frappées

d'étonnement par son enseignement.

Question des Pharisiens sur le grand commandement de la Loi

34 Alors les Pharisiens, ayant appris qu'il avait fermé la bouche aux Sadducéens, se rassemblèrent dans le même [lieu].

35 Et l'un d'eux, *[un docteur[1] de la Loi,]* l'interrogea pour le mettre à l'épreuve :

— [1] docteur : maître qui enseigne.

36 « Maître, quel est le grand commandement dans la Loi ? »

37 Et Jésus[1] lui dit : « Tu aimeras le °Seigneur ton Dieu de tout ton cœur, et de toute ton âme, et de toute ta pensée.[2]

— [1] littéralement : il. — [2] Deut. 6:5.

38 C'est là le grand et premier commandement.

39 Et le deuxième lui est semblable : Tu aimeras ton prochain comme toi-même.[1]

— [1] Lév. 19:18.

40 De ces deux commandements dépendent la Loi tout entière et les Prophètes. »

Question de Jésus sur le fils de David

41 Et les Pharisiens étant rassemblés, Jésus les interrogea,

42 en disant : « Que pensez-vous du Christ ? De qui est-il le fils ? » Ils lui disent : « De David. »

43 Il leur dit : « Alors comment David, par l'Esprit, l'appelle-t-il Seigneur, en disant :

44 "Le °Seigneur a dit à mon Seigneur : 'Assieds-toi à ma droite jusqu'à ce que je mette tes ennemis sous tes pieds'"[1] ?

— [1] Psaume 110:1.

45 Si donc David l'appelle Seigneur, comment est-il son fils ? »

46 Et personne ne pouvait lui répondre un mot. Et depuis ce jour-là, personne n'osa plus l'interroger.

Mise en garde des foules et des disciples au sujet de l'hypocrisie et de la vanité des scribes et des Pharisiens

23 Alors Jésus parla aux foules et à ses disciples,

2 en disant : « Les scribes et les Pharisiens se sont assis dans la chaire de Moïse.

3 Toutes les choses donc qu'ils vous diront, faites-les et observez-les , mais ne faites pas selon leurs œuvres, car ils disent et ne font pas.

4 Et ils lient des fardeaux pesants *[et difficiles à porter]*, et les mettent sur les épaules des hommes, mais eux, ils ne veulent pas les remuer avec leur doigt.

5 Et ils font toutes leurs œuvres pour être vus par les hommes. Car ils élargissent leurs phylactères[1] et donnent plus de largeur aux franges [de leurs vêtements].

— [1] phylactère : bandelette de parchemin, sur laquelle étaient inscrits de brefs passages de la loi de Moïse ; on la portait sur le front ou au bras.

6 Et ils aiment la première place dans les repas, et les premiers sièges dans les synagogues,

7 et les salutations sur les places publiques. Et [ils aiment] être appelés par les hommes : "Rabbi !"

8 Mais vous, ne soyez pas appelés Rabbi, car un seul est votre Maître[1], et vous, vous êtes tous frères.

— [1] maître qui enseigne.

9 Et n'appelez personne sur la terre votre père, car un seul est votre Père, celui qui est dans les

cieux.

10 Ne soyez pas non plus appelés conducteurs, car un seul est votre conducteur, le Christ.

11 Mais le plus grand parmi vous sera votre serviteur.

12 Et celui qui s'élèvera sera abaissé et celui qui s'abaissera sera élevé.

Sept « Malheur ! » adressés aux scribes et aux Pharisiens

13 « Mais malheur à vous, scribes et Pharisiens hypocrites ! Car vous fermez le royaume des cieux devant les hommes. En effet, vous n'[y] entrez pas [vous-mêmes] et vous ne laissez pas entrer ceux qui veulent entrer.

15 « Malheur à vous, scribes et Pharisiens hypocrites ! Car vous parcourez la mer et la terre pour faire un prosélyte et, quand il l'est devenu, vous le rendez fils de la Géhenne[1] deux fois plus que vous.

— [1] la Géhenne : le lieu des tourments infernaux.

16 « Malheur à vous, guides aveugles qui dites : "Si quelqu'un jure par le Temple[1], ce n'est rien, mais si quelqu'un jure par l'or du Temple[1], il est engagé."

— [1] c.-à-d. : le Temple proprement dit, la maison même ; non pas tout l'ensemble des cours et bâtiments sacrés.

17 Fous et aveugles ! Car quel est le plus grand, l'or ou le Temple[1] qui sanctifie l'or ?

— [1] c.-à-d. : la maison même.

18 Et [vous dites encore] : "Si quelqu'un jure par l'autel, ce n'est rien, mais si quelqu'un jure par le don qui est dessus, il est engagé."

19 Aveugles ! Car quel est le plus grand, le don ou l'autel qui sanctifie le don ?

20 Celui donc qui jure par l'autel, jure par l'autel[1] et par toutes les choses qui sont dessus.

— [1] littéralement : par lui.

21 Et celui qui jure par le Temple[1], jure par le Temple[2] et par celui qui l'habite[3].

— [1] c.-à-d. : la maison même. — [2] littéralement : par lui. — [3] ou : l'habitait.

22 Et celui qui jure par le ciel, jure par le trône de Dieu et par celui qui est assis dessus.

23 « Malheur à vous, scribes et Pharisiens hypocrites ! Car vous payez la dîme de la menthe, et de l'aneth, et du cumin, et vous avez laissé les choses plus importantes de la Loi, le jugement, et la miséricorde, et la fidélité. Il fallait faire ces choses-ci et ne pas laisser de côté celles-là.

24 Guides aveugles, qui retenez au filtre le moucheron et qui avalez le chameau !

25 « Malheur à vous, scribes et Pharisiens hypocrites ! Car vous nettoyez le dehors de la coupe et du plat, mais au-dedans, ils sont pleins [du produit] de vos vols et de vos excès[1].

— [1] plutôt : dérèglements.

26 Pharisien aveugle ! Purifie d'abord le dedans de la coupe[1], afin que le dehors aussi devienne pur.

— [1] plusieurs manuscrits ajoutent : et du plat.

27 « Malheur à vous, scribes et Pharisiens hypocrites ! Car vous ressemblez à des tombeaux blanchis qui paraissent beaux au-dehors, mais qui au-dedans sont pleins d'ossements de morts et de toutes sortes d'impuretés.

28 Ainsi, vous aussi, au-dehors

vous paraissez justes aux hommes, mais au-dedans vous êtes pleins d'hypocrisie et d'iniquité[1].

— [1] iniquité : marche sans loi, sans frein.

29 « Malheur à vous, scribes et Pharisiens hypocrites ! Car vous construisez les tombeaux des prophètes et vous ornez[1] les monuments des justes,

— [1] ou : réparez.

30 et vous dites : "Si nous avions vécu dans les jours de nos pères, nous n'aurions pas été leurs complices pour [verser] le sang des prophètes."

31 Ainsi, vous êtes témoins contre vous-mêmes que vous êtes les fils de ceux qui ont tué les prophètes.

32 Et vous, portez [donc] à son comble la mesure de vos pères !

33 Serpents, race de vipères ! Comment échapperez-vous au jugement de la Géhenne[1] ?

— [1] la Géhenne : le lieu des tourments infernaux.

34 C'est pourquoi voici, moi, je vous envoie des prophètes, et des sages, et des scribes. Vous en tuerez, et vous en crucifierez, et vous en fouetterez dans vos synagogues, et vous les persécuterez de ville en ville.

35 [Et c'est] afin que retombe sur vous tout le sang juste versé sur la terre, depuis le sang d'Abel le juste jusqu'au sang de Zacharie, fils de Barachie, que vous avez tué entre le Temple[1] et l'autel.

— [1] c.-à-d. : la maison même.

36 En vérité, je vous [le] dis : toutes ces choses viendront sur cette génération.

Lamentation sur Jérusalem

37 « Jérusalem, Jérusalem, la ville[1] qui tue les prophètes et qui lapide ceux qui lui sont envoyés ! Combien de fois j'ai voulu rassembler tes enfants comme une poule rassemble ses poussins sous ses ailes. Mais vous ne l'avez pas voulu !

— [1] littéralement : celle.

38 Voici, votre maison vous est laissée déserte,

39 car je vous [le] dis : vous ne me verrez plus désormais jusqu'à ce que vous disiez : "Béni soit celui qui vient au nom du °Seigneur ![1]" »

— [1] voir Psaume 118:26.

Jésus annonce la destruction du Temple — Les signes annonciateurs de la fin

24 Et Jésus sortit et s'éloigna du Temple. Alors ses disciples s'approchèrent pour lui montrer les bâtiments du Temple.

2 Et lui, répondant, leur dit : « Ne voyez-vous pas toutes ces choses ? En vérité, je vous [le] dis : il ne sera certainement pas laissé ici pierre sur pierre qui ne soit renversée[1]. »

— [1] littéralement : détruite.

3 Et comme il était assis sur le mont des Oliviers, les disciples s'approchèrent de lui, à l'écart, en disant : « Dis-nous quand ces choses auront lieu, et quel sera le signe de ta venue et de l'achèvement du siècle. »

4 Et Jésus, répondant, leur dit : « Prenez garde que personne ne vous séduise.

5 Car beaucoup viendront en mon nom, en disant : "Moi, je suis le Christ", et ils séduiront beaucoup [de gens].

6 Et vous entendrez parler de guerres et de bruits de guerres. Prenez garde de ne pas vous

laisser troubler, car il faut que tout cela arrive. Mais ce n'est pas encore la fin.

7 Car nation se dressera[1] contre nation et royaume contre royaume, et il y aura des famines[2] et des tremblements de terre en divers lieux.

— [1] littéralement : se lèvera. — [2] plusieurs manuscrits ajoutent : et des pestes.

8 Mais toutes ces choses sont un commencement de douleurs[1].

— [1] littéralement : des douleurs de l'accouchement.

9 Alors ils vous livreront pour être dans la détresse et ils vous feront mourir. Et vous serez haïs de toutes les nations à cause de mon nom.

10 Et alors beaucoup seront scandalisés[1], et se livreront les uns les autres, et se haïront les uns les autres.

— [1] ailleurs : avoir une cause de chute.

11 Et beaucoup de faux prophètes se lèveront et séduiront beaucoup [de gens].

12 Et parce que l'iniquité[1] ira croissant, l'amour d'un grand nombre sera refroidi ;

— [1] iniquité : marche sans loi, sans frein.

13 mais celui qui persévérera[1] jusqu'à la fin, celui-là sera sauvé.

— [1] littéralement : endurera.

14 Et cet Évangile du Royaume sera prêché dans la terre habitée tout entière, en témoignage pour toutes les nations. Et alors viendra la fin.

Jésus annonce une grande détresse

15 « Quand donc vous verrez l'abomination dévastatrice, celle dont a parlé le prophète Daniel, établie dans [le] lieu saint – que celui qui lit comprenne[1] –

— [1] ou : y pense.

16 alors que ceux qui sont en Judée s'enfuient dans les montagnes ;

17 que celui qui est sur le toit[1] ne descende pas pour emporter les affaires hors de sa maison ;

— [1] toit en terrasse.

18 et que celui qui est dans un champ ne retourne pas en arrière pour emporter son vêtement.

19 Mais quel malheur pour celles qui seront enceintes et pour celles qui allaiteront en ces jours-là !

20 Et priez afin que votre fuite n'ait pas lieu en hiver ni un [jour de] sabbat.

21 Car alors il y aura une grande détresse, telle qu'il n'y en a pas eu depuis le commencement du monde jusqu'à maintenant et qu'il n'y en aura plus.

22 Et si ces jours-là n'étaient pas abrégés, personne[1] ne serait sauvé ; mais à cause des élus, ces jours-là seront abrégés.

— [1] littéralement : aucune chair.

23 Alors si quelqu'un vous dit : "Voici, le Christ est ici !", ou bien : "Il est là !", ne le croyez pas.

24 Car il se lèvera de faux christs et de faux prophètes, et ils montreront[1] de grands signes et des prodiges, de manière à séduire, si possible, même les élus.

— [1] littéralement : donneront.

25 Voici, je vous l'ai dit à l'avance.

26 Si donc on vous dit : "Voici, il est au désert", ne sortez pas ; [ou bien :] "Voici, il est dans les pièces intérieures", ne le croyez pas.

27 Car comme l'éclair part du levant et brille jusqu'au couchant, ainsi sera la venue du Fils de l'homme.

28 Là où sera le cadavre, là se rassembleront les aigles.

La venue du Fils de l'homme

29 « Et aussitôt après la détresse de ces jours-là, le soleil sera obscurci, et la lune ne donnera pas sa clarté, et les étoiles tomberont du ciel, et les puissances des cieux seront ébranlées.

30 Et alors le signe du Fils de l'homme apparaîtra dans le ciel ; et alors toutes les tribus de la terre se lamenteront et verront le Fils de l'homme venant sur les nuées du ciel, avec puissance et une grande gloire[1].

— [1] ou : avec grande puissance et [grande] gloire.

31 Et il enverra ses anges avec un grand son de trompette, et ils rassembleront ses élus des quatre vents, depuis une extrémité des cieux jusqu'à l'autre extrémité.

La parabole du figuier – Exhortation à la vigilance

32 « Mais apprenez du figuier cette[1] parabole : dès que [ses] branches deviennent tendres et que les feuilles poussent, vous savez que l'été est proche.

— [1] littéralement : la.

33 De même vous aussi, quand vous verrez toutes ces choses, sachez que cela est proche, à la porte.

34 En vérité, je vous [le] dis : cette génération ne passera certainement pas avant que toutes ces choses ne soient arrivées.

35 Le ciel et la terre passeront, mais mes paroles ne passeront absolument pas.

36 Mais quant à ce jour-là et à l'heure, personne n'en a connaissance – ni les anges des cieux ni le Fils – si ce n'est le Père seul.

37 Car, comme ont été les jours de Noé, ainsi sera la venue du Fils de l'homme.

38 Et en effet, aux jours précédant le Déluge, on mangeait et on buvait, on se mariait et on donnait en mariage, jusqu'au jour où Noé entra dans l'arche.

39 Et ils ne se doutèrent de[1] rien jusqu'à ce que le Déluge vienne et les emporte tous. Ainsi sera [aussi] la venue du Fils de l'homme.

— [1] littéralement : ne connurent.

40 Alors deux [hommes] seront dans un champ, l'un sera pris et l'autre laissé ;

41 deux [femmes] moudront à la meule, l'une sera prise et l'autre laissée.

42 Veillez donc ! Car vous ne savez pas quel jour votre Seigneur viendra[1].

— [1] littéralement : vient.

43 Mais sachez ceci, que si le maître de la maison avait su à quelle veille le voleur devait venir[1], il aurait veillé et n'aurait pas laissé fracturer sa maison.

— [1] littéralement : vient.

44 C'est pourquoi, vous aussi, soyez prêts ! Car le Fils de l'homme viendra[1] à l'heure que vous ne pensez pas.

— [1] littéralement : vient.

Parabole de l'esclave établi sur les domestiques de la maison

45 « Qui donc est l'esclave fidèle et sage que le[1] maître[2] a établi sur les domestiques de sa maison pour leur donner la nourriture au temps convenable ?

— [1] plusieurs manuscrits portent : son. — [2] traduit d'ordinaire par : seigneur ; ici et versets suivants.

46 Bienheureux est cet esclave-là que son maître, lorsqu'il viendra, trouvera faisant ainsi.

47 En vérité, je vous dis qu'il

l'établira sur tous ses biens.

48 Mais si ce mauvais esclave dit dans son cœur : "Mon maître tarde [à venir]",

49 et qu'il se mette à battre ceux qui sont esclaves avec lui, et qu'il mange et boive avec les ivrognes,

50 le maître de cet esclave viendra un jour qu'il n'attend pas et à une heure qu'il ne sait pas.

51 Et il le coupera en deux et lui donnera sa part avec les hypocrites. Là seront les pleurs et les grincements de dents.

Parabole des dix vierges

25 « Alors le royaume des cieux sera fait semblable à dix vierges qui, ayant pris leurs lampes[1], sortirent à la rencontre de l'époux.

— [1] lampes, proprement : torches ou flambeaux alimentés d'huile ; même mot que flambeaux en Jean 18:3.

2 Et cinq d'entre elles étaient folles et cinq [étaient] sages.

3 En effet, celles qui étaient folles, en prenant leurs lampes, ne prirent pas d'huile avec elles ;

4 mais celles qui étaient sages prirent de l'huile dans les vases avec leurs lampes.

5 Or comme l'époux tardait, elles s'assoupirent toutes et s'endormirent.

6 Mais au milieu de la nuit, il se fit un cri : "Voici l'époux ! Sortez à [sa] rencontre !"

7 Alors toutes ces vierges se réveillèrent et préparèrent leurs lampes.

8 Et les folles dirent aux sages : "Donnez-nous de votre huile, car nos lampes s'éteignent !"

9 Mais les sages répondirent, en disant : "Non, il n'y en aurait jamais assez pour nous et pour vous. Allez plutôt vers ceux qui en vendent et achetez-en pour vous-mêmes !"

10 Or comme elles s'en allaient pour en acheter, l'époux arriva. Et celles qui étaient prêtes entrèrent avec lui aux noces. Et la porte fut fermée.

11 Et plus tard, les autres vierges arrivèrent aussi, en disant : "Seigneur, Seigneur, ouvre-nous !"

12 Mais lui, répondant, dit : "En vérité, je vous [le] dis : je ne vous connais pas."

13 Veillez donc, car vous ne savez ni le jour ni l'heure.

Parabole des talents

14 « En effet, [il en sera] comme un homme qui, s'en allant hors du pays, appela ses propres esclaves et leur remit ses biens.

15 Et à l'un il donna cinq talents[1], à un autre deux, à un autre un, à chacun selon sa propre capacité[2]. Et aussitôt il s'en alla hors du pays.

— [1] 1 talent (d'argent) = 17,1 kg environ. — [2] littéralement : puissance.

16 Or celui qui avait reçu les cinq talents s'en alla et les fit valoir et [en] gagna cinq autres.

17 De même, celui qui avait reçu les deux [talents en] gagna deux autres.

18 Mais celui qui en avait reçu un s'en alla et creusa dans la terre et cacha l'argent de son maître[1].

— [1] ordinairement : seigneur ; ici et versets suivants.

19 Et longtemps après, le maître de ces esclaves revient et fait [ses] comptes avec eux.

20 Et celui qui avait reçu les cinq talents s'approcha et apporta cinq autres talents, en disant : "Maître, tu m'as remis cinq talents ; voici, j'ai gagné cinq autres talents."

21 Son maître lui dit : "[C'est] bien, bon et fidèle esclave ! Tu as été

fidèle en peu de chose, je t'établirai sur beaucoup ; entre dans la joie de ton maître."

22 *[Et]* celui [qui avait reçu] les deux talents s'approcha aussi et dit : "Maître, tu m'as remis deux talents ; voici, j'ai gagné deux autres talents."

23 Son maître lui dit : "[C'est] bien, bon et fidèle esclave ! Tu as été fidèle en peu de chose, je t'établirai sur beaucoup ; entre dans la joie de ton maître."

24 Mais celui qui avait reçu un talent s'approcha aussi et dit : "Maître, je te connaissais, que tu es un homme dur, moissonnant là où tu n'as pas semé et récoltant là où tu n'as pas vanné.

25 Et ayant craint, je suis allé cacher ton talent dans la terre ; voici, tu as ce qui est à toi."

26 Alors son maître, répondant, lui dit : "Esclave mauvais et paresseux ! Tu savais que je moissonne là où je n'ai pas semé et que je récolte là où je n'ai pas vanné.

27 Tu aurais donc dû placer mon argent chez les banquiers et, à mon retour, j'aurais reçu ce qui est à moi avec l'intérêt.

28 Prenez-lui donc le talent et donnez-le à celui qui a les dix talents !

29 Car l'on donnera à celui qui a, et il sera dans l'abondance ; mais à celui qui n'a pas, même ce qu'il a lui sera enlevé.

30 Et jetez l'esclave inutile dans les ténèbres de dehors ; là seront les pleurs et les grincements de dents."

Le trône du Fils de l'homme et le jugement des nations

31 « Or quand le Fils de l'homme viendra[1] dans sa gloire, et tous les anges avec lui, alors il s'assiéra sur le trône de sa gloire.

— [1] ou : sera venu.

32 Et toutes les nations seront rassemblées devant lui, et il séparera les hommes[1] les uns des autres, comme le berger sépare les brebis des chèvres.

— [1] littéralement : il les séparera.

33 Et il mettra les brebis à sa droite et les chèvres à sa gauche.

34 Alors le roi dira à ceux qui seront à sa droite : "Venez, vous qui êtes bénis par mon Père, héritez du Royaume qui vous est préparé depuis la fondation du monde !

35 Car j'ai eu faim et vous m'avez donné à manger ; j'ai eu soif et vous m'avez donné à boire ; j'étais étranger et vous m'avez recueilli ;

36 [j'étais] nu et vous m'avez habillé ; j'étais malade et vous m'avez visité ; j'étais en prison et vous êtes venus auprès de moi."

37 Alors les justes lui répondront, en disant : "Seigneur, quand est-ce que nous t'avons vu avoir faim et que nous t'avons nourri, ou avoir soif et que nous t'avons donné à boire ?

38 Et quand est-ce que nous t'avons vu étranger et que nous t'avons recueilli, ou nu et que nous t'avons habillé ?

39 Et quand est-ce que nous t'avons vu malade ou en prison et que nous sommes venus auprès de toi ?"

40 Et le roi, répondant, leur dira : "En vérité, je vous [le] dis : dans la mesure où vous l'avez fait à l'un de ces plus petits [qui sont] mes frères, c'est à moi que vous l'avez fait."

41 « Alors il dira aussi à ceux qui seront à sa gauche : "Allez-vous-en loin de moi, maudits, dans le feu éternel qui est préparé pour le Diable et ses anges !

42 Car j'ai eu faim et vous ne m'avez pas donné à manger ; j'ai eu soif et vous ne m'avez pas donné à boire ;

43 j'étais étranger et vous ne m'avez pas recueilli ; [j'étais] nu et vous ne m'avez pas habillé ; [j'étais] malade et en prison, et vous ne m'avez pas visité."

44 Alors eux aussi répondront, en disant : "Seigneur, quand est-ce que nous t'avons vu avoir faim, ou avoir soif, ou être étranger, ou nu, ou malade, ou en prison, et que nous ne t'avons pas servi ?"

45 Alors il leur répondra, en disant : "En vérité, je vous [le] dis : dans la mesure où vous ne l'avez pas fait à l'un de ces plus petits, vous ne l'avez pas fait à moi non plus."

46 Et ceux-ci iront aux tourments éternels, mais les justes [iront] à la vie éternelle. »

Complot des chefs du peuple contre Jésus

26 Et il arriva, lorsque Jésus eut achevé tous ces discours, qu'il dit à ses disciples :

2 « Vous savez que la Pâque a lieu dans[1] deux jours, et le Fils de l'homme est livré pour être crucifié. »

— [1] littéralement : après.

3 Alors les principaux sacrificateurs et les anciens du peuple se rassemblèrent dans la cour[1] du souverain sacrificateur appelé Caïphe,

— [1] cour entourée des bâtiments du palais.

4 et ils tinrent conseil ensemble pour se saisir de Jésus par ruse et le faire mourir.

5 Mais ils disaient : « Pas pendant la fête, afin qu'il n'y ait pas d'agitation parmi le peuple. »

Une femme répand un parfum sur la tête de Jésus

6 Et comme Jésus était à Béthanie dans la maison de Simon le lépreux,

7 une femme, ayant un vase d'albâtre [plein] d'un parfum de grand prix, s'approcha de lui et répandit [le parfum] sur sa tête alors qu'il était à table.

8 Et les disciples, voyant cela, en furent indignés et dirent : « À quoi bon cette perte ?

9 Car ce parfum aurait pu être vendu pour une forte somme et [l'argent] donné aux pauvres. »

— [1] littéralement : ceci.

10 Mais Jésus, le sachant, leur dit : « Pourquoi faites-vous de la peine à [cette] femme ? Car elle a fait une bonne[1] œuvre envers moi.

— [1] ou : belle.

11 En effet, vous avez toujours les pauvres avec vous, mais moi, vous ne m'avez pas toujours.

12 C'est pourquoi cette femme[1], en répandant ce parfum sur mon corps, l'a fait en vue de préparer ma mise au tombeau.

— [1] littéralement : celle-ci.

13 En vérité, je vous [le] dis : partout où cet Évangile sera prêché dans le monde entier, on parlera aussi de ce que cette femme[1] a fait, en mémoire d'elle. »

— [1] littéralement : celle-ci.

Judas s'engage à trahir son maître

14 Alors l'un des Douze, appelé Judas Iscariote, s'en alla vers les principaux sacrificateurs

15 et dit : « Que voulez-vous me donner, et moi, je vous livrerai Jésus[1] ? » Et ils lui comptèrent 30 pièces d'argent[2].

— [1] littéralement : le livrerai. — [2] il s'agit sans doute de 30 sicles, la monnaie juive ; 1 sicle = 11,4 g environ.

16 Et dès lors, il cherchait une bonne occasion pour le livrer.

La dernière Pâque

17 Et le premier jour des Pains sans levain, les disciples s'approchèrent de Jésus, en disant : « Où veux-tu que nous te préparions [ce qu'il faut] pour manger la Pâque ? »

18 Et il dit : « Allez à la ville chez Untel, et dites-lui : "Le maître[1] dit : 'Mon temps est proche ; je ferai la Pâque chez toi avec mes disciples.'" »

— [1] c.-à-d. : maître qui enseigne.

19 Et les disciples firent comme Jésus le leur avait ordonné, et ils préparèrent la Pâque.

20 Et le soir étant venu, il se mit à table avec les Douze.

21 Et comme ils mangeaient, il dit : « En vérité, je vous dis que l'un d'entre vous me livrera. »

22 Alors, étant profondément attristés, ils commencèrent à lui dire, l'un après l'autre : « Seigneur, est-ce moi ? »

23 Et lui, répondant, dit : « Celui qui aura trempé la main avec moi dans le plat, c'est celui-là qui me livrera.

24 Le Fils de l'homme s'en va selon ce qui est écrit à son sujet, mais malheur à cet homme par qui le Fils de l'homme est livré ! Il aurait été bon pour cet homme qu'il ne soit pas né. »

25 Et Judas qui le livrait, répondant, dit : « Est-ce moi, Rabbi ? » Il lui dit : « C'est toi qui l'as dit. »

Institution de la Cène

26 Et comme ils mangeaient, Jésus ayant pris du pain et ayant béni, [le] rompit, et [le] donna aux disciples, et dit : « Prenez, mangez, ceci est mon corps. »

27 Puis, ayant pris une coupe et ayant rendu grâce, il [la] leur donna, en disant : « Buvez-en tous.

28 Car ceci est mon sang, celui de l'alliance[2] qui est versé pour un grand nombre, pour la rémission des péchés.

— [1] plusieurs manuscrits portent : la nouvelle alliance.

29 Mais je vous dis que je ne boirai plus désormais de ce fruit de la vigne, jusqu'à ce jour où je le boirai nouveau[1] avec vous dans le royaume de mon Père. »

— [1] non pas : de nouveau, mais d'une manière différente, d'une autre sorte.

30 Et ayant chanté des hymnes, ils sortirent [pour aller] au mont des Oliviers.

Jésus annonce que Pierre va le renier

31 Alors Jésus leur dit : « Cette nuit, je serai pour vous tous une cause de chute ; car il est écrit : "Je frapperai le berger et les brebis du troupeau seront dispersées."[1]

— [1] Zach. 13:7.

32 Mais après que je serai ressuscité, je vous précéderai en Galilée. »

33 Et Pierre, répondant, lui dit : « Si tu étais pour tous une cause de chute, tu ne seras jamais pour moi

une cause de chute. »

34 Jésus lui dit : « En vérité, je te dis que cette nuit même, avant qu'un coq ne chante, tu me renieras trois fois. »

35 Pierre lui dit : « Même s'il me faut mourir avec toi, je ne te renierai absolument pas. » Et tous les disciples dirent la même chose.

Jésus dans l'angoisse à Gethsémané – Ses prières

36 Alors Jésus vient avec eux dans un endroit appelé Gethsémané, et il dit aux disciples : « Asseyez-vous ici pendant que je vais là-bas pour prier. »

37 Et ayant pris auprès [de lui] Pierre et les deux fils de Zébédée, il commença à être attristé et très angoissé.

38 Alors il leur dit : « Mon âme est profondément triste jusqu'à la mort ; restez ici et veillez avec moi. »

39 Et s'en allant un peu plus loin, il tomba sur sa face, en priant et en disant : « Mon Père, si c'est possible, que cette coupe passe loin de moi ! Toutefois, non comme moi, je veux, mais comme toi, [tu veux]. »

40 Puis il vient vers les disciples et les trouve endormis. Et il dit à Pierre : « Ainsi, vous n'avez pas pu veiller une heure avec moi ?

41 Veillez et priez afin que vous n'entriez pas en tentation ; l'esprit est bien disposé, mais la chair est faible. »

42 Il s'en alla de nouveau une deuxième fois, et il pria, en disant : « Mon Père, s'il n'est pas possible que cette coupe[1] passe loin [de moi] sans que je la boive, que ta volonté soit faite. »

— [1] littéralement : ceci.

43 Puis étant venu, il les trouva encore endormis, car leurs yeux étaient appesantis.

44 Et les laissant, il s'en alla de nouveau et pria une troisième fois, en disant encore les mêmes paroles[1].

— [1] littéralement : la même parole.

45 Alors il vient vers les disciples et leur dit : « Dormez dorénavant et reposez-vous ! Voici, l'heure s'est approchée et le Fils de l'homme est livré entre les mains des pécheurs.

46 Levez-vous, partons ! Voici, celui qui me livre s'est approché. »

Arrestation de Jésus

47 Et comme il parlait encore, voici, Judas, l'un des Douze, arriva, et avec lui une grande foule avec des épées et des bâtons, [venant] de la part des principaux sacrificateurs et des anciens du peuple.

48 Et celui qui le livrait leur avait donné un signe, en disant : « Celui que j'embrasserai, c'est lui ; saisissez-le ! »

49 Et aussitôt, s'étant approché de Jésus, il dit : « Salut, Rabbi ! » Et il l'embrassa avec empressement.

50 Et Jésus lui dit : « Ami, pourquoi es-tu venu ? » Alors, s'étant approchés, ils mirent les mains sur Jésus et se saisirent de lui.

51 Et voici, l'un de ceux qui étaient avec Jésus, étendant la main, tira son épée et, frappant l'esclave du souverain sacrificateur, lui emporta l'oreille.

52 Alors Jésus lui dit : « Remets ton épée à sa place, car tous ceux qui auront pris l'épée périront par l'épée.

53 Ou penses-tu que je ne puisse pas prier mon Père qui, à l'instant, mettrait à ma disposition plus de

douze légions d'anges ?

54 Comment donc seraient accomplies les Écritures [d'après lesquelles] il faut qu'il en arrive ainsi ? »

55 À cette heure-là, Jésus dit aux foules : « Vous êtes sortis comme après un bandit, avec des épées et des bâtons, pour vous emparer de moi. Chaque jour, j'étais assis à enseigner dans le Temple, et vous ne vous êtes pas saisis de moi.
56 Mais tout cela est arrivé afin que les Écrits des prophètes soient accomplis. » Alors tous les disciples le laissèrent et s'enfuirent.

Jésus est interrogé de nuit devant le sanhédrin

57 Et ceux qui s'étaient saisis de Jésus l'amenèrent chez Caïphe, le souverain sacrificateur, là où les scribes et les anciens s'étaient rassemblés.
58 Et Pierre le suivait de loin, jusqu'à la cour[1] du [palais du] souverain sacrificateur. Et étant entré, il s'assit avec les gardes pour voir la fin.

— [1] cour entourée des bâtiments du palais.

59 Or les principaux sacrificateurs et tout le sanhédrin[1] cherchaient un faux témoignage contre Jésus, de manière à le faire mourir.

— [1] le sanhédrin : l'assemblée et le tribunal suprême du peuple juif.

60 Et ils n'en trouvèrent pas, bien que beaucoup de faux témoins soient venus. Mais, à la fin, deux [faux témoins] s'approchèrent
61 et dirent : « Celui-ci a dit : Je peux détruire le Temple[1] de Dieu et le reconstruire en trois jours. »

— [1] c.-à-d. : la maison même.

62 Et le souverain sacrificateur,

s'étant levé, lui dit : « Ne réponds-tu rien aux témoignages que ceux-ci portent contre toi ? »
63 Mais Jésus garda le silence. Et le souverain sacrificateur lui dit : « Je t'adjure par le Dieu vivant que[1] tu nous dises si toi, tu es le Christ, le Fils de Dieu. »

— [1] plutôt : afin que.

64 Jésus lui dit : « C'est toi qui l'as dit. De plus, je vous [le] dis : désormais, vous verrez le Fils de l'homme assis à la droite de la Puissance et venant sur les nuées du ciel. »
65 Alors le souverain sacrificateur déchira ses vêtements, en disant : « Il a blasphémé ! Pourquoi avons-nous encore besoin de témoins ? Voici, vous avez entendu maintenant son[1] blasphème.

— [1] littéralement : le.

66 Qu'en pensez-vous ? » Et répondant, ils dirent : « Il mérite la mort. »
67 Alors ils lui crachèrent au visage et lui donnèrent des coups de poing ; et quelques-uns le frappèrent au visage,
68 en disant : « Prophétise-nous, Christ : qui est celui qui t'a frappé ? »

Reniement de Pierre

69 Or Pierre était assis dehors dans la cour[1]. Et une servante s'approcha de lui, en disant : « Toi aussi, tu étais avec Jésus le Galiléen. »

— [1] cour entourée des bâtiments du palais.

70 Mais il le nia devant tous, en disant : « Je ne sais pas ce que tu dis ! »
71 Et une autre [servante] le vit, comme il était sorti dans le vestibule, et elle dit à ceux qui étaient là : « Celui-ci était avec

Jésus le Nazaréen. »

72 Et il le nia de nouveau avec serment : « Je ne connais pas cet homme[1] ! »

— [1] littéralement : l'homme.

73 Et peu après, ceux qui se trouvaient là s'approchèrent et dirent à Pierre : « Certainement, toi aussi, tu es l'un d'entre eux, car ta façon de parler te fait aussi reconnaître. »

74 Alors il se mit à lancer des malédictions et à jurer : « Je ne connais pas cet homme[1] ! » Et aussitôt un coq chanta.

— [1] littéralement : l'homme.

75 Et Pierre se souvint de la parole de Jésus qui avait dit : « Avant qu'un coq ne chante, tu me renieras trois fois. » Et étant sorti dehors, il pleura amèrement.

Les chefs du peuple tiennent conseil pour faire mourir Jésus

27 Or le matin venu, tous les principaux sacrificateurs et les anciens du peuple tinrent conseil contre Jésus pour le faire mourir.

2 Et l'ayant lié, ils l'emmenèrent et le livrèrent à Pilate le gouverneur.

Judas est pris de remords et se pend

3 Alors Judas qui l'avait livré, voyant qu'il était condamné, fut pris de remords et rapporta les 30 pièces d'argent aux principaux sacrificateurs et aux anciens,

4 en disant : « J'ai péché en livrant le sang innocent. » Mais ils dirent : « Que nous importe ! À toi de voir ! »

5 Et ayant jeté les pièces d'argent dans le Temple[1], il se retira et alla se pendre.

— [1] c.-à-d. : la maison même.

6 Mais les principaux sacrificateurs, ayant pris les pièces d'argent, dirent : « Il n'est pas permis de les mettre dans le Trésor[1] sacré puisque c'est le prix du sang. »

— [1] Trésor : coffre, dans le Temple, destiné à recevoir les offrandes.

7 Et ayant tenu conseil, ils achetèrent avec cet argent[1] le champ du potier pour y enterrer les étrangers.

— [1] littéralement : avec elles.

8 C'est pourquoi ce champ a été appelé Champ du sang jusqu'à aujourd'hui.

9 Alors fut accompli ce qui avait été annoncé par Jérémie le prophète qui a dit : « Et ils ont pris les 30 pièces d'argent, le prix auquel il a été estimé, [c'est-à-dire] estimé par les fils d'Israël.

10 Et ils les ont données pour le champ du potier, comme le °Seigneur me l'avait commandé.[1] »

— [1] comparer avec Zach. 11:12-13.

Jésus est interrogé par Pilate

11 Or Jésus se tenait devant le gouverneur. Et le gouverneur l'interrogea, en disant : « Es-tu, toi, le roi des Juifs ? » Et Jésus répondit : « C'est toi qui le dis. »

12 Et étant accusé par les principaux sacrificateurs et les anciens, il ne répondit rien.

13 Alors Pilate lui dit : « N'entends-tu pas combien de choses ils portent témoignage contre toi ? »

14 Et il ne lui répondit pas même un seul mot, de sorte que le gouverneur s'en étonnait beaucoup.

15 Or à chaque fête, le gouverneur avait l'habitude de relâcher un prisonnier à la foule, celui qu'ils voulaient.

16 Et il y avait alors un prisonnier

célèbre nommé Barabbas[1].

— [1] plusieurs manuscrits portent : Jésus Barabbas.

17 Alors, comme ils étaient rassemblés, Pilate leur dit : « Lequel voulez-vous que je vous relâche, Barabbas[1] ou Jésus qui est appelé Christ ? »

— [1] plusieurs manuscrits portent : Jésus Barabbas.

18 Car il savait qu'ils l'avaient livré par jalousie.

19 Et, alors qu'il siégeait au tribunal, sa femme lui envoya dire : « N'aie rien à faire avec ce juste, car j'ai beaucoup souffert aujourd'hui dans un rêve à cause de lui. »

20 Mais les principaux sacrificateurs et les anciens persuadèrent les foules de demander Barabbas et de faire périr Jésus.

21 Et le gouverneur, répondant, leur dit : « Lequel des deux voulez-vous que je vous relâche ? » Et ils dirent : « Barabbas ! »

22 Pilate leur dit : « Que ferai-je donc de Jésus qui est appelé Christ ? » Ils disent tous : « Qu'il soit crucifié ! »

23 Et il dit : « Quel mal a-t-il donc fait ? » Mais ils crièrent encore plus fort, en disant : « Qu'il soit crucifié ! »

24 Et Pilate, voyant qu'il ne gagnait rien, mais plutôt qu'il s'élevait un tumulte, prit de l'eau et se lava les mains devant la foule, en disant : « Je suis innocent de ce sang[1]. À vous de voir ! »

— [1] plusieurs manuscrits portent : du sang de ce juste.

25 Et tout le peuple, répondant, dit : « Que son sang soit sur nous et sur nos enfants ! »

26 Alors il leur relâcha Barabbas. Et ayant fait fouetter Jésus, il le livra pour qu'il soit crucifié.

Jésus est entre les mains des soldats

27 Alors les soldats du gouverneur, ayant emmené Jésus au prétoire[1], rassemblèrent contre lui toute la cohorte[2].

— [1] prétoire : quartier général d'un gouverneur militaire romain ; à Rome, celui de la garde impériale ; et aussi la salle où siégeait le préteur. — [2] la cohorte, à l'origine de 500 hommes, plus tard beaucoup moins nombreuse, comptait 6 centuries commandées chacune par un centurion. La légion avait 10 cohortes.

28 Et lui ayant ôté ses vêtements, ils lui mirent un manteau[1] écarlate.

— [1] c.-à-d. : un manteau de soldat (une chlamyde).

29 Puis ayant tressé une couronne d'épines, ils la mirent sur sa tête, ainsi qu'un roseau dans sa [main] droite. Et fléchissant les genoux devant lui, ils se moquaient de lui, en disant : « Salut, roi des Juifs ! »

30 Et ayant craché sur lui, ils prirent le roseau et lui en frappaient la tête.

31 Et après qu'ils se furent moqués de lui, ils lui ôtèrent le manteau, et lui remirent ses vêtements, et l'emmenèrent pour le crucifier.

Jésus est crucifié

32 Et comme ils sortaient, ils trouvèrent un homme de Cyrène, nommé Simon, qu'ils contraignirent à porter sa croix.

33 Et étant arrivés au lieu appelé Golgotha, ce qui signifie « Lieu du Crâne »,

34 ils lui donnèrent à boire du vin mêlé de fiel. Mais l'ayant goûté, il ne voulut pas boire.

35 Et l'ayant crucifié, ils partagèrent ses vêtements, en tirant au sort.

36 Puis ils s'assirent là pour le garder.

37 Et ils placèrent au-dessus de sa tête son accusation écrite : « Celui-ci est Jésus, le roi des Juifs. »

38 Alors sont crucifiés avec lui deux bandits, l'un à [sa] droite et l'autre à [sa] gauche.

39 Et ceux qui passaient par là l'injuriaient, hochaient la tête

40 et disaient : « Toi qui détruis le Temple[1] et qui le reconstruit en trois jours, sauve-toi toi-même ! Si tu es [le] Fils de Dieu, descends de la croix ![2] »

— [1] c.-à-d. : la maison même. — [2] ou : sauve-toi toi-même si tu es [le] Fils de Dieu ! Et descends de la croix !

41 De même aussi, les principaux sacrificateurs avec les scribes et les anciens disaient, en se moquant :

42 « Il [en] a sauvé d'autres, il ne peut pas se sauver lui-même ! S'il est [le] roi d'Israël, qu'il descende maintenant de la croix et nous croirons en lui.

43 Il a mis sa confiance en Dieu, qu'il le délivre maintenant s'il tient à lui[1], car il a dit : Je suis [le] Fils de Dieu. »

— [1] littéralement : s'il le veut.

44 Et les bandits, qui avaient été crucifiés avec lui, l'insultaient, [eux] aussi, de la même manière.

L'abandon de Dieu – La mort de Jésus

45 Mais depuis la sixième heure, il y eut des ténèbres sur tout le pays[1] jusqu'à la neuvième heure.

— [1] ou : sur toute la terre.

46 Et vers la neuvième heure, Jésus s'écria d'une voix forte, en disant : « Éli, Éli, lama sabachthani ? », c'est-à-dire :

« Mon Dieu, mon Dieu, pourquoi m'as-tu abandonné ? »[1]

— [1] Psaume 22:2.

47 Et quelques-uns de ceux qui se tenaient là, ayant entendu [cela], disaient : « Il appelle Élie, celui-ci ! »

48 Et aussitôt l'un d'entre eux courut, et prit une éponge, et l'ayant remplie de vinaigre[1], la mit au bout d'un roseau et lui donna à boire.

— [1] la boisson des soldats romains était du vin aigri.

49 Mais les autres disaient : « Laisse, voyons si Élie vient pour le sauver ! »

50 Et Jésus, ayant encore crié d'une voix forte, rendit l'esprit.

51 Et voici, le voile du Temple[1] se déchira en deux, depuis le haut jusqu'en bas. Et la terre trembla, et les rochers se fendirent,

— [1] c.-à-d. : la maison même.

52 et les tombeaux s'ouvrirent, et beaucoup de corps des saints endormis ressuscitèrent.

53 Et étant sortis des tombeaux après sa résurrection, ils entrèrent dans la sainte ville et apparurent à beaucoup [de gens].

54 Alors le centurion et ceux qui avec lui gardaient Jésus, ayant vu le tremblement de terre et ce qui venait d'arriver, eurent une très grande peur et dirent : Véritablement, celui-ci était [le] Fils de Dieu.

55 Et il y avait là beaucoup de femmes qui regardaient de loin, qui avaient suivi Jésus depuis la Galilée, en le servant,

56 parmi lesquelles étaient Marie de Magdala, et Marie, la mère de

Jacques et de Joseph[1], et la mère des fils de Zébédée.

— [1] ou : Joses.

Jésus est mis dans le tombeau

57 Et le soir étant venu, il arriva un homme riche d'Arimathée dont le nom était Joseph, qui lui aussi était devenu disciple de Jésus.
58 Celui-ci, étant allé auprès de Pilate, demanda le corps de Jésus. Alors Pilate donna l'ordre que [le corps lui] soit remis.
59 Et Joseph, ayant pris le corps, l'enveloppa d'un drap de lin pur
60 et le déposa dans son tombeau neuf qu'il avait taillé dans la roche. Et ayant roulé une grande pierre contre la porte du tombeau, il s'en alla.
61 Mais Marie de Magdala et l'autre Marie étaient là, assises en face du tombeau.

La garde est placée devant le tombeau

62 Et le lendemain qui est après la Préparation, les principaux sacrificateurs et les Pharisiens se rassemblèrent chez Pilate,
63 et dirent : « Seigneur, nous nous sommes souvenus que cet imposteur disait, pendant qu'il était encore en vie : "Après trois jours, je ressuscite."
64 Ordonne donc que le tombeau soit gardé sûrement jusqu'au troisième jour, de peur que ses disciples ne viennent, et ne l'emporte[1], et ne disent au peuple : "Il est ressuscité des morts." Et ce dernier égarement serait pire que le premier. »

— [1] littéralement : le vole.

65 Et Pilate leur dit : « Vous avez une garde ; allez, rendez-le sûr comme vous le souhaitez. »

66 Et eux, s'en étant allés, rendirent le tombeau sûr, ayant scellé la pierre [et] posté la garde[1].

— [1] littéralement : avec la garde.

La résurrection de Jésus

28 Or après le sabbat, à l'aube du premier jour de la semaine, Marie de Magdala et l'autre Marie allèrent voir le tombeau.

2 Et voici, il se fit un grand tremblement de terre, car un ange du °Seigneur, étant descendu du ciel, s'approcha, et roula la pierre, et s'assit sur elle.
3 Et son aspect était comme un éclair et son vêtement blanc comme la neige.
4 Et de la peur qu'ils en eurent, les gardiens se mirent à trembler et devinrent comme morts.
5 Mais l'ange, prenant la parole, dit aux femmes : « Pour vous, n'ayez pas peur, car je sais que vous cherchez Jésus le crucifié.
6 Il n'est pas ici, car il est ressuscité, comme il l'avait dit. Venez, voyez l'endroit où il[1] était couché,

— [1] plusieurs manuscrits portent : le Seigneur.

7 et allez rapidement dire à ses disciples qu'il est ressuscité des morts. Et voici, il vous précède en Galilée ; là vous le verrez. Voici, je vous l'ai dit. »
8 Et s'éloignant rapidement du tombeau, avec crainte et une grande joie, elles coururent l'annoncer à ses disciples.

Apparition de Jésus ressuscité

9 Et[1] voici, Jésus vint à leur rencontre, en disant : « Je vous salue. » Et elles, s'étant approchées de lui, saisirent ses

pieds et se prosternèrent devant lui.

— [1] plusieurs manuscrits ajoutent : comme elles allaient pour l'annoncer à ses disciples.

10 Alors Jésus leur dit : « N'ayez pas peur ! Allez annoncer à mes frères qu'ils aillent en Galilée, et là ils me verront. »

Le récit des gardes

11 Et comme elles s'en allaient, voici, quelques hommes de la garde s'en allèrent dans la ville et rapportèrent aux principaux sacrificateurs toutes les choses qui étaient arrivées.

12 Et s'étant rassemblés avec les anciens, ils tinrent conseil et donnèrent une bonne somme d'argent aux soldats,

13 en [leur] ordonnant : « Vous direz [ceci] : "Ses disciples sont venus de nuit et l'ont emporté[1] pendant que nous dormions."

— [1] littéralement : volé.

14 Et si le gouverneur vient à en entendre parler, nous [le] persuaderons et nous ferons en sorte que vous ne soyez pas inquiétés. »

15 Et eux, ayant pris l'argent, firent selon les instructions qu'ils avaient reçues. Et cette parole s'est répandue parmi les Juifs jusqu'à aujourd'hui.

Apparition de Jésus en Galilée – Mission confiée aux disciples

16 Et les onze disciples allèrent en Galilée sur la montagne où Jésus leur avait commandé [de se rendre].

17 Et l'ayant vu, ils se prosternèrent devant lui ; mais quelques-uns doutèrent[1].

— [1] ou : hésitèrent.

18 Alors Jésus, s'étant approché, leur parla, en disant : « Toute autorité m'a été donnée dans le ciel et sur la terre.

19 Allez donc et faites disciples toutes les nations, les baptisant au[1] nom[2] du Père et du Fils et du Saint Esprit,

— [1] ou : pour le. — [2] « nom » est au singulier dans le texte original ; cela montre l'unité du Père, du Fils et du Saint Esprit.

20 leur enseignant à garder tout ce que je vous ai commandé. Et voici, moi, je suis avec vous tous les jours jusqu'à l'achèvement du siècle. »

Marc

Prédication de Jean le Baptiseur

1 Commencement de l'Évangile de Jésus Christ, *[Fils de Dieu]*.

2 Comme il est écrit dans Ésaïe le prophète – « Voici, j'envoie mon messager devant ta face, lequel préparera ton chemin »[1] ;
— [1] Mal. 3:1.

3 « Voix de celui qui crie dans le désert : "Préparez le chemin du °Seigneur, aplanissez[1] ses sentiers" »[2] –
— [1] ou : faites droits. — [2] Ésaïe 40:3.

4 Jean vint, baptisant dans le désert et prêchant le baptême de repentance pour la rémission des péchés.

5 Et tout le pays de Judée et tous les habitants de Jérusalem sortaient vers lui. Et ils étaient baptisés par lui dans les eaux[1] du Jourdain, confessant leurs péchés.
— [1] littéralement : le fleuve.

6 Or Jean portait un vêtement en poil de chameau et une ceinture de cuir autour de ses reins, et il mangeait des sauterelles et du miel sauvage.

7 Et il prêchait, en disant : « Il vient après moi[1] celui qui est plus puissant que moi [et] dont je ne suis pas digne de délier, en me baissant, la courroie de ses sandales.
— [1] littéralement : derrière moi.

8 Moi, je vous ai baptisés d'eau, mais lui vous baptisera de l'Esprit Saint. »

Baptême et tentation de Jésus

9 Et il arriva, en ces jours-là, que Jésus[1] vint de Nazareth en Galilée, et il fut baptisé par Jean dans le Jourdain.
— [1] Jésus : hébreu : Yechoua' ; c.-à-d. : Éternel sauveur.

10 Et remontant aussitôt de l'eau, il vit les cieux se fendre et l'Esprit descendre sur lui comme une colombe.

11 Et il y eut une voix qui venait des cieux : « Toi, tu es mon Fils bien-aimé, en toi j'ai trouvé mon plaisir. »

12 Et aussitôt l'Esprit le pousse dans le désert.

13 Et il fut dans le désert [pendant] 40 jours, tenté par Satan[1]. Et il était avec les bêtes sauvages, et les anges le servaient.
— [1] littéralement : le Satan.

Jésus prêche l'Évangile de Dieu

14 Mais après que Jean eut été livré, Jésus vint en Galilée, prêchant l'Évangile[1] de Dieu,
— [1] plusieurs manuscrits ajoutent : du royaume.

15 et disant : « Le temps est accompli et le royaume de Dieu s'est approché. Repentez-vous et croyez à l'Évangile. »

Appel de quatre disciples

16 Et comme il marchait le long de la mer de Galilée, il vit Simon et André, le frère de Simon, lesquels jetaient un filet dans la mer, car ils étaient des pêcheurs.

17 Et Jésus leur dit : « Venez à ma suite[1] et je vous ferai devenir des pêcheurs d'hommes. »
— [1] littéralement : derrière moi.

18 Et aussitôt, ayant laissé les filets, ils le suivirent.

19 Et allant un peu plus loin, il vit

Jacques, le [fils] de Zébédée et Jean son frère. Et ils [étaient] dans le bateau, réparant les filets.

20 Et aussitôt il les appela ; et ayant laissé leur père Zébédée dans le bateau avec les ouvriers[1], ils s'en allèrent à sa suite[2].

— [1] littéralement : gens à gages. — [2] littéralement : derrière lui.

Guérison d'un démoniaque dans la synagogue

21 Et ils entrent dans Capernaüm. Et aussitôt, étant entré le [jour du] sabbat dans la synagogue, Jésus[1] se mit à enseigner.

— [1] littéralement : il.

22 Et ils étaient frappés d'étonnement par son enseignement, car il les enseignait comme ayant autorité et non comme les scribes.

23 Or il se trouvait justement[1] dans leur synagogue un homme possédé d'un[2] esprit impur. Et il s'écria,

— [1] littéralement : Et aussitôt il y avait. — [2] possédé de : entièrement sous la puissance de cet esprit, caractérisé par lui.

24 en disant : « Qu'y a-t-il entre nous et toi, Jésus Nazarénien[1] ? Es-tu venu pour nous détruire ? Je te connais, [je sais] qui tu es : le Saint de Dieu. »

— [1] c.-à-d. : de Nazareth.

25 Mais Jésus le menaça, en disant : « Tais-toi et sors de lui ! »

26 Et l'esprit impur, l'ayant secoué violemment et ayant crié d'une voix forte, sortit de lui.

27 Et ils furent tous effrayés, de sorte qu'ils discutaient entre eux, en disant : « Qu'est-ce que cela ? Une nouvelle doctrine ? Car il commande avec autorité, même aux esprits impurs, et ils lui obéissent. »

28 Et sa renommée se répandit aussitôt partout, dans toute la région de la Galilée.

Guérison de la belle-mère de Simon

29 Et aussitôt, étant sortis de la synagogue, ils allèrent avec Jacques et Jean dans la maison de Simon et d'André.

30 Or la belle-mère de Simon était couchée, ayant de la fièvre ; et aussitôt ils lui parlent d'elle.

31 Alors s'étant approché, il la fit lever en la prenant par la main. Et[1] la fièvre la quitta et elle les servait.

— [1] plusieurs manuscrits ajoutent : aussitôt.

Guérison de beaucoup de malades et de démoniaques

32 Et le soir étant venu, comme le soleil se couchait, on lui apporta tous ceux qui se portaient mal, ainsi que les démoniaques.

33 Et la ville entière était rassemblée à la porte.

34 Et il en guérit beaucoup qui souffraient de diverses maladies et il chassa beaucoup de démons. Mais il ne laissait pas les démons parler parce qu'ils le connaissaient.

Jésus prêche en Galilée

35 Et s'étant levé le matin, alors qu'il faisait encore nuit, il sortit et s'en alla dans un lieu désert ; et là il priait.

36 Et Simon et ceux qui étaient avec lui allèrent à sa recherche.

37 Et l'ayant trouvé, ils lui dirent : « Tous te cherchent. »

38 Mais il leur dit : « Allons ailleurs dans les villages voisins, afin que j'y prêche aussi ; car c'est pour cela que je suis venu. »

39 Et il prêchait dans leurs synagogues, dans toute la Galilée, et il chassait les démons.

Guérison d'un lépreux

40 Et un lépreux vient à lui, *[et se jetant à genoux,]* le supplie et lui dit : « Si tu veux, tu peux me purifier. »

41 Et Jésus[1], ému de compassion, étendant la main, le toucha et lui dit : « Je veux, sois purifié ! »

— [1] littéralement : lui.

42 Et aussitôt la lèpre se retira de lui, et il fut purifié.

43 Et lui ayant parlé avec sévérité, il le renvoya aussitôt

44 et lui dit : « Prends garde de ne rien dire à personne, mais va, montre-toi au sacrificateur[1] et offre pour ta purification ce que Moïse a ordonné, en témoignage pour eux. »

— [1] ou : prêtre.

45 Mais lui, étant sorti, commença à proclamer beaucoup de choses et à divulguer ce qui était arrivé, de sorte que Jésus[1] ne pouvait plus entrer ouvertement dans la ville. Mais il se tenait dehors, dans des lieux déserts, et l'on venait à lui de toutes parts.

— [1] littéralement : il.

Guérison d'un paralysé

2 Et quelques jours après, il entra de nouveau dans Capernaüm, et l'on apprit qu'il était à la maison.

2 Et[1] beaucoup de gens s'y rassemblèrent, de sorte qu'il ne se trouva plus de place, pas même près de la porte. Et il leur annonçait la Parole.

— [1] plusieurs manuscrits ajoutent : aussitôt.

3 Et l'on vient lui amener un paralysé porté par quatre [hommes].

4 Et ne pouvant pas s'approcher de lui, à cause de la foule, ils découvrirent le toit à l'endroit où il était. Et ayant fait une ouverture, ils descendirent le brancard sur lequel était couché le paralysé.

5 Et Jésus, voyant leur foi, dit au paralysé : « [Mon] enfant, tes péchés sont pardonnés. »

6 Et quelques-uns des scribes étaient là, assis, et ils raisonnaient dans leurs cœurs :

7 « Pourquoi celui-ci parle-t-il ainsi ? Il blasphème. Qui peut pardonner les péchés, sinon un seul, Dieu ? »

8 Et aussitôt Jésus, connaissant dans son esprit qu'ils raisonnaient ainsi en eux-mêmes, leur dit : « Pourquoi tenez-vous ces raisonnements dans vos cœurs ?

9 Quel est le plus facile, de dire au paralysé : "Tes péchés sont pardonnés", ou de dire : "Lève-toi, et prends ton brancard, et marche" ?

10 Or, afin que vous sachiez que le Fils de l'homme a le pouvoir sur la terre de pardonner les péchés – il dit au paralysé :

11 "Je te dis, lève-toi, prends ton brancard et va dans ta maison." »

12 Et il se leva, et ayant pris aussitôt le brancard, il sortit devant tous, de sorte qu'ils en furent tous stupéfaits et qu'ils glorifiaient Dieu, en disant : « Nous n'avons jamais rien vu de pareil. »

Appel du publicain Lévi et accueil des pécheurs

13 Et il sortit encore et longea la mer[1] ; et toute la foule venait à lui et il les enseignait.

— [1] c.-à-d. : la mer de Galilée ou le lac de Tibériade.

14 Et en passant, il vit Lévi, le [fils] d'Alphée, assis au bureau des taxes, et il lui dit : « Suis-moi ! » Et s'étant levé, il le suivit.

15 Et il arriva, comme il était à table dans sa maison, que beaucoup de publicains[1] et de pécheurs se trouvèrent à table avec Jésus et ses disciples, car ils étaient nombreux et ils le suivaient.

— [1] publicains : collecteurs d'impôts.

16 Et les scribes et les Pharisiens, le voyant manger avec les pécheurs et les publicains, dirent à ses disciples : « Pourquoi mange-t-il[1] avec les publicains et les pécheurs ? »

— [1] plusieurs manuscrits ajoutent : et boit-il.

17 Et Jésus, l'ayant entendu, leur dit : « Ceux qui sont en bonne santé n'ont pas besoin de médecin, mais ceux qui se portent mal. Je ne suis pas venu appeler des justes, mais des pécheurs. »

Jésus et le jeûne

18 Or les disciples de Jean et les Pharisiens jeûnaient. Et ils viennent et lui disent : « Pourquoi les disciples de Jean et les disciples des Pharisiens jeûnent-ils, mais tes disciples ne jeûnent pas ? »

19 Et Jésus leur dit : « Les fils de la salle des noces[1] peuvent-ils jeûner pendant que l'époux est avec eux ? Aussi longtemps qu'ils ont l'époux avec eux, ils ne peuvent pas jeûner.

— [1] c.-à-d. : les compagnons de l'époux.

20 Mais des jours viendront où l'époux leur sera enlevé, et alors ils jeûneront en ce jour-là.

21 Personne ne coud une pièce de tissu neuf[1] sur un vieil habit ; autrement le rapiéçage tire sur l'habit[2], le neuf sur le vieux, et la déchirure s'aggrave.

— [1] littéralement : non foulé ; c.-à-d. : non lavé, et donc sujet au rétrécissement. — [2] littéralement : lui.

22 Et personne ne met du vin nouveau dans de vieilles outres ; autrement le vin fait éclater les outres et le vin est perdu ainsi que les outres. Mais le vin nouveau [doit être mis] dans des outres neuves. »

Les disciples arrachent des épis un jour de sabbat

23 Et il arriva qu'il traversait les champs de blé un [jour de] sabbat. Et ses disciples, chemin faisant, se mirent à arracher des épis.

24 Alors les Pharisiens lui dirent : « Regarde ! Pourquoi font-ils, le [jour du] sabbat, ce qui n'est pas permis ? »

25 Et il leur dit : « N'avez-vous jamais lu ce que fit David quand il fut dans le besoin et qu'il eut faim, lui et ceux qui étaient avec lui,

26 comment, au temps d'Abiathar, souverain sacrificateur, il entra dans la Maison de Dieu et mangea les pains de présentation – qu'il n'est pas permis de manger, sinon aux sacrificateurs – et en donna aussi à ceux qui étaient avec lui ? »

27 Et il leur dit : « Le sabbat a été fait pour l'homme, et non l'homme pour le sabbat ;

28 de sorte que le Fils de l'homme est seigneur même du sabbat. »

Guérison, un jour de sabbat, d'un homme ayant la main desséchée

3 Et il entra encore dans la synagogue. Et il y avait là un homme qui avait la main desséchée.

2 Et ils l'observaient [pour voir] s'il le guérirait le [jour du] sabbat, afin de l'accuser.

3 Alors il dit à l'homme qui avait la main desséchée : « Lève-toi, [là,]

au milieu ! »

4 Puis il leur dit : « Est-il permis de faire du bien le [jour du] sabbat ou de faire du mal, de sauver une vie ou de tuer ? » Mais ils gardaient le silence.

5 Et les ayant parcourus du regard avec colère, étant attristé de l'endurcissement de leur cœur, il dit à l'homme : « Étends ta main ! » Et il l'étendit et sa main fut rétablie.

6 Alors les Pharisiens, sortirent aussitôt avec les Hérodiens et tinrent conseil contre lui pour le faire périr.

Une foule nombreuse vient vers Jésus pour être guérie

7 Et Jésus se retira avec ses disciples vers la mer. Et une grande multitude [le suivit] de la Galilée, et de la Judée,

8 et de Jérusalem, et de l'Idumée, et de l'autre côté du Jourdain[1]. Et ceux des environs de Tyr et de Sidon, une grande multitude, allèrent vers lui, ayant appris tout ce qu'il faisait.

— [1] c.-à-d. : du côté est du Jourdain.

9 Et il dit à ses disciples qu'un petit bateau soit mis à sa disposition, à cause de la foule, afin qu'elle ne l'écrase pas.

10 Car il guérit beaucoup [de gens], de sorte que tous ceux qui souffraient se jetaient sur lui pour le toucher.

11 Et les esprits impurs, quand ils le voyaient, se jetaient devant lui et s'écriaient, en disant : « Toi, tu es le Fils de Dieu ! »

12 Mais il leur commandait très sévèrement de ne pas le faire connaître.

Appel des douze apôtres

13 Puis il monte sur la montagne[1] et il appelle auprès [de lui] ceux qu'il voulait ; et ils vinrent à lui.

— [1] la montagne, en contraste avec la plaine.

14 Et il en établit douze [qu'il appela aussi apôtres,] pour être avec lui, et pour les envoyer prêcher,

15 et pour avoir autorité de chasser les démons.

16 [Et il choisit les Douze :] Simon qu'il surnomma Pierre,

17 et Jacques le [fils] de Zébédée, et Jean le frère de Jacques – et il les surnomma Boanergès, ce qui signifie : « fils du tonnerre » –

18 et André, et Philippe, et Barthélemy, et Matthieu, et Thomas, et Jacques, le [fils] d'Alphée, et Thaddée, et Simon le Cananéen[1],

— [1] ou : Zélote. Cananéen est probablement le nom araméen pour Zélote, c.-à-d. : zélateur.

19 et Judas Iscariote, celui-là même qui le livra.

Le blasphème contre l'Esprit saint

20 Et il vient[1] dans une maison ; et la foule se rassemble de nouveau, de sorte qu'ils ne pouvaient pas même manger le pain.

— [1] plusieurs manuscrits portent : ils viennent.

21 Et ses proches, ayant entendu cela, sortirent pour se saisir de lui, car ils disaient : « Il est hors de sens. »

22 Et les scribes qui étaient descendus de Jérusalem dirent : « Il a Béelzébul[1] [en lui] » et : « C'est par le chef des démons qu'il chasse les démons. »

— [1] Béelzébul : nom donné au chef des démons.

23 Et les ayant appelés auprès [de lui], il leur dit par des paraboles :

« Comment Satan peut-il chasser Satan ?

24 Et si un royaume est divisé contre lui-même, ce royaume-là ne peut pas subsister.

25 Et si une maison est divisée contre elle-même, cette maison-là ne pourra pas subsister.

26 Et si Satan se dresse contre lui-même et est divisé, il ne peut pas subsister, mais c'est la fin pour lui.

27 Mais personne ne peut entrer dans la maison de l'homme fort et piller ses biens s'il n'a pas d'abord lié l'homme fort ; et alors il pillera sa maison.

28 En vérité je vous dis que tous les péchés seront pardonnés aux fils des hommes, ainsi que les blasphèmes qu'ils profèrent[1].

— [1] littéralement : qu'ils blasphèment.

29 Mais celui qui aura blasphémé contre l'Esprit Saint n'aura jamais de pardon, mais il est coupable de péché éternel. »

30 C'était parce qu'ils disaient : « Il a un esprit impur. »

La vraie famille de Jésus

31 Et sa mère et ses frères arrivent. Et, se tenant dehors, ils l'envoyèrent appeler.

32 Or une foule était assise autour de lui. Et on lui dit : « Voici, ta mère, et tes frères, *[et tes sœurs,]* sont dehors [et] ils te cherchent. »

33 Et leur répondant, il dit : « Qui est ma mère et [qui sont] *[mes]* frères ? »

34 Et parcourant du regard ceux qui étaient assis en cercle autour de lui, il dit : « Voici ma mère et mes frères ;

35 *[car]* celui qui fera la volonté de Dieu, celui-là est mon frère, et ma sœur, et ma mère. »

Parabole du semeur

4 Et il se mit encore à enseigner près de la mer. Et une très grande foule se rassembla auprès de lui, si bien qu'il monta dans un bateau sur la mer et s'assit. Et toute la foule était à terre sur le bord de la mer.

2 Et il leur enseignait beaucoup de choses par des paraboles. Et il leur disait dans son enseignement :

3 « Écoutez : Voici, le semeur sortit pour semer.

4 Et il arriva, comme il semait, que quelques [grains] tombèrent au bord du chemin, et les oiseaux vinrent et les dévorèrent.

5 Et d'autres tombèrent sur les endroits pierreux, là où ils n'avaient pas beaucoup de terre. Et ils levèrent aussitôt parce qu'ils n'avaient pas une terre profonde.

6 Mais quand le soleil se leva, ils furent brûlés, et parce qu'ils n'avaient pas de racines, ils se desséchèrent.

7 Et d'autres tombèrent parmi les ronces ; et les ronces montèrent et les étouffèrent, et ils ne donnèrent pas de fruit.

8 Et d'autres tombèrent dans la bonne terre et, montant et se développant, ils donnèrent du fruit et rapportèrent, l'un 30, et un [autre] 60, et un [autre] 100. »

9 Puis il dit : « [Celui] qui a des oreilles pour entendre, qu'il entende ! »

Pourquoi Jésus parlait en paraboles

10 Et quand il fut à l'écart, ceux qui étaient autour de lui avec les Douze l'interrogèrent au sujet des paraboles.

11 Et il leur dit : « À vous [il] est donné [de connaître] le mystère du

royaume de Dieu, mais pour ceux qui sont dehors, toutes choses sont présentées[1] en paraboles,

— [1] littéralement : deviennent.

12 afin qu'en voyant, ils voient et n'aperçoivent pas, et qu'en entendant, ils entendent et ne comprennent pas, de peur qu'ils ne se convertissent et qu'il ne leur soit pardonné[1]. »

— [1] voir Ésaïe 6:9-10.

Explication de la parabole du semeur

13 Puis il leur dit : « Ne saisissez-vous pas cette parabole ? Et comment comprendrez-vous toutes les paraboles ?

14 Le semeur sème la Parole.

15 Et voilà ceux qui sont au bord du chemin, là où la Parole est semée. Et quand ils ont entendu, Satan vient aussitôt et enlève la Parole, celle qui a été semée en eux.

16 Et[1] ceux qui ont reçu la semence sur les endroits pierreux sont ceux qui, lorsqu'ils ont entendu la Parole, la reçoivent aussitôt avec joie.

— [1] plusieurs manuscrits ajoutent : pareillement.

17 Et ils n'ont pas de racine en eux-mêmes, mais ne tiennent qu'un temps. Puis, quand la détresse ou la persécution arrive à cause de la Parole, ils sont aussitôt scandalisés.

18 Et d'autres sont ceux qui ont reçu la semence parmi les ronces. Ce sont ceux qui ont entendu la Parole,

19 mais les soucis du siècle[1], et la tromperie des richesses, et les convoitises à l'égard des autres choses, entrant [en eux], étouffent la Parole, et elle est sans fruit.

— [1] c.-à-d. : les soucis rencontrés au cours de la vie.

20 Et ceux qui ont reçu la semence sur la bonne terre sont ceux qui entendent la Parole, et la reçoivent, et portent du fruit : l'un 30, et un [autre] 60, et un [autre] 100. »

Paraboles de la lampe et de la mesure

21 Et il leur dit : « Amène-t-on la lampe[1] pour être mise sous le boisseau[2] ou sous le lit ? N'est-ce pas pour être mise sur le porte-lampe ?

— [1] littéralement : La lampe vient-elle. — [2] boisseau : récipient ayant pour capacité 1 boisseau (environ 7,33 litres).

22 Car il n'y a rien de caché qui ne doive être manifesté, ni rien de secret qui ne doive être mis en évidence.

23 Si quelqu'un a des oreilles pour entendre, qu'il entende ! »

24 Et il leur dit : « Prenez garde à ce que vous entendez ! De la mesure dont vous mesurerez, il vous sera mesuré, et on y ajoutera [encore] pour vous.

25 Car à celui qui a, il sera donné ; mais à celui qui n'a pas, cela même qu'il a lui sera enlevé. »

Parabole de la semence

26 Et il dit : « Ainsi est le royaume de Dieu : c'est comme un homme qui jetterait de la semence sur la terre.

27 Et il dormirait et se lèverait de nuit et de jour, et la semence germerait et se développerait sans qu'il sache comment.

28 La terre produit spontanément du fruit, d'abord l'herbe, ensuite l'épi, et puis le blé bien formé dans l'épi.

29 Et quand le fruit est produit, il y

met aussitôt la faucille, parce que la moisson est arrivée. »

Parabole de la graine de moutarde

30 Et il disait : « Comment comparerons-nous le royaume de Dieu, ou par quelle parabole le représenterons-nous ?

31 Il est semblable à une graine de moutarde qui, lorsqu'elle est semée sur la terre, est la plus petite de toutes les semences qui sont sur la terre.

32 Mais après qu'elle est semée, elle monte et devient plus grande que tous les légumes et produit de grandes branches, si bien que les oiseaux du ciel peuvent s'abriter sous son ombre. »

33 Et [c'est] par beaucoup de paraboles de cette sorte [qu']il leur annonçait la Parole, selon qu'ils pouvaient l'entendre.

34 Mais il ne leur parlait pas sans parabole ; et à l'écart, il expliquait tout à ses propres disciples.

Jésus calme la tempête

35 Et en ce jour-là, le soir étant venu, il leur dit : « Passons à l'autre rive. »

36 Et ayant renvoyé la foule, ils le prennent dans le bateau, comme il était[1] ; et d'autres bateaux étaient avec lui.

— [1] c.-à-d. : dans le bateau où il se trouvait.

37 Et il se lève un grand vent de tempête, et les vagues se jetaient contre le bateau, au point que le bateau se remplissait déjà.

38 Et il était, lui, à la poupe, dormant sur un coussin. Et ils le réveillent et lui disent : « Maître[1], ne te soucies-tu pas de ce que nous périssons ? »

— [1] c.-à-d. : maître qui enseigne.

39 Et s'étant réveillé, il menaça le vent et dit à la mer : « Fais silence, tais-toi ! » Et le vent tomba et il se fit un grand calme.

40 Alors il leur dit : « Pourquoi êtes-vous craintifs ? N'avez-vous pas encore de foi ? »

41 Et ils furent saisis d'une grande peur, et ils se dirent les uns aux autres : « Qui donc est celui-ci, pour que même le vent et la mer lui obéissent ? »

Guérison d'un démoniaque gadarénien

5 Et ils arrivèrent à l'autre rive de la mer, dans le pays des Gadaréniens.

2 Et, comme Jésus[1] quittait le bateau, un homme possédé d'un esprit impur vint aussitôt à sa rencontre, sortant des tombeaux.

— [1] littéralement : lui.

3 Il avait son habitation dans les tombeaux et personne ne pouvait le lier, pas même avec une chaîne.

4 Car il avait été souvent lié avec des fers aux pieds et des chaînes, mais il avait rompu les chaînes et brisé les fers, et personne ne pouvait le maîtriser.

5 Et il était continuellement, nuit et jour, dans les tombeaux et dans les montagnes, criant et se blessant lui-même avec des pierres.

6 Alors, voyant Jésus de loin, il courut et se prosterna devant lui.

7 Et criant d'une voix forte, il dit : « Qu'y a-t-il entre moi et toi, Jésus, Fils du Dieu Très-Haut[1] ? Je t'adjure par Dieu, ne me tourmente pas ! »

— [1] Très-Haut est, ici et ailleurs, un nom propre, comme en Luc 1:32, etc. C'est l'hébreu Élion ; comparer avec Gen. 14:18.

8 Car il lui disait : « Sors de l'homme, esprit impur ! »

9 Et il lui demanda : « Quel est ton

nom ? » Et il lui dit : « Mon nom est Légion, car nous sommes nombreux. »

10 Et il le priait instamment pour qu'il ne les envoie pas hors du pays.

11 Or il y avait là, vers la montagne, un grand troupeau de porcs qui paissait.

12 Alors ils le prièrent, en disant : « Envoie-nous dans les porcs afin que nous entrions en eux. »

13 Et Jésus[1] le leur permit. Et les esprits impurs, étant sortis, entrèrent dans les porcs et le troupeau se précipita du haut de la falaise dans la mer. [Ils étaient] environ 2 000 et ils se noyèrent dans la mer.

— [1] littéralement : il.

14 Et ceux qui les faisaient paître s'enfuirent, et portèrent la nouvelle dans la ville et dans les campagnes. Alors ils sortirent pour voir ce qui était arrivé.

15 Et ils viennent à Jésus et voient le démoniaque, celui qui avait eu la légion [de démons], assis, habillé et avec toute sa raison[1]. Et ils eurent peur.

— [1] littéralement : saint d'esprit.

16 Et ceux qui avaient vu [ce qui s'était passé] leur racontèrent ce qui était arrivé au démoniaque et aux porcs.

17 Et ils se mirent à lui demander de s'en aller de leur territoire.

18 Et comme il montait dans le bateau[1], celui qui avait été démoniaque le supplia [de permettre] qu'il reste avec lui.

— [1] ou : en bateau, à bord ; ainsi souvent.

19 Et il ne le lui permit pas, mais il lui dit : « Va dans ta maison, vers les tiens, et raconte-leur tout ce que le Seigneur t'a fait et

[comment] il a usé de miséricorde à ton égard. »

20 Et il s'en alla et se mit à proclamer dans la Décapole tout ce que Jésus avait fait pour lui. Et tous étaient dans l'admiration.

Guérison d'une femme ayant une perte de sang, et résurrection de la fille de Jaïrus

21 Et Jésus, ayant encore regagné l'autre rive *[en bateau]*, une grande foule se rassembla auprès de lui. Et il était au bord de la mer.

22 Et l'un des chefs de synagogue nommé Jaïrus arriva. Et voyant Jésus[1], il se jeta à ses pieds,

— [1] littéralement : le voyant.

23 et le supplia instamment, en disant : « Ma fille[1] est à la [dernière] extrémité. Viens lui imposer les mains, afin qu'elle soit sauvée[2] et qu'elle vive. »

— [1] littéralement : petite fille. — [2] ou : guérie.

24 Et il s'en alla avec lui. Et une grande foule le suivit et elle le serrait de près.

25 Or il y avait une femme qui avait une perte de sang depuis douze ans.

26 Et elle avait beaucoup souffert du fait d'un grand nombre de médecins, et avait dépensé tous ses biens, et n'en avait retiré aucun profit, mais [son état] allait plutôt en empirant.

27 Ayant entendu parler de Jésus, elle vint dans la foule par-derrière et toucha son vêtement.

28 Car elle disait : « Si je touche, ne serait-ce que ses vêtements, je serai guérie[1]. »

— [1] littéralement : sauvée.

29 Et aussitôt, la source de son sang fut tarie, et elle sentit[1] dans son corps qu'elle était guérie de

[son] mal.

— [1] littéralement : connut.

30 Et aussitôt Jésus, connaissant en lui-même qu'une puissance était sortie de lui, se retourna dans la foule et dit : « Qui a touché mes vêtements ? »

31 Et ses disciples lui dirent : « Tu vois la foule qui te serre de près et tu dis : "Qui m'a touché ?" »

32 Mais il regardait autour [de lui] pour voir celle qui avait fait cela.

33 Alors la femme, effrayée et tremblante, sachant ce qui lui était arrivé, vint se jeter devant lui et lui déclara toute la vérité.

34 Et il lui dit : « [Ma] fille, ta foi t'a guérie[1]. Va en paix et sois guérie de ton mal. »

— [1] littéralement : sauvée.

35 Comme il parlait encore, des gens[1] arrivèrent de chez le chef de synagogue, en disant : « Ta fille est morte. Pourquoi importunes-tu encore le maître[2] ? »

— [1] littéralement : ils. — [2] c.-à-d. : maître qui enseigne.

36 Mais Jésus, ayant entendu la parole qui avait été prononcée, dit au chef de synagogue : « Ne crains pas, crois seulement. »

37 Et il ne permit à personne de le suivre, sinon à Pierre, et à Jacques, et à Jean, le frère de Jacques.

38 Et ils arrivent à la maison du chef de synagogue. Et Jésus[1] voit le tumulte, et ceux qui pleuraient et se lamentaient bruyamment.

— [1] littéralement : il.

39 Et étant entré, il leur dit : « Pourquoi faites-vous ce tumulte et pleurez-vous ? L'enfant n'est pas morte, mais elle dort. »

40 Et ils se moquaient de lui. Mais les ayant tous mis dehors, il prend le père de l'enfant, et la mère, et ceux qui étaient avec lui, et il entre là où était l'enfant.

41 Et ayant pris la main de l'enfant, il lui dit : « Talitha coumi ! », ce qui se traduit : « Jeune fille, je te dis, réveille-toi ! »

42 Et aussitôt la jeune fille se leva et marcha, car elle avait douze ans. Et ils furent saisis[1] d'une grande stupéfaction.

— [1] plusieurs manuscrits ajoutent : aussitôt.

43 Mais il leur commanda expressément que personne ne le sache. Et il dit qu'on lui donne à manger.

Jésus est rejeté à Nazareth

6 Et il partit de là et se rendit dans son pays. Et ses disciples le suivirent.

2 Puis le [jour du] sabbat étant venu, il se mit à enseigner dans la synagogue. Et beaucoup, en l'entendant, étaient frappés d'étonnement et disaient : « D'où lui [viennent] ces choses ? Et quelle est cette sagesse qui lui est donnée, et [d'où vient] que de tels miracles s'opèrent par ses mains ?

3 Celui-ci n'est-il pas le charpentier, le fils de Marie, et le frère de Jacques, et de Joses, et de Jude, et de Simon ? Et ses sœurs ne sont-elles pas ici auprès de nous ? » Et ils étaient scandalisés à cause de lui.

4 Alors Jésus leur dit : « Un prophète n'est pas méprisé, si ce n'est dans son pays, et parmi ses parents, et dans sa maison. »

5 Et il ne put faire là aucun miracle, si ce n'est qu'il guérit un petit nombre d'infirmes en leur imposant les mains.

6 Et il s'étonnait de leur incrédulité.

Et il parcourait les villages des environs, en enseignant.

Jésus envoie les douze apôtres en mission

7 Puis il appelle auprès [de lui] les Douze. Et il se mit à les envoyer deux par deux, et il leur donna autorité sur les esprits impurs.

8 Et il leur commanda de ne rien prendre pour le chemin – si ce n'est un bâton seulement – ni pain, ni sac, ni [monnaie de] cuivre dans la ceinture,

9 mais d'être chaussés de sandales. « Et, [leur dit-il,] ne portez pas deux tuniques. »

10 Puis il leur dit : « Partout où vous entrerez dans une maison, restez-y jusqu'à ce que vous partiez de là.

11 Et si en quelque lieu on ne vous reçoit pas et l'on ne vous écoute pas, quand vous partirez de là, secouez la poussière de dessous vos pieds, en témoignage pour eux.

12 Et étant partis, ils prêchèrent qu'on se repente,

13 et chassèrent beaucoup de démons, et oignirent d'huile beaucoup d'infirmes, et les guérirent.

Exécution de Jean le Baptiseur

14 Or le roi Hérode entendit parler [de Jésus], car son nom était devenu public. Et l'on disait : « Jean le Baptiseur est ressuscité d'entre les morts et c'est pourquoi les miracles s'opèrent par lui. »

15 Et d'autres disaient : « C'est Élie » ; et d'autres disaient : « C'est un prophète, comme l'un des prophètes. »

16 Mais Hérode, l'ayant appris, dit :

« C'est Jean que j'ai fait décapiter, c'est lui qui est ressuscité. »

17 En effet, Hérode lui-même avait envoyé prendre Jean et l'avait fait enchaîner en prison, à cause d'Hérodias, la femme de son frère Philippe, car il l'avait épousée.

18 Car Jean disait à Hérode : « Il ne t'est pas permis d'avoir la femme de ton frère. »

19 Et Hérodias avait du ressentiment contre lui et voulait le faire mourir. Mais elle ne [le] pouvait pas,

20 car Hérode craignait Jean, le sachant homme juste et saint, et il le protégeait[1]. Et lorsqu'il l'avait entendu, il était très perplexe, mais il l'écoutait volontiers.

— [1] ou : l'observait.

21 Mais un jour propice arriva lorsque Hérode, pour son anniversaire, donna un repas à ses grands [seigneurs], et aux chiliarques[1], et aux notables[2] de la Galilée.

— [1] ou : commandants. — [2] littéralement : aux premiers.

22 Et la fille de cette Hérodias, étant entrée et ayant dansé, plut à Hérode et à ceux qui étaient à table avec lui. Le roi dit [alors] à la jeune fille : « Demande-moi ce que tu voudras, et je te le donnerai. »

23 Et il lui jura [solennellement] : « Tout ce que tu me demanderas, je te le donnerai, jusqu'à la moitié de mon royaume. »

24 Alors, étant sortie, elle dit à sa mère : « Que dois-je demander ? » Et elle dit : « La tête de Jean le Baptiseur. »

25 Et aussitôt elle se hâta d'entrer auprès du roi et fit sa demande, en disant : « Je veux que, tout de

suite, tu me donnes sur un plat la tête de Jean le Baptiseur. »

26 Et le roi en fut très attristé, mais à cause des serments et de ceux qui étaient à table avec lui, il ne voulut pas lui refuser[1].

— [1] littéralement : la rejeter.

27 Et aussitôt le roi envoya un garde du corps et lui ordonna d'apporter la tête de Jean[1]. Et s'en étant allé, il le décapita dans la prison,

— [1] littéralement : sa tête.

28 et apporta sa tête sur un plat, et la donna à la jeune fille ; et la jeune fille la donna à sa mère.

29 Et ses disciples, l'ayant appris, vinrent enlever son corps et le mirent dans un tombeau.

Retour de mission des apôtres

30 Et les apôtres se rassemblent auprès de Jésus. Et ils lui racontèrent tout ce qu'ils avaient fait et tout ce qu'ils avaient enseigné.

31 Alors il leur dit : « Venez vous-mêmes à l'écart dans un lieu désert et reposez-vous un peu. » Car il y avait beaucoup de gens qui allaient et qui venaient, et ils n'avaient pas même le temps de manger.

32 Alors ils partirent en bateau vers un lieu désert, à l'écart.

33 Et beaucoup les virent s'en aller et les reconnurent. Et de toutes les villes, ils accoururent là, à pied, et arrivèrent avant eux.

Première multiplication des pains

34 Et Jésus[1], étant sorti, vit une grande foule. Et il fut ému de compassion envers eux, parce qu'ils étaient comme des brebis qui n'ont pas de berger. Et il se mit à leur enseigner beaucoup de choses.

— [1] littéralement : lui.

35 Et comme l'heure était déjà très avancée, ses disciples, s'étant approchés de lui, dirent : « Le lieu est désert et l'heure est déjà avancée ;

36 renvoie-les afin qu'ils s'en aillent dans les campagnes et les villages des environs, et qu'ils s'achètent de quoi manger. »

37 Mais lui, répondant, leur dit : « Vous, donnez-leur à manger ! » Et ils lui disent : « Irons-nous acheter pour 200 deniers de pain et leur donnerons-nous à manger ? »

38 Mais il leur dit : « Combien de pains avez-vous ? Allez voir ! » Et l'ayant su, ils disent : 5 [pains] et 2 poissons.

39 Alors il leur commanda de les faire tous asseoir par groupes sur l'herbe verte.

40 Et ils s'assirent par rangées de 100 et de 50.

41 Et ayant pris les 5 pains et les 2 poissons, levant les yeux vers le ciel, il bénit, et rompit les pains, et les donna à [ses] disciples afin qu'ils les leur distribuent. Et il partagea les 2 poissons entre tous.

42 Et ils mangèrent tous et furent rassasiés.

43 Puis ils ramassèrent les morceaux, 12 paniers pleins, ainsi que les [restes des] poissons.

44 Et ceux qui avaient mangé [les pains] étaient 5 000 hommes.

Jésus marche sur la mer

45 Et aussitôt, il contraignit ses disciples à monter dans le bateau et à le précéder à l'autre rive, vers Bethsaïda, tandis qu'il renvoyait la foule.

46 Et leur ayant donné congé, il s'en alla sur la montagne pour prier.

47 Or le soir étant venu, le bateau était au milieu de la mer, et lui seul [était] à terre.

48 Et les voyant se tourmenter à ramer, car le vent leur était contraire, vers la quatrième veille de la nuit, il va vers eux en marchant sur la mer ; et il voulait passer à côté d'eux.

49 Mais eux, le voyant marcher sur la mer, crurent que c'était un fantôme et ils poussèrent des cris,

50 car ils le virent tous et furent troublés. Mais lui, aussitôt, parla avec eux et leur dit : « Ayez bon courage, c'est moi, n'ayez pas peur ! »

51 Puis il monta auprès d'eux dans le bateau et le vent tomba. Et ils furent extrêmement stupéfaits[1] en eux-mêmes ;

— [1] plusieurs manuscrits ajoutent : et émerveillés.

52 car ils n'avaient pas été rendus intelligents par les pains[1], mais leur cœur était endurci.

— [1] ou : [même] après [l'occasion fournie par] les pains.

Guérisons à Génésareth

53 Et après avoir traversé [la mer], ils vinrent dans la région de Génésareth et [y] abordèrent.

54 Et comme ils sortaient du bateau, [les gens] le reconnurent aussitôt.

55 Et ils parcoururent toute cette région et se mirent à apporter sur des brancards ceux qui se portaient mal, là où l'on apprenait qu'il était.

56 Et partout où il entrait, dans les villages, ou dans les villes, ou dans les campagnes, ils plaçaient les malades sur les places publiques et le priaient de les laisser toucher ne serait-ce que le bord de son vêtement. Et tous ceux qui touchaient étaient guéris[1].

— [1] littéralement : sauvés.

Les Pharisiens et la tradition

7 Et les Pharisiens et quelques-uns des scribes, qui étaient venus de Jérusalem, se rassemblent auprès de lui.

2 Et ils voient certains de ses disciples mangeant les pains avec des mains souillées, c'est-à-dire non lavées.

3 (Car les Pharisiens et tous les Juifs ne mangent pas sans s'être lavé soigneusement[1] les mains, retenant la tradition des anciens.

— [1] littéralement : jusqu'au coude.

4 Et [de retour] du marché, ils ne mangent pas s'ils ne se sont pas lavés[1]. Et il y a beaucoup d'autres choses qu'ils ont reçues par tradition pour les observer, [comme] le lavage des coupes, et des cruches, et des vases en bronze, [et des lits[2]].)

— [1] littéralement : immergés ; ablutions rituelles. — [2] lits servant de sièges pour les repas.

5 Alors les Pharisiens et les scribes l'interrogent : « Pourquoi tes disciples ne marchent-ils pas selon la tradition des anciens, mais mangent-ils le pain avec des mains souillées ? »

6 Et lui leur dit : « Ésaïe a bien prophétisé à votre sujet, hypocrites, comme il est écrit : "Ce peuple m'honore des lèvres, mais leur cœur est très éloigné de moi.

7 Mais c'est en vain qu'ils me rendent un culte, enseignant comme doctrines des commandements d'hommes."[1]

— [1] Ésaïe 29:13.

8 Ayant laissé le commandement

de Dieu, vous observez la tradition des hommes[1]. »

9 Et il leur dit : « Vous annulez bien le commandement de Dieu afin de garder votre tradition.

10 Car Moïse a dit : "Honore ton père et ta mère"[1] ; et : "Que celui qui parlera en mal de [son] père ou de [sa] mère, soit puni de mort[2]."[3]

— [1] Exode 20:12. — [2] littéralement : meure de mort. — [3] Exode 21:17.

11 Mais vous, vous dites : "Si un homme dit à son père ou à sa mère : 'Ce dont j'aurais pu t'assister[1] est Corban', c'est-à-dire une offrande [à Dieu]",

— [1] littéralement : Ce dont tu pourrais tirer profit de ma part.

12 [alors] vous ne lui permettez plus de rien faire pour [son] père ou pour [sa] mère,

13 annulant la parole de Dieu par votre tradition que vous avez transmise. Et vous faites beaucoup d'autres choses semblables. »

14 Et ayant de nouveau appelé la foule, il leur dit : « Écoutez-moi tous et comprenez !

15 Il n'y a rien d'extérieur à l'homme qui entrant en lui puisse le souiller ; mais les choses qui sortent de l'homme sont celles qui souillent l'homme.[1] »

— [1] plusieurs manuscrits ajoutent (verset 16) : Celui qui a des oreilles pour entendre, qu'il entende !

17 Et quand il fut entré dans la maison, loin de la foule, ses disciples l'interrogèrent au sujet de la parabole.

18 Et il leur dit : « Vous aussi, êtes-vous donc sans intelligence ? Ne comprenez-vous pas que rien de ce qui, de l'extérieur, entre dans l'homme ne peut le souiller,

19 parce que cela n'entre pas dans le cœur, mais dans le ventre, et s'en va dans la fosse ? » [Ainsi] déclarait-il purs[1] tous les aliments.

— [1] littéralement : purifiant [ainsi].

20 Et il dit : « Ce qui sort de l'homme, c'est là ce qui souille l'homme.

21 Car du dedans, du cœur des hommes, sortent les mauvaises pensées, les fornications, les vols, les meurtres,

22 les adultères, les avidités, les méchancetés, la fraude, la débauche, l'œil méchant, les blasphèmes, l'orgueil, la folie.

23 Toutes ces choses mauvaises sortent du dedans et souillent l'homme. »

Guérison de la fille d'une syro-phénicienne

24 Et s'étant levé, il s'en alla de là vers le territoire de Tyr. Et étant entré dans une maison, il voulait que personne ne le sache ; et il n'a pas pu passer inaperçu.

25 Mais aussitôt, une femme dont la fille[1] avait un esprit impur, ayant entendu parler de lui, vint se jeter à ses pieds

— [1] littéralement : petite fille.

26 – or la femme était grecque, d'origine syro-phénicienne – et elle le pria qu'il chasse le démon hors de sa fille.

27 Et il lui dit : « Laisse d'abord se rassasier les enfants, car il ne convient pas de prendre le pain des enfants et de le jeter aux chiens[1]. »

— [1] littéralement : petit chien ; plus méprisant que chien.

28 Mais elle répondit et lui dit : « [1] Seigneur, même les chiens[2], sous la table, mangent des miettes des

enfants. »

— [1] plusieurs manuscrits ajoutent : Oui. — [2] littéralement : petit chien ; plus méprisant que chien.

29 Alors il lui dit : « À cause de cette parole, va, le démon est sorti de ta fille. »

30 Et s'en allant à sa maison, elle trouva l'enfant couchée sur le lit ; et le démon [était] sorti.

Guérison d'un sourd-muet

31 Et étant de nouveau parti du territoire de Tyr, il alla par Sidon vers la mer de Galilée, à travers le territoire de la Décapole.

32 Et on lui amène un sourd qui parlait avec peine, et on le pric pour qu'il lui impose la main.

33 Et l'ayant pris à part, loin de la foule, à l'écart, il mit les doigts dans ses oreilles, et avec sa salive[1], il toucha sa langue.

— [1] littéralement : ayant craché.

34 Et levant les yeux vers le ciel, il soupira[1] et lui dit : « Ephphatha ! », c'est-à-dire : « Ouvre-toi ! »

— [1] ou : gémit.

35 Et [aussitôt] ses oreilles s'ouvrirent, et le lien de sa langue se dénoua, et il parlait distinctement.

36 Et Jésus[1] leur commanda expressément de ne le dire à personne ; mais plus il le leur défendait, d'autant plus ils le proclamaient.

— [1] littéralement : il.

37 Et ils étaient frappés d'étonnement, au-delà de toute mesure, [et] disaient : « Il fait toutes choses bien, et il fait entendre les sourds et parler les muets. »

Seconde multiplication des pains

8 En ces jours-là, comme il y avait encore une grande foule et qu'ils n'avaient rien à manger, Jésus[1] ayant appelé auprès [de lui] les disciples, leur dit :

— [1] littéralement : lui.

2 « Je suis ému de compassion envers la foule, car voici 3 jours déjà qu'ils restent auprès de moi et ils n'ont rien à manger.

3 Et si je les renvoie à jeun dans leurs maisons, les forces leur manqueront en chemin, car quelques-uns d'entre eux sont venus de loin. »

4 Et ses disciples lui répondirent : « Où trouvera-t-on de quoi les rassasier de pain, ici, dans un désert ? »

5 Et il leur demanda : « Combien de pains avez-vous ? » Et ils dirent : « Sept ».

6 Et il commanda à la foule de s'asseoir par terre. Et ayant pris les 7 pains, il rendit grâce, [les] rompit et [les] donna à ses disciples pour qu'ils les distribuent. Et ils les distribuèrent à la foule.

7 Et ils avaient aussi quelques petits poissons ; et les ayant bénis, il dit aussi de les distribuer.

8 Et ils mangèrent et furent rassasiés ; et ils ramassèrent 7 corbeilles des morceaux qui restaient.

9 Or [ceux qui avaient mangé] étaient environ 4 000. Et il les renvoya.

Jésus refuse aux Pharisiens un signe du ciel

10 Et aussitôt, étant monté dans le bateau avec ses disciples, il vint dans la région de Dalmanutha.

11 Et les Pharisiens sortirent, et se mirent à discuter avec lui, [et,] pour le mettre à l'épreuve, lui demandèrent un signe du ciel.

12 Mais soupirant profondément

dans son esprit, il dit : « Pourquoi cette génération demande-t-elle un signe ? En vérité je vous [le] dis : Il ne sera certainement pas donné de signe[1] à cette génération ! »

— [1] littéralement (hébraïsme) : S'il est donné un signe.

13 Et les laissant, il remonta de nouveau [dans le bateau] et s'en alla à l'autre rive.

Le levain des Pharisiens et le levain d'Hérode

14 Or ils avaient oublié de prendre des pains et ils n'avaient qu'un seul pain avec eux dans le bateau.

15 Et il leur fit cette recommandation, en disant : « Attention ![1] Méfiez-vous du levain des Pharisiens et du levain d'Hérode. »

— [1] littéralement : Voyez !

16 Et ils raisonnaient entre eux, [en disant] : « C'est parce que nous n'avons pas des pains. »

17 Et Jésus, le sachant, leur dit : « Pourquoi raisonnez-vous parce que vous n'avez pas des pains ? Ne saisissez-vous pas encore et ne comprenez-vous pas ? Avez-vous le cœur endurci ?

18 Ayant des yeux, ne voyez-vous pas ? Et ayant des oreilles, n'entendez-vous pas ? Et n'avez-vous pas de mémoire ?

19 Quand j'ai rompu les 5 pains pour les 5 000 [hommes], combien de paniers pleins de morceaux avez-vous recueillis ? » Ils lui disent : « Douze. »

20 « Quand [j'ai rompu] les 7 [pains] pour les 4 000 [hommes], combien de corbeilles pleines de morceaux avez-vous recueillies ? » Et ils [lui] dirent : « Sept. »

21 Et il leur dit : « Ne comprenez-vous pas encore ? »

Guérison de l'aveugle de Bethsaïda

22 Et ils viennent à Bethsaïda ; et on lui amène un aveugle et on le prie pour qu'il le touche.

23 Et ayant pris la main de l'aveugle, il le conduisit hors du village. Et lui ayant mis de la salive[1] sur les yeux, il posa les mains sur lui [et] lui demanda s'il voyait quelque chose.

— [1] littéralement : lui ayant craché.

24 Et ayant levé les yeux, l'homme[1] dit : « Je vois des hommes, car je vois comme des arbres qui marchent. »

— [1] littéralement : il.

25 Puis Jésus[1] lui mit encore les mains sur les yeux et il vit clairement. Et il fut rétabli et voyait tout distinctement.

— [1] littéralement : il.

26 Et il le renvoya dans sa maison, en disant : « N'entre même pas dans le village. »

Pierre déclare que Jésus est le Christ

27 Et Jésus s'en alla avec ses disciples aux villages de Césarée de Philippe. Et en chemin, il interrogea ses disciples, en leur disant : « Qui disent les hommes que je suis ? »

28 Et ils lui répondirent, en disant : « "Jean le Baptiseur", et d'autres : "Élie", et d'autres : "Un des prophètes". »

29 Et lui leur demanda : « Mais vous, qui dites-vous que je suis ? » Et Pierre, répondant, lui dit : « Toi, tu es le Christ. »

30 Et il leur commanda expressément de ne rien dire à personne à son sujet.

Jésus annonce une première fois sa mort et sa résurrection

31 Et il commença à les enseigner : « Il faut que le Fils de l'homme souffre beaucoup, et qu'il soit rejeté des anciens, et des principaux sacrificateurs, et des scribes, et qu'il soit mis à mort, et qu'il ressuscite trois jours après. »

32 Et il tenait ce discours ouvertement. Et Pierre, le prenant à part, se mit à le reprendre.

33 Mais lui, se retournant et regardant ses disciples, reprit Pierre et dit : « Va-t'en loin derrière moi, Satan, car tes pensées ne sont pas aux choses de Dieu, mais à celles des hommes. »

Comment suivre Jésus

34 Et ayant appelé auprès [de lui] la foule avec ses disciples, il leur dit : « Si quelqu'un veut venir à ma suite[1], qu'il renonce à lui-même, et qu'il prenne sa croix, et me suive.
— [1] littéralement : derrière moi.

35 Car celui qui voudra sauver sa vie[1] la perdra, mais celui qui perdra sa vie[1] à cause de moi et de l'Évangile la sauvera.
— [1] vie et âme.

36 Car quel profit y aura-t-il pour un homme de gagner le monde entier et de faire la perte de son âme[1] ?
— [1] vie et âme.

37 Ou que donnera un homme en échange de son âme[1] ?
— [1] vie et âme.

38 Car celui qui aura honte de moi et de mes paroles parmi cette génération adultère et pécheresse, le Fils de l'homme aussi aura honte de lui quand il viendra dans la gloire de son Père, avec les saints anges. »

La Transfiguration

9 Et il leur dit : « En vérité je vous [le] dis, parmi ceux qui se tiennent ici, quelques-uns ne feront certainement pas l'expérience de la mort avant d'avoir vu le règne de Dieu venu avec puissance. »

2 Et six jours après, Jésus prend avec [lui] Pierre, et Jacques, et Jean, et il les conduit seuls à l'écart sur une haute montagne. Et il fut transfiguré devant eux.

3 Et ses vêtements devinrent brillants, d'une extrême blancheur, tels qu'il n'y a pas de blanchisseur sur la terre qui puisse blanchir ainsi.

4 Et Élie leur apparut avec Moïse, et ils parlaient avec Jésus.

5 Alors Pierre, répondant, dit à Jésus : « Rabbi, il est bon que nous soyons ici. Aussi, faisons trois tentes, une pour toi, et une pour Moïse, et une pour Élie. »

6 Car il ne savait que dire[1], parce qu'ils étaient épouvantés.
— [1] ou : ce qu'il disait.

7 Et il arriva une nuée qui les couvrit[1], et il y eut une voix venant de la nuée : « Celui-ci est mon Fils bien-aimé, écoutez-le ! »
— [1] comme en Exode 40:34-35.

8 Et aussitôt, ayant regardé de tous côtés, ils ne virent plus personne, sinon Jésus seul avec eux.

Jésus parle de sa résurrection

9 Et comme ils descendaient de la montagne, il leur commanda de ne raconter à personne ce qu'ils avaient vu, sinon lorsque le Fils de l'homme serait ressuscité d'entre les morts.

10 Et ils gardèrent cette parole, se demandant entre eux ce que

signifiait « ressusciter d'entre les morts ».

Question des disciples au sujet d'Élie

11 Puis ils l'interrogèrent, en disant : « Pourquoi les scribes disent-ils qu'il faut qu'Élie vienne d'abord ? »
12 Et il leur dit : « En effet, Élie vient d'abord et rétablit toutes choses. Et comment est-il écrit, au sujet du Fils de l'homme, qu'il souffrira beaucoup et qu'il sera chargé de mépris ?
13 Mais je vous dis qu'Élie aussi est venu et ils lui ont fait tout ce qu'ils ont voulu, comme il est écrit à son sujet. »

Guérison d'un démoniaque épileptique nécessitant la puissance de Jésus

14 Et arrivant près des [autres] disciples, ils virent autour d'eux une grande foule et des scribes qui discutaient avec eux.
15 Et aussitôt, toute la foule voyant Jésus[1] fut stupéfaite, et ils accoururent et le saluèrent.
— [1] littéralement : le voyant.
16 Alors il les interrogea : « De quoi discutez-vous avec eux ? »
17 Et quelqu'un de la foule lui répondit : « Maître[1], je t'ai amené mon fils qui a un esprit muet.
— [1] c.-à-d. : maître qui enseigne.
18 Et partout où il le saisit, il l'agite violemment, et l'enfant[1] écume, et grince des dents, et devient tout raide[2]. Et j'ai dit à tes disciples de le chasser, mais ils n'ont pas pu. »
— [1] littéralement : il. — [2] littéralement : sec.
19 Et Jésus[1], leur répondant, dit : « Ô génération incrédule, jusqu'à quand serai-je avec vous ? Jusqu'à quand vous supporterai-je ?

Amenez-le-moi ! »
— [1] littéralement : lui.
20 Et ils le lui amenèrent. Et l'ayant vu, aussitôt l'esprit le secoua violemment ; et étant tombé par terre, il se roulait en écumant.
21 Et Jésus demanda au père de l'enfant[1] : « Depuis combien de temps cela lui est-il arrivé ? » Et il dit : « Depuis son enfance.
— [1] littéralement : Et il demanda à son père.
22 Et souvent aussi, il l'a jeté dans le feu et dans les eaux pour le faire périr. Mais si tu peux quelque chose, assiste-nous, étant ému de compassion envers nous. »
23 Et Jésus lui dit : « Le "Si tu peux" ! Toutes choses sont possibles à celui qui croit. »
24 Aussitôt le père de l'enfant, s'écriant, dit : « Je crois, viens en aide à mon incrédulité ! »
25 Et Jésus, voyant que la foule accourait ensemble, menaça l'esprit impur, en lui disant : « Esprit muet et sourd, je te commande, moi, sors de lui et n'y rentre plus ! »
26 Et ayant crié et l'ayant très violemment secoué, il sortit. Et l'enfant[1] devint comme mort, de sorte que la multitude disait qu'il était mort.
— [1] littéralement : il.
27 Mais Jésus, l'ayant pris par la main, le releva[1], et il se tint debout.
— [1] ou : le réveilla.

28 Et lorsqu'il fut entré dans la maison, ses disciples lui demandèrent, à l'écart : « Pourquoi n'avons-nous pas pu le chasser ? »
29 Et il leur dit : « Cette sorte [d'esprit impur] ne peut sortir que par la prière[1]. »
— [1] plusieurs manuscrits ajoutent : et par le jeûne.

Jésus annonce une deuxième fois

sa mort et sa résurrection

30 Et étant sortis de là, ils traversèrent la Galilée. Et il ne voulait pas que quelqu'un le sache. 31 Car il enseignait ses disciples et leur disait : « Le Fils de l'homme est livré entre les mains des hommes, et ils le feront mourir. Et ayant été mis à mort, il ressuscitera trois jours après. » 32 Mais ils ne comprenaient pas [cette] parole et craignaient de l'interroger.

Qui est le plus grand ?

33 Et ils vinrent à Capernaüm. Et quand il fut dans la maison, il leur demanda : « De quoi discutiez-vous en chemin ? » 34 Mais ils gardaient le silence, car ils avaient discuté entre eux, en chemin, [pour savoir] qui [serait][1] le plus grand.

— [1] ou : [était].

35 Et s'étant assis, il appela les Douze et leur dit : « Si quelqu'un veut être le premier, il sera le dernier de tous et le serviteur de tous. » 36 Et ayant pris un petit enfant, il le plaça au milieu d'eux ; et l'ayant pris dans ses bras, il leur dit : 37 « Celui qui recevra en mon nom un petit enfant comme celui-là, me reçoit ; et celui qui me recevra, ce n'est pas moi qu'il reçoit, mais c'est celui qui m'a envoyé. »

Enseignements divers

38 Jean lui dit : « Maître, nous avons vu quelqu'un qui chassait des démons en ton nom[1], et nous l'en avons empêché parce qu'il ne nous suit pas. »

— [1] plusieurs manuscrits ajoutent : et qui ne nous suit pas.

39 Mais Jésus dit : « Ne l'en empêchez pas, car il n'y a personne qui fasse un miracle en mon nom et qui puisse, aussitôt après, mal parler de moi. 40 En effet, celui qui n'est pas contre nous est pour nous. 41 Car celui qui vous donnera à boire une coupe d'eau en [mon] nom, parce que vous êtes de Christ, en vérité je vous dis qu'il ne perdra certainement pas sa récompense. 42 Et celui qui sera une cause de chute pour un de ces petits qui croient [en moi], mieux vaudrait pour lui qu'on lui mette au cou une meule[1] et qu'il soit jeté dans la mer

— [1] littéralement : meule d'âne ; c.-à-d. : tournée par un âne.

43 Et si ta main est pour toi une cause de chute, coupe-la ! Il vaut mieux pour toi entrer manchot dans la vie que d'avoir les deux mains et d'aller dans la Géhenne[1], dans le feu qui ne s'éteint pas.[2]

— [1] la Géhenne : le lieu des tourments infernaux. — [2] plusieurs manuscrits ajoutent (verset 44) : là où leur ver ne meurt pas et où le feu ne s'éteint pas.

45 Et si ton pied est pour toi une cause de chute, coupe-le ! Il vaut mieux pour toi entrer boiteux dans la vie que d'avoir les deux pieds et d'être jeté dans la Géhenne.[1]

— [1] plusieurs manuscrits ajoutent (verset 46) : dans le feu qui ne s'éteint pas. là où leur ver ne meurt pas et où le feu ne s'éteint pas.

47 Et si ton œil est pour toi une cause de chute, arrache-le ! Il vaut mieux pour toi entrer dans le royaume de Dieu, en n'ayant qu'un œil, que d'avoir deux yeux et d'être jeté dans la Géhenne, 48 là où leur ver ne meurt pas et où le feu ne s'éteint pas. 49 Car chacun sera salé de feu[1].

— [1] plusieurs manuscrits ajoutent : et tout sacrifice sera salé de sel.

50 Le sel est bon ; mais si le sel devient insipide, avec quoi lui donnerez-vous de la saveur ? Ayez du sel en vous-mêmes et soyez en paix entre vous. »

L'enseignement de Jésus sur le divorce

10 Et de là, s'étant levé, il vient dans les territoires de la Judée *[et]* de l'autre côté du Jourdain. Et des foules se rassemblent encore auprès de lui ; et il les enseignait encore, comme il en avait l'habitude.

2 Alors des Pharisiens s'approchèrent [de lui] et, pour le mettre à l'épreuve, lui demandèrent : « Est-il permis à un homme de répudier sa femme ? »
3 Et lui, répondant, leur dit : « Qu'est-ce que Moïse vous a commandé ? »
4 Et ils dirent : « Moïse a permis d'écrire une lettre de divorce et de répudier [sa femme]. »
5 Et Jésus leur dit : « Il vous a écrit ce commandement à cause de la dureté de votre cœur.
6 Mais dès le commencement de la création, Dieu[1] les fit homme et femme[2].
— [1] littéralement : il. — [2] littéralement : mâle et femelle.
7 C'est pourquoi l'homme quittera son[1] père et sa[2] mère, *[et s'attachera à sa femme]*,
— [1] littéralement : le. — [2] littéralement : la.
8 et les deux deviendront une seule chair[1]. Ainsi, ils ne sont plus deux, mais une seule chair.
— [1] littéralement : seront pour une seule chair ; comme en Matthieu 19:5 ; voir Genèse 2:24.
9 Donc, ce que Dieu a uni, que l'homme ne le sépare pas. »

10 Et dans la maison, les disciples l'interrogèrent encore sur ce sujet.
11 Et il leur dit : « Celui qui répudiera sa femme et en épousera une autre, commet l'adultère envers la première[1].
— [1] littéralement : envers elle.
12 Et si une femme[1] répudie son mari et en épouse un autre, elle commet l'adultère. »
— [1] littéralement : elle.

Jésus et les enfants

13 Et on lui apporta de petits enfants pour qu'il les touche. Mais les disciples réprimandaient ceux [qui les apportaient].
14 Alors Jésus, voyant [cela], en fut indigné et leur dit : « Laissez venir à moi les petits enfants, ne les en empêchez pas, car le royaume de Dieu est à ceux qui sont comme eux[1].
— [1] littéralement : car aux tels est le royaume de Dieu.
15 En vérité, je vous [le] dis : Celui qui ne recevra pas le royaume de Dieu comme un petit enfant n'y entrera certainement pas. »
16 Et les ayant pris dans ses bras, il posa les mains sur eux et les bénit.

Le jeune homme riche

17 Et comme il se mettait en chemin, un homme accourut et, se jetant à genoux devant lui, lui demanda : « Bon maître, que dois-je faire afin que j'hérite de la vie éternelle ? »
18 Et Jésus lui dit : « Pourquoi m'appelles-tu bon ? Personne n'est bon sinon un [seul], Dieu.
19 Tu sais les commandements : Ne commets pas de meurtre ; ne commets pas d'adultère ; ne commets pas de vol ; ne dis pas de

faux témoignage ; ne fais pas de tort ; honore ton père et ta mère. »

20 Et il lui dit : « Maître, j'ai gardé toutes ces choses dès ma jeunesse. »

21 Alors Jésus, l'ayant regardé, l'aima et lui dit : « Une chose te manque : va, vends tout ce que tu as, et donne aux pauvres, et tu auras un trésor dans le ciel. Et viens, suis-moi ! »

22 Mais lui, affligé par [cette] parole, s'en alla tout triste, car il avait de grands biens.

23 Et Jésus, ayant regardé autour [de lui], dit à ses disciples : « Qu'il est difficile à ceux qui ont des richesses d'entrer dans le royaume de Dieu ! »

24 Et les disciples furent effrayés par ses paroles ; mais Jésus, répondant encore, leur dit : « Enfants, qu'il est difficile[1] d'entrer dans le royaume de Dieu !

— [1] plusieurs manuscrits ajoutent : pour ceux qui mettent leur confiance dans les richesses.

25 Il est plus facile à un chameau de passer par un trou d'aiguille qu'à un riche d'entrer dans le royaume de Dieu. »

26 Mais ils étaient encore plus stupéfaits, [et] disaient entre eux : « Et qui peut être sauvé ? »

27 Et Jésus, les ayant regardés, dit : « Pour les hommes cela est impossible, mais non pour Dieu ; car toutes choses sont possibles pour Dieu. »

Ceux qui ont tout quitté

28 Pierre se mit à lui dire : « Voici, nous, nous avons tout quitté et nous t'avons suivi. »

29 Jésus répondit : « En vérité, je vous [le] dis : Il n'y a personne qui ait quitté maison, ou frères, ou sœurs, ou mère, ou père, ou enfants, ou champs, à cause de moi et à cause de l'Évangile,

30 et qui ne reçoive maintenant, dans ce temps-ci, au centuple, maisons, et frères, et sœurs, et mères, et enfants, et champs, avec des persécutions et, dans le siècle qui vient, la vie éternelle.

31 Mais beaucoup de premiers seront derniers, et [les] derniers seront premiers. »

Jésus annonce une troisième fois sa mort et sa résurrection

32 Et ils étaient en chemin, montant à Jérusalem, et Jésus allait devant eux. Et les disciples[1] étaient effrayés et ceux qui suivaient étaient dans la crainte. Et prenant encore une fois les Douze auprès [de lui], il se mit à leur dire les choses qui devaient lui arriver :

— [1] littéralement : ils.

33 « Voici, nous montons à Jérusalem et le Fils de l'homme sera livré aux principaux sacrificateurs et aux scribes. Et ils le condamneront à mort et le livreront aux nations.

34 Et ils se moqueront de lui, et cracheront sur lui, et le fouetteront, et le feront mourir. Et il ressuscitera trois jours après. »

La demande des fils de Zébédée

35 Et Jacques et Jean, les fils de Zébédée, s'approchent de lui, en lui disant : « Maître, nous voudrions que tu fasses pour nous ce que nous te demanderons. »

36 Et il leur dit : « Que voulez-vous que [moi,] je fasse pour vous ? »

37 Et ils lui dirent : « Accorde-nous que nous soyons assis, l'un à ta droite et l'autre à ta gauche dans ta gloire. »

38 Mais Jésus leur dit : « Vous ne savez pas ce que vous demandez. Pouvez-vous boire la coupe que moi, je bois ou être baptisés du baptême dont moi, je serai[1] baptisé ? »

— [1] littéralement : je suis.

39 Et ils lui dirent : « Nous le pouvons. » Et Jésus leur dit : « Vous boirez bien la coupe que moi, je bois et vous serez baptisés du baptême dont moi, je serai[1] baptisé.

— [1] littéralement : je suis.

40 Mais de s'asseoir à ma droite ou à ma gauche, ce n'est pas à moi de le donner, sinon à ceux pour qui cela est préparé. »

41 Et les dix, l'ayant entendu, commencèrent à s'indigner contre Jacques et Jean.

42 Et Jésus, les ayant appelés auprès [de lui], leur dit : « Vous savez que ceux qui paraissent gouverner les nations dominent en seigneurs sur elles, et que les grands parmi elles exercent l'autorité sur elles.

43 Or il n'en est pas ainsi parmi vous, mais celui qui voudra devenir grand parmi vous sera votre serviteur,

44 et celui qui voudra devenir le premier parmi vous sera l'esclave de tous.

45 Car même le Fils de l'homme n'est pas venu pour être servi, mais pour servir et pour donner sa vie en rançon pour un grand nombre. »

Guérison de l'aveugle Bartimée

46 Et ils arrivent à Jéricho. Et comme il sortait de Jéricho avec ses disciples et une grande foule, Bartimée, le fils de Timée, un mendiant aveugle, était assis au bord du chemin.

47 Et ayant entendu dire que c'était Jésus le Nazarénien[1], il se mit à crier et à dire : « Fils de David, Jésus, aie pitié de moi ! »

— [1] c.-à-d. : de Nazareth.

48 Et beaucoup le reprirent afin qu'il se taise. Mais il criait d'autant plus fort : « Fils de David, aie pitié de moi ! »

49 Alors Jésus, s'étant arrêté, dit qu'on l'appelle. Et ils appellent l'aveugle, en lui disant : « Aie bon courage, lève-toi, il t'appelle ! »

50 Et jetant loin son vêtement, il se leva d'un bond et vint à Jésus.

51 Et Jésus, répondant, lui dit : « Que veux-tu que je te fasse ? » Et l'aveugle lui dit : « Rabboni, que je retrouve la vue. »

52 Et Jésus lui dit : « Va, ta foi t'a guéri[1] ». Et aussitôt il retrouva la vue et le suivit sur le chemin.

— [1] littéralement : sauvé.

L'entrée royale de Jésus dans Jérusalem

11 Et comme ils approchent de Jérusalem, de Bethphagé et de Béthanie, vers le mont des Oliviers, Jésus[1] envoie deux de ses disciples

— [1] littéralement : il.

2 et leur dit : « Allez au village qui est en face de vous. Et dès que vous y entrerez, vous trouverez un ânon attaché, sur lequel aucun homme ne s'est encore assis. Détachez-le et amenez-le.

3 Et si quelqu'un vous dit : "Pourquoi faites-vous cela ?", dites : "Le Seigneur en a besoin." Et aussitôt il l'enverra ici. »

4 Et ils s'en allèrent et trouvèrent un ânon qui était attaché près d'une porte, dehors, dans la rue[1] ; alors ils le détachent.

— [1] ou : sur le chemin qui tourne autour de la maison ; pas la rue principale.

5 Et quelques-uns de ceux qui étaient là leur dirent : « Que faites-vous [là] à détacher l'ânon ? »

6 Et ils leur répondirent comme Jésus l'avait dit, et on les laissa faire.

7 Puis ils amènent l'ânon à Jésus, et mettent leurs vêtements sur l'ânon[1], et il s'assit dessus.
— [1] littéralement : lui.

8 Et beaucoup [de gens] étendaient leurs vêtements sur le chemin, et d'autres, des branches qu'ils avaient coupées dans les champs.

9 Et ceux qui allaient devant et ceux qui suivaient criaient : « Hosanna, béni soit celui qui vient au nom du °Seigneur ![1]
— [1] voir Psaume 118:25-26 ; Hosanna signifie : Sauve je te prie ; cette expression était devenue une exclamation de joie, équivalente à : Gloire à Dieu !

10 Béni soit le royaume qui vient, [celui] de notre père David ! Hosanna dans les lieux très hauts ! »

11 Et il entra dans Jérusalem, dans le Temple. Et après avoir porté ses regards de tous côtés sur tout, comme il était déjà tard, il sortit [et s'en alla] à Béthanie avec les Douze.

Le figuier sans figues

12 Et le lendemain, comme ils sortaient de Béthanie, il eut faim.

13 Et ayant vu de loin un figuier qui avait des feuilles, il s'en approcha pour voir si peut-être il y trouverait quelque chose. Mais, s'étant approché, il n'y trouva rien que des feuilles, car ce n'était pas la saison des figues.

14 Et prenant la parole, il lui dit : « Que plus jamais personne ne mange un fruit de toi ! » Et ses disciples l'entendirent.

Jésus chasse les vendeurs du Temple

15 Et ils s'en vont à Jérusalem. Et étant entré dans le Temple, Jésus[1] se mit à chasser dehors ceux qui vendaient et ceux qui achetaient dans le Temple. Et il renversa les tables des changeurs et les sièges de ceux qui vendaient les colombes.
— [1] littéralement : il.

16 Et il ne laissait personne transporter un objet à travers le Temple.

17 Et il les enseignait, en disant : « N'est-il pas écrit : "Ma Maison sera appelée une maison de prière pour toutes les nations"[1] ? Mais vous, vous en avez fait une caverne de bandits[2]. »
— [1] Ésaïe 56:7. — [2] voir Jér. 7:11.

18 Et les principaux sacrificateurs et les scribes l'entendirent, et ils cherchèrent comment ils le feraient mourir. Car ils le craignaient, parce que toute la foule était frappée d'étonnement par son enseignement.

19 Et quand le soir fut venu, ils sortirent[1] de la ville.
— [1] plusieurs manuscrits portent : il sortit.

Le figuier desséché – Foi et prière

20 Et le matin, comme ils passaient, ils virent le figuier desséché depuis les racines.

21 Et Pierre, s'étant rappelé [ce qui s'était passé], lui dit : « Rabbi, voici, le figuier que tu as maudit est desséché. »

22 Et Jésus, répondant, leur dit : « Ayez foi en Dieu.

23 En vérité, je vous dis que celui qui dira à cette montagne :

"Soulève-toi et jette-toi dans la mer !", et qui ne doutera pas dans son cœur, mais croira que ce qu'il dit arrive, cela lui sera [accordé].

24 C'est pourquoi je vous dis : Toutes les choses que vous demanderez en priant, croyez que vous les recevez et cela vous sera [accordé].

25 Et quand vous vous tenez debout pour prier, si vous avez quelque chose contre quelqu'un, pardonnez-lui afin que votre Père qui est dans les cieux vous pardonne aussi vos fautes.[1] »

— [1] plusieurs manuscrits ajoutent (verset 26) : Mais si vous ne pardonnez pas, votre Père qui est dans les cieux ne pardonnera pas non plus vos fautes.

Questions des chefs du peuple sur l'autorité de Jésus

27 Et ils viennent encore à Jérusalem. Et comme Jésus[1] allait et venait dans le Temple, les principaux sacrificateurs, et les scribes, et les anciens viennent à lui

— [1] littéralement : il.

28 et lui disent : « Par quelle autorité fais-tu ces choses ? Ou qui t'a donné cette autorité pour faire ces choses ? »

29 Et Jésus leur dit : « Je vous demanderai une chose et répondez-moi ; alors je vous dirai par quelle autorité je fais ces choses.

30 Le baptême de Jean, était-il du ciel ou des hommes ? Répondez-moi ! »

31 Et ils raisonnaient entre eux, en disant : « Si nous disons : "Du ciel", il dira : "Pourquoi [donc] ne l'avez-vous pas cru ?"

32 Mais si nous disons : "Des hommes"... » Ils craignaient la foule, car tous estimaient que Jean était réellement un prophète.

33 Et répondant, ils disent à Jésus : « Nous ne savons pas. » Alors Jésus leur dit : « Moi non plus, je ne vous dis pas par quelle autorité je fais ces choses. »

Parabole des mauvais vignerons

12 Et il se mit à leur parler en paraboles : « Un homme planta une vigne, et l'environna d'une clôture, et creusa un pressoir, et construisit une tour. Et il la loua à des vignerons et s'en alla hors du pays.

2 Et la saison venue, il envoya un esclave aux vignerons pour recevoir de leur part les fruits de la vigne.

3 Mais eux, l'ayant pris, le battirent et le renvoyèrent [les mains] vides.

4 Et il leur envoya encore un autre esclave. Et celui-là, ils le frappèrent à la tête et le traitèrent avec mépris.

5 Et il en envoya un autre, et celui-là, ils le tuèrent. Et [ainsi pour] beaucoup d'autres, battant les uns et tuant les autres.

6 Ayant encore un fils bien-aimé, il le leur envoya, le dernier, en disant : "Ils auront du respect pour mon fils."

7 Mais ces vignerons dirent entre eux : "Celui-ci est l'héritier. Venez, tuons-le et l'héritage sera à nous !"

8 Et l'ayant pris, ils le tuèrent et le jetèrent hors de la vigne.

9 Que fera [donc] le maître de la vigne ? Il viendra et fera périr les vignerons et donnera la vigne à d'autres.

10 Et n'avez-vous pas lu cette Écriture : "La pierre qu'ont rejetée ceux qui construisaient, celle-là est devenue la pierre maîtresse[1] de

l'angle ;
— [1] littéralement : la tête.

11 celle-ci vient du °Seigneur et est merveilleuse à nos yeux"[1] ? »
— [1] Psaume 118:22-23.

12 Et ils cherchaient à se saisir de lui, mais ils craignirent la foule. Car ils comprirent qu'il avait dit cette parabole pour eux. Et le laissant, ils s'en allèrent.

Le tribut dû à César

13 Et ils lui envoient quelques-uns des Pharisiens et des Hérodiens pour le prendre au piège dans [ses] paroles.

14 Et étant venus, ils lui disent : « Maître, nous savons que tu es vrai et que tu ne t'embarrasses de personne. Car tu ne regardes pas à l'apparence des hommes, mais tu enseignes la voie de Dieu avec vérité. Est-il permis, ou non, de payer le tribut à César ? Devons-nous payer ou ne pas payer ? »

15 Mais lui, connaissant leur hypocrisie, leur dit : « Pourquoi me tentez-vous ? Apportez-moi un denier afin que je le voie. »

16 Et ils [le lui] apportèrent. Et il leur dit : « De qui sont cette image et cette inscription ? » Et ils lui dirent : « De César. »

17 Alors Jésus leur dit : « Rendez les choses de César à César et les choses de Dieu à Dieu ! » Et ils étaient dans l'étonnement à son sujet.

Question des Sadducéens sur la résurrection

18 Et les Sadducéens, qui disent qu'il n'y a pas de résurrection, viennent à lui. Et ils l'interrogèrent, en disant :

19 « Maître, Moïse nous a écrit que, si le frère de quelqu'un meurt,

et laisse une femme, et ne laisse pas d'enfants, son frère prenne sa femme et suscite une descendance à son frère.[1]
— [1] voir Deut. 25:5.

20 Il y avait sept frères. Et le premier prit une femme et, en mourant, ne laissa pas de descendance.

21 Et le deuxième la prit et mourut, ne laissant pas de descendance. Et le troisième [fit] de même,

22 et les sept ne laissèrent pas de descendance. Après eux tous, la femme mourut aussi.

23 Lors de la résurrection, [quand ils ressusciteront,] duquel d'entre eux sera-t-elle la femme ? Car les sept l'ont eue pour femme. »

24 Jésus leur dit : « N'est-ce pas parce que vous ne connaissez pas les Écritures ni la puissance de Dieu que vous vous égarez ?

25 Car, quand on ressuscite d'entre les morts, on ne se marie pas et on n'est pas non plus donné en mariage, mais on est comme des anges dans les cieux.

26 Et quant aux morts [et] au fait qu'ils ressuscitent, n'avez-vous pas lu dans le livre de Moïse, au [titre][1] "Du buisson", comment Dieu lui parla, en disant : "Moi, je suis le Dieu d'Abraham, et le Dieu d'Isaac, et le Dieu de Jacob"[2] ?
— [1] l'expression désigne le titre ou la section d'un livre. — [2] Exode 3:6.

27 Il n'est pas [le] Dieu des morts, mais des vivants. Vous vous égarez donc complètement. »

Les deux plus grands commandements

28 Et l'un des scribes, qui les avait entendus discuter, voyant qu'il leur avait bien répondu, s'approcha et lui demanda : « Quel est le premier

de tous les commandements ? »

29 Jésus répondit : « Le premier, c'est : "Écoute, Israël ! Le °Seigneur notre Dieu est le[1] seul °Seigneur.

— [1] littéralement : un.

30 Et tu aimeras le °Seigneur ton Dieu de tout ton cœur, et de toute ton âme, et de toute ta pensée, et de toute ta force."[1]

— [1] Deut. 6:4-5.

31 Le deuxième est celui-ci : "Tu aimeras ton prochain comme toi-même."[1] Il n'y a pas d'autre commandement plus grand que ceux-là. »

— [1] Lév. 19:18.

32 Et le scribe lui dit : « Bien, maître, tu as dit selon la vérité que Dieu[1] est unique, et qu'il n'y en a pas d'autre que lui.

— [1] littéralement : il.

33 Et que l'aimer de tout son cœur, et de toute son intelligence, et de toute sa force, et aimer son prochain comme soi-même, c'est plus que tous les holocaustes et les sacrifices. »

34 Et Jésus, voyant qu'il avait répondu avec intelligence, lui dit : « Tu n'es pas loin du royaume de Dieu. » Et personne n'osait plus l'interroger.

Question de Jésus sur le fils de David

35 Et comme il enseignait dans le Temple, Jésus répondit et dit : « Comment les scribes peuvent-ils dire que le Christ est le fils de David ?

36 David lui-même a dit par l'Esprit Saint : "Le °Seigneur a dit à mon Seigneur : 'Assieds-toi à ma droite jusqu'à ce que je mette tes ennemis sous[1] tes pieds.'"[2]

— [1] plusieurs manuscrits portent : pour marchepied de. — [2] Psaume 110:1.

37 David lui-même l'appelle Seigneur, et comment est-il son fils ? » Et la grande foule prenait plaisir à l'entendre.

Mise en garde contre les scribes

38 Et il leur disait dans son enseignement : « Prenez garde aux scribes qui aiment aller et venir en longues robes, et être salués sur les places publiques,

39 et avoir les premiers sièges dans les synagogues et les premières places dans les repas ;

40 qui dévorent les maisons des veuves et font pour l'apparence de longues prières. Ceux-ci recevront un jugement plus sévère. »

Les pites de la veuve

41 Et, s'étant assis en face du Trésor[1], Jésus[2] observait comment la foule jetait de [la monnaie de] cuivre au Trésor. Et de nombreux riches y jetaient beaucoup.

— [1] Trésor : coffre, dans le Temple, destiné à recevoir les offrandes. — [2] littéralement : il.

42 Mais une veuve pauvre vint et y jeta deux pites qui font un quadrant[1].

— [1] le quadrant, petite pièce de monnaie, équivalait à un quart d'as (ou sou) romain ; le denier, qui était le salaire journalier d'un ouvrier, valait 16 as, soit 64 quadrants (128 pites).

43 Et ayant appelé ses disciples auprès [de lui], il leur dit : « En vérité, je vous dis que cette veuve pauvre a jeté au Trésor plus que tous ceux qui y ont jeté.

44 Car tous y ont jeté de leur superflu, mais celle-ci y a jeté de sa pénurie, tout ce qu'elle possédait, tout ce qu'elle avait pour vivre. »

Jésus annonce la destruction du Temple

13 Et comme il sortait du Temple, un de ses disciples lui dit : « Maître, regarde ! Quelles pierres et quelles constructions ! »

2 Mais Jésus lui dit : « Tu vois ces grandes constructions ? Il ne sera certainement pas laissé ici pierre sur pierre qui ne soit renversée[1]. »
— [1] littéralement : détruite.

Les signes annonciateurs de la fin

3 Et comme il était assis sur le mont des Oliviers, en face du Temple, Pierre, et Jacques, et Jean, et André l'interrogèrent à l'écart :

4 « Dis-nous quand ces choses auront lieu et quel sera le signe annonçant l'accomplissement de toutes ces choses ? »

5 Alors Jésus se mit à leur dire : « Prenez garde que personne ne vous séduise !

6 Beaucoup viendront en mon nom, en disant : "C'est moi !", et ils séduiront beaucoup [de gens].

7 Et quand vous entendrez parler de guerres et de bruits de guerres, ne soyez pas troublés. Il faut que [ces choses] arrivent, mais ce n'est pas encore la fin.

8 Car nation se dressera[1] contre nation et royaume contre royaume ; il y aura des tremblements de terre en divers lieux, [et] il y aura des famines. Ces choses sont un commencement de douleurs[2].
— [1] littéralement : se lèvera. — [2] littéralement : des douleurs de l'accouchement.

9 « Mais vous, prenez garde à vous-mêmes ! Ils vous livreront aux sanhédrins et aux synagogues ; vous serez battus et vous comparaîtrez devant les gouverneurs et les rois à cause de moi, en témoignage pour eux.

10 Mais il faut auparavant que l'Évangile soit prêché à[1] toutes les nations.
— [1] ou : dans.

11 Et quand ils vous emmèneront pour vous livrer, ne vous inquiétez pas à l'avance de ce que vous direz. Mais tout ce qui vous sera donné à cette heure-là, dites-le, car ce n'est pas vous qui parlerez, mais [c'est] l'Esprit Saint.

12 Et un frère livrera [son] frère à la mort, et un père [son] enfant ; et des enfants se dresseront contre [leurs] parents et les feront mourir.

13 Et vous serez haïs de tous à cause de mon nom. Mais celui qui persévérera[1] jusqu'à la fin, celui-là sera sauvé.
— [1] littéralement : endurera.

La grande détresse – La venue du Fils de l'homme

14 « Et quand vous verrez l'abomination dévastatrice établie là où elle ne doit pas être – que celui qui lit comprenne[1] – alors que ceux qui sont en Judée s'enfuient dans les montagnes.
— [1] ou : y pense.

15 [Et] que celui qui est sur le toit[1] ne descende pas et n'entre pas dans la maison pour emporter quoi que ce soit.
— [1] toit en terrasse.

16 Et que celui qui est dans un champ ne retourne pas en arrière pour emporter son vêtement.

17 Mais quel malheur pour celles qui seront enceintes et pour celles qui allaiteront en ces jours-là !

18 Et priez afin que [cela] n'ait pas lieu en hiver.

19 Car il y aura en ces jours-là une détresse[1] telle qu'il n'y en a pas eu

de semblable depuis le commencement de la création que Dieu a créée, jusqu'à maintenant, et qu'il n'y en aura plus.

— [1] littéralement : car ces jours-là seront une détresse.

20 Et si le °Seigneur n'avait pas abrégé ces[1] jours, personne[2] ne serait sauvé ; mais à cause des élus qu'il a élus, il a abrégé ces[1] jours.

— [1] littéralement : les. — [2] littéralement : aucune chair.

21 Et alors si quelqu'un vous dit : "Voici, le Christ est ici !", "Voici, il est là !", ne le croyez pas.

22 Car il se lèvera de faux christs et de faux prophètes, et ils montreront des signes et des prodiges pour séduire, si possible, les élus.

23 Mais vous, soyez sur vos gardes ! Je[1] vous ai tout dit à l'avance.

— [1] plusieurs manuscrits portent : Voici, je.

24 « Mais en ces jours-là, après cette détresse, le soleil sera obscurci, et la lune ne donnera pas sa clarté,

25 et les étoiles tomberont du ciel, et les puissances qui sont dans les cieux seront ébranlées.

26 Et alors ils verront le Fils de l'homme venant dans les nuées avec une grande puissance et avec gloire.

27 Et alors il enverra les anges et il rassemblera [ses] élus des quatre vents, de l'extrémité de la terre à l'extrémité du ciel.

La parabole du figuier

28 « Mais apprenez du figuier cette[1] parabole : Dès que [ses] branches deviennent tendres et que les feuilles poussent, vous savez que l'été est proche.

— [1] littéralement : la.

29 De même vous aussi, quand vous verrez arriver ces choses, sachez que cela est proche, à la porte.

30 En vérité je vous [le] dis : Cette génération ne passera certainement pas avant que toutes ces choses ne soient arrivées.

31 Le ciel et la terre passeront, mais mes paroles ne passeront absolument pas.

32 Mais quant à ce jour-là ou à l'heure, personne n'en a connaissance – ni les anges dans le ciel ni le Fils – si ce n'est le Père.

Exhortation à veiller

33 « Prenez garde, veillez[1], car vous ne savez pas quand ce temps viendra.

— [1] plusieurs manuscrits ajoutent : et priez.

34 [Il en sera] comme d'un homme qui est parti hors du pays, ayant laissé sa maison et ayant donné autorité à ses esclaves, à chacun son travail. Et il a commandé au portier de veiller.

35 Veillez donc, car vous ne savez pas quand le maître[1] de la maison viendra, le soir, ou à minuit, ou au chant du coq, ou le matin ;

— [1] traduit d'ordinaire par : seigneur.

36 de peur qu'arrivant soudainement, il ne vous trouve dormant.

37 Or ce que je vous dis, je le dis à tous : Veillez ! »

Complot des chefs du peuple contre Jésus

14 Or, deux jours après, c'était la Pâque et [la fête] des Pains sans levain. Et les principaux sacrificateurs et les scribes cherchaient comment ils pourraient se saisir de lui par ruse et le faire mourir.

2 Car ils disaient : « Non pendant la fête, de peur qu'il n'y ait du tumulte parmi le peuple. »

Une femme répand un parfum sur la tête de Jésus

3 Et comme il était à Béthanie dans la maison de Simon le lépreux, et qu'il était à table, une femme vint, ayant un vase d'albâtre [plein] d'un parfum de nard pur de grand prix. [Et] ayant brisé le vase d'albâtre, elle répandit [le parfum] sur sa tête.

4 Mais quelques-uns exprimaient entre eux leur indignation[1] : « À quoi bon la perte de ce parfum ?

— [1] plusieurs manuscrits ajoutent : et disaient.

5 Car ce parfum aurait pu être vendu plus de 300 deniers[1] et [l'argent] donné aux pauvres. » Et ils la reprenaient sévèrement.

— [1] 1 denier correspond au salaire journalier d'un ouvrier.

6 Mais Jésus dit : « Laissez-la ! Pourquoi lui faites-vous de la peine ? Elle a fait une bonne[1] œuvre envers moi.

— [1] ou : belle.

7 En effet, vous avez toujours les pauvres avec vous et, quand vous voudrez, vous pourrez leur faire du bien ; mais moi, vous ne m'avez pas toujours.

8 Ce qui était en son pouvoir, elle l'a fait ; elle a anticipé [le moment] d'oindre mon corps pour la mise au tombeau.

9 Et en vérité, je vous [le] dis : partout où l'Évangile sera prêché dans le monde entier, on parlera aussi de ce que cette femme[1] a fait, en mémoire d'elle. »

[1] littéralement : elle.

Judas s'engage à trahir son maître

10 Et Judas Iscariote, l'un des Douze, s'en alla vers les principaux sacrificateurs pour leur livrer Jésus[1].

— [1] littéralement : le leur livrer.

11 Et eux, l'ayant entendu, s'en réjouirent et promirent de lui donner de l'argent. Et il cherchait comment il le livrerait au moment opportun.

La dernière Pâque

12 Et le premier jour des Pains sans levain, lorsqu'on faisait le sacrifice de la Pâque, ses disciples lui disent : « Où veux-tu que nous allions préparer [ce qu'il faut] afin que tu manges la Pâque ? »

13 Alors il envoie deux de ses disciples et leur dit : « Allez à la ville, et un homme portant une cruche d'eau viendra à votre rencontre. Suivez-le !

14 Et là où il entrera, dites au maître de la maison : "Le maître[1] dit : 'Où est ma salle où je mangerai la Pâque avec mes disciples ?'"

— [1] c.-à-d. : maître qui enseigne.

15 Et lui vous montrera une grande salle[1] aménagée, toute prête. Et là, préparez-nous [la Pâque]. »

— [1] pièce à l'étage supérieur, servant de salle à manger.

16 Et les disciples s'en allèrent, et entrèrent dans la ville, et trouvèrent [tout] comme il [le] leur avait dit. Et ils préparèrent la Pâque.

17 Alors le soir étant venu, il vient avec les Douze.

18 Et comme ils étaient à table et mangeaient, Jésus dit : « En vérité, je vous dis que l'un d'entre vous, celui qui mange avec moi, me livrera. »

19 Et ils commencèrent à s'attrister et à lui dire l'un après l'autre : « Est-ce moi ? »

20 Mais il leur dit : « C'est l'un des Douze, celui qui trempe [la main] avec moi dans le plat.

21 Le Fils de l'homme s'en va selon ce qui est écrit à son sujet ; mais malheur à cet homme par qui le Fils de l'homme est livré ! Il aurait été bon pour cet homme qu'il ne soit pas né. »

Institution de la Cène

22 Et comme ils mangeaient, Jésus[1], ayant pris du pain [et] ayant béni, le rompit, et [le] leur donna, et dit : « Prenez, ceci est mon corps. »
— [1] littéralement : lui.

23 Puis, ayant pris une coupe [et] ayant rendu grâce, il [la] leur donna et ils en burent tous.

24 Et il leur dit : « Ceci est mon sang, le [sang] de l'alliance[1], qui est versé pour un grand nombre.
— [1] plusieurs manuscrits portent : la nouvelle alliance.

25 En vérité, je vous dis que je ne boirai plus du tout du fruit de la vigne jusqu'à ce jour où je le boirai nouveau[1] dans le royaume de Dieu. »
— [1] non pas : de nouveau, mais : d'une manière différente, d'une autre sorte.

26 Et ayant chanté des hymnes, ils sortirent [pour aller] au mont des Oliviers.

Jésus annonce que Pierre va le renier

27 Et Jésus leur dit : « Vous aurez tous une cause de chute, car il est écrit : "Je frapperai le berger et les brebis seront dispersées."[1]
— [1] Zach. 13:7.

28 Mais après que je serai ressuscité, je vous précèderai en Galilée. »

29 Et Pierre lui dit : « Même si c'était pour tous une cause de chute, cela ne le sera pas pour moi ! »

30 Et Jésus lui dit : « En vérité, je te dis qu'aujourd'hui, cette nuit même, avant qu'un coq n'ait chanté deux fois, tu me renieras trois fois. »

31 Mais Pierre[1] affirmait d'autant plus : « Même s'il me faut mourir avec toi, je ne te renierai absolument pas. » Et tous dirent aussi la même chose.
— [1] littéralement : lui.

Jésus dans l'angoisse à Gethsémané – Ses prières

32 Et ils arrivent à un endroit dont le nom était Gethsémané. Et il dit à ses disciples : « Asseyez-vous ici pendant que je prierai. »

33 Et il prend avec lui Pierre, et Jacques, et Jean. Et il commença à être saisi d'effroi et très angoissé.

34 Et il leur dit : « Mon âme est profondément triste, jusqu'à la mort ; restez ici et veillez. »

35 Et s'en allant un peu plus loin, il se jeta contre terre, et il priait que, si c'était possible, l'heure passe loin de lui.

36 Et il disait : « Abba[1], Père, toutes choses te sont possibles, fais passer cette coupe loin de moi ! Toutefois, non ce que moi, je veux, mais ce que toi, [tu veux] ! »
— [1] Abba : mot araméen que l'on traduit par Père, avec cependant une nuance de tendresse.

37 Puis il vient et les trouve endormis. Et il dit à Pierre : « Simon, tu dors ? Tu n'as pas pu veiller une heure ?

38 Veillez et priez afin que vous n'entriez pas en tentation ; l'esprit

est bien disposé, mais la chair est faible. »

39 Et il s'en alla de nouveau et il pria en disant les mêmes paroles[1].
— [1] littéralement : la même parole.

40 Puis s'en étant retourné, il les trouva encore endormis, car leurs yeux étaient appesantis. Et ils ne savaient pas quoi lui répondre.

41 Et il vient pour la troisième fois et leur dit : « Dormez dorénavant et reposez-vous. C'en est fait, l'heure est venue. Voici, le Fils de l'homme est livré entre les mains des pécheurs.

42 Levez-vous, partons ! Voici, celui qui me livre s'est approché. »

Arrestation de Jésus

43 Et aussitôt, comme il parlait encore, Judas, l'un des Douze, arriva, et avec lui une foule avec des épées et des bâtons, [venant] de la part des principaux sacrificateurs, et des scribes, et des anciens.

44 Et celui qui le livrait leur avait donné un signe[1], en disant : « Celui que j'embrasserai, c'est lui. Saisissez-le et emmenez-le sûrement ! »
— [1] proprement : un signe [convenu] entre eux.

45 Et étant venu [et] s'étant aussitôt approché de lui, il dit : « Rabbi ! » Et il l'embrassa avec empressement.

46 Et ils mirent les mains sur Jésus[1] et se saisirent de lui.
— [1] littéralement : lui.

47 Mais l'un de ceux qui étaient là présents, ayant tiré l'épée, frappa l'esclave du souverain sacrificateur et lui emporta l'oreille.

48 Alors Jésus, répondant, leur dit : « Vous êtes sortis comme après un bandit, avec des épées et des bâtons pour me prendre.

49 J'étais tous les jours avec vous, enseignant dans le Temple, et vous ne vous êtes pas saisis de moi. Mais c'est afin que les Écritures soient accomplies. »

50 Et tous le laissèrent et s'enfuirent.

51 Et un certain jeune homme le suivit, enveloppé d'un drap de lin sur le [corps] nu ; et ils se saisissent de lui.

52 Mais lui, abandonnant le drap de lin, leur échappa [tout] nu.

Jésus est interrogé de nuit devant le sanhédrin

53 Et ils emmenèrent Jésus chez le souverain sacrificateur. Alors tous les principaux sacrificateurs, et les anciens, et les scribes se rassemblent.

54 Et Pierre le suivit de loin, jusqu'à l'intérieur, dans la cour [du palais] du souverain sacrificateur. Et il était assis avec les gardes et se chauffait près du feu[1].
— [1] littéralement : de la lumière.

55 Or les principaux sacrificateurs et tout le sanhédrin cherchaient un témoignage contre Jésus pour le faire mourir, mais ils n'en trouvaient pas.

56 Car beaucoup portaient de faux témoignages contre lui, mais les témoignages ne s'accordaient pas.

57 Et quelques-uns s'étant levés portèrent un faux témoignage contre lui, en disant :

58 « Nous, nous l'avons entendu dire : "Moi, je détruirai ce Temple[1] qui est fait par la main de l'homme et en trois jours j'en construirai un autre qui ne sera pas fait par la main de l'homme." »
— [1] c.-à-d. : la maison même.

59 Et ainsi, leurs témoignages ne concordaient pas non plus.

60 Et le souverain sacrificateur, s'étant levé au milieu [de l'assemblée], interrogea Jésus, en disant : « Ne réponds-tu rien aux témoignages que ceux-ci portent contre toi ? »

61 Mais il garda le silence et ne répondit rien. Le souverain sacrificateur l'interrogea encore et lui dit : « Toi, es-tu le Christ, le Fils du Béni[1] ? »

— [1] mot employé chez les Juifs pour désigner Dieu.

62 Et Jésus dit : « Je le suis. Et vous verrez le Fils de l'homme assis à la droite de la Puissance et venant avec les nuées du ciel. »

63 Alors le souverain sacrificateur, déchira ses vêtements et dit : « Pourquoi avons-nous encore besoin de témoins ?

64 Vous avez entendu le blasphème. Qu'en pensez-vous ? » Et tous le condamnèrent comme méritant la mort.

65 Et quelques-uns se mirent à cracher sur lui, et à lui couvrir le visage, et à lui donner des coups de poing, et à lui dire : « Prophétise ! » Et les gardes le frappaient au visage.

Reniement de Pierre

66 Et comme Pierre était en bas, dans la cour, une des servantes du souverain sacrificateur arrive,

67 et ayant aperçu Pierre qui se chauffait, elle le regarda et dit : « Toi aussi, tu étais avec le Nazarénien Jésus. »

68 Mais il le nia, en disant : « Je ne sais ni ne comprends ce que toi, tu dis. » Et il sortit dehors dans le vestibule. *[Alors un coq chanta]*.

69 Et la servante, l'apercevant, se mit encore à dire à ceux qui se tenaient là : « Celui-ci est l'un d'entre eux. »

70 Mais il le nia de nouveau. Et encore un peu après, ceux qui se tenaient là dirent à Pierre : « Certainement tu es de ces gens-là, car tu es aussi Galiléen. »

71 Alors il se mit à lancer des malédictions et à jurer : « Je ne connais pas cet homme dont vous parlez. »

72 Et aussitôt un coq chanta pour la deuxième fois. Et Pierre se souvint de la parole que Jésus lui avait dite : « Avant qu'un coq ne chante deux fois, tu me renieras trois fois. » Et en y pensant, il se mit à pleurer.

Jésus est interrogé par Pilate

15 Et dès le matin, les principaux sacrificateurs, ayant tenu conseil avec les anciens, et les scribes, et tout le sanhédrin, lièrent Jésus et l'emmenèrent et le livrèrent à Pilate.

2 Et Pilate l'interrogea : « Es-tu, toi, le roi des Juifs ? » Et répondant, il lui dit : « C'est toi qui le dis. »

3 Or les principaux sacrificateurs l'accusaient de beaucoup de choses.

4 Et Pilate l'interrogea encore, en disant : « Ne réponds-tu rien ? Vois combien d'accusations ils portent contre toi. »

5 Mais Jésus ne répondit plus rien, de sorte que Pilate s'en étonnait.

6 Or, à chaque fête, il leur relâchait un prisonnier, celui qu'ils demandaient.

7 Et il y avait le dénommé Barabbas. Il était détenu avec les [autres] émeutiers qui avaient

commis un meurtre au cours de l'émeute.

8 Et la foule étant montée[1] se mit à demander [à Pilate de faire] comme il leur avait toujours fait.

— [1] plusieurs manuscrits portent : poussant des cris.

9 Et Pilate leur répondit, en disant : « Voulez-vous que je vous relâche le roi des Juifs ? »

10 Car il savait que les principaux sacrificateurs l'avaient livré par jalousie.

11 Mais les principaux sacrificateurs excitèrent la foule afin qu'il leur relâche plutôt Barabbas.

12 Et Pilate, répondant, leur dit encore : « Que [voulez-vous] donc que je fasse de [celui que vous appelez] le roi des Juifs ? »

13 Mais ils crièrent encore : « Crucifie-le ! »

14 Et Pilate leur dit : « Quel mal a-t-il donc fait ? » Mais ils crièrent encore plus fort : « Crucifie-le ! »

15 Alors Pilate, voulant contenter la foule, leur relâcha Barabbas. Et ayant fait fouetter Jésus, il le livra pour être crucifié.

Jésus est entre les mains des soldats

16 Et les soldats l'emmenèrent dans la cour qui est le prétoire[1]. Et ils rassemblent toute la cohorte[2].

— [1] le prétoire : le quartier général d'un gouverneur militaire romain ; à Rome, celui de la garde impériale ; et aussi la salle où siégeait le préteur. — [2] la cohorte, à l'origine de 500 hommes, plus tard beaucoup moins nombreuse, comptait 6 centuries commandées chacune par un centurion. La légion avait 10 cohortes.

17 Et ils lui mettent [un manteau] de pourpre[1] et, ayant tressé une couronne d'épines, ils la lui mettent autour [de la tête].

— [1] c.-à-d. : un manteau de soldat (une chlamyde).

18 Puis ils se mirent à le saluer, [en disant] : « Salut, roi des Juifs ! »

19 Et ils lui frappaient la tête avec un roseau, et crachaient sur lui, et se mettant à genoux, ils se prosternaient devant lui.

20 Et après qu'ils se furent moqués de lui, ils lui enlevèrent le [manteau de] pourpre et lui remirent ses vêtements. Et ils l'emmènent dehors pour le crucifier.

Jésus est crucifié

21 Et ils contraignent un passant à porter sa croix, un certain Simon, Cyrénéen, père d'Alexandre et de Rufus, qui revenait des champs.

22 Et ils le mènent au lieu [appelé] Golgotha, ce qui se traduit : « Lieu du Crâne. »

23 Et ils lui donnèrent du vin mêlé de myrrhe, mais il ne le prit pas.

24 Et ils le crucifient, puis ils partagent ses vêtements en les tirant au sort [pour savoir] ce que chacun en prendrait.

25 Or c'était la troisième heure quand ils le crucifièrent.

26 Et l'inscription indiquant le motif de sa condamnation portait ces mots[1] : « Le roi des Juifs. »

— [1] littéralement : l'inscription de son motif était inscrite.

27 Et avec lui, ils crucifient deux bandits, l'un à sa droite et l'autre à sa gauche.

29 Et ceux qui passaient par là l'injuriaient, hochant la tête et disant : « Eh ! toi qui détruis le Temple[1] et qui [le] reconstruit en trois jours,

— [1] c.-à-d. : la maison même.

30 sauve-toi toi-même et descends de la croix ! »

31 De même aussi, les principaux

sacrificateurs, se moquant entre eux avec les scribes, disaient : « Il [en] a sauvé d'autres, il ne peut pas se sauver lui-même.

32 Que le Christ, le roi d'Israël, descende maintenant de la croix afin que nous voyions et que nous croyions ! » Ceux qui étaient crucifiés avec lui l'insultaient, [eux] aussi.

Les trois heures de ténèbres

33 Et quand la sixième heure fut venue, il y eut des ténèbres sur tout le pays[1] jusqu'à la neuvième heure.
— [1] ou : sur toute la terre.

34 Et à la neuvième heure, Jésus s'écria d'une voix forte : « Éloï, Éloï, lama sabachthani ? », ce qui se traduit : « Mon Dieu, mon Dieu, pourquoi m'as-tu abandonné ? »[1]
— [1] Psaume 22:2.

35 Et quelques-uns de ceux qui se tenaient là, ayant entendu [cela], disaient : « Voici, il appelle Élie. »

36 Alors l'un d'eux courut *[et]*, ayant rempli de vinaigre[1] une éponge, la mit au bout d'un roseau [et] lui donna à boire, en disant : « Laissez, voyons si Élie vient pour le faire descendre. »
— [1] la boisson des soldats romains était du vin aigri.

La mort de Jésus

37 Et Jésus, ayant jeté un grand cri, expira.

38 Alors le voile du Temple[1] se déchira en deux, depuis le haut jusqu'en bas.
— [1] c.-à-d. : la maison même.

39 Et le centurion qui se tenait là en face de lui, voyant qu'il avait expiré[1] de cette manière, dit : « Véritablement, cet homme était [le] Fils de Dieu ! »
— [1] plusieurs manuscrits ajoutent : en criant.

40 Et il y avait aussi des femmes qui regardaient de loin, parmi lesquelles étaient aussi Marie de Magdala, et Marie, la [mère] de Jacques le Mineur[1] et de Joses, et Salomé.
— [1] ou : le Petit.

41 [Ce sont] elles qui l'avaient suivi et l'avaient servi lorsqu'il était en Galilée. Il y avait aussi beaucoup d'autres [femmes] qui étaient montées avec lui à Jérusalem.

Jésus est mis dans le tombeau

42 Et le soir étant déjà venu, comme c'était la Préparation, [le jour] qui précède un sabbat,

43 Joseph, *[originaire]* d'Arimathée, conseiller honorable, arriva. Il attendait, lui aussi, le royaume de Dieu. Il osa se rendre chez Pilate et lui demanda le corps de Jésus.

44 Mais Pilate s'étonna qu'il soit déjà mort . Et ayant appelé auprès [de lui] le centurion, il lui demanda s'il y avait longtemps qu'il était mort.

45 Et l'ayant appris du centurion, il accorda le corps à Joseph.

46 Alors Joseph, ayant acheté un drap de lin, le descendit[1], et l'enveloppa dans le drap de lin, et le déposa dans un tombeau qui était taillé dans la roche. Puis il roula une pierre contre l'entrée du tombeau.
— [1] littéralement : Et ayant acheté... il le descendit.

47 Et Marie de Magdala et Marie, la [mère] de Joses, regardaient où on le mettait.

Résurrection de Jésus

16 Et le sabbat étant passé, Marie de Magdala, et Marie, la [mère] de Jacques, et Salomé, achetèrent des aromates pour venir l'embaumer.

2 Et le premier jour de la semaine, de grand matin, au lever du soleil, elles viennent au tombeau.

3 Et elles disaient entre elles : « Qui nous roulera la pierre de l'entrée du tombeau ? »

4 Et levant les yeux, elles voient que la pierre était roulée ; or elle était très grande.

5 Et étant entrées dans le tombeau, elles virent un jeune homme assis du côté droit, habillé d'une longue robe blanche. Et elles furent épouvantées.

6 Alors il leur dit : « Ne soyez pas épouvantées ! Vous cherchez Jésus le Nazarénien, le crucifié : il est ressuscité, il n'est pas ici. Voici le lieu où on l'avait mis.

7 Mais allez, dites à ses disciples et à Pierre : "Il vous précède en Galilée. Là vous le verrez, comme il vous l'a dit." »

8 Et étant sorties, elles s'enfuirent du tombeau, car le tremblement et la stupeur les avaient atteintes. Mais elles ne dirent rien à personne, car elles avaient peur.

Apparitions de Jésus ressuscité

9 Et étant ressuscité le matin, le premier jour de la semaine, Jésus[1] apparut d'abord à Marie de Magdala, de laquelle il avait chassé sept démons.

— [1] littéralement : il.

10 Elle, s'en étant allée, l'annonça à ceux qui avaient été avec lui, qui étaient dans le deuil et pleuraient.

11 Mais ceux-ci, apprenant qu'il était vivant et qu'il avait été vu par elle, ne le crurent pas.

12 Et après ces choses, il apparut sous une autre forme à deux d'entre eux qui étaient en chemin, allant à la campagne.

13 Et ceux-ci, s'en étant allés, l'annoncèrent aux autres, mais ils ne les crurent pas.

14 Plus tard, il apparut aux Onze, comme ils étaient à table, et il leur reprocha leur incrédulité et leur dureté de cœur, parce qu'ils n'avaient pas cru ceux qui l'avaient vu ressuscité.

15 Et il leur dit : « Allez dans le monde entier et prêchez l'Évangile à toute la création.

16 Celui qui aura cru et qui aura été baptisé sera sauvé, mais celui qui n'aura pas cru sera condamné.

17 Et voici les signes qui accompagneront ceux qui auront cru : en mon nom ils chasseront les démons, ils parleront de nouvelles langues,

18 ils prendront des serpents [dans les mains], et quand ils auront bu quelque chose de mortel, cela ne leur nuira aucunement. Ils imposeront les mains aux infirmes et ceux-ci se porteront bien. »

Ascension de Jésus

19 Et c'est alors que le Seigneur Jésus, après leur avoir parlé, fut enlevé au ciel et s'assit à la droite de Dieu.

20 Et eux étant partis, prêchèrent partout, le Seigneur coopérant avec [eux] et confirmant la parole par les signes qui l'accompagnaient.

.

Luc

Introduction

1 Puisque beaucoup ont entrepris de rédiger un récit des faits qui se sont accomplis parmi nous,

2 comme nous les ont transmis ceux qui, dès le commencement, ont été les témoins oculaires et les serviteurs[1] de la Parole[2],

— [1] serviteur, ici, ayant un service spécial. — [2] ou : du Verbe.

3 il m'a semblé bon, à moi aussi qui ai suivi exactement toutes choses depuis le commencement, très excellent Théophile, de te [les] écrire de manière ordonnée,

4 afin que tu connaisses la certitude des choses[1] dont tu as été instruit.

— [1] littéralement : paroles.

Un ange annonce à Zacharie la naissance de Jean le Baptiseur

5 Aux jours d'Hérode, roi de Judée, il y avait un certain sacrificateur[1] du nom de Zacharie, de la classe d'Abia. Et sa femme était de la descendance[2] d'Aaron et son nom était Élisabeth.

— [1] ou : prêtre. — [2] littéralement : des filles.

6 Et ils étaient tous les deux justes devant Dieu, marchant d'une manière irréprochable dans tous les commandements et dans toutes les ordonnances du °Seigneur.

7 Mais ils n'avaient pas d'enfant, parce qu'Élisabeth était stérile ; et ils étaient tous les deux d'un âge avancé.

8 Or il arriva, pendant que Zacharie[1] exerçait la sacrificature[2] devant Dieu dans l'ordre de sa classe,

— [1] littéralement : il. — [2] la sacrificature (ou : sacerdoce) était le service que le sacrificateur (ou : prêtre) exerçait dans le Tabernacle ou le Temple.

9 que, selon la coutume de la sacrificature, il fut désigné par le sort pour offrir l'encens en entrant dans le Temple[1] du °Seigneur.

— [1] le Temple proprement dit, c.-à-d. : la maison même ; non pas tout l'ensemble des cours et bâtiments sacrés.

10 Et toute la multitude du peuple priait dehors à l'heure de l'encens.

11 Or un ange du °Seigneur lui apparut, se tenant à la droite de l'autel de l'encens.

12 Et Zacharie, le voyant, fut troublé et la crainte le saisit.

13 Mais l'ange lui dit : « Ne crains pas, Zacharie, parce que tes supplications ont été exaucées. Et ta femme Élisabeth te donnera un fils, et tu l'appelleras du nom de Jean.

14 Et il sera pour toi un sujet de joie et d'allégresse, et beaucoup se réjouiront de sa naissance,

15 car il sera grand devant le °Seigneur. Et il ne boira ni vin ni boisson forte, et il sera rempli de l'Esprit Saint déjà dès le ventre de sa mère.

16 Et il fera retourner beaucoup de fils d'Israël au °Seigneur leur Dieu.

17 Et il ira devant lui dans l'esprit et la puissance d'Élie, pour faire retourner les cœurs des pères vers les enfants, et les désobéissants à[1] la sagesse[2] des justes, pour préparer au °Seigneur un peuple bien disposé. »

— [1] ou : selon. — [2] ou : l'intelligence.

18 Mais Zacharie dit à l'ange : « Comment connaîtrai-je cela ? Car moi, je suis vieux et ma femme est d'un âge avancé. »

19 Et l'ange, répondant, lui dit : « Moi, je suis Gabriel, celui qui se tient devant Dieu, et j'ai été envoyé pour te parler et pour t'annoncer ces bonnes nouvelles[1].

— [1] littéralement : pour t'évangéliser ces choses.

20 Et voici, tu seras muet et tu ne pourras pas parler jusqu'au jour où ces choses arriveront, parce que tu n'as pas cru mes paroles qui s'accompliront en leur temps. »

21 Or le peuple attendait Zacharie, et ils s'étonnaient qu'il s'attarde dans le Temple[1].

— [1] c.-à-d. : la maison même ; comme au verset 9.

22 Et quand il fut sorti, il ne pouvait pas leur parler ; alors ils comprirent qu'il avait eu[1] une vision dans le Temple[2]. Et lui-même leur faisait des signes et restait muet.

— [1] littéralement : vu. — [2] c.-à-d. : la maison même ; comme au verset 9.

23 Et il arriva, quand les jours de son service furent accomplis, qu'il s'en alla dans sa maison.

24 Or, après ces jours-là, Élisabeth sa femme conçut et elle se cacha cinq mois, en disant :

25 « Ainsi m'a fait le °Seigneur dans les jours où il m'a regardée, pour ôter ma honte parmi les hommes. »

Un ange annonce à Marie la naissance de Jésus

26 Et le sixième mois, l'ange Gabriel fut envoyé par Dieu dans une ville de Galilée, appelée Nazareth,

27 auprès d'une vierge fiancée à un homme dont le nom était Joseph, de la maison de David. Et le nom de la vierge était Marie.

28 Et étant entré auprès d'elle, l'ange[1] dit : « Je te salue[2], toi qui es comblée de faveur. Le °Seigneur est avec toi. »

— [1] littéralement : il. — [2] littéralement : Réjouis-toi.

29 Et elle fut troublée à sa parole et elle se demandait ce que pouvait signifier cette salutation.

30 Et l'ange lui dit : « Ne crains pas, Marie, car tu as trouvé grâce auprès de Dieu.

31 Et voici, tu concevras dans ton ventre, et tu donneras naissance à un fils, et tu l'appelleras du nom de Jésus[1].

— [1] Jésus : hébreu : Yechoua' ; c.-à-d. : Éternel sauveur.

32 Il sera grand et sera appelé Fils du Très-Haut[1], et le °Seigneur Dieu[2] lui donnera le trône de David son père.

— [1] Très-Haut, hébreu : Élion ; comparer avec Gen. 14:18. — [2] c.-à-d. : Jéhovah Dieu.

33 Et il régnera sur la maison de Jacob pour toujours[1], et son règne n'aura pas de fin. »

— [1] littéralement : pour les siècles.

34 Alors Marie dit à l'ange : « Comment cela arrivera-t-il puisque je n'ai pas de relations avec[1] un homme ? »

— [1] littéralement : je ne connais pas.

35 Et l'ange, répondant, lui dit : « L'Esprit Saint viendra sur toi et la puissance du Très-Haut te couvrira de son ombre. C'est pourquoi aussi, le saint [enfant] qui naîtra sera appelé Fils de Dieu.

36 Et voici, Élisabeth ta parente, elle aussi, a conçu un fils dans sa vieillesse, et c'est maintenant le sixième mois pour celle qu'on appelait "la stérile".

37 Car rien ne sera impossible à Dieu. »

38 Marie dit alors : « Voici l'esclave du °Seigneur, qu'il me soit fait selon ta parole. » Et l'ange s'en alla

d'auprès d'elle.

Marie rend visite à Élisabeth

39 Et en ces jours-là, Marie se leva et s'en alla en hâte dans la région montagneuse, dans une ville de Juda.

40 Et elle entra dans la maison de Zacharie et salua Élisabeth.

41 Et il arriva, lorsqu'Élisabeth entendit la salutation de Marie, que le petit enfant tressaillit[1] dans son ventre. Alors Élisabeth fut remplie de l'Esprit Saint,

— [1] littéralement : bondit.

42 et elle s'écria d'une voix forte, et dit : « Tu es bénie parmi les femmes et béni est le fruit de ton ventre !

43 Et d'où m'est-il donné ceci, que la mère de mon Seigneur vienne à moi ?

44 Car voici, dès que la voix de ta salutation est parvenue à mes oreilles, le petit enfant a tressailli[1] de joie dans mon ventre.

— [1] littéralement : bondi.

45 Et bienheureuse est celle qui a cru, car il y aura un accomplissement des choses qui lui ont été dites de la part du °Seigneur. »

46 Marie dit alors : « Mon âme exalte le °Seigneur

47 et mon esprit s'est réjoui en Dieu mon Sauveur,

48 parce qu'il a regardé l'humble état de son esclave. Car voici, désormais toutes les générations me diront bienheureuse.

49 Car le Puissant m'a fait de grandes choses, et son nom est saint,

50 et sa miséricorde est de génération en génération sur ceux qui le craignent.

51 Il a agi puissamment par son bras, il a dispersé ceux qui avaient des pensées orgueilleuses dans le cœur[1].

— [1] littéralement : il a dispersé les orgueilleux par la pensée de leur cœur.

52 Il a fait descendre les puissants de leurs trônes, et il a élevé les humbles.

53 Il a rempli de biens ceux qui avaient faim, et il a renvoyé les riches [les mains] vides.

54 Il est venu en aide à Israël son serviteur, pour se souvenir de sa miséricorde

55 envers Abraham et envers sa descendance, pour toujours[1] – comme il l'avait dit à nos pères.

— [1] littéralement : pour les siècles.

56 Et Marie habita avec elle environ trois mois, puis elle retourna dans sa maison.

Naissance et circoncision de Jean le Baptiseur

57 Or le temps où Élisabeth devait accoucher fut accompli, et elle mit au monde un fils.

58 Et ses voisins et ses parents apprirent que le °Seigneur avait exalté sa miséricorde envers elle, et ils se réjouirent avec elle.

59 Et il arriva, le huitième jour, qu'ils vinrent pour circoncire le petit enfant. Et ils l'appelaient Zacharie, du nom de son père.

60 Mais sa mère, répondant, dit : « Non, mais il sera appelé Jean. »

61 Et ils lui dirent : « Il n'y a personne dans ta parenté qui soit appelé de ce nom. »

62 Et ils firent des signes à son père [pour savoir] comment il voulait qu'il soit appelé.

63 Et ayant demandé une tablette, il écrivit ces mots[1] : « Jean est son nom. » Et ils en furent tous

étonnés.

— [1] littéralement : il écrivit, en disant.

64 Alors à l'instant sa bouche fut ouverte, et sa langue [se délia], et il parlait, bénissant Dieu.

65 Et la crainte s'empara de tous les habitants qui étaient autour d'eux. Et l'on s'entretenait de toutes ces choses dans toute la région montagneuse de Judée.

66 Et tous ceux qui les entendirent les gardèrent dans leur cœur, en disant : « Que sera donc cet enfant ? » Et en effet, la main du °Seigneur était avec lui.

Prophétie de Zacharie

67 Et Zacharie son père fut rempli de l'Esprit Saint, et il prophétisa, en disant :

68 « Béni soit le °Seigneur, le Dieu d'Israël, car il a visité et racheté[1] son peuple.

— [1] littéralement : il a opéré la rédemption pour.

69 Et il nous a suscité une corne[1] de délivrance dans la maison de David son serviteur

— [1] corne, symbole de la force.

70 (selon ce qu'il avait dit par la bouche de ses saints prophètes de tout temps)

71 la délivrance de nos ennemis et de la main de tous ceux qui nous haïssent.

72 [Et cela] pour accomplir la miséricorde envers nos pères et pour se souvenir de sa sainte alliance,

73 du serment par lequel il a juré à Abraham notre père de nous accorder

74 – une fois délivrés de la main de nos ennemis – de lui rendre un culte sans crainte,

75 en sainteté et en justice devant lui, tous nos jours.

76 Et toi, petit enfant, tu seras appelé prophète du Très-Haut, car tu iras devant le °Seigneur pour préparer ses voies,

77 pour donner à son peuple la connaissance du salut[1], dans la rémission de leurs péchés,

— [1] ou : de la délivrance ; comme aux versets 69 et 71.

78 par la profonde[1] miséricorde de notre Dieu, selon lesquelles l'Orient[2] d'en haut nous a visités

— [1] littéralement : les entrailles de. — [2] proprement : lever, levant ; les Septante rendaient ainsi le Germe en Jér. 23:5, etc.

79 pour éclairer ceux qui sont assis dans les ténèbres et dans l'ombre de la mort, pour conduire nos pieds sur le chemin de la paix. »

80 Et l'enfant grandissait et se fortifiait en esprit. Et il fut dans les déserts jusqu'au jour de sa manifestation[1] à Israël.

— [1] c.-à-d. : sa manifestation publique.

La naissance de Jésus

2 Or il arriva, en ces jours-là, que parut un décret de César Auguste, en vue d'un recensement de toute la terre habitée.

2 Ce premier recensement eut lieu pendant que Quirinius était gouverneur de la Syrie.

3 Et tous allaient se faire enregistrer, chacun dans sa propre ville.

4 Et Joseph aussi monta de la Galilée, de la ville de Nazareth, [pour se rendre] en Judée dans la ville[1] de David qui est appelée Bethléhem (parce qu'il était de la maison et de la descendance de David)

— [1] ou : une ville.

5 afin de se faire enregistrer avec Marie, celle qui lui était fiancée,

laquelle était enceinte.

6 Et il arriva, pendant qu'ils étaient là, que les jours où elle devait accoucher furent arrivés.

7 Et elle mit au monde son fils premier-né, et l'emmaillota, et le coucha dans une crèche[1], parce qu'il n'y avait pas de place pour eux dans l'auberge[2].

— [1] crèche : mangeoire pour animaux. — [2] ou : la salle des hôtes.

Les bergers de Bethléhem

8 Or il y avait dans la même région des bergers qui vivaient aux champs et qui gardaient leur troupeau pendant les veilles de la nuit.

9 Alors[1] un ange du °Seigneur se tint devant eux et la gloire du °Seigneur brilla autour d'eux. Et ils furent saisis d'une grande peur.

— [1] plusieurs manuscrits ajoutent : voici.

10 Mais l'ange leur dit : « N'ayez pas peur, car voici, je vous annonce un grand sujet de joie[1] qui sera pour tout le peuple.

— [1] littéralement : je vous évangélise une grande joie.

11 En effet, aujourd'hui, dans la cité de David, vous est né un Sauveur qui est le Christ, le Seigneur.

12 Et ceci en sera le signe pour vous : vous trouverez un petit enfant emmailloté et couché dans une crèche. »

13 Et soudain il y eut avec l'ange une multitude de l'armée céleste, louant Dieu et disant :

14 « Gloire à Dieu dans les lieux très hauts, et sur la terre, paix parmi les hommes en qui il prend plaisir[1] ! »

— [1] littéralement : les hommes du bon plaisir.

15 Et il arriva, lorsque les anges les eurent quittés pour aller au ciel, que les bergers se dirent les uns aux autres : « Allons donc jusqu'à Bethléhem et voyons cet événement qui est arrivé, que le °Seigneur nous a fait connaître. »

16 Et ils s'en allèrent en hâte et ils trouvèrent Marie, et Joseph, et le petit enfant couché dans la crèche.

17 Et l'ayant vu, ils firent connaître la[1] parole qui leur avait été dite au sujet de ce petit enfant.

— [1] littéralement : au sujet de la.

18 Alors tous ceux qui l'entendirent s'étonnèrent des choses qui leur étaient dites par les bergers.

19 Mais Marie gardait tous ces événements, les méditant dans son cœur.

20 Et les bergers s'en retournèrent, glorifiant et louant Dieu pour toutes les choses qu'ils avaient entendues et vues, conformément à ce qui leur avait été dit.

Présentation de Jésus au Temple

21 Et quand huit jours furent accomplis pour le circoncire, alors il fut appelé du nom de Jésus, celui dont il avait été appelé par l'ange avant d'être conçu dans le ventre.

22 Et quand les jours de leur purification furent accomplis, selon la loi de Moïse, ils l'amenèrent à Jérusalem pour le présenter au °Seigneur

23 (comme il est écrit dans la loi du °Seigneur : « Tout mâle qui ouvre l'utérus[1] sera appelé saint[2] pour le °Seigneur »[3])

— [1] c.-à-d. : qui est le premier-né. — [2] c.-à-d. : sera mis à part. — [3] voir Exode 13:2, 12, 15.

24 et pour offrir un sacrifice, selon ce qui est prescrit dans la loi du °Seigneur, une paire de tourterelles ou deux jeunes colombes.

Siméon dans le Temple

25 Et voici, il y avait à Jérusalem un homme dont le nom était Siméon. Et cet homme était juste et pieux, et il attendait la consolation d'Israël. Et l'Esprit Saint était sur lui. 26 Or il avait été averti divinement par l'Esprit Saint qu'il ne verrait pas la mort avant d'avoir vu le Christ du °Seigneur. 27 Et il vint par l'Esprit dans le Temple. Et comme les parents apportaient le petit enfant Jésus pour faire à son égard selon l'usage de la Loi, 28 lui aussi le prit dans ses bras, et bénit Dieu, et dit : 29 « Maintenant, Seigneur[1], tu laisses ton esclave s'en aller en paix, selon ta parole.

— [1] maître d'un esclave ; ailleurs : souverain.

30 Car mes yeux ont vu ton salut[1]

— [1] salut : plutôt ce qui sauve que le salut en lui-même.

31 – [celui] que tu as préparé devant tous les peuples – 32 lumière pour la révélation aux nations et gloire de ton peuple Israël. » 33 Et son père et sa mère s'étonnaient des choses qui étaient dites de lui. 34 Alors Siméon les bénit et dit à Marie sa mère : « Voici, celui-ci est mis pour la chute et le relèvement de beaucoup en Israël, et pour un signe que l'on contredira 35 – et même une épée transpercera ton âme – afin que soient révélées les pensées de beaucoup de cœurs. »

Anne dans le Temple

36 Et il y avait une prophétesse, Anne, fille de Phanuel, de la tribu d'Aser. Elle était d'un âge très avancé, ayant vécu avec [son] mari 7 ans depuis sa virginité, 37 et [étant restée] veuve jusqu'à [l'âge de] 84 ans. Elle ne quittait pas le Temple, servant [Dieu][1] par des jeûnes et des prières, nuit et jour.

— [1] littéralement : rendant un culte [à Dieu].

38 Et celle-ci, arrivant à ce moment-là, louait Dieu et parlait de lui à tous ceux qui attendaient la délivrance de Jérusalem[1].

— [1] plusieurs manuscrits portent : tous ceux qui, à Jérusalem, attendaient la délivrance.

L'enfance de Jésus

39 Et quand ils eurent tout accompli selon la loi du °Seigneur, ils s'en retournèrent en Galilée, à Nazareth leur ville. 40 Et l'enfant grandissait et se fortifiait, étant rempli de sagesse ; et la faveur de Dieu était sur lui.

41 Et ses parents allaient chaque année à Jérusalem pour la fête de la Pâque. 42 Et quand il eut douze ans, ils montèrent [à Jérusalem] selon la coutume de la fête. 43 Et les jours [de la fête] étant accomplis, comme ils s'en retournaient, l'enfant Jésus resta à Jérusalem, et ses parents ne le savaient pas. 44 Mais croyant qu'il était dans la troupe des voyageurs, ils firent une journée de chemin avant de le chercher parmi leurs parents et leurs connaissances. 45 Et ne l'ayant pas trouvé, ils retournèrent à Jérusalem à sa recherche. 46 Et il arriva, au bout de trois jours, qu'ils le trouvèrent dans le Temple, assis au milieu des

docteurs[1], les écoutant et les interrogeant.

— [1] docteur : maître qui enseigne.

47 Et tous ceux qui l'entendaient étaient stupéfaits de son intelligence et de ses réponses.

48 Et quand ses parents[1] le virent, ils furent frappés d'étonnement, et sa mère lui dit : « [Mon] enfant, pourquoi nous as-tu fait cela ? Voici, ton père et moi, nous te cherchions, [étant] dans l'angoisse. »

— [1] littéralement : ils.

49 Et il leur dit : « Pourquoi me cherchiez-vous ? Ne saviez-vous pas qu'il me faut être aux affaires de mon Père ? »

50 Mais eux ne comprirent pas la parole qu'il leur disait.

51 Et il descendit avec eux et vint à Nazareth ; et il leur était soumis. Et sa mère gardait fidèlement tous ces événements dans son cœur.

52 Et Jésus avançait en sagesse, et en stature, et en faveur auprès de Dieu et des hommes.

Prédication de Jean le Baptiseur

3 Or, dans la 15e année du règne de Tibère César, Ponce Pilate étant gouverneur de la Judée, et Hérode tétrarque[1] de la Galilée, et son frère Philippe tétrarque de l'Iturée et du territoire de la Trachonitide, et Lysanias tétrarque de l'Abilène,

— [1] tétrarque : titre donné par les Romains aux princes de moins grande importance que les rois. À l'origine, ils gouvernaient le quart d'une région donnée.

2 du temps des souverains sacrificateurs Anne et Caïphe, la parole de Dieu fut adressée à Jean, le fils de Zacharie, au désert.

3 Et il alla dans tout le pays des environs du Jourdain, prêchant le baptême de repentance pour la rémission des péchés,

4 comme il est écrit dans le livre des paroles d'Ésaïe le prophète : « Voix de celui qui crie dans le désert : Préparez le chemin du °Seigneur, aplanissez[1] ses sentiers !

— [1] ou : faites droits.

5 Toute vallée sera comblée, et toute montagne et toute colline seront abaissées, et les choses tortueuses seront rendues droites, et les [chemins] rocailleux deviendront des chemins aplanis ;

6 et toute chair verra le salut[1] de Dieu. »[2]

— [1] salut : plutôt ce qui sauve que le salut en lui-même. — [2] Ésaïe 40:3-5.

7 Il disait donc aux foules qui sortaient pour être baptisées par lui : « Race de vipères, qui vous a avertis de fuir la colère qui vient ?

8 Produisez donc des fruits qui conviennent à la repentance et ne commencez pas à dire en vous-mêmes : "Nous avons Abraham pour père." Car je vous dis que Dieu peut, de ces pierres, susciter des enfants à Abraham.

9 Et déjà, même la hache est mise à la racine des arbres ; tout arbre donc qui ne produit pas de bons fruits est coupé et jeté au feu. »

10 Et les foules l'interrogèrent, en disant : « Alors, que devons-nous faire ? »

11 Et répondant, il leur dit : « Que celui qui a deux tuniques en donne à celui qui n'en a pas, et que celui qui a de quoi manger fasse de même. »

12 Et des publicains[1] vinrent aussi pour être baptisés, et ils lui dirent : « Maître[2], que devons-nous

faire ? »

— [1] publicains : collecteurs d'impôts. — [2] c.-à-d. : maître qui enseigne, docteur (ici et ailleurs souvent).

13 Et il leur dit : « Ne percevez rien au-delà de ce qui vous est ordonné. »

14 Et des soldats l'interrogèrent aussi, en disant : « Et nous, que devons-nous faire ? » Et il leur dit : « Ne commettez pas d'extorsions, et n'accusez faussement personne, et contentez-vous de votre solde. »

15 Mais comme le peuple était dans l'attente et que tous raisonnaient dans leurs cœurs au sujet de Jean, si lui ne serait pas le Christ,

16 Jean répondit à tous, en disant : « Moi, je vous baptise avec de l'eau ; mais il vient celui qui est plus puissant que moi, de qui je ne suis pas digne de délier la courroie des sandales. Lui vous baptisera de[1] l'Esprit Saint et de feu.

— [1] c.-à-d. : dans la puissance de.

17 Il a la pelle à vanner dans sa main, et il nettoiera entièrement son aire de battage, et rassemblera le blé dans son grenier, mais il brûlera entièrement la bale au feu qui ne s'éteint pas. »

18 Et avec encore beaucoup d'autres exhortations, il évangélisait[1] le peuple.

— [1] évangéliser : annoncer la bonne nouvelle.

19 Mais Hérode le tétrarque, qui avait été repris par lui au sujet d'Hérodias, la femme de son frère, et au sujet de toutes les choses mauvaises qu'Hérode avait faites,

20 ajouta encore à toutes les autres celle de mettre Jean en prison.

Baptême de Jésus

21 Et il arriva, comme tout le peuple était baptisé – et Jésus avait été baptisé et priait – que le ciel s'ouvrit

22 et l'Esprit Saint descendit sur lui sous une forme corporelle, comme une colombe. Et il y eut une voix qui venait du ciel : « Toi, tu es mon Fils bien-aimé ; en toi j'ai trouvé mon plaisir. »

Généalogie de Jésus

23 Or Jésus lui-même avait environ 30 ans quand il commença [son ministère], étant, comme on le pensait, fils de Joseph, d'Héli,

24 de Matthat, de Lévi, de Melchi, de Janna, de Joseph,

25 de Mattathias, d'Amos, de Nahum, d'Esli, de Naggé,

26 de Maath, de Mattathias, de Séméi, de Joseph, de Juda,

27 de Johanna, de Rhésa, de Zorobabel, de Salathiel, de Néri,

28 de Melchi, d'Addi, de Cosam, d'Elmadam, d'Er,

29 de José, d'Éliézer, de Jorim, de Matthat, de Lévi,

30 de Siméon, de Juda, de Joseph, de Jonan, d'Éliakim,

31 de Méléa, de Menna, de Mattatha, de Nathan, de David,

32 de Jessé, d'Obed, de Booz, de Salmon, de Naasson,

33 d'Aminadab, d'Admin, d'Aram, d'Esrom, de Pharès, de Juda,

34 de Jacob, d'Isaac, d'Abraham, de Thara, de Nachor,

35 de Seruch, de Ragaü, de Phalek, d'Éber, de Sala,

36 de Caïnan, d'Arphaxad, de Sem, de Noé, de Lamech,

37 de Mathusala, d'Énoch, de Jared, de Maléléel, de Caïnan,

38 d'Énos, de Seth, d'Adam, de Dieu.

Jésus est tenté par le Diable

4 Or Jésus, plein de l'Esprit Saint, s'en retourna du Jourdain et fut conduit par[1] l'Esprit dans le désert,
— [1] c.-à-d. : dans la puissance de.

2 étant tenté par le Diable [pendant] 40 jours. Et il ne mangea rien durant ces jours-là et, quand ils furent achevés, il eut faim.

3 Alors le Diable lui dit : « Si tu es Fils de Dieu, dis à cette pierre qu'elle devienne du pain. »

4 Mais Jésus lui répondit : « Il est écrit : "L'homme ne vivra pas de pain seulement[1]."[2] »
— [1] plusieurs manuscrits ajoutent : mais de toute parole de Dieu. — [2] Deut. 8:3.

5 Et l'ayant amené [plus haut][1], le Diable[2] lui montra en un instant tous les royaumes de la terre habitée.
— [1] plusieurs manuscrits portent : l'ayant amené sur une haute montagne. — [2] littéralement : il.

6 Et le Diable lui dit : « Je te donnerai toute cette autorité et la gloire de ces royaumes[1], car elle m'a été livrée, et je la donne à qui je veux.
— [1] littéralement : leur gloire.

7 Si donc tu te prosternes devant moi, elle sera toute à toi. »

8 Mais Jésus, répondant, lui dit : « Il est écrit : "Tu te prosterneras devant le °Seigneur ton Dieu, et c'est à lui seul que tu rendras un culte."[1] »
— [1] Deut. 6:13.

9 Et le diable[1] l'amena à Jérusalem, et le plaça sur le faîte du Temple, et lui dit : « Si tu es Fils de Dieu, jette-toi d'ici en bas,
— [1] littéralement : il.

10 car il est écrit : "Il donnera des ordres à ses anges à ton sujet, pour te garder,

11 et ils te porteront sur les mains, de peur que tu ne heurtes ton pied contre une pierre."[1] »
— [1] Psaume 91:11-12.

12 Mais Jésus, répondant, lui dit : « Il est dit : "Tu ne tenteras pas le °Seigneur ton Dieu."[1] »
— [1] Deut. 6:16.

13 Alors, ayant achevé toute tentation, le Diable s'éloigna de lui pour un temps[1].
— [1] littéralement : jusqu'à un [autre] temps.

14 Et Jésus s'en retourna en Galilée, dans la puissance de l'Esprit, et sa renommée se répandit à travers toute la région.

15 Et lui-même enseignait dans leurs synagogues, étant glorifié par tous.

Prédication de Jésus à Nazareth

16 Et il vint à Nazareth où il avait été élevé[1]. Et il entra dans la synagogue le jour du sabbat, selon son habitude, et il se leva pour lire.
— [1] littéralement : nourri.

17 Alors on lui remit le livre du prophète Ésaïe. Et ayant déroulé le livre, il trouva l'endroit où il était écrit :

18 « L'Esprit du °Seigneur est sur moi, parce qu'il m'a oint pour annoncer la bonne nouvelle[1] aux pauvres. Il m'a envoyé pour proclamer aux prisonniers la délivrance[2] et aux aveugles le retour à la vue ; pour renvoyer libres ceux qui sont opprimés,
— [1] ailleurs : évangéliser. — [2] plutôt : libération.

19 pour proclamer l'année de la faveur du °Seigneur. »[1]
— [1] Ésaïe 61:1-2.

20 Puis, ayant roulé le livre et l'ayant rendu à celui qui était de service[1], il s'assit. Et les yeux de tous ceux qui étaient dans la synagogue étaient arrêtés sur lui.

— [1] serviteur qui a un service spécial.

21 Alors il se mit à leur dire : « Aujourd'hui, cette Écriture est accomplie pour vous qui l'entendez[1]. »

— [1] littéralement : dans vos oreilles.

22 Et tous lui rendaient témoignage, et s'étonnaient des paroles de grâce qui sortaient de sa bouche, et ils disaient : « Celui-ci n'est-il pas le fils de Joseph ? »

23 Et il leur dit : « Assurément, vous me direz cette parabole : "Médecin, guéris-toi toi-même ! Toutes les choses que nous avons entendu dire [et] qui sont arrivées à Capernaüm, fais-les aussi ici dans ton pays." »

24 Puis il dit : « En vérité, je vous dis qu'aucun prophète n'est reçu dans son pays.

25 En vérité, je vous dis qu'il y avait beaucoup de veuves en Israël, aux jours d'Élie, lorsque le ciel fut fermé pendant trois ans et six mois, de sorte qu'il y eut une grande famine sur tout le pays.

26 Mais Élie ne fut envoyé vers aucune d'elles, sinon à Sarepta, [dans le pays] de Sidon, vers une femme veuve.

27 Et il y avait beaucoup de lépreux en Israël au temps du prophète Élisée, et aucun d'eux ne fut purifié, sinon Naaman le Syrien. »

28 Et ils furent tous remplis de colère dans la synagogue en entendant ces choses.

29 Et s'étant levés, ils le chassèrent hors de la ville et le menèrent jusqu'à un bord escarpé de la montagne sur laquelle leur ville était construite, afin de le précipiter en bas.

30 Mais lui s'en alla, étant passé au milieu d'eux.

Guérison d'un démoniaque à Capernaüm

31 Et il descendit à Capernaüm, ville de la Galilée, et il les enseignait le [jour du] sabbat.

32 Et ils étaient frappés d'étonnement par son enseignement, parce qu'il parlait[1] avec autorité.

— [1] littéralement : parce que sa parole était.

33 Or il y avait dans la synagogue un homme qui avait un esprit de démon impur. Et il s'écria d'une voix forte :

34 « Ah ! qu'y a-t-il entre nous et toi, Jésus Nazarénien ? Es-tu venu pour nous détruire ? Je te connais, [je sais] qui tu es : le Saint de Dieu. »

35 Mais Jésus le menaça, en disant : « Tais-toi et sors de lui ! » Et le démon, l'ayant jeté au milieu [de tous], sortit de lui sans lui avoir fait aucun mal.

36 Et ils furent tous saisis d'étonnement et ils discutaient entre eux, en disant : « Quelle est cette parole ? Car il commande avec autorité et puissance aux esprits impurs et ils sortent. »

37 Et sa renommée se répandait en tout lieu de la région.

Guérison de la belle-mère de Simon – Miracles divers – Jésus dans un lieu désert

38 Et s'étant levé, [il sortit] de la synagogue et entra dans la maison de Simon. Or la belle-mère de Simon souffrait d'une forte fièvre et on lui demanda [d'intervenir] pour

elle.

39 Et s'étant penché sur elle, il menaça la fièvre et la fièvre[1] la quitta. Et à l'instant, s'étant levée, elle les servit.

— [1] littéralement : elle.

40 Et comme le soleil se couchait, tous ceux qui avaient des malades atteints de diverses maladies les lui amenèrent. Et lui les guérit en imposant les mains à chacun d'eux. 41 Et les démons aussi sortaient d'un grand nombre [de personnes], en criant et en disant : « Toi, tu es le Fils de Dieu. » Mais, en les menaçant, il ne leur permettait pas de parler, parce qu'ils savaient qu'il était le Christ.

42 Et quand le jour fut venu, il sortit et s'en alla dans un lieu désert. Mais les foules le recherchaient et vinrent jusqu'à lui ; et elles le retenaient pour qu'il ne s'éloigne pas d'elles. 43 Mais il leur dit : « Il faut aussi que j'annonce l'Évangile du royaume de Dieu aux autres villes, car j'ai été envoyé pour cela. » 44 Et il prêchait dans les synagogues de la Judée[1].

— [1] plusieurs manuscrits portent : la Galilée.

La pêche miraculeuse – Appel de Simon, Jacques et Jean

5 Or il arriva, comme la foule le serrait de près pour entendre la parole de Dieu, qu'il se tenait sur le bord du lac de Génésareth. 2 Et il vit deux bateaux qui étaient au bord du lac. Or les pêcheurs en étaient descendus et lavaient les filets. 3 Et étant monté dans un des bateaux, qui était à Simon, il lui demanda de s'éloigner un peu de terre. Et s'étant assis, il enseignait les foules depuis le bateau. 4 Et quand il eut cessé de parler, il dit à Simon : « Avance en eau profonde et lâchez vos filets pour la pêche. » 5 Et Simon, répondant, dit : « Maître[1], nous avons travaillé dur toute la nuit et nous n'avons rien pris ; mais sur ta parole, je lâcherai les filets. »

— [1] maître : celui qui est au-dessus des autres.

6 Et ayant fait cela, ils enfermèrent une grande quantité de poissons, et leurs filets se déchiraient. 7 Alors ils firent signe à leurs compagnons qui étaient dans l'autre bateau de venir les aider. Et ils vinrent et remplirent les deux bateaux, de sorte qu'ils s'enfonçaient. 8 Et Simon Pierre, ayant vu [cela], se jeta aux genoux de Jésus, en disant : « Seigneur, retire-toi de moi, car je suis un homme pécheur. » 9 En effet, la frayeur l'avait saisi, lui et tous ceux qui étaient avec lui, à cause de la prise de poissons qu'ils venaient de faire. 10 Et [il en était] de même aussi de Jacques et Jean, fils de Zébédée, qui étaient associés de Simon. Et Jésus dit à Simon : « Ne crains pas, dorénavant tu prendras des hommes. » 11 Et ayant ramené les bateaux à terre, ils quittèrent tout et le suivirent.

Guérison d'un lépreux

12 Et il arriva, comme il était dans une des villes, que voici un homme plein de lèpre. Et voyant Jésus, il tomba sur sa face et le supplia, en

disant : « Seigneur, si tu veux, tu peux me purifier. »

13 Et étendant la main, il le toucha, en disant : « Je veux, sois purifié ! » Et aussitôt la lèpre se retira de lui.

14 Puis il lui commanda de ne le dire à personne. « Mais, [dit-il,] va te montrer au sacrificateur et offre pour ta purification ce que Moïse a ordonné, en témoignage pour eux. »

15 Et sa renommée se répandait de plus en plus. Et de grandes foules se rassemblèrent pour l'entendre et pour être guéries de leurs infirmités.

16 Mais lui se retirait dans les déserts et priait.

La guérison d'un homme paralysé, preuve du pardon accordé par Jésus.

17 Et il arriva, l'un de ces jours-là[1], qu'il enseignait. Et des Pharisiens et des docteurs de la Loi étaient assis, étant venus de chaque village de la Galilée, et de la Judée, ainsi que de Jérusalem. Et la puissance du °Seigneur était [là] pour qu'il fasse des guérisons.
— [1] littéralement : dans un des jours.

18 Et voici, des hommes [arrivèrent], portant sur un lit un homme qui était paralysé. Et ils cherchaient à l'introduire et à *[le]* mettre devant lui.

19 Et ne trouvant pas par quel moyen ils pourraient l'introduire, à cause de la foule, ils montèrent sur le toit et, au travers des tuiles, ils le descendirent avec le brancard, au milieu, devant Jésus.

20 Et voyant leur foi, Jésus[1] dit : « Homme, tes péchés te sont pardonnés. »
— [1] littéralement : il.

21 Alors les scribes et les Pharisiens se mirent à raisonner, en disant : « Qui est celui-ci qui dit des blasphèmes ? Qui peut pardonner les péchés, sinon Dieu seul ? »

22 Mais Jésus, connaissant leurs raisonnements, répondit et leur dit : « Pourquoi raisonnez-vous dans vos cœurs ?

23 Quel est le plus facile, de dire : "Tes péchés te sont pardonnés", ou de dire : "Lève-toi et marche" ?

24 Or, afin que vous sachiez que le Fils de l'homme a le pouvoir sur la terre de pardonner les péchés – il dit au paralysé : "Je te dis, lève-toi, et prenant ton brancard, va dans ta maison." »

25 Et à l'instant, s'étant levé devant eux, il prit [le brancard] sur lequel il était couché et s'en alla dans sa maison, en glorifiant Dieu.

26 Alors ils furent tous saisis de stupeur et glorifiaient Dieu. Et ils furent remplis de crainte, en disant : « Nous avons vu aujourd'hui des choses étranges. »

Appel du publicain Lévi

27 Et après cela, Jésus[1] sortit et vit un publicain nommé Lévi, assis au bureau des taxes ; et il lui dit : « Suis-moi ! »
— [1] littéralement : il.

28 Et ayant tout quitté, il se leva et le suivit.

29 Et Lévi lui fit un grand festin dans sa maison. Et il y avait une grande foule de publicains et d'autres gens qui étaient à table avec eux.

30 Et les Pharisiens et leurs scribes murmuraient contre ses disciples, en disant : « Pourquoi mangez-vous et buvez-vous avec les publicains et les pécheurs ? »

31 Mais Jésus, répondant, leur dit : « Ceux qui sont en bonne santé n'ont pas besoin de médecin, mais ceux qui se portent mal.

32 Je ne suis pas venu appeler des justes, mais des pécheurs à la repentance. »

Question sur le jeûne – Ce qui est vieux et ce qui est nouveau

33 Et ils lui dirent : « Pourquoi les disciples de Jean jeûnent-ils souvent et font-ils des prières, comme aussi les disciples[1] des Pharisiens, alors que les tiens mangent et boivent ? »
— [1] littéralement : ceux.

34 Et Jésus leur dit : « Pouvez-vous faire jeûner les fils de la salle des noces[1] pendant que l'époux est avec eux ?
— [1] c.-à-d. : les compagnons de l'époux.

35 Mais des jours viendront où l'époux leur sera enlevé ; alors ils jeûneront en ces jours-là. »

36 Alors il leur dit aussi une parabole : « Personne ne déchire un morceau d'un habit neuf pour le mettre à un vieil habit ; sinon il aura déchiré [l'habit] neuf et la pièce [tirée] du neuf ne sera pas assortie au vieux.

37 Et personne ne met du vin nouveau dans de vieilles outres ; sinon le vin nouveau fera éclater les outres, et il se répandra, et les outres seront perdues.

38 Mais le vin nouveau doit être mis dans des outres neuves[1].
— [1] plusieurs manuscrits ajoutent : et tous les deux se conservent.

39 *[Et]* il n'y a personne qui, ayant bu du vieux, veuille du nouveau ; car il dit : "Le vieux est meilleur." »

Les disciples arrachent des épis un jour de sabbat

6 Or il arriva, un [jour de] sabbat[1], que Jésus[2] traversait des champs de blé. Et ses disciples arrachaient des épis et les mangeaient en les frottant entre leurs mains.
— [1] plusieurs manuscrits portent : un sabbat [appelé] second-premier. — [2] littéralement : il.

2 Or quelques-uns des Pharisiens dirent : « Pourquoi faites-vous ce qu'il n'est pas permis [de faire] le [jour du] sabbat ? »

3 Et Jésus, répondant, leur dit : « N'avez-vous même pas lu ce que fit David quand il eut faim, lui et ceux qui *[étaient]* avec lui ?

4 *[Comment]* il entra dans la Maison de Dieu et prit les pains de présentation, en mangea et en donna à ceux qui étaient avec lui, bien qu'il ne soit pas permis d'en manger, sinon aux sacrificateurs seuls ? »

5 Puis il leur dit : « Le Fils de l'homme est seigneur[1] du sabbat. »
— [1] plusieurs manuscrits ajoutent : aussi.

Guérison, un jour de sabbat, d'un homme ayant une main desséchée

6 Et il arriva, pendant un autre [jour de] sabbat, qu'il entra dans la synagogue et qu'il enseignait. Et il y avait là un homme dont la main droite était desséchée.

7 Et les scribes et les Pharisiens observaient s'il guérirait le [jour du] sabbat, afin qu'ils trouvent de quoi l'accuser.

8 Mais lui connaissait leurs raisonnements et il dit à l'homme qui avait la main desséchée : « Lève-toi et tiens-toi [là] au milieu. » Et s'étant levé, il se tint debout.

9 Jésus donc leur dit : « Je vous demanderai s'il est permis, le [jour

du] sabbat, de faire du bien ou de faire du mal, de sauver une vie ou de la perdre ? »

10 Et les ayant tous regardés autour [de lui], il lui dit : « Étends ta main ! » Et il fit ainsi et sa main fut rétablie[1].

— [1] plusieurs manuscrits ajoutent : comme l'autre.

11 Et ils furent remplis de fureur[1] et ils discutaient entre eux sur ce qu'ils pourraient faire à Jésus.

— [1] littéralement : remplis de folie.

Jésus choisit ses apôtres

12 Or il arriva, en ces jours-là, qu'il s'en alla sur la montagne pour prier. Et il passa la nuit à prier Dieu.
13 Et quand il fit jour, il appela ses disciples. Et il en choisit douze parmi eux, qu'il nomma aussi apôtres :
14 Simon, qu'il nomma aussi Pierre, et André son frère ; et Jacques et Jean ; et Philippe et Barthélemy ;
15 et Matthieu et Thomas ; et Jacques le [fils] d'Alphée et Simon qui était appelé Zélote[1] ;

— [1] ou : le zélateur.

16 et Jude [le frère] de Jacques, et Judas Iscariote, [celui] qui[1] devint traître.

— [1] plusieurs manuscrits ajoutent : aussi.

17 Et étant descendu avec eux, il s'arrêta dans un endroit plat, avec une foule nombreuse de ses disciples et une grande multitude du peuple de toute la Judée, et de Jérusalem, et de la région côtière de Tyr et de Sidon.
18 Ils étaient venus pour l'entendre et pour être guéris de leurs maladies. Ceux qui étaient tourmentés par des esprits impurs furent aussi guéris.
19 Et toute la foule cherchait à le toucher, car une puissance sortait de lui et [les] guérissait tous.

Les bienheureux

20 Et lui, levant les yeux vers ses disciples, dit : « Bienheureux, vous les pauvres, car le royaume de Dieu est à vous !
21 Bienheureux, vous qui avez faim maintenant, car vous serez rassasiés ! Bienheureux, vous qui pleurez maintenant, car vous rirez !
22 Vous êtes bienheureux quand les hommes vous haïront, et quand ils vous excluront [de leur société], et vous insulteront, et rejetteront votre nom comme infâme[1], à cause du Fils de l'homme.

— [1] littéralement : mauvais.

23 Réjouissez-vous en ce jour-là et sautez de joie, car voici, votre récompense est grande dans le ciel. Car leurs pères faisaient de même aux prophètes.

Les quatre « Malheur ! » prononcés par Jésus

24 « Mais malheur à vous, riches, car vous avez votre consolation !
25 Malheur à vous qui êtes rassasiés maintenant, car vous aurez faim ! Malheur à vous qui riez maintenant, car vous serez dans le deuil et vous pleurerez !
26 Malheur [à vous] quand tous les hommes diront du bien de vous, car leurs pères en ont fait de même aux faux prophètes !

Aimer ses ennemis

27 « Mais à vous qui écoutez, je dis : Aimez vos ennemis, faites du bien à ceux qui vous haïssent,
28 bénissez ceux qui vous maudissent, priez pour ceux qui vous menacent[1].

— [1] ou : calomnient.

29 À celui qui te frappe sur la joue, présente [lui] aussi l'autre ; et si quelqu'un prend ton manteau, ne l'empêche pas [de prendre] aussi ta tunique.

30 Donne à tout [homme] qui te demande, et à celui qui prend ce qui t'appartient, ne le redemande pas.

31 Et comme vous voulez que les hommes vous fassent,[1] faites-leur de même.

— [1] plusieurs manuscrits ajoutent : vous aussi.

32 Et si vous aimez ceux qui vous aiment, quelle reconnaissance en avez-vous ? Car les pécheurs aussi aiment ceux qui les aiment.

33 Et [en effet] si vous faites du bien à ceux qui vous font du bien, quelle reconnaissance en avez-vous ? Les pécheurs aussi font la même chose.

34 Et si vous prêtez à ceux de qui vous espérez recevoir, quelle reconnaissance en avez-vous ? Les pécheurs aussi prêtent aux pécheurs afin de recevoir l'équivalent.

35 Mais aimez vos ennemis, et faites du bien, et prêtez sans rien espérer en retour. Et votre récompense sera grande et vous serez les fils du Très-Haut. Car il est bon, lui, envers les ingrats et les méchants.

Être généreux, sans juger

36 « Soyez miséricordieux comme votre Père [aussi] est miséricordieux.

37 Et ne jugez pas et vous ne serez pas du tout jugés ; et ne condamnez pas et vous ne serez pas du tout condamnés ; acquittez et vous serez acquittés[1].

— [1] on peut aussi comprendre : pardonnez

et vous serez pardonnés ; ou : renvoyez libres et vous serez renvoyés libres ; littéralement : déliez et vous serez déliés.

38 Donnez et il vous sera donné ; on donnera dans le pli de votre vêtement[1] une bonne mesure, tassée, et secouée, et qui débordera. Car de la même mesure dont vous mesurerez, il vous sera mesuré en retour. »

— [1] le pli du vêtement servait de poche.

Enseignements divers

39 Et il leur disait aussi une parabole : « Un aveugle peut-il conduire un aveugle ? Ne tomberont-ils pas tous les deux dans une fosse ?

40 Un disciple n'est pas au-dessus du maître, mais tout disciple bien formé sera comme son maître.

41 « Et pourquoi regardes-tu le fétu de paille qui est dans l'œil de ton frère, mais ne t'aperçois-tu pas de la poutre qui est dans ton propre œil ?

42 Comment peux-tu dire à ton frère : "Frère, laisse-moi enlever le fétu de paille qui est dans ton œil", toi qui ne vois pas la poutre qui est dans ton œil ? Hypocrite, enlève d'abord la poutre de ton œil, et alors tu verras clair pour enlever le fétu de paille qui est dans l'œil de ton frère.

43 « Car il n'y a pas de bon arbre qui produise de mauvais fruits ni aussi d'arbre mauvais qui produise de bons fruits.

44 En effet, chaque arbre se reconnaît à son propre fruit. Car on ne récolte pas des figues sur des ronces ni ne cueille du raisin sur un buisson épineux.

45 « L'homme bon, du bon trésor de son cœur, produit ce qui est bon, et [l'homme] mauvais, du mauvais [trésor de son cœur], produit ce qui est mauvais. Car de l'abondance du cœur sa bouche parle.

46 « Et pourquoi m'appelez-vous : "Seigneur, Seigneur !", et ne faites-vous pas ce que je dis ?

47 Je vous montrerai à qui est semblable tout homme qui vient à moi et qui entend mes paroles et les met en pratique :

48 il est semblable à un homme qui construit une maison, qui a creusé, creusé profondément et a posé les fondations sur le rocher . Et une inondation étant arrivée, le fleuve s'est jeté avec violence contre cette maison, et il n'a pas pu l'ébranler, car elle avait été bien construite[1].

— [1] plusieurs manuscrits portent : car elle avait été fondée sur le rocher.

49 Mais celui qui a entendu et n'a pas mis en pratique est semblable à un homme qui a construit une maison sur la terre, sans fondations. Et le fleuve s'est jeté avec violence contre elle, et aussitôt elle s'est écroulée ; et la chute de cette maison a été grande.

Guérison de l'esclave d'un centurion de Capernaüm

7 Quand il eut fini [d'adresser] tous ses discours aux oreilles du peuple, il entra dans Capernaüm.

2 Et l'esclave d'un certain centurion, à qui il était très cher, était malade, sur le point de mourir.

3 Et ayant entendu parler de Jésus, il envoya vers lui des anciens des Juifs, lui demandant de venir sauver[1] son esclave.

— [1] ou : guérir.

4 Et étant arrivés auprès de Jésus, ils le suppliaient instamment, en disant : « Il est digne que tu lui accordes cela,

5 car il aime notre nation, et il et nous a lui-même construit la synagogue. »

6 Alors Jésus alla avec eux. Et déjà, comme il n'était plus très loin de la maison, le centurion envoya des amis[1], pour lui dire : « Seigneur, ne te donne pas de fatigue, car je ne mérite pas que tu entres sous mon toit.

— [1] plusieurs manuscrits ajoutent : vers lui.

7 C'est pourquoi je ne me suis pas trouvé digne d'aller moi-même vers toi. Mais dis une parole[1] et mon serviteur sera guéri.

— [1] littéralement : par une parole.

8 Car moi aussi, je suis un homme placé sous l'autorité [d'autrui], ayant sous moi des soldats. Et je dis à l'un : "Va !", et il va ; et à un autre : "Viens !", et il vient ; et à mon esclave : "Fais cela !", et il le fait. »

9 Et Jésus, ayant entendu ces choses, admira le centurion[1]. Et se tournant vers la foule qui le suivait, il dit : « Je vous dis que je n'ai pas trouvé, même en Israël, une aussi grande foi. »

— [1] littéralement : l'admira.

10 Et ceux qui avaient été envoyés, s'en étant retournés à la maison, trouvèrent l'esclave[1] en bonne santé.

— [1] plusieurs manuscrits ajoutent : malade.

Résurrection du fils de la veuve de Naïn

11 Et après cela, il arriva que Jésus[1] alla dans une ville appelée Naïn, et[2] ses disciples et une

grande foule faisaient route avec lui.

— [1] littéralement : il. — [2] plusieurs manuscrits ajoutent : plusieurs de.

12 Et comme il approchait de la porte de la ville, voici, on portait en terre un mort, fils unique de sa mère qui elle-même était veuve. Et une foule considérable de la ville était avec elle.

13 Et le Seigneur, la voyant, fut ému de compassion envers elle et lui dit : « Ne pleure pas ! »

14 Et s'étant approché, il toucha le cercueil, et ceux qui le portaient s'arrêtèrent. Il dit alors : « Jeune homme, je te dis, lève-toi ! »

15 Alors le mort s'assit et commença à parler. Et Jésus[1] le donna à sa mère.

— [1] littéralement : il.

16 Et ils furent tous saisis de crainte, et ils glorifiaient Dieu, en disant : « Un grand prophète s'est levé parmi nous, et Dieu a visité son peuple. »

17 Et cette parole se répandit à son sujet dans toute la Judée et dans toute la région environnante.

Message de Jean le Baptiseur à Jésus

18 Alors les disciples de Jean rapportèrent à leur maître[1] toutes ces choses. Et ayant appelé auprès [de lui] deux de ses disciples,

— [1] littéralement : lui rapportèrent.

19 Jean [les] envoya vers le Seigneur[1], pour [lui] dire : « Es-tu, toi, celui qui vient ou devons-nous en attendre un autre ? »

— [1] plusieurs manuscrits portent : Jésus.

20 Et les hommes, étant venus à lui, dirent : « Jean le Baptiseur nous a envoyés vers toi pour [te] dire : "Es-tu, toi, celui qui vient ou devons-nous en attendre un autre ?" »

21 (En cette heure-là, Jésus[1] guérit beaucoup de personnes de maladies, et de souffrances, et de mauvais esprits, et il rendit la vue[2] à de nombreux aveugles.)

— [1] littéralement : il. — [2] littéralement : fit grâce de voir.

22 Et répondant, il leur dit : « Allez rapporter à Jean les choses que vous avez vues et entendues : les aveugles retrouvent la vue, les boiteux marchent, les lépreux sont purifiés, les sourds entendent, les morts ressuscitent, l'Évangile[1] est annoncé aux pauvres.

— [1] ou : la bonne nouvelle.

23 Et bienheureux est celui pour qui je n'aurai pas été une cause de chute ! »

Témoignage de Jésus concernant Jean le Baptiseur

24 Et lorsque les messagers de Jean furent partis, il se mit à dire aux foules, au sujet de Jean : « Qu'êtes-vous allés voir dans le désert ? Un roseau agité par le vent ?

25 Mais qu'êtes-vous allés voir ? Un homme habillé de vêtements précieux ? Voici, ceux qui [portent] des vêtements somptueux et qui vivent dans le luxe sont dans les palais des rois.

26 Mais qu'êtes-vous allés voir ? Un prophète ? Oui, vous dis-je, et bien plus qu'un prophète.

27 C'est celui dont il est écrit : "Voici, j'envoie mon messager devant ta face, lequel préparera ton chemin devant toi."[1]

— [1] Mal. 3:1.

28 Je[1] vous [le] dis : Parmi ceux qui sont nés de femme, il n'y en a aucun de[2] plus grand que Jean[3] ;

mais le plus petit dans le royaume de Dieu est plus grand que lui.

29 Et tout le peuple qui a écouté, même les publicains, ont justifié Dieu, ayant été baptisés du baptême de Jean.

30 Mais les Pharisiens et les docteurs de la Loi ont rejeté quant à eux-mêmes le dessein de Dieu, n'ayant pas été baptisés par lui.

31 « À qui donc comparerai-je les hommes de cette génération et à qui ressemblent-ils ?

32 Ils sont semblables à de petits enfants qui sont assis sur une place publique et qui s'adressent les uns aux autres, en disant : "Nous vous avons joué de la flûte et vous n'avez pas dansé ; nous vous avons chanté des complaintes et vous n'avez pas pleuré."

33 Car Jean le Baptiseur est venu, ne mangeant pas de pain et ne buvant pas de vin, et vous dites : "Il a un démon."

34 Le Fils de l'homme est venu, mangeant et buvant, et vous dites : "Voilà un glouton et un buveur, un ami des publicains et des pécheurs."

35 Mais la sagesse a été justifiée par tous ses enfants[1]. »

— [1] c.-à-d. : les enfants de la sagesse.

La pécheresse pardonnée chez Simon

36 Et l'un des Pharisiens demanda à Jésus[1] de manger avec lui. Et étant entré dans la maison du Pharisien, il se mit à table.

— [1] littéralement : lui demanda.

37 Et voici, une femme qui était dans la ville, une pécheresse, et qui savait qu'il était à table dans la maison du Pharisien, apporta un vase d'albâtre [plein] de parfum.

38 Et se tenant derrière, à ses pieds, et pleurant, elle se mit à lui arroser les pieds de ses larmes. Et elle les essuyait avec les cheveux de sa tête, et couvrait ses pieds de baisers, et les oignait avec le parfum.

39 Et le Pharisien qui avait invité Jésus[1], voyant cela, se dit en lui-même[2] : « Celui-ci, s'il était prophète, saurait qui est cette femme qui le touche, et ce qu'elle est, car c'est une pécheresse »

— [1] littéralement : qui l'avait invité. — [2] littéralement : parla en lui-même, en disant.

40 Et Jésus, répondant, lui dit : « Simon, j'ai quelque chose à te dire. » Et il dit : « Maître, dis-le. »

41 « Un créancier avait deux débiteurs ; l'un lui devait 500 deniers[1] et l'autre 50.

— [1] le denier était le salaire journalier d'un ouvrier.

42 Et comme ils n'avaient pas de quoi payer, il remit la dette[1] à [tous] les deux. Lequel des deux, donc, l'aimera le plus ? »

— [1] littéralement : il fit grâce.

43 Simon[1], répondant, dit : « J'estime que c'est celui à qui il a été remis davantage[2]. » Et il lui dit : « Tu as jugé justement. »

— [1] plusieurs manuscrits portent : Et Simon. — [2] littéralement : fait grâce le plus.

44 Et se tournant vers la femme, il dit à Simon : « Vois-tu cette femme ? Je suis entré dans ta maison ; tu ne m'as pas donné d'eau pour mes pieds, mais elle a arrosé mes pieds de ses larmes et les a essuyés avec ses cheveux.

45 Tu ne m'as pas donné de baiser, mais elle, depuis que je suis entré, n'a pas cessé de couvrir mes

pieds de baisers.

46 Tu n'as pas oint ma tête d'huile, mais elle a oint mes pieds avec un parfum.

47 C'est pourquoi je te dis : Ses nombreux péchés sont pardonnés, car elle a beaucoup aimé ; mais celui à qui il est peu pardonné aime peu. »

48 Puis il dit à la femme[1] : « Tes péchés sont pardonnés. »

— [1] littéralement : il lui dit.

49 Alors ceux qui étaient à table avec lui se mirent à dire en eux-mêmes : « Qui est celui-ci qui pardonne même les péchés ? »

50 Mais Jésus[1] dit à la femme : « Ta foi t'a sauvée, va en paix. »

— [1] littéralement : il.

Beaucoup de femmes se tenaient auprès de Jésus et l'assistaient de leurs biens

8 Et il arriva, par la suite, qu'il passait à travers villes et villages, prêchant et annonçant[1] le royaume de Dieu. Et les Douze [étaient] avec lui,

— [1] littéralement : évangélisant.

2 ainsi que quelques femmes qui avaient été guéries d'esprits mauvais et d'infirmités : Marie, qu'on appelait Magdeleine[1], de qui étaient sortis sept démons,

— [1] ou : de Magdala.

3 et Jeanne, femme de Chuzas, intendant d'Hérode, et Susanne, et beaucoup d'autres, qui l'assistaient[1] de leurs biens.

— [1] littéralement : le servaient.

La parabole du semeur

4 Et comme une grande foule se rassemblait et qu'on venait à lui de toutes les villes, il dit en parabole :

5 « Le semeur sortit pour semer sa semence. Et comme il semait, quelques [grains] tombèrent au bord du chemin. Et ils furent piétinés et les oiseaux du ciel les dévorèrent.

6 Et d'autres tombèrent sur la roche. Et ayant levé, ils se desséchèrent, parce qu'ils n'avaient pas d'humidité.

7 Et d'autres tombèrent au milieu des ronces. Et les ronces levèrent avec eux et les étouffèrent.

8 Et d'autres tombèrent dans la bonne terre. Et ils levèrent et produisirent du fruit au centuple. » En disant ces choses, il s'écriait : « Celui qui a des oreilles pour entendre, qu'il entende ! »

9 Et ses disciples lui demandèrent ce que pouvait signifier cette parabole.

10 Alors il dit : « À vous il est donné de connaître les mystères du royaume de Dieu, mais pour les autres, [c'est] en paraboles, afin que voyant ils ne voient pas, et qu'entendant ils ne comprennent pas.

11 Or voici [le sens de] la parabole : La semence est la parole de Dieu.

12 Et ceux qui sont au bord du chemin sont ceux qui entendent [la Parole]. Ensuite vient le Diable, et il enlève de leur cœur la Parole, de peur qu'en croyant ils ne soient sauvés.

13 Et ceux qui sont sur la roche sont ceux qui, lorsqu'ils entendent la Parole, la reçoivent avec joie. Mais ceux-ci n'ont pas de racines, ils ne croient que pour un temps et, au moment de l'épreuve, ils se retirent.

14 Et ce qui est tombé parmi les ronces, ce sont ceux qui, ayant entendu [la Parole] et poursuivant

leur chemin, sont étouffés par les soucis, et les richesses, et les plaisirs de la vie[1], et ils ne portent pas de fruit à maturité.

— [1] la vie comme telle dans ce monde.

15 Mais ce qui est [tombé] dans la bonne terre, ce sont ceux qui, ayant entendu la Parole, la retiennent dans un cœur honnête et bon, et portent du fruit avec persévérance.

La parabole de la lampe

16 « Or personne, après avoir allumé une lampe, ne la couvre d'un vase ni ne la met sous un lit. Mais il la place sur un porte-lampe, afin que ceux qui entrent voient la lumière.

17 Car il n'y a rien de caché qui ne doive devenir manifeste ni rien de secret qui ne doive être connu et venir en évidence.

18 Prenez donc garde comment vous entendez. Car à celui qui a, il lui sera donné, mais à celui qui n'a pas, cela même qu'il pense avoir lui sera enlevé. »

La vraie famille de Jésus

19 Or sa mère et ses frères vinrent le trouver, mais ils ne pouvaient pas l'aborder à cause de la foule.

20 Alors on lui annonça : « Ta mère et tes frères se tiennent dehors, désirant te voir. »

21 Mais lui, répondant, leur dit : « Ma mère et mes frères sont ceux qui écoutent la parole de Dieu et qui la mettent en pratique. »

Jésus dort pendant la tempête

22 Et il arriva, l'un de ces jours-là[1], qu'il monta dans un bateau ainsi que ses disciples. Et il leur dit : « Passons à l'autre rive du lac. » Et ils gagnèrent le large.

— [1] littéralement : dans un des jours.

23 Or comme ils naviguaient, il s'endormit. Et un vent de tempête descendit sur le lac, et le bateau se remplissait[1], et ils étaient en danger.

— [1] littéralement : ils se remplissaient.

24 Alors ils s'approchèrent [de lui] et le réveillèrent, en disant : « Maître, maître[1], nous périssons ! » Et lui, s'étant réveillé, menaça le vent et les vagues. Et ils s'apaisèrent et le calme se fit.

— [1] maître : celui qui est au-dessus des autres.

25 Et il leur dit : « Où est votre foi ? » Mais eux, saisis de crainte, étaient dans l'admiration et disaient entre eux : « Qui donc est celui-ci qui commande même aux vents et à l'eau, et ils lui obéissent ? »

Guérison du démoniaque gadarénien

26 Puis ils abordèrent dans le pays des Gadaréniens, qui est en face de la Galilée.

27 Et quand il fut descendu à terre, un homme de la ville vint à sa rencontre. Depuis longtemps, il avait des démons et ne portait pas de vêtement et n'habitait pas dans une maison, mais dans les tombeaux.

28 Et ayant vu Jésus, et poussant un cri, il se jeta devant lui et dit d'une voix forte : « Qu'y a-t-il entre moi et toi, Jésus, Fils du Dieu Très-Haut ? Je te supplie, ne me tourmente pas ! »

29 Car Jésus[1] avait commandé à l'esprit impur de sortir de l'homme. Bien des fois, en effet, il s'était emparé de lui, et l'homme[1] avait été lié avec des chaînes et des fers aux pieds, pour le garder. Mais brisant ses liens, il était entraîné par le

démon dans les déserts.

— [1] littéralement : il.

30 Et Jésus lui demanda : « Quel est ton nom ? » Et il dit : « Légion », car beaucoup de démons étaient entrés en lui.

31 Et ils le priaient pour qu'il ne leur commande pas de s'en aller dans l'abîme.

32 Or il y avait là un grand troupeau de porcs qui paissaient sur la montagne, et ils le prièrent de leur permettre d'entrer en eux. Et il le leur permit.

33 Alors les démons, étant sortis de l'homme, entrèrent dans les porcs, et le troupeau se précipita du haut de la falaise dans le lac et se noya.

34 Mais ceux qui le faisaient paître, ayant vu ce qui était arrivé, s'enfuirent et le racontèrent dans la ville et dans les campagnes.

35 Alors ils sortirent pour voir ce qui était arrivé. Et ils vinrent à Jésus et trouvèrent l'homme de qui étaient sortis les démons, assis aux pieds de Jésus, habillé et avec toute sa raison[1]. Et ils eurent peur.

— [1] littéralement : sain d'esprit.

36 Et ceux qui avaient vu [ce qui s'était passé] leur racontèrent comment le démoniaque avait été délivré.

37 Et toute la multitude de la région environnante des Gadaréniens demanda à Jésus[1] de s'en aller de chez eux, car ils étaient saisis d'une grande frayeur. Et lui, étant monté dans le bateau, s'en retourna.

— [1] littéralement : lui demanda.

38 Et l'homme de qui étaient sortis les démons le supplia [de lui permettre] de rester avec lui. Mais il le renvoya, en disant :

39 « Retourne dans ta maison et raconte tout ce que Dieu a fait pour toi. » Et il s'en alla, proclamant dans toute la ville tout ce que Jésus avait fait pour lui.

Guérison d'une femme ayant une perte de sang, et résurrection de la fille de Jaïrus

40 Et quand Jésus fut de retour, la foule l'accueillit, car tous l'attendaient.

41 Et voici, un homme dont le nom était Jaïrus – et il était chef de la synagogue – vint et, se jetant aux pieds de Jésus, le supplia de venir dans sa maison.

42 Car il avait une fille unique, d'environ douze ans, et elle était mourante. Et comme Jésus[1] y allait, les foules le serraient de près au point de l'étouffer[2].

— [1] littéralement : il. — [2] littéralement : les foules l'étouffaient.

43 Et une femme qui avait une perte de sang depuis douze ans et qui, *[ayant dépensé tous ses biens en médecins,]* n'avait pu être guérie par aucun,

44 s'approcha par-derrière et toucha le bord de son vêtement. Et à l'instant, sa perte de sang s'arrêta.

45 Alors Jésus dit : « Qui m'a touché ? » Et comme tous niaient, Pierre dit[1] : « Maître[2], les foules te serrent de près et s'amassent [contre toi][3]. »

— [1] plusieurs manuscrits ajoutent : ainsi que ceux qui étaient avec lui. — [2] maître : celui qui est au-dessus des autres. — [3] plusieurs manuscrits ajoutent : et tu dis : Qui m'a touché ?

46 Mais Jésus dit : « Quelqu'un m'a touché, car je sais qu'il est sorti de moi de la puissance. »

47 Alors la femme, voyant qu'elle

n'était pas passée inaperçue, vint en tremblant et, se jetant devant lui, déclara devant tout le peuple pour quelle raison elle l'avait touché et comment elle avait été guérie instantanément.

48 Et il lui dit : « [Ma] fille, ta foi t'a guérie[1] ; va en paix. »

— [1] littéralement : sauvée.

49 Comme il parlait encore, il vient quelqu'un de chez le chef de synagogue, qui [lui] dit : « Ta fille est morte, n'importune pas le maître[1]. »

— [1] maître : celui qui enseigne.

50 Mais Jésus, l'ayant entendu, lui répondit : « Ne crains pas, crois seulement et elle sera sauvée. »

51 Et quand il fut arrivé à la maison, il ne permit à personne d'entrer avec lui sinon à Pierre, et à Jean, et à Jacques, et au père de l'enfant, et à la mère.

52 Et tous pleuraient et se lamentaient sur elle. Mais il dit : « Ne pleurez pas, car elle n'est pas morte, mais elle dort. »

53 Et ils se moquaient de lui, sachant qu'elle était morte.

54 Mais lui, l'ayant prise par la main, s'écria, en disant : « Enfant, réveille-toi ! »

55 Et son esprit retourna [en elle] et elle se leva immédiatement. Et il commanda qu'on lui donne à manger.

56 Et ses parents étaient stupéfaits ; et il leur commanda de ne dire à personne ce qui était arrivé.

Jésus envoie les douze apôtres en mission

9 Et ayant appelé les Douze, il leur donna puissance et autorité sur tous les démons, ainsi que [le pouvoir] de guérir les maladies.

2 Et il les envoya prêcher le royaume de Dieu et guérir *[les malades]*.

3 Et il leur dit : « Ne prenez rien pour le chemin, ni bâton, ni sac, ni pain, ni argent ; et n'ayez pas *[chacun]* deux tuniques.

4 Et quelle que soit la maison où vous entrerez, restez là et de là partez.

5 Et [quant à] tous ceux qui ne vous recevront pas, en sortant de cette ville, secouez la poussière de vos pieds en témoignage contre eux. »

6 Et étant partis, ils passaient dans les villages, annonçant l'Évangile et guérissant partout.

Perplexité d'Hérode au sujet de Jésus

7 Et Hérode le tétrarque entendit parler de toutes les choses qui se faisaient. Et il était perplexe, parce que quelques-uns disaient que Jean était ressuscité d'entre les morts,

8 et quelques-uns, qu'Élie était apparu, et d'autres, que l'un des anciens prophètes était ressuscité.

9 Et Hérode dit : « Moi, j'ai fait décapiter Jean, mais qui est celui-ci dont j'entends dire de telles choses ? » Et il cherchait à le voir.

Retour de mission des apôtres – Première multiplication des pains

10 Et les apôtres, étant de retour, lui racontèrent tout ce qu'ils avaient fait. Et les ayant pris avec [lui], il se retira à l'écart vers une ville appelée Bethsaïda.

11 Mais les foules, l'ayant appris, le suivirent. Et les ayant accueillies,

il leur parla du royaume de Dieu, et guérit ceux qui en avaient besoin[1].

— [1] littéralement : ceux qui avaient besoin de guérison.

12 Or le jour commença à baisser. Et les Douze, s'étant approchés, lui dirent : « Renvoie la foule, afin qu'ils aillent dans les villages et les hameaux des environs, et qu'ils s'y logent et trouvent de la nourriture, car nous sommes ici dans un lieu désert. »

13 Mais il leur dit : « Vous, donnez-leur à manger ! » Et ils dirent : « Nous n'avons pas plus de 5 pains et 2 poissons, à moins que nous n'allions acheter de quoi manger pour tout ce peuple. »

14 Car ils étaient environ 5 000 hommes. Et il dit à ses disciples : « Faites-les asseoir par groupes de 50 [environ]. »

15 Et ils firent ainsi et les firent tous asseoir.

16 Alors, ayant pris les 5 pains et les 2 poissons, et levant les yeux vers le ciel, il les bénit. Puis il les rompit et les donna aux disciples pour les mettre devant la foule.

17 Et ils mangèrent tous et furent rassasiés. Et l'on emporta 12 paniers des morceaux qui leur étaient restés.

Pierre déclare que Jésus est le Christ – Jésus annonce une première fois sa mort et sa résurrection

18 Et il arriva, comme il priait à l'écart, que ses disciples étaient avec lui. Et il les interrogea, en disant : « Qui disent les foules que je suis ? »

19 Et répondant ils dirent : « "Jean le Baptiseur", et d'autres : "Élie", et d'autres : "Un des anciens prophètes est ressuscité". »

20 Et il leur dit : « Mais vous, qui dites-vous que je suis ? » Et Pierre, répondant, dit : « Le Christ de Dieu ! »

21 Et s'adressant à eux avec force, il leur commanda de ne dire cela à personne,

22 en disant : « Il faut que le Fils de l'homme souffre beaucoup, et qu'il soit rejeté des anciens, et des principaux sacrificateurs, et des scribes, et qu'il soit mis à mort, et qu'il soit ressuscité le troisième jour. »

Comment suivre Jésus

23 Et il disait à tous : « Si quelqu'un veut venir à ma suite[1], qu'il renonce à lui-même, et qu'il prenne sa croix chaque jour, et me suive.

— [1] littéralement : derrière moi.

24 Car celui qui voudra sauver sa vie la perdra, mais celui qui perdra sa vie à cause de moi, celui-là la sauvera.

25 Car quel profit y aura-t-il pour un homme de gagner le monde entier s'il se perd ou se détruit lui-même ?

26 Car celui qui aura honte de moi et de mes paroles, le Fils de l'homme aura honte de lui quand il viendra dans sa gloire et dans celle du Père et des saints anges.

27 Et vraiment, je vous dis que parmi ceux qui se tiennent ici, il y en a quelques-uns qui ne feront certainement pas l'expérience de la mort avant d'avoir vu le règne de Dieu. »

La transfiguration

28 Et il arriva, environ huit jours après ces paroles, qu'il prit avec [lui] Pierre, et Jean, et Jacques, et qu'il monta sur la montagne[1] pour prier.

— [1] la montagne, en contraste avec la plaine.

29 Et il arriva, comme il priait, que l'apparence de son visage devint tout autre, et que son vêtement devint blanc [et] brillant comme un éclair.

30 Et voici, deux hommes, qui étaient Moïse et Élie, parlaient avec lui,

31 lesquels, apparaissant en gloire, parlaient de sa mort[1] qu'il allait accomplir à Jérusalem.

— [1] littéralement : sa sortie ; ou : son départ.

32 Mais Pierre et ceux qui étaient avec lui étaient accablés de sommeil. Et quand ils furent réveillés, ils virent sa gloire et les deux hommes qui se tenaient près de lui.

33 Et il arriva, comme ils se séparaient de lui, que Pierre dit à Jésus : « Maître[1], il est bon que nous soyons ici. Alors faisons trois tentes, une pour toi, et une pour Moïse, et une pour Élie. » Il ne savait pas ce qu'il disait.

— [1] maître : celui qui est au-dessus des autres.

34 Et comme il disait ces choses, une nuée vint et les couvrit[1]. Et ils eurent peur, tandis qu'ils entraient dans la nuée.

— [1] comme en Exode 40:34-35.

35 Et il y eut une voix venant de la nuée, qui dit : « Celui-ci est mon Fils, l'Élu[1] ; écoutez-le. »

— [1] voir Ésaïe 42:1 ; plusieurs manuscrits portent : mon Fils bien-aimé.

36 Et quand la voix se fit entendre, Jésus se trouva seul. Et eux gardèrent le silence et ne rapportèrent en ces jours-là à personne aucune des choses qu'ils avaient vues.

Guérison d'un démoniaque épileptique nécessitant la puissance de Jésus

37 Et il arriva, le jour suivant, quand ils furent descendus de la montagne, qu'une grande foule vint à sa rencontre.

38 Et voici, un homme de la foule s'écria, en disant : « Maître[1], je te supplie, jette les yeux sur mon fils, car il est mon unique enfant.

— [1] maître : celui qui enseigne.

39 Et voici, un esprit le saisit ; et soudain il crie et le secoue violemment en le faisant écumer, et c'est à peine s'il se retire de lui après l'avoir brisé.

40 Et j'ai supplié tes disciples de le chasser mais ils n'ont pas pu. »

41 Alors Jésus, répondant, dit : « Ô génération incrédule et perverse, jusqu'à quand serai-je avec vous et vous supporterai-je ? Amène ici ton fils ! »

42 Et comme l'enfant[1] s'approchait, le démon le jeta encore à terre et le secoua violemment. Mais Jésus menaça l'esprit impur, et guérit l'enfant, et le rendit à son père.

— [1] littéralement : il.

Jésus annonce une deuxième fois sa mort

43 Et tous furent frappés d'étonnement par la grandeur de Dieu.

Et comme tous s'émerveillaient de tout ce que Jésus[1] faisait, il dit à ses disciples :

— [1] littéralement : il.

44 « Vous, gardez bien ces paroles que vous avez entendues[1], car le Fils de l'homme va être livré entre les mains des hommes. »

— [1] littéralement : dans vos oreilles.

45 Mais ils ne comprirent pas cette parole et elle leur était voilée, afin qu'ils n'en saisissent pas le sens. Et

ils craignaient de l'interroger au sujet de cette parole.

Qui est le plus grand

46 Et une discussion s'éleva entre[1] eux [pour savoir] qui serait[2] le plus grand parmi eux.

— [1] littéralement : une discussion entra en.
— [2] ou : était.

47 Mais Jésus, sachant le raisonnement de leur cœur, prit un petit enfant et le plaça près de lui.

48 Et il leur dit : « Celui qui recevra ce petit enfant en mon nom me reçoit, et celui qui me reçoit reçoit celui qui m'a envoyé. Car celui qui est le plus petit parmi vous tous, c'est celui-là qui est grand. »

Quelqu'un d'autre que les disciples chasse les démons

49 Et Jean, répondant, dit : « Maître[1], nous avons vu quelqu'un qui chassait des démons en ton nom, et nous l'en avons empêché, parce qu'il ne [te] suit pas avec nous. »

— [1] maître : celui qui est au-dessus des autres.

50 Et Jésus lui dit : « Ne l'en empêchez pas, car celui qui n'est pas contre vous est pour vous. »

Mauvais accueil de Jésus dans un village de Samaritains

51 Or il arriva, comme les jours de son élévation au ciel[1] allaient être accomplis, qu'il tourna résolument sa face pour aller à Jérusalem.

— [1] littéralement : enlèvement.

52 Et il envoya des messagers devant lui[1]. Et s'en étant allés, ils entrèrent dans un village de Samaritains pour lui préparer [un logement].

— [1] littéralement : devant sa face.

53 Mais ils ne le reçurent pas, parce que sa face était dirigée vers Jérusalem.

54 Alors les disciples Jacques et Jean, voyant cela, dirent : « Seigneur, veux-tu que nous disions que le feu descende du ciel et les consume ? »

55 Mais s'étant retourné, il les réprimanda sévèrement.

56 Et ils allèrent dans un autre village.

Dispositions nécessaires pour suivre Jésus

57 Et comme ils étaient en chemin, quelqu'un lui dit : « Je te suivrai partout où tu iras. »

58 Mais Jésus lui dit : « Les renards ont des tanières et les oiseaux du ciel ont des abris, mais le Fils de l'homme n'a pas [d'endroit] où reposer sa tête. »

59 Et il dit à un autre : « Suis-moi ! » Mais il dit : « [Seigneur,] permets-moi d'aller d'abord enterrer mon père. »

60 Et Jésus[1] lui dit : « Laisse les morts enterrer leurs morts, mais toi, va et annonce le royaume de Dieu. »

— [1] littéralement : il.

61 Et un autre encore dit : « Je te suivrai, Seigneur, mais permets-moi d'abord de prendre congé de ceux qui sont dans ma maison. »

62 Et Jésus [lui] dit : « Aucun [homme] qui a mis la main à la charrue et qui regarde en arrière n'est propre pour le royaume de Dieu. »

Mission des 70 disciples

10 Or après ces choses, le Seigneur désigna[1] 70 autres [disciples] et les envoya [deux] par deux devant lui[2] dans toutes les villes et dans tous les lieux où il

devait lui-même aller.

— [1] plusieurs manuscrits ajoutent : aussi. —
[2] littéralement : devant sa face.

2 Il leur disait donc : « La moisson est grande, mais il y a peu d'ouvriers. Priez donc le Seigneur de la moisson pour qu'il pousse des ouvriers dans sa moisson.

3 Allez ! Voici, je vous envoie comme des agneaux au milieu des loups.

4 Ne portez ni bourse, ni sac, ni sandales, et ne saluez personne en chemin.

5 Mais, dans toute maison où vous entrerez, dites d'abord : "[Que la] paix [soit] sur cette maison !"

6 Et si un fils de paix est là, votre paix reposera sur lui, sinon elle retournera sur vous.

7 Et restez dans la même maison, mangeant et buvant ce qu'on vous donnera[1], car l'ouvrier est digne de son salaire. Ne passez pas de maison en maison.

— [1] littéralement : les choses de chez eux.

8 Et dans toute ville où vous entrerez et où l'on vous recevra, mangez ce qui vous sera offert.

9 Et guérissez les malades qui y seront, et dites-leur : "Le royaume de Dieu s'est approché de vous."

10 Mais dans toute ville où vous entrerez et où l'on ne vous recevra pas, sortez dans ses rues et dites :

11 "Même la poussière de votre ville qui s'est attachée à nos pieds[1], nous la secouons contre vous. Mais sachez ceci, que le royaume de Dieu s'est approché."

— [1] littéralement : à nous à nos pieds.

12 Je vous dis que, ce jour-là, ce sera plus supportable pour Sodome que pour cette ville.

13 Malheur à toi, Chorazin ! Malheur à toi, Bethsaïda ! Car si les miracles qui ont été faits au milieu

de vous avaient été faits dans Tyr et dans Sidon, il y a longtemps qu'elles se seraient repenties, s'étant assises avec le sac et la cendre.

14 Mais pour Tyr et Sidon, lors du jugement, ce sera plus supportable que pour vous.

15 Et toi, Capernaüm, qui as été élevée jusqu'au ciel, tu descendras[1] jusque dans l'Hadès[2].

— [1] plusieurs manuscrits portent : tu seras abaissée. — [2] Hadès : expression très vague, comme Shéol dans l'Ancien Testament ; le lieu invisible, où les âmes des hommes vont après la mort ; distinct de Géhenne, le lieu des tourments infernaux.

16 Celui qui vous écoute, m'écoute ; et celui qui vous rejette, me rejette ; et celui qui me rejette, rejette celui qui m'a envoyé. »

Retour de mission des 70 disciples

17 Et les 70 [disciples] s'en revinrent avec joie, en disant : « Seigneur, même les démons nous sont soumis en ton nom. »

18 Et il leur dit : « Je voyais Satan tomber du ciel comme un éclair.

19 Voici, je vous ai donné l'autorité de marcher sur les serpents, et sur les scorpions, et sur toute la puissance de l'ennemi ; et rien ne pourra vraiment vous nuire.

20 Toutefois ne vous réjouissez pas de ce que les esprits vous sont soumis, mais réjouissez-vous de ce que vos noms sont écrits dans les cieux. »

L'évangile révélé aux petits enfants

21 À cette même heure, Jésus[1] se réjouit par l'Esprit Saint et dit : « Je te loue, ô Père, Seigneur du ciel et de la terre, parce que tu as caché ces choses aux sages et aux intelligents, et que tu les as révélées aux petits enfants. Oui,

Père, car c'est ce que tu as trouvé bon devant toi.

— [1] littéralement : il.

22 Toutes choses m'ont été données par mon Père. Et personne ne connaît qui est le Fils si ce n'est le Père ; ni qui est le Père si ce n'est le Fils, et celui à qui le Fils voudra le révéler. »

23 Et s'étant tourné vers les disciples, il [leur] dit à l'écart : « Bienheureux sont les yeux qui voient ce que vous voyez !

24 Car je vous dis que beaucoup de prophètes et de rois ont désiré voir ce que vous, vous voyez, mais ils ne l'ont pas vu, et d'entendre ce que vous entendez, mais ils ne l'ont pas entendu. »

Parabole du bon Samaritain

25 Et voici, un docteur de la Loi se leva pour le mettre à l'épreuve et dit : « Maître, que dois-je avoir fait pour hériter de la vie éternelle ? »

26 Et il lui dit : « Qu'est-il écrit dans la Loi ? Comment lis-tu ? »

27 Et répondant, il dit : « Tu aimeras le °Seigneur ton Dieu de tout ton cœur, et de toute ton âme, et de toute ta force, et de toute ta pensée[1] ; et ton prochain comme toi-même[2]. »

— [1] Deut. 6:5. — [2] Lév. 19:18.

28 Et il lui dit : « Tu as bien répondu ; fais cela et tu vivras. »

29 Mais lui, voulant se justifier, dit à Jésus : « Et qui est mon prochain ? »

30 Et Jésus, répondant, dit : « Un homme descendait de Jérusalem à Jéricho et tomba entre [les mains de] bandits qui, lui ayant aussi tout pris et l'ayant accablé de coups, s'en allèrent, le laissant à moitié mort.

31 Or, de manière fortuite, un sacrificateur descendait par ce chemin et, l'ayant vu, passa de l'autre côté.

32 Et de même aussi, un Lévite, étant arrivé à cet endroit et l'ayant vu, passa de l'autre côté.

33 Mais un Samaritain qui voyageait arriva près de lui et, l'ayant vu, fut ému de compassion.

34 Et s'étant approché, il pansa ses plaies, y versant de l'huile et du vin. Puis l'ayant mis sur sa propre bête, il l'amena dans une hôtellerie et prit soin de lui.

35 Et le lendemain, il sortit deux deniers, et les donna à l'hôtelier, et dit : "Prends soin de lui, et ce que tu dépenseras de plus, moi, à mon retour, je te le rendrai."

36 Lequel de ces trois te semble avoir été le prochain de celui qui était tombé entre les [mains des] bandits ? »

37 Et il dit : « C'est celui qui a usé de miséricorde envers lui. » Alors Jésus lui dit : « Va et toi, fais de même. »

Jésus chez Marthe et Marie

38 Et comme ils étaient en chemin, il entra dans un village. Et une femme nommée Marthe le reçut[1].

— [1] plusieurs manuscrits ajoutent : dans sa maison.

39 Et elle avait une sœur appelée Marie, qui aussi, s'étant assise aux pieds du Seigneur[1], écoutait sa parole.

— [1] plusieurs manuscrits portent : de Jésus.

40 Mais Marthe était distraite par beaucoup de [tâches du] service. Et s'approchant, elle dit : « Seigneur, cela ne te fait rien que ma sœur m'ait laissée seule à servir ? Dis-lui donc qu'elle m'aide. »

41 Et le Seigneur[1], répondant, lui

dit : « Marthe, Marthe, tu t'inquiètes et tu t'agites pour beaucoup de choses,

— [1] plusieurs manuscrits portent : Jésus.

42 mais il n'est besoin que d'une seule, et Marie a choisi la bonne part qui ne lui sera pas enlevée. »

Comment prier

11 Et comme il était en prière dans un certain lieu, il arriva, après qu'il eut terminé, qu'un de ses disciples lui dit : « Seigneur, enseigne-nous à prier, comme Jean l'a enseigné aussi à ses disciples. »
2 Et il leur dit : « Quand vous priez, dites : Père, que ton nom soit sanctifié ; que ton règne vienne ;
3 donne-nous chaque jour le pain qu'il nous faut ;
4 et pardonne-nous nos péchés, car nous-mêmes aussi, nous pardonnons à tous ceux qui nous offensent[1] ; et ne nous expose pas à la tentation. »

— [1] ou : nous remettons à tous ceux qui nous doivent.

5 Et il leur dit : « Qui parmi vous, ayant un ami, ira vers lui au milieu de la nuit, et lui dira : "Ami, prête-moi trois pains,
6 car mon ami est arrivé de voyage chez moi, et je n'ai rien à lui offrir" ?
7 Et celui qui est à l'intérieur, répondant, dira : "Ne m'importune pas ! La porte est déjà fermée et mes enfants sont au lit avec moi ; je ne peux pas me lever et t'en donner."
8 Je vous dis que, même s'il ne se lève pas et ne lui en donne pas parce qu'il est son ami, pourtant, à cause de son insistance[1], il se lèvera et lui donnera tout ce dont il a besoin.

— [1] littéralement : insolence.

9 Et moi, je vous dis : Demandez et il vous sera donné ; cherchez et vous trouverez ; frappez et il vous sera ouvert.
10 Car quiconque demande reçoit ; et celui qui cherche trouve ; et à celui qui frappe il sera ouvert.
11 Or, quel père parmi vous, si son fils [lui] demande un poisson, lui donnera un serpent à la place d'un poisson ?[1]

— [1] plusieurs manuscrits portent le verset 11 ainsi : Or, quel père parmi vous, si son fils [lui] demande un pain, lui donnera une pierre ? Ou aussi, [s'il demande] un poisson, lui donnera un serpent à la place d'un poisson ?

12 Ou encore, s'il demande un œuf, lui donnera-t-il un scorpion ?
13 Si donc vous qui êtes mauvais, vous savez donner de bonnes choses[1] à vos enfants, combien plus le Père [qui est] du ciel donnera-t-il l'Esprit Saint à ceux qui le lui demandent ! »

— [1] littéralement : des dons bons.

Guérison d'un démoniaque muet – Jésus défend son service

14 Et Jésus[1] chassa un démon qui était muet. Et il arriva, quand le démon fut sorti, que le muet parla. Et les foules furent dans l'admiration.

— [1] littéralement : il.

15 Mais quelques-uns d'entre eux disaient : « C'est par Béelzébul, le chef des démons, qu'il chasse les démons. »
16 Et d'autres, pour le mettre à l'épreuve, lui demandaient un signe venant du ciel.
17 Mais lui, connaissant leurs pensées, leur dit : « Tout royaume divisé contre lui-même sera dévasté ; et une maison divisée contre elle-même[1] tombe.

— [1] littéralement : une maison contre une maison.

18 Et si Satan aussi est divisé contre lui-même, comment son royaume subsistera-t-il, puisque vous dites que je chasse les démons par Béelzébul ?
19 Or si c'est par Béelzébul que moi, je chasse les démons, vos fils, par qui les chassent-ils ? C'est pourquoi ils seront eux-mêmes vos juges.
20 Mais si *[moi,]* je chasse les démons par le doigt de Dieu, alors le royaume de Dieu est parvenu jusqu'à vous.
21 Quand l'homme fort [et] bien armé garde son palais, ses biens sont en paix.
22 Mais s'il arrive un plus fort que lui qui le vainque, il lui enlève toutes les armes dans lesquelles il mettait sa confiance, et il fait le partage du butin qu'il lui a pris.
23 Celui qui n'est pas avec moi est contre moi, et celui qui ne rassemble pas avec moi disperse.

Le sort d'Israël incrédule

24 « Quand l'esprit impur est sorti d'un homme, il traverse des lieux arides, cherchant du repos. Et n'en trouvant pas, *[alors]* il dit : "Je retournerai dans ma maison d'où je suis sorti."
25 Et y étant venu, il la trouve balayée et ornée.
26 Alors il va prendre avec [lui] sept autres esprits plus mauvais que lui-même. Et étant entrés, ils habitent là, et la dernière condition de cet homme est pire que la première. »

Le vrai bonheur

27 Et il arriva, comme il disait ces choses, qu'une femme éleva sa voix du milieu de la foule et lui dit : « Bienheureux le ventre qui t'a porté et les seins que tu as tétés. »
28 Mais il dit : « Bienheureux plutôt ceux qui écoutent la parole de Dieu et qui la gardent. »

Le signe de Jonas

29 Et comme les foules s'amassaient, il se mit à dire : « Cette génération est une génération mauvaise ; elle demande un signe, mais il ne lui sera pas donné de signe si ce n'est le signe de Jonas.
30 Car comme Jonas fut un signe pour les Ninivites, de même aussi, le Fils de l'homme en sera un pour cette génération.
31 La reine du Midi se lèvera lors du jugement avec les hommes de cette génération, et elle les condamnera, car elle vint des extrémités de la terre pour entendre la sagesse de Salomon. Et voici, il y a ici plus que Salomon.
32 Des hommes de Ninive se lèveront lors du jugement avec cette génération, et ils la condamneront, car ils se sont repentis à la prédication de Jonas. Et voici, il y a ici plus que Jonas.

L'œil simple

33 « Personne, après avoir allumé une lampe, ne la met dans un lieu caché *[ni sous le boisseau[1]]*, mais sur le porte-lampe, afin que ceux qui entrent voient la lumière.

— [1] boisseau : récipient ayant pour capacité 1 boisseau (environ 7,33 litres).

34 La lampe du corps, c'est ton œil. Quand ton œil est simple, ton corps tout entier est aussi plein de lumière ; mais quand il est mauvais, ton corps aussi est ténébreux.

35 Prends donc garde que la lumière qui est en toi ne soit ténèbres.

36 Si donc ton corps tout entier est plein de lumière, n'ayant aucune partie ténébreuse, il sera tout plein de lumière, comme quand la lampe t'illumine de son éclat. »

Jésus fait des reproches aux Pharisiens et aux docteurs de la Loi

37 Et comme il parlait, un Pharisien lui demanda de venir déjeuner chez lui. Et étant entré, il se mit à table.

38 Mais le Pharisien, voyant [cela], s'étonna qu'il ne se soit pas d'abord lavé avant le repas.

39 Et le Seigneur lui dit : « Maintenant vous, les Pharisiens, vous nettoyez le dehors de la coupe et du plat, mais au-dedans vous êtes pleins d'avidité et de méchanceté.

40 Insensés ! Celui qui a fait le dehors n'a-t-il pas fait aussi le dedans ?

41 Mais donnez plutôt en aumônes ce que vous avez en dedans, et voici, toutes choses vous seront pures.

42 Mais malheur à vous, les Pharisiens ! Car vous payez la dîme de la menthe, et de la rue des jardins, et de toutes sortes de légumes, et vous négligez le jugement et l'amour de Dieu. Il fallait faire ces choses-ci et ne pas laisser de côté celles-là.

43 Malheur à vous, les Pharisiens ! Car vous aimez le premier siège dans les synagogues et les salutations sur les places publiques.

44 Malheur à vous ! Car vous êtes comme les tombes que rien ne signale, et les hommes, marchant dessus, n'en savent rien. »

45 Et l'un des docteurs de la Loi, répondant, lui dit : « Maître, en disant ces choses, tu nous dis aussi des injures. »

46 Mais il dit : « Malheur à vous aussi, les docteurs de la Loi ! Car vous chargez les hommes de fardeaux difficiles à porter, et vous-mêmes vous ne touchez pas ces fardeaux d'un seul de vos doigts.

47 Malheur à vous ! Car vous construisez les tombeaux des prophètes, mais vos pères les ont tués.

48 Vous rendez donc témoignage aux œuvres de vos pères et vous y prenez plaisir ; car eux, ils les ont tués, et vous, vous construisez *[leurs tombeaux]*.

49 C'est pourquoi aussi, la sagesse de Dieu a dit : "Je leur enverrai des prophètes et des apôtres, et ils en tueront et en persécuteront,

50 afin que le sang de tous les prophètes qui a été versé depuis la fondation du monde soit redemandé à cette génération,

51 depuis le sang d'Abel jusqu'au sang de Zacharie qui périt entre l'autel et la Maison[1]." Oui, vous dis-je, il en sera demandé compte à cette génération.

— [1] c.-à-d. : le Temple.

52 Malheur à vous, les docteurs de la Loi ! Car vous avez enlevé la clef de la connaissance. Vous n'êtes pas entrés vous-mêmes et ceux qui voulaient entrer, vous les en avez empêchés. »

53 Et Jésus[1] étant sorti de là, les scribes et les Pharisiens se mirent à s'acharner contre lui[2]. Et ils le forçaient à parler sur beaucoup de sujets,

54 lui dressant des pièges pour s'emparer de quelque parole[1] sortant de sa bouche.

— [1] littéralement : chose.

Instructions données aux disciples

12 À ce moment-là, les foules s'étant rassemblées par dizaines de milliers[1], au point de se piétiner les uns les autres, Jésus[1] se mit d'abord à dire à ses disciples : « Prenez garde au levain des Pharisiens, qui est l'hypocrisie.

— [1] littéralement : par myriades ; une myriade est un nombre de 10 000.

2 Mais il n'y a rien de couvert qui ne sera révélé, ni rien de secret qui ne sera connu.

3 C'est pourquoi tout ce que vous avez dit dans les ténèbres sera entendu dans la lumière, et ce que vous avez prononcé à l'oreille dans les chambres[1] sera proclamé sur les toits[2].

— [1] littéralement : resserre à provisions ; pièce la plus retirée de la maison. — [2] toits en terrasse.

4 Mais je [le] dis à vous, mes amis : Ne craignez pas ceux qui tuent le corps et qui après cela ne peuvent rien faire de plus.

5 Mais je vais vous montrer qui vous devez craindre : craignez celui qui, après avoir tué, a le pouvoir de jeter dans la Géhenne[1]. Oui, vous dis-je, craignez celui-là.

— [1] la Géhenne : le lieu des tourments infernaux.

6 Ne vend-on pas cinq moineaux pour deux sous ? Et pas un seul d'entre eux n'est oublié devant Dieu.

7 Mais même les cheveux de votre tête sont tous comptés. Ne craignez pas ! Vous valez mieux que beaucoup de moineaux.

8 Et je vous [le] dis : Quiconque se déclarera pour moi devant les hommes, le Fils de l'homme se déclarera aussi pour lui devant les anges de Dieu.

9 Mais celui qui m'aura renié devant les hommes sera renié devant les anges de Dieu.

10 Et quiconque dira une parole contre le Fils de l'homme, il lui sera pardonné ; mais à celui qui aura blasphémé contre le Saint Esprit, il ne sera pas pardonné.

11 Et quand ils vous mèneront devant les synagogues et les magistrats et les autorités, ne vous inquiétez pas [de savoir] comment ou quelle chose vous répondrez, ou ce que vous direz.

12 Car le Saint Esprit vous enseignera à l'heure même ce qu'il faudra dire. »

Parabole du riche insensé

13 Et quelqu'un lui dit [du milieu] de la foule : « Maître[1], dis à mon frère de partager l'héritage avec moi. »

— [1] maître : celui qui enseigne.

14 Mais il lui dit : « [Ô] homme, qui m'a établi sur vous [pour être votre] juge et pour faire vos partages ? »

15 Puis il leur dit : « Prenez garde[1] et méfiez-vous de toute avidité. Car ce n'est pas parce qu'un homme est dans l'abondance, que sa vie est dans ses biens. »

— [1] littéralement : Voyez.

16 Alors il leur adressa une parabole, en disant : « Les champs d'un homme riche avaient beaucoup rapporté.

17 Et il raisonnait en lui-même, en disant : "Que dois-je faire ? Car je n'ai pas [de place] où je pourrais rassembler mes récoltes[1]."

— [1] littéralement : mes fruits.

18 Et il dit : "Voici ce que je ferai : j'abattrai mes greniers, et j'en construirai de plus grands, et j'y rassemblerai tout mon blé et mes biens.

19 Et je dirai à mon âme : [Mon] âme, tu as beaucoup de biens rassemblés pour beaucoup d'années ; repose-toi, mange, bois, réjouis-toi !"

20 Mais Dieu lui dit : "Insensé ! Cette nuit même, ton âme te sera redemandée ; et les choses que tu as préparées, à qui seront-elles ?"

21 Il en est ainsi de celui qui amasse [des richesses] pour lui-même et qui n'est pas riche par rapport à Dieu. »

Mettre sa confiance en Dieu

22 Et il dit à [ses] disciples : « C'est pourquoi je vous dis : Ne vous inquiétez pas pour la vie, de ce que vous mangerez, ni pour le corps, de ce dont vous serez habillés.

23 Car la vie est plus que la nourriture et le corps plus que le vêtement.

24 Considérez les corbeaux : ils[1] ne sèment pas et ne moissonnent pas, et ils n'ont pas de cellier ni de grenier, et Dieu les nourrit. Combien valez-vous plus que les oiseaux !

— [1] ou : car ils.

25 Et qui d'entre vous, par ses inquiétudes, peut ajouter un instant à la durée de sa vie[1] ?

— [1] littéralement : une coudée à son âge.

26 Si donc vous ne pouvez pas même ce qui est très petit, pourquoi vous inquiétez-vous du reste ?

27 Considérez les lis, comment ils poussent : ils ne travaillent pas et ne filent pas ; cependant, je vous dis que même Salomon, dans toute

sa gloire, n'était pas habillé comme l'un d'eux.

28 Et si Dieu habille ainsi l'herbe qui est aujourd'hui dans un champ et qui demain sera jetée au four, ne le fera-t-il pas à plus forte raison pour vous, gens de petite foi ?

29 Et vous, ne recherchez pas ce que vous mangerez ou ce que vous boirez, et n'en soyez pas en peine.

30 Car les nations du monde recherchent toutes ces choses, et votre Père sait que vous avez besoin de ces choses.

31 Mais recherchez son royaume, et ces choses vous seront données par-dessus[1].

— [1] littéralement : vous seront ajoutées.

Les serviteurs dans l'attente du maître

32 « Ne crains pas, petit troupeau[1], car il a plu à votre Père de vous donner le Royaume.

— [1] proprement : [toi] le petit troupeau.

33 Vendez ce que vous avez et donnez l'aumône ; faites-vous des bourses qui ne vieillissent pas, un trésor inépuisable dans les cieux, où le voleur ne s'approche pas et où la mite ne détruit pas.

34 Car là où est votre trésor, là sera aussi votre cœur.

35 Mettez une ceinture[1] à vos reins et que vos lampes soient allumées.

— [1] on attachait les vêtements amples et longs avec une ceinture pour être plus à l'aise dans le travail : voir verset 37.

36 Et soyez vous-mêmes semblables à des hommes qui attendent leur maître[1], quand il reviendra des noces, afin que, lorsqu'il arrivera et qu'il frappera, ils lui ouvrent aussitôt.

— [1] traduit d'ordinaire par : seigneur.

37 Bienheureux sont ces esclaves que le maître[1], quand il viendra, trouvera en train de veiller ! En

vérité, je vous dis qu'il mettra sa ceinture, et les fera mettre à table ; et s'avançant, il les servira.

— [1] traduit d'ordinaire par : seigneur.

38 Et s'il vient à la deuxième veille, et s'il vient à la troisième, et qu'il les trouve ainsi, bienheureux sont ces esclaves[1].

— [1] littéralement : ceux-là.

39 Mais sachez ceci, que si le maître de la maison avait su à quelle heure le voleur devait venir, il[1] n'aurait pas laissé fracturer sa maison.

— [1] plusieurs manuscrits ajoutent : aurait veillé et.

40 Vous aussi, soyez prêts ! Car, à l'heure que vous ne pensez pas, le Fils de l'homme vient. »

41 Mais Pierre dit : « Seigneur, dis-tu cette parabole pour nous, ou aussi pour tous ? »

42 Et le Seigneur dit : « Qui donc est l'intendant fidèle et sage que le maître[1] établira sur ses domestiques pour leur donner au temps convenable leur ration de blé ?

— [1] traduit d'ordinaire par : seigneur (ici et versets suivants).

43 Bienheureux est cet esclave-là que son maître, lorsqu'il viendra, trouvera faisant ainsi !

44 Vraiment, je vous dis qu'il l'établira sur tous ses biens.

45 Mais si cet esclave-là dit dans son cœur : "Mon maître tarde à venir", et qu'il se mette à battre les serviteurs et les servantes, et à manger, et aussi à boire, et à s'enivrer,

46 le maître de cet esclave viendra un jour qu'il n'attend pas et à une heure qu'il ne sait pas, et il le coupera en deux et lui donnera sa part avec les infidèles.

47 Or cet esclave, qui a connu la volonté de son maître et qui n'a rien préparé ni fait selon sa volonté, sera battu d'un grand nombre [de coups].

48 Mais celui qui ne l'a pas connue et qui a fait des choses qui méritent des coups, sera battu de peu [de coups]. Car à quiconque il a été beaucoup donné, il sera[1] beaucoup redemandé ; et à celui à qui il a été beaucoup confié, il sera[1] bien plus réclamé.

— [1] littéralement : de lui il sera.

Effets de la présence de Jésus ici-bas

49 « Je suis venu jeter un feu sur la terre, et combien je voudrais qu'il soit déjà allumé !

50 Mais j'ai à être baptisé d'un baptême, et combien je suis étreint jusqu'à ce qu'il soit accompli !

51 Pensez-vous que je sois venu apporter la paix sur la terre ? Non, vous dis-je, mais plutôt la division.

52 Car désormais, cinq [personnes] seront divisées dans une même maison : trois contre deux, et deux contre trois.

53 On se divisera, le père contre le fils et le fils contre le père ; la mère contre la fille et la fille contre la mère ; la belle-mère contre sa belle-fille et la belle-fille contre la belle-mère. »

Les signes des temps, un appel à la conversion

54 Et il disait aussi aux foules : « Quand vous voyez un nuage se lever vers le couchant, aussitôt vous dites : "Une averse vient", et cela arrive ainsi.

55 Et quand [c'est] le vent du sud [qui] souffle, vous dites : "Il fera chaud", et cela arrive.

56 Hypocrites ! Vous savez discerner l'aspect de la terre et du

ciel, et comment ne discernez-vous pas ce temps-ci ?

57 Et pourquoi aussi, ne jugez-vous pas par vous-mêmes de ce qui est juste ?

58 Car quand tu vas avec ton adversaire devant le magistrat, efforce-toi en chemin d'en être délivré, de peur qu'il ne te traîne devant le juge. Et le juge te livrera au garde et le garde te jettera en prison.

59 Je te [le] dis : tu ne sortiras certainement pas de là avant d'avoir payé jusqu'à la dernière pite[1].

— [1] pite : petite pièce de monnaie ; le denier, qui était le salaire journalier d'un ouvrier, valait 128 pites.

Enseignement tiré du massacre des Galiléens par Pilate

13 Or, dans le même temps, quelques personnes qui étaient là présentes lui racontèrent [ce qui s'était passé] au sujet des Galiléens dont Pilate avait mêlé le sang avec leurs sacrifices.

2 Et Jésus[1], répondant, leur dit : « Croyez-vous que ces Galiléens étaient plus pécheurs que tous les [autres] Galiléens parce qu'ils ont souffert ces choses ?

— [1] littéralement : lui.

3 Non, vous dis-je, mais si vous ne vous repentez pas, vous périrez tous de même.

4 Ou ces 18 [hommes] sur qui tomba la tour à Siloé et qu'elle tua, croyez-vous qu'ils étaient plus coupables[1] que tous les hommes qui habitent Jérusalem ?

— [1] littéralement : débiteurs.

5 Non, vous dis-je, mais si vous ne vous repentez pas, vous périrez tous de même. »

Parabole du figuier inutile

6 Et il disait cette parabole : « Quelqu'un avait un figuier planté dans sa vigne. Et il vint y chercher du fruit, mais il n'en trouva pas.

7 Alors il dit au vigneron : "Voici 3 ans que je viens chercher du fruit sur ce figuier et je n'en trouve pas. Coupe-le [donc] ! Pourquoi épuise-t-il encore[1] la terre ?"

— [1] ou : occupe-t-il encore inutilement.

8 Et répondant, il lui dit : "Maître, laisse-le encore cette année, le temps que[1] je bêche[2] tout autour et que j'y mette du fumier.

— [1] littéralement : jusqu'à ce que. — [2] littéralement : creuse.

9 Et peut-être portera-t-il du fruit à l'avenir ; et sinon, alors tu le couperas." »

Guérison d'une infirme un jour de sabbat

10 Or il enseignait dans l'une des synagogues le [jour du] sabbat.

11 Et voici, [il y avait là] une femme ayant un esprit qui, depuis 18 ans, la rendait infirme. Et elle était courbée et ne pouvait pas se redresser complètement.

12 Et Jésus, l'ayant vue, l'appela et lui dit : « Femme, tu es délivrée de ton infirmité. »

13 Puis il posa les mains sur elle, et à l'instant elle fut redressée et glorifiait Dieu.

14 Et le chef de synagogue, indigné de ce que Jésus avait guéri le [jour du] sabbat, répondant, dit à la foule : « Il y a 6 jours où il faut travailler ; venez donc ces jours-là et soyez guéris, et non le jour du sabbat. »

15 Mais le Seigneur lui répondit et dit : « Hypocrites ! Chacun de vous ne détache-t-il pas de la mangeoire son bœuf ou son âne le [jour du]

sabbat pour le mener boire ?

16 Et celle-ci qui est fille d'Abraham, laquelle Satan avait liée voici 18 ans, ne fallait-il pas la délier de ce lien le jour du sabbat ? »

17 Et comme il disait ces choses, tous ses adversaires furent couverts de honte. Et toute la foule se réjouissait de toutes les choses glorieuses qui étaient faites par lui.

Paraboles de la graine de moutarde et du levain

18 Il disait donc : « À quoi est semblable le royaume de Dieu et à quoi le comparerai-je ?

19 Il est semblable à une graine de moutarde qu'un homme prit et jeta dans son jardin. Et elle grandit et devint un[1] arbre, et les oiseaux du ciel s'abritaient dans ses branches. »

— [1] plusieurs manuscrits ajoutent : grand.

20 Et il dit encore : « À quoi comparerai-je le royaume de Dieu ?

21 Il est semblable à du levain qu'une femme prit et cacha parmi trois mesures de farine, jusqu'à ce que tout soit levé. »

L'entrée dans le royaume de Dieu

22 Et il passait par les villes et par les villages, enseignant et poursuivant son chemin vers Jérusalem.

23 Et quelqu'un lui dit : « Seigneur, ceux qui doivent être sauvés[1] sont-ils en petit nombre ? » Et il leur dit :

— [1] ou : les épargnés, dans le jugement de la nation par le Messie, de sorte qu'ils entrent dans le Royaume ; c.-à-d. : le restant d'Israël ; voir Ésaïe 10:20-22.

24 « Luttez pour entrer par la porte étroite. Car, je vous [le] dis, beaucoup chercheront à entrer et ne [le] pourront pas.

25 Dès que le maître de la maison se sera levé et aura fermé la porte, et que vous commencerez à vous tenir dehors et à frapper à la porte, en disant : "Seigneur, ouvre-nous !", alors en répondant il vous dira : "Vous, je ne sais pas d'où vous êtes."

26 Alors vous vous mettrez à dire : "Nous avons mangé et bu en ta présence, et tu as enseigné dans nos rues."

27 Mais il dira : "Je vous [le] déclare : je ne sais pas d'où vous êtes. Retirez-vous de moi, vous tous, ouvriers d'iniquité[1] !"

— [1] iniquité, ailleurs : injustice.

28 Là seront les pleurs et les grincements de dents, quand vous verrez Abraham, et Isaac, et Jacob, et tous les prophètes dans le royaume de Dieu, mais vous, jetés dehors.

29 Et il en viendra du levant, et du couchant, et du nord, et du sud, et ils se mettront à table dans le royaume de Dieu.

30 Et voici, il y a des derniers qui seront premiers, et il y a des premiers qui seront derniers. »

Hérode veut faire mourir Jésus – La maison d'Israël abandonnée

31 En cette même heure, quelques Pharisiens s'approchèrent, en lui disant : « Retire-toi et va-t'en d'ici, car Hérode veut te tuer. »

32 Mais il leur dit : « Allez, dites à ce renard : Voici, je chasse des démons, et j'accomplis des guérisons aujourd'hui et demain, et le troisième jour, tout sera accompli pour moi.

33 Mais il faut que je marche aujourd'hui, et demain, et le jour

suivant, car il est impossible qu'un prophète périsse hors de Jérusalem.

34 Jérusalem, Jérusalem, la ville[1] qui tue les prophètes et qui lapide ceux qui lui sont envoyés, combien de fois j'ai voulu rassembler tes enfants, comme une poule [rassemble] sa couvée sous ses ailes. Mais vous ne l'avez pas voulu !

— [1] littéralement : celle.

35 Voici, votre maison vous est abandonnée. [Et] je vous dis que vous ne me verrez plus du tout jusqu'à ce qu'[arrive le temps où] vous direz : "Béni soit celui qui vient au nom du °Seigneur !"[1] »

— [1] Psaume 118:26.

Guérison un jour de sabbat d'un homme atteint d'hydropisie

14 Et il arriva, comme il entrait un [jour de] sabbat dans la maison d'un des chefs des Pharisiens pour manger du pain, que ceux-ci le surveillaient.

2 Et voici, il y avait un homme devant lui, atteint d'hydropisie.

3 Et Jésus, prenant la parole, s'adressa aux docteurs de la Loi et aux Pharisiens, en disant : « Est-il permis de guérir le [jour du] sabbat, ou non ? »

4 Mais ils se turent. Et l'ayant pris, il le guérit et le renvoya.

5 Puis il leur dit : « Lequel de vous, si [son] fils[1] ou [son] bœuf tombe dans un puits, ne l'en retirera pas aussitôt le jour du sabbat ? »

— [1] plusieurs manuscrits portent : âne.

6 Et ils ne pouvaient pas répliquer à ces choses.

Le choix d'une place

7 Or il dit une parabole aux invités, parce qu'il avait observé comment ils choisissaient les premières places. Il leur dit :

8 « Quand tu seras invité par quelqu'un à des noces, ne te mets pas à table à la première place, de peur qu'une personne plus honorable que toi ne soit invitée par lui,

9 et que celui qui vous a invités, toi et lui, ne vienne et ne te dise : "Fais place à celui-ci." Et alors tu irais avec honte occuper la dernière place.

10 Mais quand tu seras invité, va t'asseoir à la dernière place afin que, lorsque celui qui t'a invité viendra, il te dise : "[Mon] ami, monte plus haut." Alors tu auras de la gloire devant tous ceux qui seront à table avec toi.

11 Car quiconque s'élève sera abaissé, et celui qui s'abaisse sera élevé. »

Inviter les pauvres

12 Et il dit aussi à celui qui l'avait invité : « Quand tu fais un déjeuner ou un dîner, n'appelle pas tes amis, ni tes frères, ni tes parents, ni de riches voisins, de peur qu'eux aussi ne t'invitent à leur tour et que la pareille ne te soit rendue.

13 Mais quand tu fais un festin, invite des pauvres, des estropiés, des boiteux, des aveugles.

14 Et tu seras bienheureux, parce qu'ils n'ont pas de quoi te rendre la pareille. Car la pareille te sera rendue à la résurrection des justes. »

Parabole du grand dîner

15 Et l'un de ceux qui étaient à table, ayant entendu ces choses, lui dit : « Bienheureux celui qui mangera du pain dans le royaume

de Dieu ! »

16 Mais il lui dit : « Un homme fit un grand dîner et invita beaucoup de gens.

17 Et à l'heure du dîner, il envoya son esclave dire aux invités : "Venez, car c'est déjà[1] prêt."

— [1] plusieurs manuscrits ajoutent : tout.

18 Mais ils commencèrent tous unanimement à s'excuser. Le premier lui dit : "J'ai acheté un champ et il faut nécessairement que j'aille le voir ; je te prie, tiens-moi pour excusé."

19 Puis un autre dit : "J'ai acheté cinq paires de bœufs et je vais les essayer ; je te prie, tiens-moi pour excusé."

20 Puis un autre dit : "J'ai épousé une femme et à cause de cela, je ne peux pas venir."

21 Et à son retour, l'esclave rapporta ces choses à son maître. Alors le maître de la maison se mit en colère et dit à son esclave : "Va vite dans les rues et dans les ruelles de la ville, et fais entrer ici les pauvres, et les estropiés, et les aveugles, et les boiteux."

22 Et l'esclave dit : "Maître, il a été fait comme tu as ordonné, et il y a encore de la place."

23 Le maître dit alors à l'esclave : "Va sur les chemins et [le long des] haies, et contrains [les gens] à entrer, afin que ma maison soit remplie.

24 Car je vous dis qu'aucun de ces hommes qui ont été invités ne mangera de mon dîner." »

Renoncer à tout pour suivre Jésus

25 Et de grandes foules allaient avec lui. Et s'étant retourné, il leur dit :

26 « Si quelqu'un vient à moi et ne déteste pas son père, et sa mère, et sa femme, et ses enfants, et ses frères, et ses sœurs, et même aussi sa propre vie, il ne peut pas être mon disciple.

27 Et celui qui ne porte pas sa croix et ne vient pas à ma suite[1] ne peut pas être mon disciple.

— [1] littéralement : derrière moi.

28 « Car lequel d'entre vous, s'il veut construire une tour, ne s'assied pas d'abord pour calculer la dépense [et voir] s'il a de quoi la terminer ?

29 Autrement, s'il pose les fondations et s'il n'est pas capable de terminer, tous ceux qui le verront commenceront à se moquer de lui,

30 en disant : "Cet homme a commencé à construire et il n'a pas été capable de terminer."

31 Ou quel roi, partant pour faire la guerre à un autre roi, ne s'assied pas d'abord pour décider s'il peut, avec 10 000 [hommes], affronter celui qui vient contre lui avec 20 000 [hommes] ?

32 Mais sinon, pendant qu'il est encore loin, il lui envoie une délégation et s'informe [des conditions] de paix.

33 Ainsi donc, quiconque parmi vous ne renonce pas à tout ce qu'il possède ne peut pas être mon disciple.

34 Oui, le sel est bon, mais si le sel aussi a perdu sa saveur, avec quoi l'assaisonnera-t-on ?

35 Il n'est propre ni pour la terre ni pour le fumier ; on le jette dehors. Celui qui a des oreilles pour entendre, qu'il entende ! »

Parabole de la brebis perdue

15 Et tous les publicains et les

pécheurs s'approchaient de lui pour l'entendre.

2 Et les Pharisiens et les scribes murmuraient, en disant : « Celui-ci reçoit des pécheurs et mange avec eux. »

3 Alors il leur adressa cette parabole, en disant :

4 « Quel est l'homme parmi vous qui, ayant 100 brebis et en ayant perdu une, ne laisse pas les 99 dans le désert pour aller après celle qui est perdue, jusqu'à ce qu'il l'ait trouvée ?

5 Et l'ayant trouvée, il la met sur ses épaules, tout joyeux.

6 Puis, étant de retour à la maison, il appelle les amis et les voisins, en leur disant : "Réjouissez-vous avec moi, car j'ai retrouvé ma brebis qui était perdue."

7 Je vous dis qu'ainsi, il y aura de la joie dans le ciel pour un seul pécheur qui se repent, plus que pour 99 justes qui n'ont pas besoin de repentance.

Parabole de la drachme perdue

8 « Ou quelle est la femme qui, ayant 10 drachmes[1], si elle perd une drachme, n'allume pas une lampe, et ne balaie pas la maison, et ne cherche pas soigneusement jusqu'à ce qu'elle l'ait trouvée ?

— [1] drachme : pièce de monnaie grecque valant environ 1 denier romain (c.-à-d. le salaire journalier d'un ouvrier).

9 Et l'ayant trouvée, elle appelle les amies et les voisines, en disant : "Réjouissez-vous avec moi, car j'ai retrouvé la drachme que j'avais perdue."

10 Ainsi, je vous [le] dis, il y a de la joie devant les anges de Dieu pour un seul pécheur qui se repent. »

Parabole du fils prodigue

11 Puis il dit : « Un homme avait 2 fils.

12 Et le plus jeune dit à son père : "Père, donne-moi la part des biens qui me revient." Et il leur partagea ses biens.

13 Et peu de jours après, le plus jeune fils, ayant tout ramassé, partit pour un pays éloigné ; et là il dilapida ses biens en vivant dans la débauche.

14 Or après qu'il eut tout dépensé, une grande famine arriva dans ce pays, et il commença à être dans le besoin.

15 Et il s'en alla et se joignit à l'un des citoyens de ce pays-là, et celui-ci l'envoya dans ses champs pour faire paître des porcs.

16 Et il aurait bien voulu se rassasier des caroubes[1] que les porcs mangeaient, mais personne ne lui donnait [rien].

— [1] fruit du caroubier, arbre méditerranéen.

17 Alors, étant revenu à lui-même, il dit : "Combien d'ouvriers de mon père ont du pain en abondance, et moi, je meurs de faim ici !

18 Je me lèverai, et j'irai vers mon père, et je lui dirai : Père, j'ai péché contre le ciel et devant toi,

19 je ne suis plus digne d'être appelé ton fils ; traite-moi comme l'un de tes ouvriers."

20 Et s'étant levé, il alla vers son père. Mais comme il était encore loin, son père le vit et fut ému de compassion. Et il courut se jeter à son cou et l'embrassa avec empressement.

21 Et le fils lui dit : "Père, j'ai péché contre le ciel et devant toi, je ne suis plus digne d'être appelé ton fils."

22 Mais le père dit à ses esclaves : "Apportez vite dehors la plus belle[1] robe[2] et habillez-le ; et mettez-lui

un anneau au doigt[3] et des sandales aux pieds.

— [1] littéralement : la première. — [2] littéralement : robe longue. — [3] littéralement : donnez un anneau à sa main.

23 Et amenez le veau gras et tuez-le ; et mangeons et faisons la fête.

24 Car mon fils que voici était mort et il est revenu à la vie ; il était perdu et il est retrouvé." Et ils commencèrent à faire la fête.

25 « Or son fils aîné était dans les champs. Et comme il revenait et qu'il s'approchait de la maison, il entendit la musique et les danses.

26 Et ayant appelé auprès [de lui] un des serviteurs, il s'informa de ce que pouvait être ces choses.

27 Et il lui dit : "Ton frère est revenu et ton père a tué le veau gras, parce qu'il l'a retrouvé en bonne santé."

28 Alors il se mit en colère et ne voulait pas entrer. Et son père étant sorti le suppliait [d'entrer].

29 Mais lui, répondant, dit à son père : "Voici tant d'années que je te sers[1], et jamais je n'ai transgressé ton commandement. Et tu ne m'as jamais donné un chevreau pour que je fasse la fête avec mes amis.

— [1] servir, ici : être esclave, servir comme tel.

30 Mais quand celui-ci, ton fils, qui a mangé[1] tes biens avec des prostituées, est venu, tu as tué pour lui le veau gras."

— [1] littéralement : dévoré.

31 Et il lui dit : "[Mon] enfant, tu es toujours avec moi, et tout ce qui est à moi est à toi.

32 Mais il fallait faire la fête et se réjouir, car celui-ci, ton frère, était mort et il est revenu à la vie, et il était perdu et il est retrouvé." »

Parabole de l'intendant infidèle

16 Et il dit aussi aux disciples : « Il y avait un homme riche qui avait un intendant. Or celui-ci fut accusé devant lui de dilapider ses biens.

2 Et l'ayant appelé, il lui dit : "Qu'est-ce que j'entends dire à ton sujet ? Rends compte de ta gestion, car tu ne pourras plus gérer [mes biens]."

3 Mais l'intendant dit en lui-même : "Que dois-je faire, car mon maître m'enlève la gestion [de ses biens] ? Bêcher ? Je n'en ai pas la force. Mendier ? J'en ai honte.

4 Je sais ce que je vais faire, afin que, quand je serai relevé de la gestion, je sois reçu dans leurs maisons."

5 Et ayant appelé auprès [de lui] chacun des débiteurs de son maître, il dit au premier : "Combien dois-tu à mon maître ?"

6 Et il dit : "100 baths[1] d'huile." Alors l'intendant[2] lui dit : "Prends ta facture, et assieds-toi vite, et écris 50."

— [1] 1 bath = 22 litres environ ; voir Ézéch. 45:14. — [2] littéralement : il.

7 Puis il dit à un autre : "Et toi, combien dois-tu ?" Et il dit : "100 cors[1] de blé." [Alors] l'intendant[2] lui dit : "Prends ta facture et écris 80."

— [1] 1 cor = 220 litres environ. — [2] littéralement : il.

8 Et le maître loua l'intendant injuste parce qu'il avait agi d'une manière avisée. Car les fils de ce siècle sont plus avisés envers leur propre génération que les fils de la lumière.

9 Et moi, je vous dis : Faites-vous des amis avec les richesses injustes[1], afin que, quand elles viendront à manquer, vous soyez reçus dans les demeures[2] éternelles.

— [1] littéralement : le Mamon de l'injustice ;

Mamon : transcription en grec d'un mot araméen désignant la richesse, personnifiée comme une divinité. — [2] littéralement : tabernacles.

10 Celui qui est fidèle dans ce qui est très petit est fidèle aussi dans ce qui est grand. Et celui qui est injuste dans ce qui est très petit est injuste aussi dans ce qui est grand. 11 Si donc vous n'avez pas été fidèles dans les richesses injustes[1], qui vous confiera les biens véritables ?

— [1] littéralement : le Mamon de l'injustice ; Mamon : transcription en grec d'un mot araméen désignant la richesse, personnifiée comme une divinité.

12 Et si, dans ce qui est à autrui, vous n'avez pas été fidèles, qui vous donnera ce qui est à vous ? 13 Aucun serviteur ne peut servir[1] deux maîtres. Car, ou il haïra l'un et aimera l'autre, ou il s'attachera à l'un et méprisera l'autre. Vous ne pouvez pas servir[1] Dieu et les richesses[2]. »

— [1] servir, ici : être esclave, servir comme tel. — [2] littéralement : Mamon ; transcription en grec d'un mot araméen désignant la richesse, personnifiée comme une divinité.

Les Pharisiens se moquent de Jésus

14 Et les Pharisiens, qui aimaient l'argent, entendaient toutes ces choses, et ils se moquaient de lui. 15 Alors il leur dit : « Vous, vous êtes ceux qui se justifient eux-mêmes devant les hommes, mais Dieu connaît vos cœurs. Car ce qui est haut estimé parmi les hommes est une abomination devant Dieu. 16 La Loi et les Prophètes [ont subsisté] jusqu'à Jean ; dès lors le royaume de Dieu est annoncé[1] et chacun use de violence pour y entrer[2].

— [1] littéralement : évangélisé. — [2] littéralement : use de violence envers lui.

17 Or il est plus facile pour le ciel et la terre de passer que pour un seul trait de lettre de la Loi de tomber. 18 Quiconque répudie sa femme et en épouse une autre, commet l'adultère. Et celui qui épouse une femme répudiée par son mari commet l'adultère.

Parabole du riche et de Lazare

19 « Or il y avait un homme riche qui s'habillait de pourpre et de fin lin, et qui chaque jour faisait la fête dans le luxe. 20 Et il y avait un pauvre nommé Lazare, qui était couché devant son portail, tout couvert d'ulcères, 21 et qui désirait être rassasié de ce qui tombait de la table du riche. Mais même les chiens venaient lécher ses ulcères. 22 Et il arriva que le pauvre mourut et fut emporté par les anges auprès d'Abraham[1]. Et le riche mourut aussi et fut enterré.

— [1] littéralement : sur le sein d'Abraham.

23 Et dans l'Hadès[1], levant les yeux, comme il était dans les tourments, il voit Abraham de loin, et Lazare à ses côtés[2].

— [1] Hadès : expression très vague, comme Shéol dans l'Ancien Testament ; le lieu invisible où les âmes des hommes vont après la mort ; distinct de Géhenne, le lieu des tourments infernaux. — [2] littéralement : sur son sein.

24 Alors il s'écria et dit : "Père Abraham, aie pitié de moi et envoie Lazare afin qu'il trempe dans l'eau le bout de son doigt et qu'il rafraîchisse ma langue, car je souffre cruellement dans cette flamme." 25 Mais Abraham [lui] dit : "[Mon] enfant, souviens-toi que tu as reçu tes biens pendant ta vie, et que, de même, Lazare [a connu] les maux.

Et maintenant, lui est consolé ici et toi, tu souffres cruellement.

26 Et avec tout cela, un grand gouffre est fermement établi entre nous et vous, de sorte que ceux qui veulent passer d'ici vers vous ne le peuvent pas, et qu'on ne traverse pas [non plus] de là-bas vers nous."

27 Et il dit : "Je te demande donc, père, que tu l'envoies dans la maison de mon père,

28 car j'ai cinq frères. Qu'il leur apporte son témoignage, afin qu'ils ne viennent pas, eux aussi, dans ce lieu de tourment."

29 Mais Abraham [lui] dit : "Ils ont Moïse et les prophètes, qu'ils les écoutent."

30 Et il dit : "Non, père Abraham ! Mais si quelqu'un va des morts vers eux, ils se repentiront."

31 Mais il lui dit : "S'ils n'écoutent pas Moïse et les prophètes, ils ne seront pas persuadés non plus si quelqu'un ressuscite d'entre les morts." »

Jésus enseigne à pardonner

17 Et Jésus[1] dit à ses disciples : « Il est impossible qu'il n'y ait pas de causes de chute[2], mais malheur à celui par qui elles arrivent !

— [1] littéralement : il. — [2] cause de chute : c'est proprement un trébuchet ou un crochet de détente d'un piège.

2 Mieux vaudrait pour lui qu'on lui mette au cou une meule de moulin[1] et qu'il soit jeté dans la mer, que de faire chuter l'un de ces petits.

— [1] littéralement : pierre de meule.

3 Prenez garde à vous-mêmes ! Si ton frère pèche, reprends-le, et, s'il se repent, pardonne-lui.

4 Et si sept fois par jour il pèche contre toi et que sept fois il retourne vers toi, en disant : "Je me repens", tu lui pardonneras. »

Faire ce qui est commandé

5 Et les apôtres dirent au Seigneur : « Augmente-nous la foi ! »

6 Alors le Seigneur dit : « Si vous aviez de la foi comme une graine de moutarde, vous diriez à [ce] mûrier : "Déracine-toi et plante-toi dans la mer !", et il vous obéirait.

7 Mais qui parmi vous, s'il a un esclave labourant ou faisant paître [le bétail], lui dira quand il reviendra des champs : "Viens vite et[1] mets-toi à table ?"

— [1] ou : lui dira aussitôt… Viens et.

8 Ne lui dira-t-il pas au contraire : "Prépare-moi à dîner et, ayant mis ta tenue, sers-moi jusqu'à ce que j'aie mangé et bu ; et après cela, tu mangeras et tu boiras, toi" ?

9 A-t-il de la reconnaissance envers l'esclave parce qu'il a fait ce qui avait été commandé ?[1]

— [1] plusieurs manuscrits ajoutent : Je ne le pense pas.

10 Ainsi, vous aussi, quand vous aurez fait toutes les choses qui vous ont été commandées, dites : "Nous sommes des esclaves qui ne méritons rien ; ce que nous étions obligés de faire, nous l'avons fait." »

Guérison de dix lépreux

11 Et il arriva qu'en allant à Jérusalem, il traversait la Samarie et la Galilée.

12 Or comme il entrait dans un village, dix hommes lépreux vinrent à sa rencontre ; et ils se tinrent à distance.

13 Et ils élevèrent la voix, en disant : « Jésus, maître[1], aie pitié de nous ! »

— [1] maître : celui qui est au-dessus des autres.

14 Et les voyant, il leur dit : « Allez vous montrer aux sacrificateurs. » Or il arriva qu'en s'en allant ils furent purifiés.

15 Et l'un d'eux, voyant qu'il était guéri, revint sur ses pas en glorifiant Dieu d'une voix forte.

16 Puis il se jeta sur sa face aux pieds de Jésus[1], en lui rendant grâce. Or c'était un Samaritain.

— [1] littéralement : à ses pieds.

17 Et Jésus, répondant, dit : « Les dix n'ont-ils pas été purifiés ? Mais où sont les neuf [autres] ?

18 Ne s'est-il trouvé personne pour revenir et donner gloire à Dieu sinon cet étranger ? »

19 Et il lui dit : « Lève-toi et va ! Ta foi t'a guéri[1]. »

— [1] littéralement : sauvé.

La venue du royaume de Dieu

20 Or, étant interrogé par les Pharisiens quand viendrait le royaume de Dieu, il leur répondit et dit : « Le royaume de Dieu ne vient pas de telle sorte qu'on puisse l'observer.

21 On ne dira pas : "Voici, il est ici !", ou bien : "Il est là !" Car voici, le royaume de Dieu est au milieu de vous[1]. »

— [1] ou : en vous.

22 Puis il dit aux disciples : « Des jours viendront où vous désirerez voir [ne serait-ce qu']un des jours du Fils de l'homme, mais vous ne le verrez pas.

23 Et l'on vous dira : "Voici, il est ici !", [ou bien :] "Voilà, il est là !" N'y allez pas, n'y courez pas !

24 Car comme l'éclair, en jaillissant, brille d'une extrémité sous le ciel à l'autre extrémité sous le ciel, ainsi sera le Fils de l'homme [dans son jour].

25 Mais auparavant, il faut qu'il souffre beaucoup et qu'il soit rejeté par cette génération.

26 Et comme il arriva aux jours de Noé, ainsi en sera-t-il aussi aux jours du Fils de l'homme :

27 on mangeait, on buvait, on se mariait, on donnait en mariage, jusqu'au jour où Noé entra dans l'arche. Et le Déluge vint et les fit tous périr.

28 Il en sera aussi comme aux jours de Lot : on mangeait, on buvait, on achetait, on vendait, on plantait, on construisait.

29 Mais le jour où Lot sortit de Sodome, il plut depuis le ciel du feu et du soufre, et ils les firent tous périr.

30 Il en sera de même le jour où le Fils de l'homme sera révélé.

31 En ce jour-là, que celui qui sera sur le toit[1] et qui aura ses affaires dans la maison ne descende pas pour les emporter. Et de même, que celui qui sera dans un champ ne retourne pas en arrière.

— [1] toit en terrasse.

32 Souvenez-vous de la femme de Lot !

33 Celui qui cherchera à sauver sa vie la perdra, mais celui qui la perdra la conservera[1].

— [1] littéralement : la vivifiera.

34 Je vous [le] dis, cette nuit-là, deux [personnes] seront sur un même lit, l'une sera prise et l'autre laissée ;

35 deux [femmes] moudront ensemble, l'une sera prise et l'autre laissée. »

37 Et répondant, ils lui disent : « Où, Seigneur ? » Et il leur dit : « Là où est le corps, là aussi se rassembleront les aigles. »

Parabole du juge inique et de la femme importune

18 Et il leur enseigna[1] une parabole, pour [montrer] qu'ils devaient toujours prier et ne pas se lasser,
— [1] littéralement : dit.

2 en disant : « Il y avait dans une ville un certain juge qui ne craignait pas Dieu et qui ne respectait pas les hommes.

3 Et dans cette ville il y avait une veuve, et elle allait vers lui, en disant : "Rends-moi justice contre mon adversaire."

4 Et il ne le voulut pas pendant un [certain] temps. Mais après cela, il dit en lui-même : "Bien que je ne craigne pas Dieu et que je ne respecte pas les hommes,

5 néanmoins, parce que cette veuve me fatigue, je lui ferai justice, de peur que, revenant sans cesse, elle ne me casse[1] la tête." »
— [1] ou : qu'elle ne vienne continuellement me casser.

6 Le Seigneur dit alors : « Écoutez ce que dit le juge inique[1].
— [1] ailleurs : injuste.

7 Et Dieu ne ferait-il vraiment pas justice à ses élus qui crient vers lui jour et nuit, et les ferait-il attendre ?

8 Je vous dis qu'il leur fera rapidement justice. Mais le Fils de l'homme, quand il viendra, trouvera-t-il de la foi sur la terre ? »

Parabole du Pharisien et du publicain

9 Et il dit aussi cette parabole à certaines [personnes] qui étaient persuadées d'être justes et qui traitaient le reste [des hommes] avec mépris :

10 « Deux hommes montèrent au Temple pour prier ; l'un était un Pharisien et l'autre un publicain.

11 Le Pharisien, se tenant debout, priait ainsi en lui-même : "Ô Dieu, je te rends grâce parce que je ne suis pas comme le reste des hommes qui sont avides de biens, injustes, adultères, ou même comme ce publicain.

12 Je jeûne deux fois par semaine, je donne la dîme de tous mes revenus[1]."
— [1] littéralement : de tout ce que j'acquiers.

13 Mais le publicain, se tenant loin, ne voulait même pas lever les yeux vers le ciel, mais il se frappait la poitrine, en disant : "Ô Dieu, sois apaisé envers moi, pécheur[1] !"
— [1] littéralement : le pécheur.

14 Je vous dis que celui-ci descendit dans sa maison justifié plutôt que l'autre. Car quiconque s'élève sera abaissé, mais celui qui s'abaisse sera élevé. »

Comment entrer dans le royaume de Dieu

15 Et on lui apportait aussi les tout petits enfants pour qu'il les touche. Et les disciples, en voyant cela, reprenaient ceux [qui les apportaient].

16 Mais Jésus, les ayant appelés auprès [de lui], dit : « Laissez venir à moi les petits enfants et ne les en empêchez pas, car le royaume de Dieu est à ceux qui sont comme eux[1].
— [1] littéralement : car aux tels est le royaume de Dieu.

17 En vérité, je vous [le] dis : Celui qui ne recevra pas le royaume de Dieu comme un petit enfant n'y entrera certainement pas. »

Le jeune homme riche

18 Et l'un des chefs [du peuple] l'interrogea, en disant : « Bon maître, que faut-il que j'aie fait pour hériter de la vie éternelle ? »

19 Mais Jésus lui dit : « Pourquoi

m'appelles-tu bon ? Personne n'est bon sinon un [seul], Dieu.

20 Tu sais les commandements : Ne commets pas d'adultère ; ne commets pas de meurtre ; ne commets pas de vol ; ne dis pas de faux témoignage ; honore ton père et ta mère. »

21 Et il dit : « J'ai gardé toutes ces choses dès ma jeunesse. »

22 Alors Jésus, ayant entendu [cela], lui dit : « Une chose te manque encore : vends tout ce que tu as, et distribue-le aux pauvres, et tu auras un trésor dans les cieux. Et viens, suis-moi ! »

23 Mais lui, ayant entendu cela, devint très triste, car il était extrêmement riche.

24 Et Jésus, en le voyant [devenu très triste], dit : « Combien il est difficile, pour ceux qui ont des richesses, d'entrer dans le royaume de Dieu !

25 Car Il est plus facile à un chameau de passer par un trou d'aiguille qu'à un riche d'entrer dans le royaume de Dieu. »

26 Et ceux qui avaient entendu [cela] dirent : « Qui donc peut être sauvé ? »

27 Et il dit : « Les choses qui sont impossibles aux hommes sont possibles à Dieu. »

28 Alors Pierre dit : « Voici, nous avons tout quitté et nous t'avons suivi. »

29 Et il leur dit : « En vérité, je vous [le] dis : Il n'y a personne qui ait quitté maison, ou femme, ou frères, ou parents, ou enfants à cause du royaume de Dieu,

30 et qui ne reçoive beaucoup plus dans ce temps-ci et, dans le siècle qui vient, la vie éternelle. »

Jésus annonce une troisième fois ses souffrances, sa mort et sa résurrection

31 Et ayant pris auprès [de lui] les Douze, il leur dit : « Voici, nous montons à Jérusalem, et toutes les choses qui sont écrites par les prophètes au sujet du Fils de l'homme seront accomplies.

32 Car il sera livré aux nations, et l'on se moquera de lui, et on l'injuriera, et l'on crachera sur lui.

33 Et après qu'ils l'auront fouetté, ils le mettront à mort ; et le troisième jour il ressuscitera. »

34 Mais ils ne comprirent rien de ces choses, et cette parole leur était cachée, et ils ne saisirent[1] pas les choses qui étaient dites.

— [1] littéralement : connurent.

Guérison de l'aveugle de Jéricho

35 Et il arriva, lorsqu'il approchait de Jéricho, qu'un aveugle était assis sur le bord du chemin et mendiait.

36 Et ayant entendu la foule qui passait, il demanda ce que cela pouvait être.

37 Et on lui rapporta que Jésus le Nazaréen passait.

38 Alors il cria, en disant : « Jésus, Fils de David, aie pitié de moi ! »

39 Et ceux qui allaient devant le reprenaient pour qu'il se taise. Mais il criait beaucoup plus fort : « Fils de David, aie pitié de moi ! »

40 Alors Jésus, s'étant arrêté, commanda qu'on le lui amène. Et comme il s'approchait, Jésus[1] l'interrogea, [en disant] :

— [1] littéralement : il.

41 « Que veux-tu que je te fasse ? » Et il dit : « Seigneur, que je retrouve la vue. »

42 Et Jésus lui dit: « Retrouve la

vue, ta foi t'a guéri[1]. »

— [1] littéralement : sauvé.

43 Et à l'instant il retrouva la vue et le suivit, en glorifiant Dieu. Et tout le peuple, voyant cela, se mit à louer Dieu[1].

— [1] littéralement : donna louange à Dieu.

Jésus s'invite chez Zachée

19 Et Jésus[1], étant entré dans Jéricho, traversait [la ville].

— [1] littéralement : lui.

2 Et voici, [il y avait] un homme appelé du nom de Zachée, et il était chef de publicains, et il était riche.

3 Et il cherchait à voir Jésus, qui il était. Mais il ne le pouvait pas à cause de la foule, car il était petit de taille.

4 Et courant en avant, il monta sur un sycomore pour le voir, car il allait passer par là.

5 Et quand il fut venu à cet endroit, Jésus ayant levé les yeux[1] lui dit : Zachée, descends vite, car il faut que je reste aujourd'hui dans ta maison.

— [1] plusieurs manuscrits ajoutent : le vit et.

6 Et il se hâta de descendre, et il le reçut avec joie.

7 Et voyant cela, tous murmuraient, en disant : « Il est entré chez un homme pécheur pour y loger. »

8 Et Zachée, se tenant là, dit au Seigneur : « Voici, Seigneur, je donne la moitié de mes biens aux pauvres, et si j'ai extorqué quelque chose à quelqu'un[1], je [lui] rends le quadruple. »

— [1] ou : si j'ai fait tort à quelqu'un par une fausse accusation.

9 Et Jésus lui dit : « Aujourd'hui [le] salut est venu pour cette maison, parce que lui aussi est un fils d'Abraham.

10 Car le Fils de l'homme est venu chercher et sauver ce qui était perdu. »

Parabole des mines

11 Et comme ils entendaient ces choses, il dit encore[1] une parabole, parce qu'il était près de Jérusalem et qu'ils pensaient que le royaume de Dieu allait immédiatement apparaître.

— [1] littéralement : il ajouta et dit.

12 Il dit donc : « Un homme de haute naissance s'en alla dans un pays éloigné pour recevoir pour lui-même un royaume puis revenir.

13 Et ayant appelé dix de ses esclaves, il leur donna dix mines[1] et leur dit : "Faites des affaires jusqu'à ce que je revienne."

— [1] 1 mine = 285 g (d'argent) environ.

14 Or ses concitoyens[1] le haïssaient, et ils lui envoyèrent[2] une délégation, en disant : "Nous ne voulons pas que celui-ci règne sur nous."

— [1] littéralement : ses citoyens. — [2] littéralement : ils envoyèrent derrière lui.

15 Or il arriva, à son retour, après avoir reçu le royaume, qu'il fit appeler auprès de lui ces esclaves à qui il avait donné l'argent, pour savoir combien chacun avait gagné en affaires.

16 Et le premier se présenta, en disant : "Maître[1], ta mine a rapporté dix mines."

— [1] ou : Seigneur ; ici et dans le reste du chapitre.

17 Alors il lui dit : "[C'est] bien, bon esclave ! Parce que tu as été fidèle en ce qui est très peu de chose, aie autorité sur dix villes."

18 Et le deuxième vint, en disant : "Maître, ta mine a produit cinq mines."

19 Alors il dit aussi à celui-ci : "Et toi, sois [établi] sur cinq villes."

20 Et un autre vint, en disant :

"Maître, voici ta mine que j'avais mise de côté dans un linge.

21 Car je t'ai craint, parce que tu es un homme sévère ; tu prends ce que tu n'as pas déposé, et tu moissonnes ce que tu n'as pas semé."

22 Il lui dit : "Je te jugerai par ta propre parole[1], mauvais esclave. Tu savais que moi, je suis un homme sévère, prenant ce que je n'ai pas déposé et moissonnant ce que je n'ai pas semé.

— [1] littéralement : par ta bouche.

23 Et pourquoi n'as-tu pas mis mon argent à la banque et, à mon retour, je l'aurais retiré avec l'intérêt ?"

24 Alors il dit à ceux qui se tenaient là : "Enlevez-lui la mine et donnez-la à celui qui a les dix mines."

25 Mais ils lui dirent : "Seigneur, il a dix mines !"

26 "Je vous dis qu'à quiconque a, il sera donné ; mais à celui qui n'a pas, même ce qu'il a lui sera enlevé.

27 Mais quant à mes ennemis, ceux qui n'ont pas voulu que je règne sur eux, amenez-les ici et égorgez-les devant moi." »

28 Et ayant dit ces choses, il partit devant [eux], montant à Jérusalem.

L'entrée royale de Jésus dans Jérusalem

29 Et il arriva, comme il approchait de Bethphagé et de Béthanie, vers le mont appelé [mont] des Oliviers, qu'il envoya deux de ses disciples,

30 en disant : « Allez au village qui est en face ; et y étant entrés, vous trouverez un ânon attaché, sur lequel jamais aucun homme[1] ne s'est assis. Et l'ayant détaché, amenez-le.

— [1] littéralement : aucun des hommes.

31 Et si quelqu'un vous demande : "Pourquoi le détachez-vous ?", vous lui direz ainsi : "Le Seigneur en a besoin." »

32 Alors ceux qui étaient envoyés, s'en étant allés, trouvèrent [tout] comme il le leur avait dit.

33 Et comme ils détachaient l'ânon, les maîtres de celui-ci leur dirent : « Pourquoi détachez-vous l'ânon ? »

34 Et ils dirent : « Le Seigneur en a besoin. »

35 Puis ils l'amenèrent à Jésus. Et ayant jeté leurs vêtements sur l'ânon, ils y firent monter Jésus.

36 Et à mesure qu'il avançait, ils étendaient leurs vêtements sur le chemin.

37 Et comme il approchait déjà [de Jérusalem], vers la descente du mont des Oliviers, toute la multitude des disciples, se réjouissant, se mit à louer Dieu d'une voix forte pour tous les miracles qu'ils avaient vus,

38 en disant : « Béni soit le roi qui vient au nom du °Seigneur ![1] Paix dans le ciel et gloire dans les lieux très hauts ! »

— [1] voir Psaume 118:26.

39 Et quelques-uns des Pharisiens lui dirent du milieu de la foule : « Maître, reprends tes disciples ! »

40 Mais répondant, il dit : « Je vous dis que si ceux-ci se taisent, les pierres crieront. »

Jésus pleure sur Jérusalem

41 Et quand il approcha [de Jérusalem], voyant la ville, il pleura sur elle,

42 en disant : « Si tu avais connu, toi aussi,[1] en cette journée, les choses qui appartiennent à la paix ! Mais maintenant, elles sont cachées à tes yeux.

— [1] plusieurs manuscrits ajoutent : au moins.

43 Car des jours viendront sur toi où tes ennemis érigeront des palissades contre toi, et t'encercleront, et te serreront de tous côtés,

44 et te raseront, toi et tes enfants au-dedans de toi. Et ils ne laisseront pas en toi pierre sur pierre, parce que tu n'as pas connu le temps où tu as été visitée. »

Jésus chasse les vendeurs du Temple

45 Puis il entra dans le Temple et se mit à chasser dehors ceux qui y vendaient,

46 en leur disant : « Il est écrit : "Ma Maison sera une maison de prière"[1] ; mais vous, vous en avez fait une caverne de bandits[2]. »

— [1] Ésaïe 56:7. — [2] voir Jér. 7:11.

47 Et il enseignait tous les jours dans le Temple. Et les principaux sacrificateurs, et les scribes, et les notables[1] du peuple cherchaient à le faire mourir.

— [1] littéralement : les premiers.

48 Mais ils ne trouvaient pas ce qu'ils pourraient faire, car tout le peuple se tenait suspendu [à ses lèvres] pour l'entendre.

Questions des chefs du peuple sur l'autorité de Jésus

20 Et il arriva, un de ces jours-là[1], comme il enseignait le peuple dans le Temple et évangélisait, que les principaux sacrificateurs et les scribes se présentèrent avec les anciens.

— [1] littéralement : un des jours ; comme en 5:17 ; 8:22.

2 Et ils lui parlèrent, en disant : « Dis-nous par quelle autorité tu fais ces choses ? Ou qui est celui qui t'a donné cette autorité ? »

3 Et répondant, il leur dit : « Je vous demanderai moi aussi une chose, et dites-la-moi :

4 Le baptême de Jean était-il du ciel ou des hommes ? »

5 Et ils raisonnèrent entre eux, en disant : « Si nous disons : "Du ciel", il dira : "Pourquoi ne l'avez-vous pas cru ?"

6 Mais si nous disons : "Des hommes", tout le peuple nous lapidera, car il est persuadé que Jean était un prophète. »

7 Alors ils répondirent qu'ils ne savaient pas d'où [il était].

8 Et Jésus leur dit : « Moi non plus, je ne vous dis pas par quelle autorité je fais ces choses. »

Parabole des mauvais vignerons

9 Et il se mit à dire au peuple cette parabole : « Un homme planta une vigne, et la loua à des vignerons, et s'en alla hors du pays pour longtemps.

10 Et la saison venue, il envoya un esclave aux vignerons pour qu'ils lui donnent du fruit de la vigne. Mais les vignerons, l'ayant battu, le renvoyèrent [les mains] vides.

11 Et il envoya encore un autre esclave. Mais l'ayant battu lui aussi et l'ayant traité avec mépris, ils le renvoyèrent [les mains] vides.

12 Et il en envoya encore un troisième. Mais ils blessèrent aussi celui-là, et le jetèrent dehors.

13 Et le maître de la vigne dit : "Que ferai-je ? J'enverrai mon fils bien-aimé ; peut-être qu'ils le respecteront."

14 Mais quand les vignerons le virent, ils raisonnèrent entre eux, en disant : "Celui-ci est l'héritier, tuons-le, afin que l'héritage soit à

nous !"

15 Et l'ayant jeté hors de la vigne, ils le tuèrent. Que leur fera donc le maître de la vigne ?

16 Il viendra et fera périr ces vignerons et donnera la vigne à d'autres. » Et l'ayant entendu, ils dirent : « Que rien de tel n'arrive ! »

17 Et lui, les regardant, dit : « Que signifie donc ce qui est écrit : "La pierre qu'ont rejetée ceux qui construisaient, celle-là est devenue la pierre maîtresse[1] de l'angle"[2] ?

— [1] littéralement : la tête. — [2] Psaume 118:22.

18 Quiconque tombera sur cette pierre, sera brisé ; mais celui sur qui elle tombera, elle l'écrasera. »

19 Et les scribes et les principaux sacrificateurs cherchèrent, à cette même heure, à mettre les mains sur lui, mais ils craignaient le peuple. Car ils comprirent qu'il avait dit cette parabole pour eux.

Le tribut dû à César

20 Et après l'avoir surveillé, ils envoyèrent des agents secrets qui faisaient semblant d'être justes, pour le prendre [en défaut] par l'une de ses paroles, de manière à le livrer au magistrat et au pouvoir du gouverneur.

21 Et ils l'interrogèrent, en disant : « Maître, nous savons que tu parles et enseignes justement, et que tu n'as pas égard à l'apparence des personnes, mais que tu enseignes la voie de Dieu avec vérité.

22 Nous est-il permis, ou non, de payer le tribut à César ? »

23 Et s'apercevant de leur perfidie, il leur dit :[1]

— [1] plusieurs manuscrits ajoutent : Pourquoi me tentez-vous ?

24 « Montrez-moi un denier. De qui porte-t-il l'image et l'inscription ? » Et ils dirent : « De César. »

25 Alors il leur dit : « Rendez donc les choses de César à César et les choses de Dieu à Dieu. »

26 Et ils ne pouvaient pas le prendre [en défaut] par l'une de ses paroles devant le peuple. Et étonnés de sa réponse, ils se turent.

Question des Sadducéens sur la résurrection

27 Et quelques-uns des Sadducéens, qui disent qu'il n'y a pas de résurrection, s'approchèrent et l'interrogèrent,

28 en disant : « Maître, Moïse nous a écrit que, si le frère de quelqu'un meurt, ayant une femme, mais pas d'enfants, son frère prenne la femme et suscite une descendance à son frère.[1]

— [1] voir Deut. 25:5.

29 Il y avait donc sept frères. Et le premier, ayant pris une femme, mourut sans enfant.

30 Et le deuxième,

31 puis le troisième la prirent, et de même aussi les sept. Ils ne laissèrent pas d'enfants et moururent.

32 Plus tard, la femme aussi mourut.

33 Lors de la résurrection, duquel d'entre eux sera-t-elle donc la femme ? Car les sept l'ont eue pour femme. »

34 Jésus leur dit alors : « Les fils de ce siècle se marient et les filles sont données en mariage.

35 Mais ceux qui seront estimés dignes d'avoir part à ce siècle-là et à la résurrection d'entre les morts ne se marient pas et ne sont pas

non plus donnés en mariage.

36 En effet, ils ne peuvent plus mourir, car ils sont semblables aux anges, et ils sont fils de Dieu, étant fils de la résurrection.

37 Or que les morts ressuscitent, Moïse même l'a montré, au [titre][1] "Du buisson", quand il appelle le °Seigneur : "le Dieu d'Abraham, et le Dieu d'Isaac, et le Dieu de Jacob"[2].

— [1] L'expression désigne le titre ou la section d'un livre. — [2] Exode 3:6.

38 Or il n'est pas [le] Dieu des morts, mais des vivants, car pour lui tous vivent. »

39 Et quelques-uns des scribes, répondant, dirent : « Maître, tu as bien parlé. »

40 Car ils n'osaient plus l'interroger sur rien.

Question de Jésus sur le fils de David

41 Et il leur dit : « Comment peut-on dire que le Christ est le fils de David ?

42 Car David lui-même dit, dans le livre des Psaumes : "Le °Seigneur a dit à mon Seigneur : 'Assieds-toi à ma droite

43 jusqu'à ce que je mette tes ennemis pour marchepied de tes pieds.'"[1]

— [1] Psaume 110:1.

44 David donc l'appelle Seigneur ; et comment est-il son fils ? »

Mise en garde contre les scribes

45 Et comme tout le peuple écoutait, il dit à *[ses]* disciples :

46 « Prenez garde aux scribes qui aiment aller et venir en longues robes, et qui aiment les salutations sur les places publiques, et les premiers sièges dans les synagogues, et les premières places dans les repas ;

47 qui dévorent les maisons des veuves et font, pour l'apparence, de longues prières. Ceux-ci recevront un jugement plus sévère. »

Les pites de la veuve

21 Et levant les yeux, il vit des riches qui jetaient leurs dons au Trésor[1].

— [1] Trésor : coffre, dans le Temple, destiné à recevoir les offrandes.

2 Il vit aussi une veuve pauvre qui y jetait deux pites[1].

— [1] 2 pites = 1 quadrant, c.-à-d. : le quart d'un as (ou sou) romain ; le denier, qui était le salaire journalier d'un ouvrier, valait 16 as, soit 64 quadrants (128 pites).

3 Et il dit : « Vraiment, je vous dis que cette veuve pauvre a jeté plus que tous [les autres].

4 Car tous ceux-là, pour les offrandes [à Dieu], ont jeté de leur superflu, mais elle, elle y a jeté de sa pénurie, tout ce qu'elle avait pour vivre. »

Jésus annonce la destruction de Jérusalem et son retour glorieux

5 Et comme quelques-uns parlaient du Temple [et disaient] qu'il était orné de belles pierres et de dons[1], il dit :

— [1] proprement : choses dédiées.

6 « Quant à ces choses que vous regardez, des jours viendront où il ne sera pas laissé pierre sur pierre qui ne soit renversée[1]. »

— [1] littéralement : détruite.

7 Et ils l'interrogèrent, en disant : « Maître, quand donc ces choses auront-elles lieu et quel sera le signe annonçant l'arrivée de ces choses ? »

8 Alors il dit : « Prenez garde à ne pas vous laisser séduire ; car beaucoup viendront en mon nom,

en disant : "C'est moi !", et : "Le temps est proche !" N'allez pas à leur suite[1].

— [1] littéralement : derrière eux.

9 Et quand vous entendrez parler de guerres et de bouleversements, ne vous épouvantez pas. Car il faut que ces choses arrivent d'abord, mais ce ne sera pas aussitôt la fin. »

10 Alors il leur dit : « Nation se dressera[1] contre nation et royaume contre royaume.

— [1] littéralement : se lèvera.

11 Et il y aura de grands tremblements de terre et, en divers lieux, des famines et des pestes. Et il y aura des sujets d'épouvante et aussi de grands signes venant du ciel.

12 Mais, avant toutes ces choses, ils mettront les mains sur vous et vous persécuterons, vous livrant aux synagogues et [vous mettant] en prison. Et l'on vous mènera devant les rois et les gouverneurs à cause de mon nom.

13 Cela vous amènera à rendre témoignage.

14 Mettez donc dans vos cœurs de ne pas vous préoccuper à l'avance de votre défense,

15 car moi, je vous donnerai des paroles[1] et une sagesse auxquelles tous vos adversaires ne pourront pas s'opposer ni contredire.

— [1] littéralement : une bouche.

16 Et vous serez aussi livrés par des parents, et par des frères, et par des proches, et par des amis, et l'on fera mourir [quelques-uns] d'entre vous.

17 Et vous serez haïs de tous à cause de mon nom.

18 Mais pas même un cheveu de votre tête ne sera perdu.

19 Possédez[1] vos âmes par votre persévérance.

— [1] proprement : posséder en acquérant ; ici : en acquérant la délivrance qu'apporterait le Messie, tout en laissant une meilleure part à ceux qui seraient tués.

20 « Et quand vous verrez Jérusalem environnée d'armées, sachez alors que sa dévastation est proche.

21 Alors que ceux qui sont en Judée s'enfuient dans les montagnes ; et que ceux qui sont au milieu de Jérusalem[1] s'en retirent ; et que ceux qui sont dans les campagnes[2] n'entrent pas dans la ville[3].

— [1] littéralement : d'elle. — [2] ailleurs : contrées. — [3] littéralement : en elle.

22 Car ce sont là des jours de vengeance[1], afin que toutes les choses qui sont écrites soient accomplies.

— [1] ou : les jours de la vengeance.

23 Quel malheur pour celles qui seront enceintes et pour celles qui allaiteront en ces jours-là ! Car il y aura une grande détresse sur le pays et de la colère contre ce peuple.

24 Et ils tomberont sous le tranchant de l'épée et seront emmenés prisonniers dans toutes les nations. Et Jérusalem sera foulée aux pieds par des nations jusqu'à ce que les temps des nations soient accomplis.

25 Et il y aura des signes dans le soleil, et la lune, et les étoiles. Et sur la terre les nations seront dans l'angoisse [et] en perplexité devant le grand bruit de la mer et des vagues.

26 Les hommes rendront l'âme de peur dans l'attente des choses qui arriveront sur la terre habitée, car les puissances des cieux seront

ébranlées.

27 Et alors on verra le Fils de l'homme venant sur une nuée avec puissance et une grande gloire[1].

— [1] ou : avec grande puissance et [grande] gloire.

28 Et quand ces choses commenceront à arriver, regardez en haut et levez vos têtes, parce que votre délivrance[1] approche. »

— [1] avec l'idée qu'un prix a été payé ; ailleurs : rédemption.

Derniers avertissements donnés par Jésus

29 Puis il leur dit une parabole : « Voyez le figuier et tous les arbres.

30 Dès qu'ils bourgeonnent, vous savez de vous-mêmes, en [les] regardant, que l'été est déjà proche.

31 De même vous aussi, quand vous verrez arriver ces choses, sachez que le royaume de Dieu est proche.

32 En vérité, je vous dis que cette génération ne passera certainement pas avant que tout ne soit arrivé.

33 Le ciel et la terre passeront, mais mes paroles ne passeront absolument pas.

34 Et prenez garde à vous-mêmes, de peur que vos cœurs ne soient appesantis par les excès du manger et du boire[1], et les soucis de la vie, et que ce jour-là n'arrive sur vous de façon soudaine.

— [1] littéralement : et les intoxications.

35 Car il viendra comme un filet sur tous ceux qui habitent sur la surface de toute la terre.

36 Veillez donc, priant en tout temps, afin que vous ayez la force d'échapper à toutes ces choses qui doivent arriver, et de vous tenir devant le Fils de l'homme. »

37 Et il passait les journées dans le Temple à enseigner. Mais les nuits, il sortait les passer sur le mont appelé [mont] des Oliviers.

38 Et tout le peuple, dès le matin, venait à lui dans le Temple pour l'entendre.

Judas s'engage à trahir son maître

22 Or la fête des Pains sans levain, qui est appelée la Pâque, approchait.

2 Et les principaux sacrificateurs et les scribes cherchaient comment ils pourraient le faire mourir, car ils craignaient le peuple.

3 Or Satan entra dans Judas, appelé Iscariote, qui était du nombre des Douze.

4 Et s'en étant allé, il parla avec les principaux sacrificateurs et [les] capitaines sur la manière dont il le leur livrerait.

5 Et ils se réjouirent et convinrent de lui donner de l'argent.

6 Alors il accepta. Et il cherchait une bonne occasion pour le leur livrer sans que la foule y soit.

La dernière Pâque

7 Et le jour des Pains sans levain arriva, [jour] où il fallait faire le sacrifice de la Pâque.

8 Et Jésus[1] envoya Pierre et Jean, en disant : « Allez nous préparer la Pâque, afin que nous la mangions. »

— [1] littéralement : il.

9 Mais ils lui dirent : « Où veux-tu que nous la préparions ? »

10 Et il leur dit : « Voici, quand vous serez entrés dans la ville, un homme portant une cruche d'eau

viendra à votre rencontre. Suivez-le dans la maison où il entrera.

11 Et vous direz au maître de la maison : "Le maître[1] te dit : 'Où est la salle où je mangerai la Pâque avec mes disciples ?'"

— [1] maître : celui qui enseigne.

12 Et lui vous montrera une grande salle[1] aménagée. Là, préparez [la Pâque]. »

— [1] pièce à l'étage supérieur, servant de salle à manger.

13 Et s'en étant allés, ils trouvèrent [tout] comme il le leur avait dit. Et ils préparèrent la Pâque.

14 Alors, quand l'heure fut venue, il se mit à table, et les apôtres avec lui.

15 Et il leur dit : « J'ai vivement désiré[1] manger cette Pâque avec vous avant que je souffre.

— [1] littéralement : J'ai désiré avec désir.

16 Car je vous dis que je n'en mangerai plus jusqu'à ce qu'elle soit accomplie dans le royaume de Dieu. »

17 Et ayant pris une coupe, il rendit grâce et dit : « Prenez ceci et partagez-le entre vous.

18 Car je vous dis que je ne boirai plus désormais du fruit de la vigne jusqu'à ce que le royaume de Dieu soit venu. »

Institution de la Cène

19 Et ayant pris du pain [et] ayant rendu grâce, il le rompit et le leur donna, en disant : « Ceci est mon corps qui est donné pour vous ; faites ceci en mémoire de moi. »

20 Puis après le dîner, [il prit] de même la coupe, en disant : « Cette coupe est la nouvelle alliance en mon sang qui est versé pour vous.

21 Mais voici, la main de celui qui me livre est avec moi à table.

22 Car le Fils de l'homme s'en va selon ce qui a été déterminé, mais malheur à cet homme par qui il est livré ! »

23 Alors ils se mirent à se demander les uns aux autres qui donc serait celui d'entre eux qui allait faire cela.

Ce qu'est la vraie grandeur

24 Et il arriva aussi une contestation parmi eux [pour savoir] lequel d'entre eux serait estimé le plus grand.

25 Et il leur dit : « Les rois des nations dominent sur elles et ceux qui exercent l'autorité sur elles sont appelés des bienfaiteurs.

26 Mais il n'en sera pas ainsi de vous ; mais que le plus grand parmi vous soit comme le plus jeune et celui qui dirige comme celui qui sert.

27 Car qui est le plus grand, celui qui est à table ou celui qui sert ? N'est-ce pas celui qui est à table ? Or moi, je suis au milieu de vous comme celui qui sert.

28 Mais vous, vous êtes ceux qui avez persévéré avec moi dans mes épreuves[1].

— [1] ou : tentations.

29 Et moi, je dispose pour vous du Royaume, comme mon Père en a disposé pour moi,

30 afin que vous mangiez et que vous buviez à ma table dans mon royaume, et que vous soyez assis sur des trônes, jugeant les douze tribus d'Israël.

Jésus annonce que Pierre va le renier

31 [1]« Simon, Simon, voici, Satan a demandé à vous cribler comme [on crible] le blé.

— [1] plusieurs manuscrits ajoutent : Et le

Seigneur dit :

32 Mais moi, j'ai prié pour toi afin que ta foi ne fasse pas défaut. Et toi, quand une fois tu seras revenu, fortifie tes frères.

33 Et il lui dit : « Seigneur, avec toi je suis prêt à aller et en prison et à la mort. »

34 Mais il dit : « Pierre, je te dis : un coq ne chantera pas aujourd'hui avant que tu n'aies nié trois fois me connaître. »

Dernières instructions aux disciples

35 Puis il leur dit : « Quand je vous ai envoyés sans bourse, et sans sac, et sans sandales, avez-vous manqué de quelque chose ? » Et ils dirent : « De rien. »

36 Il leur dit donc : « Mais maintenant, que celui qui a une bourse la prenne, et de même [celui qui a] un sac, et que celui qui n'a pas [d'épée] vende son vêtement et achète une épée.

37 Car je vous dis qu'il faut que cette Écriture soit accomplie en moi : "Et il a été compté parmi les transgresseurs[1]"[2] Et en effet, les choses qui me concernent vont s'accomplir. »

— [1] littéralement : sans loi. — [2] Ésaïe 53:12.

38 Et ils dirent : « Seigneur, voici ici deux épées. » Et il leur dit : « C'est assez. »

Jésus dans l'angoisse à Gethsémané – Ses prières

39 Et étant sorti, il s'en alla selon sa coutume au mont des Oliviers, et les disciples aussi le suivirent.

40 Et étant arrivé à cet endroit, il leur dit : « Priez pour ne pas entrer en tentation. »

41 Et il s'éloigna d'eux [à la distance] d'environ un jet de pierre et, s'étant mis à genoux, il priait,

42 en disant : « Père, si tu voulais faire passer cette coupe loin de moi ! Toutefois, que ce ne soit pas ma volonté mais la tienne qui soit faite. »

43 Alors un ange du ciel lui apparut pour le fortifier.

44 Et étant dans l'angoisse du combat, il priait plus intensément. Et sa sueur devint comme des caillots de sang tombant sur la terre.

45 Et s'étant levé de sa[1] prière, il alla vers les disciples qu'il trouva endormis de tristesse.

— [1] littéralement : la.

46 Il leur dit alors : « Pourquoi dormez-vous ? Levez-vous et priez afin que vous n'entriez pas en tentation. »

Arrestation de Jésus

47 Comme il parlait encore, voici une foule, et celui qui s'appelait Judas, l'un des Douze, allait devant eux. Et il s'approcha de Jésus pour l'embrasser.

48 Mais Jésus lui dit : « Judas, tu livres le Fils de l'homme par un baiser ? »

49 Et ceux qui étaient autour de lui, voyant ce qui allait arriver, dirent : « Seigneur, frapperons-nous de l'épée ? »

50 Et l'un d'eux frappa l'esclave du souverain sacrificateur et lui emporta l'oreille droite.

51 Mais Jésus, répondant, dit : « Laissez [faire] jusqu'ici ! » Et ayant touché l'oreille, il le guérit.

52 Puis Jésus dit aux principaux sacrificateurs et aux capitaines du Temple et aux anciens qui étaient venus contre lui : « Êtes-vous sortis, comme après un bandit, avec des épées et des bâtons ?

53 Lorsque j'étais tous les jours

avec vous dans le Temple, vous n'avez pas étendu les mains sur moi. Mais c'est maintenant votre heure et le pouvoir des ténèbres. »

Jésus devant le souverain sacrificateur – Reniement de Pierre

54 Et s'étant saisis de lui, ils l'emmenèrent et le conduisirent dans la maison du souverain sacrificateur. Or Pierre suivait de loin.

55 Et comme ils avaient allumé un feu au milieu de la cour[1] et s'étaient assis ensemble, Pierre s'assit au milieu d'eux.

— [1] cour entourée des bâtiments du palais.

56 Et une servante, le voyant assis près du feu[1] et l'ayant regardé fixement, dit : « Celui-ci aussi était avec lui. »

— [1] littéralement : près de la lumière.

57 Mais il le nia, en disant : « Femme, je ne le connais pas. »

58 Et peu après, un autre, en le voyant, dit : « Toi aussi, tu es [l'un] d'entre eux. » Mais Pierre dit : « [Ô] homme, je n'en suis pas. »

59 Et environ une heure après, un autre affirma, en disant : « Vraiment, celui-ci était aussi avec lui, car il est Galiléen. »

60 Mais Pierre dit : « [Ô] homme, je ne sais pas ce que tu dis. » Et à l'instant, comme il parlait encore, un coq chanta.

61 Alors le Seigneur, s'étant retourné, regarda Pierre. Et Pierre se souvint de la parole que le Seigneur lui avait dite : « Avant qu'un coq ne chante aujourd'hui, tu me renieras trois fois. »

62 Et étant sorti dehors, il pleura amèrement.

63 Or les hommes qui tenaient Jésus[1] se moquaient de lui et le frappaient.

— [1] littéralement : qui le tenaient.

64 Et lui ayant couvert [les yeux], ils l'interrogeaient, en disant : « Prophétise ! Qui est celui qui t'a frappé ? »

65 Et ils disaient beaucoup d'autres choses contre lui, en l'injuriant.

Jésus est interrogé devant le sanhédrin au lever du jour

66 Et quand le jour fut venu, le Conseil, [composé] des anciens du peuple, des principaux sacrificateurs et aussi des scribes, se rassembla. Et ils l'amenèrent dans leur sanhédrin,

67 en disant : « Si toi, tu es le Christ, dis-le-nous. » Et il leur dit : « Si je vous [le] dis, vous ne le croirez pas du tout ;

68 et si je vous interroge, vous ne me répondrez certainement pas[1].

— [1] plusieurs manuscrits ajoutent : ou ne me laisserez pas aller.

69 Mais désormais, le Fils de l'homme sera assis à la droite de la puissance de Dieu. »

70 Et ils dirent tous : « Toi, tu es donc le Fils de Dieu ? » Et il leur dit : « Vous dites vous-mêmes que je le suis. »

71 Ils dirent alors : « Pourquoi avons-nous encore besoin de témoignage ? Car nous l'avons entendu nous-mêmes de sa bouche. »

Jésus est interrogé par Pilate

23 Et s'étant levés tous ensemble[1], ils l'amenèrent devant Pilate.

— [1] littéralement : Et toute leur multitude s'étant levée.

2 Et ils se mirent à l'accuser, en disant : « Nous avons trouvé cet

homme[1] pervertissant notre nation, et défendant de donner le tribut à César, et se disant lui-même être le Christ, un roi. »
— [1] littéralement : celui-ci.

3 Alors Pilate l'interrogea, en disant : « Es-tu, toi, le roi des Juifs ? » Et répondant, il lui dit : « Tu le dis. »

4 Et Pilate dit aux principaux sacrificateurs et aux foules : « Je ne trouve aucun motif [de condamnation] chez cet homme. »

5 Mais ils insistaient, en disant : « Il soulève le peuple, enseignant dans toute la Judée, et ayant commencé par la Galilée jusqu'ici. »

6 Et Pilate, ayant entendu [cela][1], demanda si l'homme était Galiléen.
— [1] plusieurs manuscrits portent : ayant entendu parler de la Galilée.

7 Et ayant appris qu'il relevait de l'autorité d'Hérode, il le renvoya à Hérode qui était lui aussi à Jérusalem en ces jours-là.

Jésus est interrogé par Hérode

8 Et quand Hérode vit Jésus, il se réjouit beaucoup. Car il y avait longtemps qu'il voulait le voir, parce qu'il avait entendu parler de lui, et il espérait voir quelque miracle[1] s'opérer par lui.
— [1] littéralement : signe.

9 Alors il l'interrogea longuement, mais il ne lui répondit rien.

10 Et les principaux sacrificateurs et les scribes se tenaient là, l'accusant avec véhémence.

11 Et Hérode, avec ses troupes, l'ayant [aussi] traité avec mépris et s'étant moqué [de lui], le revêtit d'un vêtement éclatant et le renvoya à Pilate.

12 Et ce même jour, Hérode et Pilate devinrent deux amis[1]. Car auparavant, il y avait entre eux de l'hostilité.
— [1] littéralement : devinrent amis l'un avec l'autre.

Jésus est de nouveau devant Pilate

13 Et Pilate, ayant convoqué les principaux sacrificateurs, et les chefs, et le peuple,

14 leur dit : « Vous m'avez amené cet homme comme détournant le peuple. Et voici, l'ayant examiné devant vous, moi, je n'ai trouvé chez cet homme aucun motif [de condamnation] pour les choses dont vous l'accusez,

15 ni Hérode non plus, car il nous l'a renvoyé. Et voici, rien n'a été fait par[1] lui qui mérite la mort.
— [1] ou : établi contre.

16 Donc, après l'avoir corrigé, je le relâcherai. »[1]
— [1] plusieurs manuscrits ajoutent (verset 17) : Or il était obligé de leur relâcher quelqu'un à la fête.

18 Mais ils s'écrièrent tous ensemble, en disant : « Ôte celui-ci et relâche-nous Barabbas ! »

19 (Celui-ci avait été jeté en prison à cause d'une émeute qui avait eu lieu dans la ville, et pour meurtre.)

20 Pilate donc s'adressa de nouveau à eux, voulant relâcher Jésus.

21 Mais ils s'écriaient, en disant : « Crucifie, crucifie-le ! »

22 Et il leur dit pour la troisième fois : « Mais quel mal celui-ci a-t-il fait ? Je n'ai rien trouvé en lui qui mérite la mort. Donc, après l'avoir corrigé, je le relâcherai. »

23 Mais ils insistaient à grands cris, demandant qu'il soit crucifié. Et leurs cris[1] eurent le dessus.
— [1] plusieurs manuscrits ajoutent : et ceux des principaux sacrificateurs.

24 Alors Pilate décida que leur demande serait satisfaite.

25 Et il relâcha celui qui, pour cause d'émeute et de meurtre, avait été jeté en prison – celui qu'ils demandaient – et il livra Jésus à leur volonté.

Jésus est conduit au lieu de la crucifixion

26 Et comme ils l'emmenaient, ils prirent un certain Simon, de Cyrène, qui revenait des champs, et ils le chargèrent de la croix pour la porter derrière Jésus.

27 Et il était suivi par une grande multitude [de gens] du peuple, et par des femmes qui se frappaient la poitrine et se lamentaient sur lui.

28 Mais Jésus, s'étant tourné vers elles, dit : « Filles de Jérusalem, ne pleurez pas sur moi, mais pleurez sur vous-mêmes et sur vos enfants.

29 Car voici, des jours viennent où l'on dira : "Bienheureuses les stériles, et les ventres qui n'ont pas donné naissance, et les seins qui n'ont pas nourri !"

30 Alors ils se mettront à dire aux montagnes : "Tombez sur nous !", et aux collines : "Couvrez-nous !"[1]

— [1] voir Osée 10:8.

31 Car s'ils font ces choses au bois vert, qu'arrivera-t-il au bois sec ? »

32 Et deux autres, qui étaient des malfaiteurs, furent aussi amenés avec lui pour être mis à mort.

Jésus est crucifié

33 Et quand ils furent arrivés au lieu appelé « Le Crâne », ils le crucifièrent là, ainsi que les malfaiteurs, l'un à [sa] droite, et l'autre à [sa] gauche.

34 Et Jésus dit : « Père, pardonne-leur, car ils ne savent pas ce qu'ils font. » Puis, ils firent le partage de ses vêtements, en tirant au sort.

35 Et le peuple se tenait là, regardant. Et les chefs aussi se moquaient [de lui], en disant : « Il [en] a sauvé d'autres ; qu'il se sauve lui-même si lui est le Christ, l'élu de Dieu ! »

36 Et les soldats se moquaient aussi de lui, s'approchant [et] lui présentant du vinaigre[1],

— [1] la boisson des soldats romains était du vin aigri.

37 et disant : « Si toi, tu es le roi des Juifs, sauve-toi toi-même ! »

38 Et il y avait aussi au-dessus de lui une inscription[1] : « Celui-ci est le roi des Juifs. »

— [1] plusieurs manuscrits ajoutent : en lettres grecques, romaines et hébraïques.

Conversion d'un des malfaiteurs

39 Et l'un des malfaiteurs qui étaient pendus l'injuriait, en disant : « N'es-tu pas le Christ, toi ? Sauve-toi toi-même et nous [aussi] ! »

40 Mais l'autre, répondant, le reprit, en disant : « Et tu ne crains pas Dieu, toi, car tu es sous le même jugement ?

41 Et pour nous, nous y sommes justement, car nous recevons ce que méritent les choses que nous avons commises. Mais celui-ci n'a rien fait de mal. »

42 Et il disait à Jésus : « Souviens-toi[1] de moi quand tu viendras dans ton royaume ! »

— [1] ou : Et il disait : « Jésus, souviens-toi.

43 Et Jésus[1] lui dit : « En vérité, je te dis : Aujourd'hui tu seras avec moi dans le paradis. »

— [1] littéralement : il.

La mort de Jésus

44 Or il était environ la sixième heure ; et il y eut des ténèbres sur tout le pays[1] jusqu'à la neuvième heure.

— [1] ou : sur toute la terre.

45 Le soleil fut obscurci et le voile du Temple[1] se déchira par le milieu.

— [1] c.-à-d. : la maison même.

46 Et Jésus, ayant crié d'une voix forte, dit : « Père, entre tes mains je remets mon esprit ! » Et ayant dit cela, il expira.

47 Alors le centurion, voyant ce qui était arrivé, glorifia Dieu, en disant : « Vraiment, cet homme était juste. »

48 Et toutes les foules qui s'étaient rassemblées à ce spectacle, ayant vu les choses qui étaient arrivées, s'en retournaient en se frappant la poitrine.

49 Et tous ceux de sa connaissance et les femmes qui l'avaient accompagné depuis la Galilée se tenaient à distance, regardant ces choses.

Jésus est mis dans le tombeau

50 Et voici, [il y avait] un homme du nom de Joseph, qui était conseiller, homme bon et juste.

51 (Celui-ci ne s'était pas joint à leur dessein ni à leur action.) Il était d'Arimathée, ville des Juifs, et il attendait le royaume de Dieu.

52 Celui-ci, étant allé auprès de Pilate, lui demanda le corps de Jésus.

53 Et l'ayant descendu, il l'enveloppa d'un drap de lin et le déposa dans un tombeau taillé dans la roche, où personne n'avait encore été mis[1].

— [1] littéralement : allongé.

54 Or c'était le jour de la Préparation, et le sabbat allait commencer[1].

— [1] littéralement : commençait à briller.

55 Et les femmes qui avaient accompagné Jésus[1] depuis la Galilée, ayant suivi, regardèrent le tombeau et comment son corps y avait été déposé.

— [1] littéralement : l'avaient accompagné.

56 Et s'en étant retournées, elles préparèrent des aromates et des parfums. Mais le sabbat, elles se tinrent en repos, d'après le commandement.

Résurrection de Jésus

24 Or le lendemain du sabbat, de très grand matin, elles vinrent au tombeau, apportant les aromates qu'elles avaient préparés.

2 Et elles trouvèrent la pierre roulée de devant le tombeau.

3 Alors, étant entrées, elles ne trouvèrent pas le corps du Seigneur Jésus.

4 Et il arriva, comme elles étaient perplexes à ce sujet, que voici, deux hommes se trouvèrent avec elles, en vêtements éclatants de lumière.

5 Et comme elles étaient épouvantées et baissaient le visage vers la terre, ils leur dirent : « Pourquoi cherchez-vous parmi les morts celui qui est vivant ?

6 Il n'est pas ici, mais il est ressuscité. Souvenez-vous comment il vous a parlé quand il était encore en Galilée,

7 en disant : "Il faut que le Fils de l'homme soit livré entre les mains des hommes pécheurs, et qu'il soit crucifié, et qu'il ressuscite le troisième jour." »

8 Alors elles se souvinrent de ses paroles.

9 Et revenant du tombeau, elles rapportèrent toutes ces choses aux Onze et à tous les autres.

10 Or c'étaient Marie de Magdala, et Jeanne, et Marie, la [mère] de

Jacques, et les autres femmes avec elles, qui dirent ces choses aux apôtres.

11 Mais leurs paroles semblèrent à leurs yeux comme des absurdités, et ils ne les crurent pas.

12 Et Pierre s'étant levé courut au tombeau. Et se baissant, il voit les bandelettes, [toutes] seules ; puis il s'en alla chez lui, s'étonnant de ce qui était arrivé.

Jésus et les deux disciples d'Emmaüs

13 Et voici, deux d'entre eux étaient ce même jour en chemin, pour aller à un village dont le nom était Emmaüs, éloigné de Jérusalem de 60 stades[1].

— [1] 1 stade = 185 mètres environ.

14 Et ils s'entretenaient ensemble de toutes ces choses qui étaient arrivées.

15 Et il arriva, comme ils s'entretenaient et discutaient, que Jésus lui-même, s'étant approché, fit route avec eux.

16 Mais leurs yeux étaient retenus, de sorte qu'ils ne le reconnurent pas.

17 Et il leur dit : « Quels sont ces propos que vous échangez entre vous en marchant ? » Et ils s'arrêtèrent, l'air triste.

18 Et l'un d'eux, dont le nom était Cléopas, répondant, lui dit : « Est-ce que tu séjournes tout seul à Jérusalem[1] pour ne pas savoir les choses qui y sont arrivées ces jours-ci ? »

— [1] ou : Ne fais-tu que séjourner à Jérusalem.

19 Et il leur dit : « Lesquelles ? » Et ils lui dirent : « Celles concernant Jésus le Nazaréen qui était un prophète puissant en œuvre et en parole, devant Dieu et devant tout le peuple ;

20 et comment les principaux sacrificateurs et nos chefs l'ont livré pour être condamné à mort, et l'ont crucifié.

21 Or nous, nous espérions qu'il était celui qui allait délivrer Israël. Mais encore, avec tout cela, c'est aujourd'hui le troisième jour depuis que ces choses sont arrivées.

22 Mais aussi, quelques femmes d'entre nous nous ont stupéfiés. S'étant rendues de grand matin au tombeau

23 et n'ayant pas trouvé son corps, elles sont venues dire qu'elles avaient eu[1] aussi une vision d'anges qui disent qu'il est vivant.

— [1] littéralement : vu.

24 Et quelques-uns de ceux qui sont avec nous sont allés au tombeau et ont trouvé [les choses] comme les femmes aussi avaient dit. Mais lui, ils ne l'ont pas vu. »

25 Alors lui leur dit : « Ô gens sans intelligence et lents de cœur à croire toutes les choses que les prophètes ont dites !

26 Ne fallait-il pas que le Christ souffre ces choses et qu'il entre dans sa gloire ? »

27 Et commençant par Moïse et par tous les Prophètes, il leur expliqua dans toutes les Écritures les choses qui le concernaient.

28 Et ils approchèrent du village où ils allaient, et lui fit comme s'il allait plus loin.

29 Mais ils le forcèrent, en disant : « Reste avec nous, car le soir approche et le jour a déjà baissé. » Et il entra pour rester avec eux.

30 Et il arriva, comme il était à table avec eux, qu'ayant pris le pain, il bénit ; et l'ayant rompu, il [le] leur donna.

31 Alors leurs yeux furent ouverts et ils le reconnurent ; mais lui leur devint invisible.

32 Et ils se dirent l'un à l'autre : « Notre cœur ne brûlait-il pas *[au-dedans de nous]* lorsqu'il nous parlait en chemin [et] qu'il nous ouvrait les Écritures ? »

33 Et se levant à l'heure même, ils retournèrent à Jérusalem, et trouvèrent rassemblés les Onze et ceux qui étaient avec eux,

34 qui [leur] dirent : « Le Seigneur est réellement ressuscité et il est apparu à Simon. »

35 Et eux-mêmes racontèrent les choses [qui étaient arrivées] en chemin, et comment il s'était fait reconnaître à eux dans la fraction du pain.

Jésus apparaît à ses disciples rassemblés

36 Et comme ils disaient ces choses, Jésus[1] se tint lui-même au milieu d'eux et leur dit : « [Que] la paix [soit] avec vous[2] ! »

— [1] littéralement : il. — [2] littéralement : Paix à vous.

37 Et eux, tout effrayés et remplis de crainte, croyaient voir un esprit.

38 Mais il leur dit : « Pourquoi êtes-vous troublés et pourquoi s'élève-t-il des raisonnements dans vos cœurs ?

39 Voyez mes mains et mes pieds ! C'est bien moi ! Touchez-moi et voyez ! Car un esprit n'a pas de la chair et des os, comme vous voyez que j'ai. »

40 Et en disant cela, il leur montra ses mains et ses pieds[1].

— [1] littéralement : les mains et les pieds.

41 Et comme, dans leur joie, ils ne croyaient pas encore et s'étonnaient, il leur dit : « Avez-vous ici quelque chose à manger ? »

42 Et ils lui donnèrent un morceau de poisson grillé[1] ;

— [1] plusieurs manuscrits ajoutent : et un rayon de miel.

43 et l'ayant pris, il en mangea devant eux.

44 Puis il leur dit : « Ce sont là les paroles que je vous disais quand j'étais encore avec vous, qu'il fallait que soient accomplies toutes les choses qui sont écrites de moi dans la loi de Moïse et dans les Prophètes et dans les Psaumes. »

45 Alors il leur ouvrit l'intelligence pour comprendre les Écritures.

46 Et il leur dit : « Ainsi, il est écrit que le Christ souffrirait et qu'il ressusciterait d'entre les morts le troisième jour,

47 et que la repentance pour la rémission des péchés seraient prêchées en son nom à toutes les nations, en commençant par Jérusalem.

48 Vous êtes témoins de ces choses.

49 Et *[voici,]* moi, j'envoie sur vous la promesse de mon Père. Mais vous, restez dans la ville jusqu'à ce que vous soyez revêtus de puissance d'en haut. »

Ascension de Jésus

50 Puis il les emmena *[dehors]* jusque vers Béthanie, et, levant les mains, il les bénit.

51 Et il arriva qu'en les bénissant il fut séparé d'eux et fut emporté au ciel.

52 Et eux, après s'être prosternés devant lui, s'en retournèrent à Jérusalem avec une grande joie.

53 Et ils étaient continuellement dans le Temple,[1] bénissant Dieu.

— [1] plusieurs manuscrits ajoutent : louant

et.
.

Jean

La Parole est une Personne divine : Christ, le Fils de Dieu

1 Au commencement était la Parole[1], et la Parole était auprès de Dieu, et la Parole était Dieu.
— [1] ou : le Verbe.

2 Elle[1] était au commencement auprès de Dieu.
— [1] ou : Il ; c.-à-d. : le Verbe.

3 Toutes choses furent faites par elle et sans elle pas une seule chose ne fut faite de ce qui a été fait.

4 En elle était [la] vie et la vie était la lumière des hommes[1].
— [1] ou : la lumière des hommes était la vie.

5 Et la lumière brille dans les ténèbres, et les ténèbres ne l'ont pas comprise[1].
— [1] ou : saisie, reçue.

Témoignage de Jean le Baptiseur

6 Il y eut un homme envoyé par[1] Dieu ; son nom était Jean.
— [1] littéralement : de la part de.

7 Celui-ci vint pour [rendre] témoignage, pour rendre témoignage à[1] la lumière, afin que tous croient par lui.
— [1] ou : au sujet de.

8 Lui n'était pas la lumière, mais [il vint] pour rendre témoignage à[1] la lumière.
— [1] ou : au sujet de.

9 La vraie lumière était celle qui, venant dans le monde, éclaire[1] tout homme.
— [1] ou : est lumière à.

10 Il[1] était dans le monde, et le monde fut fait par lui, et le monde ne l'a pas connu.
— [1] c.-à-d. : le Verbe (ou : la Parole) qui était lumière.

11 Il est venu chez lui, et les siens ne l'ont pas reçu.

12 Mais à tous ceux qui l'ont reçu, à ceux qui croient en son nom, il leur a donné le droit[1] de devenir[2] enfants de Dieu.
— [1] ou : le pouvoir. — [2] c.-à-d. : de prendre cette place.

13 Ceux-là sont nés non de sang[1], ni de la volonté de la chair, ni de la volonté de l'homme, mais de Dieu.
— [1] littéralement : de sangs ; c.-à-d. : d'une naissance naturelle.

La Parole est devenue chair

14 Et la Parole est devenue chair et a habité[1] au milieu de nous, pleine de grâce et de vérité. Et nous avons vu sa gloire, une gloire comme d'un Fils unique [venu] d'auprès du Père.
— [1] proprement : a dressé son tabernacle.

15 Jean rend témoignage de lui et s'est écrié, en disant : « C'était celui-ci à propos duquel j'ai dit : Celui qui vient après moi[1] prend place avant moi, car il était avant moi. »
— [1] littéralement : derrière moi.

16 De sa plénitude, en effet, nous tous nous avons reçu et grâce sur grâce.

17 Car la Loi a été donnée par Moïse ; la grâce et la vérité sont venues par Jésus Christ.

18 Personne n'a jamais vu Dieu ; Dieu[1] [le] Fils unique, qui est dans l'intimité[2] du Père, lui l'a fait connaître.
— [1] plusieurs manuscrits omettent : Dieu. — [2] littéralement : dans le sein.

Réponse de Jean le Baptiseur aux juifs

19 Et voici le témoignage de Jean, lorsque les Juifs *[lui]* envoyèrent de Jérusalem des sacrificateurs[1] et

des Lévites pour lui demander :
« Toi, qui es-tu ? »

— [1] ou : prêtres.

20 Et il affirma, et ne le nia pas, et il affirma : « Moi, je ne suis pas le Christ. »

21 Alors ils lui demandèrent : « Qu'es-tu donc ? Toi, es-tu Élie ? » Et il dit : « Je ne le suis pas. » « Toi, es-tu le Prophète ? » Et il répondit : « Non. »

22 Ils lui dirent donc : « Qui es-tu, afin que nous donnions une réponse à ceux qui nous ont envoyés ? Que dis-tu de toi-même ? »

23 Il dit : « Moi, je suis la voix de celui qui crie dans le désert : "Aplanissez le chemin du °Seigneur !", comme dit le prophète Ésaïe[1]. »

— [1] voir Ésaïe 40:3.

24 Or ceux qui avaient été envoyés étaient des Pharisiens.

25 Et ils l'interrogèrent et lui dirent : « Alors pourquoi baptises-tu si toi, tu n'es ni le Christ, ni Élie, ni le Prophète ? »

26 Jean leur répondit, en disant : « Moi, je baptise d'eau, [mais] au milieu de vous se tient celui que vous ne connaissez pas.

27 [Il est] celui qui vient après moi[1] [et] dont [moi,] je ne suis pas digne de délier la courroie de sa sandale. »

— [1] littéralement : derrière moi.

28 Ces choses arrivèrent à Béthanie, de l'autre côté du Jourdain[1], là où Jean baptisait.

— [1] c.-à-d. : du côté est du Jourdain.

Premier lendemain

29 Le lendemain, il voit Jésus venant à lui, et il dit : « Voilà l'agneau de Dieu qui ôte le péché du monde !

30 C'est celui au sujet duquel moi, j'ai dit : Après moi[1] vient un homme qui prend place avant moi, car il était avant moi.

— [1] littéralement : derrière moi.

31 Et moi, je ne le connaissais pas, mais c'est afin qu'il soit manifesté à Israël que moi, je suis venu baptiser d'eau. »

32 Et Jean rendit témoignage, en disant : « J'ai vu l'Esprit descendre du ciel comme une colombe, et il s'arrêta sur lui.

33 Et moi, je ne le connaissais pas, mais celui qui m'a envoyé baptiser d'eau, celui-là m'a dit : "Celui sur qui tu verras l'Esprit descendre et s'arrêter sur lui, c'est celui-là qui baptise de l'Esprit Saint."

34 Et moi, j'ai vu et j'ai rendu témoignage que celui-ci est le Fils de Dieu. »

35 Le lendemain encore, Jean se tenait là ainsi que deux de ses disciples.

36 Et regardant Jésus qui marchait, il dit : « Voilà l'agneau de Dieu ! »

37 Et les deux disciples l'entendirent parler et ils suivirent Jésus.

38 Et Jésus, s'étant retourné et voyant qu'ils le suivaient, leur dit : « Que cherchez-vous ? » Et ils lui dirent : « Rabbi – ce qui, traduit, signifie Maître[1] – où habites-tu ? »

— [1] maître, ici et ailleurs souvent : celui qui enseigne.

39 Il leur dit : « Venez et voyez ! » Ils allèrent donc et virent où il habitait ; et ils restèrent auprès de lui ce jour-là. C'était environ la dixième heure.

40 André, le frère de Simon Pierre, était l'un des deux qui avaient

entendu Jean parler [de lui] et qui l'avaient suivi.

41 Celui-ci trouve d'abord son propre frère Simon, et il lui dit : « Nous avons trouvé le Messie », ce qui, traduit, est Christ[1].

— [1] ou : Oint.

42 Il l'amena à Jésus. Jésus l'ayant regardé dit : « Toi, tu es Simon, le fils de Jonas ; toi, tu seras appelé Céphas », ce qui se traduit par Pierre[1].

— [1] ou : pierre.

Second lendemain

43 Le lendemain, Jésus[1] voulut s'en aller en Galilée. Et il trouve Philippe et lui dit : « Suis-moi ! »

— [1] littéralement : il.

44 Or Philippe était de Bethsaïda, la ville d'André et de Pierre.

45 Philippe trouve Nathanaël et lui dit : « Nous avons trouvé celui dont Moïse a écrit dans la Loi et dont les prophètes ont écrit, Jésus, le fils de Joseph, qui est de Nazareth. »

46 Et Nathanaël lui dit : « Peut-il venir quelque chose de bon de Nazareth ? » Philippe lui dit : « Viens et vois ! »

47 Jésus vit Nathanaël venir à lui, et il dit de lui : « Voici un vrai[1] Israélite en qui il n'y a pas de fraude. »

— [1] littéralement : Voici vraiment un.

48 Nathanaël lui dit : « D'où me connais-tu ? » Jésus répondit et lui dit : « Avant que Philippe t'ait appelé, quand tu étais sous le figuier, je t'ai vu. »

49 Nathanaël lui répondit : « Rabbi, toi, tu es le Fils de Dieu, toi, tu es le roi d'Israël ! »

50 Jésus répondit et lui dit : « Parce que je t'ai dit que je t'ai vu sous le figuier, tu crois ? Tu verras de plus grandes choses que celles-ci. »

51 Puis il lui dit : « En vérité, en vérité, je vous [le] dis : Vous verrez le ciel ouvert et les anges de Dieu monter et descendre sur le Fils de l'homme. »

Les noces de Cana

2 Et le troisième jour, il y eut une noce à Cana en Galilée ; et la mère de Jésus était là.

2 Et Jésus fut aussi invité à la noce, ainsi que ses disciples.

3 Et le vin étant venu à manquer, la mère de Jésus lui dit : « Ils n'ont pas de vin. »

4 [Mais] Jésus lui dit : « Qu'y a-t-il entre moi et toi, femme ? Mon heure n'est pas encore venue. »

5 Sa mère dit aux serviteurs : « Faites tout ce qu'il vous dira. »

6 Or il y avait là six jarres à eau, en pierre, placées pour[1] la purification des Juifs, pouvant contenir chacune deux ou trois mesures[2].

— [1] littéralement : selon. — [2] 1 mesure = 39 litres environ.

7 Jésus leur dit : « Remplissez d'eau les jarres ! » Et ils les remplirent jusqu'en haut.

8 Puis il leur dit : « Puisez maintenant et apportez-en au maître d'hôtel ! » Et ils lui en apportèrent.

9 Mais lorsque le maître d'hôtel eut goûté l'eau qui était devenue du vin – or il ne savait pas d'où celui-ci venait[1], mais les serviteurs qui avaient puisé l'eau le savaient – le maître d'hôtel appelle le marié

— [1] littéralement : il est.

10 et lui dit : « Tout homme sert d'abord le bon vin et puis le moins bon, après qu'on a bien bu. Toi, tu as gardé le bon vin jusqu'à maintenant. »

11 Ce commencement de ses

miracles[1], Jésus le fit à Cana de Galilée. Et il manifesta sa gloire, et ses disciples crurent en lui.

— [1] littéralement : signes ; ainsi dans tout l'évangile selon Jean.

12 Après cela, il descendit à Capernaüm, lui, et sa mère, et *[ses]* frères, et ses disciples ; et ils y restèrent peu de jours.

Jésus chasse les vendeurs du Temple

13 Or la Pâque des Juifs était proche, et Jésus monta à Jérusalem.

14 Et il trouva dans le Temple[1] les vendeurs de bœufs, et de brebis, et de colombes, et les changeurs de monnaie qui étaient assis [là].

— [1] c.-à-d. : l'enceinte extérieure, le parvis.

15 Et ayant fait un fouet avec des cordes, il les chassa tous hors du Temple, ainsi que les brebis et les bœufs. Et il répandit la monnaie des changeurs et renversa les tables.

16 Puis il dit à ceux qui vendaient les colombes : « Ôtez ces choses d'ici ! Ne faites pas de la Maison de mon Père une maison de commerce ! »

17 Ses disciples se souvinrent qu'il est écrit : « Le zèle pour[1] ta Maison me dévore. »[2]

— [1] littéralement : de. — [2] Psaume 69:10.

18 Alors les Juifs répondirent et lui dirent : « Quel miracle nous montres-tu pour que tu fasses ces choses ? »

19 Jésus répondit et leur dit : « Détruisez ce Temple[1] et en 3 jours je le relèverai. »

— [1] Le Temple proprement dit, la maison même (ici et versets 20, 21) ; non pas tout l'ensemble des cours et bâtiments sacrés.

20 Les Juifs dirent alors : « Il a fallu 46 ans pour construire ce Temple et toi, tu le relèveras en trois jours ? »

21 Mais lui parlait du Temple de son corps.

22 Quand donc il fut ressuscité d'entre les morts, ses disciples se souvinrent qu'il avait dit cela. Et ils crurent à l'Écriture et à la parole que Jésus avait dite.

Jésus connaît le cœur de l'homme

23 Et comme il était à Jérusalem, lors de la Pâque, pendant la fête, beaucoup crurent en son nom en voyant[1] les miracles qu'il faisait.

— [1] littéralement : regarder de près, observer.

24 Mais Jésus lui-même ne se fiait pas à eux, parce qu'il connaissait tous [les hommes],

25 et qu'il n'avait pas besoin que quelqu'un rende témoignage au sujet de l'homme. Car lui-même connaissait ce qui était dans l'homme.

Entretien de Jésus avec Nicodème

3 Or il y avait parmi les Pharisiens un homme dont le nom était Nicodème, un chef des Juifs.

2 Celui-ci vint à Jésus[1] de nuit et lui dit : « Rabbi, nous savons que tu es un docteur[2] venu de Dieu, car personne ne peut faire ces miracles que toi, tu fais, si Dieu n'est pas avec lui. »

— [1] littéralement : lui. — [2] docteur : maître qui enseigne.

3 Jésus répondit et lui dit : « En vérité, en vérité, je te dis : Si quelqu'un n'est pas né à nouveau[1], il ne peut pas voir le royaume de Dieu. »

— [1] non seulement de nouveau, mais entièrement à nouveau, comme d'une nouvelle source et origine de vie.

4 Nicodème lui dit : « Comment un

homme peut-il naître quand il est vieux ? Peut-il entrer une seconde fois dans le ventre de sa mère et naître ? »

5 Jésus répondit : « En vérité, en vérité, je te dis : Si quelqu'un n'est pas né d'eau et d'Esprit, il ne peut pas entrer dans le royaume de Dieu.

6 Ce qui est né de la chair est chair, et ce qui est né de l'Esprit est esprit.

7 Ne t'étonne pas de ce que je t'ai dit : Il vous faut être nés à nouveau[1].

— [1] non seulement de nouveau, mais entièrement à nouveau, comme d'une nouvelle source et origine de vie.

8 Le vent souffle où il veut et tu en entends le son, mais tu ne sais pas d'où il vient, ni où il va. Il en est ainsi de quiconque est né de l'Esprit. »

9 Nicodème répondit et lui dit : « Comment ces choses peuvent-elles se faire ? »

10 Jésus répondit et lui dit : « Toi, tu es le docteur[1] d'Israël et tu ne connais pas ces choses ?

— [1] ailleurs : maître (qui enseigne).

11 En vérité, en vérité, je te dis : Nous disons ce que nous connaissons, et nous rendons témoignage de ce que nous avons vu, et vous ne recevez pas notre témoignage.

12 Si je vous ai parlé des choses terrestres et que vous ne croyiez pas, comment croirez-vous si je vous parle des choses célestes ?

13 Or personne n'est monté au ciel, sinon celui qui est descendu du ciel, le Fils de l'homme[1].

— [1] plusieurs manuscrits ajoutent : qui est dans le ciel.

14 Et comme Moïse éleva le serpent dans le désert, ainsi, il faut que le Fils de l'homme soit élevé,

15 afin que quiconque croit en lui[1] ait la vie éternelle.

— [1] plusieurs manuscrits ajoutent : ne périsse pas, mais qu'il.

16 Car Dieu a tant aimé le monde qu'il a donné son Fils unique, afin que quiconque croit en lui ne périsse pas, mais qu'il ait la vie éternelle.

17 Car Dieu n'a pas envoyé son Fils dans le monde afin qu'il juge le monde, mais afin que le monde soit sauvé par lui.

18 Celui qui croit en lui n'est pas jugé, mais celui qui ne croit pas est déjà jugé parce qu'il n'a pas cru au nom du Fils unique de Dieu.

19 Or voici le jugement : la lumière est venue dans le monde et les hommes ont aimé les ténèbres plus que la lumière, car leurs œuvres étaient mauvaises.

20 En effet, quiconque fait des choses mauvaises déteste la lumière et ne vient pas à la lumière, de peur que ses œuvres ne soient dénoncées[1].

— [1] ou : dévoilées ; c.-à-d. : dénoncées (ou : dévoilées) comme mauvaises.

21 Mais celui qui agit selon[1] la vérité vient à la lumière, afin que ses œuvres soient manifestées comme étant faites en Dieu. »

— [1] littéralement : qui fait.

Nouveau témoignage de Jean le Baptiseur

22 Après ces choses, Jésus vint avec ses disciples dans le pays de Judée. Et il séjourna là avec eux, et il baptisait.

23 Et Jean aussi baptisait à Énon, près de Salim, parce qu'il y avait là beaucoup d'eau. Et l'on venait et on était baptisé.

24 Car Jean n'avait pas encore été jeté en prison.

25 Il y eut alors une discussion

entre les disciples de Jean et un Juif au sujet de la purification.

26 Alors ils vinrent trouver Jean et lui dirent : « Rabbi, celui qui était avec toi de l'autre côté du Jourdain, à qui tu as toi-même rendu témoignage, voilà qu'il baptise et tous viennent à lui. »

27 Jean répondit et dit : « Un homme ne peut rien recevoir, à moins que cela ne lui soit donné du ciel.

28 Vous-mêmes vous me rendez témoignage que j'ai dit : "Ce n'est pas moi qui suis le Christ, mais je suis envoyé devant lui."

29 Celui qui a l'épouse est l'époux ; mais l'ami de l'époux, qui se tient là et l'entend, est tout réjoui[1] à cause de la voix de l'époux. Cette joie qui est la mienne est donc complète.

— [1] littéralement : se réjouit avec joie.

30 Il faut que lui grandisse et que moi, je diminue.

31 Celui qui vient d'en haut est au-dessus de tous[1]. Celui qui est de[2] la terre est de la terre et parle [comme étant] de la terre. Celui qui vient du ciel [est au-dessus de tous[1]] ;

— [1] ou : de tout. — [2] de, dans tout le verset, a le sens de : ayant par nature son origine ici-bas.

32 [et] de ce qu'il a vu et entendu, de cela il rend témoignage, et personne ne reçoit son témoignage.

33 Celui qui a reçu son témoignage a certifié[1] que Dieu est vrai.

— [1] littéralement : marqué d'un sceau.

34 En effet, celui que Dieu a envoyé dit les paroles de Dieu, car Dieu[1] ne donne pas l'Esprit avec mesure.

— [1] littéralement : il.

35 Le Père aime le Fils et a mis[1] toutes choses entre ses mains.

— [1] littéralement : donné.

36 Celui qui croit au Fils a la vie éternelle ; mais celui qui ne veut pas croire[1] au Fils ne verra pas la vie, mais la colère de Dieu reste sur lui.

— [1] ou : qui n'obéit pas.

Jésus rencontre une femme samaritaine

4 Quand donc Jésus[1] apprit que les Pharisiens avaient entendu dire : « Jésus fait et baptise plus de disciples que Jean »

— [1] plusieurs manuscrits portent : le Seigneur.

2 – toutefois Jésus lui-même ne baptisait pas, mais ses disciples –

3 il quitta la Judée et s'en alla encore en Galilée.

4 Or il lui fallait traverser la Samarie.

5 Il arrive donc dans une ville de la Samarie, nommée Sichar, près du champ que Jacob avait donné à son fils Joseph.

6 Et il y avait là une source[1] de Jacob. Jésus donc, fatigué du voyage, se tenait là assis[2] au bord de la source. C'était environ la sixième heure.

— [1] source jaillissante au fond d'un puits (voir le verset 11). — [2] littéralement : s'assit ainsi.

7 Une femme de la Samarie vient pour puiser de l'eau. Jésus lui dit : « Donne-moi à boire ! »

8 (Car ses disciples étaient allés à la ville pour acheter des vivres.)

9 Alors la femme samaritaine lui dit : « Comment, toi qui es Juif, me demandes-tu à boire, à moi qui suis une femme samaritaine ? » (Car les Juifs n'ont pas de relations avec les Samaritains.)

La source d'eau vive

10 Jésus répondit et lui dit : « Si tu connaissais le don de Dieu et qui est celui qui te dit : "Donne-moi à boire", toi, tu lui aurais demandé, et il t'aurait donné de l'eau vive. »

11 [La femme] lui dit : « Seigneur[1], tu n'as pas même un sceau pour puiser et le puits est profond ; d'où as-tu donc [cette] eau vive ?
— [1] plutôt : Monsieur.

12 Es-tu plus grand que notre père Jacob qui nous a donné le puits et qui en a bu lui-même, ainsi que ses fils et son bétail ? »

13 Jésus répondit et lui dit : « Quiconque boit de cette eau-ci aura encore soif.

14 Mais celui qui boira de l'eau que je lui donnerai, moi, n'aura plus jamais soif. Mais l'eau que je lui donnerai deviendra en lui une source d'eau jaillissant en vie éternelle. »

15 La femme lui dit : « Seigneur[1], donne-moi cette eau afin que je n'aie pas soif et que je ne vienne pas ici pour puiser. »
— [1] plutôt : Monsieur.

16 Il[1] lui dit : « Va, appelle ton mari et viens ici ! »
— [1] plusieurs manuscrits portent : Jésus.

17 La femme répondit et lui dit : « Je n'ai pas de mari. » Jésus lui dit : « Tu as bien dit : "Je n'ai pas de mari",

18 car tu as eu cinq maris et celui que tu as maintenant n'est pas ton mari. En cela tu as dit vrai. »

Le lieu où il faut adorer

19 La femme lui dit : « Seigneur[1], je vois que toi, tu es un prophète.
— [1] plutôt : Monsieur.

20 Nos pères ont adoré sur cette montagne et vous, vous dites que le lieu où il faut adorer est à Jérusalem. »

21 Jésus lui dit : « Femme, crois-moi, l'heure vient où ce ne sera ni sur cette montagne ni à Jérusalem que vous adorerez le Père.

22 Vous, vous adorez ce que vous ne connaissez pas[1] ; nous, nous adorons ce que nous connaissons[2], car le salut vient des Juifs.
— [1] littéralement : vous adorez vous ne savez pas quoi. — [2] littéralement : nous adorons nous savons quoi.

23 Mais l'heure vient, et c'est maintenant, où les vrais adorateurs adoreront le Père en esprit et en vérité. Et en effet le Père en cherche de tels qui l'adorent.

24 Dieu est esprit et il faut que ceux qui l'adorent l'adorent en esprit et en vérité. »

25 La femme lui dit : « Je sais qu'un Messie vient, celui qui est appelé Christ. Quand celui-là sera venu, il nous annoncera toutes choses. »

26 Jésus lui dit : « Je le suis, moi qui te parle. »

27 Et là-dessus ses disciples vinrent, et ils s'étonnaient qu'il parle avec une femme. Toutefois aucun [d'eux] ne dit : « Que cherches-tu ? », ou : « De quoi[1] parles-tu avec elle ? »
— [1] ou : pourquoi.

28 Alors la femme laissa sa cruche, et s'en alla dans la ville, et dit aux hommes :

29 « Venez, voyez un homme qui m'a dit tout ce que j'ai fait. Celui-ci serait-il le Christ ? »

30 Ils sortirent de la ville et ils venaient à lui.

Le temps de la moisson

31 Pendant ce temps, les disciples le priaient, en disant : « Rabbi,

mange ! »

32 Mais il leur dit : « Moi, j'ai une nourriture à manger que vous, vous ne connaissez pas. »

33 Les disciples se dirent donc les uns aux autres : « Quelqu'un lui aurait-il apporté à manger ? »

34 Jésus leur dit : « Ma nourriture[1] est de faire la volonté de celui qui m'a envoyé et d'accomplir son œuvre.

— [1] littéralement : nourriture solide.

35 Ne dites-vous pas, vous : "Encore quatre mois et la moisson vient" ? Voici, je vous [le] dis : Levez les yeux et regardez les campagnes, car elles sont déjà blanches pour la moisson.

36 Celui qui moissonne reçoit un salaire et rassemble du fruit pour la vie éternelle, afin que celui qui sème et celui qui moissonne se réjouissent ensemble.

37 Car en cela [cette] parole[1] est vraie : "L'un sème et un autre moissonne."

— [1] ou : [ce] dicton.

38 Moi, je vous ai envoyés moissonner ce à quoi vous n'avez pas travaillé[1]. D'autres ont travaillé[1] et vous, vous êtes entrés dans leur travail[1]. »

— [1] le mot grec suggère un travail pénible.

De nombreux Samaritains croient en Jésus

39 Or de nombreux Samaritains de cette ville crurent en lui à cause de la parole de la femme qui avait rendu témoignage, [en disant] : « Il m'a dit tout ce que j'ai fait. »

40 Quand donc les Samaritains furent venus à lui, ils lui demandèrent de rester avec eux. Et il resta là deux jours.

41 Alors un plus grand nombre [de gens] crurent à cause de sa parole.

42 Et ils disaient à la femme : « Ce n'est plus à cause de ce que tu as dit que nous croyons. Car nous [l']avons entendu nous-mêmes et nous savons que celui-ci est vraiment le Sauveur du monde. »

Retour de Jésus en Galilée

43 Et après les deux jours, il partit de là pour [se rendre] en Galilée.

44 Car Jésus lui-même rendait témoignage qu'un prophète n'est pas honoré dans son propre pays.

45 Quand donc il fut arrivé en Galilée, les Galiléens le reçurent, ayant vu toutes les choses qu'il avait faites à Jérusalem pendant la fête. Car eux aussi étaient allés à la fête.

Guérison du fils d'un seigneur de la cour

46 Alors il vint encore à Cana en Galilée, là où il avait changé l'eau en vin. Et il y avait à Capernaüm un seigneur de la cour dont le fils était malade.

47 Celui-ci, ayant entendu dire que Jésus était venu de la Judée en Galilée, s'en alla vers lui et lui demanda de descendre et de guérir son fils, car il allait mourir.

48 Jésus donc lui dit : « Si vous ne voyez pas des signes et des prodiges, vous ne croirez pas du tout. »

49 Le seigneur de la cour lui dit : « Seigneur, descends avant que mon enfant ne meure. »

50 Jésus lui dit : « Va, ton fils est vivant. » L'homme crut la parole que Jésus lui avait dite, et il s'en alla.

51 Et comme déjà il descendait, ses esclaves vinrent au-devant de lui et lui dirent que son fils était

vivant.

52 Alors il s'informa auprès d'eux à quelle heure il s'était trouvé mieux. Et ils lui dirent : « Hier, à la septième heure, la fièvre l'a quitté. »

53 Le père reconnut donc que c'était à cette heure-là que Jésus lui avait dit : « Ton fils est vivant. » Et il crut, lui et toute sa maison[1].

— [1] c.-à-d. : sa famille.

54 [Et] Jésus fit encore ce deuxième miracle quand il fut venu de Judée en Galilée.

Jésus guérit un paralysé au bassin de Béthesda

5 Après ces choses, il y avait une fête des Juifs, et Jésus monta à Jérusalem.

2 Or, à Jérusalem, près de la porte des Brebis[1], il y a un bassin appelé en hébreu Béthesda, ayant 5 portiques,

— [1] comparer avec Néh. 3:1, 32 ; 12:39.

3 sous lesquels étaient couchés une multitude de malades, d'aveugles, de boiteux et de gens qui avaient les membres desséchés[1].

— [1] plusieurs manuscrits ajoutent : attendant le mouvement de l'eau (verset 3). Car à certaines époques, un ange descendait dans le bassin et agitait l'eau ; alors le premier qui entrait après que l'eau avait été agitée était guéri, de quelque maladie dont il était atteint (verset 4).

5 Or il y avait là un homme infirme depuis 38 ans.

6 Jésus, le voyant couché et sachant qu'il était dans cet état depuis longtemps déjà, lui dit : « Veux-tu être guéri ? »

7 Le malade lui répondit : « Seigneur[1], je n'ai personne qui, lorsque l'eau a été agitée, me jette dans le bassin. Et pendant que moi j'y vais, un autre descend avant moi. »

— [1] plutôt : Monsieur.

8 Jésus lui dit : « Lève-toi, prends ton brancard et marche ! »

9 Et aussitôt l'homme fut guéri, et il prit son brancard et marcha. Or ce jour-là était [un jour de] sabbat.

Les Juifs et le sabbat

10 Alors les Juifs dirent à celui qui avait été guéri : « C'est [un jour de] sabbat et il ne t'est pas permis de prendre ton brancard. »

11 Mais il leur répondit : « Celui qui m'a guéri, celui-là m'a dit : "Prends ton brancard et marche !" »

12 Ils lui demandèrent : « Qui est l'homme qui t'a dit : "Prends[1] et marche" ? »

— [1] plusieurs manuscrits ajoutent : ton brancard.

13 Mais celui qui avait été guéri ne savait pas qui c'était, car Jésus s'était retiré de là, une foule se trouvant dans ce lieu.

14 Après ces choses, Jésus le trouva dans le Temple, et il lui dit : « Voici, tu es guéri ; ne pèche plus de peur qu'il ne t'arrive quelque chose de pire. »

15 L'homme s'en alla et annonça aux Juifs que c'était Jésus qui l'avait guéri.

16 Et à cause de cela, les Juifs persécutaient Jésus[1], parce qu'il avait fait ces choses un [jour de] sabbat.

— [1] plusieurs manuscrits ajoutent : et cherchaient à le faire mourir.

Discours de Jésus
Le travail du Père et du Fils

17 Mais [Jésus] leur répondit : « Mon Père travaille jusqu'à maintenant, et moi, je travaille. »

18 C'est pourquoi, à cause de cela, les Juifs cherchaient d'autant plus

à le faire mourir, parce que non seulement il transgressait[1] le sabbat, mais aussi parce qu'il disait que Dieu était son propre Père, se faisant égal à Dieu.

— [1] ou : anéantissait ; littéralement : déliait, détruisait.

19 Alors Jésus répondit et leur dit : « En vérité, en vérité, je vous [le] dis : Le Fils ne peut rien faire de lui-même, sinon ce qu'il voit faire au Père. Car les choses que le Père[1] fait, le Fils aussi les fait de la même manière.

— [1] littéralement : celui-là.

20 Car le Père aime le Fils et lui montre toutes les choses qu'il fait lui-même. Et il lui montrera des œuvres plus grandes que celles-ci, afin que vous soyez dans l'admiration.

21 Car comme le Père ressuscite les morts et [leur] donne la vie, de même aussi le Fils donne la vie à ceux qu'il veut.

22 Et du reste, le Père ne juge personne, mais il a donné tout le jugement au Fils,

23 afin que tous honorent le Fils comme ils honorent le Père. Celui qui n'honore pas le Fils n'honore pas le Père qui l'a envoyé.

Discours de Jésus
L'heure actuelle et l'heure qui vient

24 « En vérité, en vérité, je vous dis que celui qui entend ma parole et qui croit celui qui m'a envoyé a la vie éternelle et ne vient pas en jugement, mais il est passé de la mort à la vie.

25 En vérité, en vérité, je vous dis que l'heure vient, et elle est maintenant, où les morts entendront la voix du Fils de Dieu, et ceux qui l'auront entendue vivront.

26 Car comme le Père a la vie en lui-même, ainsi, il a donné au Fils aussi d'avoir la vie en lui-même.

27 Et il lui a donné autorité de juger, parce qu'il est Fils de l'homme.

28 Ne vous étonnez pas de cela, car l'heure vient où tous ceux qui sont dans les tombeaux entendront sa voix.

29 Et ils sortiront, ceux qui auront fait le bien pour une résurrection de vie, et ceux qui auront pratiqué le mal pour une résurrection de jugement.

Discours de Jésus
Quadruple témoignage rendu à Jésus

30 « Je ne peux rien faire, moi, de moi-même. Je juge selon ce que j'entends et mon jugement est juste, parce que je ne cherche pas ma volonté, mais la volonté de celui qui m'a envoyé.

31 Si moi, je rends témoignage de moi-même, mon témoignage n'est pas vrai.

32 C'est un autre qui rend témoignage de moi, et je sais que le témoignage qu'il rend de moi est vrai.

33 Vous, vous avez envoyé [des messagers] auprès de Jean, et il a rendu témoignage à la vérité.

34 Or moi, je ne reçois pas le témoignage d'un homme, mais je dis ces choses afin que vous, vous soyez sauvés.

35 Celui-là était la lampe qui brûle et qui brille, et vous, vous avez voulu vous réjouir pour un temps à sa lumière.

36 « Mais moi, j'ai un témoignage plus grand que [celui de] Jean. Car

les œuvres que le Père m'a données afin que je les accomplisse, ces œuvres mêmes que je fais témoignent à mon sujet, que c'est le Père qui m'a envoyé.

37 « Et le Père qui m'a envoyé, lui a rendu témoignage de moi. Vous n'avez jamais entendu sa voix ni vu sa face[1],

— [1] littéralement : son aspect.

38 et vous n'avez pas sa parole habitant en vous, puisque vous, vous ne croyez pas celui qu'il a envoyé.

39 « Vous sondez[1] les Écritures, car vous, vous pensez avoir en elles la vie éternelle. Or ce sont elles qui rendent témoignage de moi.

— [1] ou : Sondez ; ce n'est pas un commandement, mais un appel.

40 Mais vous ne voulez pas venir à moi pour avoir la vie.

41 « Je ne reçois pas de gloire des hommes,

42 mais je vous connais [et je sais] que vous n'avez pas l'amour de Dieu en vous-mêmes.

43 Moi, je suis venu au nom de mon Père et vous ne me recevez pas. Si un autre vient en son propre nom, celui-là vous le recevrez.

44 Comment pouvez-vous croire, vous qui recevez [votre] gloire les uns des autres et qui ne recherchez pas la gloire qui vient de Dieu seul[1] ?

— [1] ou : du seul Dieu.

45 « Ne pensez pas que moi, je vous accuserai devant le Père. Celui qui vous accuse, c'est Moïse en qui vous avez mis votre espoir.

46 Car si vous croyiez Moïse, vous me croiriez [aussi], parce que lui a écrit à mon sujet.

47 Mais si vous ne croyez pas ses écrits, comment croirez-vous mes paroles ? »

Jésus en Galilée – Première multiplication des pains

6 Après ces choses, Jésus s'en alla de l'autre côté de la mer de Galilée, [la mer] de Tibériade.

2 Et une grande foule le suivait parce qu'ils voyaient les miracles qu'il faisait sur ceux qui étaient malades.

3 Et Jésus monta sur la montagne[1] et s'assit là avec ses disciples.

— [1] la montagne en contraste avec la plaine ; comme ailleurs souvent.

4 Or la Pâque, la fête des Juifs, était proche.

5 Jésus donc, ayant levé les yeux et voyant qu'une grande foule venait à lui, dit à Philippe : « Où[1] pourrons-nous acheter des pains afin que ceux-ci mangent ? »

— [1] littéralement : D'où.

6 Mais il disait cela pour le mettre à l'épreuve, car lui savait ce qu'il allait faire.

7 Philippe lui répondit : « Des pains pour 200 deniers[1] ne leur suffiraient pas pour que chacun en reçoive un peu. »

— [1] le denier était le salaire journalier d'un ouvrier.

8 L'un de ses disciples, André, le frère de Simon Pierre, lui dit :

9 « Il y a ici un petit garçon qui a 5 pains d'orge et 2 poissons, mais qu'est-ce que cela pour tant de monde ? »

10 Mais Jésus dit : « Faites asseoir les gens ! » Or il y avait beaucoup d'herbe à cet endroit. Les hommes donc s'assirent, au nombre d'environ 5 000.

11 Alors Jésus prit les pains et, ayant rendu grâce, il les distribua à ceux qui étaient là. [Il fit] de même aussi avec les poissons, autant qu'ils en voulaient.

12 Et lorsqu'ils furent rassasiés, il dit à ses disciples : « Ramassez les morceaux qui restent, afin que rien ne soit perdu. »

13 Alors ils les ramassèrent et remplirent 12 paniers avec les morceaux qui restaient des 5 pains d'orge après qu'ils eurent mangé.

14 Les hommes donc, ayant vu le miracle que Jésus[1] avait fait, disaient : « Celui-ci est vraiment le Prophète qui vient dans le monde. »

— [1] littéralement : qu'il.

15 Alors Jésus, sachant qu'ils allaient venir et l'enlever pour le faire roi, se retira encore sur la montagne, lui [tout] seul.

Les disciples dans la tempête et Jésus sur la mer

16 Et quand le soir fut venu, ses disciples descendirent à la mer.

17 Et étant montés dans un bateau, ils allèrent de l'autre côté de la mer, à Capernaüm. Or il faisait déjà nuit et Jésus n'était pas encore venu à eux.

18 Et la mer se soulevait parce qu'un grand vent soufflait.

19 Après avoir ramé environ 25 ou 30 stades[1], ils voient Jésus marcher sur la mer et s'approcher du bateau, et ils eurent peur.

— [1] 1 stade = 185 m environ.

20 Mais il leur dit : « C'est moi[1], n'ayez pas peur ! »

— [1] littéralement : Moi, je suis.

21 Ils étaient donc tout disposés à le recevoir dans le bateau. Et aussitôt le bateau toucha terre au lieu où ils allaient.

Comment faire l'œuvre de Dieu

22 Le lendemain, la foule qui était de l'autre côté de la mer vit qu'il n'y avait pas là d'autre petit bateau que celui-là[1], et que Jésus n'était pas monté avec ses disciples dans le bateau, mais que ses disciples étaient partis seuls.

— [1] plusieurs manuscrits ajoutent : dans lequel ses disciples étaient montés.

23 D'autres [petits] bateaux étaient venus de Tibériade près de l'endroit où ils avaient mangé le pain après que le Seigneur eut rendu grâce.

24 Quand donc la foule vit que Jésus n'était pas là ni ses disciples, ils montèrent eux-mêmes dans les petits bateaux et vinrent à Capernaüm à la recherche de Jésus.

25 Et l'ayant trouvé de l'autre côté de la mer, ils lui dirent : « Rabbi, quand es-tu venu ici ? »

26 Jésus leur répondit et dit : « En vérité, en vérité, je vous [le] dis : Vous me cherchez, non parce que vous avez vu des miracles, mais parce que vous avez mangé des pains et que vous avez été rassasiés.

27 Travaillez, non pour la nourriture qui périt, mais pour la nourriture qui subsiste jusque dans la vie éternelle, laquelle le Fils de l'homme vous donnera. Car c'est lui sur qui le Père, Dieu, a mis son sceau[1]. »

— [1] littéralement : c'est lui que le Père, Dieu, a scellé.

28 Ils lui dirent alors : « Que ferons-nous pour accomplir les[1] œuvres de Dieu ? »

— [1] littéralement : travailler aux.

29 Jésus répondit et leur dit : « Ceci est l'œuvre de Dieu, que

vous croyiez en celui qu'il a envoyé. »

30 Alors ils lui dirent : « Quel miracle fais-tu donc, toi, afin que nous voyions et que nous te croyions ? Quelle œuvre fais-tu ?

31 Nos pères ont mangé la manne dans le désert, comme il est écrit : "Il leur a donné à manger du pain venant du ciel."[1] »

— [1] Psaume 78:24.

32 Jésus donc leur dit : « En vérité, en vérité, je vous [le] dis : Moïse ne vous a pas donné le pain qui vient du ciel, mais mon Père vous donne le vrai pain qui vient du ciel.

33 Car le pain de Dieu est celui qui descend du ciel et qui donne la vie au monde. »

34 Alors ils lui dirent : « Seigneur, donne-nous toujours ce pain-là. »

35 Jésus leur dit : « Moi, je suis le pain de vie. Celui qui vient à moi n'aura jamais faim, et celui qui croit en moi n'aura jamais soif.

36 Mais je vous l'ai dit : vous [m']avez vu et pourtant vous ne croyez pas.

37 Tout ce que[1] le Père me donne viendra à moi, et je ne mettrai absolument pas dehors celui qui vient à moi.

— [1] ici, dans le sens de : tous ceux que ; comme aussi ailleurs dans cet évangile.

38 Car je suis descendu du ciel pour faire non ma volonté, mais la volonté de celui qui m'a envoyé.

39 Or la volonté de celui qui m'a envoyé, c'est que je ne perde rien de tout ce qu'il m'a donné, mais que je le ressuscite au dernier jour.

40 Car la volonté de mon Père, c'est que quiconque voit[1] le Fils et croit en lui ait la vie éternelle ; et moi, je le ressusciterai au dernier jour. »

— [1] ou : discerne, contemple ; comparer avec 4:19.

41 Dès lors, les Juifs se mirent à murmurer à son sujet parce qu'il avait dit : « Moi, je suis le pain descendu du ciel. »

42 Et ils disaient : « Celui-ci, n'est-il pas Jésus, le fils de Joseph, dont nous, nous connaissons le père et la mère ? Comment dit-il maintenant : "Je suis descendu du ciel" ? »

43 Jésus répondit et leur dit : « Ne murmurez pas entre vous.

44 Personne ne peut venir à moi, à moins que le Père qui m'a envoyé ne l'attire ; et moi, je le ressusciterai au dernier jour.

45 Il est écrit dans les Prophètes : "Et ils seront tous enseignés de Dieu."[1] Quiconque a entendu ce qui vient du Père[2] et a appris [de lui] vient à moi.

— [1] Ésaïe 54:13. — [2] littéralement : de la part de Père.

46 Non que quelqu'un ait vu le Père, sinon celui qui vient de Dieu[1] ; celui-là a vu le Père.

— [1] littéralement : qui est de la part de Dieu.

47 En vérité, en vérité, je vous [le] dis : Celui qui croit [en moi] a la vie éternelle.

48 Moi, je suis le pain de vie.

49 Vos pères ont mangé la manne dans le désert, et ils sont morts.

50 C'est là le pain qui descend du ciel, afin que celui qui en mange ne meure pas.

51 Moi, je suis le pain vivant qui est descendu du ciel. Si quelqu'un mange de ce pain, il vivra éternellement. Or le pain que moi, je donnerai, c'est ma chair[1], [que je donnerai] pour la vie du monde. »

— [1] c.-à-d. : son corps.

52 Alors les Juifs discutaient vivement entre eux, en disant : « Comment celui-ci peut-il nous donner [sa] chair à manger ? »

53 Jésus donc leur dit : « En vérité, en vérité, je vous [le] dis : Si vous ne mangez pas la chair du Fils de l'homme et ne buvez pas son sang, vous n'avez pas la vie en vous-mêmes.

54 Celui qui se nourrit de ma chair et qui boit mon sang a la vie éternelle et moi, je le ressusciterai au dernier jour.

55 Car ma chair est vraiment une nourriture et mon sang est vraiment une boisson.

56 Celui qui se nourrit de ma chair et qui boit mon sang demeure en moi et moi en lui.

57 Comme le Père [qui est] vivant m'a envoyé, et que moi, je vis à cause[1] du Père, de même celui qui se nourrit de moi, celui-là aussi vivra à cause[1] de moi.

— [1] non pas simplement : par, moyennant, mais : je vis en raison de, et parce qu'il est et vit.

58 Celui-ci est le pain qui est descendu du ciel. Il n'est pas comme celui qu'ont mangé les pères,

et ils sont morts. Celui qui se nourrit de ce pain vivra éternellement. ».

59 Il dit ces choses dans la synagogue, enseignant à Capernaüm.

Des disciples se retirent d'auprès de Jésus

60 Alors beaucoup de ses disciples, l'ayant entendu, dirent : « Cette parole est dure. Qui peut l'entendre ? »

61 Mais Jésus, sachant en lui-même que ses disciples murmuraient à ce sujet, leur dit :

« Cela vous scandalise-t-il ?

62 Alors [que diriez-vous] si vous voyiez le Fils de l'homme monter là où il était auparavant ?

63 C'est l'Esprit qui donne la vie, la chair n'est d'aucun profit. Les paroles que moi, je vous ai dites, sont esprit et sont vie.

64 Mais il y en a quelques-uns parmi vous qui ne croient pas. » Car Jésus savait dès le commencement qui étaient ceux qui ne croyaient pas et qui était celui qui le livrerait.

65 Et il disait : « C'est pour cela que je vous ai dit que personne ne peut venir à moi à moins que cela ne lui soit donné du Père. »

66 Dès lors beaucoup de ses disciples se retirèrent[1], et ils ne marchaient plus avec lui.

— [1] littéralement : s'en allèrent en arrière.

Déclaration de Pierre

67 Alors Jésus dit aux Douze : « Et vous, voulez-vous aussi vous en aller ? »

68 Simon Pierre lui répondit : « Seigneur, vers qui nous en irions-nous ? Tu as les paroles de la vie éternelle.

69 Et nous, nous croyons et nous savons que toi, tu es le Saint de Dieu. »

70 Jésus leur répondit : « N'est-ce pas moi qui [vous] ai choisis, vous, les Douze ? Et l'un de vous est un diable. »

71 Or il parlait de Judas Iscariote, [fils] de Simon, car c'était lui qui allait le livrer – l'un des Douze.

Jésus à Jérusalem pendant la fête des Tabernacles

7 Et après ces choses, Jésus

parcourait[1] la Galilée, car il ne voulait pas parcourir[1] la Judée parce que les Juifs cherchaient à le faire mourir.

— [1] littéralement : marcher dans.

2 Or la fête des Juifs, celle des Tabernacles, était proche.

3 Ses frères lui dirent donc : « Pars d'ici et va en Judée afin que tes disciples voient, [eux] aussi, les œuvres que tu fais.

4 Car personne ne fait quelque chose en secret s'il cherche à être lui-même publiquement connu. Si tu fais ces choses, manifeste-toi au monde. »

5 Car ses frères non plus ne croyaient pas en lui.

6 Alors Jésus leur dit : « Mon temps n'est pas encore venu, mais votre temps est toujours prêt.

7 Le monde ne peut pas vous détester, mais il me déteste parce que moi, je rends témoignage à son sujet que ses œuvres sont mauvaises.

8 Vous, montez à la fête ! Moi, je ne monte pas à cette fête, car mon temps n'est pas encore accompli. »

9 Et ayant dit ces choses, il resta en Galilée.

10 Mais lorsque ses frères furent montés à la fête, alors lui aussi [y] monta, non pas publiquement, mais [comme] en secret.

11 Les Juifs le cherchaient donc pendant la fête, et ils disaient : « Où est-il, celui-là ? »

12 Et il y avait une grande rumeur à son sujet parmi les foules. Les uns disaient : « Il est homme de bien. » D'autres disaient : « Non, mais il séduit la foule. »

13 Toutefois personne ne parlait ouvertement de lui, par crainte des Juifs.

Enseignement de Jésus dans le Temple

14 Mais comme on était déjà au milieu de la fête, Jésus monta au Temple et il enseignait.

15 Alors les Juifs s'étonnaient, en disant : « Comment celui-ci connaît-il les Écrits sans [les] avoir étudié ? »

16 Jésus donc leur répondit et dit : « Mon enseignement n'est pas de moi, mais de celui qui m'a envoyé.

17 Si quelqu'un veut faire sa volonté[1], il connaîtra si [mon] enseignement vient de Dieu ou si moi, je parle de ma propre initiative[2].

— [1] c.-à-d. : la volonté de celui qui l'a envoyé. — [2] littéralement : de moi-même.

18 Celui qui parle de sa propre initiative[1] cherche sa propre gloire, mais celui qui cherche la gloire de celui qui l'a envoyé, celui-là est vrai, et il n'y a pas d'injustice en lui.

— [1] littéralement : de lui-même.

19 Moïse ne vous a-t-il pas donné la Loi ? Et personne d'entre vous n'observe la Loi. Pourquoi cherchez-vous à me faire mourir ? »

20 La foule répondit : « Tu as un démon ! Qui cherche à te faire mourir ? »

21 Jésus répondit et leur dit : « J'ai fait une œuvre et vous vous étonnez tous.

22 Parce que Moïse vous a[1] donné la circoncision – non qu'elle vienne de Moïse, mais elle vient des pères[2] – alors vous circoncisez un homme un [jour de] sabbat.

— [1] ou : et vous vous étonnez tous à cause de cela (verset 21). Moïse vous a. — [2] c.-à-d. : des patriarches.

23 Si un homme reçoit la circoncision un [jour de] sabbat, afin que la loi de Moïse ne soit pas

transgressée, êtes-vous irrités contre moi parce que j'ai guéri un homme tout entier un [jour de] sabbat ?

24 Ne jugez pas sur l'apparence, mais jugez selon un juste jugement. »

25 Quelques-uns des habitants de Jérusalem disaient alors : « N'est-ce pas celui qu'ils cherchent à faire mourir ?

26 Et voici, il parle librement et ils ne lui disent rien ! Les chefs auraient-ils vraiment reconnu que celui-ci est le Christ ?

27 Mais celui-ci, nous savons d'où il est, tandis que le Christ, quand il viendra, personne ne sait d'où il est. »

28 Alors Jésus qui enseignait dans le Temple s'écria, en disant : « Et vous me connaissez et vous savez d'où je suis. Et je ne suis pas venu de moi-même, mais celui qui m'a envoyé est vrai, et vous ne le connaissez pas.

29 Moi, je le connais, car je viens d'auprès de lui et c'est lui qui m'a envoyé. »

30 Ils cherchaient donc à le prendre. Mais personne ne mit la main sur lui parce que son heure n'était pas encore venue.

31 Beaucoup parmi la foule crurent en lui et disaient : « Le Christ, quand il viendra, fera-t-il plus de miracles que n'en a fait celui-ci ? »

32 Les Pharisiens entendirent la foule murmurer ces choses à son sujet. Alors les principaux sacrificateurs et les Pharisiens envoyèrent des gardes pour le prendre.

33 Jésus donc dit : « Je suis encore pour un peu de temps avec vous, puis je m'en vais vers celui qui m'a envoyé.

34 Vous me chercherez et vous ne [me] trouverez pas, et là où moi, je serai, vous, vous ne pouvez pas venir. »

35 Les Juifs dès lors dirent entre eux : « Où celui-ci va-t-il aller pour que nous ne le trouvions pas ? Va-t-il aller vers la Diaspora[1] [au milieu] des Grecs, et enseigner les Grecs ?

— [1] la Diaspora : la dispersion des Juifs parmi les nations, hors de la Palestine ; elle a commencé au VIe siècle av. J.-C. et s'est accentuée en 70 apr. J.-C. à la prise de Jérusalem par les Romains ; voir 1 Pierre 1:1.

36 Quelle est cette parole qu'il a dite : "Vous me chercherez et vous ne [me] trouverez pas ; et là où moi, je serai, vous, vous ne pouvez pas venir" ? »

La dernière journée de la fête – Promesse de l'Esprit saint

37 Et à la dernière journée, la grande [journée] de la fête, Jésus se tint là et s'écria, en disant : « Si quelqu'un a soif, qu'il vienne à moi et qu'il boive !

38 Celui qui croit en moi, selon ce qu'a dit l'Écriture, des fleuves d'eau vive couleront de son ventre[1]. »

— [1] c.-à-d. : du plus profond de son être.

39 Or il disait cela de l'Esprit qu'allaient recevoir ceux qui croyaient en lui. Car l'Esprit n'était pas encore [venu] parce que Jésus n'avait pas encore été glorifié.

40 Alors des gens de la foule, ayant entendu ces paroles, disaient : « Celui-ci est vraiment le Prophète. »

41 D'autres disaient : « Celui-ci est le Christ. » Et d'autres disaient : « Est-ce bien de Galilée que le Christ doit venir ?

42 L'Écriture n'a-t-elle pas dit que

le Christ vient de la descendance de David et du village de Bethléhem d'où était David ? »

43 Il y eut alors de la division dans la foule à cause de lui.

44 Et quelques-uns parmi eux voulaient le prendre, mais personne ne mit les mains sur lui.

45 Alors les gardes revinrent vers les principaux sacrificateurs et les Pharisiens. Et ceux-ci leur dirent : « Pourquoi ne l'avez-vous pas amené ? »

46 Les gardes répondirent : « Jamais un homme n'a parlé ainsi[1]. »

— [1] plusieurs manuscrits portent : n'a parlé comme cet homme.

47 Alors les Pharisiens leur répondirent : « Est-ce que vous aussi, vous avez été séduits ?

48 Quelqu'un parmi les chefs ou parmi les Pharisiens a-t-il cru en lui ?

49 Mais cette foule qui ne connaît pas la Loi est maudite. »

50 Nicodème, celui qui était allé vers lui auparavant[1] [et] qui était l'un d'entre eux, leur dit :

— [1] plusieurs manuscrits omettent : celui qui était allé vers lui auparavant.

51 « Notre loi juge-t-elle l'homme avant de l'avoir entendu et d'avoir connu ce qu'il fait ? »

52 Ils répondirent et lui dirent : « Est-ce que toi aussi, tu es de Galilée ? Cherche bien[1] et vois qu'un prophète ne se lève pas de Galilée. »

— [1] traduit ailleurs par « sonder ».

53 [1]Et chacun s'en alla dans sa maison.

— [1] plusieurs manuscrits omettent les versets 7:53 à 8:11.

8 Mais Jésus s'en alla au mont des Oliviers.

Jésus et la femme adultère

2 Et tôt le matin, il vint encore au Temple et tout le peuple venait à lui. Et s'étant assis, il les enseignait.

3 Alors les scribes et les Pharisiens amènent une femme surprise en train de commettre un adultère. Et l'ayant placée [là,] au milieu,

4 ils lui disent : « Maître, cette femme a été surprise en flagrant délit d'adultère.

5 Or dans la Loi, Moïse nous a ordonné de lapider de telles [femmes]. Alors toi, que dis-tu ? »

6 Or ils disaient cela pour le mettre à l'épreuve, afin qu'ils aient [un motif] pour l'accuser. Mais Jésus, s'étant baissé, se mit à écrire sur la terre avec le doigt.

7 Et comme ils continuaient à l'interroger, s'étant relevé, il leur dit : « Que celui parmi vous qui est sans péché jette le premier la pierre contre elle. »

8 Et s'étant encore baissé, il écrivait sur la terre.

9 Mais eux, l'ayant entendu, sortirent un à un, en commençant par les plus âgés[1]. Et Jésus[2] fut laissé seul avec la femme devant lui[3].

— [1] plusieurs manuscrits ajoutent : jusqu'aux derniers. — [2] littéralement : il. — [3] littéralement : étant au milieu.

10 Et Jésus s'étant relevé[1] lui dit : « Femme, où sont-ils[2] ? Personne ne t'a condamnée ? »

— [1] plusieurs manuscrits ajoutent : et ne voyant personne que la femme. — [2] plusieurs manuscrits ajoutent : ceux-là, tes accusateurs.

11 Et elle dit : « Personne, Seigneur. » Et Jésus dit : « Moi non plus, je ne te condamne pas. Va [et] désormais ne pèche plus. »[1]

— [1] plusieurs manuscrits omettent les versets 7:53 à 8:11.

Jésus rend de nouveau témoignage de lui-même

12 Alors Jésus leur parla encore, en disant : « Moi, je suis la lumière du monde. Celui qui me suit ne marchera certainement pas dans les ténèbres, mais il aura la lumière de la vie. »

13 Les Pharisiens lui dirent donc : « Toi, tu rends témoignage de[1] toi-même ; ton témoignage n'est pas vrai. »

— [1] littéralement : au sujet de.

14 Jésus répondit et leur dit : « Même si moi, je rends témoignage de[1] moi-même, mon témoignage est vrai, car je sais d'où je suis venu et où je vais. Mais vous, vous ne savez pas d'où je viens, ni où je vais.

— [1] littéralement : au sujet de.

15 Vous, vous jugez selon la chair ; moi, je ne juge personne.

16 Et même si moi, je juge, mon jugement est vrai, car je ne suis pas seul, mais [il y a] moi et le Père qui m'a envoyé.

17 Et il est écrit aussi dans votre loi que le témoignage de deux hommes est vrai.

18 Moi, je rends témoignage de[1] moi-même, et le Père qui m'a envoyé rend témoignage de[1] moi. »

— [1] littéralement : au sujet de.

19 Alors ils lui dirent : « Où est ton père ? » Jésus répondit : « Vous ne connaissez ni moi ni mon Père. Si vous m'aviez connu, vous auriez connu aussi mon Père. »

20 Il dit ces paroles dans le Trésor[1], enseignant dans le Temple. Et personne ne le prit parce que son heure n'était pas encore venue.

— [1] c.-à-d. : aux abords du coffre (le Trésor) destiné à recevoir les offrandes.

Conséquences de l'incrédulité

21 Il leur dit donc encore : « Moi, je m'en vais, et vous me chercherez, et vous mourrez dans votre péché. Là où moi, je vais, vous, vous ne pouvez pas venir. »

22 Les Juifs disaient alors : « Se tuera-t-il lui-même pour qu'il dise : "Là où moi, je vais, vous, vous ne pouvez pas venir" ? »

23 Mais il leur dit : « Vous, vous êtes d'en bas[1], moi, je suis d'en haut[2]. Vous, vous êtes de ce monde, moi, je ne suis pas de ce monde.

— [1] littéralement : des choses qui sont en bas. — [2] littéralement : des choses qui sont en haut.

24 C'est pourquoi je vous ai dit que vous mourrez dans vos péchés. Car si vous ne croyez pas que moi, je suis[1], vous mourrez dans vos péchés. »

— [1] comparer avec Exode 3:14.

25 Ils lui disaient alors : « Toi, qui es-tu ? » Et Jésus leur dit : « Absolument[1] ce qu'aussi je vous dis.

— [1] dans le principe et l'universalité de ce que je suis. Sa parole, son langage, le présentait lui-même, étant la vérité.

26 J'ai à votre sujet beaucoup [de choses] à dire et à juger. Mais celui qui m'a envoyé est vrai, et les choses que j'ai entendues de lui, moi, je les dis au monde. »

27 Ils ne comprirent[1] pas qu'il leur parlait du Père.

— [1] littéralement : connurent

28 Alors Jésus [leur] dit : « Quand vous aurez élevé le Fils de l'homme, alors vous connaîtrez que moi, je suis, et que je ne fais rien de moi-même, mais que je dis ces

choses comme le Père m'a enseigné.

29 Et celui qui m'a envoyé est avec moi. Il ne m'a pas laissé seul, parce que moi, je fais toujours les choses qui lui sont agréables. »

30 Comme il disait ces choses, beaucoup crurent en lui.

Libres ou esclaves du péché

31 Alors Jésus dit aux Juifs qui avaient cru en lui : « Si vous, vous persévérez dans ma parole, vous êtes vraiment mes disciples.

32 Et vous connaîtrez la vérité et la vérité vous rendra libres. »

33 Ils lui répondirent : « Nous sommes la descendance d'Abraham et jamais nous n'avons été dans l'esclavage de personne. Comment toi, dis-tu : "Vous serez rendus libres" ? »

34 Jésus leur répondit : « En vérité, en vérité, je vous [le] dis : Quiconque pratique le péché est esclave du péché.

35 Or l'esclave ne reste pas dans la maison pour toujours ; le fils [y] reste pour toujours.

36 Si donc le Fils vous affranchit, vous serez réellement libres.

Les juifs incrédules sont enfants du Diable

37 « Je sais que vous êtes la descendance d'Abraham. Mais vous cherchez à me faire mourir parce que ma parole n'a pas d'entrée auprès de vous.

38 Moi, je dis ce que j'ai vu auprès de mon Père. Mais vous, vous faites[1] les choses que vous avez entendues de votre père. »

— [1] ou : Mais vous, faites ; faire, ici : faire habituellement ou de manière caractéristique ; ailleurs : pratiquer.

39 Ils répondirent et lui dirent :

« Abraham est notre père. » Jésus leur dit : « Si vous étiez enfants d'Abraham, vous feriez les œuvres d'Abraham.

40 Mais maintenant, vous cherchez à me faire mourir, [moi,] un homme qui vous ai dit[1] la vérité que j'ai entendue de Dieu. Abraham n'a pas fait cela.

— [1] littéralement : parlé.

41 Vous, vous faites les œuvres de votre père. » Ils lui dirent [alors] : « Nous ne sommes pas nés de la fornication ; nous avons un père, Dieu. »

42 Jésus leur dit : « Si Dieu était votre père, vous m'aimeriez ; car moi, je suis sorti de Dieu et je suis ici. Car je ne suis pas venu de moi-même, mais c'est lui qui m'a envoyé.

43 Pourquoi ne comprenez-vous pas mon langage ? Parce que vous ne pouvez pas écouter ma parole.

44 Vous, vous avez pour père le Diable et vous voulez faire les désirs de votre père. Lui a été meurtrier dès le commencement et il n'a pas persévéré[1] dans la vérité, car il n'y a pas de vérité en lui. Quand il dit le mensonge, il parle de ce qui lui est propre, car il est menteur et le père du mensonge[2].

— [1] littéralement : ne s'est pas tenu debout.
— [2] littéralement : de lui.

45 Mais moi, parce que je dis la vérité, vous ne me croyez pas.

46 Qui de vous me convainc de péché ? Si je dis la vérité, vous, pourquoi ne me croyez-vous pas ?

47 Celui qui est de Dieu écoute les paroles de Dieu. C'est pourquoi vous, vous n'écoutez pas parce que vous n'êtes pas de Dieu. »

48 Les Juifs répondirent et lui dirent : « N'avons-nous pas raison de dire que toi, tu es un Samaritain

et que tu as un démon ? »

49 Jésus répondit : « Moi, je n'ai pas un démon, mais j'honore mon Père, et vous, vous me déshonorez.

50 Mais moi, je ne cherche pas ma gloire. Il y en a un qui [la] cherche et qui juge.

Jésus révèle la gloire de sa personne

51 « En vérité, en vérité, je vous [le] dis : Si quelqu'un garde ma parole, il ne verra certainement pas la mort, jamais. »

52 Les Juifs *[donc]* lui dirent : « Maintenant, nous savons que tu as un démon. Abraham est mort, les prophètes aussi, et toi, tu dis : "Si quelqu'un garde ma parole, il ne fera certainement pas l'expérience de la mort, jamais."

53 Es-tu plus grand que notre père Abraham qui est mort ? Les prophètes aussi sont morts. Qui prétends-tu être[1] ? »
— [1] littéralement : Qui te fais-tu.

54 Jésus répondit : « Si je me glorifie moi-même, ma gloire n'est rien. C'est mon Père qui me glorifie, lui dont vous, vous dites : "Il est notre Dieu."

55 Et vous ne le connaissez[1] pas, mais moi, je le connais[2]. Et si je disais que je ne le connais[2] pas, je serais un menteur, comme vous. Mais je le connais[2] et je garde sa parole.
— [1] connaître objectivement, pour les Juifs.
— [2] connaître subjectivement.

56 Abraham, votre père, a exulté de ce qu'il verrait mon jour ; et il l'a vu et s'est réjoui. »

57 Les Juifs lui dirent alors : « Tu n'as pas encore 50 ans et tu as vu Abraham ? »

58 Jésus leur dit : « En vérité, en vérité, je vous [le] dis : Avant qu'Abraham n'ait existé, moi, je suis. »

59 Ils prirent alors des pierres pour les jeter contre lui. Mais Jésus se cacha et sortit du Temple.

Guérison d'un aveugle-né

9 Et comme il passait, il vit un homme [qui était] aveugle depuis sa naissance.

2 Et ses disciples l'interrogèrent, en disant : « Rabbi, qui a péché, lui ou ses parents, pour qu'il soit né aveugle ? »

3 Jésus répondit : « Ni lui n'a péché ni ses parents, mais c'est afin que les œuvres de Dieu soient manifestées en lui.

4 Il nous[1] faut faire[2] les œuvres de celui qui m'a envoyé pendant qu'il fait jour. La nuit vient où personne ne peut travailler.
— [1] plusieurs manuscrits portent : me. — [2] littéralement : travailler ; comme à la fin du verset.

5 Tant que je suis dans le monde, je suis la lumière du monde. »

6 Ayant dit ces choses, il cracha en terre, et fit de la boue avec la salive, et mit la boue comme un onguent sur les yeux [de l'aveugle].

7 Puis il lui dit : « Va te laver au bassin de Siloé » – ce qui se traduit par « Envoyé ». Il y alla donc et se lava et revint en voyant.

8 Alors les voisins et ceux qui, l'ayant vu auparavant, [savaient] qu'il était mendiant, disaient : « N'est-ce pas celui qui était assis et qui mendiait ? »

9 Quelques-uns disaient : « C'est lui. » D'autres disaient : « Non, mais il lui ressemble. » Lui disait : « C'est moi-même[1]. »
— [1] littéralement : Moi, je suis.

10 Ils lui dirent alors : « Comment

[donc] tes yeux se sont-ils ouverts ? »

11 Il répondit : « L'homme qu'on appelle Jésus a fait de la boue, et a oint mes yeux, et m'a dit : "Va à Siloé et lave-toi." Alors j'[y] suis allé et je me suis lavé et j'ai retrouvé la vue. »

12 Ils lui dirent : « Où est cet homme[1] ? » Il dit : « Je ne sais pas. »

— [1] littéralement : Où est celui-là ?

L'aveugle guéri est amené aux Pharisiens

13 Ils amenèrent aux Pharisiens celui qui auparavant avait été aveugle.

14 Or c'était un jour de sabbat que Jésus avait fait de la boue et lui avait ouvert ses yeux.

15 Alors les Pharisiens aussi lui demandèrent encore comment il avait retrouvé la vue. Et il leur dit : « Il a mis de la boue sur mes yeux, et je me suis lavé, et je vois. »

16 Quelques-uns parmi les Pharisiens dirent alors : « Cet homme n'est pas de Dieu, car il ne garde pas le sabbat. » [Et] d'autres disaient : « Comment un homme pécheur peut-il faire de tels miracles ? » Et il y avait de la division parmi eux.

17 Ils disent donc encore à l'aveugle : « Toi, que dis-tu de lui puisqu'il t'a ouvert les yeux ? » Et il dit : « C'est un prophète. »

18 Mais les Juifs ne crurent pas qu'il[1] avait été aveugle et qu'il avait retrouvé la vue, jusqu'à ce qu'ils aient appelé les parents de celui qui avait retrouvé la vue.

— [1] littéralement : de lui, qu'il.

19 Et ils les interrogèrent, en disant : « Celui-ci est-il votre fils, dont vous, vous dites qu'il est né

aveugle ? Comment donc voit-il maintenant ? »

20 Alors ses parents répondirent et dirent : « Nous savons que celui-ci est notre fils et qu'il est né aveugle.

21 Mais comment il voit maintenant, nous ne le savons pas, et qui lui a ouvert les yeux, nous ne le savons pas, nous. Interrogez-le, il est assez grand[1] pour parler lui-même de ce qui le concerne. »

— [1] littéralement : Il a de l'âge.

22 Ses parents dirent ces choses parce qu'ils craignaient les Juifs. Car les Juifs avaient déjà convenu que si quelqu'un le reconnaissait comme le Christ, il serait exclu de la synagogue.

23 C'est pourquoi ses parents dirent : « Il est assez grand[1], interrogez-le. »

— [1] littéralement : Il a de l'âge.

Le beau témoignage de l'aveugle guéri

24 Ils appelèrent donc pour la seconde fois l'homme qui avait été aveugle, et ils lui dirent : « Donne gloire à Dieu ! Nous, nous savons que cet homme est un pécheur. »

25 Alors il répondit : « S'il est un pécheur, je ne sais pas ; je sais une chose, c'est que j'étais aveugle et que maintenant je vois. »

26 Et ils lui dirent encore : « Que t'a-t-il fait ? Comment a-t-il ouvert tes yeux ? »

27 Il leur répondit : « Je vous l'ai déjà dit et vous n'avez pas écouté. Pourquoi voulez-vous encore l'entendre ? Voulez-vous, vous aussi, devenir ses disciples ? »

28 Alors ils l'insultèrent et dirent : « Toi, tu es disciple de celui-là, mais nous, nous sommes disciples de Moïse.

29 Pour nous, nous savons que

Dieu a parlé à Moïse, mais pour celui-ci, nous ne savons pas d'où il est. »

30 L'homme répondit et leur dit : « En ceci pourtant il y a une chose étrange, c'est que vous, vous ne sachiez pas d'où il est alors qu'il a ouvert mes yeux.

31 Nous savons que Dieu n'écoute pas les pécheurs, mais si quelqu'un est pieux envers Dieu et fait sa volonté, celui-là, il l'écoute.

32 Jamais on n'a entendu dire que quelqu'un ait ouvert les yeux d'un aveugle-né.

33 Si celui-ci ne venait pas de Dieu, il ne pourrait rien faire. »

34 Ils répondirent et lui dirent : « Toi, tu es entièrement né dans le péché et toi, tu nous enseignes ? » Et ils le chassèrent dehors.

L'aveugle guéri rencontre Jésus

35 Jésus apprit qu'ils l'avaient chassé dehors et, l'ayant trouvé, il[1] dit : « Toi, crois-tu au Fils de l'homme[2] ? »
— [1] plusieurs manuscrits ajoutent : lui. — [2] plusieurs manuscrits portent : Fils de Dieu.

36 Il répondit et dit : « Et qui est-il, Seigneur, afin que je croie en lui ? »

37 Jésus lui dit : « Et tu l'as vu et celui qui te parle, c'est lui. »

38 Et il dit : « Je crois, Seigneur ! » Et il se prosterna devant lui.

39 Jésus dit alors : « Moi, je suis venu dans ce monde pour un jugement, afin que ceux qui ne voient pas voient, et que ceux qui voient deviennent aveugles. »

40 Quelques-uns des Pharisiens qui étaient avec lui entendirent ces choses et lui dirent : « Et nous, sommes-nous aussi aveugles ? »

41 Jésus leur dit : « Si vous étiez aveugles, vous n'auriez pas de péché. Mais maintenant, vous dites : "Nous voyons !" ; [alors] votre péché subsiste.

Le berger, les brebis et le portier

10 « En vérité, en vérité, je vous [le] dis : Celui qui n'entre pas par la porte dans l'enclos des brebis, mais qui y monte par ailleurs, celui-là est un voleur et un bandit.

2 Mais celui qui entre par la porte est le berger des brebis.

3 À celui-ci le portier ouvre et les brebis écoutent sa voix. Puis il appelle ses propres brebis, chacune par son nom[1], et il les mène dehors.
— [1] littéralement : par chaque nom.

4 Quand il a mis dehors toutes ses propres [brebis], il marche devant elles, et les brebis le suivent, car elles connaissent sa voix

5 Or elles ne suivront en aucune manière un étranger, mais elles fuiront loin de lui parce qu'elles ne connaissent pas la voix des étrangers. »

6 Jésus leur dit cette comparaison, mais ils ne comprirent pas la portée de ce qu'il leur disait.

Jésus est la porte des brebis

7 Alors Jésus leur dit encore : « En vérité, en vérité, je vous dis que moi, je suis la porte des brebis.

8 Tous ceux qui sont venus [avant moi] sont des voleurs et des bandits. Mais les brebis ne les ont pas écoutés.

9 Moi, je suis la porte. Si quelqu'un entre par moi, il sera sauvé, et il entrera et sortira, et il trouvera des pâturages.

Le bon berger

10 « Le voleur ne vient que pour voler, et égorger, et détruire. Moi, je suis venu afin qu'elles aient la vie et qu'elles l'aient en abondance.

11 Moi, je suis le bon berger. Le bon berger laisse[1] sa vie pour les brebis.

— [1] littéralement : met, dépose.

12 Mais l'homme qui reçoit un salaire et qui n'est pas le berger, à qui les brebis n'appartiennent pas en propre, voit venir le loup, et laisse les brebis, et s'enfuit. Et le loup s'empare d'elles et les disperse.

13 [Or le salarié s'enfuit] parce qu'il travaille pour un salaire et qu'il ne se préoccupe pas des brebis.

14 Moi, je suis le bon berger, et je connais mes brebis[1], et mes brebis[1] me connaissent,

— [1] littéralement : les miennes.

15 comme le Père me connaît et [comme] moi, je connais le Père. Et je laisse[1] ma vie pour les brebis.

— [1] littéralement : mets, dépose.

16 Or j'ai d'autres brebis qui ne sont pas de cet enclos ; celles-là aussi, il faut que je les amène. Et elles écouteront ma voix et il y aura un seul troupeau, un seul berger.

Jésus donne à son Père un motif de l'aimer

17 « À cause de ceci le Père m'aime, c'est que moi, je laisse[1] ma vie afin que je la reprenne.

— [1] littéralement : mets, dépose.

18 Personne ne me l'ôte, mais moi, je la laisse[1] de moi-même. J'ai le pouvoir[2] de la laisser[1] et j'ai le pouvoir[2] de la reprendre. J'ai reçu ce commandement de mon Père. »

— [1] littéralement : mettre, déposer. — [2] ou : l'autorité ; la puissance avec le droit de l'exercer.

19 Il y eut encore de la division parmi les Juifs à cause de ces paroles.

20 Et beaucoup d'entre eux disaient : « Il a un démon et il est fou ; pourquoi l'écoutez-vous ? »

21 D'autres disaient : « Ces paroles ne sont pas [celles] d'un démoniaque. Un démon peut-il ouvrir les yeux des aveugles ? »

Jésus est à Jérusalem pendant la fête de la Dédicace

22 Or il y avait à Jérusalem [la fête de] la Dédicace, et c'était en hiver.

23 Et Jésus allait et venait dans le Temple, au portique de Salomon.

24 Alors les Juifs l'entourèrent et lui dirent : « Jusqu'à quand tiens-tu notre âme en suspens ? Si toi, tu es le Christ, dis-le-nous franchement. »

25 Jésus leur répondit : « Je vous l'ai dit et vous ne croyez pas. Les œuvres que je fais, moi, au nom de mon Père, celles-ci rendent témoignage de moi.

26 Mais vous, vous ne croyez pas parce que vous n'êtes pas de mes brebis[1].

— [1] plusieurs manuscrits ajoutent : comme je vous l'ai dit.

27 Mes brebis écoutent ma voix, et moi, je les connais, et elles me suivent,

28 et moi, je leur donne la vie éternelle, et elles ne périront certainement pas, jamais. Et personne ne les arrachera de ma main.

29 Mon Père, qui me les a données, est plus grand que tous[1], et personne ne peut les arracher de la main du[2] Père.[3]

— [1] littéralement : toutes choses. — [2] plusieurs manuscrits portent : de mon. — [3] ou : Ce que mon Père m'a donné est plus grand que toutes choses, et personne ne peut l'arracher de la main du Père.

30 Moi et le Père nous sommes

un. »

— [1] c.-à-d. : du côté est du Jourdain.

41 Et beaucoup [de gens] vinrent à lui, et ils disaient : « Jean n'a fait aucun miracle, mais toutes les choses que Jean a dites au sujet de celui-ci étaient vraies. »

42 Et là, beaucoup crurent en lui.

Les juifs veulent encore lapider Jésus

31 Les Juifs ramassèrent encore des pierres pour le lapider.

32 Jésus leur répondit : « Je vous ai montré beaucoup de bonnes[1] œuvres de la part du[2] Père. Pour laquelle de ces œuvres me lapidez-vous ? »

— [1] ou : belles. — [2] plusieurs manuscrits portent : de mon.

33 Les Juifs lui répondirent : « Nous ne te lapidons pas pour une bonne[1] œuvre, mais pour blasphème et parce que toi, étant homme, tu te fais Dieu. »

— [1] ou : belle.

34 Jésus leur répondit : « N'est-il pas écrit dans votre loi : "Moi j'ai dit : Vous êtes des dieux"[1] ?

— [1] Psaume 82:6.

35 S'il appelle dieux ceux à qui la parole de Dieu est venue – et l'Écriture ne peut pas être annulée –

36 comment dites-vous, vous, à celui que le Père a sanctifié et qu'il a envoyé dans le monde : "Tu blasphèmes", parce que j'ai dit : "Je suis [le] Fils de Dieu" ?

37 Si je ne fais pas les œuvres de mon Père, ne me croyez pas.

38 Mais si je les fais, même si vous ne me croyez pas, croyez les œuvres, afin que vous sachiez et que vous reconnaissiez que le Père est en moi, et moi dans le Père. »

39 Ils cherchaient [donc] encore à se saisir de lui, mais il échappa à leurs mains

40 et s'en alla encore de l'autre côté du Jourdain[1], à l'endroit où Jean avait baptisé au début, et il resta là.

Jésus apprend que Lazare est malade

11 Or il y avait un homme malade, Lazare, de Béthanie, du village de Marie et de Marthe sa sœur.

2 (Et Marie était celle qui avait oint le Seigneur d'un parfum et qui lui avait essuyé les pieds avec ses cheveux, dont le frère, Lazare, était malade.)

3 Alors les sœurs envoyèrent dire à Jésus[1] : « Seigneur, voici, celui que tu aimes est malade. »

— [1] littéralement : lui envoyèrent dire.

4 Et Jésus, l'ayant entendu, dit : « Cette maladie ne mène pas à la mort, mais [elle est] pour la gloire de Dieu, afin que le Fils de Dieu soit glorifié par elle. »

5 Or Jésus aimait Marthe, et sa sœur, et Lazare.

6 Quand donc il eut entendu que Lazare[1] était malade, il resta encore[2] deux jours au lieu où il était.

— [1] littéralement : il. — [2] littéralement : alors.

7 Puis après cela, il dit aux disciples : « Allons encore en Judée. »

8 Les disciples lui disent : « Rabbi, les Juifs cherchaient tout à l'heure à te lapider et tu y vas encore ? »

9 Jésus répondit : « N'y a-t-il pas douze heures dans la journée ? Si quelqu'un marche de jour, il ne trébuche pas, car il voit la lumière de ce monde.

10 Mais si quelqu'un marche de nuit, il trébuche, car la lumière n'est

pas en lui. »

11 Il dit ces choses, puis après cela, il leur déclara : « Lazare, notre ami, s'est endormi, mais je vais pour le réveiller. »

12 Les disciples lui dirent donc : « Seigneur, s'il s'est endormi, il sera guéri[1]. »

— [1] littéralement : sauvé.

13 Or Jésus avait parlé de sa mort, mais eux pensaient qu'il avait parlé de l'assoupissement du sommeil.

14 Alors Jésus leur dit maintenant ouvertement : « Lazare est mort.

15 Et je me réjouis à cause de vous de ce que je n'étais pas là, afin que vous croyiez. Mais allons vers lui. »

16 Thomas, appelé Didyme[1], dit alors aux autres disciples : « Allons-y, nous aussi, afin que nous mourions avec lui. »

— [1] ou : Jumeau.

Jésus rencontre Marthe

17 Quand donc Jésus arriva, il trouva que Lazare[1] était déjà depuis quatre jours dans le tombeau.

— [1] littéralement : il.

18 Or Béthanie était près de Jérusalem, à 15 stades[1] environ.

— [1] 1 stade = 185 m environ.

19 Et beaucoup de Juifs étaient venus auprès de Marthe et de Marie pour les consoler au sujet de leur frère[1].

— [1] littéralement : du frère.

20 Alors Marthe, quand elle apprit que Jésus venait, alla à sa rencontre. Mais Marie était assise dans la maison.

21 Marthe dit donc à Jésus : « Seigneur, si tu avais été ici, mon frère ne serait pas mort.

22 [Mais] même maintenant, je sais que tout ce que tu demanderas à Dieu, Dieu te le donnera. »

23 Jésus lui dit : « Ton frère ressuscitera. »

24 Marthe lui dit : « Je sais qu'il ressuscitera à la résurrection, au dernier jour. »

25 Jésus lui dit : « Moi, je suis la résurrection et la vie. Celui qui croit en moi, même s'il meurt, vivra.

26 Et quiconque vit et croit en moi ne mourra certainement pas, jamais. Crois-tu cela ? »

27 Elle lui dit : « Oui Seigneur, moi, je crois que toi, tu es le Christ, le Fils de Dieu, celui qui vient dans le monde. »

Jésus au tombeau – Résurrection de Lazare

28 Et ayant dit cela, elle s'en alla et appela secrètement sa sœur Marie, en disant : « Le maître[1] est là, et il t'appelle. »

— [1] maître : celui qui enseigne ; ici et ailleurs souvent.

29 Alors celle-ci, dès qu'elle l'eut entendu, se leva immédiatement et alla vers lui.

30 Or Jésus n'était pas encore arrivé dans le village, mais il était toujours au lieu où Marthe était venue à sa rencontre.

31 Les Juifs donc qui étaient avec Marie[1] dans la maison et qui la consolaient, ayant vu que Marie s'était levée soudainement et était sortie, la suivirent, pensant qu'elle allait au tombeau pour y pleurer.

— [1] littéralement : elle.

32 Alors, quand Marie fut venue là où était Jésus et qu'elle le vit, elle se jeta à ses pieds, en lui disant : « Seigneur, si tu avais été ici, mon frère ne serait pas mort. »

33 Jésus donc, quand il la vit pleurer et [qu'il vit] pleurer les Juifs qui étaient venus avec elle, fut

profondément ému[1] dans [son] esprit et se troubla.

— [1] profondément ému, ici, c'est l'expression de la peine profonde, mêlée d'indignation, produite dans l'âme du Seigneur à la vue du pouvoir de la mort sur l'esprit de l'homme.

34 Et il dit : « Où l'avez-vous déposé ? » Ils lui disent : « Seigneur, viens et vois ! »

35 Jésus se mit à pleurer.

36 Les Juifs dirent alors : « Voyez comme il l'aimait. »

37 Mais quelques-uns d'entre eux dirent : « Celui-ci, qui a ouvert les yeux de l'aveugle, ne pouvait-il pas faire aussi que cet homme[1] ne meure pas ? »

— [1] littéralement : celui-ci.

38 Alors Jésus, encore profondément ému en lui-même, vient au tombeau. Or c'était une grotte, et une pierre était placée devant.

39 Jésus dit : « Enlevez la pierre ! » Marthe, la sœur du mort, lui dit : « Seigneur, il sent déjà, car il est [là] depuis quatre jours. »

40 Jésus lui dit : « Ne t'ai-je pas dit que si tu crois, tu verras la gloire de Dieu ? »

41 Ils enlevèrent donc la pierre. Et Jésus leva les yeux en haut et dit : « Père, je te rends grâce de ce que tu m'as entendu.

42 Or moi, je savais que tu m'entends toujours, mais je l'ai dit à cause de la foule qui est autour [de moi], afin qu'ils croient que toi, tu m'as envoyé. »

43 Et ayant dit cela, il cria d'une voix forte : « Lazare, [viens] ici, dehors ! »

44 Et le mort sortit, ayant les pieds et les mains liés de bandelettes, et son visage était enveloppé d'un linge. Jésus leur dit : « Déliez-le et laissez-le aller ! »

Complot des chefs du peuple contre Jésus

45 Alors beaucoup de Juifs, qui étaient venus auprès de Marie et qui avaient vu ce que Jésus[1] avait fait, crurent en lui.

— [1] littéralement : il.

46 Mais quelques-uns d'entre eux s'en allèrent trouver les Pharisiens et leur dirent ce que Jésus avait fait.

47 Alors les principaux sacrificateurs et les Pharisiens réunirent un sanhédrin et dirent : « Que faisons-nous ? Car cet homme fait beaucoup de miracles.

48 Si nous le laissons [faire] ainsi, tous croiront en lui, et les Romains viendront et détruiront notre lieu et notre nation. »

49 Mais l'un d'entre eux, [appelé] Caïphe, qui était souverain sacrificateur cette année-là[1], leur dit : « Vous ne savez rien,

— [1] ou : de cette année-là.

50 et vous ne réfléchissez pas qu'il est avantageux pour vous qu'un seul homme meure pour le peuple et que la nation entière ne périsse pas. »

51 Or il ne dit pas cela de lui-même, mais étant souverain sacrificateur cette année-là[1], il prophétisa que Jésus allait mourir pour la nation,

— [1] ou : de cette année-là.

52 et non seulement pour la nation, mais aussi pour rassembler en un les enfants de Dieu dispersés.

53 Alors, depuis ce jour-là, ils décidèrent de le faire mourir.

54 Jésus donc ne se montra[1] plus ouvertement parmi les Juifs, mais il s'en alla de là dans la région qui est près du désert, dans une ville appelée Éphraïm. Et il y séjourna

avec les disciples.

55 Or la Pâque des Juifs était proche, et beaucoup [de gens] de la région montèrent à Jérusalem avant la Pâque, afin de se purifier.

56 Ils cherchaient donc Jésus et se disaient les uns aux autres, comme ils étaient dans le Temple : « Qu'en pensez-vous ? Ne viendra-t-il vraiment pas à la fête ? »

57 Or les principaux sacrificateurs et les Pharisiens avaient donné l'ordre que si quelqu'un savait où il était, il le déclare afin qu'on se saisisse de lui.

Jésus à Béthanie – Marie oint les pieds de Jésus

12 Alors Jésus, six jours avant la Pâque, vint à Béthanie où était Lazare[1] que Jésus avait ressuscité d'entre les morts.

— [1] plusieurs manuscrits ajoutent : le mort.

2 On lui fit donc là un dîner. Et Marthe servait et Lazare était un de ceux qui étaient à table avec lui.

3 Alors Marie, ayant pris une livre[1] de parfum de nard pur de grand prix, oignit les pieds de Jésus et lui essuya les pieds avec ses cheveux. Et la maison fut remplie de l'odeur du parfum.

— [1] 1 livre = 330 g environ.

4 Mais l'un de ses disciples, Judas Iscariote[1], celui qui allait le livrer, dit :

— [1] plusieurs manuscrits ajoutent : fils de Simon.

5 « Pourquoi ce parfum n'a-t-il pas été vendu 300 deniers[1], et [l'argent] donné aux pauvres ? »

— [1] le denier était le salaire journalier d'un ouvrier.

6 Or il dit cela, non parce qu'il se souciait des pauvres, mais parce qu'il était voleur et que, ayant la bourse, il prenait ce qu'on y mettait.

7 Alors Jésus dit : « Permets-lui d'avoir gardé cela pour le jour de ma mise au tombeau.

8 Car vous avez toujours les pauvres avec vous, mais moi, vous ne m'avez pas toujours. »

9 Or une grande foule de Juifs apprit qu'il était là. Et ils vinrent, non seulement à cause de Jésus, mais aussi pour voir Lazare qu'il avait ressuscité d'entre les morts.

10 [C'est] alors que les principaux sacrificateurs décidèrent de faire mourir aussi Lazare.

11 Car, à cause de lui, beaucoup de Juifs se retiraient et croyaient en Jésus.

L'entrée royale de Jésus dans Jérusalem

12 Le lendemain, une grande foule qui était venue à la fête apprit que Jésus venait à Jérusalem.

13 Ils prirent des branches de palmiers, et ils sortirent à sa rencontre et criaient : « Hosanna[1] ! Béni soit celui qui vient au nom du °Seigneur, le roi d'Israël ![2] »

— [1] Hosanna signifie : Sauve je te prie ; cette expression était devenue une exclamation de joie, équivalente à : Gloire à Dieu ! — [2] voir Psaume 118:25, 26.

14 Et Jésus, ayant trouvé un ânon, s'assit dessus, selon qu'il est écrit :

15 « Ne crains pas, fille de Sion ! Voici, ton roi vient, assis sur le petit[1] d'une ânesse. »[2]

— [1] littéralement : l'ânon. — [2] Zach. 9:9.

16 Ses disciples ne comprirent pas d'abord ces choses, mais quand Jésus fut glorifié, alors ils se souvinrent que ces choses étaient écrites à son sujet et qu'ils avaient fait[1] cela pour lui.

— [1] ou : qu'on avait fait.

17 La foule donc qui était avec lui rendait témoignage qu'il avait appelé Lazare hors du tombeau et qu'il l'avait ressuscité d'entre les morts.

18 C'est pourquoi la foule vint [aussi] à sa rencontre, parce qu'ils avaient appris qu'il avait fait ce miracle.

19 Alors les Pharisiens dirent entre eux : « Vous voyez que vous ne gagnez rien ; voici, le monde s'en est allé à sa suite[1]. »
— [1] littéralement : derrière lui.

Quelques grecs demandent à voir Jésus

20 Or il y avait quelques Grecs parmi ceux qui étaient montés pour adorer[1] pendant la fête.
— [1] traduit d'ordinaire par : se prosterner.

21 Alors ceux-là s'approchèrent de Philippe qui était de Bethsaïda en Galilée, et ils lui firent cette demande, en disant : « Seigneur[1], nous voulons voir Jésus. »
— [1] plutôt : Monsieur.

22 Philippe vient le dire à André, [puis] André et Philippe viennent le dire à Jésus.

23 Et Jésus leur répondit, en disant : « L'heure est venue pour que le Fils de l'homme soit glorifié.

24 En vérité, en vérité, je vous [le] dis : Si le grain de blé tombé en terre ne meurt pas, il reste seul ; mais s'il meurt, il porte beaucoup de fruit.

25 Celui qui aime sa vie la perdra, et celui qui déteste sa vie dans ce monde-ci la conservera pour la vie éternelle.

26 Si quelqu'un me sert, qu'il me suive, et là où moi, je suis, là sera aussi mon serviteur. Si quelqu'un me sert, le Père l'honorera.

Jésus parle de sa mort

27 « Maintenant, mon âme est troublée, et que dirai-je ? Père, délivre-moi de cette heure ! Mais c'est pour cela que je suis venu à[1] cette heure.
— [1] c.-à-d. : jusqu'à.

28 Père, glorifie ton nom ! » Il vint alors une voix du ciel : « Et je l'ai glorifié et je le glorifierai de nouveau. »

29 Alors la foule qui se tenait là et qui avait entendu, dit qu'un coup de tonnerre avait eu lieu. D'autres disaient : « Un ange lui a parlé. »

30 Jésus répondit et dit : « Cette voix n'est pas venue pour moi, mais pour vous.

31 C'est maintenant qu'est le jugement de ce monde ; c'est maintenant que le prince de ce monde sera jeté dehors.

32 Et moi, quand je serai élevé de la terre, j'attirerai tous [les hommes] à moi. »

33 Or il disait cela pour indiquer de quelle mort il allait mourir.

34 La foule donc lui répondit : « Nous, nous avons appris par[1] la Loi que le Christ vit éternellement. Et comment, toi, dis-tu qu'il faut que le Fils de l'homme soit élevé ? Qui est ce Fils de l'homme ? »
— [1] littéralement : entendu de.

35 Jésus leur dit alors : « Pour peu de temps encore la lumière est au milieu de vous. Marchez pendant que vous avez la lumière, afin que les ténèbres ne s'emparent pas de vous. Mais celui qui marche dans les ténèbres ne sait pas où il va.

36 Pendant que vous avez la lumière, croyez en la lumière, afin que vous deveniez des fils de lumière. » Jésus dit ces choses et, s'en étant allé, il se cacha loin d'eux.

L'incrédulité du peuple juif

37 Et, bien qu'il ait fait de nombreux miracles[1] devant eux, ils ne croyaient pas en lui,

— [1] littéralement : signes ; ainsi dans tout l'évangile de Jean.

38 afin soit accomplie la parole que le prophète Ésaïe a dite : « °Seigneur, qui a cru à ce que nous avons fait entendre, et à qui le bras du °Seigneur a-t-il été révélé ? »[1]

— [1] Ésaïe 53:1.

39 C'est pourquoi ils ne pouvaient pas croire, parce qu'Ésaïe a dit encore :

40 « Il a aveuglé leurs yeux et il a endurci leur cœur, de peur qu'ils ne voient des yeux, et ne comprennent du cœur, et ne se convertissent, et que je ne les guérisse. »[1]

— [1] Ésaïe 6:9, 10.

41 Ésaïe a dit ces choses parce qu'il a vu sa gloire et qu'il a parlé de lui.

42 Toutefois, même parmi les chefs, beaucoup crurent en lui ; mais à cause des Pharisiens ils ne le déclaraient pas [ouvertement] de peur d'être exclus de la synagogue.

43 Car ils ont aimé la gloire des hommes plus que la gloire de Dieu.

Dernier appel du Seigneur

44 Et Jésus s'écria et dit : « Celui qui croit en moi, ne croit pas en moi, mais en celui qui m'a envoyé.

45 Et celui qui me voit voit celui qui m'a envoyé.

46 Moi, [la] lumière, je suis venu dans le monde afin que quiconque croit en moi ne reste pas dans les ténèbres.

47 Et si quelqu'un entend mes paroles et ne les garde pas, moi, je ne le juge pas ; car je ne suis pas venu pour juger le monde, mais pour sauver le monde.

48 Celui qui me rejette et qui ne reçoit pas mes paroles a son juge : la parole que j'ai dite, celle-là le jugera au dernier jour.

49 Car moi, je n'ai pas parlé de ma propre initiative, mais le Père qui m'a envoyé m'a commandé lui-même ce que je devais dire et comment j'avais à parler.

50 Et je sais que son commandement est la vie éternelle. Ainsi, ce dont moi, je parle, j'en parle comme le Père me l'a dit. »

Jésus lave les pieds de ses disciples

13 Or avant la fête de Pâque, Jésus, sachant que son heure était venue de passer de ce monde au Père, ayant aimé les siens qui étaient dans le monde, les aima jusqu'à la fin.

2 Et pendant le dîner – le Diable ayant déjà mis dans le cœur de Judas Iscariote, [fils] de Simon, de le livrer –

3 [Jésus,] sachant que le Père lui a remis[1] toutes choses entre les mains, et qu'il est venu de Dieu et s'en va à Dieu,

— [1] littéralement : donné.

4 se lève du dîner et met de côté ses vêtements ; puis, ayant pris un linge, il le met autour de sa taille.

5 Ensuite il verse de l'eau dans le bassin et commence à laver les pieds des disciples et à les essuyer avec le linge qu'il avait autour de la taille.

6 Il arrive ainsi à Simon Pierre, [mais] celui-ci lui dit : « Seigneur, tu me laves les pieds, toi ? »

7 Jésus répondit et lui dit : « Ce que moi, je fais, toi, tu ne le sais pas maintenant, mais tu le comprendras par la suite. »

8 Pierre lui dit : « Tu ne me laveras certainement pas les pieds, jamais ! » Jésus lui répondit : « Si je ne te lave pas, tu n'as pas de part avec moi. »

9 Simon Pierre lui dit : « Seigneur, non seulement mes pieds, mais aussi les mains et la tête ! »

10 Jésus lui dit : « Celui qui a tout le corps lavé[1] n'a besoin que de se laver[2] les pieds, car il est entièrement pur. Et vous, vous êtes purs, mais non pas tous. »

— [1] littéralement : Celui qui est baigné. — [2] mot spécial employé pour le lavage d'une partie du corps seulement, pieds ou mains.

11 En effet, il connaissait celui qui le livrerait ; c'est pourquoi il dit : « Vous n'êtes pas tous purs. »

Un exemple donné

12 Quand donc il leur eut lavé les pieds, [et] qu'il eut repris ses vêtements, et qu'il se fut remis à table, il leur dit : « Comprenez-vous ce que je vous ai fait ?

13 Vous, vous m'appelez Maître[1] et Seigneur, et vous dites bien, car je le suis.

— [1] maître : celui qui enseigne.

14 Si donc moi, le Seigneur et le Maître[1], je vous ai lavé les pieds, vous aussi, vous devez vous laver les pieds les uns aux autres.

— [1] maître : celui qui enseigne.

15 Car je vous ai donné un exemple, afin que vous fassiez, vous aussi, comme je vous ai fait, moi.

16 En vérité, en vérité, je vous [le] dis : L'esclave n'est pas plus grand que son seigneur, ni l'envoyé[1] plus grand que celui qui l'a envoyé.

— [1] ailleurs aussi : apôtre.

17 Si vous savez ces choses, vous êtes bienheureux si vous les faites.

18 Je ne parle pas de vous tous ; moi, je connais ceux que j'ai choisis. Mais c'est afin que l'Écriture soit accomplie : "Celui qui mange mon pain[1] a levé le talon contre moi."[2]

— [1] plusieurs manuscrits portent : le pain avec moi. — [2] Psaume 41:10.

19 Je vous le dis dès maintenant[1] avant que cela n'arrive, afin que, lorsque cela arrivera, vous croyiez que moi, je suis.

— [1] c.-à-d. : à partir de ce temps-ci.

20 En vérité, en vérité, je vous [le] dis : Celui qui reçoit quelqu'un que[1] j'envoie me reçoit, et celui qui me reçoit reçoit celui qui m'a envoyé. »

— [1] littéralement : qui que ce soit que.

Jésus annonce la trahison de Judas

21 Ayant dit ces choses, Jésus fut troublé dans [son] esprit, et rendit témoignage, et dit : « En vérité, en vérité, je vous dis que l'un de vous me livrera. »

22 Les disciples se regardaient les uns les autres, étant perplexes, [se demandant] de qui il parlait.

23 [1]Un de ses disciples que Jésus aimait était à table, tout contre[2] Jésus.

— [1] plusieurs manuscrits ajoutent : Or. — [2] littéralement : sur le sein de.

24 Alors Simon Pierre lui fait signe de demander qui pouvait être celui dont il parlait.

25 Et lui, s'étant penché sur la poitrine de Jésus, lui dit : « Seigneur, qui est-ce ? »

26 Jésus répond : « C'est celui à qui moi, je donnerai le morceau après l'avoir trempé. » Alors, ayant trempé le morceau, il [le prend et] le donne à Judas Iscariote, [fils] de Simon.

27 Et après [avoir pris] le morceau, alors Satan entra en lui. Jésus lui dit alors : « Ce que tu fais, fais-le au plus vite. »

28 [Mais] aucun de ceux qui étaient à table ne comprit pourquoi il lui avait dit cela.

29 Car, comme Judas tenait la bourse, quelques-uns pensaient que Jésus lui avait dit : « Achète ce dont nous avons besoin pour la fête », ou [qu'il lui demandait] de donner quelque chose aux pauvres.

30 Ayant donc pris le morceau, Judas[1] sortit aussitôt. Or il faisait nuit.

— [1] littéralement : celui-ci.

Le Fils de l'homme a été glorifié – Le commandement nouveau

31 Quand donc il fut sorti, Jésus dit : « Maintenant, le Fils de l'homme a été glorifié, et Dieu a été glorifié en lui.

32 [Si Dieu a été glorifié en lui,] Dieu aussi le glorifiera en lui-même, et aussitôt il le glorifiera.

33 Enfants, je suis encore avec vous pour un peu de temps. Vous me chercherez et, comme j'ai dit aux Juifs : "Là où moi, je vais, vous, vous ne pouvez pas venir", je le dis à vous aussi maintenant.

34 Je vous donne un commandement nouveau, que vous vous aimiez les uns les autres. Comme je vous ai aimés, que vous aussi, vous vous aimiez les uns les autres.

35 À ceci tous connaîtront que vous êtes mes disciples, si vous avez de l'amour les uns pour les autres. »

Jésus annonce que Pierre va le renier

36 Simon Pierre lui dit : « Seigneur, où vas-tu ? » Jésus [lui] répondit : « Là où je vais, tu ne peux pas me suivre maintenant, mais tu me suivras plus tard. »

37 Pierre lui dit : « Seigneur, pourquoi ne puis-je pas te suivre maintenant ? Je laisserai[1] ma vie pour toi. »

— [1] littéralement : mettrai, déposerai.

38 Jésus répond : « Tu laisseras[1] ta vie pour moi ? En vérité, en vérité, je te dis : Un coq ne chantera certainement pas avant que tu ne m'aies renié trois fois. »

— [1] littéralement : mettras, déposeras.

La Maison du Père – Exhortations de Jésus à ses disciples

14 « Que votre cœur ne soit pas troublé. Vous croyez en Dieu, croyez aussi en moi ![1]

— [1] ou : Croyez en Dieu et croyez en moi !

2 Dans la Maison de mon Père, il y a de nombreuses demeures. Et si ce n'était pas [le cas], je vous l'aurais dit ; car je vais vous préparer une place[1].[2]

— [1] littéralement : un endroit. — [2] plusieurs manuscrits portent : Et sinon, vous aurais-je dit que je vais vous préparer une place ?

3 Et si je m'en vais et que je vous prépare une place[1], je reviendrai et je vous prendrai auprès de moi, afin que là où moi, je suis, vous, vous soyez aussi.

— [1] littéralement : un endroit.

4 Et là où [moi,] je vais,[1] vous en savez le chemin. »

— [1] plusieurs manuscrits portent : Et vous savez où moi, je vais et.

5 Thomas lui dit : « Seigneur, nous ne savons pas où tu vas ; comment pouvons-nous en savoir le chemin ? »

6 Jésus lui dit : « Moi, je suis le chemin, et la vérité, et la vie. Personne ne vient au Père si ce

n'est par moi.

7 Si vous m'aviez connu, vous auriez connu aussi mon Père. Et dès maintenant, vous le connaissez et vous l'avez vu. »

8 Philippe lui dit : « Seigneur, montre-nous le Père et cela nous suffit. »

9 Jésus lui dit : « Je suis depuis si longtemps avec vous et tu ne me connais pas, Philippe ? Celui qui m'a vu a vu le Père. Comment peux-tu dire, toi : "Montre-nous le Père" ?

10 Ne crois-tu pas que moi, je suis dans le Père et que le Père est en moi ? Les paroles que moi, je vous dis, je ne les dis pas de moi-même ; mais le Père qui vit[1] en moi, c'est lui qui fait les œuvres.

— [1] littéralement : reste.

11 Croyez-moi que je suis dans le Père et que le Père est en moi. Mais sinon, croyez-moi à cause des œuvres elles-mêmes.

12 En vérité, en vérité, je vous [le] dis : Celui qui croit en moi fera lui aussi les œuvres que moi, je fais, et il en fera de plus grandes que celles-ci, parce que moi, je vais vers le Père.

13 Et quoi que vous demandiez en mon nom, je le ferai afin que le Père soit glorifié dans le Fils.

14 Si vous[1] demandez quelque chose en mon nom, moi, je le ferai.

— [1] plusieurs manuscrits ajoutent : me.

La promesse du Consolateur (le Saint Esprit)

15 « Si vous m'aimez, vous garderez mes commandements[1].

— [1] plusieurs manuscrits portent : Si vous m'aimez, gardez mes commandements.

16 Et moi, je prierai le Père et il vous donnera un autre Consolateur[1], pour être avec vous

éternellement,

— [1] avocat en 1 Jean 2:1 ; c'est quelqu'un qui soutient la cause d'une personne, et lui vient en aide, et l'assiste.

17 l'Esprit de vérité, que le monde ne peut pas recevoir, parce qu'il ne le voit pas et ne le connaît pas. Vous, vous le connaissez parce qu'il reste auprès de vous et qu'il sera en vous.

18 Je ne vous laisserai pas orphelins[1], je viens à vous.

— [1] ou : abandonnés.

19 Encore un peu de temps et le monde ne me verra plus ; mais vous, vous me verrez, parce que moi, je vis et que vous, vous vivrez.

20 En ce jour-là, vous connaîtrez que moi, je suis en mon Père, et vous en moi, et moi en vous.

21 Celui qui a mes commandements et qui les garde, c'est celui-là[1] qui m'aime. Et celui qui m'aime sera aimé de mon Père, et moi, je l'aimerai, et je me manifesterai à lui. »

— [1] littéralement : celui-là est celui.

22 Jude, non pas l'Iscariote, lui dit : « Seigneur, comment se fait-il que tu aies l'intention de te manifester à nous et non au monde ? »

23 Jésus répondit et lui dit : « Si quelqu'un m'aime, il gardera ma parole, et mon Père l'aimera, et nous viendrons à lui, et nous ferons notre demeure chez lui.

24 Celui qui ne m'aime pas ne garde pas mes paroles. Et la parole que vous entendez n'est pas la mienne, mais celle du Père qui m'a envoyé.

25 « Je vous ai dit ces choses pendant que je suis avec vous.

26 Mais le Consolateur[1], l'Esprit Saint, que le Père enverra en mon nom, lui vous enseignera toutes

choses et vous rappellera toutes les choses que *[moi,]* je vous ai dites.

— [1] avocat en 1 Jean 2:1 ; c'est quelqu'un qui soutient la cause d'une personne et lui vient en aide et l'assiste.

27 Je vous laisse la paix, je vous donne ma paix. Je ne vous donne pas, moi, comme le monde donne. Que votre cœur ne soit pas troublé et ne soit pas craintif.

28 Vous avez entendu que moi, je vous ai dit : "Je m'en vais et je viens à vous." Si vous m'aviez aimé, vous vous seriez réjouis de ce que je vais vers le Père, car le Père est plus grand que moi.

29 Et maintenant, je vous l'ai dit avant que cela n'arrive, afin que, lorsque cela arrivera, vous croyiez.

30 Je ne parlerai plus beaucoup avec vous, car le prince du monde vient et il n'a rien en moi.

31 Mais c'est afin que le monde sache que j'aime le Père et que j'agis conformément à ce que le Père m'a commandé. Levez-vous, partons d'ici !

Le vrai cep et les sarments

15 « Moi, je suis le vrai cep, et mon Père est le vigneron.

2 Tout sarment en moi qui ne porte pas de fruit, il l'enlève ; et tout sarment qui porte du fruit, il le purifie en le taillant afin qu'il porte plus de fruit.

— [1] littéralement : taille et purifie.

3 Vous, vous êtes déjà purs à cause de la parole que je vous ai dite.

4 Demeurez en moi et moi, [je demeurerai] en vous. Comme le sarment ne peut pas porter de fruit de lui-même s'il ne reste pas [attaché] au cep, de même vous non plus [vous ne le pouvez pas] si vous ne demeurez pas en moi.

5 Moi, je suis le cep, vous, [vous êtes] les sarments. Celui qui demeure en moi et moi en lui, celui-là porte beaucoup de fruit. Car séparés de moi vous ne pouvez rien faire.

6 Si quelqu'un ne demeure pas en moi, il est jeté dehors comme le sarment, et il se dessèche. Et on les ramasse, et on les jette au feu, et ils brûlent.

Des conditions pour un exaucement de la prière

7 « Si vous demeurez en moi et que mes paroles demeurent en vous, vous demanderez ce que vous voudrez, et [cela] vous arrivera.

8 En ceci mon Père est glorifié, [c'est] que vous portiez beaucoup de fruit. Alors vous serez mes disciples.

« Que vous vous aimiez les uns les autres, comme je vous ai aimés »

9 « Comme le Père m'a aimé, moi aussi, je vous ai aimés. Demeurez dans mon amour.

10 Si vous gardez mes commandements, vous demeurerez dans mon amour, comme moi, j'ai gardé les commandements de mon Père et je demeure dans son amour.

11 Je vous ai dit ces choses afin que ma joie soit en vous et que votre joie soit complète.

12 Voici mon commandement : que vous vous aimiez les uns les autres comme je vous ai aimés.

13 Personne n'a un amour plus grand que celui-ci : que quelqu'un laisse[1] sa vie pour ses amis.

— [1] littéralement : met, dépose.

14 Vous êtes mes amis si vous

faites ce que moi, je vous commande.

15 Je ne vous appelle plus esclaves, car l'esclave ne sait pas ce que son maître[1] fait. Mais je vous ai appelés amis parce que je vous ai fait connaître tout ce que j'ai entendu de mon Père.

— [1] traduit d'ordinaire par : seigneur.

16 Ce n'est pas vous qui m'avez choisi, mais c'est moi qui vous ai choisis et qui vous ai établis, afin que vous, vous alliez, et que vous portiez du fruit, et que votre fruit demeure, afin que ce que vous demanderez au Père en mon nom, il vous le donne.

17 Ce que je vous commande, c'est que vous vous aimiez les uns les autres.

Jésus et les disciples sont haïs du monde

18 « Si le monde vous déteste, sachez[1] qu'il m'a détesté avant vous.

— [1] ou : vous savez.

19 Si vous étiez du monde, le monde aimerait ce qui serait à lui. Mais parce que vous n'êtes pas du monde mais que moi, je vous ai choisis [en vous tirant] hors du monde, à cause de cela, le monde vous déteste.

20 Souvenez-vous de la parole que moi, je vous ai dite : "L'esclave n'est pas plus grand que son maître[1]." S'ils m'ont persécuté, ils vous persécuteront aussi ; s'ils ont gardé ma parole, ils garderont aussi la vôtre.

— [1] traduit d'ordinaire par : seigneur.

21 Mais ils vous feront toutes ces choses à cause de mon nom, parce qu'ils ne connaissent pas celui qui m'a envoyé.

22 Si je n'étais pas venu et si je ne leur avais pas parlé, ils n'auraient pas eu de péché. Mais maintenant, ils n'ont pas d'excuse pour leur péché.

23 Celui qui me déteste, déteste aussi mon Père.

24 Si je n'avais pas fait parmi eux les œuvres que personne d'autre n'a faites, ils n'auraient pas eu de péché. Mais maintenant, ils [les] ont vues, et ils ont haï aussi bien moi que mon Père.

25 Mais c'est afin que soit accomplie la parole qui est écrite dans leur loi : « Ils m'ont haï sans raison. »[1]

— [1] Psaume 35:19.

Double témoignage rendu à Christ

26 « Mais quand sera venu le Consolateur que moi, je vous enverrai d'auprès[1] du Père, l'Esprit de vérité qui sort d'auprès du Père, celui-là rendra témoignage de moi.

— [1] ou : de la part.

27 Et vous aussi, vous rendrez témoignage parce que vous êtes avec moi depuis le commencement.

Le Consolateur ne viendra que si Jésus s'en va vers le Père

16 « Je vous ai dit ces choses afin que vous n'ayez pas de cause de chute.

2 Ils vous excluront des synagogues. Même l'heure vient où quiconque vous tuera pensera offrir un culte à Dieu.

3 Et ils feront ces choses parce qu'ils n'ont connu ni le Père ni moi.

4 Mais je vous ai dit ces choses afin que, lorsque leur heure sera venue, vous vous souveniez que c'est moi qui vous les ai dites. Et je ne vous ai pas dit ces choses dès

le début, parce que j'étais avec vous.

5 Et maintenant, je m'en vais vers celui qui m'a envoyé, et aucun de vous ne me demande : "Où vas-tu ?"

6 Mais parce que je vous ai dit ces choses, la tristesse a rempli votre cœur.

7 Toutefois, moi, je vous dis la vérité : Il vous est avantageux que moi, je m'en aille. Car si je ne m'en vais pas, le Consolateur ne viendra pas à vous ; mais si je m'en vais, je vous l'enverrai.

8 Et quand celui-là sera venu, il convaincra[1] le monde en ce qui concerne le péché, et la justice, et le jugement :

— [1] c.-à-d. : il produira des preuves irréfutables.

9 en ce qui concerne le péché, parce qu'ils ne croient pas en moi ;
10 en ce qui concerne la justice, parce que je m'en vais vers le Père et que vous ne me verrez plus ;
11 et en ce qui concerne le jugement, parce que le prince de ce monde est jugé.

12 « J'ai encore beaucoup de choses à vous dire, mais vous ne pouvez pas les supporter maintenant.

13 Mais quand celui-là, l'Esprit de vérité, sera venu, il vous conduira dans[1] toute la vérité. Car il ne parlera pas de lui-même, mais il dira tout ce qu'il aura entendu, et il vous annoncera les choses qui vont arriver.

— [1] conduire dans, avec le sens de : introduire dans.

14 Celui-là me glorifiera, car il prendra[1] de ce qui est à moi, et il vous l'annoncera.

— [1] le mot grec signifie : prendre ou recevoir.

15 Tout ce qu'a le Père est à moi ; c'est pourquoi j'ai dit qu'il prend[1] de ce qui est à moi, et qu'il vous l'annoncera.

— [1] le mot grec signifie : prendre ou recevoir.

Joie du monde et joie des disciples

16 « [Encore] un peu de temps et vous ne me verrez plus, et encore un peu de temps et vous me verrez[1]. »

— [1] plusieurs manuscrits ajoutent : parce que je m'en vais vers le Père.

17 Alors quelques-uns de ses disciples se dirent les uns aux autres : « Que signifie ce qu'il nous dit : "[Encore] un peu de temps et vous ne me verrez pas, et encore un peu de temps et vous me verrez", et : "Parce que je m'en vais vers le Père" ? »

18 Ils disaient donc : « Que signifie ce *[qu'il dit]* : "[Encore] un peu de temps" ? Nous ne savons pas de quoi il parle. »

19 Jésus savait qu'ils voulaient l'interroger, et il leur dit : « Vous cherchez entre vous [le sens de] ce que j'ai dit : "[Encore] un peu de temps et vous ne me verrez pas, et encore un peu de temps et vous me verrez."

20 En vérité, en vérité, je vous dis que vous, vous pleurerez, et vous vous lamenterez, et le monde se réjouira. Vous, vous serez dans la tristesse, mais votre tristesse sera changée en joie.

21 La femme, quand elle accouche, a de la tristesse parce que son heure est venue. Mais après qu'elle a donné naissance à l'enfant, elle ne se souvient plus de l'angoisse à cause de la joie qu'elle a de ce qu'un homme est né dans le monde.

22 Alors vous aussi, vous avez maintenant de la tristesse ; mais je vous reverrai, et votre cœur se réjouira, et personne ne vous enlèvera[1] votre joie.

— [1] littéralement : enlève.

Les disciples en relation avec le Père

23 « Et en ce jour-là, vous ne m'interrogerez plus sur rien. En vérité, en vérité, je vous [le] dis : [tout] ce que vous demanderez au Père en mon nom, il vous le donnera.

24 Jusqu'à présent, vous n'avez rien demandé en mon nom. Demandez et vous recevrez, afin que votre joie soit complète.

25 Je vous ai dit ces choses au moyen de comparaisons. L'heure vient où je ne vous parlerai plus au moyen de comparaisons, mais je vous parlerai ouvertement du Père.

26 En ce jour-là, vous demanderez en mon nom, et je ne vous dis pas que moi, je prierai le Père pour vous.

27 Car le Père lui-même vous aime, parce que vous, vous m'avez aimé et que vous avez cru que moi, je suis sorti d'auprès de Dieu.

28 Je suis sorti d'auprès du Père et je suis venu dans le monde. De nouveau je laisse le monde et je vais vers le Père. »

29 Ses disciples[1] disent : « Voici, maintenant tu parles ouvertement et tu n'emploies plus de comparaisons.

— [1] plusieurs manuscrits ajoutent : lui.

30 Maintenant nous savons que tu sais toutes choses et que tu n'as pas besoin que quelqu'un t'interroge. À cause de cela, nous croyons que tu es sorti de Dieu. »

31 Jésus leur répondit : « Vous croyez maintenant ?

32 Voici, l'heure vient, et elle est venue, où vous serez dispersés chacun chez soi et où vous me laisserez seul. Mais je ne suis pas seul, car le Père est avec moi.

33 Je vous ai dit ces choses afin qu'en moi vous ayez la paix. Vous avez de la détresse dans le monde, mais ayez bon courage, moi, j'ai vaincu le monde. »

La prière sacerdotale
Jésus demande à être glorifié

17 Jésus dit ces choses et, levant les yeux vers le ciel, il dit : « Père, l'heure est venue. Glorifie ton Fils afin que ton[1] Fils te glorifie,

— [1] plusieurs manuscrits portent : le.

2 et que, comme tu lui as donné autorité[1] sur toute chair, il donne la vie éternelle à tous ceux[2] que tu lui as donnés.

— [1] ou : pouvoir : la puissance avec le droit de l'exercer. — [2] littéralement : à eux, à tout ce.

3 Or la vie éternelle, c'est qu'ils te connaissent, [toi] le seul vrai Dieu, et celui que tu as envoyé, Jésus Christ.

4 Moi, je t'ai glorifié sur la terre, j'ai achevé l'œuvre que tu m'as donnée à faire.

5 Et maintenant, glorifie-moi, toi, Père, auprès de toi-même, de la gloire que j'avais auprès de toi avant que le monde existe[1].

— [1] littéralement : soit.

La prière sacerdotale
Relation de Jésus avec ses disciples

6 « J'ai manifesté ton nom aux hommes que tu m'as donnés du monde. Ils étaient à toi, et tu me les as donnés, et ils ont gardé ta

Parole.

7 Maintenant, ils savent que tout ce que tu m'as donné vient[1] de toi.
— [1] littéralement : est.

8 Car les paroles[1] que tu m'as données, je les leur ai données et ils les ont reçues. Et ils ont vraiment connu que je suis sorti d'auprès de toi, et ils ont cru que toi, tu m'as envoyé.
— [1] proprement : les choses dites, les communications divines.

La prière sacerdotale
Ceux pour lesquels Jésus prie

9 « Moi, je fais des demandes pour eux. Je ne fais pas de demandes pour le monde, mais pour ceux que tu m'as donnés, parce qu'ils sont à toi

10 – et tout ce qui est à moi est à toi et ce qui est à toi est à moi – et je suis glorifié en eux.

11 Et je ne suis plus dans le monde, mais eux sont dans le monde, et moi, je viens à toi. Père saint, garde-les en ton nom que tu m'as donné, afin qu'ils soient un comme nous.

12 Quand j'étais avec eux, moi, je les gardais en ton nom que tu m'as donné. Et je [les] ai protégés[1] et aucun d'eux n'a été perdu, sinon le fils de perdition, afin que l'Écriture soit accomplie.
— [1] plusieurs manuscrits portent : je les gardais en ton nom. Et j'ai protégé ceux que tu m'as donnés.

13 Et maintenant, je viens à toi et je dis ces choses dans le monde afin qu'ils aient ma joie rendue complète en eux-mêmes.

La prière sacerdotale
Les disciples et le monde

14 « Moi, je leur ai donné ta Parole[1] et le monde les a haïs parce qu'ils ne sont pas du monde, comme moi, je ne suis pas du monde.
— [1] ici : la parole de Dieu en témoignage.

15 Je ne fais pas la demande que tu les retires du monde, mais que tu les gardes du mal[1].
— [1] ou : du Méchant ; c.-à-d. : le Diable.

16 Ils ne sont pas du monde, comme moi, je ne suis pas du monde.

17 Sanctifie-les par la vérité ! Ta Parole est [la] vérité.

18 Comme tu m'as envoyé dans le monde, moi aussi, je les ai envoyés dans le monde.

19 Et moi, je me sanctifie moi-même pour eux afin qu'eux aussi soient sanctifiés par la vérité[1].
— [1] ou : en vérité.

La prière sacerdotale
Jésus fait des demandes pour tous ceux qui croient

20 « Or je ne fais pas seulement des demandes pour ceux-là, mais aussi pour ceux qui croient en moi par leur parole,

21 afin que tous soient un, comme toi, Père, tu es en moi et moi en toi, afin qu'eux aussi soient[1] en nous, pour que le monde croie que toi, tu m'as envoyé.
— [1] plusieurs manuscrits ajoutent : un.

La prière sacerdotale
L'unité en gloire

22 « Et la gloire que tu m'as donnée, moi, je la leur ai donnée afin qu'ils soient un, comme nous, [nous sommes] un

23 – moi en eux et toi en moi – afin qu'ils soient parfaitement un, [et] que le monde connaisse que toi, tu m'as envoyé et que tu les as aimés comme tu m'as aimé.

La prière sacerdotale

Jésus veut que les siens voient sa gloire

24 « Père, je veux que là où moi, je suis, ceux que tu m'as donnés soient aussi avec moi afin qu'ils voient ma gloire, celle que tu m'as donnée. Car tu m'as aimé avant la fondation du monde.

25 Père juste ![1] Et le monde ne t'a pas connu, mais moi, je t'ai connu, et ceux-là ont connu que toi, tu m'as envoyé.

— [1] ou : avant la fondation du monde, (verset 24) Père juste !

26 Et je leur ai fait connaître ton nom et je [le leur] ferai connaître, afin que l'amour dont tu m'as aimé soit en eux et moi en eux. »

Arrestation de Jésus

18 Ayant dit ces choses, Jésus s'en alla avec ses disciples de l'autre côté du torrent du Cédron, là où se trouvait un jardin dans lequel il entra, lui et ses disciples.

2 Et Judas qui le livrait connaissait aussi l'endroit, car Jésus s'y était souvent réuni avec ses disciples.

3 Judas donc, ayant pris la troupe de soldats ainsi que des gardes fournis par les principaux sacrificateurs et les Pharisiens, vient là avec des lanternes, et des flambeaux, et des armes.

4 Alors Jésus, sachant toutes les choses qui devaient lui arriver, s'avança et leur dit : « Qui cherchez-vous ? »

5 Ils lui répondirent : « Jésus le Nazaréen. » Jésus[1] leur dit : « C'est moi[2]. » Et Judas qui le livrait se tenait là aussi avec eux.

— [1] littéralement : il. — [2] littéralement : Moi, je suis.

6 Quand donc il leur eut dit : « C'est moi[1] », ils reculèrent et tombèrent par terre.

— [1] littéralement : Moi, je suis.

7 Alors il leur demanda de nouveau : « Qui cherchez-vous ? » Et ils dirent : « Jésus le Nazaréen. »

8 Jésus répondit : « Je vous ai dit que c'est moi[1]. Si donc vous me cherchez, laissez aller ceux-ci ! »

— [1] littéralement : moi, je suis.

9 [C'était] afin que soit accomplie la parole qu'il avait dite : « De ceux que tu m'as donnés, je n'en ai perdu aucun. »

10 Alors Simon Pierre, ayant une épée, la tira, et frappa l'esclave du souverain sacrificateur, et lui coupa l'oreille droite. Et le nom de l'esclave était Malchus.

11 Jésus donc dit à Pierre : « Remets l'épée dans le fourreau ! La coupe que le Père m'a donnée, ne la boirai-je vraiment pas ? »

Jésus devant Anne et Caïphe – Pierre le renie une première fois

12 Alors la troupe de soldats, et le chiliarque[1], et les gardes des Juifs se saisirent de Jésus, et le lièrent,

— [1] chiliarque : commandant d'une cohorte romaine ; voir Actes 21:31.

13 et l'amenèrent d'abord à Anne. Car il était [le] beau-père de Caïphe qui était souverain sacrificateur cette année-là[1].

— [1] ou : de cette année-là.

14 Or Caïphe était celui qui avait conseillé aux Juifs qu'il était avantageux qu'un seul homme meure pour le peuple.

15 Or Simon Pierre suivait Jésus, ainsi qu'un autre disciple. Et ce disciple était connu du souverain sacrificateur, et il entra avec Jésus dans la cour [du palais] du souverain sacrificateur.

16 Mais Pierre se tenait dehors à la

porte. Alors l'autre disciple qui était connu du souverain sacrificateur sortit et parla à celle qui gardait la porte, et elle fit entrer Pierre.

17 La servante qui gardait la porte dit alors à Pierre : « Et toi, n'es-tu pas [l'un] des disciples de cet homme ? » Il dit : « Je n'en suis pas. »

18 Or les esclaves et les gardes, ayant allumé un feu de charbon, se tenaient là et se chauffaient, car il faisait froid. Et Pierre aussi se tenait là avec eux et se chauffait.

Jésus est interrogé par le souverain sacrificateur – Pierre le renie une deuxième et une troisième fois

19 Alors le souverain sacrificateur interrogea Jésus sur ses disciples et sur son enseignement.

20 Jésus lui répondit : « Moi, j'ai parlé ouvertement au monde ; moi, j'ai toujours enseigné dans la synagogue et dans le Temple, là où tous les Juifs se rassemblent, et je n'ai rien dit en secret.

21 Pourquoi m'interroges-tu ? Interroge ceux qui ont entendu ce que je leur ai dit ! Voilà, ils savent, eux, ce que moi, j'ai dit. »

22 Or, comme il disait ces choses, un des gardes qui se tenait là frappa Jésus au visage, en disant : « Réponds-tu ainsi au souverain sacrificateur ? »

23 Jésus lui répondit : « Si j'ai mal parlé, rends témoignage de [ce qui est] mal ; mais si j'ai bien parlé, pourquoi me frappes-tu ? »

24 Alors Anne l'envoya lié à Caïphe, le souverain sacrificateur.

25 Et Simon Pierre se tenait là et se chauffait. Ils lui dirent donc : « Et toi, n'es-tu pas [l'un] de ses disciples ? » Il le nia et dit : « Je n'en suis pas. »

26 Un des esclaves du souverain sacrificateur, parent de celui à qui Pierre avait coupé l'oreille, dit : « Ne t'ai-je pas vu, moi, dans le jardin avec lui ? »

27 Alors Pierre nia encore. Et aussitôt un coq chanta.

Jésus est interrogé par Pilate

28 Puis, de chez Caïphe, ils amènent Jésus au prétoire[1] – or c'était le matin. Mais eux-mêmes n'entrèrent pas au prétoire, afin qu'ils ne soient pas souillés, mais qu'ils puissent manger la Pâque.

— [1] prétoire : quartier général d'un gouverneur militaire romain ; à Rome, celui de la garde impériale ; et aussi la salle où siégeait le préteur.

29 Pilate sortit donc vers eux et dit : « Quelle accusation portez-vous [contre] cet homme ? »

30 Ils répondirent et lui dirent : « Si celui-ci n'avait pas fait le mal, nous ne te l'aurions pas livré. »

31 Alors Pilate leur dit : « Prenez-le, vous, et jugez-le selon votre loi. » Les Juifs lui dirent : « Il ne nous est pas permis de mettre quelqu'un à mort. »

32 [C'était] afin que soit accomplie la parole que Jésus avait dite, indiquant de quelle mort il devait mourir.

33 Alors Pilate entra encore dans le prétoire, et appela Jésus, et lui dit : « Toi, es-tu le roi des Juifs ? »

34 Jésus répondit : « Dis-tu cela de toi-même ou d'autres te l'ont-ils dit de moi ? »

35 Pilate répondit : « Suis-je Juif, moi ? Ta nation et les principaux sacrificateurs t'ont livré à moi. Qu'as-tu fait ? »

36 Jésus répondit : « Mon royaume n'est pas de ce monde. Si mon royaume était de ce monde, mes serviteurs auraient combattu afin que je ne sois pas livré aux Juifs. Mais maintenant, mon royaume n'est pas d'ici. »

37 Alors Pilate lui dit : « Toi, tu es donc roi ? » Jésus répondit : « Tu le dis, toi, que je suis roi. Moi, je suis né pour cela et c'est pour cela que je suis venu dans le monde, pour rendre témoignage à la vérité. Quiconque est de la vérité écoute ma voix. »

38 Pilate lui dit : « Qu'est-ce que la vérité ? » Et ayant dit cela, il sortit encore vers les Juifs et leur dit : « Moi, je ne trouve aucun motif de le condamner[1].

— [1] littéralement : aucun motif en lui.

39 Mais c'est une coutume parmi vous que je vous relâche quelqu'un lors de la Pâque. Voulez-vous donc que je vous relâche le roi des Juifs ? »

40 Alors ils s'écrièrent[1] encore, en disant : « Pas celui-ci mais Barabbas. » Or Barabbas était un bandit.

— [1] plusieurs manuscrits ajoutent : tous.

Jésus est outragé par les soldats – Pilate ne trouve en lui aucun motif de le condamner

19 Alors Pilate prit donc Jésus et le fit fouetter.

2 Et les soldats, ayant tressé une couronne d'épines, la mirent sur sa tête et le revêtirent d'un vêtement de pourpre.

3 Puis ils venaient à lui et disaient : « Salut, roi des Juifs ! » Et ils le frappaient au visage.

4 Et Pilate sortit encore et leur dit : « Voici, je vous l'amène dehors afin que vous sachiez que je ne trouve aucun motif de le condamner[1]. »

— [1] littéralement : aucun motif en lui.

5 Alors Jésus sortit dehors, portant la couronne d'épines et le vêtement de pourpre. Et il leur dit : « Voici l'homme ! »

6 Quand donc les principaux sacrificateurs et les gardes le virent, ils crièrent, en disant : « Crucifie[-le], crucifie[-le] ! » Pilate leur dit : « Prenez-le, vous, et crucifiez[-le] ; car moi, je ne trouve pas de motif de le condamner[1]. »

— [1] littéralement : de motif en lui.

7 Les Juifs lui répondirent : « Nous, nous avons une Loi et selon la[1] Loi il doit mourir, car il s'est fait Fils de Dieu. »

— [1] plusieurs manuscrits portent : notre.

Pilate décide de crucifier Jésus

8 Quand donc Pilate entendit cette parole, il craignit davantage,

9 et il entra de nouveau dans le prétoire, et dit à Jésus : « D'où es-tu ? » Mais Jésus ne lui donna pas de réponse.

10 Alors Pilate lui dit : « Ne me parles-tu pas ? Ne sais-tu pas que j'ai le pouvoir[1] de te relâcher et que j'ai le pouvoir[1] de te crucifier ? »

— [1] pouvoir : la puissance avec le droit de l'exercer.

11 Jésus *[lui]* répondit : « Tu n'aurais aucun pouvoir[1] contre moi s'il ne t'avait pas été donné d'en haut. C'est pourquoi celui qui m'a livré à toi a un plus grand péché. »

— [1] pouvoir : la puissance avec le droit de l'exercer.

12 Dès lors Pilate cherchait à le relâcher. Mais les Juifs criaient, en disant : « Si tu relâches celui-ci, tu n'es pas l'ami de César. Quiconque se fait roi se déclare contre César. »

13 Alors Pilate, ayant entendu ces

paroles, amena Jésus dehors et s'assit sur le [siège du] tribunal, au lieu dit « Le Pavé » – et en hébreu Gabbatha.

14 Or c'était la Préparation de la Pâque, c'était environ la sixième heure. Et il dit aux Juifs : « Voici votre roi ! »

15 Mais ils crièrent : « Ôte, Ôte, crucifie-le ! » Pilate leur dit : « Crucifierai-je votre roi ? » Les principaux sacrificateurs répondirent : « Nous n'avons pas d'autre roi que César. »

16 C'est alors qu'il le leur livra pour être crucifié. Ils prirent donc Jésus[1].

— [1] plusieurs manuscrits ajoutent : et l'emmenèrent.

Jésus est crucifié

17 Et portant lui-même la croix, il sortit vers le lieu dit « Le Crâne », qui est appelé en hébreu Golgotha.

18 [C'est] là qu'ils le crucifièrent, et deux autres avec lui, un de chaque côté, et Jésus au milieu.

19 Et Pilate fit aussi un écriteau et le plaça sur la croix. Et il y était écrit : « Jésus le Nazaréen, le roi des Juifs. »

20 Beaucoup de Juifs donc lurent cet écriteau parce que le lieu où Jésus fut crucifié était près de la ville. Et il était écrit en hébreu, en latin [et] en grec.

21 Alors les principaux sacrificateurs des Juifs dirent à Pilate : « N'écris pas : "Le roi des Juifs", mais que lui a dit : "Je suis le roi des Juifs". »

22 Pilate répondit : « Ce que j'ai écrit, je l'ai écrit. »

23 Alors les soldats, quand ils eurent crucifié Jésus, prirent ses vêtements et en firent quatre parts, une part pour chaque soldat. [Ils prirent] aussi la tunique. Or la tunique était sans couture, tissée d'une seule pièce depuis le haut.

24 Ils dirent donc entre eux : « Ne la déchirons pas, mais tirons-la au sort [pour savoir] à qui elle sera. » [C'était] afin que l'Écriture soit accomplie, *[qui dit]* : « Ils ont partagé entre eux mes vêtements et ils ont tiré au sort ma tunique[1]. »[2] Et les soldats firent alors ces choses.

— [1] littéralement : mon habit. — [2] Psaume 22:19.

Jésus et sa mère

25 Or près de la croix de Jésus se tenaient sa mère et la sœur de sa mère, Marie, femme[1] de Clopas, et Marie de Magdala.

— [1] littéralement : celle.

26 Alors Jésus, voyant sa mère et le disciple qu'il aimait se tenant là, dit à sa mère : « Femme, voilà ton fils ! »

27 Puis il dit au disciple : « Voilà ta mère ! » Et dès cette heure-là, le disciple la prit chez lui.

Mort de Jésus

28 Après cela, sachant que toutes choses étaient déjà accomplies, Jésus dit, afin que l'Écriture soit accomplie : « J'ai soif ! »

29 Il y avait là un vase plein de vinaigre[1]. Les soldats[2] mirent alors une éponge pleine de vinaigre sur une branche d'hysope, et ils la présentèrent à sa bouche.

— [1] la boisson des soldats romains était du vin aigri. — [2] littéralement : ils.

30 Quand donc Jésus eut pris le vinaigre, il dit : « C'est accompli. » Puis, ayant baissé la tête, il remit[1] l'esprit.

— [1] littéralement : livra.

Le sang et l'eau sortent du côté transpercé de Jésus

31 Alors les juifs demandèrent à Pilate qu'on leur brise les jambes et qu'on les enlève. C'était afin que les corps ne restent pas sur la croix le [jour du] sabbat puisque c'était la Préparation – car ce sabbat-là était un grand jour.

32 Les soldats vinrent donc et brisèrent les jambes du premier, puis de l'autre qui était crucifié avec lui.

33 Mais, s'étant approchés de Jésus, comme ils virent qu'il était déjà mort, ils ne lui brisèrent pas les jambes.

34 Mais l'un des soldats lui transperça le côté avec sa lance. Et aussitôt il en sortit du sang et de l'eau.

35 Et celui qui l'a vu rend témoignage, et son témoignage est vrai. Et lui, il sait qu'il dit vrai, afin que vous aussi, vous croyiez.

36 Car ces choses sont arrivées afin que l'Écriture soit accomplie : « Pas un de ses os ne sera brisé. »[1]

— [1] Psaume 34:21 ; voir Exode 12:46.

37 Et encore une autre Écriture dit : « Ils regarderont vers celui qu'ils ont transpercé. »[1]

— [1] Zach. 12:10.

Jésus est mis dans le tombeau

38 Or après ces choses, Joseph d'Arimathée qui était disciple de Jésus – mais en secret par crainte des Juifs – demanda à Pilate [l'autorisation] d'enlever le corps de Jésus. Et Pilate le permit. Il vint donc et enleva son corps.

39 Et Nicodème, celui qui au commencement était venu de nuit à Jésus[1], vint aussi, apportant un mélange de myrrhe et d'aloès d'environ 100 livres[2].

— [1] littéralement : lui. — [2] 1 livre = 330 g

environ.

40 Ils prirent alors le corps de Jésus et le lièrent de bandelettes, avec les aromates, comme c'est la coutume pour les Juifs de préparer la mise au tombeau[1].

— [1] voir Matt. 26:12.

41 Or il y avait un jardin à l'endroit où il avait été crucifié et, dans le jardin, un tombeau neuf dans lequel personne n'avait encore été déposé.

42 Ils déposèrent donc Jésus là, à cause de la Préparation des Juifs, [et] parce que le tombeau était proche.

Résurrection de Jésus

20 Et le premier jour de la semaine, Marie de Magdala vient au tombeau dès le matin, alors qu'il faisait encore sombre. Et elle voit la pierre enlevée [de l'entrée] du tombeau.

2 Alors elle court, et vient à Simon Pierre et à l'autre disciple que Jésus aimait, et elle leur dit : « On a enlevé du tombeau le Seigneur et nous ne savons pas où on l'a mis. »

3 Pierre donc sortit, ainsi que l'autre disciple, et ils allèrent au tombeau.

4 Et ils couraient tous les deux ensemble, mais l'autre disciple courut en avant plus vite que Pierre, et il arriva le premier au tombeau.

5 Et s'étant baissé, il voit les bandelettes posées [là]. Cependant, il n'entra pas.

6 Mais Simon Pierre qui le suivait arriva aussi et entra dans le tombeau. Et il voit les bandelettes posées [là],

7 et le linge qui avait été sur sa tête, lequel n'était pas avec les

bandelettes, mais roulé dans un endroit à part.

8 Alors l'autre disciple donc qui était arrivé le premier au tombeau entra aussi. Et il vit et crut.

9 Car ils n'avaient pas encore compris[1] l'Écriture [qui dit] que Jésus[2] devait ressusciter d'entre les morts.
— [1] ou : connu. — [2] littéralement : il.

10 Puis les disciples s'en retournèrent chez eux.

Apparition de Jésus à Marie de Magdala

11 Mais Marie se tenait près du tombeau, dehors, et pleurait. Alors qu'elle pleurait, elle se baissa vers l'intérieur du tombeau.

12 Et elle voit deux anges [habillés] de blanc, assis l'un à la tête et l'autre aux pieds, là où le corps de Jésus avait été couché.

13 Et ils lui disent : « Femme, pourquoi pleures-tu ? » Elle leur dit : « Parce qu'on a enlevé mon Seigneur, et je ne sais pas où on l'a mis. »

14 Ayant dit cela, elle se retourna et elle voit Jésus qui se tenait là ; mais elle ne savait pas que c'était Jésus.

15 Jésus lui dit : « Femme, pourquoi pleures-tu ? Qui cherches-tu ? » Elle, pensant que c'était le jardinier, lui dit : « Seigneur[1], si c'est toi qui l'as emporté, dis-moi où tu l'as mis et moi, je l'enlèverai. »
— [1] plutôt : Monsieur.

16 Jésus lui dit : « Marie ! » Elle, s'étant retournée, lui dit en hébreu : « Rabboni ! », ce qui veut dire : Maître[1].
— [1] maître qui enseigne.

17 Jésus lui dit : « Ne me touche pas[1], car je ne suis pas encore monté vers le[2] Père. Mais va vers mes frères et dis-leur : Je monte vers mon Père et votre Père, et vers mon Dieu et votre Dieu. »
— [1] ou : Ne me retiens pas. — [2] plusieurs manuscrits portent : mon.

18 Marie de Magdala vint annoncer aux disciples qu'elle a vu le Seigneur et qu'il lui a dit ces choses.

Apparition de Jésus aux disciples

19 Alors, le soir de ce jour-là, le premier de la semaine, et les portes [de l'endroit] où se trouvaient les disciples étant fermées par crainte des Juifs, Jésus vint et se tint au milieu [d'eux]. Et il leur dit : « [Que] la paix [soit] avec vous ! »

20 Et ayant dit cela, il leur montra ses mains et son côté. Les disciples se réjouirent donc quand ils virent le Seigneur.

21 Alors *[Jésus]* leur dit encore : « [Que] la paix [soit] avec vous ! Comme le Père m'a envoyé, moi aussi, je vous envoie. »

22 Et ayant dit cela, il souffla sur [eux] et leur dit : « Recevez [l']Esprit Saint.

23 Ceux à qui vous pardonnerez les péchés, ils leur sont[1] pardonnés. [Et] ceux à qui vous les retiendrez, ils sont[1] retenus. »
— [1] plusieurs manuscrits portent : seront.

Incrédulité de Thomas

24 Or Thomas, l'un des Douze appelé Didyme[1], n'était pas avec eux quand Jésus vint.
— [1] ou : Jumeau.

25 Alors les autres disciples lui dirent : « Nous avons vu le Seigneur ! » Mais il leur dit : « Si je ne vois pas dans ses mains la marque des clous, et si je ne mets pas mon doigt dans la marque des

clous, et si je ne mets pas ma main dans son côté, je ne le croirai absolument pas. »

26 Et huit jours après, ses disciples étaient de nouveau à l'intérieur [de la maison] et Thomas [était] avec eux. Jésus vient, les portes étant fermées, et il se tint au milieu [d'eux], et il dit : « [Que] la paix [soit] avec vous ! »

27 Puis il dit à Thomas : « Avance ton doigt ici et regarde mes mains. Avance aussi ta main et mets-la dans mon côté. Et ne sois pas incrédule, mais croyant ! »

28 Thomas répondit et lui dit : « Mon Seigneur et mon Dieu ! »

29 Jésus lui dit : « Parce que tu m'as vu, tu as cru ? Bienheureux ceux qui n'ont pas vu et qui ont cru ! »

But de cet évangile

30 Jésus fit encore devant [ses] disciples beaucoup d'autres miracles[1] qui ne sont pas écrits dans ce livre.

— [1] littéralement : signes ; ainsi dans tout l'évangile de Jean.

31 Mais ceux-ci sont écrits[1] afin que vous croyiez que Jésus est le Christ, le Fils de Dieu, et qu'en croyant vous ayez la vie par[2] son nom.

— [1] ou : Mais ces choses sont écrites. — [2] ou : dans.

Apparition de Jésus près de la mer de Tibériade

21 Après ces choses, Jésus se manifesta encore aux disciples près de la mer de Tibériade. Et il se manifesta de cette manière :

2 Simon Pierre, et Thomas appelé Didyme[1], et Nathanaël de Cana en Galilée, et les fils[2] de Zébédée, et deux autres de ses disciples étaient ensemble.

— [1] ou : Jumeau. — [2] littéralement : ceux.

3 Simon Pierre leur dit : « Je vais pêcher. » Ils lui disent : « Nous allons aussi avec toi. » Ils sortirent et montèrent dans le bateau. Mais cette nuit-là ils ne prirent rien.

4 Et l'aube étant déjà là, Jésus se tint sur le rivage. Toutefois, les disciples ne savaient pas que c'était Jésus.

5 Alors Jésus leur dit : « Enfants, avez-vous quelque chose à manger ? » Ils lui répondirent : « Non ! »

6 Et il leur dit : « Jetez le filet du côté droit du bateau et vous trouverez. » Ils le jetèrent donc et ils ne pouvaient plus le tirer à cause de la multitude des poissons.

7 Alors ce disciple que Jésus aimait dit à Pierre : « C'est le Seigneur ! » Simon Pierre donc, ayant entendu que c'était le Seigneur, remit son vêtement[1] et sa ceinture – car il était nu – et il se jeta à la mer.

— [1] littéralement : vêtement de dessus ; c.-à-d. : le vêtement de pêcheur.

8 Et les autres disciples vinrent avec le petit bateau – car ils n'étaient pas loin de la terre, mais à environ 200 coudées[1] – traînant le filet avec les poissons.

— [1] 1 coudée = 44,45 cm environ.

9 Quand ils furent donc descendus à terre, ils voient là un feu de braises, et du poisson posé dessus, et du pain.

10 Jésus leur dit : « Apportez quelques-uns des poissons que vous venez de prendre. »

11 Alors Simon Pierre monta et tira à terre le filet, plein de 153 gros poissons. Et, bien qu'il y en ait eu autant, le filet ne se déchira pas.

12 Jésus leur dit : « Venez

déjeuner. » Et aucun des disciples n'osait lui demander : « Toi, qui es-tu ? », car ils savaient que c'était le Seigneur.

13 Jésus vient et prend le pain et le leur donne ; et [il fit] de même avec le poisson.

14 C'était déjà la troisième fois que Jésus se manifestait aux disciples après être ressuscité d'entre les morts.

Entretien de Jésus avec Pierre

15 Quand donc ils eurent déjeuné, Jésus dit à Simon Pierre : « Simon, [fils] de Jonas, m'aimes[1]-tu plus que ceux-ci ? » Il lui dit : « Oui, Seigneur, tu sais, toi, que je t'aime[2]. » Il lui dit : « Fais paître mes agneaux. »
— [1] aimer, grec : agapaô ; amour pouvant aller jusqu'à sacrifier sa vie. — [2] aimer, grec : phileô ; tendre affection.

16 Il lui dit encore une deuxième fois : « Simon, [fils] de Jonas, m'aimes[1]-tu ? » Il lui dit : « Oui, Seigneur, tu sais, toi, que je t'aime[2]. » Il lui dit : « Sois berger de mes brebis. »
— [1] aimer, grec : agapaô ; amour pouvant aller jusqu'à sacrifier sa vie. — [2] aimer, grec : phileô ; tendre affection.

17 Il lui dit pour la troisième fois : « Simon, [fils] de Jonas, m'aimes[1]-tu ? » Pierre fut attristé de ce qu'il lui disait pour la troisième fois : « M'aimes[1]-tu ? » Et il lui dit : « Seigneur, toi, tu sais toutes choses, toi, tu sais avec certitude que je t'aime[1]. » *[Jésus]* lui dit : « Fais paître mes brebis.
— [1] aimer, grec : phileô ; tendre affection.

18 En vérité, en vérité, je te dis : Quand tu étais jeune, tu attachais ta ceinture et tu allais où tu voulais. Mais quand tu seras devenu vieux, tu étendras les mains et un autre attachera ta ceinture et te conduira là où tu ne veux pas. »

19 Or il dit cela pour indiquer de quelle mort il glorifierait Dieu. Et ayant dit cela, il lui dit : « Suis-moi ! »

Jésus, Pierre et le disciple (Jean) que Jésus aimait

20 Pierre, s'étant retourné, voit suivre le disciple que Jésus aimait, celui qui aussi, durant le dîner, s'était penché sur sa poitrine et avait dit : « Seigneur, qui est celui qui te livrera ? »

21 Alors Pierre, le voyant, dit à Jésus : « Seigneur, et celui-ci, que [lui arrivera-t-il] ? »

22 Jésus lui dit : « Si je veux qu'il reste jusqu'à ce que je vienne, que t'importe ? Toi, suis-moi ! »

23 Cette parole donc se répandit parmi les frères que ce disciple-là ne mourrait pas. Or Jésus ne lui avait pas dit qu'il ne mourrait pas, mais : « Si je veux qu'il reste jusqu'à ce que je vienne, *[que t'importe ?]* »

24 C'est ce disciple-là qui rend témoignage de ces choses et qui a écrit ces choses ; et nous savons que son témoignage est vrai.

25 Et il y a aussi beaucoup d'autres choses que Jésus a faites, lesquelles, si elles étaient écrites une à une, je ne pense pas que le monde même pourrait contenir les livres qui seraient écrits.

Actes des apôtres

Les disciples attendent le Saint Esprit

1 J'ai composé le premier récit, ô Théophile, sur toutes les choses que Jésus commença à faire et aussi à enseigner,

2 jusqu'au jour où il fut enlevé [au ciel] après avoir donné, par l'Esprit Saint, des ordres aux apôtres qu'il avait choisis.

3 C'est à eux aussi qu'avec beaucoup de preuves il se présenta lui-même vivant après avoir souffert, étant vu par eux pendant 40 jours et parlant des choses qui concernent le royaume de Dieu.

4 Et comme il se trouvait rassemblé avec eux, il leur commanda de ne pas s'éloigner de Jérusalem, mais d'attendre la promesse du Père – « [celle, dit-il,] que vous avez entendue de moi ;

5 car Jean a baptisé d'eau, mais vous, vous serez baptisés de[1] l'Esprit Saint dans peu de jours. »

— [1] littéralement : dans ; c.-à-d. : dans la puissance de.

Ascension de Jésus Christ

6 Eux donc étant rassemblés l'interrogèrent, en disant : « Seigneur, est-ce en ce temps-ci que tu rétablis le royaume pour Israël ? »

7 Mais il leur dit : « Ce n'est pas à vous de connaître les temps ou les moments que le Père a fixés de sa propre autorité.

8 Mais vous recevrez une puissance, le Saint Esprit venant sur vous[1], et vous serez mes témoins à Jérusalem, et dans toute la Judée et la Samarie, et jusqu'aux extrémités de la terre[2]. »

— [1] ou : vous recevrez la puissance du Saint Esprit venant sur vous. — [2] ou : du pays.

9 Et ayant dit ces choses, il fut élevé [de la terre] pendant qu'ils regardaient, et une nuée le cacha à leurs yeux.

Apparition de deux anges

10 Et comme ils regardaient fixement vers le ciel pendant qu'il s'en allait, alors voici, deux hommes en vêtements blancs se tinrent à côté d'eux.

11 Et ils dirent : « Hommes galiléens, pourquoi vous tenez-vous ici, regardant vers le ciel ? Ce Jésus qui a été enlevé au ciel d'auprès de vous viendra de la même manière que vous l'avez vu s'en aller au ciel. »

12 Alors ils s'en retournèrent à Jérusalem, depuis le mont appelé [mont] des Oliviers qui est près de Jérusalem, le chemin d'un [jour de] sabbat[1].

— [1] c.-à-d. : la distance autorisée un jour de sabbat, soit 2 000 coudées (890 mètres environ).

13 Et quand ils furent entrés [dans la ville], ils montèrent à l'étage, dans la salle où se trouvaient Pierre, et Jean, et Jacques, et André, Philippe et Thomas, Barthélemy et Matthieu, Jacques, [le fils] d'Alphée, et Simon le Zélote[1], et Jude, [le frère] de Jacques.

— [1] ou : le zélateur.

14 Tous ceux-là persévéraient d'un commun accord dans la prière, avec quelques femmes, et avec Marie, la mère de Jésus, et

avec ses frères.

*Premier discours de Pierre –
Remplacement de Judas*

15 Et en ces jours-là, Pierre se leva au milieu des frères – le nombre de ceux[1] qui étaient réunis était d'environ 120 – et il dit :
— [1] littéralement : la foule des noms.

16 « Frères[1], il fallait que soit accomplie l'Écriture que l'Esprit Saint a dite à l'avance par la bouche de David, au sujet de Judas, lequel a été le guide de ceux qui ont arrêté Jésus.
— [1] littéralement (hébraïsme) : Hommes frères.

17 Car il était compté parmi nous et il avait reçu sa part de[1] ce service.
— [1] littéralement : le lot de.

18 (Celui-ci avait donc acquis un champ avec le salaire de l'iniquité[1] et, étant tombé en avant, il s'est ouvert par le milieu et toutes ses entrailles se sont répandues.
— [1] ailleurs : injustice.

19 Et cela a été connu de tous les habitants de Jérusalem, de sorte que ce champ a été appelé dans leur propre langue[1] Akeldama, c'est-à-dire Champ de sang.)
— [1] c.-à-d. : l'araméen, langue couramment parlée au temps de Jésus.

20 Car il est écrit dans le livre des Psaumes : "Que son habitation soit déserte et qu'il n'y ait personne qui y habite"[1] ; et : "Qu'un autre prenne sa charge de surveillant."[2]
— [1] Psaume 69:26. — [2] Psaume 109:8.

21 Il faut donc, parmi les hommes qui nous ont accompagnés pendant tout le temps où le Seigneur Jésus allait et venait[1] au milieu de nous
— [1] littéralement : entrait et sortait.

22 – à commencer par[1] le baptême de Jean [et] jusqu'au jour où il a été enlevé [au ciel] d'auprès de nous –

que l'un de ceux-là soit témoin avec nous de sa résurrection. »
— [1] littéralement : en commençant depuis.

23 Et ils en présentèrent deux : Joseph appelé Barsabbas, qui était surnommé Justus, et Matthias.

24 Et en priant, ils dirent : « Toi, Seigneur, qui connais les cœurs de tous, désigne lequel de ces deux [hommes] tu as choisi,

25 afin qu'il prenne sa place dans[1] ce service et cet apostolat dont Judas est déchu pour aller dans le lieu qui est le sien. »
— [1] littéralement : le lot de.

26 Et ils les tirèrent au sort, et le sort tomba sur Matthias, et il fut adjoint aux onze apôtres.

La venue du Saint Esprit

2 Et comme le jour de la Pentecôte avait son accomplissement, ils étaient tous ensemble dans un même [lieu].

2 Et tout à coup, il vint du ciel un bruit, comme d'un souffle violent et rapide, et il remplit toute la maison où ils étaient assis.

3 Et des langues comme de feu, séparées les unes des autres, leur apparurent, et elles se posèrent[1] sur chacun d'eux.
— [1] littéralement : et il se posa.

4 Et ils furent tous remplis de l'Esprit Saint et commencèrent à parler en d'autres langues, selon que l'Esprit leur donnait de s'exprimer.

Effets du don des langues

5 Or il y avait des Juifs séjournant à Jérusalem, hommes pieux [venus] de toutes les nations qui sont sous le ciel.

6 Et la rumeur de cela s'étant répandue, la multitude se

rassembla et fut bouleversée parce que chacun les entendait parler dans sa propre langue.

7 Et ils étaient stupéfaits et émerveillés, et ils disaient : « Voici, tous ceux-ci qui parlent ne sont-ils pas des Galiléens ?

8 Et comment les entendons-nous, chacun dans sa propre langue, [celle du pays] où nous sommes nés ?

9 Parthes, et Mèdes, et Élamites, et ceux qui habitent la Mésopotamie, la Judée et la Cappadoce, le Pont et l'Asie,

10 la Phrygie et la Pamphylie, l'Égypte et la région de la Libye qui est près de Cyrène, et nous, Romains qui séjournons [ici],

11 tant Juifs que prosélytes, Crétois et Arabes, nous les entendons annoncer dans nos langues les choses magnifiques de Dieu. »

12 Et ils étaient tous stupéfaits et perplexes, se disant les uns aux autres : « Que veut dire cela ? »

13 Mais d'autres, se moquant, disaient : « Ils sont pleins de vin doux. »

Deuxième discours de Pierre

14 Alors Pierre, s'étant levé avec les Onze, éleva sa voix et leur parla, [en disant] : « Hommes juifs et vous tous qui habitez Jérusalem, sachez ceci et prêtez l'oreille à mes paroles !

15 Car ceux-ci ne sont pas ivres, comme vous le supposez, parce que c'est la troisième heure du jour.

16 Mais c'est ce qui a été dit par le prophète Joël :

17 "Et il arrivera aux derniers jours, dit Dieu, que je répandrai de mon Esprit sur toute chair, et vos fils et vos filles prophétiseront, et vos jeunes hommes auront des visions, et vos anciens auront[1] des rêves.

— [1] littéralement : rêveront.

18 Et même sur mes serviteurs[1] et sur mes servantes[1], en ces jours-là, je répandrai de mon Esprit et ils prophétiseront.

— [1] ailleurs : esclaves.

19 Et je montrerai[1] des prodiges dans le ciel en haut et des signes sur la terre en bas, du sang, et du feu, et une vapeur de fumée.

— [1] littéralement : je donnerai.

20 Le soleil sera changé en ténèbres et la lune en sang, avant que vienne le grand et glorieux jour du °Seigneur.

21 Et il arrivera que quiconque invoquera le nom du °Seigneur sera sauvé."[1]

— [1] Joël 3:1-5.

22 Israélites[1], écoutez ces paroles : Jésus le Nazaréen, homme accrédité par Dieu auprès de vous par les miracles, et les prodiges, et les signes que Dieu a faits par lui au milieu de vous, comme vous le savez vous-mêmes,

— [1] littéralement (hébraïsme) : Hommes israélites.

23 lui qui a été livré par le dessein arrêté et la prescience de Dieu, vous l'avez cloué [à une croix] et vous l'avez fait mourir par la main d'hommes iniques[1].

— [1] ou : hommes sans loi.

24 Lui, Dieu l'a ressuscité en déliant les douleurs de la mort, parce qu'il n'était pas possible qu'il soit retenu par elle.

25 Car David dit de lui : "Je contemplais toujours le °Seigneur devant moi ; car il est à ma droite, afin que je ne sois pas ébranlé.

26 C'est pourquoi mon cœur s'est réjoui et ma langue a exulté ; et

plus encore, ma chair aussi reposera en espérance.

27 Car tu n'abandonneras pas mon âme dans l'Hadès[1] et tu ne permettras pas que ton Saint[2] voie la corruption.

— [1] Hadès : expression très vague, comme Shéol dans l'Ancien Testament, qui désigne le lieu invisible où les âmes des hommes vont après la mort ; distinct de la Géhenne qui est le lieu des tourments infernaux. — [2] ou : pieux ; correspond aux mots hébreux khasid (saint) et khésed (la bonté en Dieu et la piété dans l'homme, envers Dieu ou envers ses parents, la miséricorde) ; Christ lui-même en qui ces qualités se trouvent est appelé khasid ; voir 13:35, 2 Chron. 6:41, 42, Psaume 89:2-5, 20.

28 Tu m'as fait connaître les chemins de la vie, tu me rempliras de joie par [le regard de] ta face."[1]

— [1] Psaume 16:8-11.

29 Frères[1], il m'est permis de vous dire en toute franchise, au sujet du patriarche David, qu'il est mort et qu'il a aussi été enterré, et que son tombeau est au milieu de nous jusqu'à ce jour.

— [1] littéralement (hébraïsme) : Hommes frères.

30 Étant donc prophète et sachant que Dieu lui avait juré avec serment qu'il ferait asseoir [quelqu'un] de sa descendance[1] sur son trône,

— [1] littéralement : du fruit de ses reins.

31 il a dit de la résurrection du Christ, en la prévoyant, qu'il n'a pas été abandonné dans l'Hadès[1] et que sa chair non plus n'a pas vu la corruption.

— [1] Hadès : expression très vague, comme Shéol dans l'Ancien Testament, qui désigne le lieu invisible où les âmes des hommes vont après la mort ; distinct de la Géhenne qui est le lieu des tourments infernaux.

32 Ce Jésus, Dieu l'a ressuscité, ce dont nous tous, nous sommes témoins.

33 Ayant donc été élevé par la [main] droite[1] de Dieu et ayant reçu de la part du Père l'Esprit Saint promis[2], il a répandu ce que vous [aussi], vous voyez et entendez.

— [1] ou : à la droite. — [2] littéralement : la promesse de l'Esprit Saint.

34 Car David n'est pas monté dans les cieux, mais il dit lui-même : "Le °Seigneur a dit à mon Seigneur : Assieds-toi à ma droite

35 jusqu'à ce que j'aie mis tes ennemis pour marchepied de tes pieds."[1]

— [1] Psaume 110:1.

36 Que toute la maison d'Israël sache donc avec certitude que Dieu a fait et Seigneur et Christ ce Jésus que vous, vous avez crucifié. »

Résultats du discours de Pierre

37 Alors, ayant entendu [ces choses], ils eurent le cœur transpercé, et ils dirent à Pierre et aux autres apôtres : « Frères[1], que devons-nous faire ? »

— [1] littéralement (hébraïsme) : Hommes frères.

38 Et Pierre leur dit : « Repentez-vous et que chacun de vous soit baptisé au nom de Jésus Christ, en rémission de ses péchés. Et vous recevrez le don du Saint Esprit.

39 Car la promesse est pour vous, et pour vos enfants, et pour tous ceux qui sont loin, autant que le °Seigneur notre Dieu en appellera à lui. »

40 Et par beaucoup d'autres paroles, il rendait témoignage et les exhortait, en disant : « Sauvez-vous de cette génération perverse[1] ! »

— [1] littéralement : tortueuse.

41 Alors ceux qui reçurent[1] sa parole furent baptisés et, en ce jour-là, furent ajoutées environ 3 000 personnes[2].

— [1] ou : acceptèrent comme vrai. — [2]

littéralement : âmes.

Les heureux débuts de l'Église

42 Et ils persévéraient dans l'enseignement des apôtres et dans la communion [fraternelle][1], dans la fraction du pain et les prières.

— [1] ou : la mise en commun [des biens] ; le terme grec a souvent un sens concret.

43 Et toute âme avait de la crainte, et beaucoup de prodiges et de miracles[1] se faisaient par le moyen des apôtres.

— [1] littéralement : signes.

44 Et tous les croyants étaient dans un même [lieu] et ils avaient toutes choses communes.

45 Et ils vendaient leurs propriétés et leurs biens, et ils les distribuaient à tous, selon que quelqu'un pouvait en avoir besoin.

46 Et tous les jours, ils persévéraient d'un commun accord dans le Temple[1]. Et, rompant le pain dans leurs maisons, ils prenaient leur nourriture avec joie et simplicité de cœur,

— [1] ensemble des cours et bâtiments sacrés.

47 louant Dieu et ayant la faveur de tout le peuple. Et chaque jour, le Seigneur leur ajoutait[1] ceux qui devaient être sauvés[2].

— [1] plusieurs manuscrits portent : le Seigneur ajoutait à l'assemblée. — [2] littéralement : ceux qui étaient en train d'être sauvés ; c.-à-d. : le restant d'Israël que Dieu épargne, Dieu, maintenant, l'ajoutant à l'assemblée chrétienne ; comparer avec Luc 13:23.

Guérison d'un homme boiteux

3 Or Pierre et Jean montaient au Temple à l'heure de la prière, la neuvième [heure].

2 Et il se trouvait un homme boiteux dès le ventre de sa mère, que l'on portait et plaçait tous les jours à la porte du Temple appelée la Belle [porte], pour demander l'aumône à ceux qui entraient dans le Temple.

3 Cet homme[1], voyant Pierre et Jean qui allaient entrer dans le Temple, leur demanda l'aumône.

— [1] littéralement : lequel.

4 Alors Pierre, de même que Jean, fixa les yeux sur lui et dit : « Regarde-nous ! »

5 Et il les regardait attentivement, s'attendant à recevoir quelque chose d'eux.

6 Mais Pierre dit : « Je n'ai ni argent ni or en ma possession, mais ce que j'ai, je te le donne : Au nom de Jésus Christ le Nazaréen, [lève-toi et] marche ! »

7 Et l'ayant pris par la main droite, il le fit lever. Et à l'instant ses pieds et ses chevilles devinrent fermes,

8 et d'un bond, il se tint debout et se mit à marcher. Puis il entra avec eux dans le Temple, marchant, et sautant, et louant Dieu.

9 Et tout le peuple le vit marcher et louer Dieu,

10 et ils le reconnaissaient comme celui qui était assis à la Belle porte du Temple pour demander l'aumône. Et ils furent remplis de stupeur et d'émerveillement [à cause] de ce qui lui était arrivé.

11 Et comme il tenait [par la main] Pierre et Jean, tout le peuple émerveillé accourut vers eux au portique appelé [Portique] de Salomon.

Troisième discours de Pierre

12 Et Pierre voyant cela, répondit au peuple : « Israélites[1], pourquoi vous étonnez-vous de cela ? Ou pourquoi fixez-vous les yeux sur nous, comme si nous avions fait marcher cet homme[2] par notre propre puissance ou par notre

piété ?

— [1] littéralement (hébraïsme) : Hommes israélites. — [2] littéralement : l'avions fait marcher.

13 Le Dieu d'Abraham et *[le Dieu]* d'Isaac et *[le Dieu]* de Jacob, le Dieu de nos pères, a glorifié son serviteur Jésus que vous, vous avez livré et renié devant Pilate lorsqu'il avait décidé de le relâcher. 14 Mais vous, vous avez renié Celui qui était saint et juste, et vous avez demandé qu'on vous accorde la grâce d'un meurtrier. 15 Et vous avez mis à mort le Prince[1] de la vie, lui que Dieu a ressuscité d'entre les morts, ce dont nous, nous sommes témoins.

— [1] ou : chef, auteur, initiateur.

16 Et par la foi en son nom, son nom a raffermi cet homme[1] que vous voyez et que vous connaissez. Et la foi qui est par Jésus[1] a donné à celui-ci cette entière guérison en présence de vous tous.

— [1] littéralement : lui.

17 « Et maintenant, frères, je sais que vous avez agi par ignorance, comme aussi vos chefs. 18 Mais Dieu a ainsi accompli ce qu'il avait annoncé d'avance par la bouche de tous les prophètes, [à savoir] que son Christ devait souffrir. 19 Repentez-vous donc et convertissez-vous, pour que vos péchés soient effacés, 20 afin que des temps[1] de rafraîchissement viennent de la présence du °Seigneur et qu'il envoie le Christ Jésus, celui qui a été désigné à l'avance pour vous.

— [1] ou : les temps.

21 [C'est] lui que le ciel doit recevoir, jusqu'aux temps du rétablissement de toutes choses

dont Dieu a parlé par la bouche de ses saints prophètes depuis le début des temps. 22 Déjà Moïse a dit : "Le °Seigneur votre Dieu vous suscitera[1] d'entre vos frères un prophète comme moi. Vous l'écouterez dans tout ce qu'il vous dira.

— [1] littéralement : fera lever.

23 Et il arrivera que toute personne[1] qui n'écoutera pas ce prophète sera exterminée du milieu du peuple."[2]

— [1] littéralement : âme. — [2] Deut. 18:15-19.

24 Et même tous les prophètes, depuis Samuel et ceux qui ont suivi, [tous ceux] qui ont parlé, ont aussi annoncé ces jours-là. 25 Vous, vous êtes les fils des prophètes et de l'alliance que Dieu a établie avec vos pères, en disant à Abraham : "Et toutes les familles de la terre seront bénies en ta descendance."[1]

— [1] Gen. 22:18.

26 C'est d'abord à vous que Dieu, ayant suscité[1] son Serviteur, l'a envoyé pour vous bénir, en détournant chacun [de vous] de ses méchancetés. »

— [1] littéralement : fait lever.

Arrestation de Pierre et de Jean

4 Mais comme ils parlaient au peuple, les sacrificateurs[1], et le commandant du Temple, et les Sadducéens arrivèrent,

— [1] ou : prêtres.

2 étant excédés parce qu'ils enseignaient le peuple et annonçaient par Jésus la résurrection d'entre les morts. 3 Et ils portèrent les mains sur eux et les mirent en prison jusqu'au lendemain, car c'était déjà le soir. 4 Mais un grand nombre de ceux qui avaient entendu la parole

crurent, et le nombre des hommes s'éleva à [environ] 5 000.

Pierre et Jean devant le sanhédrin – Quatrième discours de Pierre

5 Or il arriva, le lendemain, que leurs chefs, et leurs anciens, et leurs scribes se rassemblèrent à Jérusalem,

6 avec Anne, le souverain sacrificateur, et Caïphe, et Jean, et Alexandre, et tous ceux qui étaient de la lignée des principaux sacrificateurs.

7 Et ayant placé au milieu [d'eux] Pierre et Jean[1], ils [les] questionnaient : « Par quelle puissance ou par quel nom avez-vous fait cela ? »

— [1] littéralement : eux.

8 Alors Pierre, étant rempli de l'Esprit Saint, leur dit : « Chefs du peuple et anciens[1],

— [1] plusieurs manuscrits ajoutent : d'Israël.

9 si aujourd'hui nous sommes interrogés au sujet de la bonne œuvre qui a été faite à un homme infirme, [et qu'on veuille apprendre] comment il a été guéri[1],

— [1] littéralement : sauvé.

10 sachez, vous tous et tout le peuple d'Israël, que c'est par le nom de Jésus Christ le Nazaréen que vous, vous avez crucifié, [et] que Dieu a ressuscité d'entre les morts. C'est par ce nom[1] que cet homme[1] se tient là devant vous en bonne santé.

— [1] littéralement : celui-ci.

11 Ce Jésus[1] est la pierre méprisée par vous qui construisez, [et] qui est devenue la pierre maîtresse[2] de l'angle.

— [1] littéralement : Celui-ci. — [2] littéralement : la tête.

12 Et il n'y a de salut en aucun autre ; car il n'y a pas sous le ciel d'autre nom qui soit donné parmi les hommes, par lequel nous devions être sauvés. »

13 Et voyant la hardiesse de Pierre et de Jean, et s'étant aperçus qu'ils étaient des hommes du peuple, sans instruction, ils s'en étonnaient et ils les reconnaissaient pour avoir été avec Jésus.

14 Mais voyant là debout avec eux l'homme qui avait été guéri, ils n'avaient rien à opposer.

15 Et leur ayant ordonné de sortir du sanhédrin, ils délibérèrent entre eux,

16 en disant : « Que devons-nous faire à ces hommes ? Car il est évident pour tous les habitants de Jérusalem qu'un miracle[1] notoire a été fait par eux, et nous ne pouvons pas le nier.

— [1] littéralement : signe.

17 Mais afin que cela ne soit pas répandu davantage parmi le peuple, défendons-leur avec menaces de parler désormais en ce nom[1] à qui que ce soit. »

— [1] ou : de ce nom.

18 Et les ayant appelés, ils [leur] ordonnèrent de ne plus parler ni enseigner, en aucune manière, au nom de Jésus.

19 Mais Pierre et Jean, répondant, leur dirent : « Jugez s'il est juste devant Dieu de vous écouter plutôt que Dieu.

20 Car, pour nous, nous ne pouvons pas ne pas parler des choses que nous avons vues et entendues. »

21 Et les ayant encore menacés, ils les relâchèrent, ne trouvant pas comment ils pourraient les punir, à cause du peuple, parce que tous glorifiaient Dieu pour ce qui était arrivé.

22 Car l'homme sur qui avait été faite cette miraculeuse guérison[1]

avait plus de 40 ans.

— [1] littéralement : ce signe de guérison.

Prière des disciples rassemblés

23 Et ayant été relâchés, ils allèrent vers les leurs et rapportèrent tout ce que les principaux sacrificateurs et les anciens leur avaient dit.

24 Et ayant entendu [cela], ils élevèrent d'un commun accord leur voix vers Dieu et dirent : « Ô Souverain[1] ! Toi, tu es celui qui as fait le ciel, et la terre, et la mer, et toutes les choses qui y sont.

— [1] littéralement : maître d'un esclave.

25 [Tu es] celui qui as dit par l'Esprit Saint, par la bouche de ton serviteur David notre père[1] : "Pourquoi les nations se sont-elles déchaînées et les peuples ont-ils projeté des choses sans valeur[2] ?

— [1] plusieurs manuscrits portent : qui as dit par la bouche de David ton serviteur. — [2] littéralement : vides.

26 Les rois de la terre se sont tenus là et les chefs se sont ligués ensemble contre le °Seigneur et contre son Christ."[1]

— [1] Psaume 2:1-2.

27 Car en vérité, dans cette ville, contre ton saint serviteur Jésus que tu as oint, se sont ligués Hérode et aussi Ponce Pilate, avec les nations et les tribus[1] d'Israël,

— [1] littéralement : peuples.

28 pour faire toutes les choses que ta main et [ton] dessein avaient arrêté d'avance devoir être faites.

29 Et maintenant, Seigneur, regarde à leurs menaces et donne à tes esclaves d'annoncer ta parole avec toute hardiesse,

30 en étendant ta main pour guérir, et pour qu'il se fasse des miracles[1] et des prodiges par le nom de ton saint serviteur Jésus. »

— [1] littéralement : signes.

31 Et quand ils eurent prié, le lieu où ils étaient rassemblés fut ébranlé, et ils furent tous remplis du Saint Esprit, et ils annonçaient la parole de Dieu avec hardiesse.

Mise en commun des biens entre les premiers chrétiens

32 Et la multitude de ceux qui avaient cru était un cœur et une âme. Et personne ne disait d'aucun de ses biens qu'il lui appartenait en propre, mais toutes choses étaient communes entre eux.

33 Et les apôtres rendaient avec une grande puissance le témoignage de la résurrection du Seigneur Jésus. Et une grande grâce était sur eux tous.

34 Car il n'y avait parmi eux aucune personne nécessiteuse, parce que tous ceux qui possédaient des champs ou des maisons les vendaient, et ils apportaient le prix des choses vendues

35 et le déposaient aux pieds des apôtres. Et il était distribué à chacun, selon les besoins de l'un ou de l'autre.

36 Et Joseph qui par les apôtres fut surnommé Barnabas – ce qui, étant traduit, signifie fils d'encouragement[1] – Lévite [et] Chypriote de naissance,

— [1] ou : fils de consolation, d'exhortation.

37 ayant un champ, le vendit, et en apporta la valeur, et la déposa aux pieds des apôtres.

Le mensonge d'Ananias et de Sapphira

5 Mais un homme nommé Ananias, avec Sapphira sa femme, vendit une propriété.

2 Et, de connivence avec sa

femme, il mit de côté une partie du prix et, apportant l'autre partie, il la déposa aux pieds des apôtres.

3 Mais Pierre dit : « Ananias, pourquoi Satan a-t-il rempli ton cœur, au point d'avoir menti à l'Esprit Saint et d'avoir mis de côté une partie du prix du terrain ?

4 Quand il était [encore] à toi, ne pouvais-tu pas le garder ? Et même vendu, l'argent n'était-il pas à ta disposition[1] ? Comment t'es-tu proposé cette action dans ton cœur ? Tu n'as pas menti aux hommes, mais à Dieu. »

— [1] littéralement : en ton pouvoir.

5 Et Ananias, entendant ces paroles, tomba et expira. Alors une grande crainte s'empara de tous ceux qui entendirent [ces choses].

6 Et les jeunes hommes, s'étant levés, l'enveloppèrent d'un linceul ; puis, l'ayant emporté dehors, ils l'enterrèrent.

7 Et il arriva, environ trois heures après, que sa femme entra, ne sachant pas ce qui était arrivé.

8 Et Pierre lui adressa la parole, [en disant] : « Dis-moi, avez-vous vendu le terrain pour telle somme[1] ? » Et elle dit : « Oui, pour telle somme[1]. »

— [1] littéralement : pour tant.

9 Alors Pierre lui [dit] : « Comment êtes-vous tombés d'accord entre vous pour tenter l'Esprit du °Seigneur ? Voici, les pieds de ceux qui ont enterré ton mari sont à la porte et ils t'emporteront. »

10 Et à l'instant, elle tomba à ses pieds et expira. Et les jeunes hommes, étant entrés, la trouvèrent morte. Et l'ayant emportée dehors, ils l'enterrèrent auprès de son mari.

11 Alors une grande crainte s'empara de toute l'assemblée et de tous ceux qui entendaient parler de ces choses.

Puissance miraculeuse des apôtres

12 Et beaucoup de miracles[1] et de prodiges se faisaient parmi le peuple, par les mains des apôtres. [2](Et ils étaient tous d'un commun accord au portique de Salomon,

— [1] littéralement : signes. — [2] la parenthèse se termine au verset 14.

13 et personne d'autre n'osait se joindre à eux, mais le peuple les louait hautement[1].

— [1] louer hautement, ailleurs : magnifier.

14 Et des croyants d'autant plus nombreux étaient ajoutés au Seigneur, une multitude aussi bien d'hommes que de femmes.)[1]

— [1] la parenthèse commence au verset 12.

15 Alors on apportait les infirmes dehors dans les rues, et on les mettait sur des petits lits et sur des brancards, afin que, lorsque Pierre passerait, son ombre couvre au moins l'un d'eux.

16 Et la multitude [venue] des villes voisines se rassemblait aussi à Jérusalem, apportant les infirmes et ceux qui étaient tourmentés par des esprits impurs. Et ils étaient tous guéris.

Arrestation des apôtres et leur délivrance miraculeuse – Comparution devant le sanhédrin

17 Alors le souverain sacrificateur se leva, ainsi que tous ceux qui étaient avec lui – c'est-à-dire la secte des Sadducéens – et ils furent remplis de jalousie.

18 Et ils mirent les mains sur les apôtres et les jetèrent dans la prison publique.

19 Mais un ange du °Seigneur

ouvrit de nuit les portes de la prison, et les conduisit dehors, et dit :

20 « Allez et, vous tenant dans le Temple, annoncez au peuple toutes les paroles de cette vie. »

21 Et ayant entendu [cela], ils entrèrent dans le Temple dès le lever du jour, et ils enseignaient. Et quand le souverain sacrificateur arriva, ainsi que ceux qui étaient avec lui, ils convoquèrent le sanhédrin et tous les anciens des fils d'Israël. Et ils envoyèrent [des gardes] à la prison pour amener les apôtres[1].

— [1] littéralement : les amener.

22 Mais les gardes, y étant arrivés, ne les trouvèrent pas dans la prison. Et s'en étant retournés, ils firent leur rapport,

23 en disant : « Nous avons trouvé la prison soigneusement fermée et les gardiens se tenant aux portes ; mais, après avoir ouvert [la cellule], nous n'avons trouvé personne à l'intérieur. »

24 Et quand le commandant du Temple et les principaux sacrificateurs eurent entendu ces paroles, ils furent perplexes au sujet de ces choses, [se demandant] ce que cela pouvait bien signifier.

25 Or quelqu'un arriva et leur rapporta : « Voici, les hommes que vous avez mis en prison se tiennent dans le Temple et enseignent le peuple. »

26 Alors le commandant s'en alla avec les gardes et les amena sans violence, car ils craignaient d'être lapidés par le peuple.

27 Et les ayant amenés, ils les présentèrent devant le sanhédrin. Et le souverain sacrificateur les interrogea,

28 en disant : « Nous vous avons expressément ordonné de ne pas enseigner en ce nom-là, et voici, vous avez rempli Jérusalem de votre doctrine et vous voulez faire venir sur nous le sang de cet homme. »

Cinquième discours de Pierre

29 Mais Pierre et les apôtres, répondant, dirent : « Il faut obéir à Dieu plutôt qu'aux hommes.

30 Le Dieu de nos pères a ressuscité Jésus que vous, vous avez fait mourir, le pendant à un bois.

31 C'est lui que Dieu a exalté par sa [main] droite Prince[1] et Sauveur, afin de donner à Israël la repentance et la rémission des péchés.

— [1] ou : chef, auteur, initiateur.

32 Et nous, nous sommes témoins de ces choses, de même que l'Esprit Saint que Dieu a donné à ceux qui lui obéissent. »

Sage conseil de Gamaliel

33 Et eux, ayant entendu [ces paroles], étaient en rage [contre eux] et voulaient les tuer.

34 Mais un Pharisien, nommé Gamaliel, docteur[1] de la Loi, honoré de tout le peuple, se leva dans le sanhédrin et donna l'ordre de faire sortir les apôtres pour un court [moment].

— [1] docteur : maître qui enseigne.

35 Et il leur dit : « Israélites[1], prenez garde à vous-mêmes par rapport à ce que vous allez faire à ces hommes.

— [1] littéralement (hébraïsme) : Hommes israélites.

36 Car, avant ces jours-ci, Theudas se leva, se disant être quelqu'un, auquel se rallia une

troupe[1] d'environ 400 hommes. Et il fut tué, et tous ceux qui s'étaient laissé persuader par lui furent mis en déroute, et il n'en est rien resté.

— [1] littéralement : un nombre.

37 Après celui-là se leva Judas le Galiléen aux jours du recensement, et il entraîna beaucoup de gens à sa suite[1]. Lui aussi a péri et tous ceux qui s'étaient laissé persuader par lui furent dispersés.

— [1] littéralement : derrière lui.

38 Et maintenant, je vous [le] dis : Ne vous occupez plus de ces hommes et laissez-les ! Car si ce projet ou cette œuvre vient des hommes, cela sera détruit.

39 Mais si cela vient de Dieu, vous ne pourrez pas les détruire. [Laissez-les,] de peur de vous trouver aussi en guerre contre Dieu. » Et ils se laissèrent persuader par lui.

40 Et ayant appelé les apôtres, ils leur ordonnèrent, après les avoir battus, de ne pas parler au nom de Jésus ; puis ils les relâchèrent.

41 Eux donc quittèrent le sanhédrin en se réjouissant d'avoir été estimés dignes d'être maltraités pour le Nom.

42 Et tous les jours, dans le Temple et dans les maisons, ils ne cessaient pas d'enseigner et d'annoncer[1] que Jésus [était] le Christ.

— [1] c.-à-d. : annoncer la bonne nouvelle (évangéliser).

Murmures chez les Hellénistes

6 Or en ces jours-là, comme le nombre des disciples augmentait, il y eut des murmures [de la part] des Hellénistes[1] contre les Hébreux[2], parce que leurs veuves étaient négligées dans le service journalier.

— [1] Hellénistes : Juifs de culture grecque ayant vécu hors de Palestine. — [2] Hébreux : Juifs de Palestine.

2 Et les Douze, ayant appelé l'ensemble des disciples, dirent : « Il ne convient pas que, laissant la parole de Dieu, nous servions aux tables.

3 Cherchez donc parmi vous, frères, sept hommes qui aient un [bon] témoignage, pleins de l'Esprit[1] et de sagesse, et nous les établirons dans cette charge.

— [1] plusieurs manuscrits ajoutent : Saint.

4 Et quant à nous, nous persévérerons dans la prière et dans le service de la Parole. »

5 Et ce discours plut à toute la multitude. Et ils choisirent Étienne, homme plein de foi et de l'Esprit Saint, et Philippe, et Prochore, et Nicanor, et Timon, et Parménas, et Nicolas, prosélyte d'Antioche,

6 qu'ils présentèrent aux apôtres. Et après avoir prié, ils leur imposèrent les mains.

7 Et la parole de Dieu se répandait[1], et le nombre des disciples se multipliait beaucoup à Jérusalem, et une grande foule de sacrificateurs obéissait à la foi.

— [1] littéralement : grandissait.

Étienne est accusé de blasphème

8 Or Étienne, plein de grâce et de puissance, faisait parmi le peuple des prodiges et de grands miracles[1].

— [1] littéralement : signes.

9 Et quelques membres de la synagogue appelée des Affranchis, ainsi que des Cyrénéens, et des Alexandrins, et des gens de Cilicie et d'Asie se mirent à discuter[1] avec Étienne.

— [1] littéralement : se levèrent, discutant.

10 Et ils ne pouvaient pas résister

à la sagesse et à l'Esprit par lequel il parlait.

11 Alors ils soudoyèrent des hommes qui disaient : « Nous l'avons entendu proférer des paroles blasphématoires contre Moïse et contre Dieu. »

12 Et ils ameutèrent le peuple, et les anciens, et les scribes. Et se jetant sur lui, ils le saisirent et l'amenèrent devant le sanhédrin.

13 Puis ils présentèrent de faux témoins qui disaient : « Cet homme ne cesse pas de proférer des paroles contre le saint lieu et contre la Loi.

14 Car nous l'avons entendu dire que Jésus, ce Nazaréen, détruira ce lieu et changera les coutumes que Moïse nous a transmises. »

15 Et tous ceux qui étaient assis dans le sanhédrin, ayant les yeux fixés sur lui, virent son visage comme le visage d'un ange.

Discours d'Étienne
De l'appel d'Abraham à l'esclavage en Égypte

7 Alors le souverain sacrificateur dit : « Ces choses sont-elles [bien] ainsi ? »

2 Et Étienne[1] répondit : « Frères et pères[2], écoutez ! Le Dieu de gloire apparut à notre père Abraham lorsqu'il était en Mésopotamie, avant d'habiter à Charran,

— [1] littéralement : il. — [2] littéralement (hébraïsme) : Hommes frères et pères.

3 et il lui dit : "Sors de ton pays et de ta parenté, et va dans le pays que je te montrerai."

4 Alors, étant sorti du pays des Chaldéens, il habita à Charran. Et de là, après la mort de son père, Dieu[1] le fit passer dans ce pays où vous habitez maintenant.

— [1] littéralement : il.

5 Et il ne lui donna pas d'héritage dans ce pays, pas même de quoi poser le pied, et il promit de le lui donner en possession, ainsi qu'à sa descendance après lui, alors qu'il n'avait pas d'enfant.

6 Et Dieu parla ainsi : "Sa descendance séjournera dans une terre étrangère, et on l'asservira, et on la maltraitera [pendant] 400 ans.

7 Mais je jugerai, moi, la nation à laquelle ils auront été asservis, dit Dieu, et après cela, ils sortiront et me rendront un culte dans ce lieu."[1]

— [1] voir Gen. 15:13-16.

8 Puis il lui donna l'alliance de la circoncision. Et ainsi, Abraham[1] engendra Isaac et le circoncit le 8e jour. Et Isaac [engendra] Jacob, et Jacob [engendra] les 12 patriarches.

— [1] littéralement : il.

9 Et les patriarches, étant jaloux de Joseph, le vendirent pour [être emmené en] Égypte. Mais Dieu était avec lui,

10 et il le délivra de toutes ses détresses, et lui fit trouver grâce et sagesse devant du Pharaon, roi d'Égypte. Et il l'établit gouverneur sur l'Égypte et sur toute sa maison.

11 Or il arriva une famine dans toute l'Égypte et en Canaan, ainsi qu'une grande détresse ; et nos pères ne trouvèrent pas de nourriture.

12 Mais Jacob, ayant appris qu'il y avait du blé en Égypte, [y] envoya une 1re fois nos pères.

13 Et la 2de fois, Joseph se fit reconnaître à ses frères, et l'origine de Joseph fut connue du Pharaon.

14 Puis Joseph envoya chercher son père Jacob et toute sa parenté, [en tout] 75 personnes[1].

— [1] littéralement : âmes.

15 Et Jacob descendit en Égypte,

et il mourut, lui et nos pères.

16 Et ils furent transportés à Sichem et déposés dans le tombeau qu'Abraham avait acheté à prix d'argent aux fils d'Emmor, à Sichem.

17 « Mais comme le temps de la promesse que Dieu avait faite solennellement à Abraham approchait, le peuple s'accrut et se multiplia en Égypte,

18 jusqu'à ce qu'il se lève un autre roi [sur l'Égypte], qui ne connaissait pas Joseph.

19 Celui-là, usant de ruse contre notre race, maltraita [nos] pères jusqu'à leur faire abandonner[1] leurs nouveau-nés pour qu'ils ne restent pas en vie.

— [1] littéralement : exposer.

Discours d'Étienne
De Moïse à Christ

20 « En ce temps-là naquit Moïse, et il était beau pour Dieu. Et il fut élevé 3 mois dans la maison de [son] père.

21 Mais, ayant été abandonné[1], la fille du Pharaon le prit et l'éleva pour qu'il soit son fils.

— [1] littéralement : exposé.

22 Et Moïse fut instruit dans toute la sagesse des Égyptiens. Et il était puissant en paroles et en œuvres.

23 Mais quand il fut parvenu à l'âge de 40 ans, il eut à cœur[1] de visiter ses frères, les fils d'Israël.

— [1] littéralement : il est monté sur son cœur.

24 Et ayant vu l'un d'eux à qui l'on faisait tort, il prit sa défense et vengea l'opprimé en frappant l'Égyptien.

25 Or il croyait que [ses] frères comprendraient que Dieu leur donnerait la délivrance par sa main, mais ils ne le comprirent pas.

26 Et le jour suivant, il se montra à eux alors qu'ils se battaient, et il les exhorta à la paix, en disant : "Hommes, vous êtes frères ! Pourquoi vous faites-vous du mal l'un à l'autre ?"

27 Mais celui qui maltraitait son prochain le repoussa, en disant : "Qui t'a établi chef et juge sur nous ?

28 Veux-tu me tuer, toi, comme tu as tué hier l'Égyptien ?"

29 Alors Moïse s'enfuit à cette parole et fut un étranger dans le pays de Madian où il engendra deux fils.

30 Or 40 ans s'étant écoulés, un ange lui apparut dans le désert du mont Sinaï, dans une flamme de feu d'un buisson.

31 Et Moïse, voyant cela, s'étonnait de la vision. Et comme il approchait pour regarder, la[1] voix du °Seigneur se fit [entendre] :

— [1] littéralement : une.

32 "Moi, je suis le Dieu de tes pères, le Dieu d'Abraham, et d'Isaac, et de Jacob." Et Moïse, devenu tout tremblant, n'osait pas regarder.

33 Et le °Seigneur lui dit : "Délie les sandales de tes pieds, car le lieu sur lequel tu te tiens est une terre sainte.

34 J'ai vu, j'ai vu comment on opprime mon peuple qui est en Égypte, et j'ai entendu leur gémissement, et je suis descendu pour les délivrer. Et maintenant, viens [et] je t'enverrai en Égypte."

35 Ce Moïse qu'ils avaient renié, en disant : "Qui t'a établi chef et juge ?", celui-là, Dieu l'a envoyé [pour être] chef et libérateur, par la main de l'ange qui lui était apparu dans le buisson.

36 C'est lui qui les fit sortir, en

faisant des prodiges et des miracles[1] dans le pays d'Égypte, et dans la mer Rouge, et dans le désert [pendant] 40 ans.

— [1] littéralement : signes.

37 C'est ce Moïse qui a dit aux fils d'Israël : "Dieu vous suscitera d'entre vos frères un prophète comme moi."[1]

— [1] Deut. 18:15.

38 C'est lui qui fut dans l'assemblée au désert, avec l'ange qui lui parlait sur le mont Sinaï et avec nos pères. [C'est] lui qui reçut des oracles vivants pour nous les donner.

39 [C'est lui] à qui nos pères ne voulurent pas obéir, mais ils le repoussèrent et retournèrent dans leur cœur en Égypte,

40 en disant à Aaron : "Fais-nous des dieux qui aillent devant nous, car, quant à ce Moïse qui nous a fait sortir du pays d'Égypte, nous ne savons pas ce qui lui est arrivé."

41 Et ils firent en ces jours-là un veau, et offrirent un sacrifice à l'idole, et se réjouirent des œuvres de leurs mains.

42 Mais Dieu se détourna [d'eux] et les livra au culte de l'armée du ciel, comme il est écrit dans le livre des prophètes : "Est-ce à moi que vous avez offert des victimes et des sacrifices [pendant] 40 ans dans le désert, maison d'Israël ?

43 Mais vous avez porté le tabernacle de Moloch et l'étoile de [votre] dieu Remphan, les statues que vous avez faites pour vous prosterner devant elles ! Et je vous déporterai au-delà de Babylone."[1]

— [1] Amos 5:25-27.

44 « Nos pères avaient dans le désert le Tabernacle du témoignage, comme l'avait ordonné celui qui avait dit à Moïse de le faire selon le modèle qu'il avait vu.

45 Et nos pères, l'ayant reçu, l'introduisirent avec Josué dans [le pays qui était] la possession des nations que Dieu chassa de la présence de nos pères, jusqu'aux jours de David.

46 Celui-ci trouva grâce devant Dieu et demanda la faveur de trouver une habitation[1] pour le Dieu[2] de Jacob.

— [1] littéralement : une tente. — [2] plusieurs manuscrits portent : pour la maison.

47 Mais ce fut Salomon qui lui construisit une Maison.

48 Cependant le Très-Haut[1] n'habite pas dans des [temples] faits par la main de l'homme, selon ce que dit le prophète :

— [1] ce mot « Très-Haut » traduit le mot hébreu « Élion » ; voir Genèse 14:18.

49 "Le ciel est mon trône et la terre est le marchepied de mes pieds. Quelle Maison me construirez-vous, dit le °Seigneur, ou quel sera le lieu de mon repos ?

50 Ma main n'a-t-elle pas fait toutes ces choses ?"[1]

— [1] Ésaïe 66:1-2.

51 « Gens au cou raide et incirconcis de cœur et d'oreilles, vous vous opposez toujours à l'Esprit Saint ! Vous êtes bien comme vos pères !

52 Lequel des prophètes vos pères n'ont-ils pas persécuté ? Et ils ont tué ceux qui ont prédit la[1] venue du Juste dont vous êtes devenus maintenant les meurtriers après l'avoir livré,

— [1] littéralement : concernant la.

53 vous qui avez reçu la Loi par l'intermédiaire des anges[1] et qui ne l'avez pas gardée. »

— [1] littéralement : sur ordres d'anges ; il faut

sans doute comprendre que Dieu a donné des ordres aux anges pour que la Loi soit communiquée au peuple.

Étienne est lapidé

54 En entendant ces choses, ils étaient en rage dans leurs cœurs et ils grinçaient des dents contre lui.

55 Mais lui, étant plein de l'Esprit Saint et fixant les yeux sur le ciel, vit la gloire de Dieu et Jésus debout à la droite de Dieu.

56 Et il dit : « Voici, je vois les cieux ouverts et le Fils de l'homme debout à la droite de Dieu. »

57 Mais ils crièrent d'une voix forte, et se bouchèrent les oreilles, et d'un commun accord se précipitèrent sur lui.

58 Et l'ayant poussé hors de la ville, ils se mirent à le lapider. Et les témoins déposèrent leurs vêtements aux pieds d'un jeune homme appelé Saul.

59 Et ils lapidaient Étienne qui priait[1] et disait : « Seigneur Jésus, reçois mon esprit ! »

— [1] plutôt : invoquait.

60 Puis s'étant mis à genoux, il cria d'une voix forte : « Seigneur, ne leur impute pas ce péché ! » Et quand il eut dit cela, il s'endormit.

Première persécution de l'Assemblée

8 Et Saul approuvait le meurtre d'Étienne[1].

Or en ce temps-là[2], il y eut une grande persécution contre l'assemblée qui était à Jérusalem. Et tous, sauf les apôtres, furent dispersés dans les régions de la Judée et de la Samarie.

— [1] littéralement : de lui. — [2] littéralement : en ce jour-là.

2 Et des hommes pieux

emportèrent Étienne pour l'enterrer, et ils firent sur lui de grandes lamentations.

3 Or Saul ravageait l'Assemblée. Il pénétrait dans les maisons et, traînant hommes et femmes, il les livrait [pour être jetés] en prison.

Philippe évangélise la Samarie

4 Ceux qui avaient été dispersés allèrent donc de lieu en lieu, annonçant[1] la Parole.

— [1] c.-à-d. : annoncer la bonne nouvelle, évangéliser ; ainsi souvent.

5 Et Philippe, étant descendu dans une ville de la Samarie, leur prêcha le Christ.

6 Et les foules, d'un commun accord, étaient attentives aux choses que disait Philippe, l'entendant et voyant les miracles[1] qu'il faisait.

— [1] littéralement : signes.

7 Car les esprits impurs, criant d'une voix forte, sortaient d'un grand nombre [de démoniaques] ; et beaucoup de paralysés et de boiteux furent guéris.

8 Et il y eut une grande joie dans cette ville.

Simon le magicien – Pierre et Jean en Samarie

9 Or, avant cela, il y avait dans la ville un homme nommé Simon qui exerçait la magie et stupéfiait le peuple de la Samarie, se disant être quelqu'un d'important.

10 Tous s'attachaient à lui, du [plus] petit au [plus] grand, et disaient : « Celui-ci est la puissance de Dieu, celle appelée la Grande. »

11 Et ils s'attachaient à lui parce que, depuis longtemps, il les stupéfiait par sa magie.

12 Mais quand ils eurent cru Philippe qui leur annonçait les bonnes nouvelles concernant le royaume de Dieu et le nom de Jésus Christ, aussi bien les hommes que les femmes furent baptisés.

13 Et Simon lui-même crut aussi et, après avoir été baptisé, il se tenait toujours auprès de Philippe. Et voyant les prodiges[1] et les grands miracles qui se faisaient, il était stupéfait.

— [1] littéralement : signes.

14 Or les apôtres qui étaient à Jérusalem, ayant appris que la Samarie avait reçu la parole de Dieu, leur envoyèrent Pierre et Jean

15 qui, étant descendus, prièrent pour eux, afin qu'ils reçoivent l'Esprit Saint.

16 Car il n'était encore tombé sur aucun d'eux, mais ils avaient seulement été baptisés au nom du Seigneur Jésus.

17 Alors ils leur imposèrent les mains et ils reçurent l'Esprit Saint.

18 Or Simon, voyant que l'Esprit[1] était donné par l'imposition des mains des apôtres, leur offrit de l'argent,

— [1] plusieurs manuscrits ajoutent : Saint.

19 en disant : « Donnez-moi aussi ce pouvoir, afin que[1] celui à qui j'imposerai les mains reçoive l'Esprit Saint. »

— [1] ou : ce pouvoir, que.

20 Mais Pierre lui dit : « Que ton argent périsse avec toi, parce que tu as pensé acquérir le don de Dieu avec de l'argent !

21 Tu n'as ni part ni héritage dans cette affaire[1], car ton cœur n'est pas droit devant Dieu.

— [1] littéralement : parole.

22 Repens-toi donc de ta méchanceté et supplie le Seigneur, afin que, si cela est possible, la pensée de ton cœur te soit pardonnée.

23 Car je vois que tu es dans un fiel d'amertume et dans un lien d'iniquité[1]. »

— [1] ailleurs : injustice.

24 Et Simon, répondant, dit : « Vous, suppliez le Seigneur pour moi, de sorte qu'il ne m'arrive rien de ce que vous avez dit. »

25 Eux donc, après avoir rendu témoignage et avoir annoncé la parole du Seigneur, s'en retournèrent à Jérusalem. Et ils évangélisaient de nombreux villages de Samaritains.

Conversion de l'eunuque d'Éthiopie

26 Et un ange du °Seigneur parla à Philippe, en disant : « Lève-toi et va vers le sud, sur le chemin qui descend de Jérusalem à Gaza, lequel est désert. »

27 Et s'étant levé, il s'en alla. Et voici, [il y avait] un homme éthiopien, eunuque, haut fonctionnaire de Candace, la reine des Éthiopiens, qui était [établi] sur tous ses trésors, et qui était venu à Jérusalem pour adorer.

28 Et il s'en retournait et, étant assis dans son char, il lisait le prophète Ésaïe.

29 Et l'Esprit dit à Philippe : « Approche[-toi] et joins-toi à ce char. »

30 Et Philippe, ayant accouru, entendit l'eunuque[1] qui lisait le prophète Ésaïe. Et il dit : « Comprends-tu ce que tu lis ? »

— [1] littéralement : l'entendit.

31 Mais il dit : « Comment donc le pourrais-je si personne ne me guide ? » Et il invita Philippe à

monter s'asseoir avec lui.

32 Or le passage de l'Écriture qu'il lisait était celui-ci : « Il a été amené comme une brebis à l'abattoir et comme un agneau muet devant celui qui le tond ; ainsi, il n'ouvre pas la bouche.

33 Dans [son] humiliation, son jugement a été enlevé[1] ; et qui racontera sa génération ? Car sa vie est ôtée de la terre. »[2]
— [1] c.-à-d. : la justice lui a été refusée. — [2] Ésaïe 53:7-8.

34 Et l'eunuque, répondant, dit à Philippe : « Je te prie, de qui le prophète dit-il cela ? De lui-même ou de quelqu'un d'autre ? »

35 Et Philippe, ouvrant la bouche et commençant par cette Écriture, lui annonça[1] Jésus.
— [1] littéralement : évangélisa ; c.-à-d. : lui annonça la bonne nouvelle de Jésus.

36 Et comme ils continuaient leur chemin, ils arrivèrent à un point d'eau. Et l'eunuque dit : « Voici de l'eau, qu'est-ce qui m'empêche d'être baptisé ? »

38 Alors il donna l'ordre d'arrêter le char et ils descendirent tous les deux à l'eau, aussi bien Philippe que l'eunuque ; et Philippe[1] le baptisa.
— [1] littéralement : il.

39 Et quand ils furent remontés hors de l'eau, l'Esprit du Seigneur enleva Philippe, et l'eunuque ne le vit plus. Mais il continua son chemin tout joyeux.

40 Or Philippe se trouva[1] à Azot. Et en traversant [le pays], il évangélisait toutes les villes jusqu'à son arrivée à Césarée.
— [1] littéralement : fut trouvé.

Conversion de Saul de Tarse

9 Or Saul, qui respirait encore la menace et le meurtre contre les disciples du Seigneur, se rendit chez le souverain sacrificateur.

2 [Et il] lui demanda des lettres pour les synagogues de Damas, afin que, s'il y trouvait quelques personnes qui étaient de la Voie[1], il les amène, hommes et femmes, liés à Jérusalem.
— [1] Voie : terme utilisé pour désigner la foi chrétienne à ses débuts.

3 Et comme il était en chemin, il arriva qu'il approchait de Damas. Et soudain une lumière venant du ciel brilla autour de lui.

4 Et étant tombé à terre, il entendit une voix qui lui disait : « Saul, Saul, pourquoi me persécutes-tu ? »

5 Et il dit : « Qui es-tu, Seigneur ? » Et il [dit] : « Moi, je suis Jésus que toi, tu persécutes.

6 Mais lève-toi, et entre dans la ville, et il te sera dit ce que tu dois faire. »

7 Et les hommes qui faisaient route avec lui se tenaient là, muets de stupeur, entendant la voix[1], mais ne voyant personne.
— [1] ou : le son.

8 Et Saul se releva de terre, mais ses yeux étant ouverts, il ne voyait rien. Et on le fit entrer dans Damas en le conduisant par la main.

9 Et il resta trois jours sans voir, et il ne mangea ni ne but [rien].

Vision d'Ananias

10 Or il y avait à Damas un disciple nommé Ananias. Et le Seigneur lui dit dans une vision : « Ananias ! » Et il dit : « Me voici, Seigneur ! »

11 Et le Seigneur lui [dit] : « Lève-toi, et va dans la rue appelée la Droite, et cherche dans la maison de Judas un [homme] nommé Saul, de Tarse. Car voici, il prie,

12 et il a vu [dans une vision] un homme nommé Ananias qui entrait

et lui imposait les mains pour qu'il retrouve la vue. »

13 Mais Ananias répondit : « Seigneur, j'ai entendu beaucoup [de personnes] dire, au sujet de cet homme, tout le mal qu'il a fait à tes saints à Jérusalem.

14 Et ici il a le pouvoir, de la part des principaux sacrificateurs, de lier tous ceux qui invoquent ton nom. »

15 Mais le Seigneur lui dit : « Va, car cet homme[1] est un instrument que je me suis choisi pour porter mon nom devant les nations, et les rois, et les fils d'Israël.

— [1] littéralement : celui-ci.

16 Car moi, je lui montrerai toutes les choses qu'il doit souffrir pour mon nom. »

Ananias rencontre Saul

17 Et Ananias s'en alla et entra dans la maison. Et lui ayant imposé les mains, il dit : « Saul, frère, le Seigneur – [ce] Jésus qui t'est apparu sur le chemin où tu allais – m'a envoyé pour que tu retrouves la vue et que tu sois rempli de [l']Esprit Saint. »

18 Et aussitôt il tomba de ses yeux comme des écailles, et il retrouva la vue. Et s'étant levé, il fut baptisé.

19 Puis, ayant pris de la nourriture, il reprit des forces.

Et il resta quelques jours avec les disciples qui étaient à Damas.

20 Et aussitôt il se mit à prêcher Jésus dans les synagogues, [en disant] que celui-ci était le Fils de Dieu.

21 Et tous ceux qui l'entendaient étaient stupéfaits et disaient : « N'est-ce pas celui-là qui, à Jérusalem, s'acharnait contre ceux qui invoquent ce nom, et qui est venu ici dans le but de les amener liés aux principaux sacrificateurs ? »

22 Mais Saul se fortifiait de plus en plus et confondait les Juifs qui habitaient à Damas, démontrant que Jésus[1] était le Christ.

— [1] littéralement : celui-ci.

Complot contre Saul

23 Et bien des jours s'étant écoulés, les Juifs décidèrent ensemble de le tuer.

24 Mais leur complot fut connu de Saul. Et ils surveillaient aussi les portes [de la ville], jour et nuit, afin de le tuer.

25 Alors les disciples, l'ayant pris de nuit, le firent descendre le long de la muraille dans une corbeille.

Saul à Jérusalem

26 Et étant arrivé à Jérusalem, il cherchait à se joindre aux disciples ; mais tous le craignaient, ne croyant pas qu'il soit un disciple.

27 Alors Barnabas, l'ayant pris, l'amena aux apôtres et leur raconta comment, sur le chemin, Saul[1] avait vu le Seigneur qui[2] lui avait parlé, et comment, à Damas, il avait parlé avec assurance au nom de Jésus.

— [1] littéralement : il. — [2] littéralement : et qu'il.

28 Dès lors il était avec eux à Jérusalem, allant et venant, et il parlait avec assurance au nom du Seigneur.

29 Et il parlait et discutait avec les Hellénistes ; mais eux cherchaient à le faire mourir.

30 Et les frères, l'ayant su, le firent descendre à Césarée et l'envoyèrent à Tarse.

31 Et ainsi l'Assemblée, par toute la Judée, et la Galilée, et la

Samarie, était en paix, étant édifiée et marchant dans la crainte du Seigneur. Et elle se multipliait par l'encouragement du Saint Esprit.

Guérison d'Énée

32 Or il arriva, comme Pierre parcourait toutes [ces régions], qu'il descendit aussi chez les saints qui habitaient à Lydde.

33 Et il trouva là un homme nommé Énée qui, depuis huit ans, était couché sur un brancard, [car] il était paralysé.

34 Alors Pierre lui dit : « Énée ! Jésus Christ te guérit. Lève-toi et arrange toi-même le lit ! » Et aussitôt il se leva.

35 Et tous ceux qui habitaient à Lydde et au Saron le virent, et ils se tournèrent vers le Seigneur.

Résurrection de Dorcas

36 Or il y avait à Joppé une certaine [femme qui était] disciple, nommée Tabitha – ce qui, traduit, signifie Dorcas[1]. Elle abondait en bonnes œuvres et en aumônes qu'elle faisait.

— [1] Dorcas : gazelle ; Tabitha est le nom juif, Dorcas est le nom grec.

37 Et il arriva en ces jours-là, qu'étant tombée malade, elle mourut. Et l'ayant lavée, ils la déposèrent dans une pièce à l'étage.

38 Et comme Lydde est près de Joppé, les disciples, ayant appris que Pierre était dans cette ville[1], envoyèrent chez lui deux hommes, le suppliant, [en disant] : « Ne tarde pas à venir jusqu'à nous ! »

— [1] littéralement : en elle.

39 Et Pierre, s'étant levé, s'en alla avec eux. Et quand il fut arrivé, ils le conduisirent dans la pièce à l'étage. Et toutes les veuves se tinrent auprès de lui en pleurant, et en montrant les tuniques et les vêtements que faisait Dorcas quand elle était avec elles.

40 Mais Pierre les fit tous sortir et, s'étant mis à genoux, il pria. Puis, se tournant vers le corps, il dit : « Tabitha, lève-toi ! » Et elle ouvrit les yeux et, ayant vu Pierre, elle s'assit.

41 Et lui ayant donné la main, il la fit lever. Puis ayant appelé les saints et les veuves, il la [leur] présenta vivante.

42 Et cela fut connu dans tout Joppé et beaucoup crurent au Seigneur.

43 Et il arriva qu'il resta bien des jours à Joppé, chez un certain Simon, un tanneur.

Vision du centurion Corneille

10 Or [il y avait] à Césarée un homme nommé Corneille, centurion de la cohorte appelée Italique.

2 [Il était] pieux et craignait Dieu avec toute sa maison[1], faisait beaucoup d'aumônes au peuple et priait Dieu continuellement.

— [1] c.-à-d. : sa famille.

3 Il vit clairement dans une vision, vers la neuvième heure du jour, un ange de Dieu entrant chez lui et lui disant : « Corneille ! »

4 Et fixant les yeux sur lui et étant tout effrayé, il dit : « Qu'est-ce, Seigneur ? » Et il lui dit : « Tes prières et tes aumônes sont montées en mémoire devant Dieu.

5 Et maintenant, envoie des hommes à Joppé et fais venir un certain Simon qui est surnommé Pierre.

6 Il est logé chez un certain Simon, un tanneur, qui a sa maison au

bord de la mer. »

7 Et quand l'ange qui lui parlait fut parti, Corneille appela[1] deux de ses domestiques et un soldat pieux parmi ceux qui se tenaient toujours auprès de lui.

— [1] littéralement : fut parti, ayant appelé.

8 Et leur ayant tout raconté, il les envoya à Joppé.

Vision de Pierre

9 Or le lendemain, comme ils étaient en chemin et qu'ils approchaient de la ville, Pierre monta sur le toit[1] vers la sixième heure pour prier.

— [1] toit en terrasse.

10 Et il eut très faim et voulut manger. Et comme on lui préparait [à manger], il lui arriva une extase.

11 Et il voit le ciel ouvert et un objet, comme une grande toile à quatre coins, qui descendait et venait se poser sur la terre,

12 dans lequel se trouvaient tous les quadrupèdes et les reptiles de la terre et les oiseaux du ciel.

13 Et une voix s'adressa à lui, [en disant] : « Lève-toi, Pierre, tue et mange ! »

14 Mais Pierre dit : « Certainement pas, Seigneur ! Car je n'ai jamais rien mangé qui soit souillé ou impur[1]. »

— [1] voir Lév. 11.

15 Et une voix [s'adressa] encore à lui, pour la deuxième fois, [en disant] : « Ce que Dieu a purifié, toi, ne le tiens pas pour souillé ! »

16 Et cela eut lieu par trois fois et, aussitôt [après], l'objet fut enlevé vers le ciel.

17 Et comme Pierre était perplexe en lui-même à l'égard de ce que pouvait être la vision qu'il avait eue, voici, les hommes envoyés par Corneille, qui avaient demandé [où était] la maison de Simon, se tenaient à la porte.

18 Et ayant appelé, ils demandèrent si Simon surnommé Pierre logeait là.

19 Et comme Pierre réfléchissait sur la vision, l'Esprit [lui] dit : « Voici, trois hommes te cherchent.

20 Mais lève-toi, et descends, et va avec eux sans hésiter, parce que c'est moi qui les ai envoyés. »

21 Et Pierre descendit vers les hommes et dit : « Me voici, je suis celui que vous cherchez. Pour quel motif êtes-vous ici? »

22 Et ils dirent : « Le centurion Corneille, un homme juste et craignant Dieu, et qui a un [bon] témoignage de toute la nation des Juifs, a été averti divinement par un saint ange de te faire venir dans sa maison et d'entendre des paroles de ta part. »

23 Les ayant donc fait entrer, il les logea.

Et le lendemain, s'étant levé, il partit avec eux. Et quelques-uns des frères de Joppé allèrent avec lui.

24 Et le lendemain, ils entrèrent[1] dans Césarée. Or Corneille les attendait, ayant réuni ses parents et ses intimes amis.

— [1] littéralement : il entra.

Pierre arrive chez Corneille

25 Et comme Pierre entrait, Corneille, étant venu à sa rencontre, tomba à ses pieds et se prosterna.

26 Mais Pierre le releva, en disant : « Lève-toi ! Moi aussi, je ne suis qu'un homme. »

27 Et parlant avec lui, il entra et trouva beaucoup de personnes réunies.

28 Et il leur dit : « Vous savez, vous, qu'il est défendu à un homme juif de se lier à un étranger ou d'aller vers lui. Mais Dieu m'a montré qu'il ne faut appeler aucun homme souillé ou impur.

29 C'est pourquoi aussi, lorsque vous m'avez envoyé chercher, je suis venu sans faire de difficulté. Je vous demande donc pour quelle raison vous m'avez fait venir. »

30 Et Corneille dit : « Il y a quatre jours[1] jusqu'à cette heure, je priais dans ma maison à la neuvième heure. Et voici, un homme se tint devant moi dans un vêtement éclatant,

— [1] plusieurs manuscrits ajoutent : que j'étais en jeûne.

31 et il dit : "Corneille, ta prière a été exaucée et tes aumônes ont été rappelées en mémoire devant Dieu.

32 Envoie donc [des hommes] à Joppé et fais venir Simon qui est surnommé Pierre. Il loge dans la maison de Simon, un tanneur, au bord de la mer[1]."

— [1] plusieurs manuscrits ajoutent : et lorsqu'il sera venu, il te parlera.

33 J'ai donc aussitôt envoyé [des hommes] vers toi et toi, tu as bien fait de venir. Maintenant donc, nous sommes tous présents devant Dieu pour entendre tout ce que le Seigneur t'a ordonné [de dire]. »

Sixième discours de Pierre

34 Et Pierre, ouvrant la bouche, dit : « En vérité, je comprends que Dieu ne fait pas de favoritisme,

35 mais qu'en toute nation celui qui le craint et qui pratique la justice lui est agréable[1].

— [1] littéralement : est accepté de lui.

36 La parole qu'il a envoyée aux fils d'Israël, annonçant la bonne nouvelle de la paix par Jésus Christ – lui est Seigneur de tous[1] –

— [1] c.-à-d. : du Gentil (du non-Juif) aussi bien que du Juif.

37 vous, vous la connaissez. [Cette parole] a été annoncée dans toute la Judée, en commençant par la Galilée, après le baptême que Jean a prêché,

38 [à savoir] comment Dieu a oint de l'Esprit Saint et de puissance Jésus qui était de Nazareth, lui qui est passé de lieu en lieu, faisant du bien et guérissant tous ceux qui étaient sous la domination du Diable ; car Dieu était avec lui.

39 (Et nous sommes témoins de toutes les choses qu'il a faites, et au pays des Juifs et à Jérusalem.) C'est lui qu'ils ont aussi fait mourir, le pendant à un bois.

40 Celui-ci, Dieu l'a ressuscité le troisième jour et l'a donné pour être manifesté,

41 non à tout le peuple, mais à des témoins qui avaient été auparavant choisis par Dieu, [c'est-à-dire] à nous qui avons mangé et bu avec lui après sa résurrection d'entre les morts.

42 Et il nous a commandé de prêcher au peuple et d'attester que c'est lui qui est établi par Dieu juge des vivants et des morts.

43 Tous les prophètes lui rendent témoignage que, par son nom, quiconque croit en lui reçoit la rémission des péchés. »

44 Comme Pierre prononçait encore ces mots, l'Esprit Saint tomba sur tous ceux qui entendaient la Parole.

45 Et les croyants de la Circoncision[1], tous ceux qui étaient venus avec Pierre, furent stupéfaits

de ce que le don du Saint Esprit était répandu aussi sur les nations.

— [1] c.-à-d. : les croyants issus du peuple juif.

46 Car ils les entendaient parler en langues et glorifier Dieu. Alors Pierre reprit la parole [et dit] :

47 « Quelqu'un pourrait-il refuser l'eau [à ceux-là], afin qu'ils ne soient pas baptisés, eux qui ont reçu l'Esprit Saint tout comme nous ? »

48 Et il ordonna qu'ils soient baptisés au nom de Jésus Christ[1]. Alors ils lui demandèrent de rester [là] quelques jours.

— [1] plusieurs manuscrits portent : du Seigneur.

Pierre de retour à Jérusalem

11 Or les apôtres et les frères qui étaient en Judée apprirent que les nations avaient aussi reçu la parole de Dieu.

2 Et quand Pierre fut monté à Jérusalem, ceux de la Circoncision[1] s'opposèrent à lui,

— [1] c.-à-d. : les croyants issus du peuple juif.

3 en disant : « Tu es entré chez des hommes incirconcis et tu as mangé avec eux. »

4 Mais Pierre se mit à leur exposer [les choses] par ordre, en disant :

5 « Moi, j'étais en prière dans la ville de Joppé, et j'eus dans une extase une vision, [à savoir] un objet qui descendait, comme une grande toile à quatre coins, s'abaissant du ciel ; et elle vint jusqu'à moi.

6 Et ayant fixé les yeux sur elle, je l'observais et je vis les quadrupèdes de la terre, et les bêtes sauvages, et les reptiles, et les oiseaux du ciel.

7 Et j'entendis aussi une voix qui me disait : "Lève-toi, Pierre, tue et mange !"

8 Mais je dis : "Certainement pas, Seigneur ! Car jamais chose souillée ou impure n'est entrée dans ma bouche."

9 Et une voix répondit du ciel pour la deuxième fois : "Ce que Dieu a purifié, toi, ne le tiens pas pour souillé !"

10 Et cela eut lieu trois fois et tout fut de nouveau retiré dans le ciel.

11 Et voici, aussitôt, trois hommes qui avaient été envoyés de Césarée vers moi se trouvèrent devant la maison où nous étions[1].

— [1] plusieurs manuscrits portent : j'étais.

12 Et l'Esprit me dit d'aller avec eux sans hésiter. Et les six frères que voici sont aussi venus avec moi, et nous sommes entrés dans la maison de cet homme[1].

— [1] littéralement : de l'homme.

13 Et il nous raconta comment il avait vu dans sa maison [l']ange qui, se tenant debout, [lui] avait dit : "Envoie [des hommes] à Joppé et fais venir Simon qui est surnommé Pierre !

14 Il te dira des paroles par lesquelles tu seras sauvé, toi et toute ta maison[1]."

— [1] c.-à-d. : ta famille.

15 Mais quand j'ai commencé à parler, l'Esprit Saint tomba sur eux, comme [il est tombé] sur nous aussi au commencement.

16 Et je me suis souvenu de la parole du Seigneur quand il disait : « Jean a baptisé d'eau, mais vous, vous serez baptisés de[1] l'Esprit Saint. »

— [1] littéralement : dans ; c.-à-d. : dans la puissance de.

17 Si donc Dieu leur a fait le même don qu'à nous qui avons cru au Seigneur Jésus Christ, qui étais-je,

moi, pour pouvoir empêcher Dieu [d'agir] ? »

18 Et ayant entendu ces choses, ils se turent et glorifièrent Dieu, en disant : « Dieu a donc donné aussi aux nations la repentance pour la vie ! »

Barnabas et Saul à Antioche

19 Et alors ceux qui avaient été dispersés à cause de la persécution[1] qui arriva à propos d'Étienne, passèrent jusqu'en Phénicie, et à Chypre, et à Antioche, n'annonçant la Parole à personne si ce n'est à des Juifs seulement.

— [1] littéralement : détresse.

20 Mais certains d'entre eux étaient des hommes chypriotes et cyrénéens qui, étant venus à Antioche, parlaient aussi aux Grecs, annonçant[1] le Seigneur Jésus.

— [1] littéralement : annonçant la bonne nouvelle.

21 Et la main du Seigneur était avec eux et un grand nombre [de personnes] ayant cru se tournèrent vers le Seigneur.

22 Or la nouvelle en parvint[1] aux oreilles de l'assemblée qui était à Jérusalem. Et ils envoyèrent Barnabas [pour passer] jusqu'à Antioche,

— [1] littéralement : la parole fut entendue à leur sujet.

23 lequel, y étant arrivé et ayant vu la grâce de Dieu, se réjouit. Et il les exhortait tous à rester [attachés] au Seigneur de tout leur cœur[1].

— [1] littéralement : par le projet du cœur.

24 Car il était un homme de bien, et plein de l'Esprit Saint et de foi. Et une grande foule fut ajoutée au Seigneur.

25 Puis il s'en alla à Tarse pour chercher Saul ;

26 et l'ayant trouvé, il l'amena à Antioche. Et il arriva, pendant une année entière, qu'ils se réunirent dans l'assemblée et enseignèrent une grande foule. Et ce fut à Antioche que, pour la première fois, les disciples furent appelés « chrétiens ».

Libéralité des disciples d'Antioche

27 Or en ces jours-là, des prophètes descendirent de Jérusalem à Antioche.

28 Et l'un d'entre eux, nommé Agabus, se leva et déclara par l'Esprit qu'une grande famine aurait lieu sur toute la terre habitée, laquelle eut lieu sous Claude[1].

— [1] Claude : empereur romain entre les années 41 et 54 apr. J.-C.

29 Et les disciples, chacun selon ses ressources, déterminèrent d'envoyer [quelque chose] pour le service des frères qui habitaient la Judée.

30 [C'est] ce qu'ils firent aussi, l'envoyant aux anciens par les mains de Barnabas et de Saul.

Mort de Jacques – Emprisonnement et délivrance de Pierre

12 Or vers ce temps-là, le roi Hérode[1] mit les mains sur quelques-uns de ceux de l'assemblée pour les maltraiter.

— [1] c.-à-d. : Hérode Agrippa Ier, petit-fils d'Hérode Ier (Matt. 2) et neveu d'Hérode Antipas (Matt. 14).

2 Et il fit mourir par l'épée Jacques, le frère de Jean.

3 Et ayant vu que cela était agréable aux Juifs, il continua en faisant arrêter aussi Pierre. Or c'étaient les jours des Pains sans levain.

4 Et après l'avoir fait arrêter, il le

mit en prison et le livra à quatre groupes de quatre soldats chacun pour le garder, voulant le faire comparaître[1] devant le peuple après la Pâque.

— [1] littéralement : l'amener.

5 Et Pierre était donc gardé dans la prison, mais l'assemblée faisait d'instantes prières à Dieu pour lui[1].

— [1] littéralement : la prière de l'assemblée arrivait avec ferveur devant Dieu pour lui.

6 Et alors qu'Hérode allait le faire comparaître[1], cette nuit-là, Pierre dormait entre deux soldats, lié de deux chaînes ; et des gardiens devant la porte gardaient la prison.

— [1] littéralement : l'amener.

7 Et voici, un ange du °Seigneur s'approcha, et une lumière brilla dans la prison. Et ayant frappé le côté de Pierre, il le réveilla, en disant : « Lève-toi vite ! » Et les chaînes tombèrent de ses mains.

8 Et l'ange lui dit : « Mets ta ceinture et chausse tes sandales. » Et il fit ainsi. Puis l'ange[1] lui dit : « Mets ton manteau sur toi et suis-moi. »

— [1] littéralement : il.

9 Et étant sorti, Pierre[1] le suivait ; et il ne savait pas que ce qui se faisait par l'ange était réel, mais il croyait avoir une vision.

— [1] littéralement : il.

10 Et ayant passé la première et la seconde garde, ils vinrent à la porte de fer qui conduit à la ville, et elle s'ouvrit à eux d'elle-même. Puis, étant sortis, ils s'avancèrent dans une rue, et aussitôt l'ange s'éloigna de lui.

11 Alors Pierre, étant revenu à lui, dit : « Maintenant, je sais vraiment que le Seigneur a envoyé son ange, et qu'il m'a délivré de la main d'Hérode et de toute l'attente du peuple juif[1]. »

— [1] littéralement : du peuple des Juifs.

12 Et s'étant reconnu, il se rendit à la maison de Marie, la mère de Jean, surnommé Marc, où beaucoup [de personnes] étaient rassemblées et priaient.

13 Mais comme il frappait à la porte d'entrée, une servante nommée Rhode s'approcha pour écouter.

14 Et ayant reconnu la voix de Pierre, dans sa joie elle n'ouvrit pas la porte, mais elle courut annoncer que Pierre se tenait devant la porte.

15 Et ils lui dirent : « Tu es folle ! » Mais elle insistait qu'il en était bien ainsi. Et ils disaient : « C'est son ange. »

16 Mais Pierre continuait de frapper ; et ayant ouvert, ils le virent et furent stupéfaits.

17 Et leur ayant fait signe de la main de se taire, il [leur] raconta comment le Seigneur l'avait fait sortir de la prison. Et il dit : « Rapportez ces choses à Jacques et aux frères. » Et étant sorti, il s'en alla dans un autre lieu.

Mort d'Hérode

18 Mais le jour étant venu, il y eut une grande agitation parmi les soldats pour savoir ce que Pierre était donc devenu.

19 Et Hérode, l'ayant fait rechercher et ne l'ayant pas trouvé, fit subir un interrogatoire aux gardiens et donna l'ordre qu'ils soient emmenés [au supplice]. Et étant descendu de la Judée à Césarée, il y séjourna.

20 Or il était en conflit aigu avec les Tyriens et les Sidoniens. Mais ils vinrent à lui d'un commun accord, et après avoir persuadé Blaste, le chambellan du roi, ils demandèrent la paix, parce que leur pays

dépendait, pour sa nourriture, de celui du roi.

21 Et à un jour fixé, Hérode, revêtu d'un habit royal et s'étant assis à la tribune, leur faisait un discours public.

22 Et le peuple rassemblé s'écriait : « Voix d'un dieu et non d'un homme ! »

23 Et à l'instant, un ange du °Seigneur le frappa, parce qu'il n'avait pas donné la gloire[1] à Dieu. Et, rongé par les vers, il expira.

— [1] ou : donné gloire.

24 Mais la parole de Dieu se répandait[1] et se multipliait.

— [1] littéralement : grandissait.

25 Et Barnabas et Saul, ayant accompli leur service à Jérusalem, s'en retournèrent, prenant avec eux Jean qui était surnommé Marc.

Appel de Saul et Barnabas

13 Or il y avait à Antioche, dans l'assemblée qui se trouvait là, des prophètes et des docteurs[1] : Barnabas, et Siméon appelé Niger[2], et Lucius le Cyrénéen, et Manahen qui avait été élevé avec Hérode le tétrarque, et Saul.

— [1] docteur : celui qui enseigne. — [2] ou : Noir

2 Et comme ils servaient le Seigneur et jeûnaient, l'Esprit Saint dit : « Mettez-moi maintenant à part Barnabas et Saul pour l'œuvre à laquelle je les ai appelés. »

3 Alors, ayant jeûné et prié, et leur ayant imposé les mains, ils les laissèrent partir.

Paul et Barnabas dans l'île de Chypre – Conversion du proconsul Sergius Paulus

4 Eux donc, ayant été envoyés par le Saint Esprit, descendirent à Séleucie, et de là firent voile pour Chypre.

5 Et arrivés à Salamine, ils annonçaient la parole de Dieu dans les synagogues des Juifs. Et ils avaient aussi Jean pour serviteur[1].

— [1] serviteur, ici ayant un service spécial ; comme en Luc 1:2.

6 Et ayant traversé toute l'île jusqu'à Paphos, ils trouvèrent un certain homme, un magicien, faux prophète juif, nommé Bar-Jésus[1],

— [1] Bar-Jésus : fils de Jésus.

7 qui était avec le proconsul[1] Sergius Paulus, un homme intelligent. Celui-ci, ayant fait appeler Barnabas et Saul, demanda à entendre la parole de Dieu.

— [1] proconsul : magistrat représentant l'autorité romaine.

8 Mais Élymas le magicien – car c'est ainsi que son nom se traduit – s'opposait à eux, cherchant à détourner le proconsul de la foi.

9 Alors Saul qui est aussi [appelé] Paul, étant rempli de l'Esprit Saint, fixa les yeux sur lui,

10 [et] dit : « Ô [homme] plein de toute espèce de ruse et de méchanceté, fils du Diable, ennemi de toute justice, ne cesseras-tu pas de pervertir les voies droites du Seigneur ?

11 Et maintenant voici, la main du Seigneur est sur toi, et tu seras aveugle, sans voir le soleil pour un temps. » Et à l'instant une obscurité et des ténèbres tombèrent sur lui. Et se tournant de tous côtés, il cherchait quelqu'un pour le conduire par la main.

12 Alors le proconsul, voyant ce qui était arrivé, crut, étant frappé d'étonnement par la doctrine du Seigneur.

Discours de Paul à Antioche de Pisidie

13 Et faisant voile depuis Paphos, Paul et ses compagnons se rendirent à Perge de Pamphylie. Mais Jean, s'étant séparé d'eux, retourna à Jérusalem.

14 Mais eux, étant partis de Perge, traversèrent [le pays] et arrivèrent à Antioche de Pisidie. Et étant entrés dans la synagogue le jour du sabbat, ils s'assirent.

15 Et après la lecture de la Loi et des Prophètes, les chefs de la synagogue leur envoyèrent dire : « Frères[1], si vous avez quelque parole d'exhortation pour le peuple, parlez ! »

— [1] littéralement (hébraïsme) : Hommes frères.

16 Alors Paul, s'étant levé et ayant fait un signe de la main, dit : « Israélites[1] et vous qui craignez Dieu, écoutez !

— [1] littéralement (hébraïsme) : Hommes israélites.

17 Le Dieu de ce peuple d'Israël choisit nos pères et éleva [bien haut] le peuple pendant son séjour au pays d'Égypte, et il les en fit sortir par [son] bras élevé.

18 Et il les supporta[1] dans le désert, pendant 40 ans environ.

— [1] plusieurs manuscrits portent : il prit soin d'eux.

19 Puis, ayant détruit 7 nations au pays de Canaan, il leur donna ce pays en héritage.

20 Et après ces choses, [pendant] 450 ans environ, il [leur] donna des juges jusqu'à Samuel le prophète.

21 Et puis ils demandèrent un roi et Dieu leur donna pendant 40 ans Saül, fils de Kis, homme de la tribu de Benjamin.

22 Et l'ayant rejeté, il leur suscita David pour roi, à qui[1] aussi, il dit en lui rendant témoignage : "J'ai trouvé David, le [fils] de Jessé, un homme selon mon cœur, qui fera toutes mes volontés."[2]

— [1] ou : de qui. — [2] voir 1 Sam. 13:14.

23 De la descendance de cet homme[1], Dieu, selon sa promesse, a amené à Israël un Sauveur, Jésus.

— [1] littéralement : de celui-ci.

24 Immédiatement avant son arrivée[1], Jean avait déjà prêché le baptême de repentance à tout le peuple d'Israël.

— [1] littéralement : devant la face de son entrée.

25 Et comme Jean achevait sa course, il dit : "Que pensez-vous que je suis ? Je ne le suis pas, moi, mais voici, il vient après moi celui dont je ne suis pas digne de délier les sandales de ses pieds[1]."

— [1] littéralement : la sandale des pieds.

26 « Frères[1], fils de la race d'Abraham, et ceux qui parmi vous craignent Dieu, c'est à nous[2] que la parole de ce salut a été envoyée.

— [1] littéralement (hébraïsme) : Hommes frères. — [2] plusieurs manuscrits portent : à vous.

27 Car ceux qui habitent à Jérusalem et leurs chefs, ayant méconnu Jésus[1] et les paroles[2] des prophètes qui sont lues chaque sabbat, ont accompli celles-ci en le jugeant.

— [1] littéralement : celui-ci. — [2] littéralement : voix.

28 Et bien qu'ils n'aient trouvé [en lui] aucun motif de [condamnation à] mort, ils demandèrent à Pilate de le faire mourir.

29 Et après qu'ils eurent accompli toutes les choses qui sont écrites à son sujet, ils le descendirent du bois et le déposèrent dans un tombeau.

30 Mais Dieu l'a ressuscité d'entre

les morts.

31 Et il a été vu pendant de nombreux jours par ceux qui étaient montés avec lui de la Galilée à Jérusalem, lesquels sont [maintenant] ses témoins auprès du peuple.

32 Et nous, nous vous annonçons la bonne nouvelle de la promesse faite aux pères.

33 Celle-ci, Dieu l'a pleinement accomplie envers nous, leurs enfants, ayant ressuscité Jésus, comme il est aussi écrit dans le Psaume deuxième : "Tu es mon Fils, moi, je t'ai aujourd'hui engendré."[1]

— [1] Psaume 2:7.

34 Or qu'il l'ait ressuscité d'entre les morts, pour ne plus devoir retourner à la corruption, il l'a dit ainsi : "Je vous donnerai les grâces[1] saintes et sûres[2] de David."[3]

— [1] littéralement : choses. — [2] littéralement : dignes de foi. — [3] Ésaïe 55:3.

35 C'est pourquoi il dit aussi dans un autre [passage] : "Tu ne permettras pas que ton Saint[1] voie la corruption."[2]

— [1] ou : pieux ; correspond aux mots hébreux khasid (saint) et khésed (la bonté en Dieu et la piété dans l'homme, envers Dieu ou envers ses parents, la miséricorde) ; Christ lui-même en qui ces qualités se trouvent est appelé khasid ; voir 2:27, 2 Chron. 6:42, Psaume 89:2-5, 20. — [2] Psaume 16:10.

36 Car David, après avoir dans sa propre génération servi le dessein de Dieu[1], s'est endormi, et a rejoint ses pères, et a vu la corruption.

— [1] ou : après avoir servi sa propre génération par la volonté de Dieu.

37 Mais celui que Dieu a ressuscité n'a pas vu la corruption.

38 Sachez donc, frères[1], que par lui vous est annoncée la rémission des péchés et que, de tout ce dont vous n'avez pas pu être justifiés par la loi de Moïse,

— [1] littéralement (hébraïsme) : hommes frères.

39 quiconque croit est justifié par lui[1].

— [1] littéralement : en celui-ci.

40 Prenez donc garde qu'il n'arrive[1] ce qui est dit dans les prophètes :

— [1] plusieurs manuscrits portent : qu'il ne vous arrive.

41 "Voyez, vous qui êtes pleins de mépris, et soyez étonnés, et disparaissez ! Car moi, je fais une œuvre dans vos jours, une œuvre que vous ne croiriez absolument pas si quelqu'un vous la racontait."[1] »

— [1] Habakuk 1:5.

Paul et Barnabas se tournent vers les nations

42 Et comme Paul et Barnabas[1] sortaient[2], ils demandèrent que ces paroles leur soient annoncées le sabbat suivant.

— [1] littéralement : ils. — [2] c.-à-d. : sortaient de la synagogue (verset 14).

43 Et [ceux de] la synagogue s'étant dispersés, un grand nombre de Juifs et de prosélytes qui servaient[1] [Dieu] suivirent Paul et Barnabas qui, s'entretenant avec eux, les exhortaient à persévérer dans la grâce de Dieu.

— [1] servir, ici : vénérer.

44 Et le sabbat suivant, presque toute la ville se rassembla pour entendre la parole du Seigneur[1].

— [1] plusieurs manuscrits portent : de Dieu.

45 Mais les Juifs, voyant les foules, furent remplis de jalousie et, en blasphémant, contredisaient ce que Paul disait.

46 Alors Paul et Barnabas, parlant avec assurance, dirent : « C'était d'abord à vous qu'il fallait annoncer

la parole de Dieu. [Mais] puisque vous la rejetez et que vous vous jugez vous-mêmes indignes de la vie éternelle, voici, nous nous tournons vers les nations.

47 Car le Seigneur nous a commandé ainsi : "Je t'ai établi pour être une lumière des nations, afin que tu sois pour salut jusqu'aux extrémités de la terre[1]."[2] »

— [1] ou : du pays. — [2] Ésaïe 49:6.

48 Et en entendant [cela], ceux des nations[1] se réjouissaient et glorifiaient la parole du Seigneur. Et tous ceux qui étaient destinés à la vie éternelle crurent.

— [1] littéralement : les nations.

49 Et la parole du Seigneur se propageait dans toute la région.

50 Mais les Juifs excitèrent les femmes de haut rang qui servaient[1] [Dieu] et les notables de la ville. Et ils suscitèrent une persécution contre Paul et Barnabas, et ils les chassèrent de leur territoire.

— [1] servir, ici : vénérer.

51 Mais Paul et Barnabas[1] secouèrent contre eux la poussière de leurs pieds, et s'en allèrent à Iconium.

— [1] littéralement : eux.

52 Quant aux disciples, ils étaient remplis de joie et de l'Esprit Saint.

Paul et Barnabas à Iconium

14 Or à Iconium, il arriva qu'ils entrèrent ensemble[1] dans la synagogue des Juifs. Et ils parlèrent de telle sorte qu'une grande multitude de Juifs et aussi de Grecs crurent.

— [1] ou : de la même manière.

2 Mais les Juifs qui ne croyaient pas excitèrent et irritèrent les esprits [de ceux] des nations contre les frères.

3 Ils séjournèrent donc là assez longtemps, parlant avec assurance, [appuyés] sur le Seigneur qui rendait témoignage à la parole de sa grâce, accordant que des miracles[1] et des prodiges s'opèrent par leurs mains.

— [1] littéralement : signes.

4 Mais la multitude de la ville fut partagée, et les uns étaient avec les Juifs, et les autres avec les apôtres.

5 Et comme ceux des nations[1] et aussi les Juifs, avec leurs chefs, se préparaient à les maltraiter et à les lapider,

— [1] littéralement : les nations.

6 Paul et Barnabas[1], l'ayant appris, s'enfuirent vers les villes de la Lycaonie, à Lystre, et à Derbe, et dans les environs.

— [1] littéralement : eux.

7 Et là ils annonçaient l'Évangile.

Paul et Barnabas à Lystre

8 Et [il y avait] à Lystre un homme impotent des pieds [qui] se tenait assis. Boiteux dès le ventre de sa mère, il n'avait jamais marché.

9 Cet homme[1] écoutait parler Paul qui, fixant les yeux sur lui et voyant qu'il avait la foi pour être guéri[2],

— [1] littéralement : Celui-ci. — [2] littéralement : sauvé.

10 [lui] dit d'une voix forte : « Lève-toi droit sur tes pieds ! » Et il se leva d'un bond et se mit à marcher.

11 Et les foules, ayant vu ce que Paul avait fait, élevèrent leur voix, en disant en lycaonien : « Les dieux s'étant faits semblables aux hommes sont descendus vers nous. »

12 Et ils appelaient Barnabas Zeus et Paul Hermès, parce que c'était lui qui prenait la parole.

13 Et le sacrificateur du Zeus qui était devant la ville, ayant amené

des taureaux et des couronnes jusqu'aux portes, voulait offrir un sacrifice avec les foules.

14 Mais les apôtres Barnabas et Paul, l'ayant appris, déchirèrent leurs vêtements et s'élancèrent dans la foule, en criant

15 et en disant : « Hommes, pourquoi faites-vous ces choses ? Nous sommes, nous aussi, des hommes ayant les mêmes penchants[1] que vous. Et nous vous annonçons[2] que, de ces choses sans valeur, vous vous tourniez vers le Dieu vivant qui a fait le ciel, et la terre, et la mer, et toutes les choses qui y sont.

— [1] c.-à-d. : ayant les mêmes sentiments, mobiles, passions. — [2] littéralement : annoncer une bonne nouvelle.

16 Si, dans les générations passées, il a laissé toutes les nations suivre leurs propres voies,

17 cependant, il ne s'est pas laissé sans témoignage, faisant du bien, vous donnant du ciel des pluies et des saisons fertiles, remplissant vos cœurs de nourriture et de joie. »

18 Et en disant ces choses, c'est à peine s'ils empêchèrent les foules de leur offrir un sacrifice.

Paul et Barnabas poursuivent leur mission et reviennent à Antioche de Syrie

19 Mais des Juifs arrivèrent d'Antioche[1] et d'Iconium ; et ayant persuadé les foules et lapidé Paul, ils le traînèrent hors de la ville, pensant qu'il était mort.

— [1] c.-à-d. : Antioche de Pisidie.

20 Mais comme les disciples se tenaient autour de lui, s'étant levé, il entra dans la ville. Et le lendemain, il partit pour Derbe avec Barnabas.

21 Et ayant évangélisé cette ville et fait beaucoup de disciples, ils s'en retournèrent à Lystre, et à Iconium, et à Antioche[1],

— [1] c.-à-d. : Antioche de Pisidie.

22 fortifiant les âmes des disciples, les exhortant à persévérer dans la foi, et [les avertissant] que c'est par beaucoup d'afflictions qu'il nous faut entrer dans le royaume de Dieu.

23 Et leur ayant désigné des anciens dans chaque assemblée, ils prièrent avec jeûne et les recommandèrent au Seigneur en qui ils avaient cru.

24 Puis, ayant traversé la Pisidie, ils vinrent en Pamphylie.

25 Et ayant annoncé la Parole à Perge, ils descendirent à Attalie.

26 Et de là ils se rendirent par mer à Antioche[1], d'où ils avaient été recommandés à la grâce de Dieu pour l'œuvre qu'ils avaient accomplie.

— [1] c.-à-d. : Antioche de Syrie.

27 Puis, étant arrivés et ayant réuni l'assemblée, ils racontèrent toutes les choses que Dieu avait faites avec eux, et comment il avait ouvert aux nations la porte de la foi[1].

— [1] littéralement : une porte de foi.

28 Ils séjournèrent alors assez longtemps avec les disciples.

Désaccord à propos de la circoncision

15 Et quelques hommes, étant descendus de la Judée, enseignaient les frères, [en disant] : « Si vous n'êtes pas circoncis selon la coutume de Moïse, vous ne pouvez pas être sauvés. »

2 Mais après une contestation et une grande discussion que Paul et

Barnabas eurent avec eux, ils décidèrent que Paul, et Barnabas, et quelques autres parmi eux monteraient à Jérusalem devant les apôtres et les anciens pour [parler de] cette question.

3 Eux donc, ayant été envoyés par l'assemblée, traversèrent la Phénicie et la Samarie en racontant la conversion des nations. Et ils procuraient une grande joie à tous les frères.

4 Et étant arrivés à Jérusalem, ils furent reçus par l'assemblée, et les apôtres, et les anciens. Et ils racontèrent toutes les choses que Dieu avait faites avec eux.

5 Mais quelques-uns de la secte des Pharisiens, qui avaient cru, se levèrent en disant qu'il faut les circoncire et leur prescrire de garder la loi de Moïse.

Conférence à Jérusalem sur la question de l'observation de la Loi – Septième discours de Pierre

6 Et les apôtres et les anciens se rassemblèrent pour examiner cette affaire.

7 Alors, une grande discussion ayant eu lieu, Pierre se leva et leur dit : « Frères[1], vous savez vous-mêmes que, dès les tout premiers jours[2], Dieu a fait un choix parmi vous, afin que par ma bouche les nations entendent la parole de l'Évangile et qu'elles croient.

— [1] littéralement (hébraïsme) : Hommes frères. — [2] littéralement : les jours anciens.

8 Et Dieu qui connaît les cœurs leur a rendu témoignage, leur ayant donné l'Esprit Saint comme à nous-mêmes.

9 Et il n'a fait aucune différence entre nous et eux, ayant purifié leurs cœurs par la foi.

10 Alors maintenant, pourquoi tentez-vous Dieu en imposant au cou des disciples un joug que ni nos pères ni nous n'avons pu porter ?

11 Mais nous croyons être sauvés par la grâce du Seigneur Jésus, de la même manière qu'eux aussi. »

12 Et toute la multitude garda le silence. Et ils écoutaient Barnabas et Paul qui racontaient tous les miracles[1] et les prodiges que Dieu, par leur moyen, avait faits parmi les nations.

— [1] littéralement : signes.

Discours de Jacques

13 Et après qu'ils eurent fini de parler, Jacques répondit, en disant : « Frères[1], écoutez-moi !

— [1] littéralement (hébraïsme) : Hommes frères.

14 Siméon a raconté comment Dieu est d'abord intervenu pour prendre parmi les nations un peuple pour son nom.

15 Et avec cela s'accordent les paroles des prophètes, selon qu'il est écrit :

16 "Après ces choses, je retournerai, et je reconstruirai le tabernacle de David qui est tombé, et je reconstruirai ses ruines, et je le relèverai.

17 [C'est] afin que le reste des hommes recherche le °Seigneur, ainsi que toutes les nations sur lesquelles mon Nom est invoqué, dit le °Seigneur qui fait ces choses"[1],

— [1] Amos 9:11-12.

18 [lesquelles sont] connues depuis toujours.

19 C'est pourquoi moi, je suis d'avis de ne pas inquiéter ceux des nations qui se tournent vers Dieu,

20 mais de leur écrire qu'ils s'abstiennent des souillures des

idoles, et de la fornication, et de ce qui est étouffé, et du sang.

21 Car Moïse, depuis les générations anciennes, a dans chaque ville ceux qui le prêchent, étant lu chaque sabbat dans les synagogues. »

Lettre des frères de Jérusalem, adressée aux assemblées des nations

22 Alors il sembla bon aux apôtres et aux anciens, avec toute l'assemblée, de choisir parmi eux des hommes et de les envoyer à Antioche avec Paul et Barnabas, [à savoir] Judas appelé Barsabbas et Silas, hommes [qui étaient des] conducteurs parmi les frères.

23 Et ils écrivirent eux-mêmes[1] [la lettre en ces termes] : « Les apôtres, et les anciens, [et les] frères, aux frères d'entre les nations qui sont à Antioche, et en Syrie, et en Cilicie : Salut !
— [1] littéralement : par leur main.

24 Puisque nous avons appris que quelques-uns *[qui sont sortis]* chez nous – auxquels nous n'avions pas donné d'ordres – vous ont troublés par des discours, bouleversant vos âmes,

25 il nous a semblé bon, étant d'un commun accord, de choisir des hommes et de les envoyer vers vous avec nos bien-aimés Barnabas et Paul,

26 hommes qui ont donné leur vie pour le nom de notre Seigneur Jésus Christ.

27 Nous avons donc envoyé Judas et Silas qui vous annonceront de vive voix[1] les mêmes choses.
— [1] littéralement : par parole.

28 Car il a semblé bon à l'Esprit Saint et à nous de ne vous imposer aucune autre charge que ces choses qui sont nécessaires :

29 s'abstenir des choses sacrifiées aux idoles, et du sang, et de ce qui est étouffé, et de la fornication. Si vous vous gardez soigneusement de ces choses, vous ferez bien. Portez-vous bien. »

30 Eux donc, ayant pris congé, descendirent à Antioche. Et ayant rassemblé la multitude, ils remirent la lettre.

31 Alors, l'ayant lue, ils se réjouirent de cet[1] encouragement.
— [1] littéralement : le.

32 Et Judas et Silas, qui eux aussi étaient prophètes, exhortèrent les frères par de nombreux discours, et ils les fortifièrent.

33 Puis, après être restés là quelque temps, ils furent renvoyés en paix par les frères vers ceux qui les avaient envoyés.

35 Et Paul et Barnabas séjournèrent à Antioche, enseignant et annonçant[1] avec beaucoup d'autres aussi la parole du Seigneur.
— [1] littéralement : annoncer une bonne nouvelle.

Second voyage de Paul

36 Et quelques jours après, Paul dit à Barnabas : Retournons maintenant visiter les frères dans chacune des villes où nous avons annoncé la parole du Seigneur, [pour voir] comment ils vont.

37 Et Barnabas voulait aussi prendre avec [eux] Jean appelé Marc.

38 Mais Paul jugeait bon de ne pas prendre avec eux quelqu'un qui les avait abandonnés dès la Pamphylie et qui n'était pas allé à l'œuvre avec eux.

39 Il y eut donc [entre eux] un vif

désaccord, de sorte qu'ils se séparèrent l'un de l'autre et que Barnabas, prenant Marc, fit voile pour Chypre.

40 Mais Paul, ayant choisi Silas, partit après avoir été recommandé par les frères à la grâce du Seigneur.

41 Et il parcourait la Syrie et la Cilicie, fortifiant les assemblées.

Paul prend Timothée avec lui

16 Et il arriva à Derbe et à Lystre. Et voici, il y avait là un disciple nommé Timothée, fils d'une femme juive croyante et d'un père grec,

2 lequel avait un [bon] témoignage des frères [se trouvant] à Lystre et à Iconium.

3 Paul voulut que celui-ci aille avec lui, et l'ayant pris, il le circoncit à cause des Juifs qui étaient dans ces lieux. Car ils savaient tous que son père était grec.

4 Et comme ils passaient par les villes, ils transmettaient aux frères[1] les décisions prises par les apôtres et les anciens qui étaient à Jérusalem, afin qu'on s'y conforme.

— [1] littéralement : à eux.

5 Et ainsi, les assemblées étaient affermies dans la foi et augmentaient en nombre chaque jour.

Vision de Paul pour aller en Macédoine

6 Et ils traversèrent la Phrygie et le pays de Galatie, ayant été empêchés par le Saint Esprit d'annoncer la Parole en Asie.

7 Et étant arrivés près de la Mysie, ils essayèrent de se rendre en Bithynie, mais l'Esprit de Jésus ne le leur permit pas.

8 Alors, étant passés par la Mysie,

ils descendirent à Troas.

9 Or, pendant la nuit, Paul eut une vision : un homme macédonien se tenait là, le priant et disant : « Passe en Macédoine et aide-nous ! »

10 Et après qu'il a eu la vision, nous avons aussitôt cherché à partir pour la Macédoine, concluant que Dieu nous avait appelés à les évangéliser.

11 Quittant donc Troas, nous avons fait voile tout droit sur Samothrace, et le lendemain sur Néapolis.

12 Et de là [nous sommes allés] à Philippes qui est la principale ville du district de la Macédoine [et] une colonie[1]. Et nous avons séjourné quelques jours dans cette ville.

— [1] c.-à-d. : une colonie romaine.

Conversion de Lydie

13 Et le jour du sabbat, nous sommes sortis à l'extérieur de la porte [de la ville], [et nous nous sommes rendus] au bord d'une rivière où l'on avait l'habitude de faire la prière. Et nous étant assis, nous parlions aux femmes qui étaient réunies.

14 Or une femme, nommée Lydie, écoutait. [C'était] une marchande de pourpre, de la ville de Thyatire, qui servait[1] Dieu. Et le Seigneur lui ouvrit le cœur pour qu'elle soit attentive aux choses que Paul disait.

— [1] servir, ici : vénérer.

15 Et après qu'elle eut été baptisée ainsi que sa maison[1], elle [nous] supplia, en disant : « Si vous jugez que je suis fidèle au Seigneur, entrez dans ma maison et restez-y. » Et elle nous y contraignit[2].

— [1] c.-à-d. : sa famille. — [2] littéralement : contraindre par la supplication.

L'œuvre de l'ennemi : Paul est jeté en prison

16 Or il arriva, comme nous allions à la prière, qu'une servante vint à notre rencontre. Elle avait un esprit de python[1] et procurait par ses prédictions un grand gain à ses maîtres.

— [1] c.-à-d. : un esprit de divination.

17 Et en suivant Paul et nous-mêmes, elle criait, en disant : « Ces hommes sont les esclaves du Dieu Très-Haut, lesquels vous annoncent la voie du salut. »

18 Et elle fit cela pendant plusieurs jours. Mais Paul, excédé, se retourna et dit à l'esprit : « Je t'ordonne au nom de Jésus Christ de sortir d'elle. » Et il sortit à l'heure même.

19 Mais ses maîtres, voyant que l'espoir de leur gain avait disparu, ayant saisi Paul et Silas, les traînèrent jusqu'à la place publique devant les magistrats.

20 Et les ayant présentés aux préteurs[1], ils dirent : « Ces hommes qui sont juifs jettent le trouble dans notre ville

— [1] préteurs : magistrats qui rendaient la justice à Rome, ou qui gouvernaient les colonies romaines.

21 et annoncent des coutumes qu'il ne nous est pas permis de recevoir ni de pratiquer, à nous qui sommes romains. »

22 Et la foule se dressa ensemble contre eux. Alors les préteurs[1], ayant fait arracher leurs vêtements, donnèrent l'ordre de les frapper à coups de bâton.

— [1] préteurs : magistrats qui rendaient la justice à Rome, ou qui gouvernaient les colonies romaines.

23 Et leur ayant fait donner un grand nombre de coups, ils les jetèrent en prison, en ordonnant au gardien de la prison de les garder sûrement.

24 Celui-ci, ayant reçu un tel ordre, les jeta dans la prison intérieure et fixa sûrement leurs pieds dans le bois.

L'œuvre de Dieu : la conversion du gardien de la prison

25 Or vers le milieu de la nuit, Paul et Silas, en priant, chantaient les louanges de Dieu, et les prisonniers les écoutaient.

26 Et soudain il se fit un grand tremblement de terre, au point que les fondations de la prison furent ébranlées. Et à l'instant même, toutes les portes s'ouvrirent et les liens de tous [les prisonniers] se détachèrent.

27 Alors le gardien de la prison, réveillé de son sommeil et ayant vu les portes de la prison ouvertes, tira son épée et allait se tuer, croyant que les prisonniers s'étaient enfuis.

28 Mais Paul cria d'une voix forte, en disant : « Ne te fais pas de mal, car nous sommes tous ici. »

29 Et ayant demandé de la lumière, le gardien[1] se précipita à l'intérieur, et tout tremblant, se jeta aux pieds de Paul et de Silas.

— [1] littéralement : il.

30 Et les ayant amenés dehors, il dit : « Seigneurs[1], que faut-il que je fasse pour être sauvé ? »

— [1] plutôt : Messieurs.

31 Ils dirent alors : « Crois au Seigneur Jésus et tu seras sauvé, toi et ta maison[1]. »

— [1] c.-à-d. : ta famille.

32 Puis ils lui annoncèrent la parole du Seigneur, ainsi qu'à tous ceux qui étaient dans sa maison.

33 Et à cette heure-là de la nuit, il les prit avec lui et lava leurs plaies. Et à l'instant même il fut baptisé, lui

et tous les siens.

34 Puis il les fit monter dans sa maison et dressa une table. Et il se réjouit avec toute sa maison, ayant cru en Dieu[1].

— [1] ou : Et il se réjouit d'avoir cru en Dieu avec toute sa maison.

Paul et Silas relâchés

35 Et le jour étant venu, les préteurs[1] envoyèrent les licteurs[2] dire [au gardien] : « Relâche ces hommes ! »

— [1] préteurs : magistrats qui rendaient la justice à Rome, ou qui gouvernaient les colonies romaines. — [2] licteurs : agents de la force publique.

36 Alors le gardien de la prison rapporta ces paroles à Paul, [en disant] : « Les préteurs ont envoyé [les licteurs] afin que vous soyez relâchés. Sortez donc maintenant et partez en paix. »

37 Mais Paul leur dit : « Après nous avoir fait battre publiquement, sans jugement, nous qui sommes des citoyens[1] romains, ils nous ont jetés en prison. Et maintenant, ils nous mettent dehors en secret ? Il n'en est pas question ! Mais qu'ils viennent eux-mêmes nous mettre dehors ! »

— [1] littéralement : hommes.

38 Les licteurs rapportèrent ces paroles aux préteurs, et ils eurent peur, ayant appris qu'ils étaient romains.

39 Ils vinrent donc les supplier, puis, les ayant emmenés dehors, ils leur demandèrent de quitter la ville.

40 Et étant sortis de la prison, ils entrèrent chez Lydie ; et ayant vu les frères, ils les encouragèrent[1] et partirent.

— [1] ou : exhortèrent.

Paul et Silas à Thessalonique

17 Et ayant traversé Amphipolis et Apollonie, ils vinrent à Thessalonique où se trouvait une synagogue des Juifs.

2 Et selon sa coutume, Paul alla vers eux et, pendant trois sabbats, il s'entretint avec eux d'après les Écritures,

3 expliquant et établissant qu'il fallait que le Christ souffre, et qu'il ressuscite d'entre les morts. « Ce Jésus, [disait-il,] que moi, je vous annonce, c'est le Christ. »

4 Et quelques-uns d'entre eux furent persuadés, et se joignirent à Paul et à Silas, ainsi qu'une grande multitude de Grecs qui servaient[1] [Dieu] et des femmes de premier rang, en assez grand nombre.

— [1] servir, ici : vénérer.

5 Mais les Juifs, étant jaloux, prirent quelques méchants hommes qui traînaient sur les places, et ayant fait un attroupement, troublèrent la ville. Et ayant assailli la maison de Jason, ils cherchèrent Paul et Silas[1] pour les amener devant le peuple rassemblé.

— [1] littéralement : ils les cherchèrent.

6 Mais ne les ayant pas trouvés, ils traînèrent Jason et quelques frères devant les magistrats de la ville, en criant : « Ces gens qui ont bouleversé la terre habitée sont aussi venus ici.

7 Et Jason les a reçus chez lui, et ils agissent tous contre les ordonnances de César, en disant qu'il y a un autre roi, Jésus. »

8 Alors la foule et les magistrats de la ville furent troublés en entendant ces choses.

9 Et après avoir reçu une caution de Jason et des autres, on les

relâcha.

Paul et Silas à Bérée

10 Et aussitôt les frères envoyèrent de nuit Paul et Silas à Bérée, lesquels étant arrivés entrèrent dans la synagogue des Juifs.

11 Or ceux-ci avaient des sentiments plus nobles que ceux de Thessalonique. Et ils reçurent la Parole avec beaucoup d'empressement, examinant chaque jour les Écritures [pour voir] si les choses étaient [bien] ainsi.

12 Alors beaucoup d'entre eux crurent, ainsi que des femmes grecques de haut rang, et des hommes en assez grand nombre.

13 Mais quand les Juifs de Thessalonique apprirent que la parole de Dieu était aussi annoncée par Paul à Bérée, ils y vinrent aussi, agitant et troublant les foules.

14 Et alors les frères firent aussitôt partir Paul en direction de la mer, mais Silas et Timothée restèrent là.

15 Et ceux qui accompagnaient Paul l'amenèrent jusqu'à Athènes. Puis ils s'en retournèrent[1], après avoir reçu l'ordre pour Silas et Timothée de le rejoindre au plus tôt.

— [1] littéralement : ils partirent.

Paul à Athènes

16 Et comme Paul les attendait à Athènes, son esprit était exaspéré au-dedans de lui en voyant la ville remplie d'idoles.

17 Alors il s'entretenait dans la synagogue avec les Juifs et ceux qui servaient[1] [Dieu], et chaque jour sur la place publique avec ceux qui s'y trouvaient.

— [1] servir, ici : vénérer.

18 Et quelques-uns des philosophes épicuriens et stoïciens se mirent aussi à discuter avec lui. Et les uns disaient : « Que veut dire ce discoureur ? » Et d'autres : « Il semble annoncer des divinités étrangères. » [C'était] parce qu'il leur annonçait[1] Jésus et la résurrection.

— [1] c.-à-d. : annoncer la bonne nouvelle (évangéliser).

19 Et s'étant saisis de lui, ils l'amenèrent à l'Aréopage[1], en disant : « Pourrions-nous savoir quelle est cette nouvelle doctrine dont tu parles ?

— [1] ou : la colline de Mars ; le lieu où un tribunal rendait ses jugements en plein air.

20 Car tu nous fais entendre[1] certaines choses étranges. Nous voudrions donc savoir ce que veulent dire ces choses. »

— [1] littéralement : tu apportes à nos oreilles.

21 Or tous les Athéniens et les étrangers séjournant [à Athènes] ne passaient leur temps à rien d'autre qu'à dire ou à écouter quelque nouvelle.

22 Mais Paul, se tenant au milieu de l'Aréopage[1], dit : « Athéniens[2], je vois qu'en toutes choses vous êtes très attachés au culte des divinités[3].

— [1] ou : la colline de Mars ; le lieu où un tribunal rendait ses jugements en plein air. — [2] littéralement (hébraïsme) : Hommes athéniens. — [3] ou : vous êtes extrêmement religieux.

23 Car en parcourant [votre ville] et en considérant les objets de votre culte, j'ai même trouvé un autel sur lequel était inscrit : "Au dieu inconnu !" Ce que vous honorez donc sans le connaître, c'est ce que moi, je vous annonce.

24 Le Dieu qui a fait le monde et toutes les choses qui y sont, lui qui

est le Seigneur du ciel et de la terre, n'habite pas dans des temples[1] faits par la main de l'homme.

— [1] le temple proprement dit, la maison même ; non pas tout l'ensemble des cours et bâtiments sacrés ; comme en Matt. 23:16.

25 Et il n'est pas servi par des mains d'hommes, comme s'il avait besoin de quelque chose, lui qui donne à tous la vie, et la respiration, et toutes choses.

26 Et il a fait à partir d'un seul [homme][1] toutes les races des hommes pour habiter sur toute la surface de la terre, ayant établi des temps déterminés et les bornes de leur lieu d'habitation.

— [1] plusieurs manuscrits portent : un seul sang.

27 [C'était] afin qu'ils cherchent Dieu, si tant est qu'on puisse le chercher en tâtonnant et le trouver, bien qu'il ne soit pas loin de chacun de nous.

28 Car en lui nous vivons et nous nous déplaçons et nous sommes, comme aussi quelques-uns de vos poètes ont dit : "Car nous sommes aussi [de] sa race."[1]

— [1] citation du poète grec Aratos (3e siècle av. J.-C.)

29 Étant donc [de] la race de Dieu, nous ne devons pas penser que la divinité soit semblable à de l'or, ou à de l'argent, ou à de la pierre, [c'est-à-dire] à une œuvre sculptée par l'art et l'imagination de l'homme.

30 Dieu donc, étant passé par-dessus les temps de l'ignorance, ordonne maintenant aux hommes que tous, en tous lieux, ils se repentent.

31 Car il a fixé un jour où il doit juger avec justice la terre habitée par l'Homme qu'il a désigné [pour cela]. [Et] il en a donné une preuve certaine à tous en l'ayant ressuscité d'entre les morts. »

32 Mais quand ils entendirent parler de la résurrection des morts, les uns s'en moquaient et les autres disaient : « Nous t'entendrons encore sur ce sujet une autre fois. »

33 C'est ainsi que Paul se retira du milieu d'eux.

34 Mais quelques hommes se joignirent à lui et crurent, parmi lesquels étaient notamment Denys, l'Aréopagite[1], et une femme nommée Damaris, et d'autres avec eux.

— [1] Aréopagite : membre du tribunal de l'Aréopage (voir la note au verset 19).

Paul à Corinthe

18 Après cela, ayant quitté Athènes, Paul[1] se rendit à Corinthe.

— [1] littéralement : il.

2 Et il y trouva un Juif nommé Aquilas, originaire du Pont, tout récemment venu d'Italie avec Priscilla sa femme, parce que Claude[1] avait ordonné à tous les Juifs de quitter Rome. Et il se lia avec eux.

— [1] Claude : empereur romain entre les années 41 et 54 apr. J.-C.

3 Et comme il était du même métier, il resta chez eux et [y] travaillait, car leur métier était de fabriquer des tentes.

4 Et chaque sabbat, il avait des entretiens dans la synagogue et persuadait Juifs et Grecs.

5 Et quand Silas et Timothée furent descendus de Macédoine, Paul se consacra entièrement à la Parole, rendant témoignage aux Juifs que Jésus était le Christ.

6 Et comme ils s'opposaient et

blasphémaient, Paul[1] secoua ses vêtements et leur dit : « Que votre sang soit sur votre tête ! Moi, je suis pur. À partir de maintenant, j'irai vers les nations. »

— [1] littéralement : il.

7 Et étant parti de là, il entra dans la maison d'un [homme] nommé Titius Justus qui servait[1] Dieu et dont la maison était contiguë à la synagogue.

— [1] servir, ici : vénérer.

8 Mais Crispus, le chef de la synagogue, crut au Seigneur avec toute sa maison[1]. Et beaucoup de Corinthiens qui écoutaient [Paul] croyaient et étaient baptisés.

— [1] c.-à-d. : sa famille.

9 Or le Seigneur dit à Paul de nuit, dans une vision : « Ne crains pas, mais parle et ne te tais pas,

10 car moi, je suis avec toi. Et personne ne mettra les mains sur toi pour te faire du mal, parce que j'ai un grand peuple dans cette ville. »

11 Et il resta là un an et six mois, enseignant parmi eux la parole de Dieu.

Paul devant le proconsul Gallion

12 Mais lorsque Gallion était proconsul[1] de l'Achaïe, les Juifs, d'un commun accord, se dressèrent contre Paul et l'amenèrent devant le tribunal,

— [1] proconsul : magistrat représentant l'autorité romaine.

13 en disant : « Cet homme[1] incite les gens à servir[2] Dieu d'une manière contraire à la Loi. »

— [1] littéralement : Celui-ci. — [2] servir, ici : vénérer.

14 Et comme Paul allait ouvrir la bouche, Gallion dit aux Juifs : « S'il s'agissait de quelque injustice ou de quelque grave délit, je vous écouterais patiemment[1], ô Juifs,

comme il se doit[2].

— [1] littéralement : je vous supporterais. — [2] littéralement : selon [la] raison

15 Mais si ce sont des discussions sur des mots, et sur des noms, et sur votre loi, cela vous regarde, [car] moi, je ne veux pas être juge de ces choses. »

16 Et il les renvoya du tribunal.

17 Alors, ayant tous saisi Sosthène, le chef de la synagogue, ils le battaient devant le tribunal, et Gallion ne se souciait pas de tout cela.

Paul retourne à Antioche — Troisième voyage de Paul

18 Et Paul, étant resté encore [à Corinthe] assez longtemps, prit congé des frères et fit voile pour la Syrie, accompagné de Priscilla et Aquilas, après s'être fait raser la tête à Cenchrée, car il avait fait un vœu.

19 Et il arriva à Éphèse et les y laissa. Et étant entré lui-même dans la synagogue, il s'entretint avec les Juifs.

20 Mais lorsqu'ils le prièrent de rester plus longtemps avec eux, il n'y consentit pas,

21 mais il prit congé d'eux, en disant :[1] Je reviendrai encore vers vous, si Dieu le veut. Et il partit d'Éphèse en bateau.

— [1] plusieurs manuscrits ajoutent : Il faut absolument que je célèbre la fête prochaine à Jérusalem.

22 Et ayant abordé à Césarée, il monta saluer l'assemblée, puis descendit à Antioche.

23 Et ayant séjourné là quelque temps, il s'en alla et traversa successivement le pays de Galatie et la Phrygie, fortifiant tous les disciples.

Apollos se rend à Éphèse puis à Corinthe

24 Et il arriva à Éphèse un Juif, nommé Apollos, originaire d'Alexandrie, homme éloquent et versé[1] dans les Écritures.
— [1] littéralement : puissant, capable.

25 Il était instruit quant à la voie[1] du Seigneur et, fervent d'esprit, il parlait et enseignait avec exactitude les choses qui concernaient Jésus. [Mais] il ne connaissant que le baptême de Jean.
— [1] la voie : tout ce qui concerne le Seigneur ou Dieu ; voir Matt. 22:16.

26 Et il se mit à parler avec assurance dans la synagogue. Mais Priscilla et Aquilas, l'ayant entendu, le prirent à part et lui expliquèrent plus exactement la voie[1] de Dieu.
— [1] la voie : tout ce qui concerne le Seigneur ou Dieu ; voir Matt. 22:16.

27 Et comme il se proposait de passer en Achaïe, les frères l'y encouragèrent et écrivirent aux disciples de le recevoir[1]. Et quand il y fut arrivé, il se rendit très utile à ceux qui, par la grâce, étaient devenus croyants[2].
— [1] plusieurs lisent : les frères écrivirent aux disciples et les encouragèrent à le recevoir.
— [2] plusieurs lisent : il se rendit très utile, par la grâce, à ceux qui étaient devenus croyants.

28 Car il réfutait publiquement les Juifs avec une grande force, démontrant par les Écritures que Jésus était le Christ.

Paul à Éphèse

19 Or il arriva, comme Apollos était à Corinthe, que Paul, après avoir traversé les hautes régions, descendit à Éphèse. Et ayant trouvé quelques disciples,

2 il leur dit : « Avez-vous reçu l'Esprit Saint après avoir cru ? » Et ils lui [dirent] : « Mais nous n'avons même pas entendu dire que l'Esprit Saint soit venu[1]. »
— [1] littéralement : si l'Esprit Saint est.

3 Et il dit : « De quel [baptême][1] donc avez-vous été baptisés ? » Et ils dirent : « Du[2] baptême de Jean. »
— [1] littéralement : À quoi ; ou : Pour quoi. —
[2] littéralement : Au ; ou : Pour le.

4 Alors Paul dit : « Jean a baptisé du baptême de la repentance, en disant au peuple qu'ils croient en celui qui venait après lui, c'est-à-dire en Jésus. »

5 Et ayant entendu [ces choses], ils furent baptisés au[1] nom du Seigneur Jésus.
— [1] ou : pour le.

6 Et Paul leur ayant imposé les mains, l'Esprit Saint vint sur eux, et ils parlaient en langues et prophétisaient.

7 Or ils étaient en tout environ 12 hommes.

8 Et étant entré dans la synagogue, il parla avec assurance pendant trois mois, s'entretenant [avec eux] et usant de persuasion en ce qui concerne le royaume de Dieu.

9 Mais comme quelques-uns s'endurcissaient et refusaient de croire, disant du mal de la Voie[1] devant la multitude, il se retira d'eux et sépara les disciples, ayant des entretiens chaque jour dans l'école de Tyrannus.
— [1] Voie : terme utilisé pour désigner la foi chrétienne à ses débuts.

10 Et cela continua pendant 2 ans, de sorte que tous ceux qui habitaient en Asie entendirent la parole du Seigneur, tant Juifs que Grecs.

11 Et Dieu faisait des miracles

extraordinaires par les mains de Paul,

12 au point qu'on portait même sur les infirmes des serviettes ou des tabliers qui avaient touché son corps[1]. Et les maladies les quittaient et les esprits mauvais sortaient.

— [1] littéralement : sa peau.

13 Mais certains Juifs exorcistes itinérants essayèrent aussi d'invoquer[1] le nom du Seigneur Jésus sur ceux qui avaient des esprits mauvais, en disant : « Je vous adjure par Jésus que Paul prêche. »

— [1] littéralement : de nommer.

14 Et il y avait 7 fils d'un certain Scéva, un souverain sacrificateur juif, qui faisaient cela.

15 Mais l'esprit mauvais, répondant, leur dit : « Je connais Jésus et je sais qui est Paul, mais vous, qui êtes-vous ? »

16 Et l'homme en qui était l'esprit mauvais s'élança sur eux et, s'étant rendu maître de tous, usa de violence contre eux, de sorte qu'ils s'enfuirent de cette maison nus et blessés.

17 Et cela fut connu de tous ceux qui habitaient à Éphèse, tant Juifs que Grecs. Et ils furent tous saisis de crainte, et le nom du Seigneur Jésus était exalté.

18 Et beaucoup de ceux qui avaient cru venaient confesser et déclarer ce qu'ils avaient fait.

19 Un bon nombre aussi de ceux qui avaient pratiqué la magie apportèrent leurs livres et les brûlèrent entièrement devant tous. Et ils en estimèrent la valeur et trouvèrent [qu'elle se montait à] 50 000 pièces d'argent.

20 C'est avec une telle puissance que la parole du Seigneur se répandait[1] et montrait sa force.

— [1] littéralement : grandissait.

21 Or lorsque ces choses furent accomplies, Paul se proposa dans son esprit d'aller à Jérusalem après avoir traversé la Macédoine et l'Achaïe. Il disait : « Après y être allé, il faut aussi que je voie Rome. »

22 Et ayant envoyé en Macédoine deux de ceux qui le servaient, Timothée et Éraste, il resta lui-même quelque temps en Asie.

Grand tumulte à Éphèse

23 Or il y eut en ce temps-là un grand trouble au sujet de la Voie[1].

— [1] Voie : terme utilisé pour désigner la foi chrétienne à ses débuts.

24 Car un certain orfèvre nommé Démétrius, qui faisait des temples d'Artémis[1] en argent, procurait un grand profit aux artisans.

— [1] Artémis : divinité grecque, vénérée en Asie Mineure, appelée Diane par les Romains.

25 Et il les réunit, ainsi que les ouvriers qui travaillaient à de semblables ouvrages, et il dit : « Hommes, vous savez que notre prospérité dépend de cette activité.

26 Et vous voyez et apprenez que non seulement à Éphèse, mais dans presque toute l'Asie, ce Paul, usant de persuasion, a détourné une grande foule en disant que les dieux qui sont faits par les mains [des hommes] ne sont pas des dieux.

27 Et non seulement il y a du danger pour nous que cette activité[1] tombe en discrédit, mais encore que le temple de la grande déesse Artémis soit tenu pour rien, et que soit aussi anéantie la majesté de celle que vénèrent l'Asie entière et la terre habitée. »

— [1] littéralement : celle-ci.

28 Et quand ils eurent entendu [cela], ils furent remplis de colère et se mirent à crier, en disant : « Grande est l'Artémis des Éphésiens ! »

29 Et [toute] la ville fut remplie de confusion. Et d'un commun accord, ils se précipitèrent dans le théâtre, en s'emparant de Gaïus et d'Aristarque, Macédoniens, compagnons de voyage de Paul.

30 Mais comme Paul voulait se présenter devant l'assemblée du peuple, les disciples ne le lui permirent pas.

31 Et même quelques-uns des Asiarques[1], qui étaient ses amis, lui envoyèrent [des messagers] pour le prier de ne pas se rendre lui-même au théâtre.

— [1] Asiarques : magistrats annuels qui présidaient aux cérémonies religieuses et aux jeux publics dans la province d'Asie dont Éphèse était la capitale.

32 Les uns donc criaient une chose, les autres une autre, car l'assemblée était dans la confusion et la plupart ne savaient pas pourquoi ils étaient rassemblés.

33 Et ils tirèrent Alexandre hors de la foule, les Juifs le poussant en avant. Et Alexandre, faisant signe de la main, voulait présenter sa défense devant l'assemblée du peuple.

34 Mais quand ils surent qu'il était juif, ils crièrent tous d'une seule voix durant près de deux heures : « Grande est l'Artémis des Éphésiens ! »

35 Mais le secrétaire [de la ville], ayant apaisé la foule, dit : « Éphésiens[1], qui est donc l'homme qui ne sache pas que la ville des Éphésiens est la gardienne du temple de la grande Artémis et de ce qui est tombé du ciel[2] ?

— [1] littéralement (hébraïsme) : Hommes éphésiens. — [2] ou : tombé de Zeus.

36 Ces choses étant donc incontestables, il convient que vous vous teniez tranquilles et que vous ne fassiez rien précipitamment.

37 Car vous avez amené ces hommes qui ne sont ni des voleurs sacrilèges ni des blasphémateurs de notre déesse.

38 Si donc Démétrius et les artisans qui sont avec lui ont un grief contre quelqu'un, les tribunaux sont ouverts et il y a des proconsuls[1] ; qu'ils s'accusent [en justice] les uns les autres.

— [1] proconsul : magistrat représentant l'autorité romaine.

39 Et si vous avez une réclamation à faire sur d'autres sujets, on en décidera dans l'assemblée légale.

40 Car nous sommes en danger d'être accusés de soulèvement populaire pour ce qui s'est passé aujourd'hui, puisqu'il n'y a aucun motif que nous puissions avancer pour rendre compte de cet attroupement. » Et quand il eut dit ces choses, il congédia l'assemblée.

Paul en Macédoine et en Grèce

20 Or, après que le tumulte eut cessé, Paul fit venir les disciples et [les] exhorta. [Puis,] ayant pris congé [d'eux][1], il partit pour aller en Macédoine.

— [1] littéralement : [les] ayant étreints (ou : salués).

2 Et ayant traversé ces régions et ayant beaucoup exhorté les disciples[1], il se rendit en Grèce.

— [1] littéralement : les ayant beaucoup exhortés.

3 Mais après un séjour de trois mois, les Juifs ayant formé un

complot contre lui alors qu'il allait s'embarquer pour la Syrie, il décida de s'en retourner par la Macédoine.

4 Et il était accompagné[1] par Sopater de Bérée, [fils] de Pyrrhus, et par les Thessaloniciens Aristarque et Second, et par Gaïus de Derbe, et Timothée, ainsi que par Tychique et Trophime, originaires d'Asie.

— [1] plusieurs manuscrits ajoutent : jusqu'en Asie.

5 Et ceux-là, ayant pris les devants, nous attendaient à Troas.

Paul à Troas

6 Et quant à nous, nous avons fait voile depuis Philippes, après les jours des Pains sans levain, et, au bout de cinq jours, nous sommes arrivés auprès d'eux, à Troas, où nous avons séjourné sept jours.

7 Et le premier jour de la semaine, lorsque nous étions rassemblés pour rompre le pain, Paul, qui devait partir le lendemain, s'entretenait avec eux et prolongea son discours jusqu'au milieu de la nuit.

8 Or il y avait beaucoup de lampes[1] dans la pièce du haut où nous étions rassemblés.

— [1] lampes, ailleurs : flambeaux.

9 Et un jeune homme nommé Eutyche était assis sur [le rebord de] la fenêtre. Pris d'un profond sommeil, comme Paul prêchait très longuement, il tomba, sous l'effet du sommeil, du troisième étage jusqu'en bas, et il fut relevé mort.

10 Mais Paul étant descendu, se pencha sur lui et, l'ayant pris dans ses bras, il dit : « Ne soyez pas troublés, car son âme[1] est en lui. »

— [1] vie et âme.

11 Et après être remonté, il rompit le pain et mangea. Puis, après s'être entretenu [avec eux] pendant assez longtemps, jusqu'à l'aube, alors il partit.

12 Et ils amenèrent le jeune garçon vivant, et ce fut pour eux une grande consolation.

Paul à Milet

13 Or pour nous, ayant pris les devants [pour embarquer] sur le bateau, nous avons fait voile pour Assos où nous devions prendre Paul à bord. Car il l'avait ainsi ordonné, ayant l'intention de faire le voyage à pied.

14 Et lorsqu'il nous a rejoints à Assos, nous l'avons pris [à bord] et nous sommes allés à Mitylène.

15 Et de là, ayant pris la mer, nous sommes arrivés le lendemain en face de Chios. Et le jour suivant nous avons atteint Samos, et[1] nous sommes arrivés le jour d'après à Milet.

— [1] plusieurs manuscrits ajoutent : nous étant arrêtés à Trogyllion.

16 Paul avait en effet décidé de passer au large d'Éphèse, afin de ne pas perdre de temps en Asie. Car il se dépêchait pour être, si possible, le jour de la Pentecôte à Jérusalem.

Discours de Paul aux anciens d'Éphèse

17 Mais depuis Milet, il envoya [un message] à Éphèse pour faire venir les anciens de l'assemblée.

18 Et quand ils furent venus à lui, il leur dit : « Vous savez, vous, de quelle manière je me suis conduit tout le temps à votre égard, depuis le premier jour où j'ai mis le pied en Asie,

19 servant[1] le Seigneur en toute humilité, et avec des larmes et des épreuves qui me sont arrivées à

cause des complots des Juifs.

— [1] servir, ici : être esclave, servir comme tel ; comme en Matt. 6:24.

20 [Vous savez] comment, n'ayant rien caché des choses qui étaient profitables, je vous ai prêché et vous ai enseigné publiquement et dans les maisons,

21 en insistant auprès des Juifs comme auprès des Grecs sur la repentance envers Dieu et la foi en notre Seigneur Jésus[1].

— [1] plusieurs manuscrits ajoutent : Christ.

22 Et maintenant, voici, étant lié dans mon esprit[1], je vais à Jérusalem, ignorant les choses qui doivent m'y arriver,

— [1] littéralement : l'esprit ; ou : lié par l'Esprit.

23 sauf que l'Esprit Saint m'avertit de ville en ville, en disant que des liens et des détresses m'attendent.

24 Mais je ne fais aucun cas de ma vie [ni ne la tiens] pour précieuse à moi-même, pourvu que j'achève ma course et le service que j'ai reçu du Seigneur Jésus : rendre témoignage à l'Évangile de la grâce de Dieu.

25 Et maintenant, voici, moi, je sais que vous tous, parmi lesquels je suis passé en prêchant le Royaume, vous ne verrez plus mon visage.

26 C'est pourquoi je vous prends aujourd'hui à témoin que je suis pur du sang de tous,

27 car je n'ai mis aucune réserve à vous annoncer tout le dessein de Dieu.

28 Prenez [donc] garde à vous-mêmes et à tout le troupeau dans lequel l'Esprit Saint vous a établis surveillants pour faire paître l'Assemblée de Dieu, qu'il s'est acquise par le sang de son propre Fils[1].

— [1] littéralement : qu'il s'est acquise par son propre sang.

29 Moi, je sais qu'après mon départ il entrera parmi vous des loups redoutables qui n'épargneront pas le troupeau.

30 Et il se lèvera du milieu de vous-mêmes des hommes qui annonceront des [doctrines] perverses pour entraîner les disciples à leur suite[1].

— [1] littéralement : derrière eux.

31 C'est pourquoi veillez, vous souvenant que durant trois ans, nuit et jour, je n'ai pas cessé d'avertir chacun [de vous] avec larmes.

32 Et maintenant, je [vous] remets tous à Dieu et à la parole de sa grâce, qui[1] a la puissance d'édifier et de [vous] donner un héritage avec tous les sanctifiés.

— [1] ou : lequel ; « qui » se rapporte à la fois à « Dieu » et à « la parole de sa grâce ».

33 Je n'ai désiré ni l'argent, ni l'or, ni le vêtement de personne.

34 Vous savez vous-mêmes que ces mains ont été employées pour mes besoins et pour les personnes qui étaient avec moi.

35 En toutes choses, je vous ai montré[1] qu'en travaillant ainsi, il nous faut secourir les faibles et nous souvenir des paroles du Seigneur Jésus qui a dit lui-même : "Il est plus heureux de donner que de recevoir." »

— [1] spécialement : montrer par l'exemple.

36 Puis, ayant dit ces choses, il se mit à genoux et pria avec eux tous.

37 Et ils versaient tous beaucoup de larmes. Et s'étant jetés au cou de Paul, ils l'embrassaient avec empressement,

38 étant surtout peinés de la parole qu'il avait dite, qu'ils ne verraient plus son visage. Et ils l'accompagnèrent jusqu'au bateau.

Paul à Tyr

21 Et après nous être arrachés à eux, nous avons pris la mer. [Et] naviguant en droite ligne, nous sommes arrivés à Cos, et le jour suivant à Rhodes, et de là à Patara. 2 Et ayant trouvé un bateau qui faisait la traversée vers la Phénicie, nous sommes montés [à bord] et avons pris la mer. 3 Et étant [arrivés] en vue de Chypre, et l'ayant laissée sur la gauche, nous avons navigué vers la Syrie et abordé à Tyr. Car c'était là que le bateau devait décharger les marchandises. 4 Et ayant trouvé les disciples, nous y sommes restés sept jours. Et ils dirent à Paul, par l'Esprit, de ne pas monter à Jérusalem. 5 Mais au terme de ces jours, nous sommes partis, allant notre chemin. Et tous nous ont accompagnés avec les femmes et les enfants jusqu'en dehors de la ville. Et nous étant mis à genoux sur le rivage, nous avons prié. 6 Puis après avoir pris congé les uns des autres, nous sommes montés sur le bateau, et eux s'en retournèrent chez eux.

Paul à Ptolémaïs et à Césarée

7 Et quant à nous, achevant notre navigation, nous sommes arrivés de Tyr à Ptolémaïs. Et ayant salué les frères, nous sommes restés un jour avec eux. 8 Puis le lendemain, étant partis, nous sommes allés à Césarée. Et étant entrés dans la maison de Philippe l'évangéliste, qui était [l'un] des sept[1], nous sommes restés chez lui.

— [1] voir 6:5.

9 Or il avait quatre filles vierges qui prophétisaient. 10 Et comme nous étions restés [là] plusieurs jours, un prophète nommé Agabus descendit de la Judée. 11 Et étant venu à nous, et ayant pris la ceinture de Paul, et s'étant attaché les pieds et les mains, il dit : « L'Esprit Saint dit ces choses : "L'homme à qui est cette ceinture, les Juifs à Jérusalem l'attacheront ainsi et le livreront entre les mains des nations." » 12 Et quand nous avons entendu ces choses, nous-mêmes et aussi ceux de l'endroit, nous avons supplié Paul[1] de ne pas monter à Jérusalem.

— [1] littéralement : nous l'avons supplié.

13 Mais Paul répondit : « Que faites-vous en pleurant et en brisant mon cœur ? Car pour moi, je suis prêt, non seulement à être lié, mais encore à mourir à Jérusalem pour le nom du Seigneur Jésus. » 14 Et comme il ne se laissait pas persuader, nous n'avons plus insisté[1] [et] nous avons dit : « Que la volonté du Seigneur soit faite ! »

— [1] littéralement : nous nous sommes tus.

Paul à Jérusalem

15 Alors, après ces quelques jours, ayant fait nos préparatifs, nous sommes montés à Jérusalem. 16 Et quelques-uns des disciples de Césarée sont aussi venus avec nous, amenant [avec eux][1] un certain Mnason, Chypriote, disciple depuis longtemps, chez qui nous devions loger.

— [1] ou : pour [nous] amener chez.

17 Et quand nous sommes arrivés à Jérusalem, les frères nous ont reçus avec joie.

18 Et le jour suivant, Paul se rendit avec nous chez Jacques, et tous les anciens arrivèrent.

19 Et après les avoir salués, il raconta en détail les choses que Dieu avait faites parmi les nations par son ministère.

20 Et eux, l'ayant entendu, glorifièrent Dieu et dirent à Paul[1] : « Tu vois, frère, combien de dizaines de milliers[2] de Juifs ont cru et ils sont tous zélés pour la Loi.

— [1] littéralement : lui dirent. — [2] littéralement : combien de myriades ; une myriade est un nombre de 10 000.

21 Or ils ont entendu dire de toi que tu enseignes à tous les Juifs qui sont parmi les nations de renoncer à Moïse, en disant qu'ils ne doivent pas circoncire leurs enfants, ni vivre[1] selon les coutumes.

— [1] littéralement : marcher.

22 Qu'en est-il donc ?[1] Certainement, ils entendront dire que tu es arrivé.

— [1] plusieurs manuscrits ajoutent : Il faut absolument que la multitude se rassemble, car.

23 Fais donc ce que nous allons te dire : Nous avons quatre hommes qui ont fait un vœu.

24 Prends-les, et purifie-toi avec eux, et charge-toi de leurs dépenses afin qu'ils se rasent la tête. Et tous sauront que rien n'est [vrai] des choses qu'ils ont entendu dire de toi, mais que toi aussi, tu marches en gardant la Loi.

25 Mais à l'égard [de ceux] des nations qui ont cru, nous, nous avons envoyé des lettres, ayant décidé[1] qu'ils s'abstiennent de ce qui est sacrifié aux idoles, et du sang, et de ce qui est étouffé, et de la fornication. »

— [1] plusieurs manuscrits ajoutent : qu'ils n'ont rien de semblable à observer, si ce n'est.

26 Alors Paul, ayant pris les hommes avec lui et s'étant purifié le jour suivant, entra avec eux au Temple pour faire connaître à quel moment s'achèveraient les jours de leur purification afin que soit présentée l'offrande pour chacun d'eux.

Arrestation de Paul dans le Temple

27 Et comme les sept jours allaient s'achever, les Juifs d'Asie ayant vu Paul[1] dans le Temple soulevèrent toute la foule et mirent les mains sur lui,

— [1] littéralement : l'ayant vu.

28 en criant : « Israélites[1], aidez-nous ! Voici l'homme qui donne à tous [et] partout un enseignement [dirigé] contre le peuple, et la Loi, et ce lieu. Et de plus, il a même fait entrer des Grecs dans le Temple et a profané ce saint lieu. »

— [1] littéralement (hébraïsme) : Hommes israélites.

29 Car auparavant ils avaient vu Trophime l'Éphésien avec lui, dans la ville, et ils croyaient que Paul l'avait fait entrer dans le Temple.

30 Et toute la ville fut en émoi et il se fit un rassemblement du peuple. Et ayant saisi Paul, ils le traînèrent hors du Temple ; et aussitôt les portes furent fermées.

31 Et comme ils cherchaient à le tuer, la rumeur parvint au chiliarque[1] de la cohorte que tout Jérusalem était dans la confusion.

— [1] chiliarque : commandant d'une cohorte romaine.

32 Et aussitôt il prit des soldats et des centurions, et il courut vers eux. Mais eux, voyant le chiliarque et les soldats, cessèrent de battre Paul.

33 Alors le chiliarque s'étant approché se saisit de lui, et donna

l'ordre de le lier de deux chaînes, et demanda qui il était et ce qu'il avait fait.

34 Mais dans la foule, les uns criaient une chose, les autres une autre. Et ne pouvant pas apprendre quelque chose de certain à cause du tumulte, il donna l'ordre que Paul[1] soit amené dans la forteresse.

— [1] littéralement : il.

35 Et quand il fut sur les marches [de la forteresse], il arriva qu'il fut porté par les soldats à cause de la violence de la foule ;

36 car la multitude du peuple suivait, en criant : « Ôte-le ![1] »

— [1] c.-à-d. : Fais-le mourir !

37 Et comme on allait le faire entrer dans la forteresse, Paul dit au chiliarque : « M'est-il permis de te dire quelque chose ? » Et il dit : « Tu sais le grec ?

38 Tu n'es donc pas, toi, l'Égyptien qui ces jours passés a provoqué une révolte et emmené au désert les 4 000 hommes, des assassins ? »

39 Alors Paul dit : « Moi, je suis un Juif de Tarse, citoyen d'une ville de la Cilicie qui n'est pas sans renom. Je te prie, permets-moi de parler au peuple. »

Discours de Paul aux Juifs sur les marches de la forteresse

40 Et quand il le lui eut permis, Paul, se tenant sur les marches [de la forteresse], fit signe de la main au peuple. Et un grand silence s'étant fait, il s'adressa [à eux,] en langue hébraïque, en disant :

22 « Frères et pères[1], écoutez maintenant ce que j'ai à vous dire pour ma défense. »

— [1] littéralement (hébraïsme) : Hommes frères et pères.

2 Mais quand ils entendirent qu'il s'adressait à eux en langue hébraïque, ils firent silence encore plus. Et il dit :

3 « Moi, je suis un Juif né à Tarse de Cilicie, mais élevé ici dans cette ville, [et] instruit aux pieds de Gamaliel selon l'exactitude de la loi de nos pères, étant zélé pour Dieu, comme vous l'êtes, vous tous, aujourd'hui.

4 Et j'ai persécuté cette Voie[1] jusqu'à la mort, liant les hommes et les femmes, et les livrant [pour être mis] en prison.

— [1] Voie : terme utilisé pour désigner la foi chrétienne à ses débuts.

5 Le souverain sacrificateur même m'en est témoin, ainsi que tout le Conseil des anciens. C'est même d'eux que j'avais reçu des lettres pour les frères, quand j'allais à Damas, afin d'amener liés à Jérusalem ceux qui se trouvaient aussi là-bas, pour qu'ils soient punis.

6 Et il m'arriva, comme j'étais en chemin et que j'approchais de Damas, que tout à coup, vers midi, une grande lumière venant du ciel brilla autour de moi.

7 Et je tombai à terre et j'entendis une voix qui me disait : "Saul, Saul, pourquoi me persécutes-tu ?"

8 Et moi, je répondis : "Qui es-tu, Seigneur ?" Et il me dit : "Moi, je suis Jésus le Nazaréen que toi, tu persécutes."

9 Or ceux qui étaient avec moi virent la lumière[1], mais ils n'entendirent pas la voix de celui qui me parlait.

— [1] plusieurs manuscrits ajoutent : et furent saisis de crainte.

10 Et je dis : "Que dois-je faire, Seigneur ?" Et le Seigneur me dit : "Lève-toi, et va à Damas, et là on te

dira toutes les choses qu'il t'est ordonné de faire."

11 Mais comme je n'y voyais pas, à cause de l'éclat[1] de cette lumière, ceux qui étaient avec moi me conduisirent par la main, [et] j'arrivai à Damas.

— [1] littéralement : la gloire.

12 Et un certain Ananias, homme pieux selon la Loi, et qui avait un [bon] témoignage de tous les Juifs qui habitaient [là],

13 étant venu à moi et se tenant là, me dit : "Saul, frère, retrouve la vue !" Et moi, à l'instant même, je retrouvai la vue et je le vis.

14 Et il dit : "Le Dieu de nos pères t'a désigné d'avance pour connaître sa volonté, et pour voir le Juste, et pour entendre les paroles[1] de sa bouche.

— [1] littéralement : une voix.

15 Car tu seras témoin pour lui, devant tous les hommes, des choses que tu as vues et entendues.

16 Et maintenant, pourquoi tardes-tu ? Lève-toi, sois baptisé et sois lavé de tes péchés, en invoquant son nom."

17 Or, quand je fus de retour à Jérusalem, et que je priais dans le Temple, il m'arriva d'être en extase

18 et de voir le Seigneur[1] qui me disait : "Hâte-toi et sors au plus tôt de Jérusalem, parce qu'ils ne recevront pas ton témoignage à mon égard."

— [1] littéralement : le voir.

19 Alors moi, je dis : "Seigneur, ils savent eux-mêmes que je mettais en prison et que je battais dans toutes les synagogues ceux qui croient en toi.

20 Et lorsque le sang d'Étienne, ton témoin, fut répandu, moi-même aussi, j'étais présent, et j'approuvais [ce meurtre], et je gardais les vêtements de ceux qui le tuaient."

21 Mais il me dit : "Va, car moi, je t'enverrai au loin vers les nations." »

Paul dans la forteresse déclare qu'il est romain

22 Et ils l'écoutèrent jusqu'à cette parole. Puis ils élevèrent leur voix, en disant : « Ôte de la terre un tel [homme], car il n'aurait pas dû vivre ! »

23 Et comme ils poussaient des cris, et jetaient leurs vêtements, et lançaient de la poussière en l'air,

24 le chiliarque donna l'ordre de le conduire dans la forteresse, en disant qu'on le mette à la question par le fouet, afin d'apprendre pour quel motif ils criaient ainsi contre lui.

25 Mais quand on l'eut attaché avec les courroies, Paul dit au centurion qui se tenait là : « Vous est-il permis de fouetter un homme qui est romain et qui n'est pas condamné ? »

26 Et quand le centurion entendit cela, il alla avertir le chiliarque, en disant : « Que vas-tu faire ? Car cet homme est romain. »

27 Alors le chiliarque, s'étant approché [de Paul], lui dit : « Dis-moi, toi, tu es romain ? » Et il dit : « Oui. »

28 Et le chiliarque répondit : « Moi, j'ai acquis cette citoyenneté pour une grande somme. » Et Paul dit : « Mais moi, je l'ai de naissance. »

29 Aussitôt donc, ceux qui allaient le mettre à la question se retirèrent de lui. Et le chiliarque eut peur, sachant que Paul[1] était romain, et parce qu'il l'avait fait lier.

— [1] littéralement : il.

30 Mais le lendemain, voulant savoir exactement de quoi il était accusé par les Juifs, il le fit délier et ordonna que les principaux sacrificateurs et tout le sanhédrin viennent ensemble. Et ayant fait descendre Paul, il le plaça devant eux.

Paul devant le sanhédrin

23 Et Paul, ayant fixé les yeux sur le sanhédrin, dit : « Frères[1], je me suis conduit, moi, en toute bonne conscience devant Dieu jusqu'à ce jour… »

— [1] littéralement (hébraïsme) : Hommes frères.

2 Mais le souverain sacrificateur Ananias ordonna à ceux qui se tenaient près de lui de le frapper sur la bouche.

3 Alors Paul lui dit : « Dieu te frappera, paroi blanchie ! Es-tu, toi, assis là pour me juger selon la Loi ? Et, contrairement à la Loi, tu ordonnes que je sois frappé. »

4 Et ceux qui se tenaient là dirent : « Tu insultes le souverain sacrificateur de Dieu ? »

5 Mais Paul dit : « Je ne savais pas, frères, que c'était le souverain sacrificateur, car il est écrit : "Tu ne parleras pas mal du chef de ton peuple."[1] »

— [1] Exode 22:27.

6 Puis Paul, sachant qu'une partie [d'entre eux] était des Sadducéens et l'autre des Pharisiens, s'écria dans le sanhédrin : « Frères[1], moi, je suis Pharisien, fils de Pharisien. Je suis mis en jugement pour l'espérance et la résurrection des morts. »

— [1] littéralement (hébraïsme) : Hommes frères.

7 Et quand il eut dit cela, il s'éleva une dispute entre les Pharisiens et les Sadducéens, et la multitude fut divisée.

8 Car les Sadducéens disent qu'il n'y a pas de résurrection, ni d'ange, ni d'esprit, mais les Pharisiens affirment l'un et l'autre.

9 Et il s'éleva une grande clameur, et quelques scribes du parti des Pharisiens se levèrent et contestèrent, en disant : « Nous ne trouvons aucun mal en cet homme. Mais si un esprit lui a parlé ou un ange… »

10 Comme la dispute s'aggravait, le chiliarque, craignant que Paul ne soit mis en pièces par eux, ordonna à la troupe de descendre, et de l'enlever du milieu d'eux, et de le conduire à la forteresse.

11 Et la nuit suivante, le Seigneur se tint près de lui et dit : « Aie bon courage, car comme tu as rendu témoignage à Jérusalem des choses qui me concernent, de même il faut aussi que tu rendes témoignage à Rome. »

Complot des Juifs contre Paul

12 Et quand le jour fut venu, les Juifs se réunirent secrètement et s'engagèrent sous peine de malédiction, en disant qu'ils ne mangeraient ni ne boiraient rien jusqu'à ce qu'ils aient tué Paul.

13 Et ceux qui avaient formé cette conspiration étaient plus de 40 [hommes].

14 Et ils allèrent trouver les principaux sacrificateurs et les anciens, et ils dirent : « Nous nous sommes engagés sous peine de malédiction à ne rien manger jusqu'à ce que nous ayons tué Paul.

15 Vous donc, maintenant, avec le

sanhédrin, avertissez le chiliarque pour qu'il le fasse descendre vers vous, comme si vous vouliez vous informer plus exactement de ce qui le concerne. Et nous, avant qu'il n'approche, nous sommes prêts à le tuer. »

16 Mais le fils de la sœur de Paul, ayant entendu parler de ce guet-apens, s'en alla, et entra dans la forteresse, et le rapporta à Paul.

17 Et Paul, ayant appelé un des centurions, dit : « Conduis ce jeune homme au chiliarque, car il a quelque chose à lui rapporter. »

18 Alors il le prit, et le conduisit au chiliarque, et dit : « Le prisonnier Paul m'a appelé et m'a demandé de t'amener ce jeune homme qui a quelque chose à te dire. »

19 Et le chiliarque, l'ayant pris par la main et s'étant retiré à l'écart, lui demanda : « Qu'est-ce que tu as à me rapporter ? »

20 Et il dit : « Les Juifs se sont entendus pour te demander que demain tu fasses descendre Paul devant le sanhédrin, sous prétexte de s'informer plus exactement sur son cas.

21 Toi donc ne te laisse pas convaincre par eux, car plus de 40 hommes d'entre eux lui dressent un guet-apens, lesquels se sont engagés, sous peine de malédiction, à ne rien manger ni boire jusqu'à ce qu'ils l'aient tué. Et maintenant, ils sont prêts, attendant ton accord[1]. »

— [1] littéralement : ta promesse.

22 Alors le chiliarque renvoya le jeune homme après lui avoir ordonné de ne dire à personne qu'il lui avait déclaré ces choses.

Paul est envoyé à Césarée

23 Et ayant appelé deux des centurions, il dit : « Préparez 200 soldats pour aller à Césarée, et 70 cavaliers, et 200 lanciers[1], dès la 3e heure de la nuit.

— [1] ou : archers.

24 Et procurez-vous des montures pour mettre Paul dessus et le conduire sain et sauf auprès du gouverneur Félix. »

25 Et il écrivit une lettre conçue en ces termes :

26 « Claude Lysias, au très excellent gouverneur Félix, salut !

27 Cet homme, dont les Juifs s'étaient emparés, allait être tué par eux. Je suis [donc] intervenu avec la troupe, et je l'ai arraché [de leurs mains], ayant appris qu'il était romain.

28 Et voulant connaître le motif pour lequel ils l'accusaient, je l'ai fait descendre devant leur sanhédrin.

29 Et j'ai trouvé qu'il était accusé au sujet de questions relatives à leur loi, mais qu'il n'était sous le coup d'aucune accusation qui mérite la mort ou les liens.

30 Et ayant été averti du complot que [les Juifs] formaient contre [cet] homme, je te l'ai aussitôt envoyé, ayant aussi donné l'ordre à ses accusateurs de dire devant toi les choses qu'ils ont contre lui.[1] »

— [1] plusieurs manuscrits ajoutent : Porte-toi bien.

31 Alors les soldats, selon les ordres qui leur avaient été donnés, prirent Paul et l'amenèrent de nuit à Antipatris.

32 Et le lendemain, ayant laissé les cavaliers partir avec lui, ils retournèrent à la forteresse.

33 [Puis] les cavaliers[1], étant arrivés à Césarée, remirent la lettre au gouverneur et lui présentèrent

aussi Paul.

— [1] littéralement : lesquels.

34 Et après avoir lu [la lettre] et avoir demandé de quelle province il était, et ayant appris qu'il était de Cilicie,

35 il dit : « Je t'entendrai à fond quand tes accusateurs aussi seront arrivés. » Et il donna l'ordre qu'il soit gardé dans le prétoire d'Hérode[1].

— [1] prétoire d'Hérode : forteresse construite par Hérode le Grand et devenue le palais du gouverneur romain.

Paul devant le gouverneur Félix

24 Or cinq jours après, le souverain sacrificateur Ananias descendit avec quelques anciens et un certain orateur [nommé] Tertulle. Et ils portèrent plainte contre Paul devant le gouverneur.

2 Et ayant été appelé, Tertulle se mit à l'accuser, en disant : « Puisque nous jouissons par ton moyen d'une grande paix et que, par ta prévoyance, des réformes ont été apportées à cette nation,

3 très excellent Félix, nous l'acceptons en tout et partout avec une entière gratitude.

4 Mais afin de ne pas te retenir davantage, je te prie de nous écouter brièvement, selon ta bienveillance.

5 Car nous avons constaté que cet homme est une peste, et qu'il provoque des révoltes parmi tous les Juifs sur toute la terre habitée, et qu'il est un meneur de la secte des Nazaréens.

6 Il a même tenté de profaner le Temple ; aussi l'avons-nous arrêté.[1]

— [1] plusieurs manuscrits ajoutent : Et nous avons voulu le juger selon notre loi, mais le chiliarque Lysias, étant intervenu, l'a emmené en l'arrachant de nos mains avec une grande violence, donnant l'ordre que ses accusateurs viennent devant toi (versets 6b à 8a).

8 Par lui tu pourras toi-même, en l'interrogeant, arriver à la pleine connaissance de toutes ces choses dont nous, nous l'accusons. »

9 Et les Juifs aussi se joignirent [à ces accusations], affirmant que les choses étaient bien ainsi.

10 Alors Paul, après que le gouverneur lui eut fait signe de parler, répondit : « Sachant que depuis plusieurs années tu es juge de cette nation, je présente donc ma défense avec confiance.

11 Car tu peux savoir qu'il ne s'est pas passé plus de douze jours depuis que je suis monté à Jérusalem pour adorer.

12 Et ils ne m'ont trouvé ni dans le Temple, discutant avec quelqu'un ou ameutant la foule, ni dans les synagogues, ni dans la ville.

13 Et ils ne peuvent pas te prouver les choses dont ils m'accusent présentement.

14 Mais je reconnais bien ceci devant toi, que selon la Voie[1] qu'ils appellent secte, ainsi, je rends un culte au Dieu de nos pères, croyant toutes les choses qui sont écrites dans[2] la Loi et dans les Prophètes,

— [1] Voie : terme utilisé pour désigner la foi chrétienne à ses débuts. — [2] proprement : tout le long de.

15 ayant espérance en Dieu – [espérance] que ceux-ci partagent aussi eux-mêmes – qu'il y aura une résurrection tant de ceux qui sont justes que de ceux qui sont injustes.

16 C'est pour cela aussi que je m'exerce moi-même à avoir toujours une conscience sans reproche devant Dieu et devant les

hommes.

17 Or, après bien des années, j'étais venu pour faire des aumônes à ma nation et [présenter] des offrandes.

18 C'est alors qu'ils me trouvèrent purifié dans le Temple, sans attroupement et sans tumulte.

19 Or ce sont quelques Juifs d'Asie qui auraient dû être ici devant toi et m'accuser s'ils avaient quelque chose contre moi.

20 Ou bien, que ceux-ci disent eux-mêmes quelle injustice ils ont trouvée en moi quand j'ai comparu devant le sanhédrin,

21 à moins que ce ne soit cette seule parole[1] que j'ai criée, debout au milieu d'eux : "C'est pour la résurrection des morts que moi, je suis mis en jugement aujourd'hui devant vous." »

— [1] littéralement : voix.

Paul devant Félix et Drusille

22 Mais Félix, ayant plus exactement connaissance de ce qui regardait la Voie[1], les renvoya[2], en disant : « Quand le chiliarque Lysias sera descendu, j'examinerai votre affaire. »

— [1] Voie : terme utilisé pour désigner la foi chrétienne à ses débuts. — [2] littéralement : ajourna.

23 Et il ordonna au centurion que Paul[1] soit gardé, et qu'il ait [quelque] liberté, et qu'on n'empêche aucun des siens de le servir.

— [1] littéralement : il.

24 Or quelques jours après, Félix, étant arrivé avec sa femme Drusille qui était juive, envoya chercher Paul, et il l'écouta [parler] sur la foi en Jésus Christ.

25 Mais comme Paul[1] discutait au sujet de la justice, et de la maîtrise de soi, et du jugement à venir, Félix tout effrayé répondit : « Pour le moment, va-t'en ! Et quand je trouverai une occasion, je te ferai appeler. »

— [1] littéralement : il.

26 Il espérait en même temps que Paul lui donnerait de l'argent ; c'est pourquoi aussi, il le faisait venir assez souvent et s'entretenait avec lui.

27 Or, quand deux ans se furent écoulés, Félix eut pour successeur Porcius Festus. Et voulant accorder une faveur aux Juifs[1], Félix laissa Paul en prison[1].

— [1] ou : voulant gagner la faveur des Juifs. — [2] littéralement : lié.

Paul devant le gouverneur Festus

25 Alors trois jours après son arrivée dans la province, Festus monta de Césarée à Jérusalem.

2 Et les principaux sacrificateurs et les notables des Juifs lui exposèrent [leur plainte] contre Paul. Et ils le suppliaient,

3 demandant la faveur qu'il le fasse venir à Jérusalem. [Or c'était] contre Paul[1], [car] ils préparaient une embuscade pour le tuer en chemin.

— [1] littéralement : lui.

4 Alors Festus répondit que Paul serait gardé à Césarée et que lui-même allait bientôt partir.

5 « Que les hommes influents parmi vous descendent donc avec [moi], dit-il, et si cet homme a fait quelque chose de mal, qu'ils l'accusent. »

6 Et n'ayant pas séjourné parmi eux plus de huit à dix jours, il descendit à Césarée. Et le lendemain, siégeant au tribunal, il donna l'ordre que Paul soit amené.

7 Et lorsque Paul[1] fut arrivé, les Juifs qui étaient descendus de Jérusalem l'entourèrent, portant contre [lui] de nombreuses et graves accusations qu'ils ne pouvaient pas prouver,

— [1] littéralement : il.

8 [tandis que] Paul se défendait [en disant] : « Je n'ai péché en rien, ni contre la loi des Juifs, ni contre le Temple, ni contre César[1]. »

— [1] César : titre de l'empereur romain qui était alors Néron.

9 Mais Festus, voulant accorder une faveur aux Juifs[1], répondit à Paul et dit : « Veux-tu monter à Jérusalem pour y être jugé devant moi quant à ces choses ? »

— [1] ou : voulant gagner la faveur des Juifs.

10 Alors Paul dit : « Je suis ici devant le tribunal de César, là où je dois être jugé. Je n'ai fait aucun tort aux Juifs, comme tu le sais toi-même très bien.

11 Si donc j'ai fait du tort et si j'ai fait quelque chose qui mérite la mort, je ne refuse pas de mourir. Mais si rien n'est [vrai] de ce dont ceux-ci m'accusent, personne ne peut me livrer à eux. J'en appelle à César ! »

12 Alors Festus, s'étant entretenu avec le Conseil[1], répondit : « Tu en as appelé à César, tu iras devant César. »

— [1] c.-à-d. : l'ensemble de ses conseillers.

Festus expose au roi Agrippa l'affaire de Paul

13 Or, quelques jours s'étant écoulés, le roi Agrippa[1] et Bérénice vinrent à Césarée pour saluer Festus.

— [1] Agrippa II et sa sœur Bérénice, fils et fille d'Hérode Agrippa Ier du chapitre 12.

14 Et comme ils séjournaient là plusieurs jours, Festus exposa au roi l'affaire de Paul, en disant : « Un certain homme a été laissé prisonnier par Félix,

15 au sujet duquel, lorsque j'étais à Jérusalem, les principaux sacrificateurs et les anciens des Juifs ont porté plainte, demandant une condamnation contre lui.

16 Mais je leur ai répondu que ce n'est pas la coutume des Romains de livrer un homme avant que l'accusé ne soit confronté avec ses accusateurs et qu'il n'ait l'occasion de se défendre au sujet de ce dont il est accusé.

17 Quand donc ils furent venus ensemble ici, sans aucun délai, le jour suivant, siégeant au tribunal, j'ordonnai que l'homme soit amené

18 Les accusateurs, se tenant [alors] autour de lui, n'avancèrent aucune charge relativement à des choses que moi, je supposais mauvaises.

19 Mais ils avaient contre lui quelques questions concernant leur propre religion et un certain Jésus [qui était] mort [et] que Paul affirmait être vivant.

20 Et comme moi, j'étais dans l'embarras pour procéder à l'instruction de ces choses, je demandai [à cet homme] s'il voulait aller à Jérusalem pour y être jugé quant à ces choses.

21 Mais Paul, ayant fait appel, [et ayant demandé] à être réservé au jugement d'Auguste[1], je donnai l'ordre qu'il soit gardé jusqu'à ce que je l'envoie à César[1]. »

— [1] Auguste, César : titres de l'empereur romain qui était alors Néron.

22 Et Agrippa [dit] à Festus : « Je voudrais bien moi-même aussi entendre cet homme. » « Demain, dit-il, tu l'entendras. »

Festus présente Paul à Agrippa

23 Alors le lendemain, Agrippa et Bérénice vinrent en grande pompe, et entrèrent dans la salle d'audience avec les chiliarques et les hommes importants de la ville. Et sur l'ordre de Festus, Paul fut amené.

24 Et Festus dit : « Roi Agrippa et vous tous, les hommes qui êtes présents avec nous, vous voyez cet homme[1] au sujet duquel toute la multitude des Juifs m'a sollicité, et à Jérusalem et ici-même, en s'exclamant qu'il ne devait plus vivre.
— [1] littéralement : celui.

25 Or moi, j'ai trouvé qu'il n'avait rien fait qui mérite la mort, mais cet homme[1] lui-même en ayant appelé à Auguste, j'ai décidé de [le lui] envoyer.
— [1] littéralement : celui-ci.

26 Mais je n'ai rien de certain à écrire à l'empereur[1] à son sujet. C'est pourquoi je l'ai amené devant vous et en particulier devant toi, roi Agrippa, afin qu'après avoir procédé à un interrogatoire, j'aie quelque chose à écrire.
— [1] littéralement : au seigneur.

27 Car il me semble déraisonnable d'envoyer un prisonnier sans indiquer en même temps les charges [qui pèsent] sur lui. »

Discours de Paul devant Agrippa

26 Et Agrippa dit à Paul : « Il t'est permis de parler pour ta défense[1]. » Alors Paul, ayant étendu la main, plaida sa cause, [en disant] :
— [1] littéralement : parler à ton sujet.

2 « Je m'estime heureux, roi Agrippa, d'avoir aujourd'hui à présenter ma défense devant toi, au sujet de toutes les choses dont je suis accusé par les Juifs,

3 surtout parce que tu es au fait de toutes les coutumes et aussi des débats [qui existent] parmi les Juifs. C'est pourquoi je te prie de m'écouter avec patience.

4 Ainsi, ma manière de vivre, dès ma jeunesse, telle qu'elle a été dès le commencement, dans ma nation et à Jérusalem, est connue de tous les Juifs.

5 Ils me connaissent depuis le début, s'ils veulent en rendre témoignage, [et ils savent] que, selon la secte la plus exacte de notre religion, j'ai vécu [en] Pharisien.

6 Et maintenant, je comparais en jugement pour l'espérance en la promesse faite par Dieu à nos pères,

7 [promesse] à laquelle nos douze tribus, en rendant un culte [à Dieu] nuit et jour avec ferveur, espèrent parvenir. Et c'est pour cette espérance, ô roi, que je suis accusé par les Juifs.

8 Pourquoi, parmi vous, juge-t-on incroyable que Dieu ressuscite des morts ?

9 Pour moi donc, j'ai[1] pensé en moi-même qu'il fallait engager beaucoup d'hostilités contre le nom de Jésus le Nazaréen,
— [1] ou : Il est vrai que moi [aussi] j'ai.

10 ce que j'ai fait aussi à Jérusalem. Et j'ai moi-même enfermé dans les prisons beaucoup de saints, après en avoir reçu le pouvoir des principaux sacrificateurs. Et quand on les faisait mourir, j'apportais mon suffrage[1].
— [1] littéralement : je donnais un caillou ; allusion à la manière de voter.

11 Et souvent, dans toutes les synagogues, en les punissant, je les obligeais à blasphémer. Et plein

de rage contre eux, je les persécutais même jusque dans les villes étrangères.

12 C'est ainsi que j'allais à Damas, avec pouvoir et mission de la part des principaux sacrificateurs.

13 [Alors que j'étais] en chemin, au milieu de la journée, j'ai vu, ô roi, une lumière venant du ciel, plus éclatante que celle du soleil, laquelle a brillé autour de moi et de ceux qui faisaient route avec moi.

14 Et comme nous étions tous tombés à terre, j'ai entendu une voix qui me disait en langue hébraïque : "Saul, Saul, pourquoi me persécutes-tu ? Il t'est dur de te révolter contre des aiguillons."

15 Et moi, j'ai dit : "Qui es-tu, Seigneur ?" Et le Seigneur dit : "Moi, je suis Jésus que toi, tu persécutes.

16 Mais lève-toi et tiens-toi sur tes pieds ! Car je te suis apparu afin de te désigner comme serviteur[1] et témoin, aussi bien des choses que tu as vues que de celles pour [la révélation] desquelles je t'apparaîtrai,

— [1] serviteur ayant un service spécial ; comme en 13:5 et Luc 1:2.

17 en te mettant à part du milieu du peuple et des nations, vers lesquels moi, je t'envoie.

18 [Et je t'envoie] pour ouvrir leurs yeux, pour qu'ils se tournent des ténèbres vers la lumière et du pouvoir de Satan vers Dieu, pour qu'ils reçoivent la rémission des péchés et une part[1] avec ceux qui sont sanctifiés, par la foi en moi."

— [1] ou : un lot ; comme en Col. 1:12.

19 Ainsi, roi Agrippa, je n'ai pas été désobéissant à la vision céleste.

20 Mais c'est d'abord à ceux de Damas, et puis à Jérusalem, et à tout le pays de la Judée, et aux nations que j'ai annoncé qu'ils devaient se repentir et se tourner vers Dieu, en faisant des œuvres qui conviennent à la repentance.

21 À cause de cela, les Juifs s'étant saisis de moi dans le Temple ont cherché à me tuer.

22 Ayant donc reçu le secours qui vient de Dieu, je tiens ferme jusqu'à ce jour, rendant témoignage devant les petits et les grands, ne disant rien d'autre que ce que les prophètes et Moïse ont annoncé devoir arriver,

23 [c'est-à-dire] que le Christ serait soumis à la souffrance et que le premier, par [la] résurrection des morts[1], il devait annoncer la lumière aussi bien au peuple qu'aux nations. »

— [1] littéralement : de morts.

24 Et comme il parlait ainsi pour sa défense, Festus dit d'une voix forte : « Tu es fou, Paul ! Ton grand savoir te fait tourner à la folie. »

25 Mais Paul dit : « Je ne suis pas fou, très excellent Festus, mais je prononce des paroles de vérité et de bon sens.

26 Car le roi a la connaissance de ces choses, et je parle devant lui avec assurance, parce que je suis persuadé qu'il n'ignore rien de ces choses, car cela n'a pas été fait en secret.

27 Crois-tu, roi Agrippa, aux prophètes ? Je sais que tu [y] crois. »

28 Et Agrippa [dit] à Paul : « Bientôt, tu vas me persuader[1] de devenir chrétien ! »

— [1] littéralement : Tu me persuades en peu [de temps].

29 Mais Paul [répondit] : « Je souhaiterais, s'il plaît à Dieu, que tôt ou tard[1], non seulement toi,

mais aussi tous ceux qui m'écoutent aujourd'hui, vous deveniez tels que je suis, à l'exception de ces liens. »

— [1] littéralement : en peu et en beaucoup.

30 Alors le roi se leva, ainsi que le gouverneur, et Bérénice, et ceux qui étaient assis avec eux.

31 Et quand ils se furent retirés, ils parlèrent entre eux, en disant : « Cet homme ne fait rien qui mérite la mort ou les liens. »

32 Puis Agrippa dit à Festus : « Cet homme aurait pu être relâché s'il n'en avait pas appelé à César. »

Départ de Paul pour Rome

27 Or lorsqu'il a été décidé que nous ferions voile vers l'Italie, on remit Paul et quelques autres prisonniers à un centurion nommé Julius, de la cohorte Auguste.

2 Et étant montés sur un bateau d'Adramytte[1] devant faire voile vers[2] les régions [situées] le long de la côte d'Asie, nous avons pris la mer, Aristarque, Macédonien de Thessalonique, étant avec nous.

— [1] Adramytte : ville côtière au nord-ouest de l'Asie Mineure. — [2] ou : par.

3 Et le jour suivant nous avons abordé à Sidon. Et Julius, traitant Paul avec humanité, lui a permis d'aller chez ses amis pour jouir de leurs soins.

4 Et de là, ayant pris la mer, nous avons navigué à l'abri de[1] Chypre, parce que les vents étaient contraires.

— [1] littéralement : sous.

5 Puis après avoir traversé la mer qui borde la Cilicie et la Pamphylie, nous avons débarqué à Myra, en Lycie.

6 Et le centurion, ayant trouvé là un bateau d'Alexandrie en partance pour l'Italie, nous y a fait monter.

7 Ayant navigué lentement durant bien des jours et étant arrivés avec peine à la hauteur de Cnide, le vent ne nous permettant pas d'aborder, nous avons navigué le long de la Crète, au large de Salmone.

8 Et l'ayant côtoyée avec peine, nous sommes arrivés à un lieu qui est appelé Beaux-Ports, près duquel était la ville de Lasée.

De Crète à Malte : tempête et naufrage

9 Et comme il s'était écoulé assez de temps et que la navigation était déjà périlleuse – car le Jeûne[1] était même déjà passé – Paul les avertissait,

— [1] ou : la fête des expiations (Lév. 16:29-31) vers l'équinoxe d'automne, à l'entrée de la mauvaise saison.

10 en leur disant : « Hommes, je vois que la navigation sera accompagnée de périls et de beaucoup de dommages, non seulement pour la cargaison et pour le bateau, mais aussi pour nos vies. »

11 Mais le centurion se fiait plus au pilote et au capitaine qu'à ce que Paul disait.

12 Et comme le port n'était pas commode pour hiverner, la plupart furent d'avis de partir de là, afin d'atteindre, si possible, Phénice, port de Crète tourné vers le nord-est et le sud-est[1], pour y passer l'hiver.

— [1] littéralement : regardant selon le [vent du] sud-ouest et selon le [vent du] nord-ouest ; c.-à-d. dans le sens de ces vents.

13 Et comme le vent du sud soufflait doucement, estimant qu'ils pouvaient exécuter leur projet, ils levèrent l'ancre et longèrent de

près [l'île de] Crète.

14 Mais peu après, un vent d'ouragan appelé Euraquilon descendit violemment de l'île[1].

— [1] littéralement : d'elle.

15 Et le bateau était entraîné et ne pouvait pas tenir contre le vent. Nous avons [donc] renoncé [à toute action] et nous avons été emportés.

16 Et après avoir filé à l'abri d'une petite île appelée Cauda, nous nous sommes rendus à grand-peine maîtres de la chaloupe.

17 Alors, l'ayant hissée à bord, les matelots[1] employèrent des mesures de sécurité[2] en ceinturant le bateau [avec des cordages]. Et craignant d'échouer vers la Syrte, ils descendirent l'ancre flottante[3]. [Et c'est] ainsi [qu']on était emporté.

— [1] littéralement : ils. — [2] littéralement : de secours. — [3] l'ancre flottante était destinée à ralentir la course du bateau.

18 Et comme nous étions violemment battus par la tempête, le jour suivant, ils jetèrent une partie de la cargaison[1].

— [1] ou : du lest.

19 Et le troisième jour, ils jetèrent de leurs propres mains les agrès du bateau.

20 Et durant bien des jours, il ne parut ni soleil ni étoiles, et une violente tempête nous assaillait. Dès lors tout espoir d'être sauvés nous échappait.

21 Et comme nous étions restés longtemps sans manger, alors Paul, se tenant au milieu d'eux, dit : « Ô hommes, vous auriez dû m'écouter et ne pas partir de Crète, afin d'éviter ce péril et ce dommage.

22 Mais maintenant, je vous exhorte à avoir bon courage, car on ne fera la perte de la vie d'aucun de vous, mais seulement du bateau.

23 Car un ange du Dieu auquel j'appartiens et à qui je rends un culte s'est tenu près de moi cette nuit,

24 en disant : "Ne crains pas, Paul, il faut que tu comparaisses devant César. Et voici, Dieu t'a donné par grâce tous ceux qui naviguent avec toi."

25 C'est pourquoi, ô hommes, ayez bon courage ! Car j'ai confiance en Dieu [et je sais] que la chose arrivera comme il m'a été dit.

26 Mais nous devons échouer sur une île. »

27 Et quand la 14e nuit fut venue, comme nous étions ballottés sur la mer Adriatique, les marins, au milieu de la nuit, eurent l'impression qu'ils approchaient d'une terre.

28 Et ayant jeté la sonde, ils trouvèrent 20 brasses[1] ; puis étant passés un peu plus loin et ayant encore jeté la sonde, ils trouvèrent 15 brasses.

— [1] 1 brasse = 1,78 m environ ; la profondeur passe ainsi de 35 à 26 m environ.

29 Alors, craignant que nous n'allions échouer sur des récifs, ils jetèrent 4 ancres de la poupe et souhaitèrent la venue du jour.

30 Mais comme les marins cherchaient à s'enfuir du bateau, ayant descendu la chaloupe à la mer sous prétexte d'aller jeter au loin les ancres de la proue,

31 Paul dit au centurion et aux soldats : « Si ceux-ci ne restent pas dans le bateau, vous ne pouvez pas être sauvés. »

32 Alors les soldats coupèrent les cordages de la chaloupe et la

laissèrent tomber.

33 Et en attendant la venue du jour, Paul les exhortait tous à prendre de la nourriture, en disant : « C'est aujourd'hui le 14e jour que vous êtes dans l'attente [et] que vous restez à jeun, sans avoir rien pris.

34 C'est pourquoi je vous exhorte à prendre de la nourriture, parce que cela est nécessaire pour votre salut. Car aucun de vous ne perdra un cheveu de sa tête. »

35 Et quand il eut dit ces choses, ayant pris du pain, il rendit grâce à Dieu devant tous ; et l'ayant rompu, il se mit à manger.

36 Alors, ayant tous repris courage, eux aussi prirent de la nourriture.

37 Or nous étions dans le bateau 276 personnes en tout.

38 Et quand ils eurent assez mangé, ils allégèrent le bateau en jetant le blé à la mer.

39 Et le jour étant venu, ils ne reconnaissaient pas le pays, mais ils apercevaient une baie ayant une plage sur laquelle ils résolurent, s'ils le pouvaient, de faire échouer le bateau.

40 Et ils détachèrent les ancres pour les laisser dans la mer, relâchant en même temps les attaches des gouvernails. Et ayant hissé au vent la voile d'artimon, ils mirent le cap sur la plage.

41 Mais, étant tombés sur un haut-fond entre deux courants, ils y échouèrent le bateau. Et la proue s'étant enfoncée restait immobile, mais la poupe se disloquait par la violence [des vagues].

42 Or le projet des soldats fut de tuer les prisonniers, de peur que l'un d'eux ne se sauve à la nage et ne s'enfuie.

43 Mais le centurion, voulant sauver Paul, [les] empêcha [d'exécuter] leur projet. Et il ordonna que ceux qui savaient nager se jettent [à l'eau] les premiers pour gagner la terre,

44 et que les autres [se mettent] les uns sur des planches et les autres sur quelques débris du bateau. Et ainsi, il arriva que tous parvinrent à terre sains et saufs.

Paul à l'île de Malte

28 Et après avoir été sauvés, alors nous avons appris que l'île s'appelait Malte.

2 Et les autochtones usèrent d'une humanité peu ordinaire envers nous. Car ayant allumé un feu, ils nous reçurent tous à cause de la pluie qui tombait et à cause du froid.

3 Or Paul ayant ramassé une quantité de branches sèches et les ayant mises sur le feu, une vipère sortit à cause de la chaleur et s'attacha à sa main.

4 Et quand les autochtones virent la bête suspendue à sa main, ils se dirent les uns aux autres : « Assurément, cet homme est un meurtrier, puisque, après avoir été sauvé de la mer, Diké[1] n'a pas permis qu'il vive. »

— [1] Diké : divinité grecque personnifiant la Justice.

5 Et alors Paul[1], ayant secoué la bête dans le feu, n'en souffrit aucun mal.

— [1] littéralement : lui.

6 Mais eux s'attendaient à ce qu'il enfle ou tombe mort subitement. Après avoir longtemps attendu et ayant vu qu'il ne lui arrivait rien

d'anormal, changeant d'avis, ils dirent qu'il était un dieu.

7 Or aux environs de cet endroit se trouvaient des domaines du premier [magistrat] de l'île, nommé Publius. Il nous reçut et nous logea durant trois jours avec beaucoup de bonté.
8 Et il arriva que le père de Publius était [là] couché, souffrant beaucoup de fièvre et de dysenterie. Et Paul, étant entré chez lui, pria, et lui imposa les mains, et le guérit.
9 Mais après cela, les autres [habitants] de l'île qui avaient des infirmités vinrent aussi et furent guéris.
10 Et ceux-ci nous firent aussi de grands honneurs et, à notre départ, ils nous fournirent ce qui nous était nécessaire.

De l'île de Malte à Rome

11 Et trois mois après, nous sommes partis sur un bateau d'Alexandrie qui avait hiverné dans l'île et qui avait pour enseigne les Dioscures[1].
— [1] il s'agit de Castor et Pollux, célèbres jumeaux de la mythologie grecque, considérés par les marins de l'époque comme leurs protecteurs.
12 Et ayant abordé à Syracuse, nous y sommes restés trois jours.
13 De là nous avons levé l'ancre[1] et nous sommes arrivés à Rhegium. Et le vent du sud s'étant levé le lendemain, nous sommes arrivés le surlendemain à Pouzzoles
— [1] plusieurs manuscrits portent : longé la côte.
14 où, ayant trouvé des frères, nous avons été invités à rester chez eux [pendant] sept jours. Et ainsi, nous sommes allés à Rome.

15 Et de là[1], les frères, ayant appris les choses qui nous étaient arrivées, sont venus à notre rencontre jusqu'au Forum d'Appius et aux Trois-Tavernes. Et les voyant, Paul rendit grâce à Dieu et prit courage.
— [1] c.-à-d. : de Rome.

16 Et lorsque nous sommes arrivés à Rome, il fut permis à Paul de loger à part avec un soldat qui le gardait.

Paul et les Juifs de Rome

17 Or il arriva, trois jours après, que Paul[1] convoqua ceux qui étaient les notables des Juifs. Et quand ils furent réunis, il leur dit : « Frères[2], bien que moi, je n'aie rien fait contre le peuple ou contre les coutumes des pères, ayant été fait prisonnier à Jérusalem, j'ai été livré entre les mains des Romains
— [1] littéralement : il. — [2] littéralement (hébraïsme) : Hommes frères.
18 qui, après m'avoir interrogé, voulaient me relâcher, parce qu'il n'y avait dans mon cas[1] aucun motif qui mérite la mort.
— [1] littéralement : en moi.
19 Mais les Juifs s'y opposant, j'ai été obligé d'en appeler à César, sans [avoir l'intention de] porter quelque accusation contre ma nation.
20 Voilà donc le motif pour lequel je vous ai appelés, afin de vous voir et de vous parler, car c'est pour l'espérance d'Israël que je suis chargé de cette chaîne. »
21 Mais ils lui dirent : « Pour nous, nous n'avons pas reçu de lettre de Judée à ton sujet. Et aucun des frères qui sont arrivés n'a rapporté ou dit quelque mal de toi.
22 Mais nous demandons à

entendre de toi-même ce que tu penses. Car, quant à cette secte, nous savons que partout on la contredit. »

23 Et lui ayant fixé un jour, ils vinrent en plus grand nombre auprès de lui, dans son logement. Et il leur exposait [la vérité], en rendant témoignage du royaume de Dieu, depuis le matin jusqu'au soir, cherchant à les persuader [des choses] concernant Jésus, à partir de la loi de Moïse et des Prophètes.
24 Or les uns furent persuadés par les choses qui étaient dites, mais les autres ne croyaient pas.
25 Et n'étant pas d'accord entre eux, ils se retirèrent après que Paul eut dit une seule parole : « L'Esprit Saint a bien parlé à vos[1] pères par Ésaïe le prophète,
— [1] plusieurs manuscrits portent : nos.
26 en disant : "Va vers ce peuple et dis : En entendant vous entendrez et vous ne comprendrez absolument pas, et en voyant vous verrez et vous n'apercevrez absolument pas.
27 Car le cœur de ce peuple s'est épaissi, et ils sont devenus durs d'oreille, et ils ont fermé leurs yeux, de peur qu'ils ne voient des yeux, et qu'ils n'entendent des oreilles, et qu'ils ne comprennent du cœur, et qu'ils ne se convertissent, et que je ne les guérisse."[1]
— [1] Ésaïe 6:9-10.
28 Sachez donc que ce salut[1] de Dieu a été envoyé aux nations, et eux, ils écouteront. »
— [1] plutôt : ce qui sauve que le salut en lui-même ; comparer avec Luc 2:30 ; 3:6 ; Éph. 6:17.

30 Et Paul[1] resta deux ans entiers dans son logement qu'il avait loué, et il recevait tous ceux qui venaient à lui,
— [1] littéralement : il.
31 prêchant le royaume de Dieu et enseignant les choses qui regardent le Seigneur Jésus Christ, avec toute assurance, sans empêchement.

Salutation

1 [1][De la part de] Paul, esclave du Christ Jésus, apôtre par appel[2], mis à part pour l'Évangile[3] de Dieu.

— [1] les versets 1 à 7 forment une seule phrase dans le texte original. — [2] c.-à-d. : apôtre par l'appel de Dieu. — [3] ou : la bonne nouvelle.

2 [1]([Cet évangile,] que Dieu[2] avait promis auparavant par ses prophètes dans de saintes Écritures,

— [1] les versets 2 à 6 forment une parenthèse. — [2] littéralement : il.

3 concerne son Fils – né de la descendance de David, selon la chair,

4 déterminé Fils de Dieu en puissance selon [l']Esprit[1] de sainteté, par [la] résurrection des morts[2] – Jésus Christ, notre Seigneur.

— [1] Esprit et esprit ; c.-à-d. : le Saint Esprit lui-même aussi bien que l'état de l'âme caractérisé par sa présence et sa puissance. — [2] littéralement : de morts.

5 [C'est] par lui que nous avons reçu grâce et apostolat en vue de [l']obéissance de [la] foi parmi toutes les nations, pour son nom,

6 parmi lesquelles vous êtes, vous aussi, des appelés de Jésus Christ.)[1]

— [1] la parenthèse commence au verset 2.

7 À tous les bien-aimés de Dieu qui sont à Rome, saints par appel[1] : Grâce et paix à vous, de la part de Dieu notre Père et du Seigneur Jésus Christ ![2]

— [1] c.-à-d. : tels par l'appel de Dieu. — [2] les versets 1 à 7 forment une seule phrase dans le texte original.

Désir de Paul d'aller à Rome

8 Tout d'abord, je rends grâce à mon Dieu, par Jésus Christ, pour vous tous, parce que votre foi est proclamée dans le monde entier.

9 Car Dieu, à qui je rends un culte dans mon esprit, dans l'Évangile de son Fils, m'est témoin que je fais sans cesse mention de vous,

10 demandant toujours dans mes prières que, d'une manière ou d'une autre, il me soit enfin accordé par la volonté de Dieu d'aller vers vous.

11 Car je désire ardemment vous voir, afin de vous faire part de quelque don de grâce spirituel pour que vous soyez affermis,

12 c'est-à-dire pour que nous soyons encouragés ensemble au milieu de vous, vous et moi aussi, chacun par la foi qui est dans l'autre.

13 Or je ne veux pas que vous ignoriez, frères, que je me suis souvent proposé d'aller vers vous – et j'en ai été empêché jusqu'à présent – afin de recueillir aussi quelque fruit parmi vous, comme aussi parmi les autres nations.

14 J'ai une dette[1] envers les Grecs comme envers les étrangers[2], envers les sages comme envers ceux qui ne sont pas intelligents.

— [1] c.-à-d. : J'ai un devoir à remplir ; voir Actes 9:15 ; 22:15. — [2] c.-à-d. : les étrangers à la civilisation grecque.

15 Ainsi, autant qu'il dépend de moi, je suis tout prêt à vous annoncer l'Évangile[1], à vous aussi qui êtes à Rome.

— [1] proprement : la bonne nouvelle.

L'évangile, puissance de Dieu, révèle sa justice

16 En effet, je n'ai pas honte de l'Évangile, car il est [la] puissance

de Dieu pour le salut de quiconque croit, d'abord du Juif, puis du Grec. 17 Car [la] justice de Dieu y est révélée par la foi [et] pour la foi[1], ainsi qu'il est écrit : « Or le juste vivra par la foi. »[2]

— [1] ou : sur la base de la foi et en vue de la foi ; littéralement : à partir de foi vers foi. — [2] Habakuk 2:4.

La culpabilité des nations

18 En effet, [la] colère de Dieu est révélée du ciel contre toute impiété et toute iniquité[1] des hommes qui possèdent[2] la vérité [tout en vivant] dans l'iniquité[1].

— [1] iniquité, ailleurs : injustice. — [2] ou : détiennent.

19 Car ce qu'on peut connaître de Dieu est manifeste parmi eux, car Dieu le leur a manifesté.

20 En effet, depuis la création du monde, ce qu'il y a d'invisible en lui – à la fois sa puissance éternelle et sa divinité – se discerne au moyen de l'intelligence, d'après les choses qui sont faites, de sorte qu'ils[1] sont inexcusables.

— [1] c.-à-d. : les hommes.

21 Car, ayant connu Dieu, ils ne l'ont pas glorifié comme Dieu ni ne lui ont rendu grâce, mais ils se sont égarés[1] dans leurs raisonnements, et leur cœur privé d'intelligence a été rempli de ténèbres.

— [1] littéralement : sont devenus vains.

22 Se prétendant sages, ils sont devenus fous,

23 et ils ont changé la gloire du Dieu incorruptible en la ressemblance d'une image d'homme corruptible, d'oiseaux, de quadrupèdes, de reptiles.

24 C'est pourquoi Dieu les a livrés, dans les convoitises de leurs cœurs, à l'impureté, de sorte qu'ils déshonorent entre eux leurs [propre] corps,

25 eux qui ont changé la vérité de Dieu en mensonge, et ont honoré et adoré la créature plutôt que celui qui l'a créée, lequel est béni éternellement[1] ! Amen.

— [1] littéralement : pour les siècles.

26 C'est pourquoi Dieu les a livrés à des passions infâmes, car leurs femmes[1] ont changé les relations naturelles en celles qui sont contre nature.

— [1] littéralement : femelles.

27 Et de même aussi, les hommes[1] laissant les relations naturelles avec la femme[2] se sont enflammés dans leur désir les uns pour les autres, commettant l'infamie, hommes[1] avec hommes[1], et recevant en eux-mêmes le juste salaire de leur égarement.

— [1] littéralement : mâles. — [2] littéralement : femelle.

28 [1]Et comme ils n'ont pas jugé bon de garder la pleine connaissance de Dieu[2], Dieu les a livrés à une intelligence pervertie[3] pour faire des choses qui ne conviennent pas.

— [1] les versets 28 à 32 forment une seule phrase dans le texte original. — [2] littéralement : d'avoir Dieu en pleine connaissance. — [3] c.-à-d. : dénuée de tout sens moral.

29 Ils sont remplis de toute injustice, de perversité, d'avidité, de méchanceté. [Ils sont] pleins de jalousie, de meurtres, de querelles, de ruses, de mauvaises mœurs. [Ils sont] diffamateurs,

30 médisants, haïssables pour[1] Dieu, insolents, hautains, vantards, ingénieux pour le mal, désobéissants à leurs parents,

— [1] ou : ennemis de.

31 sans intelligence, sans loyauté, sans affection naturelle, sans miséricorde.

32 [Et bien qu']ayant connu le juste

décret[1] de Dieu – que ceux qui commettent de telles choses méritent la mort – non seulement ils les font [eux-mêmes], mais encore ils approuvent ceux qui les commettent.[2]

— [1] c.-à-d. : ce que demande la juste volonté de Dieu ; ou : un acte juste répondant à ce qu'il exige. — [2] les versets 28 à 32 forment une seule phrase dans le texte original.

Le jugement de Dieu sur les nations et sur les Juifs

2 C'est pourquoi, ô homme, qui que tu sois, tu es inexcusable, [toi] qui juges. Car, en en jugeant les autres, tu te condamnes toi-même, puisque toi qui juges tu commets les mêmes choses.

2 Or nous savons que le jugement de Dieu est selon la vérité contre ceux qui commettent de telles choses.

3 Et penses-tu, ô homme, [toi] qui juges ceux qui commettent de telles choses et qui les fais, que tu échapperas au jugement de Dieu ?

4 Ou méprises-tu les richesses de sa bonté, et de son support, et de sa patience, ne connaissant pas que la bonté de Dieu te pousse à la repentance ?

5 [1]Mais selon ta dureté et selon ton cœur sans repentance, tu amasses pour toi-même la colère dans le jour de la colère et de la révélation du juste jugement de Dieu.

— [1] les versets 5 à 11 forment une seule phrase dans le texte original.

6 [C'est lui] qui rendra à chacun selon ses œuvres :

7 la vie éternelle à ceux qui, en persévérant dans les bonnes œuvres, cherchent la gloire, et l'honneur, et l'incorruptibilité[1] ;

— [1] incorruptibilité, non pas immortalité.

8 mais la colère et l'indignation à ceux qui, par contestation, désobéissent à la vérité et obéissent à l'iniquité[1].

— [1] iniquité, ailleurs : injustice.

9 La détresse et l'angoisse [atteindront] toute âme d'homme qui fait le mal, d'abord du Juif, puis du Grec ;

10 mais la gloire, et l'honneur, et la paix [seront] pour tout [homme] qui fait le bien, d'abord pour le Juif, puis pour le Grec.

11 Car il n'y a pas de favoritisme devant Dieu.[1]

— [1] les versets 5 à 11 forment une seule phrase dans le texte original.

12 En effet, tous ceux qui ont péché sans loi périront aussi sans loi ; et tous ceux qui ont péché sous [la] Loi seront jugés par [la] Loi.

13 [1](Car ce ne sont pas les auditeurs de la Loi qui sont justes devant Dieu, mais ce sont ceux qui accomplissent la Loi qui seront justifiés.

— [1] les versets 13 à 15 forment une parenthèse.

14 Car quand les gens des nations[1] qui n'ont pas de loi font naturellement les choses de la Loi, ceux-là, qui n'ont pas de loi, sont une loi pour eux-mêmes.

— [1] ceux qui ne sont pas juifs.

15 Et ils montrent l'œuvre de la Loi, écrite[1] dans leurs cœurs, leur conscience rendant en même temps témoignage et leurs pensées s'accusant entre elles ou bien se justifiant.)[2]

— [1] c'est l'œuvre qui est écrite, et non la Loi. — [2] la parenthèse commence au verset 13.

16 [Ils[1] seront donc jugés] le jour où Dieu jugera par le Christ Jésus les [actions] secrètes des hommes, selon mon Évangile.

— [1] c.-à-d. : tous ceux qui ont péché sans loi et tous ceux qui ont péché sous la Loi (verset 12).

La culpabilité des Juifs

17 Or si toi, tu portes le nom de Juif, et que tu te reposes sur la Loi, et que tu te glorifies en Dieu,

18 et que tu connaisses sa[1] volonté, et que tu saches discerner les choses excellentes, étant instruit par la Loi,

— [1] littéralement : la.

19 et que tu sois convaincu d'être toi-même un conducteur d'aveugles, une lumière de ceux qui sont dans les ténèbres,

20 un instructeur de gens sans intelligence, un maître[1] de petits enfants, ayant dans la Loi l'expression même[2] de la connaissance et de la vérité

— [1] maître qui enseigne ; ailleurs : docteur.
— [2] ou : la forme.

21 – toi donc qui enseignes les autres, ne t'enseignes-tu pas toi-même ? Toi qui prêches qu'on ne doit pas voler, voles-tu ?

22 Toi qui dis qu'on ne doit pas commettre d'adultère, commets-tu l'adultère ? Toi qui as en abomination les idoles, pilles-tu les temples [d'idoles] ?

23 Toi qui te glorifies dans [la] Loi, déshonores-tu Dieu par la transgression de la Loi ?

24 Car, à cause de vous, le nom de Dieu est blasphémé parmi les nations, comme il est écrit[1].

— [1] voir Ésaïe 52:5 et Ézéch. 36:20-23.

25 En effet, [la] circoncision est utile si tu accomplis [la] Loi ; mais si tu es transgresseur de [la] Loi, ta circoncision est devenue incirconcision.

26 Si donc l'Incirconcision[1] observe les ordonnances[2] de la Loi, son incirconcision ne sera-t-elle pas comptée pour circoncision ?

— [1] l'Incirconcision : les gens des nations, ceux qui ne sont pas juifs. — [2] ce que demande la juste volonté de Dieu ; comme en 1:32.

27 Et l'Incirconcision qui est [incirconcise] par nature, lorsqu'elle accomplit la Loi, ne te jugera-t-elle pas, toi qui, ayant la lettre écrite[1] et la circoncision[2], es transgresseur de [la] Loi ?

— [1] c.-à-d. : la Loi. — [2] littéralement : avec lettre écrite et circoncision.

28 Car le Juif n'est pas celui qui l'est extérieurement et la circoncision n'est pas celle qui l'est extérieurement dans la chair.

29 Mais le Juif est celui qui l'est intérieurement et la circoncision est du cœur, en esprit, non selon la lettre écrite[1]. Et la louange que reçoit ce Juif[2] ne vient pas des hommes, mais de Dieu.

— [1] c.-à-d. : la Loi. — [2] littéralement : de lui.

La supériorité du Juif et le juste jugement de Dieu à son égard

3 Quelle est donc la supériorité du Juif, ou quel est le bénéfice de la circoncision ?

2 [Ils sont] grands de toute manière, et d'abord en ce que les oracles[1] de Dieu leur ont été confiés.

— [1] littéralement : paroles.

3 Que dire alors ? Si quelques-uns n'ont pas cru, leur incrédulité annulera-t-elle la fidélité de Dieu ?

4 Certainement pas ! Mais que Dieu soit [reconnu pour] vrai et tout homme menteur, selon ce qui est écrit : « Afin que tu sois justifié dans tes paroles et que tu triomphes quand tu es jugé. »[1]

— [1] Psaume 51:6.

5 Mais si notre injustice met en évidence la justice de Dieu, que dirons-nous ? Dieu est-il injuste quand il donne cours à la colère ?

(Je parle à la manière de l'homme.)

6 Certainement pas ! Autrement, comment Dieu jugera-t-il le monde ?

7 Mais si par mon mensonge la vérité de Dieu a surabondé pour sa gloire, pourquoi, moi aussi, suis-je encore jugé comme pécheur ?

8 Et pourquoi ne pas dire, comme certains calomniateurs prétendent que nous le disons : « Faisons le mal afin qu'arrive le bien ! » ? Pour ceux-là, le jugement est juste[1].

— [1] c.-à-d. : ils méritent une juste condamnation.

Les juifs et les gens des nations sont convaincus de péché par la Loi

9 Que dire alors ? Sommes-nous supérieurs [aux autres][1] ? Pas du tout ! Car nous venons d'accuser aussi bien [les] Juifs que [les] Grecs d'être tous sous [le] péché,

— [1] ou : Nous défendons-nous ?

10 selon qu'il est écrit : « Il n'y a pas de juste, pas même un seul ;

11 il n'y a personne qui ait de l'intelligence, il n'y a personne qui recherche Dieu ;

12 Ils se sont tous détournés, ils se sont tous ensemble rendus inutiles ; il n'y en a aucun qui exerce la bonté, [il n'y en a] pas même un seul »[1] ;

— [1] Psaume 14:1-3.

13 « leur gorge est une tombe ouverte ; ils se servent de leurs langues pour tromper »[1] ; « il y a du venin de vipère sous leurs lèvres »[2] ;

— [1] Psaume 5:10. — [2] Psaume 140:4.

14 « et leur bouche est pleine de malédictions et d'amertume »[1] ;

— [1] Psaume 10:7.

15 « leurs pieds sont rapides pour verser le sang ;

16 la destruction et le malheur sont sur leur chemin,

17 et ils n'ont pas connu le chemin de la paix »[1] ;

— [1] Ésaïe 59:7-8.

18 « il n'y a pas de crainte de Dieu devant leurs yeux. »[1]

— [1] Psaume 36:2.

19 Or nous savons que tout ce que dit la Loi, elle le dit à ceux qui sont sous la Loi, afin que toute bouche soit fermée et que tout le monde soit coupable devant Dieu.

20 C'est pourquoi personne[1] ne sera justifié devant lui par des œuvres de loi, car par [la] Loi [vient] la pleine connaissance du péché.

— [1] littéralement : aucune chair.

La justice de Dieu et la justification du pécheur

21 [1]Mais maintenant, sans loi[2], [la] justice de Dieu – attestée par la Loi et [par] les Prophètes – a été manifestée,

— [1] les versets 21 à 26 forment une seule phrase dans le texte original. — [2] c.-à-d. : indépendamment d'une loi.

22 [la] justice de Dieu par [la] foi en[1] Jésus Christ pour tous[2] ceux qui croient. Car il n'y a pas de différence,

— [1] littéralement : de ; voir Gal. 2:20. — [2] plusieurs manuscrits ajoutent : et sur tous.

23 parce que tous ont péché et sont privés de la gloire de Dieu.

24 [Mais] ceux qui croient[1] sont justifiés gratuitement par sa grâce, par [le moyen de] la rédemption qui est dans le Christ Jésus.

— [1] littéralement : ils.

25 [C'est] lui que Dieu a présenté comme moyen d'expiation[1], par la foi en son sang, afin de montrer sa justice à l'égard du support des péchés commis auparavant

— [1] ou : comme propitiatoire.

26 au temps de la patience de Dieu, afin de montrer [aussi] sa

justice dans le temps présent, de sorte qu'il est juste et qu'il justifie celui qui relève de la foi en[1] Jésus.[2]

— [1] littéralement : qui est de la foi de. — [2] les versets 21 à 26 forment une seule phrase dans le texte original.

La justification par la foi

27 Où est donc la vantardise ? Elle a été exclue. Par quelle loi ? Celle des œuvres ? Non, mais par la loi de la foi.

28 Car nous concluons que l'homme est justifié par [la] foi, sans les œuvres de la Loi.

29 [Dieu] est-il seulement le Dieu des Juifs ? Ne l'est-il pas aussi des nations ? Oui, [il l'est] aussi des nations,

30 puisque c'est un seul Dieu qui justifiera la Circoncision[1] par [la] foi et l'Incirconcision[2] par la foi.

— [1] la Circoncision : le peuple juif. — [2] l'Incirconcision : les gens des nations, ceux qui ne sont pas juifs.

31 Annulons-nous donc [la] Loi par la foi ? Certainement pas ! Au contraire, nous confirmons [la] Loi.

Abraham, justifié par la foi, est le père de tous les croyants

4 Que dirons-nous donc d'Abraham, notre père[1] selon la chair ? Qu'a-t-il trouvé ?

— [1] plusieurs manuscrits portent : ancêtre.

2 Car si Abraham a été justifié par les œuvres, il a de quoi se glorifier, mais non devant Dieu.

3 Car que dit l'Écriture ? « Et Abraham crut Dieu et cela lui fut compté comme[1] justice. »[2]

— [1] littéralement : en vue de la. — [2] Gen. 15:6.

4 Or à celui qui fait des œuvres, le salaire n'est pas compté comme une grâce, mais comme un dû.

5 Mais à celui qui ne fait pas des œuvres, mais qui croit en Celui qui

justifie l'impie, sa foi [lui] est comptée comme[1] justice.

— [1] littéralement : en vue de la.

6 C'est ainsi que David aussi exprime le bonheur de l'homme à qui Dieu compte la justice sans œuvres :

7 « Bienheureux ceux dont les iniquités[1] ont été pardonnées et dont les péchés ont été couverts ;

— [1] iniquité : marche sans loi, sans frein ; comme en Matt. 7:23.

8 bienheureux l'homme à qui le °Seigneur ne compte absolument pas le péché. »[1]

— [1] Psaume 32:1-2.

9 Ce bonheur [est-il] donc pour la Circoncision ou aussi pour l'Incirconcision ? Car nous disons que la foi fut comptée à Abraham comme[1] justice.

— [1] littéralement : en vue de la.

10 Comment donc lui fut-elle comptée ? Quand il était dans la circoncision ou dans l'incirconcision ? [Il n'était] pas dans la circoncision, mais dans l'incirconcision.

11 Et il reçut le signe de la circoncision, comme sceau de la justice [obtenue] par la foi, alors qu'[il était] dans l'incirconcision. [C'est] afin qu'il soit le père de tous ceux qui croient, étant dans l'incirconcision, afin que la justice leur soit [aussi] comptée.

12 Et [c'est aussi] afin qu'il soit le père de la circoncision[1], non seulement pour ceux qui sont de la Circoncision, mais aussi pour ceux qui marchent sur les traces de la foi qu'a eue notre père Abraham, [quand il était] dans l'incirconcision.

— [1] c.-à-d. : celui en qui, le premier, la vraie séparation à Dieu et pour Dieu a été publiquement établie.

13 Car ce n'est pas par [la] Loi que la promesse d'être héritier du monde [a été faite] à Abraham ou à sa descendance, mais par [la] justice de [la] foi.

14 Car si c'est sur la base de [la] Loi qu'on devient héritier, la foi est vidée [de son sens] et la promesse annulée.

15 Car [la] Loi produit la colère, mais là où il n'y a pas de loi, il n'y a pas non plus de transgression.

16 Pour cette raison, [c'est] par [la] foi [qu'on devient héritier], afin que [ce soit] selon [la] grâce, pour que la promesse soit assurée à toute la descendance, non seulement à celle qui relève[1] de la Loi, mais aussi à celle qui relève[1] de la foi d'Abraham. [C'est lui] qui est le père de nous tous,
— [1] littéralement : est.

17 ainsi qu'il est écrit : « Je t'ai établi père de beaucoup de nations. »[1] [Il est notre père] devant le Dieu qu'il a cru, qui fait vivre les morts et appelle les choses qui ne sont pas comme si elles étaient.
— [1] Gen. 17:5.

18 Au-delà de [toute] espérance, il crut avec espérance pour devenir le père de beaucoup de nations, selon ce qui a été dit : « Ainsi sera ta descendance. »[1]
— [1] Gen. 15:5.

19 Et n'étant pas faible dans la foi, il n'eut pas égard à son propre corps [déjà] marqué par la mort – étant âgé d'environ 100 ans – ni à l'état de mort du ventre[1] de Sara.
— [1] littéralement : de l'utérus.

20 Et il ne mit pas en doute par incrédulité la promesse de Dieu, mais il fut fortifié dans[1] la foi, ayant donné gloire à Dieu
— [1] ou : par.

21 et ayant été pleinement persuadé que ce qu'il a promis, il est puissant aussi pour l'accomplir.

22 C'est pourquoi [aussi,] cela lui a été compté comme justice.

23 Or ce n'est pas pour lui seul qu'il a été écrit que cela lui a été compté,

24 mais aussi pour nous, à qui il sera compté, à nous qui croyons en Celui qui a ressuscité d'entre les morts Jésus notre Seigneur,

25 lui qui a été livré pour nos fautes et a été ressuscité pour notre justification.

Les fruits de la justification par la foi

5 Ayant donc été justifiés par la foi, nous avons la paix avec[1] Dieu par notre Seigneur Jésus Christ,
— [1] littéralement : envers, quant à.

2 par qui nous avons aussi trouvé[1] accès [par la foi] à cette grâce dans laquelle nous sommes établis, et nous nous glorifions dans l'espérance de la gloire de Dieu.
— [1] c.-à-d. : nous avons obtenu et nous possédons.

3 Et non seulement [cela], mais nous nous glorifions aussi dans les détresses, sachant que la détresse produit la persévérance,

4 et la persévérance l'expérience, et l'expérience l'espérance.

5 Et l'espérance ne rend pas honteux, parce que l'amour de Dieu est versé dans nos cœurs par l'Esprit Saint qui nous a été donné.

6 Car Christ, alors que nous étions encore sans force, au temps convenable, est mort pour des impies.

7 En effet, c'est à peine si quelqu'un voudrait mourir pour un juste, car, pour l'homme de bien, peut-être quelqu'un consentirait[1] même à mourir.

— [1] ou : aurait le courage.

8 Mais Dieu met en évidence[1] son amour envers nous en ce que, lorsque nous étions encore pécheurs, Christ est mort pour nous.
— [1] ou : prouve.

9 À plus forte raison donc, ayant été maintenant justifiés par son sang, serons-nous sauvés de la colère par lui.

10 Car si, étant ennemis, nous avons été réconciliés avec Dieu par la mort de son Fils, à plus forte raison, ayant été réconciliés, serons-nous sauvés par sa vie.

11 Et non seulement [cela], mais aussi nous nous glorifions en Dieu par notre Seigneur Jésus Christ, par qui maintenant nous avons obtenu[1] la réconciliation.
— [1] littéralement : reçu.

Deux familles : celle d'Adam qui a péché et celle de Jésus Christ, objet de sa grâce.

12 C'est pourquoi, comme par un seul homme le péché[1] est entré dans le monde et par le péché la mort, et qu'ainsi, la mort est passée à tous les hommes du fait que tous ont péché…
— [1] après avoir traité, jusque-là, des péchés commis, l'épître traite maintenant du péché (du verset 12 au chapitre 8 inclus).

13 [1](Car jusqu'à [la] Loi, [le] péché était dans le monde, mais [le] péché n'est pas mis en compte quand il n'y a pas de loi.
— [1] les versets 13 à 17 forment une parenthèse.

14 Mais la mort régna depuis Adam jusqu'à Moïse, même sur ceux qui n'avaient pas péché par une transgression semblable à celle d'Adam[1], lequel est la figure de celui qui devait venir.

— [1] littéralement : selon la ressemblance de la transgression d'Adam ; comparer avec Osée 6:7.

15 Mais il n'en est pas[1] du don de grâce comme de la faute. Car si par la faute d'un seul, beaucoup[2] sont morts, à plus forte raison la grâce de Dieu et le don en grâce – celui d'un seul homme, Jésus Christ – ont-ils abondé pour beaucoup[2].
— [1] ou : n'en est-il pas. — [2] c.-à-d. : le grand nombre, en contraste avec la personne en question.

16 Et il n'en est pas[1] du don comme [de ce qui est arrivé] par un seul qui a péché. Car le jugement à partir d'un seul aboutit à la condamnation, mais le don de grâce, à la suite de nombreuses fautes, aboutit à la justification[2].
— [1] ou : n'en est-il pas. — [2] justification, ici : justice judiciaire.

17 Car si, par la faute d'un seul, la mort a régné par un seul, à plus forte raison ceux qui reçoivent l'abondance de la grâce et du don de la justice régneront-ils dans la vie par un seul, Jésus Christ.)[1]
— [1] la parenthèse commence au verset 13.

18 Ainsi donc, comme par une seule faute la condamnation s'étend à tous les hommes, de même aussi, par une seule justice[1], la justification qui donne la vie[2] s'étend à tous les hommes.
— [1] ici, il s'agit de la justice qui subsiste, qui est accomplie et qui répond à la seule faute. — [2] littéralement : justification de vie.

19 Car comme par la désobéissance d'un seul homme, beaucoup[1] ont été constitués pécheurs, de même aussi, par l'obéissance d'un seul, beaucoup[1] seront constitués justes.
— [1] c.-à-d. : le grand nombre, en contraste avec la personne en question.

20 Or [la] Loi est intervenue afin que la faute abonde. Mais là où le péché abondait, la grâce a

surabondé,

21 afin que, comme le péché a régné par la mort, de même aussi la grâce règne par [la] justice, pour [la] vie éternelle, par Jésus Christ notre Seigneur.

Le croyant est mort avec Christ pour vivre une nouvelle vie

6 Que dirons-nous donc ? Allons-nous persévérer dans le péché afin que la grâce abonde ?

2 Certainement pas ! Nous qui sommes morts au péché, comment vivrons-nous encore dans le péché[1] ?

— [1] littéralement : en lui.

3 Ou bien ignorez-vous que nous tous qui avons été baptisés pour le Christ Jésus, nous avons été baptisés pour sa mort ?

4 Nous avons donc été ensevelis avec lui par le baptême, pour la mort, afin que, comme Christ a été ressuscité d'entre les morts par la gloire du Père, de même nous aussi nous marchions en nouveauté de vie.

5 Car si nous avons été identifiés[1] avec lui dans la ressemblance de sa mort, nous le serons donc aussi [dans la ressemblance] de [sa] résurrection,

— [1] littéralement : étroitement uni.

6 sachant ceci, que notre vieil homme a été crucifié avec lui, afin que le corps du péché soit rendu inactif, pour que nous ne soyons plus esclaves du péché.

7 Car celui qui est mort est justifié du péché[1].

— [1] justifié du péché, non pas des péchés.

8 Or si nous sommes morts avec Christ, nous croyons que nous vivrons aussi avec lui,

9 sachant que Christ, ayant été ressuscité d'entre les morts, ne meurt plus ; la mort ne domine plus sur lui.

10 Car en ce qu'il est mort, il est mort une fois pour toutes au péché ; mais en ce qu'il vit, il vit pour[1] Dieu.

— [1] littéralement : à.

11 De même vous aussi, tenez-vous vous-mêmes comme morts au péché, mais comme vivants pour[1] Dieu dans le Christ Jésus.

— [1] littéralement : à.

Exhortations au sujet de notre corps mortel

12 Que le péché ne règne donc pas dans votre corps mortel pour que vous obéissiez aux convoitises de celui-ci.

13 Et ne livrez pas vos membres au péché comme instruments d'iniquité[1], mais livrez-vous vous-mêmes à Dieu comme d'entre les morts étant [faits] vivants, et vos membres à Dieu comme instruments de justice.

— [1] iniquité, ailleurs : injustice.

14 Car le péché ne dominera pas sur vous, parce que vous n'êtes pas sous [la] Loi, mais sous [la] grâce.

Le croyant passe de l'esclavage du péché à l'esclavage de la justice

15 Que dire alors ? Allons-nous pécher parce que nous ne sommes pas sous [la] Loi mais sous [la] grâce ? Certainement pas !

16 Ne savez-vous pas qu'à quiconque vous vous livrez vous-mêmes comme esclaves pour obéir, vous êtes esclaves de celui à qui vous obéissez, soit du péché pour [la] mort, soit de l'obéissance pour [la] justice ?

17 Or grâce [soit rendue] à Dieu de ce qu'après avoir été esclaves du

péché, vous avez obéi de cœur au modèle d'enseignement dans lequel vous avez été instruits.

18 Mais ayant été affranchis du péché, vous êtes devenus esclaves de la justice.

19 Je parle à la façon des hommes, à cause de la faiblesse de votre chair. Car de même que vous avez livré vos membres comme esclaves à l'impureté et à l'iniquité[1] pour l'iniquité[1], ainsi, livrez maintenant vos membres comme esclaves à la justice pour la sainteté.

— [1] iniquité : état ou marche sans loi, sans frein.

20 Car lorsque vous étiez esclaves du péché, vous étiez libres à l'égard de la justice.

21 Quel fruit aviez-vous donc alors des choses dont maintenant vous avez honte ? Car la fin de ces choses, c'est la mort.

22 Mais maintenant, ayant été affranchis du péché et étant devenus esclaves de Dieu, vous avez votre fruit dans la sainteté et pour aboutissement la vie éternelle.

23 Car le salaire du péché, c'est la mort, mais le don de grâce de Dieu, c'est la vie éternelle dans le Christ Jésus, notre Seigneur.

Le croyant est mort à la Loi

7 Ou bien ignorez-vous, frères – car je parle à des gens qui savent [ce qu'est] une loi – que la loi a autorité sur l'homme aussi longtemps qu'il vit ?

2 Car la femme mariée est liée par [la] loi à son mari[1] tant qu'il vit. Mais si le mari[1] meurt, elle est dégagée[2] de la loi qui la liait au mari[3].

— [1] littéralement : l'homme. — [2] ou : libérée. — [3] littéralement : de la loi de l'homme.

3 Ainsi donc, du vivant du mari[1], elle sera appelée adultère si elle est à un autre homme. Mais si le mari[1] meurt, elle est libérée de la loi, de sorte qu'elle n'est pas adultère en étant à un autre homme.

— [1] littéralement : l'homme.

4 C'est pourquoi, mes frères, vous aussi, vous avez été mis à mort à la Loi par le corps du Christ, pour être à un autre, à celui qui est ressuscité d'entre les morts, afin que nous portions du fruit pour Dieu.

5 Car, quand nous étions dans la chair, les passions des péchés, [mises en évidence] par la Loi, agissaient dans nos membres pour porter du fruit pour la mort.

6 Mais maintenant, nous avons été dégagés[1] de la Loi, étant morts à ce qui nous retenait [prisonniers], afin que nous servions[2] sous le régime nouveau de l'Esprit[3], et non sous le régime ancien de la lettre écrite[4].

— [1] ou : libérés. — [2] servir, ici : être esclave, servir comme tel ; comme en 7:25. — [3] littéralement : en nouveauté d'Esprit. — [4] littéralement : en ancienneté de lettre écrite.

7 Que dirons-nous donc ? La Loi est-elle péché ? Certainement pas ! Mais je n'aurais pas connu le péché si ce n'avait pas été par [la] Loi. Et en effet, je n'aurais pas eu conscience de la convoitise si la Loi n'avait pas dit : « Tu ne convoiteras pas. »[1]

— [1] Exode 20:17.

8 Mais le péché, ayant trouvé une occasion par le commandement, a produit en moi toutes sortes de convoitises, car sans [la] loi [le] péché est mort.

9 Or moi, étant autrefois sans loi, je vivais ; mais le commandement

étant venu, le péché a repris vie,

10 et moi, je suis mort. Et le commandement qui [devait conduire] à la vie, s'est trouvé lui-même me [conduire] à la mort.

11 Car le péché, ayant trouvé une occasion par le commandement, me séduisit et par lui me fit mourir.

Conflit entre la Loi et le péché dans l'homme

12 Ainsi donc, la Loi est sainte, et le commandement est saint, et juste, et bon.

13 Ce qui est bon est-il donc devenu pour moi [la] mort ? Certainement pas ! Mais le péché, afin qu'il soit manifesté comme péché, a produit pour moi la mort par ce qui est bon, afin que le péché devienne, par le commandement, excessivement pécheur[1].

— [1] le péché est personnifié ; ici et au chapitre 8.

14 Car nous savons que la Loi est spirituelle, mais moi, je suis charnel[1], vendu au péché[2].

— [1] ailleurs : de chair. — [2] littéralement : vendu sous le péché.

15 En effet, ce que j'accomplis, je ne le reconnais pas ; car ce n'est pas ce que je veux que j'accomplis, mais ce que je déteste, je le fais.

16 Or si ce que je ne veux pas, je le fais, j'approuve la Loi, [reconnaissant] qu'elle est bonne.

17 Or maintenant, ce n'est plus moi qui accomplis cela, mais c'est le péché qui habite en moi.

18 En effet, je sais qu'en moi, c'est-à-dire dans ma chair, il n'habite pas de bien. Car le fait de vouloir est présent en moi, mais pas le fait d'accomplir le bien.

19 En effet, le bien que je veux, je ne le fais pas, mais le mal que je ne veux pas, je l'accomplis.

20 Or si ce que je ne veux pas, *[moi,]* je le fais, ce n'est plus moi qui l'accomplis, mais c'est le péché qui habite en moi.

21 Je trouve donc cette loi pour moi qui veux faire le bien, [c'est] que le mal est présent en moi.

22 Car je prends plaisir à la loi de Dieu selon l'homme intérieur,

23 mais je vois dans mes membres une autre loi qui combat contre la loi de mon intelligence et qui me rend prisonnier de la loi du péché qui existe dans mes membres.

24 Misérable homme que je suis, qui me délivrera de ce corps de mort[1] ?

— [1] littéralement : du corps de cette mort.

25 Je rends grâce à Dieu par Jésus Christ notre Seigneur. Ainsi donc, moi-même, par mon intelligence je sers[1] la loi de Dieu, mais par la chair, [je sers[1]] la loi du péché.

— [1] servir, ici : être esclave, servir comme tel ; comme en 7.6.

Le chrétien est affranchi de la loi du péché et vit selon l'Esprit

8 Il n'y a donc maintenant aucune condamnation pour ceux qui sont dans le Christ Jésus.

2 Car la loi de l'Esprit de vie dans le Christ Jésus, t'a[1] affranchi de la loi du péché et de la mort.

— [1] plusieurs manuscrits portent : m'a.

3 En effet, ce qui était impossible à la Loi – parce que la chair la rendait sans force[1] – Dieu, ayant envoyé son propre Fils en ressemblance de chair de péché et pour [le] péché, a condamné le péché dans la chair,

— [1] littéralement : en ce qu'elle était faible par la chair.

4 afin que la juste exigence de la

Loi soit accomplie en nous qui marchons non selon [la] chair, mais selon [l']Esprit.

5 Car ceux qui vivent[1] selon [la] chair ont leurs pensées aux choses de la chair, mais ceux [qui vivent] selon [l']Esprit [ont leurs pensées] aux choses de l'Esprit.

— [1] littéralement : sont.

6 En effet, la pensée de la chair [c'est la] mort, mais la pensée de l'Esprit, [c'est la] vie et [la] paix.

7 Car la pensée de la chair est inimitié contre Dieu, car elle ne se soumet pas à la loi de Dieu, car elle ne le peut même pas.

8 Et ceux qui sont dans la chair ne peuvent pas plaire à Dieu.

9 Or vous n'êtes pas dans [la] chair, mais dans [l']Esprit[1], si du moins [l']Esprit de Dieu habite en vous. Mais si quelqu'un n'a pas [l']Esprit de Christ, celui-là n'est pas de lui[2].

— [1] l'Esprit lui-même et l'état du croyant sont souvent trop intimement liés dans ces versets 1 à 11 pour faire la différence entre Esprit et esprit, et les séparer l'un de l'autre ; voir aussi le verset 15 et la note en 1:4. — [2] ou : à lui.

10 Mais si Christ est en vous, le corps est [bien] mort à cause du péché, mais l'Esprit est vie à cause de [la] justice.

11 Et si l'Esprit de celui qui a ressuscité Jésus d'entre les morts habite en vous, celui qui a ressuscité [le] Christ d'entre les morts vivifiera aussi vos corps mortels par son Esprit qui habite en vous.

12 Ainsi donc, frères, nous avons une dette, [mais] pas envers la chair pour vivre selon [la] chair.

13 Car si vous vivez selon [la] chair, vous mourrez ; mais si par [l']Esprit vous faites mourir les actions du corps, vous vivrez.

14 En effet, tous ceux qui sont conduits par [l']Esprit de Dieu, ceux-là sont fils de Dieu.

15 Car vous n'avez pas reçu un esprit d'esclavage pour être de nouveau dans la crainte, mais vous avez reçu un esprit[1] d'adoption filiale[2], par lequel nous crions : « Abba[3], Père ! »

— [1] ou : [l']Esprit. — [2] « adoption filiale » désigne l'acte d'adoption et le statut de fils à part entière qui en résulte. — [3] Abba : mot araméen que l'on traduit par Père, avec cependant une nuance de tendresse.

16 L'Esprit lui-même rend témoignage avec notre esprit que nous sommes enfants de Dieu.

17 Et si [nous sommes] enfants, [nous sommes] aussi héritiers — héritiers de Dieu et cohéritiers de Christ — si du moins nous souffrons avec lui, afin que nous soyons aussi glorifiés avec lui.

Les souffrances présentes et la gloire à venir des enfants de Dieu

18 J'estime, en effet, que les souffrances du temps présent ne sont pas dignes [d'être comparées] avec la gloire à venir qui doit nous être révélée[1].

— [1] ou : qui doit être révélée pour nous ; ou : à notre profit.

19 Car la création attend, d'une vive attente[1], la révélation des fils de Dieu.

— [1] littéralement : la vive (ou : constante) attente de la création attend.

20 En effet, la création a été soumise à la vanité — non de son [propre] gré, mais à cause de celui qui l'y a soumise — avec l'espérance

21 que la création elle-même sera aussi libérée de l'esclavage de la corruption, pour [jouir de] la liberté de la gloire des enfants de Dieu.

22 Car nous savons que la création tout entière gémit et souffre les douleurs de l'accouchement, jusqu'à maintenant.

23 Et non seulement [elle], mais nous-mêmes aussi qui avons les prémices de l'Esprit, nous gémissons en nous-mêmes, attendant l'adoption filiale[1], la délivrance[2] de notre corps.

— [1] adoption filiale : désigne l'acte d'adoption et le statut de fils à part entière qui en résulte. — [2] avec l'idée qu'un prix a été payé ; ailleurs : rédemption.

24 Car nous avons été sauvés en espérance. Or une espérance que l'on voit n'est plus une l'espérance ; car qui espèrerait ce qu'il voit ?

25 Mais si ce que nous ne voyons pas, nous l'espérons, nous l'attendons avec persévérance.

26 Et de même aussi, l'Esprit nous vient en aide dans notre faiblesse. Car nous ne savons pas ce qu'il faut demander comme il convient, mais l'Esprit lui-même intercède par des soupirs inexprimables.

27 Et celui qui sonde les cœurs sait quelle est la pensée de l'Esprit, car c'est selon Dieu qu'il intercède pour les saints.

28 Mais nous savons[1] que toutes choses concourent au bien de ceux qui aiment Dieu, de ceux qui sont appelés selon [son] dessein.

— [1] « nous savons » se rattache au « nous ne savons pas » du verset 26.

29 Car ceux qu'il a connus d'avance, il les a aussi prédestinés à être conformes à l'image de son Fils, pour qu'il soit premier-né parmi beaucoup de frères.

30 Et ceux qu'il a prédestinés, il les a aussi appelés ; et ceux qu'il a appelés, il les a aussi justifiés ; et ceux qu'il a justifiés, il les a aussi glorifiés.

« Rien ne pourra nous séparer de l'amour de Dieu »

31 Que dirons-nous donc à l'égard de ces choses ? Si Dieu est pour nous, qui sera contre nous ?

32 Lui qui n'a pas épargné son propre Fils, mais qui l'a livré pour nous tous, comment, par grâce, ne nous donnera-t-il pas aussi toutes choses avec lui[1] ?

— [1] c.-à-d. : son Fils.

33 Qui intentera une accusation contre des élus de Dieu ? – C'est Dieu qui justifie ;

34 qui est celui qui condamne ? – C'est [le] Christ [Jésus] qui est mort, bien plus, qui est aussi ressuscité, qui est aussi à la droite de Dieu, qui intercède aussi pour nous.

35 Qui nous séparera de l'amour du Christ ? Détresse, ou angoisse, ou persécution, ou famine, ou dénuement, ou péril, ou épée ?

36 – comme il est écrit : « À cause de toi, nous sommes mis à mort tout le jour ; nous avons été considérés comme des brebis [destinées] à l'abattoir. »[1]

— [1] Psaume 44:23.

37 Mais dans toutes ces choses, nous sommes plus que vainqueurs par celui qui nous a aimés.

38 Car je suis assuré que ni mort, ni vie, ni anges, ni seigneuries, ni choses présentes, ni choses à venir, ni puissances,

39 ni hauteur, ni profondeur, ni aucune autre créature ne pourra nous séparer de l'amour de Dieu qui est dans le Christ Jésus, notre Seigneur.

Israël, la Loi et les promesses de Dieu sous le régime de la grâce

9 [1]Je dis la vérité en Christ, je ne mens pas ; ma conscience me rend témoignage par l'Esprit Saint

— [1] les versets 1 à 5 forment une seule phrase dans le texte original.

2 que j'ai une grande tristesse et une douleur continuelle dans mon cœur.

3 Car je souhaiterais être moi-même anathème[1], séparé[2] du Christ pour mes frères, mes parents selon la chair,

— [1] c.-à-d. : être maudit. — [2] littéralement : loin.

4 qui sont Israélites. [C'est] à eux qu'[appartiennent] l'adoption filiale[1], et la gloire, et les alliances, et le don de la Loi[2], et le culte, et les promesses.

— [1] « adoption filiale » désigne l'acte d'adoption et le statut de fils à part entière qui en résulte. — [2] c.-à-d. : le privilège d'avoir reçu la Loi.

5 Ils ont les pères et c'est d'eux que, selon la chair, est [issu] le Christ qui est, au-dessus de toutes choses, Dieu béni éternellement[1] ! Amen.[2]

— [1] littéralement : pour les siècles. — [2] les versets 1 à 5 forment une seule phrase dans le texte original.

6 Cependant, ce n'est pas que la parole de Dieu soit devenue caduque[1], car tous ceux qui sont [issus] d'Israël ne sont pas Israël.

— [1] littéralement : soit tombée.

7 De même, tout en étant [la] descendance d'Abraham, ils ne sont pas tous enfants. Mais [il est écrit] : « En Isaac te sera appelée [une] descendance. »[1]

— [1] Gen. 21:12.

8 Cela signifie que ce ne sont pas les enfants de la chair qui sont enfants de Dieu, mais que ce sont les enfants de la promesse qui sont comptés pour descendance.

9 Car cette parole est [une parole] de promesse : « À cette même époque, je reviendrai et Sara aura un fils. »[1]

— [1] voir Gen. 18:10.

10 Et non seulement [cela], mais aussi quant à Rebecca, lorsqu'elle conçut d'un seul [homme], d'Isaac, notre père

11 (car les enfants n'étaient pas encore nés et n'avaient rien fait de bien ou de mal, afin que le dessein de Dieu selon l'élection subsiste,

12 [ne dépendant] pas des œuvres, mais de celui qui appelle) il lui fut dit : « Le plus grand sera asservi au plus petit »[1].

— [1] Gen. 25:23.

13 De même, il est écrit : « J'ai aimé Jacob, mais j'ai haï Ésaü. »[1]

— [1] Mal. 1:2-3.

La souveraineté de Dieu

14 Que dirons-nous donc ? Y a-t-il de l'injustice de la part de Dieu ? Certainement pas !

15 Car il dit à Moïse : « Je ferai miséricorde à qui je fais miséricorde, et j'aurai compassion de qui j'ai compassion. »[1]

— [1] Exode 33:19.

16 Ainsi donc, [cela dépend] ni de celui qui veut, ni de celui qui court, mais de Dieu qui fait miséricorde.

17 Car l'Écriture dit au Pharaon : « C'est pour cela même que je t'ai suscité d'entre [les hommes], pour montrer en toi ma puissance et pour que mon nom soit proclamé sur toute la terre. »[1]

— [1] Exode 9:16.

18 Ainsi donc, il fait miséricorde à qui il veut et il endurcit qui il veut.

19 Tu me diras donc : « Pourquoi fait-il encore des reproches ? Car qui est-ce qui a résisté à sa volonté ? »

20 Mais plutôt toi, ô homme, qui es-tu pour contester avec Dieu ? L'objet façonné dira-t-il à celui qui l'a façonné : « Pourquoi m'as-tu fait ainsi ? »

21 Ou bien le potier n'a-t-il pas pouvoir sur l'argile pour faire de la même pâte un vase pour l'honneur[1] et un autre pour le déshonneur[2] ?

— [1] c.-à-d. : pour un usage honorable, noble. — [2] c.-à-d. : pour un usage vil ou ordinaire.

22 [1]Et [que dire] si Dieu, voulant montrer sa colère et faire connaître sa puissance, a supporté avec une grande patience des vases de colère tout préparés pour la destruction ?

— [1] les versets 22 à 26 forment une seule phrase dans le texte original.

23 Et [que dire] s'il a voulu faire connaître les richesses de sa gloire dans des vases de miséricorde qu'il a d'avance préparés pour la gloire ?

24 [C'est bien] nous qu'il a aussi appelés, non seulement d'entre les Juifs, mais aussi d'entre les nations.

25 C'est aussi ce qu'il dit dans Osée : « J'appellerai "Mon peuple" celui qui n'était pas mon peuple, et "Bien-Aimée" celle qui n'était pas la bien-aimée »[1] ;

— [1] voir Osée 2:25.

26 « et il arrivera, dans le lieu où il leur a été dit : "Vous n'êtes pas mon peuple", que là ils seront appelés fils du Dieu vivant. »[1]

— [1] Osée 2:1 ; les versets 22 à 26 forment une seule phrase dans le texte original.

27 Mais Ésaïe s'écrie au sujet d'Israël : « Même si le nombre des fils d'Israël était comme le sable de la mer, [seul] le restant sera sauvé.

28 Car le °Seigneur exécutera entièrement et rapidement[1] sa parole sur la terre. »[2]

— [1] littéralement : achèvera et abrègera. — [2] Ésaïe 10:22-23.

29 Et c'est ce qu'Ésaïe a dit auparavant : « Si le °Seigneur Sabaoth[1] ne nous avait pas laissé une descendance, nous serions devenus comme Sodome et nous aurions été semblables à Gomorrhe. »[2]

— [1] °Seigneur Sabaoth, autrement dit : Jéhovah des armées ; ou : l'Éternel des armées. — [2] Ésaïe 1:9.

Le salut des nations et l'erreur d'Israël

30 Que dirons-nous donc ? Les nations qui ne poursuivaient pas [la] justice ont obtenu [la] justice, [la] justice qui est par [la] foi ;

31 mais Israël, poursuivant une loi de justice, n'est pas parvenu à [cette] loi.

32 Pourquoi ? Parce que ce n'a pas été par la foi, mais comme par les œuvres. Ils ont trébuché contre la pierre d'achoppement,

33 comme il est écrit : « Voici, je mets dans Sion une pierre d'achoppement et un rocher qui cause la chute » ; et : « celui qui croit en lui ne sera pas confus. »[1]

— [1] Ésaïe 8:14 ; 28:16 ; citations d'après la version grecque des Septante, comme aussi en 10:11 et souvent ailleurs.

Les juifs ont rejeté la justice qui est par la foi

10 Frères, le souhait[1] de mon cœur et la supplication [que j'adresse] à Dieu pour eux, c'est qu'ils soient sauvés.

— [1] littéralement : le bon plaisir.

2 Car je leur rends témoignage qu'ils ont du zèle pour Dieu, mais non selon la vraie[1] connaissance.

— [1] littéralement : pleine.

3 Car, ignorant la justice de Dieu et cherchant à établir leur propre

justice, ils ne se sont pas soumis à la justice de Dieu.

4 En effet, Christ est [la] fin de [la] Loi pour justice à quiconque croit.

5 Car Moïse décrit [ainsi] la justice qui vient de la Loi : « L'homme qui aura fait ces choses vivra par elles[1]. »[2]

— [1] c.-à-d. : en elles, en vertu de celles-ci. — [2] Lév. 18:5.

6 Mais la justice par la foi parle ainsi : « Ne dis pas dans ton cœur : "Qui montera au ciel ?", ce serait en faire descendre Christ ;

7 ou : "Qui descendra dans l'abîme ?", ce serait faire remonter Christ d'entre les morts. »

8 Mais que dit-elle ? « La parole est près de toi, dans ta bouche et dans ton cœur »[1], c'est-à-dire la parole de la foi, [celle] que nous prêchons.

— [1] Deut. 30:12-14.

9 En effet, si de ta bouche tu reconnais Jésus comme Seigneur[1] et si tu crois dans ton cœur que Dieu l'a ressuscité d'entre les morts, tu seras sauvé.

— [1] ou : le Seigneur Jésus.

10 Car du cœur on croit[1] pour la justice et de la bouche on le déclare[2] pour le salut.

— [1] littéralement : il est cru. — [2] littéralement : il est déclaré.

11 En effet, l'Écriture dit : « Quiconque croit en lui ne sera pas confus. »[1]

— [1] Ésaïe 28:16.

12 Car il n'y a pas de différence[1] entre Juif et Grec, car le même Seigneur de tous est riche envers tous ceux qui l'invoquent.

— [1] voir 3:22.

13 En effet, « quiconque invoquera le nom du °Seigneur sera sauvé. »[1]

— [1] Joël 3:5.

L'évangile annoncé à tous, Juifs et gens des nations

14 Comment donc invoqueront-ils celui en qui ils n'ont pas cru ? Et comment croiront-ils en celui dont ils n'ont pas entendu parler ? Et comment [en] entendront-ils [parler] sans quelqu'un qui prêche ?

15 Et comment prêcheront-ils s'ils ne sont pas envoyés ? – comme il est écrit : « Combien sont beaux les pieds de ceux qui annoncent de bonnes nouvelles[1] ! »[2]

— [1] littéralement : qui annoncent la bonne nouvelle de bonnes choses. — [2] Ésaïe 52:7.

16 Mais tous n'ont pas obéi à l'Évangile ; car Ésaïe dit : « °Seigneur, qui a cru à ce que nous avons fait entendre ? »[1]

— [1] Ésaïe 53:1.

17 Ainsi, la foi vient de ce qu'on entend – et ce qu'on entend par la parole de Christ[1].

— [1] plusieurs manuscrits portent : de Dieu.

18 Mais je dis : « N'ont-ils pas entendu ? » Oui, certes ! « Leur voix est allée par toute la terre et leurs paroles jusqu'aux extrémités de la terre habitée. »[1]

— [1] Psaume 19:5.

19 Mais je dis : « Israël n'aurait-il pas compris[1] ? » Moïse, le premier, dit : « Moi, je vous rendrai jaloux par[2] ce qui n'est pas une nation ; je vous provoquerai à la colère par[1] une nation sans intelligence. »[3]

— [1] littéralement : connu. — [2] plutôt : à propos de. — [3] Deut. 32:21.

20 Mais Ésaïe a de la hardiesse et dit : « J'ai été trouvé par ceux qui ne me cherchaient pas, et j'ai été manifesté à ceux qui ne me demandaient rien. »[1]

— [1] Ésaïe 65:1.

21 Mais quant à Israël, il dit : « Tout le jour, j'ai étendu mes mains vers un peuple désobéissant

et contestataire. »[1]

— [1] Ésaïe 65:2.

Le rejet d'Israël est partiel

11 Alors je dis : « Dieu a-t-il rejeté son peuple ? » Certainement pas ! Car moi aussi, je suis Israélite, de la descendance d'Abraham, de la tribu de Benjamin.

2 Dieu n'a pas rejeté son peuple qu'il a connu d'avance. Ou bien ne savez-vous pas ce que dit l'Écriture à propos d'Élie, comment il est intervenu auprès de Dieu contre Israël ?

3 « Seigneur, ils ont tué tes prophètes, ils ont démoli tes autels, et moi, je suis resté seul et ils cherchent ma vie. »[1]

— [1] 1 Rois 19:14.

4 Mais que lui dit la réponse divine ? « Je me suis réservé 7 000 hommes qui n'ont pas fléchi le genou devant Baal. »[1]

— [1] 1 Rois 19:18.

5 Ainsi donc, dans le temps présent aussi, il subsiste un restant selon [l']élection de [la] grâce.

6 Or si c'est par la grâce, ce n'est plus par les œuvres ; autrement la grâce n'est plus [la] grâce.

7 Que dire alors ? Ce qu'Israël recherche, il ne l'a pas obtenu, mais l'élection l'a obtenu et les autres ont été endurcis[1],

— [1] littéralement : pétrifiés.

8 comme il est écrit : « Dieu leur a donné un esprit de torpeur, des yeux pour ne pas voir et des oreilles pour ne pas entendre, jusqu'à ce jour. »[1]

— [1] voir Ésaïe 29:10 ; Deut. 29:3.

9 Et David dit : « Que leur table devienne pour eux un piège, et un filet, et une cause de chute, et une [juste] punition[1] ;

— [1] littéralement : une récompense (dans le mauvais sens).

10 que leurs yeux soient obscurcis pour ne pas voir, et fais-leur continuellement courber le dos. »[1]

— [1] Psaume 69:23-24.

Le rejet d'Israël est temporaire

11 Alors je dis : « Ont-ils trébuché afin qu'ils tombent ? » Certainement pas ! Mais par leur chute[1], le salut [parvient] aux nations afin de les[2] provoquer à la jalousie.

— [1] ou : faute. — [2] c.-à-d. : Israël, non les nations.

12 Or si leur chute[1] est la richesse du monde, et leur amoindrissement la richesse des nations, combien plus le sera leur plénitude !

— [1] ou : faute.

13 Car je parle à vous, les nations : dans la mesure, en effet, où je suis moi-même apôtre des nations, je glorifie mon ministère,

14 si, en quelque sorte, je peux provoquer ma chair[1] à la jalousie et sauver quelques-uns d'entre eux.

— [1] c.-à-d. : les Juifs, ses parents selon la chair.

15 Car si leur mise à l'écart[1] [a entraîné] la réconciliation du monde, quelle sera leur réception, sinon la vie d'entre les morts ?

— [1] ou : rejet.

Par la chute d'Israël, le salut est parvenu aux nations

16 Or si les prémices sont saintes, la pâte[1] l'est aussi ; et si la racine est sainte, les branches le sont aussi.

— [1] allusion à Lév. 2:9, 16 ; Nombres 15:17-21.

17 Or si quelques-unes des branches ont été arrachées, et si toi qui étais un olivier sauvage tu as été greffé au milieu des branches restantes[1], et si tu es devenu

participant de la racine [et] de la sève[2] de l'olivier,

— [1] littéralement : au milieu d'elles. — [2] littéralement : la graisse.

18 ne te glorifie pas aux dépens des branches. Mais si tu te glorifies, ce n'est pas toi qui portes la racine, mais c'est la racine qui te porte.

19 Tu diras donc : « Les branches ont été arrachées afin que moi, je sois greffé. »

20 Très bien ! Elles ont été arrachées pour cause d'incrédulité, et toi, tu es debout par la foi. Ne t'enorgueillis pas, mais crains !

21 Car si Dieu n'a pas épargné les branches naturelles, [peut-être] ne t'épargnera-t-il pas non plus.

22 Considère[1] donc la bonté et la sévérité de Dieu : la sévérité envers ceux qui sont tombés, la bonté de Dieu envers toi, si tu persévères dans cette bonté ; autrement, toi aussi, tu seras coupé.

— [1] littéralement : Vois.

23 Et eux aussi, s'ils ne persévèrent pas dans l'incrédulité, seront greffés, car Dieu est puissant pour les greffer à nouveau.

24 En effet, si toi, tu as été coupé de l'olivier naturellement sauvage, et si tu as été greffé contre nature sur l'olivier cultivé, combien plus ceux qui sont naturellement [de l'olivier cultivé] seront-ils greffés sur leur propre olivier ?

La conversion des nations amènera le salut d'Israël

25 Car je ne veux pas, frères, que vous ignoriez ce mystère, afin que vous ne vous preniez pas pour des sages : c'est qu'un endurcissement[1] partiel est arrivé à Israël jusqu'à ce que la plénitude des nations soit entrée.

— [1] ou : aveuglement.

26 Et ainsi, tout Israël sera sauvé, comme il est écrit : « Le Libérateur[1] viendra de Sion, il détournera loin de Jacob les impiétés. »[2]

— [1] littéralement : Celui qui sauve. — [2] Ésaïe 59:20.

27 « Et telle [sera] mon alliance pour eux, lorsque j'ôterai leurs péchés. »[1]

— [1] voir Ésaïe 27:9.

28 En ce qui concerne l'Évangile, ils sont ennemis à cause de vous, mais en ce qui concerne l'élection, ils sont bien-aimés à cause des pères.

29 Car les dons de grâce et l'appel de Dieu sont irrévocables.

30 En effet, de même que vous, autrefois, vous avez été désobéissants à Dieu et que maintenant, vous êtes devenus des objets de miséricorde par suite de leur désobéissance,

31 de même eux aussi ont été maintenant désobéissants à la miséricorde dont vous êtes les objets[1], afin qu'eux aussi deviennent [maintenant] des objets de miséricorde.

— [1] littéralement : votre miséricorde.

32 Car Dieu les a tous[1] enfermés dans la désobéissance afin de faire miséricorde à tous.

— [1] c.-à-d. : Juifs et nations.

33 Ô profondeur des richesses, et de la sagesse, et de la connaissance de Dieu ! Que ses jugements sont insondables et ses voies impénétrables[1] !

— [1] littéralement : intraçables.

34 Car qui a connu la pensée du °Seigneur ? Ou qui est devenu son conseiller ?[1]

— [1] voir Ésaïe 40:13.

35 Ou qui lui a donné le premier pour qu'il reçoive de lui en retour ?[1]

— [1] voir Job 41:3.

36 Car de lui, et par lui, et pour lui sont toutes choses ! Qu'à lui soit la gloire éternellement[1] ! Amen.

— [1] littéralement : pour les siècles.

Consécration à Dieu

12 Je vous exhorte donc, frères, par les compassions de Dieu, à présenter vos corps en sacrifice vivant, saint, agréable à Dieu. [Ce sera] de votre part un culte intelligent[1].

— [1] ou : conforme à la Parole.

2 Et ne vous conformez pas à ce siècle, mais soyez transformés par le renouvellement de [votre] intelligence, afin que vous discerniez[1] quelle est la volonté de Dieu, bonne, et agréable, et parfaite.

— [1] ou : examiniez, éprouviez.

3 Car, par la grâce qui m'a été donnée, je dis à chacun de ceux qui sont parmi vous de ne pas avoir une haute pensée [de lui-même], au-dessus de celle qu'il convient d'avoir, mais de penser de manière à avoir de saines pensées, selon la mesure de foi que Dieu a répartie à chacun.

Un seul corps, beaucoup de membres

4 Car comme dans un seul corps nous avons beaucoup de membres[1], mais que tous les membres n'ont pas la même fonction[2],

— [1] à prendre dans un sens élargi : membres et organes. — [2] littéralement : action.

5 ainsi, nous qui sommes nombreux, sommes un seul corps en Christ et, chacun individuellement, membres les uns des autres.

6 Or ayant des dons de grâce différents, selon la grâce qui nous a été donnée, soit la prophétie, [prophétisons] selon la proportion de la foi ;

7 soit le service, [soyons occupés] du service ; soit celui qui enseigne, [qu'il s'applique] à l'enseignement ;

8 soit celui qui exhorte, [qu'il s'applique] à l'exhortation ; celui qui distribue, [qu'il le fasse] avec libéralité ; celui qui est à la tête, [qu'il conduise] avec zèle ; celui qui exerce la miséricorde, [qu'il le fasse] avec joie.

Multiples expressions de l'amour

9 Que l'amour soit sans hypocrisie ; ayez en horreur le mal, attachez-vous au bien ;

10 quant à l'amour fraternel, soyez pleins d'affection les uns pour les autres ; quant à l'honneur, soyez les premiers à le rendre aux autres ;

11 quant à l'activité, ne soyez pas paresseux ; soyez fervents en esprit[1] ; servez[2] le Seigneur.

— [1] « en esprit » et « par l'Esprit » ; comparer avec la note à 8:9. — [2] servir : être esclave.

12 Réjouissez-vous dans l'espérance ; soyez courageux dans la détresse ; persévérez dans la prière ;

13 subvenez aux besoins des saints ; appliquez-vous à l'hospitalité.

14 Bénissez ceux qui [vous] persécutent ; bénissez et ne maudissez pas.

15 Réjouissez-vous avec ceux qui se réjouissent ; pleurez avec ceux qui pleurent.

16 Ayez une même pensée les uns envers les autres ; ne pensez pas aux choses élevées, mais

associez-vous à ce qui est humble[1]. Ne soyez pas sages à vos propres yeux.

— [1] personnes ou choses.

17 Ne rendez à personne mal pour mal ; proposez-vous ce qui est honnête devant tous les hommes.

18 Si c'est possible, dans la mesure où cela dépend de vous, vivez en paix avec tous les hommes.

19 Ne vous vengez pas vous-mêmes, bien-aimés, mais laissez agir la colère[1], car il est écrit : « À moi la vengeance, moi, je rendrai »[2], dit le °Seigneur.

— [1] c.-à-d. : celle de Dieu. — [2] Deut. 32:35.

20 « Mais si ton ennemi a faim, donne-lui à manger, s'il a soif, donne-lui à boire. Car en faisant cela tu amasseras des charbons de feu sur sa tête. »[1]

— [1] Prov. 25:21-22.

21 Ne te laisse pas vaincre par le mal, mais sois vainqueur du mal par le bien.

Soumission aux autorités

13 Que toute personne[1] se soumette aux autorités qui sont au-dessus [d'elle]. Car il n'y a pas d'autorité qui ne vienne de Dieu, et celles qui existent sont établies par Dieu.

— [1] littéralement : âme.

2 C'est pourquoi celui qui résiste à l'autorité s'oppose à l'ordre établi par Dieu ; et ceux qui s'opposent [ainsi] feront venir[1] un jugement sur eux-mêmes.

— [1] littéralement : recevront.

3 Car les magistrats ne sont pas à craindre pour une bonne œuvre, mais pour une mauvaise. Or veux-tu ne pas craindre l'autorité ? Fais le bien et tu recevras d'elle des éloges.

4 Car le magistrat[1] est serviteur de Dieu pour ton bien. Mais si tu fais le mal, crains, car ce n'est pas pour rien qu'il porte l'épée. En effet, il est serviteur de Dieu comme exécuteur de [sa] colère sur celui qui fait le mal.

— [1] littéralement : il..

5 C'est pourquoi il est nécessaire d'être soumis, non seulement à cause de la colère, mais aussi à cause de la conscience.

6 En effet, c'est pour cela que vous payez aussi les impôts. Car les magistrats[1] sont au service[2] de Dieu, s'appliquant constamment à cette fonction.

— [1] littéralement : ils. — [2] en tant qu'administrateur officiel ; comme en 15:16 ; Phil. 2:25 ; Hébr. 1:7 ; 8:2.

7 Rendez à tous ce qui leur est dû : l'impôt à qui [vous devez] l'impôt ; la taxe à qui [vous devez] la taxe ; la crainte à qui [vous devez] la crainte ; l'honneur à qui [vous devez] l'honneur.

L'amour mutuel, accomplissement de la Loi

8 Ne devez rien à personne, sinon de vous aimer les uns les autres, car celui qui aime les autres a accompli[1] [la] Loi.

— [1] la Loi est ainsi déjà accomplie avant qu'elle fasse valoir ses droits ; comparer avec Marc 12:30-33.

9 En effet, [les commandements] : « Tu ne commettras pas d'adultère, tu ne commettras pas de meurtre, tu ne voleras pas, tu ne convoiteras pas »[1] – ˙et tout autre commandement – se résument dans cette parole : « Tu aimeras ton prochain comme toi-même. »[2]

— [1] Exode 20:13-17. — [2] Lév. 19:18.

10 L'amour ne fait pas de mal au prochain ; l'amour est donc le plein accomplissement[1] de la Loi.

— [1] littéralement : la plénitude.

Exhortations à se réveiller et à être pur

11 Et [encore] ceci : vous connaissez[1] le temps [actuel], que c'est déjà l'heure de vous[2] réveiller du sommeil, car maintenant le salut est plus près de nous que lorsque nous avons cru.

— [1] littéralement : connaissant. — [2] plusieurs manuscrits portent : nous.

12 La nuit est bien avancée et le jour s'est approché. Rejetons donc les œuvres des ténèbres et revêtons les armes de la lumière. 13 Conduisons-nous honnêtement, comme en plein jour, sans orgies ni ivrogneries[1], sans immoralité sexuelle[2] ni débauches, sans querelles ni jalousies.

— [1] littéralement : intoxications. — [2] littéralement : coucheries.

14 Mais revêtez le Seigneur Jésus Christ et ne prenez pas soin de la chair pour [satisfaire ses] convoitises.

Accueil sans jugement du faible dans la foi

14 Or quant à celui qui est faible dans la foi, recevez-le, mais pas pour décider sur des points sujets à discussion. 2 L'un croit pouvoir manger de toutes choses, mais l'autre, étant faible, mange des légumes. 3 Que celui qui mange ne méprise pas celui qui ne mange pas ; et que celui qui ne mange pas ne juge pas celui qui mange, car Dieu l'a reçu. 4 Qui es-tu, toi qui juges le domestique d'autrui ? Il se tient debout ou il tombe pour son propre maître. Et il sera maintenu debout, car le Seigneur est puissant pour le maintenir debout.

5 L'un estime un jour plus qu'un autre jour, mais l'autre estime tous les jours [égaux]. Que chacun soit pleinement persuadé dans son propre esprit. 6 Celui qui fait une distinction entre les jours, le fait à cause du Seigneur. Et celui qui mange, mange à cause du Seigneur, car il rend grâce à Dieu. Et celui qui ne mange pas, ne mange pas à cause du Seigneur, et il rend grâce à Dieu. 7 Car aucun de nous ne vit pour lui-même et personne ne meurt pour lui-même. 8 Mais si en effet nous vivons, nous vivons pour le Seigneur, et si nous mourons, nous mourons pour le Seigneur. Donc, soit que nous vivions, soit que nous mourions, nous sommes au[1] Seigneur.

— [1] littéralement : du.

9 Car c'est pour cela que Christ est mort et qu'il est revenu à la vie, afin qu'il domine à la fois sur les morts et sur les vivants. 10 Mais toi, pourquoi juges-tu ton frère ? Ou aussi toi, pourquoi méprises-tu ton frère ? Car nous comparaîtrons tous devant le tribunal de Dieu. 11 En effet, il est écrit : « [Aussi vrai que] je suis vivant, dit le °Seigneur, tout genou fléchira devant moi et toute langue reconnaîtra pleinement Dieu. »[1]

— [1] Ésaïe 45:23.

12 Ainsi [donc], chacun de nous rendra compte pour lui-même [à Dieu].

Ne pas être une pierre d'achoppement pour son frère

13 Ne nous jugeons donc plus les uns les autres, mais jugez plutôt ceci, de ne pas mettre une pierre

d'achoppement ou une cause de chute devant votre[1] frère.

— [1] littéralement : le.

14 Je sais et je suis persuadé dans le Seigneur Jésus que rien n'est souillé en soi, sauf pour celui qui croit qu'une chose est souillée ; pour lui, elle est souillée.

15 Car si à cause d'un aliment ton frère est attristé, tu ne marches plus selon l'amour. Ne détruis pas par ton aliment celui pour lequel Christ est mort.

16 Que ce qui est bien en vous ne soit donc pas blâmé[1].

— [1] littéralement : blasphémé.

17 En effet, le royaume de Dieu n'est pas manger et boire, mais justice, et paix, et joie dans l'Esprit Saint.

18 Car celui qui sert[1] le Christ de cette manière est agréable à Dieu et approuvé des hommes.

— [1] servir, ici : servir comme esclave.

19 Ainsi donc, poursuivons ce qui tend à[1] la paix et ce qui tend à[1] l'édification mutuelle.

— [1] littéralement : les choses de.

20 À cause d'un aliment, ne détruis pas l'œuvre de Dieu. Toutes choses, il est vrai, sont pures, mais c'est un mal pour l'homme de manger en étant une pierre d'achoppement[1].

— [1] ou : un sujet de scandale.

21 Il est bon de ne pas manger de viande, de ne pas boire de vin et de ne rien faire en quoi ton frère[1] trébuche[2].

— [1] littéralement : le frère. — [2] plusieurs manuscrits ajoutent : ou est scandalisé, ou est faible.

22 Toi, tu as de la foi ; garde-la en toi-même devant Dieu. Bienheureux est celui qui ne se juge pas lui-même dans ce qu'il approuve.

23 Mais celui qui hésite quand il mange est condamné, parce que cela ne vient pas de la foi. Or tout ce qui ne vient pas de la foi est péché.

Le Christ, un exemple à suivre

15 Or nous devons, nous qui sommes forts, porter les faiblesses de ceux qui ne le sont pas, et ne pas nous plaire à nous-mêmes.

2 Que chacun de nous cherche à plaire à son prochain en vue du bien, pour l'édification.

3 Et en effet, le Christ n'a pas cherché à plaire à lui-même, mais comme il est écrit : « Les outrages de ceux qui t'outragent sont tombés sur moi. »[1]

— [1] Psaume 69:10.

4 Car toutes les choses qui ont été écrites auparavant ont été écrites pour notre instruction, afin que, par la persévérance et par l'encouragement des Écritures, nous ayons espérance.

5 Or que le Dieu de persévérance et d'encouragement vous donne d'avoir entre vous une même pensée selon le Christ Jésus,

6 afin que, d'un commun accord, d'une même bouche, vous glorifiiez le Dieu et Père de notre Seigneur Jésus Christ.

7 C'est pourquoi recevez-vous les uns les autres, comme aussi le Christ vous a reçus, à la gloire de Dieu.

Le Dieu d'espérance, des Juifs et des nations

8 Car je dis que Christ a été serviteur de [la] Circoncision[1], pour la vérité de Dieu, pour la confirmation des promesses [faites] aux pères,

— [1] la Circoncision : le peuple juif.

9 et pour que les nations glorifient Dieu pour [sa] miséricorde, comme il est écrit : « C'est pourquoi je te célébrerai parmi les nations et je chanterai des cantiques à [la gloire de] ton nom. »[1]

— [1] Psaume 18:50.

10 Et il dit encore : « Nations, réjouissez-vous avec son peuple ! »[1]

— [1] Deut. 32:43.

11 Et encore : « Louez le °Seigneur, [vous,] toutes les nations, et que tous les peuples le célèbrent ! »[1]

— [1] Psaume 117:1.

12 Et Ésaïe dit encore : « Elle paraîtra, la racine de Jessé[1], et il y aura quelqu'un qui se lèvera pour gouverner les nations ; c'est en lui que les nations espéreront. »[2]

— [1] Jessé ou Isaï, père de David ; voir Matt. 1:6. — [2] Ésaïe 11:10.

13 Or que le Dieu d'espérance vous remplisse de toute joie et paix en croyant, pour que vous surabondiez en espérance par la puissance de l'Esprit Saint.

Le ministère de Paul – Projets de voyage de l'apôtre

14 Or, en ce qui vous concerne, mes frères, je suis moi-même persuadé que vous êtes, vous aussi, pleins de bonté, remplis de toute connaissance et capables de vous exhorter les uns les autres.

15 Mais, en quelque sorte, je vous ai écrit avec plus de hardiesse[1] comme pour réveiller vos souvenirs, à cause de la grâce qui m'a été donnée par Dieu,

— [1] plusieurs manuscrits ajoutent : frères.

16 pour que je sois serviteur[1] du Christ Jésus envers les nations, exerçant la sacrificature[2] dans l'Évangile de Dieu, afin que l'offrande des nations soit agréée, étant sanctifiée par l'Esprit Saint.

— [1] serviteur : administrateur officiel ; de même aussi en 13:6 ; Phil. 2:25 ; comparer avec Hébreux 1:7 et 8:2. — [2] ou : le sacerdoce.

17 J'ai donc de quoi me glorifier dans le Christ Jésus pour ce qui est des choses qui concernent Dieu.

18 En effet, je n'oserai rien dire que Christ n'ait accompli par moi pour l'obéissance des nations, en paroles et en œuvres,

19 par la puissance de miracles[1] et de prodiges, par la puissance de l'Esprit [de Dieu] ; de sorte que, depuis Jérusalem et en rayonnant jusqu'en Illyrie, j'ai pleinement annoncé l'Évangile du Christ.

— [1] littéralement : signes.

20 Et ainsi, je me suis attaché à évangéliser, non pas là où Christ avait été prêché[1] – afin que je n'édifie pas sur les fondations [posées par] autrui –

— [1] littéralement : nommé.

21 mais comme il est écrit : « Ceux à qui il n'avait pas été annoncé verront, et ceux qui n'ont pas entendu comprendront. »[1]

— [1] Ésaïe 52:15.

22 C'est pourquoi aussi, j'ai été souvent empêché d'aller vers vous.

23 Mais maintenant, n'ayant plus de champ d'action dans ces régions, et ayant depuis bien des années un grand désir d'aller vers vous,

24 [je le ferai] quand je me rendrai en Espagne. Car j'espère que je vous verrai à mon passage et que vous m'aiderez à voyager de ce côté-là, quand j'aurai d'abord été quelque peu comblé par votre présence.

25 Mais maintenant, je vais à Jérusalem pour servir les saints.

26 Car la Macédoine et l'Achaïe ont trouvé bon de subvenir, par une contribution, aux besoins des pauvres parmi les saints qui sont à Jérusalem.

27 Elles l'ont trouvé bon en effet, et elles le leur doivent. Car si les nations ont eu part à leurs [biens] spirituels, elles doivent aussi les servir dans les choses matérielles[1].

— [1] littéralement : charnelles.

28 Après donc que j'aurai achevé cette [œuvre] et que je leur aurai scellé ce fruit[1], j'irai en Espagne en passant par [chez] vous.

— [1] c.-à-d. : remis officiellement cette libéralité.

29 Et je sais qu'en allant auprès de vous, j'irai dans la plénitude de la bénédiction de Christ.

30 Mais je vous exhorte, *[frères,]* par notre Seigneur Jésus Christ et par l'amour de l'Esprit, à combattre avec moi par des prières [adressées] à Dieu en ma faveur,

31 afin que je sois délivré des incrédules qui sont en Judée et que mon service que j'ai [à accomplir] à Jérusalem soit bien accueilli par les saints.

32 Ainsi, j'irai vers vous avec joie par la volonté de Dieu, et je prendrai avec vous quelque repos.

33 Or que le Dieu de paix soit avec vous tous ! Amen.

Salutations de l'apôtre

16 Or je vous recommande Phœbé, notre sœur, qui est *[aussi]* servante de l'assemblée qui est à Cenchrée.

2 C'est afin que vous la receviez dans le Seigneur, comme il convient à des saints, et que vous l'assistiez dans toute affaire où elle aurait besoin de vous. Car elle-même aussi a été en aide à beaucoup et à moi-même.

3 Saluez Prisca et Aquilas, mes compagnons d'œuvre dans le Christ Jésus

4 (qui pour [sauver] ma vie ont risqué leur propre tête[1] ; à qui je ne rends pas grâce moi seul, mais aussi toutes les assemblées des nations)

— [1] littéralement : cou.

5 et l'assemblée qui [se réunit] dans leur maison. Saluez Épaïnète, mon bien-aimé, qui est les prémices de l'Asie pour Christ.

6 Saluez Marie qui s'est donné beaucoup de peine pour vous.

7 Saluez Andronicus et Junias, mes parents et mes compagnons de captivité, qui sont très estimés parmi les apôtres, qui ont même été avant moi en Christ.

8 Saluez Ampliatus, mon bien-aimé dans le Seigneur.

9 Saluez Urbain, notre compagnon d'œuvre en Christ, et Stachys, mon bien-aimé.

10 Saluez Appellès [qui est] approuvé en Christ. Saluez ceux de chez Aristobule.

11 Saluez Hérodion, mon parent. Saluez ceux de chez Narcisse, qui sont dans le Seigneur.

12 Saluez Tryphène et Tryphose, celles qui se sont donné de la peine dans le Seigneur. Saluez Persis, la bien-aimée, qui s'est donné beaucoup de peine dans le Seigneur.

13 Saluez Rufus, l'élu dans le Seigneur, et sa mère qui est aussi la mienne.

14 Saluez Asyncrite, Phlégon, Hermès, Patrobas, Hermas et les frères qui sont avec eux.

15 Saluez Philologue et Julie, Nérée et sa sœur, et Olympas, et tous les saints qui sont avec eux.

16 Saluez-vous les uns les autres par un saint baiser. Toutes les assemblées du Christ vous saluent.

Dernier avertissement concernant ceux qui causent des divisions

17 Or je vous exhorte, frères, à avoir l'œil sur ceux qui causent des divisions et des chutes, ce qui est contraire à l'enseignement que vous avez appris. Et détournez-vous d'eux.

18 Car de tels [hommes] ne servent[1] pas notre Seigneur Christ, mais leur propre ventre. Et par de douces paroles et un beau langage, ils séduisent les cœurs des simples[2].

— [1] servir, ici : être esclave. — [2] c.-à-d. : ceux qui sont sans méchanceté et influençables.

19 Car votre obéissance est venue à [la connaissance de] tous. Je me réjouis donc à votre sujet, mais je veux que vous soyez sages quant au bien et sans compromis[1] avec le mal.

— [1] littéralement : sans mélange.

20 Or le Dieu de paix brisera bientôt Satan sous vos pieds. Que la grâce de notre Seigneur Jésus[1] soit avec vous !

— [1] plusieurs manuscrits ajoutent : Christ.

Salutations de la part des compagnons de Paul

21 Timothée, mon compagnon d'œuvre, et Lucius, et Jason, et Sosipater, mes parents, vous saluent.

22 Moi, Tertius, qui ai écrit la lettre, je vous salue dans le Seigneur.

23 Gaïus, mon hôte et celui de toute l'assemblée, vous salue. Éraste, l'administrateur de la ville,

et le frère Quartus vous saluent.[1]

— [1] plusieurs manuscrits ajoutent (verset 24) : Que la grâce de notre Seigneur Jésus Christ soit avec vous tous ! Amen.

Actions de grâces

25 Or à Celui qui est puissant pour vous affermir selon mon Évangile et la prédication de Jésus Christ, selon la révélation du mystère[1] à l'égard duquel le silence a été gardé dès les temps éternels

— [1] pour « mystère », comparer avec 1 Cor. 2:7-10 ; Éph. 3:2-12 ; 5:32 ; Col. 1:25-27 ; 2:2-3.

26 (mais il a été manifesté maintenant et a été donné à connaître à toutes les nations par des écrits prophétiques, d'après le commandement du Dieu éternel, en vue de [l']obéissance de [la] foi)

27 au Dieu qui seul est sage, par Jésus Christ, à lui soit la gloire éternellement[1] ! Amen.

— [1] littéralement : pour les siècles.

1 Corinthiens

Salutation

1 Paul, apôtre du Christ Jésus par appel[1], par la volonté de Dieu, et le frère Sosthène,

— [1] c.-à-d. : apôtre par l'appel de Dieu ; comme en Rom. 1:1.

2 à l'assemblée de Dieu qui est à Corinthe, aux sanctifiés dans le Christ Jésus, saints par appel[1], avec tous ceux qui en tout lieu invoquent le nom de notre Seigneur Jésus Christ, et leur [Seigneur], et le nôtre :

— [1] c.-à-d. : saints par l'appel divin.

3 Grâce et paix à vous, de la part de Dieu notre Père et du Seigneur Jésus Christ !

Actions de grâces

4 [1]Je rends toujours grâce à mon Dieu à votre sujet, pour[2] la grâce de Dieu qui vous a été donnée dans le Christ Jésus.

— [1] les versets 4 à 8 forment une seule phrase dans le texte original. — [2] proprement : à l'occasion de.

5 Car en lui vous avez été enrichis en toutes choses, en toute parole[1] et toute connaissance,

— [1] c.-à-d. : la communication de la pensée de Dieu dans l'Évangile de Christ (voir 2:1).

6 selon que le témoignage du Christ a été confirmé au milieu de vous[1].

— [1] ou : en vous.

7 C'est pourquoi vous ne manquez d'aucun don de grâce pendant que vous attendez la révélation de notre Seigneur Jésus Christ.

8 C'est lui aussi qui vous affermira jusqu'à la fin [pour être] irréprochables dans la journée de notre Seigneur Jésus [Christ].[1]

— [1] les versets 4 à 8 forment une seule phrase dans le texte original.

9 Dieu est fidèle, [lui] par qui vous avez été appelés à la communion de son Fils Jésus Christ, notre Seigneur.

Exhortation à l'unité

10 Or je vous exhorte, frères, par le nom de notre Seigneur Jésus Christ, à parler tous un même langage. Et qu'il n'y ait pas de divisions parmi vous, mais que vous soyez parfaitement unis dans un même sentiment et dans un même avis.

11 Car, mes frères, il m'a été signalé[1] à votre sujet, par la maison[2] de Chloé, qu'il y a des dissensions parmi vous.

— [1] littéralement : révélé de façon certaine. — [2] littéralement : ceux.

12 Or je veux dire par là que chacun de vous dit : « Moi, je suis de Paul ! » ; « Et moi d'Apollos ! » ; « Et moi de Céphas ! » ; « Et moi de Christ ! »

13 Le Christ est-il divisé ? Paul a-t-il été crucifié pour vous ? Ou bien avez-vous été baptisés pour le nom de Paul ?

14 Je rends grâce [à Dieu] de ce que je n'ai baptisé aucun de vous, sinon Crispus et Gaïus,

15 afin que personne ne dise que vous avez été baptisés pour mon nom.

16 Et j'ai baptisé aussi la maison[1] de Stéphanas ; du reste je ne sais pas si j'ai baptisé quelqu'un d'autre.

— [1] c.-à-d. : la famille.

La folie de la croix face à la sagesse du monde

17 Car Christ ne m'a pas envoyé baptiser, mais évangéliser[1], non avec des paroles de sagesse [humaine][2], afin que la croix du Christ ne soit pas vidée [de son sens].

— [1] c.-à-d. : annoncer la bonne nouvelle. — [2] littéralement : avec sagesse de parole.

18 En effet, la parole de la croix est folie pour ceux qui périssent, mais pour nous qui sommes sauvés, elle est la puissance de Dieu.

19 Car il est écrit : « Je détruirai la sagesse des sages et je rendrai nulle l'intelligence des intelligents. »[1]

— [1] Ésaïe 29:14.

20 Où est le sage ? Où est le scribe ? Où est le raisonneur de ce siècle ? Dieu n'a-t-il pas fait de la sagesse du monde une folie ?

21 Car, puisque dans la sagesse de Dieu, le monde, par la sagesse[1], n'a pas connu Dieu, il a plu à Dieu, par la folie de la prédication[2], de sauver ceux qui croient.

— [1] c.-à-d. : celle du monde. — [2] c.-à-d. : ce qui est prêché.

22 Les Juifs, en effet, demandent des miracles[1] et les Grecs recherchent la sagesse,

— [1] littéralement : signes.

23 mais nous, nous prêchons Christ crucifié, cause de chute pour les Juifs, folie pour les nations,

24 mais pour ceux qui sont appelés, tant Juifs que Grecs, [nous prêchons] Christ, puissance de Dieu et sagesse de Dieu.

25 Car la folie de Dieu est plus sage que les hommes, et la faiblesse de Dieu est plus forte que les hommes.

Les hommes que Dieu a choisis

26 En effet, considérez votre appel, frères : il n'y a pas [parmi vous] beaucoup de sages selon la chair[1], ni beaucoup de puissants, ni beaucoup de personnes de haut rang.

— [1] c.-à-d. : selon l'homme.

27 Mais Dieu a choisi les choses folles du monde pour couvrir de honte les [hommes] sages. Et Dieu a choisi les choses faibles du monde pour couvrir de honte les choses fortes.

28 Et Dieu a choisi les choses basses[1] du monde et celles qui sont méprisées et celles qui ne sont rien[2], pour annuler celles qui sont.

— [1] littéralement : sans naissance. — [2] littéralement : pas.

29 [Et c'est] afin qu'aucune chair[1] ne se glorifie devant Dieu.

— [1] c.-à-d. : personne.

30 Or vous êtes de Lui[1] dans le Christ Jésus qui est devenu pour nous sagesse de la part de Dieu, et justice, et sainteté, et rédemption,

— [1] c.-à-d. : de Dieu.

31 afin que, comme il est écrit, « celui qui se glorifie, se glorifie dans le °Seigneur. »[1]

— [1] Ésaïe 45:25 ; voir Jér. 9:22-23.

Caractère et objet de la prédication de Paul

2 Et moi, quand je suis venu chez vous, frères, ce n'est pas avec supériorité de parole ou de sagesse que je suis venu vous annoncer le mystère[1] de Dieu.

— [1] plusieurs manuscrits portent : témoignage.

2 Car je n'ai pas jugé bon de savoir quoi que ce soit parmi vous, sinon Jésus Christ et Jésus Christ[1] crucifié.

— [1] littéralement : et celui-ci.

3 Or moi, j'ai été parmi vous dans la faiblesse, et dans la crainte, et dans un grand tremblement.

4 Et ma parole et ma prédication n'ont pas été [en paroles] persuasives de sagesse[1], mais en

démonstration de l'Esprit[2] et de puissance,

— [1] c.-à-d. : de sagesse humaine. — [2] littéralement : d'Esprit.

5 afin que votre foi ne repose pas sur la sagesse des hommes, mais sur la puissance de Dieu[1].

— [1] littéralement : ne soit pas en sagesse d'hommes, mais en puissance de Dieu.

Le mystère de Dieu et la sagesse de Dieu

6 Or nous parlons sagesse parmi les hommes accomplis[1], sagesse toutefois non de ce siècle ni des chefs de ce siècle qui vont être réduits à rien.

— [1] littéralement : complets ; en opposition avec les petits enfants en 3:1.

7 Mais nous prêchons la sagesse de Dieu en mystère, la [sagesse] cachée, que Dieu avait préétablie avant les siècles pour notre gloire.

8 [Cette sagesse,] aucun des chefs de ce siècle ne l'a connue, car s'ils l'avaient connue, ils n'auraient pas crucifié le Seigneur de gloire.

9 Mais comme il est écrit : « Ce que l'œil n'a pas vu et que l'oreille n'a pas entendu, et qui n'est pas monté au cœur de l'homme, ce que Dieu a préparé pour ceux qui l'aiment »[1],

— [1] Ésaïe 64:3.

10 alors Dieu nous l'a révélé par l'Esprit[1]. Car l'Esprit sonde toutes choses, même les choses profondes de Dieu.

— [1] plusieurs manuscrits portent : son Esprit.

11 Car qui parmi les hommes connaît les choses de l'homme, si ce n'est l'esprit de l'homme qui est en lui ? Ainsi, personne non plus ne connaît les choses de Dieu, si ce n'est l'Esprit de Dieu.

12 Mais nous, nous avons reçu, non l'esprit du monde, mais l'Esprit[1] qui vient de Dieu, afin que nous connaissions les choses que Dieu nous a données par grâce.

— [1] l'Esprit lui-même et l'état du croyant sont souvent trop intimement liés dans ces versets pour faire la différence entre Esprit et esprit, et les séparer l'un de l'autre ; comme en Rom. 8:9.

13 Et nous parlons de ces choses, non avec des paroles qu'enseigne la sagesse humaine, mais [avec des paroles] qu'enseigne l'Esprit, communiquant[1] des choses spirituelles par des moyens spirituels.

— [1] ou : exposant.

14 Or l'homme naturel[1] ne reçoit pas les choses qui sont de l'Esprit de Dieu, car elles sont une folie pour lui, et il ne peut pas les connaître, parce qu'elles se discernent spirituellement.

— [1] l'homme animé seulement par son âme créée, sans l'enseignement et la puissance du Saint Esprit.

15 Mais celui qui est spirituel discerne toutes choses, mais lui-même n'est discerné par personne.

16 Car « Qui a connu la pensée[1] du °Seigneur pour qu'il l'instruise ? »[2] Mais nous, nous avons la pensée[1] de Christ.

— [1] la faculté de penser et les pensées qui en résultent. — [2] voir Ésaïe 40:13-14.

Paul condamne la jalousie, les querelles et l'esprit de parti chez les Corinthiens

3 Pour moi, frères, je n'ai pas pu vous parler comme à des [hommes] spirituels, mais comme à des [hommes] charnels[1], comme à de petits enfants en Christ.

— [1] c.-à-d. : faits de chair ; c'est différent de « charnels » au verset 3, qui veut dire : « soumis à la chair ».

2 Je vous ai donné du lait à boire, non de la nourriture solide, car

vous ne pouviez pas encore [la supporter]. Et même maintenant encore vous ne le pouvez pas,

3 car vous êtes encore charnels. En effet, puisqu'il y a parmi vous de la jalousie et des querelles, n'êtes-vous pas charnels et ne marchez-vous pas à la manière des hommes ?

4 Car quand l'un dit : « Moi, je suis de Paul ! », et un autre : « Moi, d'Apollos ! », n'êtes-vous pas des hommes ?

5 Qu'est-ce donc qu'Apollos ? Et qu'est-ce que Paul ? Des serviteurs par le moyen desquels vous avez cru, et [qui agissent] selon ce que le Seigneur a accordé à chacun d'eux.

6 Moi, j'ai planté, Apollos a arrosé, mais Dieu a fait croître.

7 De sorte que ce n'est pas celui qui plante qui est quelque chose, ni celui qui arrose, mais c'est Dieu qui fait croître.

8 Or celui qui plante et celui qui arrose ne font qu'un[1], mais chacun recevra sa propre récompense selon son propre travail.

— [1] littéralement : sont un.

Christ, seul fondement de l'Assemblée

9 Car nous sommes collaborateurs de Dieu. Vous êtes le champ de Dieu, l'édifice de Dieu.

10 Selon la grâce de Dieu qui m'a été donnée, comme un sage architecte, j'ai posé le fondement, et un autre édifie dessus. Mais que chacun prenne garde comment il édifie dessus.

11 Car personne ne peut poser d'autre fondement que celui qui est posé, lequel est Jésus Christ.

12 Or si quelqu'un édifie sur ce fondement de l'or, de l'argent, des pierres précieuses, du bois, du foin, de la paille,

13 l'œuvre[1] de chacun sera mise en évidence, car le jour[2] la fera connaître, parce qu'il est révélé dans le feu ; et l'épreuve du feu montrera ce que vaut l'œuvre de chacun.

— [1] le travail aussi bien que le résultat du travail ; ici et versets 14, 15. — [2] c.-à-d. : le jour du Seigneur où tout sera révélé et jugé ; voir 5:5.

14 Si l'œuvre de quelqu'un – celle qu'il aura édifiée sur le fondement[1] – subsiste, il recevra une récompense.

— [1] littéralement : édifiée dessus.

15 Si l'œuvre de quelqu'un vient à être consumée, il en subira une perte, mais lui-même sera sauvé, toutefois comme au travers d'un feu.

Le chrétien est le temple de Dieu

16 Ne savez-vous pas que vous êtes le temple[1] de Dieu et que l'Esprit de Dieu habite en vous ?

— [1] le temple : ici et partout dans les deux épîtres aux Corinthiens (sauf 1 Cor. 9:13), ce mot désigne le lieu saint où Dieu désire habiter ; c.-à-d. la maison même, non pas tout l'ensemble des cours et bâtiments sacrés ; comme en Matt. 23:16.

17 Si quelqu'un corrompt[1] le temple de Dieu, Dieu le détruira[1], car le temple de Dieu est saint, [et] c'est bien ce que vous êtes.

— [1] le mot grec a le double sens de : corrompre et détruire.

Le chrétien, à qui tout appartient, appartient à Christ

18 Que personne ne se trompe lui-même : si quelqu'un parmi vous pense être sage dans ce siècle, qu'il devienne fou, afin de devenir sage.

19 Car la sagesse de ce monde est une folie devant Dieu. En effet, il

est écrit : « Celui qui prend[1] les sages à leur [propre] ruse »[2] ;
— [1] avec le sens de : prendre au piège. — [2] Job 5:13.

20 et encore : « Le °Seigneur connaît les raisonnements des sages, qu'ils sont sans profit. »[1]
— [1] Psaume 94:11.

21 Que personne donc ne se glorifie dans les hommes, car toutes choses sont à vous,

22 soit Paul, soit Apollos, soit Céphas, soit monde, soit vie, soit mort, soit choses présentes, soit choses à venir. Toutes choses sont à vous,

23 mais vous [êtes] à Christ, et Christ [est] à Dieu.

Le Seigneur est seul juge

4 Ainsi, que [tout] homme nous considère comme des serviteurs[1] de Christ et des administrateurs des mystères de Dieu.
— [1] serviteur qui a un service spécial.

2 Ici, du reste, ce qui est demandé à des administrateurs, c'est que chacun soit trouvé fidèle.

3 Mais pour moi, il m'importe très peu d'être jugé[1] par vous ou par un tribunal humain[2] ; et même je ne me juge[1] pas moi-même.
— [1] juger, ici : examiner, interroger. — [2] littéralement : un jour des hommes ; par opposition au jour du Seigneur.

4 Car je n'ai rien sur ma conscience, mais pour autant, je ne suis pas justifié. Et celui qui me juge[1], c'est le Seigneur.
— [1] juger, ici : examiner, interroger.

5 Ainsi, ne jugez[1] rien avant le temps, jusqu'à ce que le Seigneur vienne, lequel mettra aussi en lumière les choses cachées des ténèbres et manifestera les intentions des cœurs. Et alors chacun recevra sa louange de la part de Dieu.
— [1] ici, c'est bien : prononcer un jugement définitif.

Orgueil des Corinthiens

6 Or frères, j'ai appliqué cela à moi-même et à Apollos, à cause de vous, afin qu'en nous vous appreniez à ne pas aller [dans vos pensées] au-delà de ce qui est écrit, afin que vous ne vous enfliez pas d'orgueil en prenant le parti de l'un contre l'autre[1].
— [1] littéralement : afin que… d'orgueil l'un pour l'un contre l'autre.

7 Car qui te distingue [d'un autre] ? Et qu'as-tu que tu n'aies pas reçu ? Et si tu l'as aussi reçu, pourquoi te glorifies-tu, comme si tu ne l'avais pas reçu ?

8 Déjà vous êtes rassasiés, déjà vous êtes riches, vous avez régné sans nous ! Ah ! je voudrais bien que vous régniez, afin que nous aussi, nous régnions avec vous !

Épreuves endurées par les apôtres

9 Car je pense que Dieu nous a produits les derniers [sur la scène], nous les apôtres, comme des condamnés à mort. Car nous sommes devenus un spectacle pour le monde, et pour les anges, et pour les hommes.

10 Nous sommes fous à cause de Christ, mais vous êtes sages en Christ ; nous sommes faibles, mais vous êtes forts ; vous êtes en honneur, mais nous sommes méprisés.

11 Jusqu'à cette heure nous souffrons de la faim et de la soif, et nous sommes dans le dénuement, et nous sommes frappés, et nous sommes errants,

12 et nous prenons de la peine, travaillant de nos propres mains. Injuriés, nous bénissons ;

persécutés, nous [le] supportons ;
13 calomniés, nous supplions[1].
Nous sommes devenus comme les
balayures[2] du monde [et] le rebut
de tous jusqu'à maintenant.

— [1] ou : exhortons, encourageons. — [2] ou : déchets.

14 Ce n'est pas pour vous faire
honte que j'écris ces choses, mais
je vous avertis comme mes enfants
bien-aimés.

15 Car même si vous aviez 10 000
maîtres[1] dans le Christ, vous
n'avez cependant pas beaucoup
de pères, car moi, je vous ai
engendrés dans le Christ Jésus par
l'Évangile.

— [1] littéralement : pédagogues, précepteurs.

16 Je vous supplie[1] donc d'être
mes imitateurs.

— [1] ou : exhorte, encourage.

Paul annonce sa venue chez les Corinthiens

17 C'est pourquoi je vous ai
envoyé Timothée qui est mon
enfant bien-aimé et qui est fidèle
dans le Seigneur. Il vous rappellera
mes règles de conduite[1] dans le
Christ [Jésus], telles que je [les]
enseigne partout dans chaque
assemblée.

— [1] littéralement : mes voies.

18 Or quelques-uns se sont enflés
d'orgueil, comme si je ne devais
pas venir chez vous.

19 Mais je viendrai bientôt chez
vous, si le Seigneur le veut, et je
connaîtrai, non la parole de ceux
qui se sont enflés d'orgueil, mais la
puissance.

20 Car le royaume de Dieu [ne
consiste] pas en paroles, mais en
puissance.

21 Que voulez-vous ? Que je
vienne chez vous avec un bâton ou
avec amour et un esprit de

douceur ?

Le grave péché à Corinthe – La discipline dans l'assemblée

5 On entend dire partout qu'il y a
de la fornication parmi vous, et une
fornication telle qu'elle [ne se
trouve] même pas parmi les
nations, au point que quelqu'un
aurait la femme de son père.

2 Et vous, vous êtes enflés
d'orgueil et vous n'avez pas plutôt
pris le deuil, afin que celui qui a
commis cette action soit ôté[1] du
milieu de vous.

— [1] c.-à-d. : exclu.

3 Car pour moi, étant absent de
corps mais présent en esprit, j'ai
déjà jugé[1], comme [si j'étais]
présent, celui qui a ainsi commis
cette action.

— [1] juger, ici : prendre une décision.

4 [J'ai jugé, dis-je,] au nom de
[notre] Seigneur Jésus[1] – vous et
mon esprit étant réunis, avec la
puissance de notre Seigneur Jésus
–

— [1] plusieurs manuscrits ajoutent : Christ.

5 de livrer un tel homme à Satan
pour la destruction de la chair, afin
que l'esprit soit sauvé au jour du
Seigneur[1].

— [1] plusieurs manuscrits ajoutent : Jésus.

6 Votre vantardise n'est pas
bonne ! Ne savez-vous pas qu'un
peu de levain fait lever la pâte tout
entière ?

7 Purifiez-vous[1] du vieux levain,
afin que vous soyez une nouvelle
pâte, dans la mesure où vous êtes
sans levain. Car aussi notre Pâque,
Christ, a été sacrifiée.

— [1] littéralement : se purifier en profondeur.

8 C'est pourquoi célébrons la fête,
non avec du vieux levain ni avec un
levain de méchanceté et de
perversité, mais avec des pains

sans levain de sincérité et de vérité.

9 Je vous ai écrit dans la lettre de ne pas avoir de relations avec des fornicateurs,

10 non d'une manière absolue avec les fornicateurs de ce monde, ou ceux qui sont avides de gain et ravisseurs[1], ou les idolâtres, puisqu'alors il faudrait que vous sortiez du monde.

— [1] ravisseur : celui qui vole avec violence jusqu'au rapt ou au crime.

11 Mais maintenant, je vous ai écrit que si quelqu'un appelé frère est fornicateur ou avide de gain, ou idolâtre, ou outrageux, ou ivrogne, ou ravisseur, vous n'ayez pas de relations avec lui, vous ne mangiez même pas avec un tel homme.

12 Car est-ce à moi de juger[1] ceux du dehors ? Vous, ne jugez[1]-vous pas ceux du dedans ?

— [1] juger, ici : prononcer un jugement ; comme en 4:5.

13 Mais ceux du dehors, Dieu les juge. Ôtez[1] le méchant du milieu de vous-mêmes.

— [1] avec le sens d'exclure.

Procès entre frères

6 L'un de vous, ayant une affaire contre un autre, ose-t-il aller en justice devant ceux qui sont injustes et non devant les saints ?

2 Ou bien ne savez-vous pas que les saints jugeront le monde ? Et si le monde est jugé par vous, êtes-vous indignes de juger les plus petites affaires[1] ?

— [1] littéralement : indignes des plus petits jugements.

3 Ne savez-vous pas que nous jugerons des anges ? Et [nous ne jugerions] pas les affaires de la vie [courante] !

4 Si donc vous avez des différends concernant les affaires de la vie [courante], établissez[1] [pour juges] ceux qui sont les moins estimés dans l'assemblée.

— [1] ou : vous établissez.

5 Je parle pour vous faire honte. Ainsi, n'y a-t-il aucun [homme] sage parmi vous qui soit capable de décider entre ses frères ?

6 Mais un frère fait un procès à un frère, et cela devant les incrédules !

7 C'est [donc] de toute manière déjà une faute de votre part que vous ayez des procès entre vous. Pourquoi ne supportez-vous pas plutôt des injustices ? Pourquoi ne vous laissez-vous pas plutôt causer du tort[1] ?

— [1] littéralement : dépouiller.

8 Mais vous, vous faites des injustices et vous causez du tort[1], et cela à des frères.

— [1] littéralement : dépouillez.

9 Ou bien ne savez-vous pas que ceux qui sont injustes n'hériteront pas du royaume de Dieu ? Ne vous y trompez pas : ni les fornicateurs, ni les idolâtres, ni les adultères, ni les efféminés, ni les hommes qui couchent avec des hommes,

10 ni les voleurs, ni ceux qui sont avides de gain, ni les ivrognes, ni les outrageux, ni les ravisseurs[1] n'hériteront du royaume de Dieu.

— [1] ravisseur : celui qui vole avec violence jusqu'au rapt ou au crime.

11 Et quelques-uns de vous, vous étiez tels. Mais vous avez été lavés, mais vous avez été sanctifiés, mais vous avez été justifiés au[1] nom du Seigneur Jésus Christ[2] et par[1] l'Esprit de notre Dieu.

— [1] c.-à-d. : en vertu de la puissance du. — [2] plusieurs manuscrits omettent : Christ.

Fuyez la fornication !

12 Toutes choses me sont permises, mais toutes choses ne sont pas avantageuses ; toutes choses me sont permises, mais je ne me laisserai, moi, asservir par aucune.

13 Les aliments [sont] pour le ventre, et le ventre [est] pour les aliments ; mais Dieu réduira à néant ceux-ci comme celui-là.

Or le corps n'est pas pour la fornication, mais pour le Seigneur, et le Seigneur [est] pour le corps.

14 Mais Dieu a ressuscité le Seigneur et il nous ressuscitera par sa puissance.

15 Ne savez-vous pas que vos corps sont des membres de Christ ? Prendrai-je donc les membres du Christ pour en faire les membres d'une prostituée ? Certainement pas !

16 [Ou bien] ne savez-vous pas que celui qui est uni à une prostituée est un seul corps [avec elle] ? Car il est dit : « Les deux deviendront une seule chair. »[1]

— [1] Genèse 2:24.

17 Mais celui qui est uni au Seigneur est un seul esprit[1] [avec lui].

— [1] l'Esprit lui-même et l'état du croyant sont souvent trop intimement liés dans ces versets pour faire la différence entre Esprit et esprit, et les séparer l'un de l'autre ; comme en 2:12.

18 Fuyez la fornication ! Tout [autre] péché que l'homme [peut] commettre est extérieur au corps, mais le fornicateur pèche contre son propre corps.

19 Ou bien ne savez-vous pas que votre corps est le temple du Saint Esprit qui est en vous et que vous avez [reçu] de Dieu ? Et que vous n'êtes pas à vous-mêmes ?

20 Car vous avez été achetés à un prix.[1] Glorifiez donc Dieu dans votre corps.

— [1] on peut aussi lire : Et vous n'êtes pas à vous-mêmes (verset 19), car vous avez été achetés à prix.

Le mariage chrétien

7 Or, au sujet de ce que vous [m']avez écrit, il est bon pour l'homme de ne pas toucher de femme.

2 Mais à cause de la fornication, que chaque homme[1] ait sa femme à lui et que chaque femme[2] ait son propre mari.

— [1] littéralement : chacun. — [2] littéralement : chacune.

3 Que le mari rende à la femme ce qui lui est dû, et que la femme aussi [agisse] de même envers le mari.

4 La femme ne dispose pas de son propre corps, mais le mari. Et de même aussi, le mari ne dispose pas de son propre corps, mais la femme.

5 Ne vous privez[1] pas l'un de l'autre, à moins que ce ne soit d'un commun accord, pour un temps, afin que vous soyez disponibles pour la prière. Puis retournez de nouveau ensemble, afin que Satan ne vous tente pas à cause de votre incapacité à vous maîtriser.

— [1] plus proprement : frustrez.

6 Or je dis cela comme une concession, non comme un ordre.

7 Mais je voudrais que tous les hommes soient aussi comme moi. Toutefois chacun a son propre don de grâce de la part de Dieu, l'un d'une manière et l'autre d'une autre.

Diverses exhortations relatives au mariage

8 Or je dis à ceux qui ne sont pas mariés et aux veuves qu'il est bon pour eux de rester ainsi, comme

moi.

9 Mais s'ils ne savent pas se maîtriser, qu'ils se marient, car il vaut mieux se marier que de brûler.

10 Mais à ceux qui sont mariés, je prescris, non pas moi mais le Seigneur : que la femme ne soit pas séparée du mari

11 (et si elle est séparée, qu'elle reste sans être mariée ou qu'elle se réconcilie avec son mari) et que le mari n'abandonne pas sa femme.

12 Mais quant aux autres, je dis, moi [et] non le Seigneur : si un frère a une femme incrédule et que celle-ci veuille habiter avec lui, qu'il ne l'abandonne pas.

13 Et si une femme a un mari incrédule, et que celui-ci veuille habiter avec elle, qu'elle n'abandonne pas son mari.

14 Car le mari incrédule est sanctifié par[1] la femme et la femme incrédule est sanctifiée par[1] le frère [son mari]. Autrement vos enfants seraient impurs, mais maintenant, ils sont saints.

— [1] littéralement : en, dans.

15 Mais si l'incrédule veut s'en aller, qu'il s'en aille ; le frère ou la sœur n'est pas lié en pareil cas. Mais Dieu vous[1] a appelés [à vivre] dans la paix.

— [1] plusieurs manuscrits portent : nous.

16 Car que sais-tu, femme, si tu ne sauveras pas ton mari ? Ou que sais-tu, mari, si tu ne sauveras pas ta femme ?

17 Toutefois, que chacun vive[1] selon la part que le Seigneur lui a attribuée, chacun comme Dieu l'a appelé. Et c'est ainsi que j'en ordonne dans toutes les assemblées.

— [1] littéralement : marche.

Rester devant Dieu dans l'état où l'on a été appelé.

18 Quelqu'un a-t-il été appelé étant circoncis ? Qu'il ne dissimule pas sa circoncision[1]. Quelqu'un a-t-il été appelé étant dans l'incirconcision ? Qu'il ne soit pas circoncis.

— [1] littéralement : qu'il ne se fasse pas un prépuce.

19 La circoncision n'est rien et l'incirconcision n'est rien, mais [ce qui compte, c'est] l'observation des commandements de Dieu.

20 Que chacun reste dans la condition[1] où [il se trouvait quand] il a été appelé.

— [1] littéralement : l'appel.

21 As-tu été appelé étant esclave ? Ne t'en mets pas en peine. Toutefois, si tu peux aussi devenir libre, profites-en plutôt.

22 Car l'esclave qui a été appelé dans le Seigneur est un affranchi du Seigneur. De même aussi, l'homme libre qui a été appelé est un esclave de Christ.

23 Vous avez été achetés à un prix ; ne devenez pas esclaves des hommes.

24 Frères, que chacun reste devant Dieu dans l'état où il a été appelé.

Faut-il se marier ou rester célibataire ?

25 Or, en ce qui concerne ceux qui sont vierges[1], je n'ai pas d'ordre du Seigneur, mais je donne mon avis comme ayant reçu miséricorde du Seigneur pour être fidèle.

— [1] soit hommes, soit femmes.

26 J'estime donc que c'est une bonne chose, à cause de la contrainte[1] présente, qu'il est bon pour l'homme[2] de rester comme il est.

— [1] ou : détresse. — [2] homme, ici : l'être humain.

27 Es-tu lié à une femme ? Ne cherche pas à en être séparé. N'es-tu pas lié à une femme ? Ne cherche pas de femme.

28 Toutefois, même si tu te maries, tu n'as pas péché ; et si la vierge se marie, elle n'a pas péché. Mais ceux qui font ainsi[1] auront de l'affliction pour ce qui regarde la chair[2], mais moi, je vous épargne.

— [1] littéralement : ceux qui sont tels. — [2] c.-à-d. : dans leur vie conjugale.

29 Or je dis ceci, frères : le temps est court[1]. Désormais, que même ceux qui ont une femme soient comme s'ils n'en avaient pas ;

— [1] littéralement : resserré, raccourci.

30 et ceux qui pleurent, comme s'ils ne pleuraient pas ; et ceux qui se réjouissent, comme s'ils ne se réjouissaient pas ; et ceux qui achètent, comme s'ils ne possédaient pas ;

31 et ceux qui usent du monde, comme s'ils n'en usaient pas à leur gré. Car la forme [actuelle] de ce monde passe.

32 Mais je voudrais que vous soyez sans inquiétude. Celui qui n'est pas marié a le cœur occupé des choses du Seigneur, comment il plaira au Seigneur.

33 Mais celui qui s'est marié a le cœur occupé des choses du monde, comment il plaira à sa femme.

34 Et il est partagé. De même la femme sans mari[1], comme la vierge,[2] a le cœur occupé des choses du Seigneur, pour être sainte, et de corps et d'esprit. Mais celle qui s'est mariée a le cœur occupé des choses du monde, comment elle plaira à son mari.

— [1] littéralement : non mariée. — [2] certains lisent : Et il y a une différence entre la femme mariée et la vierge : celle qui n'est pas mariée.

35 Mais je dis cela dans votre propre intérêt, non pour vous tendre un piège, mais en vue de ce qui est convenable, et pour que vous vous attachiez au service du Seigneur sans distraction.

36 Mais si quelqu'un estime qu'il agit d'une manière inconvenante à l'égard de sa vierge, et s'il déborde de passion, et s'il doit en être ainsi, qu'il fasse comme il le veut. Il ne pèche pas, qu'ils se marient.

37 Mais [quant à] celui qui tient ferme dans son cœur et qui n'a pas de contrainte, mais qui est maître de sa propre volonté et a décidé dans son cœur de garder sa propre virginité[1], il fait bien.

— [1] littéralement : ne pas se marier avec sa propre vierge.

38 Ainsi, et celui qui se marie[1] fait bien, et celui qui ne se marie pas fait mieux.

— [1] littéralement : épouse sa vierge.

39 La femme est liée pendant tout le temps que son mari est en vie. Mais si le mari s'est endormi[1], elle est libre de se marier à qui elle veut, seulement [que ce soit] dans le Seigneur.

— [1] c.-à-d. : est mort.

40 Mais, à mon avis, elle est plus heureuse si elle reste ainsi. Or j'estime que moi aussi, j'ai l'Esprit de Dieu.

Les viandes sacrifiées aux idoles

8 Or en ce qui concerne les viandes sacrifiées aux idoles, nous savons que nous avons tous de la connaissance. La connaissance rend orgueilleux, mais l'amour édifie.

2 Si quelqu'un pense savoir quelque chose, il ne connaît pas encore comme il faut connaître.

3 Mais si quelqu'un aime Dieu,

celui-là est connu de lui.

4 Donc, pour ce qui est de manger des viandes sacrifiées aux idoles, nous savons qu'une idole n'est rien dans le monde, et qu'il n'y a pas d'autre Dieu que le [Dieu] unique[1].
— [1] littéralement : qu'un seul.

5 Et en effet, s'il y en a qui sont appelés dieux, soit dans le ciel, soit sur la terre – comme il y a beaucoup de dieux et beaucoup de seigneurs –

6 toutefois pour nous, il y a un seul Dieu, le Père, de qui sont toutes choses et pour qui nous sommes[1], et un seul Seigneur, Jésus Christ, par qui sont toutes choses et par qui nous sommes[2].
— [1] littéralement : et nous pour lui. — [2] littéralement : et nous par lui.

7 Toutefois la connaissance n'est pas en tous. Mais quelques-uns, ayant jusqu'à maintenant conscience de l'idole, mangent de ces viandes [en les considérant] comme sacrifiées aux idoles, et leur conscience, qui est faible, en est souillée.

8 Or ce n'est pas un aliment qui nous rapprochera de Dieu ; si nous n'[en] mangeons pas, nous n'avons rien de moins, et si nous [en] mangeons, nous n'avons rien de plus.

9 Mais prenez garde que cette liberté[1] que vous avez ne devienne une pierre d'achoppement pour les faibles.
— [1] littéralement : ce droit.

10 Car si quelqu'un te voit, toi qui as de la connaissance, assis à table dans un temple d'idoles, la conscience de celui qui est faible ne sera-t-elle pas encouragée[1] à manger des viandes sacrifiées aux idoles ?

— [1] littéralement : édifiée.

11 Et celui qui est faible, le frère pour lequel Christ est mort, périra par ta connaissance.

12 Or en péchant ainsi contre les frères et en blessant leur conscience qui est faible, vous péchez contre Christ.

13 C'est pourquoi, si un aliment est une cause de chute pour mon frère, jamais plus je ne mangerai de viande afin de ne pas être une cause de chute pour mon frère.

Les droits de l'apostolat

9 Ne suis-je pas libre ? Ne suis-je pas apôtre ? N'ai-je pas vu Jésus notre Seigneur ? N'êtes-vous pas, vous, mon œuvre dans le Seigneur ?

2 Si pour d'autres je ne suis pas apôtre, je le suis au moins pour vous ; car vous êtes, vous, le sceau de mon apostolat dans le Seigneur.

3 Voici ma défense auprès de ceux qui me demandent des comptes[1] :
— [1] littéralement : qui m'interrogent (dans le but d'enquêter).

4 N'avons-nous pas le droit de manger et de boire ?

5 N'avons-nous pas le droit d'emmener avec nous une sœur pour être notre femme, comme le [font] aussi les autres apôtres, et les frères du Seigneur, et Céphas ?

6 Ou bien n'y a-t-il que moi et Barnabas qui n'ayons pas le droit de ne pas travailler ?

7 Qui jamais va à la guerre à ses propres frais ? Qui plante une vigne et n'en mange pas le fruit ? Ou qui fait paître un troupeau et ne se nourrit pas du lait du troupeau ?

8 Est-ce que je dis ces choses à la manière de l'homme ? Ou la Loi ne dit-elle pas aussi cela ?

9 Car dans la loi de Moïse il est

écrit : « Tu ne muselleras pas le bœuf qui foule le grain. »[1] Dieu se préoccupe-t-il des bœufs ?

— [1] Deut. 25:4.

10 Ou bien ne parle-t-il pas entièrement pour nous ? Car c'est pour nous qu'il est écrit que celui qui laboure doit labourer avec espérance et que celui qui foule le grain [doit le fouler] dans l'espérance d'en avoir sa part.

11 Si nous avons semé pour vous des [biens] spirituels, est-ce trop si nous moissonnons [une part] de vos [biens] matériels[1] ?

— [1] littéralement : charnels.

12 Si d'autres ont part à ce droit sur vous, ne l'avons-nous pas à plus forte raison ? Mais nous n'avons pas fait usage de ce droit ; au contraire, nous supportons tout afin de ne mettre aucun obstacle à l'Évangile du Christ.

13 Ne savez-vous pas que ceux qui s'emploient aux choses sacrées mangent [ce qui vient] du Temple[1] ? Que ceux qui servent à l'autel ont part à [ce qui est offert sur] l'autel ?

— [1] ou : mangent de ce qui est sacré.

14 De même aussi, le Seigneur a ordonné à ceux qui annoncent l'Évangile de vivre de l'Évangile.

Paul renonce à ses droits

15 Mais moi, je n'ai fait usage d'aucune de ces choses et je n'ai pas écrit cela afin qu'il en soit fait ainsi à mon égard. Car il serait bon pour moi de mourir plutôt que [de voir] quelqu'un réduire à néant mon motif de gloire[1].

— [1] littéralement : rendre vide ma gloire.

16 En effet, si j'évangélise, je n'ai pas de quoi me glorifier, parce que c'est une nécessité qui m'est imposée ; car malheur à moi si je n'évangélise pas !

17 En effet, si je fais cela volontairement, j'en ai un salaire, mais si je le fais malgré moi, c'est une administration qui m'est confiée.

18 Quel est donc mon salaire ? C'est qu'en évangélisant, j'annonce l'Évangile gratuitement, afin de ne pas faire un mauvais usage de mon droit dans l'Évangile.

19 Car étant libre à l'égard de tous, je me suis fait l'esclave de tous, afin de gagner le plus grand nombre.

20 Et pour les Juifs, je suis devenu comme un Juif, afin de gagner les Juifs ; pour ceux qui sont sous la Loi, comme si j'étais sous la Loi – bien que n'étant pas moi-même sous la Loi – afin de gagner ceux qui sont sous la Loi ;

21 pour ceux qui sont sans loi, comme si j'étais sans loi (non que je sois sans loi quant à Dieu, mais je suis légitimement soumis à Christ) afin de gagner ceux qui sont sans loi.

— [1] sans loi, ailleurs : inique(s).

22 Je suis devenu [comme] faible pour les faibles afin de gagner les faibles ; je suis devenu toutes choses pour tous afin que de toute manière j'en sauve quelques-uns.

23 Et je fais toutes choses à cause de l'Évangile afin d'y avoir part.

Le chrétien est comme un athlète

24 Ne savez-vous pas que ceux qui courent dans un stade courent tous, mais qu'un seul reçoit le prix ? Ainsi, courez de manière à le remporter.

25 Or quiconque concourt pour un prix se maîtrise en toutes choses ; ceux-là [le font] donc pour recevoir une couronne périssable, mais nous, [c'est pour] une [couronne]

impérissable.

26 Alors moi, je cours ainsi, non comme de façon incertaine ; je combats ainsi, non comme frappant l'air.

27 Au contraire, je traite durement[1] mon corps et je l'asservis, de peur qu'après avoir prêché à d'autres, je ne sois moi-même disqualifié[2].

— [1] littéralement : soumettre les passions.
— [2] littéralement : rejeté à l'épreuve.

L'exemple d'Israël au désert

10 Car je ne veux pas que vous ignoriez, frères, que nos pères ont tous été sous la nuée, et qu'ils sont tous passés à travers la mer,

2 et qu'ils ont tous été baptisés pour Moïse dans la nuée et dans la mer,

3 et qu'ils ont tous mangé la même nourriture spirituelle,

4 et qu'ils ont tous bu la même boisson spirituelle. Car ils buvaient à un[1] Rocher spirituel qui les accompagnait, et ce[2] Rocher était le Christ.

— [1] ou : du. — [2] littéralement : le.

5 Mais Dieu n'a pas pris plaisir dans la plupart d'entre eux, car ils tombèrent[1] dans le désert.

— [1] littéralement : furent abattus.

6 Or ces choses sont des exemples[1] pour nous, afin que nous ne convoitions pas de mauvaises choses, comme eux-mêmes ont convoité.

— [1] ou : types, figures.

7 Aussi, ne devenez pas idolâtres comme certains d'entre eux, ainsi qu'il est écrit : « Le peuple s'assit pour manger et pour boire, et ils se levèrent pour s'amuser. »[1]

— [1] Exode 32:6.

8 Ne commettons pas non plus la fornication, comme certains d'entre eux ont commis la fornication, et il en est tombé 23 000 en un seul jour.

9 Ne tentons pas non plus le Christ, comme certains d'entre eux l'ont tenté et ont péri par les serpents.

10 Ne murmurez pas non plus, comme certains d'entre eux ont murmuré et ont péri par le destructeur.

11 Or toutes ces choses leur arrivèrent comme exemples[1], et elles ont été écrites pour notre avertissement, [à nous] qui touchons à la fin des siècles[2].

— [1] ou : types, figures. — [2] littéralement : aux extrémités des âges.

12 Ainsi, que celui qui croit[1] être debout prenne garde de ne pas tomber.

— [1] ou : paraît, pense.

13 Aucune tentation[1] ne vous est arrivée qui n'ait été une tentation[1] humaine. Mais Dieu est fidèle, il ne permettra pas que vous soyez tentés[2] au-delà de ce que vous pouvez [supporter]. Mais avec la tentation[1] il fera aussi l'issue, afin que vous puissiez la supporter.

— [1] ou : épreuve. — [2] ou : mis à l'épreuve.

La table du Seigneur opposée aux autels païens

14 C'est pourquoi, mes bien-aimés, fuyez l'idolâtrie !

15 Je [vous] parle comme à des [personnes] intelligentes ; jugez vous-mêmes de ce que je dis.

16 La coupe de bénédiction que nous bénissons[1] n'est-elle pas la communion au[2] sang du Christ ? Le pain que nous rompons n'est-il pas la communion au[1] corps du Christ ?

— [1] c.-à-d. : au sujet de laquelle nous bénissons. — [2] littéralement : du.

17 Car [nous qui sommes] nombreux, nous sommes un seul

pain, un seul corps, parce que nous participons tous à un seul pain.

18 Considérez l'Israël selon la chair : ceux qui mangent les sacrifices n'ont-ils pas communion avec l'autel ?

19 Qu'est-ce que je dis maintenant ? Que la viande sacrifiée à une idole soit quelque chose ? Ou qu'une idole soit quelque chose ?

20 [Non,] mais que les choses que les nations sacrifient[1], *[elles les sacrifient]* à des démons et non à Dieu. Or je ne veux pas que vous ayez communion avec les démons.
— [1] littéralement : qu'ils sacrifient.

21 Vous ne pouvez pas boire la coupe du Seigneur et la coupe des démons ; vous ne pouvez pas participer à la table du Seigneur et à la table des démons.

22 Ou bien provoquons-nous le Seigneur à la jalousie ? Sommes-nous plus forts que lui ?

Ne pas être une pierre d'achoppement pour les faibles

23 Toutes choses sont permises, mais toutes ne sont pas avantageuses ; toutes choses sont permises, mais toutes n'édifient pas.

24 Que personne ne cherche son propre intérêt, mais celui d'autrui.

25 Mangez de tout ce qui se vend à la boucherie, sans poser aucune question par motif de conscience.

26 Car « la terre est au °Seigneur et tout ce qu'elle contient. »[1]
— [1] Psaume 24:1.

27 Si quelqu'un parmi les incrédules vous invite, et que vous vouliez [y] aller, mangez de tout ce qui est mis devant vous, sans poser aucune question par motif de conscience.

28 Mais si quelqu'un vous dit : « Ceci a été offert en sacrifice[1] », n'en mangez pas, à cause de celui qui vous a avertis et à cause de la conscience.
— [1] ou : offert à un dieu.

29 Or je parle de la conscience, non de la vôtre, mais de celle de l'autre. Car pourquoi ma liberté est-elle jugée par la conscience d'autrui ?

30 Si moi, je participe [à quoi que ce soit] avec actions de grâces[1], pourquoi suis-je blâmé pour une chose pour laquelle moi, je rends grâce ?
— [1] ou : selon la grâce.

31 Donc, soit que vous mangiez, soit que vous buviez, ou quoi que vous fassiez, faites tout pour la gloire de Dieu.

32 Ne devenez une cause de chute ni pour les Juifs, ni pour les Grecs, ni pour l'Assemblée de Dieu.

33 [C'est] ainsi que moi aussi, je m'efforce de plaire à tous en toutes choses, en ne cherchant pas mon avantage personnel, mais celui du grand nombre, afin qu'ils soient sauvés.

11 Soyez mes imitateurs, comme moi aussi, je le suis de Christ.

Tenue des hommes et des femmes selon l'ordre divin

2 Or je vous loue de ce que vous vous souvenez de moi en toutes choses et de ce que vous retenez les instructions comme je vous les ai transmises.

3 Mais je veux que vous sachiez que le chef[1] de tout homme[2], c'est le Christ, et que le chef[1] de la femme, c'est l'homme, et que le chef[1] du Christ, c'est Dieu.
— [1] littéralement : la tête. — [2] l'homme en

contraste avec la femme ; ici et partout jusqu'au verset 14.

4 Tout homme qui prie ou qui prophétise en ayant [quelque chose] sur la tête déshonore sa tête.

5 Et toute femme qui prie ou qui prophétise la tête découverte déshonore sa tête. Car c'est exactement la même chose qu'une femme qui serait rasée.

6 Donc, si une femme n'est pas couverte, qu'on lui coupe aussi les cheveux. Mais s'il est honteux pour une femme d'avoir les cheveux coupés ou d'être rasée, qu'elle soit couverte.

7 Car l'homme, étant l'image et la gloire de Dieu, ne doit pas se couvrir la tête ; mais la femme est la gloire de l'homme.

8 Car l'homme n'a pas été tiré[1] de la femme, mais la femme [a été tirée] de l'homme.

— [1] littéralement : n'est pas.

9 Et en effet, l'homme n'a pas été créé à cause de la femme, mais la femme [a été créée] à cause de l'homme.

10 C'est pourquoi la femme, à cause des anges, doit avoir sur la tête une [marque d']autorité[1].

— [1] c.-à-d. : une marque de l'autorité à laquelle elle est soumise ; voir verset 3.

11 Toutefois, dans le Seigneur, ni la femme n'est sans l'homme ni l'homme sans la femme.

12 Car comme la femme est tirée de l'homme, de même aussi, l'homme [existe] par la femme ; mais toutes choses viennent de Dieu.

13 Jugez-en par vous-mêmes : est-il convenable qu'une femme prie Dieu [la tête] découverte ?

14 La nature elle-même ne vous enseigne-t-elle pas que, si un homme a des cheveux longs, c'est un déshonneur pour lui ?

15 Mais si une femme a des cheveux longs, c'est une gloire pour elle, parce que la chevelure [lui] est donnée en guise de voile[1].

— [1] c.-à-d. : ce qui enveloppe, ce qui revêt ; on pourrait traduire : en guise d'habit.

16 Mais si quelqu'un paraît vouloir contester, nous n'avons pas, nous, une telle coutume, ni les assemblées de Dieu.

La Cène du Seigneur

17 Or, en prescrivant ceci, je ne [vous] loue pas[1], parce que vous vous réunissez, non pour le meilleur, mais pour le pire.

— [1] comparer avec le verset 2.

18 En effet, tout d'abord, quand vous vous réunissez en assemblée, j'entends dire qu'il y a des divisions parmi vous, et je le crois en partie.

19 Car il faut qu'il y ait aussi des partis[1] parmi vous, afin que ceux qui sont approuvés apparaissent clairement[2] parmi vous.

— [1] c.-à-d. : des partis religieux ; ou : secte, ou : école ; comme en formaient les philosophes. — [2] littéralement : deviennent visibles.

20 Quand donc vous vous réunissez dans un même lieu, ce n'est pas la cène du Seigneur que vous mangez.

— [1] littéralement : vous venez ensemble.

21 Car, au moment de manger, chacun s'empresse de prendre son propre repas, et l'un a faim, et l'autre s'enivre.

22 N'avez-vous donc pas des maisons pour manger et pour boire ? Ou bien méprisez-vous l'Assemblée de Dieu et faites-vous honte à ceux qui n'ont rien ? Que vous dirai-je ? Vous louerai-je ? En

cela, je ne [vous] loue pas.

23 Car moi, j'ai reçu du Seigneur ce que je vous ai aussi transmis, c'est que le Seigneur Jésus, la nuit où il fut livré, prit du pain

24 et, après avoir rendu grâce, il le rompit et dit : « Ceci est mon corps qui est pour vous ; faites ceci en mémoire de moi. »[1]

— [1] Luc 22.19.

25 De même [il prit] aussi la coupe après le dîner, en disant : « Cette coupe est la nouvelle alliance en mon sang ; faites ceci toutes les fois que vous la boirez, en mémoire de moi. »[1]

— [1] Luc 22.20.

26 Car toutes les fois que vous mangez ce pain et que vous buvez la coupe, vous annoncez la mort du Seigneur jusqu'à ce qu'il vienne.

27 C'est pourquoi celui qui mange le pain ou boit la coupe du Seigneur indignement sera coupable envers le corps et le sang du Seigneur.

28 Mais que chacun[1] s'examine[2] soi-même et qu'ainsi, il mange du pain et boive de la coupe.

— [1] littéralement : un homme. — [2] littéralement : s'examiner en vue de s'approuver.

29 Car celui qui mange et boit [indignement], mange et boit un jugement contre lui-même, ne discernant pas le corps[1].

— [1] certains manuscrits ajoutent : du Seigneur.

30 C'est pour cela que beaucoup sont faibles et malades parmi vous et qu'un assez grand nombre dorment[1].

— [1] c.-à-d. : sont morts.

31 Mais si nous nous jugions[1] nous-mêmes, nous ne serions pas jugés[2].

— [1] juger, ici : examiner, sonder. — [2] juger, ici : prononcer un jugement ; de même aux versets 32 et 34.

32 Mais quand nous sommes jugés, nous sommes disciplinés par le Seigneur, afin que nous ne soyons pas condamnés avec le monde.

33 Ainsi, mes frères, quand vous vous réunissez pour manger, attendez-vous les uns les autres.

34 Si quelqu'un a faim, qu'il mange chez lui, afin que vous ne vous réunissiez pas pour être jugés. Or, quant aux autres choses, je les réglerai lorsque je viendrai.

Les dons spirituels dans leur diversité et dans l'unité de l'Esprit

12 Or, en ce qui concerne les [manifestations] spirituelles, frères, je ne veux pas que vous soyez dans l'ignorance.

2 Vous savez que, lorsque vous étiez [gens des] nations, [vous étiez] entraînés vers les idoles muettes, au gré de ceux qui vous conduisaient.

3 C'est pourquoi je vous fais savoir que personne parlant par l'Esprit de Dieu ne dit : « Anathème[1] [à] Jésus » ; et que personne ne peut dire « Seigneur Jésus » si ce n'est par l'Esprit Saint.

— [1] formule de malédiction.

4 Or il y a diversité de dons de grâce, mais le même Esprit ;

5 et il y a diversité de services, et le même Seigneur ;

6 et il y a diversité d'opérations[1], mais le même Dieu qui opère[2] tout en tous.

— [1] ou : modes d'actions. — [2] ou : met en œuvre.

7 Or à chacun est donnée la manifestation de l'Esprit en vue de ce qui est utile.

8 Car à l'un est donnée, par l'Esprit, la parole de sagesse ; et à un autre la parole de

connaissance, selon le même Esprit ;

9 et à un autre la foi[1], dans le[2] même Esprit ; et à un autre des dons de grâce de guérison, dans le seul Esprit[2] ;

— [1] c.-à-d. : un don particulier, procurant une foi exceptionnelle dans des circonstances difficiles. — [2] c.-à-d. : dans la puissance du seul Esprit.

10 et à un autre [la capacité] d'opérer des miracles ; [et] à un autre la prophétie ; [et] à un autre des discernements d'esprits ; et à un autre [diverses] sortes de langues ; et à un autre l'interprétation des langues.

11 Mais le seul et même Esprit opère toutes ces choses, distribuant à chacun en particulier comme il lui plaît.

Le corps de Christ est formé de beaucoup de membres

12 En effet, de même qu'il y a un seul corps et qu'il a beaucoup de membres[1], mais que tous les membres du corps, quoique nombreux, sont un seul corps, ainsi [en est-il] aussi du Christ.

— [1] à prendre dans un sens élargi : membres et organes.

13 Car nous tous aussi, nous avons été baptisés d'un seul Esprit[1] pour être un seul corps, soit Juifs, soit Grecs, soit esclaves, soit hommes libres ; et nous avons tous été irrigués d'un seul Esprit[2].

— [1] c.-à-d. : dans la puissance d'un seul Esprit. — [2] ou : dans un seul Esprit.

14 Et en effet, le corps n'est pas [formé] d'un seul membre, mais d'un grand nombre.

15 Si le pied disait : « Parce que je ne suis pas une main, je ne suis pas du corps », ne ferait-il pas partie du corps pour autant ?

16 Et si l'oreille disait : « Parce que je ne suis pas un œil, je ne suis pas du corps », ne ferait-elle pas partie du corps pour autant ?

17 Si le corps tout entier était un œil, où serait l'ouïe ? S'il était tout entier l'ouïe, où serait l'odorat ?

18 Mais maintenant, Dieu a placé les membres, chacun d'eux, dans le corps, comme il l'a voulu.

19 Or si tous étaient un seul membre, où serait le corps ?

20 Mais maintenant, les membres sont nombreux, mais [il y a] un seul corps.

21 L'œil ne peut pas dire à la main : « Je n'ai pas besoin de toi », ni la tête [dire] à son tour aux pieds : « Je n'ai pas besoin de vous. »

22 Mais bien plus, les membres du corps qui paraissent être les plus faibles sont nécessaires.

23 Et ceux que nous estimons être les moins honorables du corps, nous les environnons d'un honneur plus grand. Et [nos membres] les moins décents sont les plus décemment parés,

24 tandis que nos [membres] décents n'en ont pas besoin. Mais Dieu a composé le corps en donnant un plus grand honneur à ce qui en manquait,

25 afin qu'il n'y ait pas de division dans le corps, mais que les membres aient un égal soin[1] les uns des autres.

— [1] littéralement : s'inquiètent de la même façon.

26 Et si un membre souffre, tous les membres souffrent avec lui ; et si un membre est glorifié, tous les membres se réjouissent avec lui.

27 Or vous êtes, vous, [le] corps de Christ et [vous êtes ses] membres, chacun en particulier.

28 Or ceux que Dieu a placés dans

l'Assemblée [sont] premièrement des apôtres, deuxièmement des prophètes, troisièmement des docteurs[1], ensuite des miracles[2], puis des dons de grâce de guérison, des aptitudes à aider, à diriger, [diverses] sortes de langues.

— [1] docteur : celui qui enseigne. — [2] littéralement : puissances.

29 Tous sont-ils apôtres ? Tous sont-ils prophètes ? Tous sont-ils docteurs ? Tous [font-ils] des miracles[1] ?

— [1] littéralement : puissances.

30 Tous ont-ils des dons de grâce de guérison ? Tous parlent-ils en langues ? Tous interprètent-ils ?

31 Or désirez ardemment[1] les dons de grâce plus grands. Et je vous montre encore un chemin bien plus excellent.

— [1] littéralement : avec zèle.

Nécessité de l'amour

13 Si je parle les langues des hommes et des anges, mais que je n'aie pas l'amour, je suis[1] comme un cuivre qui résonne ou comme une cymbale qui retentit.

— [1] littéralement : je suis devenu.

2 Et si j'ai [le don de] prophétie, et la compréhension de tous les mystères, et toute la connaissance, et si j'ai toute la foi de manière à déplacer des montagnes, mais que je n'aie pas l'amour, je ne suis rien.

3 Et si je distribuais tous mes biens et si je livrais mon corps pour en tirer gloire[1], mais que je n'aie pas l'amour, cela ne me serait d'aucun profit.

— [1] plusieurs manuscrits portent : aux flammes.

4 L'amour est patient ; il agit avec bienveillance ; l'amour n'est pas jaloux ; [l'amour] ne se vante pas ;

il ne s'enfle pas d'orgueil ;

5 il n'agit pas avec inconvenance ; il ne cherche pas son propre intérêt ; il ne s'irrite pas ; il n'impute pas[1] le mal ;

— [1] ou : ne pense pas à.

6 il ne se réjouit pas de l'injustice, mais se réjouit avec la vérité ;

7 il supporte[1] tout, croit tout, espère tout, endure tout.

— [1] ou : couvre.

8 L'amour ne meurt[1] jamais. Or y a-t-il des prophéties ? Elles auront leur fin. Y a-t-il des langues ? Elles cesseront. Y a-t-il de la connaissance ? Elle aura sa fin.

— [1] littéralement : tombe.

9 Car nous connaissons partiellement et nous prophétisons partiellement ;

10 mais quand ce qui est parfait[1] sera venu, ce qui est partiel aura sa fin.

— [1] littéralement : complet.

11 Quand j'étais un enfant, je parlais comme un enfant, je pensais comme un enfant, je raisonnais comme un enfant. Quand je suis devenu un homme, j'ai mis fin à ce qui était de l'enfant.

12 Car nous voyons maintenant [comme] dans un miroir[1], de façon confuse[2], mais alors [ce sera] face à face. Maintenant, je connais partiellement, mais alors je connaîtrai à fond comme aussi j'ai été pleinement connu.

— [1] miroir ancien donnant une image imparfaite. — [2] littéralement : en énigme.

13 Or maintenant, ces trois choses subsistent : la foi, l'espérance, l'amour ; mais la plus grande de celles-ci, c'est l'amour.

L'exercice des dons dans l'assemblée

14 Poursuivez l'amour et désirez

ardemment[1] les [dons] spirituels, mais surtout [celui] de prophétiser.

— [1] littéralement : avec zèle.

2 En effet, celui qui parle en langues ne parle pas aux hommes, mais à Dieu, car personne ne comprend[1] et c'est en esprit qu'il dit des mystères.

— [1] littéralement : n'entend.

3 Mais celui qui prophétise parle aux hommes pour l'édification, et l'exhortation, et la consolation.

4 Celui qui parle en langues s'édifie lui-même, mais celui qui prophétise édifie l'assemblée.

5 Et je veux bien que vous parliez tous en langues, mais surtout que vous prophétisiez. Or celui qui prophétise est plus grand que celui qui parle en langues, à moins qu'il n'interprète, afin que l'assemblée reçoive de l'édification.

6 Et maintenant, frères, si je viens à vous et que je parle en langues, en quoi vous serai-je utile à moins que je ne vous parle par révélation, ou par connaissance, ou par prophétie, ou par doctrine ?

7 De même, si les objets inanimés qui rendent un son, comme une flûte ou une harpe, ne rendent pas des sons distincts, comment reconnaîtra-t-on ce qui est joué sur la flûte ou sur la harpe ?

8 Et de même, si la trompette rend un son confus, qui se préparera au combat ?

9 Ainsi vous aussi, au moyen du langage[1], si vous ne prononcez pas un discours intelligible, comment saura-t-on ce qui est dit ? Car vous parlerez en l'air.

— [1] littéralement : avec la langue.

10 Si nombreux que soient les divers langages[1] dans le monde, aucun d'eux n'est sans signification.

— [1] littéralement : voix.

11 Si donc je ne connais pas le sens du langage[1], je serai un étranger pour celui qui parle, et celui qui parle sera un étranger pour moi.

— [1] littéralement : de la voix.

12 De même vous aussi, puisque vous désirez ardemment des dons de l'Esprit[1], cherchez à [les] avoir en abondance pour l'édification de l'assemblée.

— [1] littéralement : des esprits.

13 C'est pourquoi, que celui qui parle en langues prie pour qu'il soit en mesure d'interpréter[1].

— [1] littéralement : afin qu'il interprète

14 [Car] si je prie en langues, mon esprit prie, mais mon intelligence est sans fruit.

15 Que faire alors ? Je prierai avec[1] l'esprit, mais je prierai aussi avec[1] l'intelligence ; je chanterai avec[1] l'esprit, mais je chanterai aussi avec[1] l'intelligence.

— [1] ou : par.

16 Autrement, si tu as béni avec l'esprit, comment celui qui occupe la place d'un homme simple dira-t-il « Amen ! » à ton action de grâce, puisqu'il ne sait pas ce que tu dis ?

17 Car toi, il est vrai, tu rends bien grâce, mais l'autre n'est pas édifié.

18 Je rends grâce à Dieu de ce que je parle en langues plus que vous tous.

19 Mais, dans l'assemblée, j'aime mieux dire 5 paroles avec mon intelligence, afin que j'instruise aussi les autres, plutôt que 10 000 paroles en langues.

20 Frères, ne soyez pas des enfants dans votre façon de penser, mais pour la méchanceté soyez de petits enfants ; et dans votre façon de penser, soyez[1] des

[hommes] accomplis.
— [1] littéralement : devenez.

21 Il est écrit dans la Loi : « C'est en d'autres langues et par des lèvres étrangères que je parlerai à ce peuple ; et même ainsi, ils ne m'écouteront pas, dit le °Seigneur. »[1]
— [1] Ésaïe 28:11-12.

22 De sorte que les langues sont un signe non pour ceux qui croient, mais pour les incrédules. Et la prophétie [est un signe] non pour les incrédules, mais pour ceux qui croient.

23 Si donc l'assemblée tout entière se réunit dans un même lieu, et que tous parlent en langues, et qu'il entre des hommes simples ou des incrédules, ne diront-ils pas que vous êtes fous ?

24 Mais si tous prophétisent et qu'il entre un incrédule ou un homme simple, il est convaincu [de péché] par tous [et] il est jugé[1] par tous.
— [1] littéralement : examiner, interroger.

25 Les secrets de son cœur sont rendus manifestes, et ainsi, tombant sur sa face, il se prosternera devant Dieu, proclamant que Dieu est réellement parmi vous.

L'ordre dans l'assemblée

26 Que faire alors, frères ? Quand vous vous réunissez, chacun de vous a un psaume, a un enseignement, a une révélation, a une [intervention en] langues, a une interprétation. Que tout se fasse pour l'édification.

27 Si quelqu'un parle en langues, que ce soient deux [qui parlent], ou trois au plus, et chacun à son tour, et que [quelqu']un interprète.

28 Mais s'il n'y a pas d'interprète, qu'il se taise dans l'assemblée, et qu'il parle à lui-même et à Dieu.

29 Et que les prophètes parlent, deux ou trois, et que les autres jugent[1].
— [1] littéralement : discernent.

30 Et s'il y a eu une révélation faite à un autre qui est assis, que le premier se taise.

31 Car vous pouvez tous prophétiser un par un, afin que tous apprennent et que tous soient exhortés.

32 Et les esprits des prophètes sont soumis aux prophètes.

33 Car Dieu n'est pas [un Dieu] de désordre[1], mais de paix, comme dans toutes les assemblées des saints.
— [1] ou : [le Dieu] du désordre.

34 Que[1] les femmes se taisent dans les assemblées, car il ne leur est pas permis de parler ; mais qu'elles soient soumises, comme le dit aussi la Loi.
— [1] ou : de paix. Comme dans toutes les assemblées des saints (verset 33), que.

35 Et si elles veulent apprendre quelque chose, qu'elles interrogent leurs propres maris à la maison, car il est honteux pour une femme de parler dans l'assemblée.

36 La parole de Dieu est-elle sortie de chez vous ou est-elle parvenue à vous seuls ?

37 Si quelqu'un pense être prophète ou spirituel[1], qu'il reconnaisse que les choses que je vous écris sont le commandement du Seigneur.
— [1] c.-à-d. : guidé par le Saint Esprit.

38 Mais si quelqu'un ignore [ces choses], qu'il soit ignorant[1].
— [1] plusieurs manuscrits portent : il est ignoré.

39 Ainsi [mes] frères, désirez ardemment[1] prophétiser et

n'empêchez pas de parler en langues.

— [1] littéralement : avec zèle.

40 Mais que toutes choses se fassent convenablement et avec ordre.

La résurrection de Jésus Christ est une certitude

15 Or je vous fais savoir, frères, l'Évangile que je vous ai annoncé, que vous avez aussi reçu et dans lequel aussi vous tenez ferme[1].

— [1] littéralement : vous tenez debout.

2 C'est aussi par lui que vous êtes sauvés, si vous retenez fermement la parole que je vous ai annoncée, à moins que vous n'ayez cru en vain.

3 Car je vous ai communiqué avant toutes choses ce que j'ai aussi reçu, que Christ est mort pour nos péchés, selon les Écritures,

4 et qu'il a été enseveli, et qu'il a été ressuscité[1] le 3e jour, selon les Écritures,

— [1] littéralement : a été et est [maintenant] ressuscité ; ainsi dans ce chapitre.

5 et qu'il est apparu à Céphas, puis aux Douze.

6 Ensuite il est apparu à plus de 500 frères à la fois, dont la plupart sont restés [en vie] jusqu'à présent, mais dont quelques-uns se sont endormis[1].

— [1] c.-à-d. : sont morts.

7 Ensuite il est apparu à Jacques, puis à tous les apôtres.

8 Et il m'est apparu, à moi aussi, le dernier de tous, comme à un enfant né hors terme.

9 Car je suis le moindre des apôtres, moi qui ne suis pas digne d'être appelé apôtre, parce que j'ai persécuté l'Assemblée de Dieu.

10 Mais par la grâce de Dieu, je suis ce que je suis, et sa grâce envers moi n'a pas été sans résultat[1]. Au contraire, j'ai travaillé[2] beaucoup plus qu'eux tous, pas moi toutefois, mais la grâce de Dieu qui est avec moi.

— [1] littéralement : vide. — [2] dans le sens de : travailler avec peine.

11 Ainsi donc, que ce soit moi ou eux, voilà ce que nous prêchons, et voilà ce que vous avez cru.

La résurrection de Christ est capitale pour la résurrection des morts

12 Or si l'on prêche que Christ est ressuscité d'entre les morts, comment quelques-uns parmi vous disent-ils qu'il n'y a pas de résurrection des morts ?

13 Mais s'il n'y a pas de résurrection des morts, Christ non plus n'est pas ressuscité.

14 Et si Christ n'est pas ressuscité, notre prédication est donc vidée [de son sens] et votre foi est sans valeur[1].

— [1] littéralement : vide.

15 Et même nous sommes trouvés de faux témoins de Dieu, car nous avons rendu témoignage contre Dieu, [affirmant] qu'il a ressuscité le Christ, alors qu'il ne l'a pas ressuscité, s'il est vrai que les morts ne ressuscitent pas.

16 Car si les morts ne ressuscitent pas, Christ non plus n'est pas ressuscité.

17 Et si Christ n'est pas ressuscité, votre foi est sans valeur[1], vous êtes encore dans vos péchés,

— [1] littéralement : vide.

18 [et] alors ceux qui se sont endormis[1] en Christ ont aussi péri.

— [1] c.-à-d. : qui sont morts.

19 Si c'est pour cette vie seulement que nous avons espérance en Christ, nous sommes

plus pitoyables que tous les hommes.

Conséquences de la résurrection de Christ

20 Mais maintenant, Christ est ressuscité d'entre les morts, prémices de ceux qui sont endormis.

21 Car puisque la mort est [venue] par l'homme, c'est par l'homme aussi qu'est [venue] la résurrection des morts.

22 Car comme dans l'Adam tous meurent, de même aussi dans le Christ tous seront rendus vivants,

23 mais chacun dans son propre rang : les prémices, Christ, puis ceux qui sont du Christ à sa venue.

24 Ensuite [viendra] la fin, quand il aura remis le royaume à Dieu le Père[1], quand il aura réduit à rien toute seigneurie, et toute autorité, et [toute] puissance.

— [1] littéralement : au Dieu et Père.

25 En effet, il faut qu'il règne jusqu'à ce qu'il ait mis tous les ennemis sous ses pieds.

26 Le dernier ennemi qui sera anéanti, c'est la mort.

27 Car « il a soumis toutes choses sous ses pieds. »[1] Or quand il dit que toutes choses sont soumises, il est évident que c'est à l'exclusion de celui qui lui a soumis toutes choses.

— [1] Psaume 8:7.

28 Mais quand toutes choses lui auront été soumises, alors le Fils lui-même sera [aussi] soumis à Celui qui lui a soumis toutes choses, afin que Dieu soit tout en tous.

Dévouement et séparation du croyant pour Christ

29 Autrement, que feront ceux qui sont baptisés pour[1] les morts si les morts ne ressuscitent absolument pas ? Pourquoi donc sont-ils baptisés pour[1] eux ?

— [1] c.-à-d. : à la place de.

30 Et nous, pourquoi sommes-nous en danger à toute heure ?

31 Je meurs[1] chaque jour, aussi vrai, [frères,] que vous êtes pour moi un sujet de gloire dans le Christ Jésus, notre Seigneur.

— [1] c.-à-d. : Je suis exposé à la mort.

32 Si [pour parler] à la manière des hommes, j'ai combattu contre les bêtes[1] à Éphèse, quel avantage en ai-je ? Si les morts ne ressuscitent pas, « mangeons et buvons, car demain nous mourrons »[2].

— [1] combattre contre les bêtes se dit aussi bien dans un sens figuré que littéralement.
— [2] Ésaïe 22:13.

33 Ne vous y trompez pas : les mauvaises compagnies pervertissent les bonnes mœurs.

34 Ressaisissez-vous [pour vivre] justement et ne péchez pas ! Car quelques-uns sont dans l'ignorance de Dieu, je le dis à votre honte.

Nature des corps ressuscités

35 Mais quelqu'un dira : « Comment ressuscitent les morts et avec quel corps reviennent-ils ? »

36 Insensé ! Ce que tu sèmes, toi, n'est pas rendu vivant s'il ne meurt pas.

37 Et ce que tu sèmes, ce n'est pas le corps qui doit venir, mais le simple grain, de blé peut-être ou d'une des autres semences.

38 Mais Dieu lui donne un corps comme il l'a voulu, et à chacune des semences son propre corps.

39 Toute chair n'est pas la même chair, mais autre est celle des

hommes, et autre la chair des animaux, et autre la chair des oiseaux, et autre [celle] des poissons.

40 Et il y a des corps célestes et des corps terrestres. Mais différente est la gloire des [corps] célestes et différente est celle des [corps] terrestres.

41 Autre est la gloire du soleil, et autre est la gloire de la lune, et autre est la gloire des étoiles ; car une étoile diffère en gloire d'une [autre] étoile.

42 Ainsi en est-il aussi de la résurrection des morts : le corps[1] est semé corruptible, il ressuscite incorruptible ;
— [1] littéralement : il.

43 il est semé en déshonneur, il ressuscite en gloire ; il est semé en faiblesse, il ressuscite en puissance ;

44 il est semé corps naturel[1], il ressuscite corps spirituel. S'il y a un corps naturel[1], il y a aussi un [corps] spirituel.
— [1] c.-à-d. : animé de la vie naturelle.

45 C'est ainsi qu'il est aussi écrit : « Le premier homme Adam devint une âme vivante »[1], le dernier Adam un esprit qui fait vivre.
— [1] Genèse 2:7.

46 Mais ce qui est spirituel n'est pas le premier, mais ce qui est naturel ; ensuite [vient] ce qui est spirituel.

47 Le premier homme tiré de la terre [est fait de] poussière ; le second homme est [venu] du ciel.

48 Tel est celui qui est poussière, tels sont aussi ceux qui sont poussière ; et tel est celui qui est céleste, tels sont aussi ceux qui sont célestes.

49 Et comme nous avons porté l'image de celui qui est poussière, nous porterons aussi l'image de celui qui est céleste.

50 Or je dis ceci, frères, que la chair et le sang ne peuvent pas hériter du royaume de Dieu, et que ce qui est corruptible[1] n'hérite pas non plus de l'incorruptibilité.
— [1] littéralement : la corruption.

La transformation de nos corps lors de la venue du Seigneur

51 Voici, je vous dis un mystère : nous ne nous endormirons[1] pas tous, mais nous serons tous changés,
— [1] c.-à-d. : Nous ne mourrons.

52 en un instant, en un clin d'œil, à la dernière trompette. Car la trompette sonnera, et les morts ressusciteront incorruptibles, et nous, nous serons changés.

53 Car il faut que ce [corps] corruptible revête l'incorruptibilité et que ce [corps] mortel revête l'immortalité.

54 Or quand ce [corps] corruptible aura revêtu l'incorruptibilité et que ce [corps] mortel aura revêtu l'immortalité, alors s'accomplira[1] la parole qui est écrite : « La mort a été engloutie en victoire. »[2]
— [1] littéralement : arrivera ; ou : aura lieu. — [2] Ésaïe 25:8.

55 « Ô mort, où est ta victoire ? Ô mort, où est ton aiguillon ? »[1]
— [1] Osée 13:14.

56 Or l'aiguillon de la mort, c'est le péché, et la puissance du péché, c'est la Loi.

57 Mais grâce [soit rendue] à Dieu qui nous donne la victoire par notre Seigneur Jésus Christ !

58 Ainsi, mes frères bien-aimés, soyez fermes, inébranlables, abondant toujours dans l'œuvre du Seigneur, sachant que votre travail[1] dans le Seigneur n'est pas

sans valeur[2].

— [1] dans le sens de : travail pénible. — [2] littéralement : vide.

Instructions concernant les collectes

16 Or, en ce qui concerne la collecte en faveur des saints, faites donc, vous aussi, comme je l'ai ordonné aux[1] assemblées de la Galatie.

— [1] ou : je l'ai réglé pour les.

2 Que chaque premier jour de la semaine, chacun de vous mette de côté, chez lui, ce [qu'il pourra donner] en fonction de ses moyens[1], afin qu'on n'attende pas mon arrivée pour faire alors des collectes.

— [1] littéralement : ce qu'il réussira.

3 Et quand je serai arrivé [chez vous], j'enverrai avec des lettres ceux que vous approuverez pour porter votre don à Jérusalem.

4 Et s'il convient que j'y aille moi aussi, ils iront avec moi.

Projets de voyage de l'apôtre Paul

5 Or je me rendrai auprès de vous quand j'aurai traversé la Macédoine, car je vais traverser la Macédoine.

6 Et peut-être séjournerai-je auprès de vous ou même y passerai-je l'hiver, afin que vous m'aidiez à voyager partout où j'irai.

7 En effet, je ne veux pas vous voir maintenant en passant, car j'espère que je resterai avec vous quelque temps, si le Seigneur le permet.

8 Mais je resterai à Éphèse jusqu'à la Pentecôte,

9 car une porte [toute] grande, et [pour un service] efficace, s'est ouverte pour moi, et il y a beaucoup d'adversaires.

Exhortations finales

10 Or si Timothée vient, ayez soin qu'il soit sans crainte au milieu de vous, car il s'emploie à l'œuvre du Seigneur comme moi-même.

11 Que personne donc ne le méprise, mais aidez-le à voyager en paix pour qu'il vienne auprès de moi, car je l'attends avec les frères.

12 Or pour ce qui est du frère Apollos, je l'ai beaucoup[1] encouragé à venir auprès de vous avec les frères, mais ce n'a pas été du tout[2] sa volonté d'y aller maintenant. Mais il ira quand il en aura l'occasion.

— [1] ou : souvent. — [2] ou : en tout cas.

13 Veillez, tenez ferme dans la foi, soyez des hommes, fortifiez-vous !

14 Que toutes choses parmi vous[1] se fassent dans l'amour.

— [1] littéralement : Que toutes vos choses.

15 Or je vous exhorte, frères – vous connaissez la maison[1] de Stéphanas, qu'elle est les prémices de l'Achaïe et qu'ils se sont dévoués au service des saints –

— [1] c.-à-d. : la famille.

16 à vous soumettre, vous aussi, à de tels [hommes] et à quiconque coopère à l'œuvre et y travaille[1].

— [1] dans le sens de : travailler avec peine.

17 Or je me réjouis de la venue de Stéphanas, et de Fortunatus, et d'Achaïcus, parce qu'ils ont suppléé à ce qui a manqué de votre part[1].

— [1] ou : ils ont suppléé à votre absence.

18 Car ils ont réconforté mon esprit et le vôtre ; reconnaissez donc de tels [hommes].

Salutations

19 Les assemblées de l'Asie vous saluent. Aquilas et Priscilla, avec

l'assemblée qui [se réunit] dans leur maison, vous saluent affectueusement[1] dans le Seigneur.

— [1] littéralement : beaucoup.

20 Tous les frères vous saluent. Saluez-vous les uns les autres par un saint baiser.

21 La salutation [est] de ma main à moi, Paul.

22 Si quelqu'un n'aime pas le Seigneur[1], qu'il soit anathème[2]. Marana tha[3] !

— [1] plusieurs manuscrits ajoutent : Jésus Christ. — [2] formule de malédiction. — [3] mots araméens signifiant : le Seigneur vient.

23 [Que] la grâce du Seigneur Jésus[1] soit avec vous !

— [1] plusieurs manuscrits ajoutent : Christ.

24 Mon amour est avec vous tous dans le Christ Jésus.[1]

— [1] plusieurs manuscrits ajoutent : Amen.

2 Corinthiens

Salutation

1 Paul, apôtre du Christ Jésus par la volonté de Dieu, et le frère Timothée, à l'assemblée de Dieu qui est à Corinthe, avec tous les saints qui sont dans l'Achaïe tout entière :

2 Grâce et paix à vous, de la part de Dieu notre Père et du Seigneur Jésus Christ !

Paul et ses afflictions – Consolations et délivrances divines

3 Béni soit le Dieu et Père de notre Seigneur Jésus Christ, le Père des miséricordes et le Dieu de toute consolation[1] !

— [1] ou : encouragement ; dans tous ces versets et souvent ailleurs.

4 [C'est lui] qui nous console[1] à l'égard de toute notre affliction, afin que nous soyons capables de consoler ceux qui sont dans quelque affliction que ce soit par la consolation dont nous sommes nous-mêmes consolés par Dieu.

— [1] ou : encourage ; dans tous ces versets et souvent ailleurs.

5 Car comme les souffrances du Christ abondent à notre égard, de même aussi, par le Christ, notre consolation abonde.

6 Et si nous sommes affligés, c'est pour votre consolation et votre salut ; et si nous sommes consolés, c'est pour votre consolation qui se réalise en ce que vous supportez les mêmes souffrances que [celles que] nous endurons nous aussi.

7 Et notre espérance à votre égard est ferme, sachant que, comme vous avez part aux souffrances, de même aussi, [vous avez part] à la consolation.

8 Car nous ne voulons pas, frères, que vous ignoriez, quant à notre affliction qui [nous] est arrivée en Asie, que nous avons été accablés à l'extrême, au-delà de [nos] forces, de sorte que nous avons même désespéré de vivre.

9 Mais nous, nous avions[1] en nous-mêmes la sentence de mort, afin que nous n'ayons pas confiance en nous-mêmes, mais en Dieu qui ressuscite les morts.

— [1] littéralement : nous avions et nous avons.

10 [C'est] lui qui nous a délivrés d'une si grande mort et qui nous délivre[1]. En lui, nous avons mis notre espérance qu'il nous délivrera aussi encore,

— [1] plusieurs manuscrits portent : délivrera.

11 vous aussi coopérant par vos supplications pour nous, afin que, pour le don par grâce qui nous est [accordé] par le moyen de beaucoup de personnes, des actions de grâces soient rendues pour nous par un grand nombre.

Sincérité de l'apôtre

12 Car notre gloire est celle-ci – comme en témoigne notre conscience – que nous nous sommes conduits dans le monde, et plus encore envers vous, avec une simplicité et une sincérité [qui viennent] de Dieu, [et] non avec une sagesse charnelle, mais par la grâce de Dieu.

13 Car nous ne vous écrivons pas autre chose que ce que vous savez, et que vous reconnaissez. Et j'espère que vous reconnaîtrez jusqu'à la fin,

14 – comme aussi vous nous avez reconnus en partie – que[1] nous sommes votre sujet de gloire, comme vous êtes aussi le nôtre dans le jour de [notre] Seigneur Jésus.

— [1] ou : car.

Pourquoi Paul ajourne sa visite à Corinthe

15 Et avec cette confiance, j'avais voulu tout d'abord aller auprès de vous afin que vous ayez une seconde grâce,

16 et par chez vous passer en Macédoine, et de Macédoine aller de nouveau auprès de vous. Et puis vous m'auriez aidé à voyager vers la Judée.

17 En me proposant donc cela, est-ce que j'aurais usé de légèreté ? Ou bien, les choses que je me propose, est-ce que je me les propose selon la chair, de sorte qu'il y aurait en moi le « oui, oui » et le « non, non » ?

18 Mais Dieu est fidèle : la parole que nous vous avons adressée n'est pas « oui » et « non ».

19 Car le Fils de Dieu, Jésus Christ, qui a été prêché par nous au milieu de vous – par moi, et Silvain, et Timothée – n'a pas été « oui » et « non », mais il y a [toujours] « oui » en lui[1].

— [1] c.-à-d. : la constatation de toute la vérité divine est effectuée dans la personne de Christ.

20 Car pour toutes les promesses de Dieu, en lui est le « oui » ; c'est pourquoi aussi, par lui est « l'amen » à la gloire de Dieu par nous[1].

— [1] ou : auprès de Dieu (ou : devant Dieu) pour gloire par nous.

21 Or celui qui nous affermit[1] avec vous en Christ et qui nous a oints, c'est Dieu,

— [1] littéralement : rendre ferme, inébranlable.

22 qui nous a aussi marqués d'un sceau et nous a donné les arrhes de l'Esprit[1] dans nos cœurs.

— [1] c.-à-d. : Dieu nous a donné l'Esprit comme arrhes des bénédictions qui nous sont promises.

23 Or moi, je prends Dieu à témoin sur mon âme que c'est afin de vous épargner que je ne suis pas encore venu à Corinthe,

24 non que nous dominions sur votre foi, mais nous coopérons à votre joie. Car c'est par la foi que vous êtes debout.

2 J'ai donc décidé ceci en[1] moi-même de ne pas retourner auprès de vous avec encore de la tristesse.

— [1] ou : à cause de.

2 Car si moi, je vous attriste, qui donc est celui qui me réjouit, sinon celui qui est attristé par moi ?

3 Et j'ai même écrit cela afin que, lorsque j'arriverai, je n'aie pas de tristesse de la part de ceux dont je devrais me réjouir, ayant confiance en vous tous que ma joie est celle de vous tous.

4 Car je vous ai écrit[1] dans une grande affliction et avec serrement de cœur, avec beaucoup de larmes, non afin que vous soyez attristés, mais afin que vous connaissiez l'amour que j'ai si abondamment pour vous.

— [1] sans doute dans sa première épître.

Pardonner au coupable repenti

5 Mais si quelqu'un a causé de la tristesse, ce n'est pas moi qu'il a attristé, mais, dans une mesure – afin que je ne vous charge pas – c'est vous tous.

6 Il est suffisant pour un tel homme d'avoir eu cette punition[1] [qui lui a été infligée] par le grand nombre[2],

— [1] ou : peine ; ou : sanction. — [2] c.-à-d. : l'assemblée ; ou : l'ensemble du corps en général.

7 de sorte qu'au contraire vous devriez plutôt pardonner et consoler, de peur qu'un tel homme ne soit accablé par une tristesse excessive.

8 C'est pourquoi je vous exhorte à confirmer [votre] amour pour lui.

9 Car c'est aussi pour cela que j'ai écrit, afin que je connaisse, en vous mettant à l'épreuve, si vous êtes obéissants en toutes choses.

10 Or à celui à qui vous pardonnez quelque chose, moi aussi, [je pardonne]. Car moi aussi, ce que j'ai pardonné – si j'ai pardonné quelque chose – [je l'ai fait] à cause de vous, devant[1] Christ,

— [1] littéralement : en présence de.

11 afin que nous ne laissions pas Satan prendre l'avantage sur nous, car nous n'ignorons pas ses intentions.

L'Évangile, odeur de vie ou odeur de mort

12 Or étant arrivé à Troas pour l'Évangile du Christ et une porte m'y étant ouverte dans le Seigneur, 13 je n'ai pas eu de repos dans mon esprit parce que je n'ai pas trouvé mon frère Tite. Mais, ayant pris congé d'eux[1], je suis parti pour la Macédoine.

— [1] c.-à-d. : des chrétiens de Troas.

14 Or grâce [soit rendue] à Dieu qui nous mène toujours en triomphe dans le Christ et manifeste par nous l'odeur de sa connaissance en tout lieu ! 15 Car nous sommes la bonne odeur de Christ pour Dieu parmi[1] ceux qui sont sauvés et parmi[1] ceux qui périssent :

— [1] littéralement : dans.

16 aux uns une odeur de mort pour la mort et aux autres une odeur de vie pour la vie. Et qui est qualifié pour ces choses ?

17 Car nous ne sommes pas comme beaucoup qui falsifient la parole de Dieu ; mais avec sincérité, comme de la part de Dieu, devant[1] Dieu, nous parlons en Christ.

— [1] littéralement : à la vue de.

L'assemblée, la lettre de Christ

3 Commençons-nous de nouveau à nous recommander nous-mêmes ? Ou avons-nous besoin, comme quelques-uns, de lettres de recommandation pour vous ou [de lettres de recommandation] de votre part ? 2 Vous êtes, vous, notre lettre écrite dans nos cœurs, connue et lue[1] par tous les hommes.

— [1] signifie aussi : bien connue, lue de tous, publique.

3 Car vous êtes manifestés comme étant une lettre de Christ, préparée par notre ministère, écrite non avec de l'encre mais par l'Esprit du Dieu vivant, non sur des tablettes de pierre mais sur des tablettes de chair du cœur.

4 Or cette confiance-là, nous l'avons par[1] le Christ envers[2] Dieu.

— [1] littéralement : à travers. — [2] ou : devant.

5 Ce n'est pas que nous soyons capables par nous-mêmes de penser quelque chose comme venant de nous-mêmes, mais notre capacité vient de Dieu.

6 Il nous a aussi rendus capables d'être des serviteurs de la nouvelle alliance, non de la lettre mais de

l'Esprit ; car la lettre tue mais l'Esprit donne la vie.

Le ministère de la Loi et le ministère de l'Esprit

7 [1](Or si le ministère[2] de la mort, gravé en lettres sur des pierres, a été introduit avec gloire, de sorte que les fils d'Israël ne pouvaient pas fixer leurs yeux sur le visage de Moïse[3] à cause de la gloire de son visage – laquelle devait prendre fin –

— [1] la parenthèse se termine au verset 16. — [2] comparer avec les versets 3, 8, 9 ; ailleurs : service. — [3] voir Exode 34:29-35.

8 comment, à plus forte raison, le ministère de l'Esprit ne subsistera-t-il[1] pas en gloire ?

— [1] littéralement : ne sera-t-il.

9 Car si le ministère de la condamnation a été glorieux, à plus forte raison le ministère de la justice abonde-t-il[1] en gloire !

— [1] ou : excelle-t-il.

10 Et en effet, sous ce rapport, ce qui a été glorifié n'a pas [vraiment] été glorifié en comparaison de [cette] gloire qui [lui] est supérieure.[1]

— [1] c.-à-d. : la gloire pour l'introduction du ministère de Moïse est, sans comparaison, moindre que l'autre.

11 Car si ce qui devait prendre fin [a été introduit] avec gloire, à plus forte raison ce qui est permanent [subsistera-t-il] en gloire !

12 Ayant donc une telle espérance, nous usons d'une grande hardiesse.

13 Et [nous ne faisons] pas comme Moïse qui mettait un voile sur son visage pour que les fils d'Israël ne fixent pas leurs yeux sur l'achèvement de ce qui devait prendre fin.

14 Mais leurs pensées ont été endurcies, car jusqu'à aujourd'hui, à la lecture de l'ancienne alliance, le même voile subsiste sans être levé, lequel prend fin en Christ.

15 Mais jusqu'à aujourd'hui, lorsque Moïse est lu, un voile est placé sur leur cœur.

16 Et quand il[1] se tournera vers le Seigneur, le voile sera enlevé.)[2]

— [1] c.-à-d. : leur cœur (verset 15). — [2] la parenthèse commence au verset 7.

17 Or le Seigneur est l'Esprit[1] ; mais là où est l'Esprit du Seigneur, il y a la liberté.

— [1] ou : l'esprit : voir versets 6 et 18 ; Esprit et esprit, c.-à-d. : le Saint Esprit lui-même aussi bien que l'état de l'âme caractérisé par sa présence et sa puissance ; comme en Rom. 1:4.

18 Or nous tous, sans voile sur le visage, contemplant comme dans un miroir[1] la gloire du Seigneur, nous sommes transformés en[2] la même image, de gloire en gloire, comme par le Seigneur en Esprit[3].

— [1] miroir ancien donnant une image imparfaite. — [2] ou : selon. — [3] littéralement : comme par [le] Seigneur, [l']Esprit.

L'Évangile est voilé aux uns, révélé aux autres

4 C'est pourquoi, ayant ce ministère[1] comme ayant obtenu miséricorde, nous ne perdons pas courage,

— [1] ailleurs : service.

2 mais nous avons entièrement renoncé aux choses honteuses qui se font en secret, ne marchant pas avec ruse et ne falsifiant pas la parole de Dieu. Au contraire, par la manifestation de la vérité, nous nous recommandons nous-mêmes à toute conscience d'homme devant Dieu.

3 Et si notre Évangile est encore voilé, il est voilé pour ceux qui

périssent,

4 pour les incrédules dont le dieu de ce siècle a aveuglé les pensées, afin que la lumière de l'Évangile de la gloire du Christ, qui est l'image de Dieu, ne brille pas [pour eux].

5 Car nous ne nous prêchons pas nous-mêmes, mais [nous prêchons] Jésus Christ comme Seigneur et nous-mêmes comme vos esclaves à cause de Jésus.

6 Car c'est le Dieu[1] qui a dit que du milieu des ténèbres brille la lumière, lui qui a brillé dans nos cœurs pour illuminer la connaissance de la gloire de Dieu dans la face de *[Jésus]* Christ.

— [1] ou : c'est Dieu.

La faiblesse du serviteur et la puissance de Dieu

7 [1]Mais nous avons ce trésor dans des vases d'argile afin que l'excellence de la puissance soit de Dieu et non de nous.

— [1] les versets 7 à 10 forment une seule phrase dans le texte original.

8 [Car] nous sommes dans l'affliction de toute manière, mais non réduits à l'étroit ; perplexes, mais non dans le désespoir ;

9 persécutés, mais non abandonnés ; terrassés, mais ne périssant pas.

10 Nous portons toujours dans le corps la mort[1] de Jésus afin que la vie de Jésus soit [elle] aussi manifestée dans notre corps.[2]

— [1] le mot grec signifie le processus de mise à mort ou l'instant de la mort. — [2] les versets 7 à 10 forment une seule phrase dans le texte original.

11 Car nous qui vivons, nous sommes toujours livrés à la mort à cause de Jésus, afin que la vie de Jésus soit [elle] aussi manifestée dans notre corps[1] mortel.

— [1] littéralement : chair.

12 Ainsi, la mort est à l'œuvre en nous, mais la vie en vous.

13 Or ayant le même esprit de foi selon ce qui est écrit : « J'ai cru, c'est pourquoi j'ai parlé »[1], nous aussi nous croyons, [et] c'est aussi pour cela que nous parlons.

— [1] Psaume 116:10.

14 [Car] nous savons que celui qui a ressuscité le Seigneur Jésus nous ressuscitera aussi avec Jésus et nous fera tenir auprès [de lui], avec vous.

15 Car toutes [ces] choses [qui nous arrivent], c'est pour vous, afin que la grâce, abondant par le moyen du grand nombre, multiplie les actions de grâces à la gloire de Dieu.

Souffrances présentes et gloire future

16 C'est pourquoi nous ne perdons pas courage ; mais si même notre être[1] extérieur dépérit, toutefois notre [être] intérieur est renouvelé de jour en jour.

— [1] littéralement : homme.

17 Car notre légère affliction d'un moment produit pour nous, au-delà de toute mesure, un poids éternel de gloire,

18 nos regards n'étant pas fixés sur les choses qui se voient, mais sur celles qui ne se voient pas. Car les choses qui se voient sont temporaires, mais celles qui ne se voient pas sont éternelles.

La gloire, terme du service

5 Nous savons, en effet, que si notre maison terrestre, qui n'est qu'une tente[1], est détruite, nous avons un édifice [qui est l'œuvre] de Dieu, une maison qui n'est pas faite par la main [de l'homme],

éternelle, dans les cieux.

— [1] littéralement : notre maison terrestre de la tente.

2 Et en effet, dans cette tente, nous gémissons, désirant ardemment revêtir notre domicile qui est du ciel,

3 si toutefois, même en étant habillés, nous ne sommes pas trouvés nus.

4 Et en effet, nous qui sommes dans la tente, nous gémissons, étant accablés. Ce n'est pas que nous désirons être dévêtus, mais [nous désirons] être revêtus afin que ce qui est mortel soit absorbé par la vie.

5 Or celui qui nous a formés pour cela même, c'est Dieu, qui nous a donné les arrhes de l'Esprit.[1]

— [1] c.-à-d. : Dieu nous a donné l'Esprit comme arrhes des bénédictions qui nous sont promises.

6 Nous sommes donc toujours pleins de confiance[1] et nous savons qu'étant présents[2] dans le corps nous sommes absents[3] du Seigneur,

— [1] ou : courage. — [2] littéralement : chez nous. — [3] littéralement : hors de chez nous, loin.

7 car nous marchons par la foi, non par la vue.

8 Oui, nous sommes pleins de confiance[1] et nous aimons mieux être absents[2] du corps et être présents[3] avec le Seigneur.

— [1] ou : courage. — [2] littéralement : hors de chez nous, loin. — [3] littéralement : chez nous.

Le tribunal de Christ

9 C'est pourquoi aussi, que nous soyons présents[1] ou que nous soyons absents[2], nous nous appliquons ardemment à lui être agréables.

— [1] littéralement : chez nous. — [2] littéralement : hors de chez nous.

10 Car il faut que nous comparaissions tous à découvert[1] devant le tribunal du Christ afin que chacun reçoive [la récompense] des choses [accomplies] dans[2] le corps, selon ce qu'il aura fait, soit bien, soit mal.

— [1] littéralement : nous soyons tous rendus apparents. — [2] dans, et : par.

Le service de la réconciliation

11 Connaissant donc combien le Seigneur doit être craint[1], nous persuadons les hommes, mais nous sommes à découvert[2] devant Dieu, et j'espère que nous sommes aussi à découvert[2] dans vos consciences.

— [1] littéralement : la frayeur du Seigneur. — [2] littéralement : rendus apparents.

12 Nous ne nous recommandons pas de nouveau à vous, mais nous vous donnons une occasion de vous glorifier à notre sujet, afin que vous ayez [de quoi répondre] à ceux qui se glorifient dans les apparences et non dans [ce qui est dans] le cœur.

13 En effet, si nous sommes hors de nous-mêmes, c'est pour Dieu ; si nous pensons sainement, c'est pour vous.

14 Car l'amour du Christ nous étreint en ce que nous avons discerné ceci, que si un seul est mort pour tous, tous donc sont morts[1],

— [1] ou : étaient morts.

15 et qu'il est mort pour tous afin que ceux qui vivent ne vivent plus pour eux-mêmes, mais pour celui qui pour eux est mort et a été ressuscité.

16 Ainsi, nous, désormais, nous ne connaissons personne selon la chair. Et même si nous avons connu Christ selon la chair,

toutefois, maintenant, nous ne le connaissons plus [ainsi].

17 Par conséquent, si quelqu'un est en Christ, c'est une nouvelle création. Les choses vieilles sont passées ; voici, toutes choses sont devenues nouvelles.

18 Et toutes viennent de Dieu qui nous a réconciliés avec lui-même par Christ et qui nous a donné le service de la réconciliation.

19 Car Dieu était en Christ, réconciliant le monde avec lui-même, ne leur imputant pas leurs fautes, et mettant en nous la parole de la réconciliation.

20 Nous sommes donc ambassadeurs pour[1] Christ, comme si Dieu exhortait par notre moyen. Nous supplions pour[1] Christ : « Soyez réconciliés avec Dieu ! »

— [1] c.-à-d. : à la place de, au nom de.

21 Celui qui n'a pas connu le péché, Dieu[1] l'a fait péché pour nous afin que nous devenions justice de Dieu en lui.

— [1] littéralement : il.

Les souffrances de Paul dans son service

6 Or travaillant à cette même œuvre[1], [nous] aussi, nous vous exhortons à ne pas avoir reçu[2] la grâce de Dieu pour rien[3].

— [1] littéralement : coopérant ; dans le sens de : travailler conjointement avec ; voir 1 Cor. 3:9. — [2] ou : recevoir. — [3] littéralement : pour du vide.

2 Car il dit : « Au temps favorable je t'ai exaucé et au jour du salut je t'ai secouru. »[1] Voici, c'est maintenant le temps favorable, voici, c'est maintenant le jour du salut.

— [1] Ésaïe 49:8.

3 Nous ne donnons à personne aucune occasion de pécher, afin que le service ne soit pas blâmé.

4 Au contraire, en toutes choses nous nous recommandons comme serviteurs de Dieu par une grande persévérance dans les détresses, dans les contraintes, dans les angoisses ;

5 sous les coups, dans les prisons, dans les troubles, dans les travaux, dans les veilles, dans les jeûnes ;

6 par la pureté, par la connaissance, par la patience[1], par la bonté, par l'Esprit Saint, par un amour sans hypocrisie ;

— [1] littéralement : longanimité.

7 par la parole de la vérité, par la puissance de Dieu, par les armes de justice de la [main] droite et de la [main] gauche ;

8 dans la gloire et le déshonneur, dans la mauvaise et la bonne renommée, comme imposteurs et [pourtant] disant la vérité ;

9 comme inconnus et [pourtant] bien connus[1], comme mourants et voici nous vivons, comme corrigés et non mis à mort ;

— [1] ou : reconnus.

10 comme attristés, mais toujours joyeux, comme pauvres, mais enrichissant un grand nombre, comme n'ayant rien et possédant toutes choses.

Appel à la sainteté pratique et à la communion

11 Nous vous avons parlé ouvertement[1], ô Corinthiens ! Notre cœur s'est élargi.

— [1] littéralement : Notre bouche s'est ouverte pour vous.

12 Vous n'êtes pas à l'étroit en nous, mais vous êtes à l'étroit dans vos affections[1].

— [1] littéralement : entrailles.

13 Et en juste retour[1] – je [vous]

parle comme à mes enfants – élargissez-vous, vous aussi.

— [1] littéralement : récompense.

14 Ne vous mettez pas sous un joug mal assorti[1] avec les incrédules. Car quelle association[2] [y a-t-il] entre la justice et l'iniquité[3] ? Ou quelle communion entre la lumière et les ténèbres ?

— [1] « mal assorti » se rapporte à Lév. 19:19 ; Deut. 22:10. — [2] littéralement : participation. — [3] iniquité : état ou marche sans loi, sans frein ; comme en Rom. 6:19.

15 Et quel conformité de Christ avec Béliar[1] ? Ou quelle part le croyant a-t-il avec l'incrédule ?

— [1] Béliar : équivalent grec de l'hébreu Bélial.

16 Et quel accord [y a-t-il] entre le Temple[1] de Dieu et les idoles ? Car nous sommes[2] le temple[1] du Dieu vivant, comme Dieu l'a dit : « J'habiterai au milieu d'eux, et je marcherai au milieu d'eux, et je serai leur Dieu, et eux seront mon peuple. »[3]

— [1] la maison même, non pas tout l'ensemble des cours et bâtiments sacrés ; comme en Matt. 23:16 ; 1 Cor. 3:16 ; Éph. 2:21. — [2] plusieurs manuscrits portent : vous êtes. — [3] Lév. 26:11-12.

17 « C'est pourquoi sortez du milieu d'eux et soyez séparés, dit le °Seigneur, et ne touchez pas à ce qui est impur, et moi, je vous recevrai. »[1]

— [1] voir Ésaïe 52:11.

18 « Et je serai pour vous un père et vous, vous serez pour moi des fils et des filles, dit le °Seigneur, [le] Tout-Puissant[1]. »[2]

— [1] ici, comme ailleurs souvent, °Seigneur correspond à Jéhovah ; Dieu, dans l'Ancien Testament, dans ses rapports avec Israël et avec Abraham, Isaac et Jacob, prend ces deux noms de Jéhovah et de Tout-Puissant (voir Gen. 17:1 ; Exode 6:2-3), alors qu'il prend à notre égard le nom de Père. — [2] voir 2 Sam. 7:14.

7 Ayant donc ces promesses, bien-aimés, purifions-nous nous-mêmes de toute souillure de chair et d'esprit, achevant[1] la sainteté dans la crainte de Dieu.

— [1] ou : réalisant jusqu'au bout.

Paul est consolé par les Corinthiens

2 Faites-nous une place [dans vos cœurs] ! Nous n'avons fait de tort à personne, nous n'avons ruiné personne, nous n'avons exploité personne.

3 Je ne dis pas cela pour [vous] condamner, car j'ai déjà déclaré que vous êtes dans nos cœurs jusqu'à mourir ensemble et vivre ensemble.

4 Ma franchise est grande envers vous, je me glorifie grandement à votre sujet. Je suis rempli de consolation[1], ma joie surabonde au milieu de toute notre affliction.

— [1] ou : d'encouragement.

5 Et en effet, lorsque nous sommes arrivés en Macédoine, notre chair n'a eu aucun repos, mais nous avons été affligés de toute manière[1] : au-dehors, des combats, au-dedans, des craintes.

— [1] littéralement : en tout.

6 Mais celui qui console[1] ce qui sont abattus, Dieu, nous a consolés[1] par la venue de Tite,

— [1] ou : encourage, encouragés.

7 et non seulement par sa venue, mais aussi par la consolation[1] dont il a été rempli à votre sujet. Il nous a raconté votre grand désir, vos larmes, votre zèle pour moi, de sorte que je me suis encore plus réjoui.

— [1] ou : l'encouragement.

La tristesse selon Dieu

8 En effet, même si je vous ai

attristés par [ma] lettre, je ne le regrette pas, même si je l'ai regretté. *[Car]* je vois que cette lettre vous a attristés, ne serait-ce que pour un temps.

9 Maintenant, je me réjouis, non de ce que vous avez été attristés, mais de ce que vous avez été attristés en vue d'une repentance. Car vous avez été attristés selon Dieu, si bien que vous n'avez subi aucun dommage de notre part.

10 En effet, la tristesse qui est selon Dieu produit une repentance qui conduit au salut [et] que l'on ne regrette jamais, mais la tristesse du monde produit la mort.

11 Car voici, ce fait même d'avoir été attristés selon Dieu, quel empressement il a produit en vous, mais quelles excuses, mais quelle indignation, mais quelle crainte, mais quel ardent désir, mais quel zèle, mais quelle punition ! À tous égards vous avez montré que vous êtes purs dans [cette] affaire.

12 Si donc je vous ai écrit de la sorte, ce n'était ni à cause de celui qui a fait le tort ni à cause de celui qui a subi le tort, mais [c'était] afin que le zèle que vous avez pour nous soit manifesté parmi vous devant Dieu.

13 C'est pourquoi nous avons été consolés[1]. Mais, au-delà de notre consolation[1], nous nous sommes encore plus abondamment réjouis de la joie de Tite, parce que son esprit a été apaisé par vous tous.

— [1] ou : encouragés, encouragement.

14 Car si devant lui je me suis glorifié en quelque mesure à votre sujet, je n'en ai pas honte. Mais comme nous vous avons dit toutes choses selon la vérité, de même aussi, ce dont nous nous étions glorifiés auprès de Tite s'est trouvé être la vérité.

15 Et sa profonde affection[1] pour vous n'en est que plus grande lorsqu'il se souvient de l'obéissance de vous tous, comment vous l'avez reçu avec crainte et tremblement.

— [1] littéralement : ses entrailles.

16 Je me réjouis de ce qu'en toutes choses j'ai confiance à en vous.

Libéralité des Macédoniens

8 Or nous vous faisons connaître, frères, la grâce de Dieu qui a été donnée [aux saints] dans les assemblées de la Macédoine,

2 [à savoir] que, dans les grandes détresses qui les ont mis à l'épreuve, l'abondance de leur joie et leur profonde pauvreté ont fait abonder la richesse de leur libéralité.

3 Car selon leurs possibilités – j'en rends témoignage – et au-delà de leurs possibilités, [ils ont agi] de leur plein gré,

4 nous demandant avec beaucoup d'insistance la grâce de participer à[1] ce service envers les saints.

— [1] littéralement : la grâce et la communion de.

5 Et non [seulement] comme nous l'avions espéré, mais ils se sont donnés eux-mêmes, d'abord au Seigneur, puis à nous, par la volonté de Dieu.

6 C'est pourquoi nous avons exhorté Tite afin que, comme il l'avait commencée auparavant, de même aussi, il achève pour vous aussi cette œuvre de grâce.

Exhortations des Corinthiens à la libéralité

7 Mais comme vous abondez en toutes choses – en foi, et en parole, et en connaissance, et en

empressement à tous égards, et dans votre amour envers nous – que vous abondiez aussi dans cette grâce.

8 Je ne dis pas [cela] comme un ordre, mais par l'empressement d'autres personnes, je mets ainsi à l'épreuve la sincérité de votre amour.

9 Car vous connaissez la grâce de notre Seigneur Jésus Christ qui, étant riche, s'est fait pauvre à cause de vous, afin que par sa pauvreté[1] vous soyez enrichis.

— [1] littéralement : la pauvreté de celui-là (c.-à-d. : d'un tel que lui).

10 Et sur ce sujet, c'est un avis que je [vous] donne, car cela vous est profitable, à vous qui avez déjà commencé dès l'année passée, non seulement à faire, mais aussi à vouloir.

11 Or maintenant, achevez aussi de faire, afin que, comme vous avez été prompts à vouloir, de même aussi, [vous soyez prompts] à achever, en prenant sur ce que vous avez.

12 Car si la promptitude à donner existe, elle[1] est agréée en fonction ce que l'on a, non de ce que l'on n'a pas.

— [1] ou : on.

13 Car ce n'est pas pour que d'autres soient à leur aise et que vous, vous soyez dans la détresse, mais [pour une question] d'égalité :

14 que, dans le temps présent, votre abondance [supplée] à ce qui leur manque, afin que leur abondance [supplée] aussi à ce qui vous manque, de sorte qu'il y aura égalité,

15 comme il est écrit : « Celui qui avait beaucoup n'avait pas trop et celui qui avait peu n'en manquait pas. »[1]

— [1] Exode 16:18.

Tite et deux autres frères sont envoyés à Corinthe

16 Or grâce [soit rendue] à Dieu qui a mis dans le cœur de Tite le même zèle pour vous !

17 Car il a reçu l'exhortation et, avec plus de zèle, il est parti de son plein gré vers vous.

18 Et nous avons envoyé avec lui le frère dont la louange, [à cause de ce qu'il a fait] pour l'Évangile, [est répandue] dans toutes les assemblées.

19 Et non seulement [cela], mais il a aussi été choisi par les assemblées pour [être] notre compagnon de voyage, avec cette œuvre de grâce qui est administrée par nous à la gloire du Seigneur *[lui-même]*, et [pour montrer] notre empressement.

20 [Et] nous voulons éviter ceci, que quelqu'un ne nous critique à propos de cette forte somme qui est administrée par nous.

21 Car nous veillons à ce qui est honnête, non seulement devant le Seigneur, mais aussi devant les hommes.

22 Et nous avons envoyé avec eux notre frère dont nous avons souvent pu apprécier[1] le zèle en beaucoup d'occasions, et qui est maintenant beaucoup plus zélé à cause de la grande confiance qu'il a en vous.

— [1] littéralement : mettre à l'épreuve ; ou : vérifier.

23 Quant à Tite, il est mon associé et mon compagnon d'œuvre auprès de vous. Quant à nos frères, ils sont les envoyés des assemblées, la gloire de Christ.

24 Donnez-leur donc, devant les assemblées, la preuve de votre

amour et des motifs que nous avons eus de nous glorifier de vous.

Donner spontanément et avec joie

9 Car en ce qui concerne le service envers les saints, il est superflu pour moi que je vous écrive.

2 En effet, je connais votre empressement, dont je me glorifie à votre sujet auprès des Macédoniens, [en leur disant] que l'Achaïe est prête dès l'année passée. Et le zèle de chez vous a stimulé la plupart[1] [des frères].

— [1] littéralement : les nombreux ; voir la note à 2:6.

3 Mais j'ai envoyé les frères afin que ce en quoi nous nous sommes glorifiés à votre sujet ne soit pas réduit à néant sur ce point, afin que, comme je l'ai dit, vous soyez prêts.

4 Autrement, si des Macédoniens venaient avec moi et ne vous trouvaient pas prêts, cette assurance tournerait à notre confusion, pour ne pas dire à la vôtre.

5 J'ai donc estimé nécessaire d'encourager les frères à aller auparavant vers vous et à préparer à l'avance votre libéralité précédemment annoncée, afin qu'elle soit ainsi prête comme une libéralité et non comme une chose extorquée.

6 Et [encore] ceci : celui qui sème peu moissonnera peu également, et celui qui sème abondamment moissonnera aussi abondamment.

7 Que chacun [donne] comme il se l'est proposé dans son cœur, non à regret ou par contrainte, car Dieu aime celui qui donne avec joie.

Les fruits de la libéralité et le don suprême de Dieu

8 Mais Dieu est puissant pour faire abonder toute grâce envers vous, afin qu'ayant toujours en toutes choses tout ce qui vous suffit, vous abondiez pour toute bonne œuvre,

9 comme il est écrit : « Il a répandu, il a donné aux pauvres, sa justice subsiste éternellement[1]. »[2]

— [1] littéralement : pour les siècles. — [2] Psaume 112:9.

10 Or celui qui fournit de la semence au semeur et du pain pour se nourrir fournira, et multipliera votre semence, et augmentera les fruits de votre justice.

11 [Vous serez ainsi,] de toute manière, enrichis pour toute sorte de libéralité, laquelle produira par notre moyen des actions de grâces envers Dieu.

12 Car l'administration[1] de cette charge, non seulement comble les besoins des saints, mais fait aussi abonder de nombreuses actions de grâces envers Dieu.

— [1] littéralement : le service.

13 À travers l'expérience qu'ils font de ce service, ils glorifient Dieu pour la soumission avec laquelle vous reconnaissez publiquement l'Évangile du Christ et pour la libéralité de vos dons[1] envers eux et envers tous.

— [1] littéralement : de votre communion.

14 Et par les supplications qu'ils font pour vous, ils manifestent une vive affection envers vous, à cause de la surabondante grâce de Dieu [qui repose] sur vous.

15 Grâce [soit rendue] à Dieu pour son don inexprimable !

Paul est le même, étant présent ou absent

10 Or moi-même, Paul, je vous exhorte par la douceur et la bonté du Christ – moi qui étant présent suis humble au milieu de vous, mais qui étant absent use de hardiesse envers vous –

2 et je vous prie que je n'aie pas, lorsque je serai présent, à user de hardiesse avec cette assurance dont je compte faire preuve avec détermination contre certaines [personnes] qui considèrent que nous marchons selon la chair.

3 Car, en marchant dans la chair, nous ne combattons pas selon la chair.

4 Car les armes de notre guerre ne sont pas charnelles, mais [elles sont] puissantes par Dieu[1] pour la destruction des forteresses, détruisant les raisonnements

— [1] ou : divinement puissantes.

5 et toute hauteur qui se dresse contre la connaissance de Dieu, et faisant prisonnière toute pensée en vue de l'amener à l'obéissance du Christ.

6 Et nous sommes prêts à punir toute désobéissance, après que votre obéissance sera rendue complète.

7 Regardez les choses en face ![1] Si quelqu'un est convaincu en lui-même d'appartenir à Christ, qu'il considère encore ceci pour lui-même que, comme il appartient à Christ, ainsi nous aussi, [nous appartenons à Christ].

— [1] ou : Vous regardez à l'apparence !

8 Car même si je me glorifiais un peu plus de notre autorité que le Seigneur nous a donnée pour l'édification et non pour votre destruction, je n'en aurais pas honte

9 Mais je ne veux pas avoir l'air de vous effrayer par mes[1] lettres.

— [1] littéralement : les.

10 Car ses lettres, dit-on, ont du poids et de la force, mais sa présence personnelle[1] est faible et sa parole est méprisable.

— [1] littéralement : la présence de son corps.

11 Que celui qui parle ainsi considère [bien] ceci, que, tels nous sommes en paroles dans nos lettres, étant absents, tels aussi [nous serons] en actes, étant présents.

Le serviteur et son service

12 Car nous n'osons pas nous égaler ou nous comparer à quelques-uns de ceux qui se recommandent eux-mêmes. Mais eux, se prenant eux-mêmes pour mesure et se comparant à eux-mêmes, ne sont pas intelligents.

13 Mais nous, nous ne voulons pas nous glorifier dans ce qui dépasse notre mesure, mais [seulement] selon la mesure du champ d'action[1] que le Dieu de mesure nous a attribué en nous faisant parvenir aussi jusqu'à vous.

— [1] littéralement : de la règle

14 En effet, nous ne dépassons pas nos limites, comme si nous n'étions pas parvenus jusqu'à vous. Car c'est bien jusqu'à vous que nous sommes arrivés avec l'Évangile du Christ.

15 Nous ne nous glorifions pas dans ce qui dépasse notre mesure, dans les travaux d'autrui, mais nous avons l'espérance, vu les progrès de votre foi, d'être abondamment agrandis au milieu de vous, dans notre champ d'action[1],

— [1] littèralement : notre règle.

16 pour évangéliser dans les lieux qui sont au-delà de chez vous, [et] non pour nous glorifier des choses déjà préparées dans le champ d'action[1] d'autrui.

— [1] littèralement : la règle.

17 Mais que celui qui se glorifie se glorifie dans le Seigneur.

18 Car ce n'est pas celui qui se recommande lui-même qui est approuvé, mais [c'est] celui que le Seigneur recommande.

Paul face aux mauvais serviteurs à Corinthe

11 Si seulement vous supportiez un peu de folie de ma part ! Mais oui, supportez-moi !

2 En effet, je suis jaloux à votre égard d'une jalousie de Dieu, car je vous ai fiancés à un seul homme pour vous présenter au Christ comme une vierge pure.

3 Mais je crains qu'en quelque manière, comme le serpent a séduit Ève par sa ruse, ainsi, vos pensées ne soient perverties et détournées de la simplicité *[et de la pureté]* à l'égard du Christ.

4 Car si quelqu'un vient prêcher un autre Jésus que nous n'avons pas prêché, ou si vous recevez un esprit différent de celui que vous avez reçu ou un Évangile différent de celui que vous avez accepté, vous pourriez bien [le] supporter.

5 Car j'estime que je n'ai été en rien inférieur aux plus excellents apôtres.

6 Et même si je suis un homme simple pour le langage, je ne le suis pourtant pas pour la connaissance ; mais nous vous l'avons montré de toute manière et à tous égards.

7 Ou bien, ai-je commis une faute en m'abaissant moi-même – afin que vous soyez élevés – parce que je vous ai annoncé[1] gratuitement l'Évangile de Dieu ?

— [1] littèralement : évangélisé.

8 J'ai dépossédé d'autres assemblées en recevant [d'elles] un salaire pour vous servir.

9 Et me trouvant auprès de vous et dans le besoin, je n'ai été à charge à personne – car les frères venus de Macédoine ont pourvu à ce qui me manquait – et je me suis gardé de vous être à charge en quoi que ce soit, et je m'en garderai.

10 Comme la vérité de Christ est en moi, cette gloire ne me sera pas interdite dans les régions de l'Achaïe.

11 Pourquoi ? Est-ce parce que je ne vous aime pas ? Dieu le sait.

12 Mais ce que je fais, je le ferai encore pour enlever [toute] occasion à ceux qui cherchent une occasion, afin qu'ils soient aussi trouvés tels que nous dans les choses dont ils se glorifient.

13 Car de tels [hommes] sont de faux apôtres, des ouvriers trompeurs, qui se déguisent en apôtres de Christ.

14 Et ce n'est pas étonnant, car Satan lui-même se déguise en ange de lumière.

15 Ce n'est donc pas chose étrange si ses serviteurs aussi se déguisent en serviteurs de [la] justice, eux dont la fin sera selon leurs œuvres.

Les souffrances de Paul dans son service

16 Je le répète : que personne ne me prenne pour un insensé. Ou bien, s'il en est autrement,

acceptez-moi, même comme un insensé, afin que moi aussi, je puisse me glorifier un peu.

17 Ce que je dis, je ne le dis pas selon le Seigneur, mais comme un insensé, dans cette assurance d'avoir de quoi me glorifier.

18 Puisque beaucoup se glorifient selon la chair, moi aussi, je me glorifierai.

19 Car vous supportez volontiers les insensés, étant sages [vous-mêmes].

20 En effet, si quelqu'un vous traite en esclave, si quelqu'un [vous] dévore, si quelqu'un prend [votre bien][1], si quelqu'un [vous] traite avec arrogance[2], si quelqu'un vous frappe au visage, vous le supportez.

— [1] ou : [vous] prend. — [2] littéralement : s'élève.

21 Je le dis avec honte[1], comme si nous, nous avions été faibles. Mais ce que quelqu'un pourrait oser [dire] – je parle en insensé – moi aussi, j'ose [le dire].

— [1] littéralement : déshonneur.

22 Sont-ils Hébreux ? Moi aussi. Sont-ils Israélites ? Moi aussi. Sont-ils la descendance d'Abraham ? Moi aussi.

23 [1]Sont-ils serviteurs de Christ ? (Je parle comme un homme hors de sens.) Je le suis plus [encore] : dans les travaux pénibles, bien davantage, dans les prisons, bien plus, sous les coups, bien plus encore, dans les [dangers de] mort, souvent.

— [1] les versets 23 à 28 forment une seule phrase dans le texte original.

24 Cinq fois j'ai reçu des Juifs 40 [coups] moins un ;

25 trois fois j'ai été frappé à coups de bâton ; une fois j'ai été lapidé ; trois fois j'ai fait naufrage ; j'ai passé un jour et une nuit dans les profondeurs de la mer.

26 [J'ai été] souvent en voyages, dans les dangers sur les fleuves, dans les dangers de la part des bandits, dans les dangers de la part de mes compatriotes, dans les dangers de la part des nations, dans les dangers à la ville, dans les dangers au désert, dans les dangers en mer, dans les dangers parmi de faux frères.

27 [J'ai connu] le travail pénible et la tristesse, [j'ai été] souvent dans les veilles, la faim et la soif, souvent dans les jeûnes, le froid et le dénuement.

28 En plus de ces choses exceptionnelles[1], il y a ce qui m'assaille tous les jours, le souci de toutes les assemblées.[2]

— [1] ou : extérieures. — [2] les versets 23 à 28 forment une seule phrase dans le texte original.

29 Qui est faible sans que je sois faible aussi ? De qui cause-t-on la chute sans que moi-même je brûle ?

30 S'il faut se glorifier, je me glorifierai dans ce qui est de ma faiblesse.

31 Le Dieu et Père du Seigneur Jésus – lui qui est béni éternellement[1] – sait que je ne mens pas.

— [1] littéralement : pour les siècles.

32 À Damas, le gouverneur[1] du roi Arétas faisait garder la ville des Damascéniens, pour se saisir de moi.

— [1] littéralement : l'ethnarque.

33 Mais j'ai été descendu dans une corbeille par une fenêtre le long de la muraille, et j'ai échappé à ses mains.

Visions et révélations accordées à

Paul

12 Il est vrai qu'il est sans profit pour moi de me glorifier, car j'en viendrai à des visions et à des révélations du Seigneur.

2 Je connais un homme en Christ qui, il y a 14 ans – si c'était dans le corps, je ne sais pas, si c'était hors du corps, je ne sais pas, Dieu le sait – [je connais] un tel homme qui a été enlevé jusqu'au troisième ciel.

3 Et je sais qu'un tel homme – si c'était dans le corps, si c'était hors du corps, je ne sais pas, Dieu le sait –

4 a été enlevé dans le paradis et a entendu des paroles[1] inexprimables qu'il n'est pas permis[2] à l'homme de prononcer.

— [1] proprement : des choses dites ; comme en Jean 17:8. — [2] ou : il n'appartient pas.

5 Je me glorifierai d'un tel [homme], mais je ne me glorifierai pas de moi-même, si ce n'est dans mes faiblesses.

6 Car même si je voulais me glorifier, je ne serais pas insensé, car je dirais la vérité. Mais je m'en abstiens, de peur que quelqu'un ne m'estime au-dessus de ce qu'il voit en moi ou de ce qu'il a entendu *[quelque chose]* de moi.

L'écharde de Paul

7 Et afin que je ne m'enorgueillisse pas à cause de ces révélations extraordinaires, il m'a été donné une écharde dans la chair, un ange[1] de Satan pour me frapper, afin que je ne m'enorgueillisse pas.

— [1] ou : messager.

8 À ce sujet j'ai supplié trois fois le Seigneur afin qu'elle se retire de moi,

9 mais il m'a dit : « Ma grâce te suffit, car ma puissance s'accomplit dans la faiblesse. » Je me glorifierai donc très volontiers plutôt dans mes faiblesses, afin que la puissance du Christ repose sur moi[1].

— [1] littéralement : tabernacle sur moi ; c.-à-d. : me couvre comme une tente.

10 C'est pourquoi je prends plaisir dans les faiblesses, dans les outrages, dans les contraintes, dans les persécutions, dans les angoisses, pour Christ. Car lorsque je suis faible, alors je suis fort.

Inquiétudes de Paul à l'égard des Corinthiens

11 Je suis devenu insensé, vous m'y avez contraint. En effet, c'est moi qui aurais dû être recommandé par vous, car je n'ai été en rien inférieur aux plus excellents apôtres, bien que je ne sois rien.

12 Les signes d'un apôtre ont été produits au milieu de vous avec toute persévérance, [par] des signes et aussi [par] des prodiges et des miracles.

13 Car qu'avez-vous eu de moins que les autres assemblées, sinon en ce que moi-même je ne vous ai pas été à charge ? Pardonnez-moi cette injustice.

14 Voici, [pour] cette troisième fois, je suis prêt à aller auprès de vous, et je ne vous serai pas à charge, car je ne cherche pas vos biens, mais vous-mêmes. En effet, ce ne sont pas les enfants qui doivent mettre de côté pour leurs parents, mais les parents pour leurs enfants.

15 Or moi, très volontiers, je dépenserai et je me dépenserai moi-même pour vos âmes. En vous aimant beaucoup plus, serai-je moins aimé [de vous] ?[1]

— [1] plusieurs manuscrits portent : vos âmes, même si, vous aimant beaucoup plus, je devais être moins aimé.

16 Mais soit ! Moi, je ne vous ai pas été à charge, mais, étant astucieux, je vous ai pris par ruse.
17 Ai-je tiré profit de vous par l'un de ceux que je vous ai envoyés ?
18 J'ai encouragé Tite [à aller chez vous] et j'ai envoyé le frère avec lui. Tite a-t-il tiré profit de vous ? N'avons-nous pas marché dans le même esprit ? N'avons-nous pas marché sur les mêmes traces ?

19 Vous avez longtemps pensé que nous nous justifions auprès de vous. Devant Dieu, nous parlons en Christ et [nous faisons] toutes choses, bien-aimés, pour votre édification.
20 Je crains, en effet, qu'à mon arrivée, je ne vous trouve pas tels que je le voudrais, et que moi, je ne sois trouvé par vous tel que vous ne le voudriez pas. [Et je crains] qu'il n'y ait des querelles, des jalousies, des colères, des rivalités, des médisances, des commérages, de l'orgueil, des désordres.
21 Et [je crains] qu'étant revenu [parmi vous], mon Dieu ne m'humilie à votre sujet[1] et que je ne sois affligé à propos de plusieurs de ceux qui ont péché auparavant et qui ne se sont pas repentis de l'impureté, et de la fornication, et de la débauche auxquelles ils se sont livrés.
— [1] ou : au milieu de vous.

Dernières exhortations et salutations

13 C'est la troisième fois que je vais [venir] chez vous ; par la bouche de deux ou de trois

témoins, toute affaire[1] sera établie.
— [1] ou : parole.

2 Lorsque j'étais présent pour la deuxième fois, je l'ai déjà dit, et maintenant que je suis absent, je dis à l'avance à ceux qui ont péché auparavant et à tous les autres que si je viens encore une fois, je n'épargnerai pas,
3 puisque vous cherchez une preuve que Christ parle en moi. (Lui n'est pas faible envers vous, mais puissant au milieu de vous.
4 En effet, même s'il a été crucifié en faiblesse, néanmoins il vit par la puissance de Dieu. Car nous aussi, nous sommes faibles en lui, mais nous vivrons avec lui par la puissance de Dieu envers vous.)
5 Examinez-vous vous-mêmes [et voyez] si vous êtes dans la foi ! Mettez-vous vous-mêmes à l'épreuve[1] ! Ou bien, ne reconnaissez-vous pas à l'égard de vous-mêmes que Jésus Christ est en vous ? À moins que vous ne soyez disqualifiés[2].
— [1] littéralement : s'examiner en vue de s'approuver. — [2] littéralement : rejetés à l'épreuve ; de même aux versets 6 et 7.
6 Mais j'espère que vous reconnaîtrez que nous, nous ne sommes pas disqualifiés.
7 Mais nous prions Dieu que vous ne fassiez rien de mal, non afin que nous, nous paraissions approuvés, mais afin que vous, vous fassiez ce qui est bien et que nous, nous soyons comme disqualifiés.
8 Car nous ne pouvons rien [faire] contre la vérité, mais [nous pouvons agir] pour la vérité.
9 En effet, nous nous réjouissons lorsque nous, nous sommes faibles, mais que vous, vous êtes forts. Et ce que nous demandons aussi, [c'est] votre

perfectionnement.

10 C'est pourquoi j'écris ces choses étant absent afin que, lorsque je serai présent, je n'use pas de sévérité selon l'autorité[1] que le Seigneur m'a donnée pour l'édification et non pour la destruction.

— [1] autorité et puissance.

11 Du reste, frères, réjouissez-vous, perfectionnez-vous, soyez encouragés[1], ayez un même sentiment, vivez en paix ! Et le Dieu d'amour et de paix sera avec vous.

— [1] ou : consolés.

12 Saluez-vous les uns les autres par un saint baiser. Tous les saints vous saluent.

13 [Que] la grâce du Seigneur Jésus Christ et l'amour de Dieu et la communion du Saint Esprit soient avec vous tous !

Galates

Salutation

1 Paul, apôtre – non de la part des hommes, ni par l'homme, mais par Jésus Christ et par Dieu le Père qui l'a ressuscité d'entre les morts –

2 et tous les frères qui sont avec moi, aux assemblées de la Galatie[1] :

— [1] Galatie : province d'Asie Mineure (région actuelle d'Ankara).

3 Grâce et paix à vous de la part de Dieu notre Père et du Seigneur Jésus Christ,

4 qui s'est donné lui-même pour nos péchés afin de nous arracher au[1] présent siècle mauvais, selon la volonté de notre Dieu et Père,

— [1] ou : délivrer du.

5 à qui soit[1] la gloire aux siècles des siècles ! Amen.

— [1] ou : est.

Il n'y a qu'un Évangile, celui que Paul a annoncé

6 Je m'étonne que vous vous détourniez si rapidement de celui qui vous a appelés par la grâce *[de Christ],* [pour passer] à un autre Évangile,

7 qui n'en est pas un autre. Il y a seulement des gens qui vous troublent et qui veulent pervertir l'Évangile du Christ.

8 Mais si nous-mêmes ou un ange venu du ciel *[vous]* annonçait un Évangile différent de celui que nous vous avons annoncé, qu'il soit anathème[1] !

— [1] formule de malédiction.

9 Comme nous l'avons déjà dit, même maintenant je le dis encore : si quelqu'un vous annonce un Évangile différent de celui que vous avez reçu, qu'il soit anathème[1] !

— [1] formule de malédiction.

10 Car maintenant, est-ce que je recherche l'approbation des hommes ou celle de Dieu ? Ou bien, est-ce que je cherche à plaire à des hommes ? Si je plaisais encore à des hommes, je ne serais pas un esclave de Christ.

L'apostolat de Paul

11 Or je vous fais savoir, frères, que l'Évangile qui a été annoncé par moi n'est pas selon l'homme.

12 Car moi, je ne l'ai ni reçu ni appris d'un homme, mais par une révélation de Jésus Christ.

13 Car vous avez entendu dire [quelle a été] autrefois ma conduite dans le judaïsme, comment je persécutais, au-delà de toute mesure, l'Assemblée de Dieu et la dévastais,

14 et comment je progressais dans le judaïsme plus que beaucoup de ceux de mon âge dans ma nation, étant extrêmement zélé pour les traditions de mes pères.

15 Mais quand il plut *[à Dieu]* – lui qui m'a mis à part dès le ventre de ma mère et qui m'a appelé par sa grâce –

16 de révéler son Fils en moi afin que je l'annonce comme une bonne nouvelle parmi les nations, aussitôt je n'ai consulté ni la chair ni le sang[1],

— [1] c.-à-d. qu'il n'a consulté aucune instance humaine.

17 et je ne suis pas monté à Jérusalem vers ceux qui étaient apôtres avant moi, mais je suis parti pour l'Arabie et je suis retourné encore à Damas.

18 Puis, 3 ans après, je suis monté

à Jérusalem pour faire la connaissance de Céphas[1], et je suis resté 15 jours chez lui.

— [1] Céphas : nom araméen de Pierre.

19 Mais je n'ai vu aucun autre apôtre, sinon Jacques, le frère du Seigneur.

20 Or dans les choses que je vous écris, voici, devant Dieu, je ne mens pas.

21 Ensuite, je suis allé dans les régions de la Syrie et de la Cilicie.

22 Or j'étais inconnu de visage aux assemblées de la Judée qui sont en Christ,

23 mais elles entendaient seulement dire : « Celui qui nous persécutait autrefois annonce[1] maintenant la foi qu'il détruisait[2] jadis.

— [1] annoncer la bonne nouvelle, évangéliser. — [2] ou : ravageait ; dévastais au verset 13.

24 Et elles glorifiaient Dieu à cause de moi.

Paul à Jérusalem – Son service envers les nations est reconnu par les autres apôtres

2 Ensuite, au bout de 14 ans, je suis monté de nouveau à Jérusalem avec Barnabas, ayant pris aussi Tite avec moi.

2 Or j'y suis monté à la suite d'une révélation, et je leur ai exposé l'Évangile que je prêche parmi les nations. Mais [je l'ai exposé] en privé à ceux qui étaient [les plus] considérés, de peur que, d'une manière ou d'une autre, je ne coure ou n'aie couru pour rien.

3 (Or Tite qui était avec moi, quoiqu'il soit Grec, n'a même pas été obligé d'être circoncis.)

4 Et cela à cause des faux frères, des intrus qui s'étaient glissés [parmi nous] pour épier la liberté que nous avons dans le Christ Jésus, afin de nous réduire à l'esclavage.

5 Mais nous ne leur avons pas cédé par soumission, pas même un instant[1], afin que la vérité de l'Évangile soit maintenue parmi vous.

— [1] littéralement : une heure.

6 Or quant à ceux qui étaient considérés comme étant quelque chose – quels qu'ils aient été autrefois, cela ne m'importe pas du tout, Dieu n'ayant pas égard à l'apparence de l'homme – ceux qui étaient considérés ne m'ont certes rien communiqué de plus.[1]

— [1] il y a contraste entre ce verset 6 et le verset 9.

7 Mais au contraire, ayant vu que l'Évangile pour l'Incirconcision[1] m'a été confié, comme celui pour la Circoncision[2] l'a été à Pierre

— [1] c.-à-d. : les nations. — [2] c.-à-d. : les juifs.

8 – car celui qui a agi en Pierre pour l'apostolat de la Circoncision a agi aussi en moi envers les nations –

9 et ayant reconnu la grâce qui m'a été donnée, Jacques, et Céphas, et Jean, qui étaient considérés comme étant des colonnes, [nous] donnèrent, à moi et à Barnabas, la main droite [en signe] de communion[1], afin que nous [allions] vers les nations et eux vers la Circoncision.

— [1] littéralement : les [mains] droites de communion.

10 Seulement, [ils voulaient] que nous nous souvenions des pauvres, ce qu'aussi je me suis appliqué à faire.

Paul résiste à Céphas (Pierre)

11 Mais quand Céphas vint à Antioche, je lui résistai en face

parce qu'il était condamnable.

12 Car, avant que quelques-uns soient venus de chez Jacques, il mangeait avec ceux des nations[1]. Mais quand ceux-là furent venus, il se retira et se sépara lui-même, craignant ceux de la Circoncision.

— [1] littéralement : avec les nations.

13 Et les autres Juifs [aussi] agirent hypocritement de concert avec lui, de sorte que même Barnabas fut entraîné avec eux dans ce double jeu.

14 Mais quand je vis qu'ils ne marchaient pas droit, selon la vérité de l'Évangile, je dis à Céphas devant tous : « Si toi qui es Juif, tu vis comme les nations et non comme les Juifs, comment obliges-tu ceux des nations[1] à judaïser ? »

— [1] littéralement : les nations.

15 Nous qui, par nature, sommes Juifs et non des pécheurs d'entre les nations

16 – [et] sachant néanmoins que l'homme n'est pas justifié par des œuvres de loi ni autrement que par la foi en Jésus Christ – nous aussi, nous avons cru au Christ Jésus, afin que nous soyons justifiés par la foi en Christ et non par des œuvres de loi. Car personne[1] ne sera justifiée par des œuvres de loi.

— [1] littéralement : aucune chair.

17 Or si, en cherchant à être justifiés en Christ, nous-mêmes aussi, nous avons été trouvés pécheurs, Christ serait-il alors un serviteur du péché ? Certainement pas !

18 En effet, si ces choses que j'ai renversées, je les réédifie de nouveau, je me constitue moi-même transgresseur.

19 Car moi, par [la] Loi, je suis mort à [la] Loi afin que je vive pour Dieu. Je suis crucifié avec Christ

20 et je ne vis plus, moi, mais[1] Christ vit en moi. Et ce que je vis maintenant dans [la] chair, je le vis dans [la] foi, la foi[2] au Fils de Dieu qui m'a aimé et s'est livré lui-même pour moi.

— [1] ou : et je vis, non plus moi, mais. — [2] littéralement : celle.

21 Je n'annule pas la grâce de Dieu ; car si [la] justice est par [la] Loi, Christ est donc mort pour rien.

La justification est par la foi et non par la Loi

3 Ô Galates sans intelligence, qui vous a fascinés, alors que, sous vos yeux, Jésus Christ a été décrit [comme] crucifié ?

2 Je voudrais seulement apprendre ceci de vous : avez-vous reçu l'Esprit par des œuvres de loi ou en écoutant avec foi[1] ?

— [1] littéralement : par écoute de foi ; voir Rom. 10:16-17.

3 Êtes-vous à ce point sans intelligence ? Ayant commencé par l'Esprit, achèveriez-vous maintenant par la chair ?

4 Avez-vous tant souffert pour rien ? Si du moins c'est pour rien.

5 Celui donc qui vous accorde l'Esprit et qui opère des miracles au milieu de vous, [le fait-il] parce que vous faites des œuvres de loi ou parce que vous écoutez avec foi[1] ?

— [1] littéralement : par des œuvres de loi ou par écoute de foi ; voir Rom. 10:16-17.

La foi d'Abraham, sans la Loi

6 [C'est] ainsi qu'Abraham a cru Dieu et cela lui a été compté comme justice[1].

— [1] voir Gen. 15:6.

7 Sachez donc que ceux qui relèvent de [la] foi[1], ceux-là sont fils d'Abraham.

— [1] littéralement : qui [sont] à partir de [la] foi.

8 Or l'Écriture, prévoyant que Dieu justifierait les nations par la foi, a annoncé d'avance la bonne nouvelle à Abraham, [en disant] : « En toi seront bénies toutes les nations. »[1]
— [1] Gen. 12:3.

9 De sorte que ceux qui relèvent de [la] foi[1] sont bénis avec le croyant Abraham.
— [1] littéralement : qui [sont] à partir de [la] foi.

La malédiction de la Loi

10 Car tous ceux qui relèvent[1] d'œuvres de loi sont sous la malédiction, car il est écrit : « Maudit [soit] quiconque ne persévère pas dans toutes les choses qui sont écrites dans le livre de la Loi, pour les mettre en pratique. »[2]
— [1] littéralement : qui [sont] à partir. — [2] Deut. 27:26.

11 Or que par [la] Loi personne ne soit justifié devant Dieu, cela est évident, parce qu'[il est dit] : « Le juste vivra par [la] foi. »[1]
— [1] Habakuk 2:4.

12 Or la Loi ne relève pas de[1] [la] foi, mais [elle dit] : « Celui qui aura mis en pratique ces choses vivra par elles. »[2]
— [1] littéralement : n'est pas à partir de. — [2] Lév. 18:5.

13 Christ nous a rachetés de la malédiction de la Loi, étant devenu malédiction pour nous – car il est écrit : « Maudit [soit] quiconque est pendu au bois »[1] –
— [1] Deut. 21:23.

14 afin que la bénédiction d'Abraham, dans le Christ Jésus, parvienne aux nations, afin que nous recevions par la foi l'Esprit promis[1].
— [1] littéralement : la promesse de l'Esprit ; comme en Actes 2:33.

Les promesses de Dieu faites à Abraham sont antérieures à la Loi

15 Frères – je parle selon l'homme – quand une alliance, même celle d'un homme, est confirmée, personne ne peut l'annuler ni ajouter [quelque chose].

16 Or c'est à Abraham et à sa descendance que les promesses ont été faites. Il ne dit pas : « et aux descendances », comme [parlant] de plusieurs, mais comme [parlant] d'un seul – « et à ta descendance »[1] – qui est Christ.
— [1] Gen. 22:18.

17 Or je dis ceci : la Loi, qui est intervenue 430 ans après, n'annule pas une alliance confirmée antérieurement par Dieu, de manière à rendre la promesse sans effet.

18 Car si l'héritage [venait] d'une loi, il ne [viendrait] plus d'une promesse. Or c'est par une promesse que Dieu a accordé cette grâce à Abraham.

19 Pourquoi donc la Loi ? Elle a été ajoutée à cause des transgressions[1] – jusqu'à ce que vienne la descendance à laquelle la promesse avait été faite – ayant été prescrite par des anges[2], par l'intermédiaire[3] d'un médiateur[4].
— [1] c.-à-d. : dans le but de faire ressortir le mal par des transgressions. — [2] voir Actes 7:53. — [3] littéralement : par la main. — [4] c.-à-d. : Moïse.

20 Or un médiateur[1] n'est pas [médiateur] d'un seul. Mais Dieu est seul[2].
— [1] ou : le médiateur. — [2] c.-à-d. : Dieu est seul, ici, à promettre ; voir Gen. 15:5.

La Loi est le conducteur jusqu'à Christ

21 La Loi est-elle donc contre les

promesses *[de Dieu]* ? Certainement pas ! Car s'il avait été donné une loi qui ait le pouvoir de faire vivre, la justice serait en réalité par la loi.

22 Mais l'Écriture a enfermé toutes choses sous le péché afin que, par la foi en Jésus Christ, la promesse soit donnée à ceux qui croient.

23 Or avant que vienne la foi, nous étions gardés sous [la] Loi, enfermés pour[1] la foi qui devait être révélée.

— [1] ou : jusqu'à.

24 Ainsi, la Loi a été notre conducteur[1] jusqu'à Christ, afin que nous soyons justifiés par [la] foi.

— [1] ou : gouverneur, précepteur.

25 Mais la foi étant venue, nous ne sommes plus sous un conducteur[1],

— [1] ou : gouverneur, précepteur.

26 car vous êtes tous fils de Dieu par la foi dans le Christ Jésus.

27 Car vous tous qui avez été baptisés pour Christ, vous avez revêtu Christ.

28 Il n'y a plus ni Juif ni Grec ; il n'y a plus ni esclave ni homme libre ; il n'y a plus ni homme ni femme[1]. Car vous tous, vous êtes un dans le Christ Jésus.

— [1] littéralement : ni mâle ni femelle.

29 Or si vous êtes de Christ, vous êtes donc [la] descendance d'Abraham, héritiers selon [la] promesse.

L'homme est comme un esclave sous la Loi ou comme un enfant de Dieu sous la grâce

4 Or je dis qu'aussi longtemps que l'héritier est un petit enfant, il ne diffère en rien d'un esclave, quoiqu'il soit maître de tout.

2 Mais il est sous des tuteurs et des administrateurs jusqu'à l'époque fixée par le père.

3 De même nous aussi, lorsque nous étions de petits enfants, nous étions esclaves des principes[1] du monde.

— [1] littéralement : sous les éléments ; l'expression désigne des puissances auxquelles les hommes sont asservis.

4 Mais quand l'accomplissement[1] du temps est venu, Dieu a envoyé son Fils, né[2] d'une femme, né[2] sous [la] Loi,

— [1] ou : la plénitude. — [2] proprement : devenu.

5 afin qu'il rachète ceux [qui étaient] sous [la] Loi, pour que nous recevions l'adoption filiale[1].

— [1] adoption filiale : désigne l'acte d'adoption et le statut de fils à part entière qui en résulte.

6 Et parce que vous êtes fils, Dieu a envoyé l'Esprit de son Fils dans nos cœurs, en criant : Abba[1], Père !

— [1] Abba : mot araméen que l'on traduit par Père, avec cependant une nuance de tendresse.

7 Ainsi, tu n'es plus esclave, mais fils ; et si [tu es] fils, [tu es] aussi héritier par Dieu.

8 Mais alors, ne connaissant pas Dieu, vous étiez esclaves de ceux qui par [leur] nature ne sont pas [des] dieux[1].

— [1] répond à 2 Chron. 13:9.

9 Mais maintenant, ayant connu Dieu, ou plutôt ayant été connus de Dieu, comment retournez-vous de nouveau aux principes faibles et sans valeur[1], et voulez-vous encore en être de nouveau esclaves ?

— [1] littéralement : pauvres.

10 Vous observez des jours, et des mois, et des saisons, et des années.

11 Je crains, à votre sujet, d'avoir d'une manière ou d'une autre travaillé pour vous en vain.

Perplexité de l'apôtre à l'égard des Galates

12 Frères, je vous en prie, soyez comme moi, parce que moi aussi, [je suis] comme vous. Vous ne m'avez fait aucun tort.

13 Et vous le savez, c'est dans la faiblesse du corps[1] que je vous ai annoncé l'Évangile pour la première fois.

— [1] littéralement : de la chair.

14 Et, mis à l'épreuve à cause de mon corps[1], vous ne m'avez pas méprisé ni rejeté avec dégoût, mais vous m'avez reçu comme un ange de Dieu, comme le Christ Jésus.

— [1] littéralement : ma chair.

15 Où était donc votre bonheur ? Car je vous rends témoignage que, si cela avait été possible, arrachant vos [propres] yeux, vous me les auriez donnés.

16 Suis-je donc devenu votre ennemi en vous disant la vérité ?

17 Le zèle qu'ils ont pour vous n'est pas celui qu'il faut, mais ils veulent vous détacher [de moi][1], afin que vous soyez zélé pour eux.

— [1] littéralement : exclure [de toute communication avec moi].

18 Mais c'est une bonne chose d'être toujours zélé pour le bien et de ne pas l'être seulement quand je suis présent avec vous.

19 Mes enfants, [j'endure] de nouveau les douleurs de l'accouchement jusqu'à ce que Christ soit formé en vous.

20 Et je voudrais être maintenant auprès de vous et changer de langage, car je suis perplexe à votre sujet.

Agar et Sara, symboles de deux alliances

21 Dites-moi, vous qui voulez être sous [la] Loi, n'écoutez-vous pas la Loi ?

22 Car il est écrit qu'Abraham a eu deux fils, l'un de la servante et l'autre de la femme libre[1].

— [1] voir Gen. 16 et 21.

23 Mais celui de la servante est né selon la chair, et celui de la femme libre [est né] par [l'effet de] la promesse.

24 Ces choses doivent être prises dans un sens allégorique, car ce sont deux alliances. L'une, celle du mont Sinaï, engendre pour l'esclavage, [et] c'est Agar.

25 Et « Agar » est le mont Sinaï en Arabie et correspond à la Jérusalem de maintenant, car elle est dans l'esclavage avec ses enfants.

26 Mais la Jérusalem d'en haut est [la femme] libre, laquelle est notre mère.

27 Car il est écrit : « Réjouis-toi, stérile qui n'as pas donné naissance ! Éclate [de joie] et pousse des cris, toi qui n'as pas connu les douleurs de l'accouchement ! Car les enfants de celle qui est délaissée sont plus nombreux que [les enfants] de celle qui a un mari. »[1]

— [1] Ésaïe 54:1.

28 Or vous, frères, comme Isaac, vous êtes [les] enfants de la promesse.

29 Mais, de même qu'autrefois celui qui était né selon la chair persécutait celui qui [était né] selon l'Esprit, [il en est] de même aussi maintenant.

30 Mais que dit l'Écriture ? « Chasse la servante et son fils, car le fils de la servante n'héritera certainement pas avec le fils de la femme libre. »[1]

— [1] Gen. 21:10.

31 C'est pourquoi, frères, nous ne sommes pas [les] enfants de [la] servante, mais [les enfants] de la femme libre.

La liberté chrétienne

5 Christ nous a placés dans la liberté en nous affranchissant[1]. Tenez donc ferme et ne vous mettez pas de nouveau sous le joug de l'esclavage.

— [1] littéralement : Christ nous a libérés pour la liberté.

2 Voici, moi Paul, je vous dis que si vous vous faites circoncire, Christ ne vous sera d'aucun profit.

3 Et j'affirme encore [une fois] à tout homme qui se fait circoncire qu'il est tenu d'accomplir toute la Loi.

4 Vous vous êtes séparés de Christ[1], vous qui vous justifiez par [la] Loi. Vous êtes privés de[2] la grâce.

— [1] dans le sens de : Vous vous êtes séparés de tout le bénéfice qu'il y a dans le Christ. — [2] littéralement : tombés hors de.

5 Car nous, par [l']Esprit [et] par [la] foi, nous attendons l'espérance de la justice.

6 En effet, dans le Christ Jésus, ni [la] circoncision ni [l']incirconcision n'ont de valeur[1], mais [la] foi agissant par [l']amour.

— [1] littéralement : force.

7 Vous couriez bien. Qui vous a arrêtés pour que vous n'obéissiez pas à la vérité ?

8 Cette persuasion[1] ne vient pas de celui qui vous appelle.

— [1] voir 1:6-7.

9 Un peu de levain fait lever la pâte tout entière.

10 Moi, j'ai confiance dans le Seigneur à votre égard que vous ne penserez pas autrement. Mais celui qui vous trouble, quel qu'il soit, en portera le jugement.

11 Quant à moi, frères, si je prêche encore la circoncision, pourquoi suis-je encore persécuté ? Alors la cause de chute[1] qu'est la croix a disparu.

— [1] voir 1 Cor. 1:23.

12 Je voudrais que ceux qui vous bouleversent se mutilent[1] même.

— [1] littéralement : se fassent castrer.

13 Car vous, frères, vous avez été appelés à la liberté. Seulement [n'usez] pas de la liberté comme d'une occasion pour la chair, mais par amour servez-vous[1] les uns les autres.

— [1] servir, ici : servir comme esclave ; comme en Rom. 12:11.

14 Car toute la Loi est accomplie dans une seule parole, dans celle-ci : « Tu aimeras ton prochain comme toi-même. »[1]

— [1] Lév. 19:18.

15 Mais si vous vous mordez et vous dévorez les uns les autres, prenez garde que vous ne soyez détruits les uns par les autres.

Les œuvres de la chair et le fruit de l'Esprit

16 Mais je dis : Marchez par l'Esprit et vous n'accomplirez absolument pas ce que la chair désire.

17 Car la chair a des désirs contraires à [ceux de] l'Esprit et l'Esprit [a des désirs] contraires à [ceux de] la chair. Et ils[1] sont opposés l'un à l'autre, afin que vous ne fassiez pas les choses que vous voudriez.

— [1] c.-à-d. : la chair et l'Esprit.

18 Mais si vous êtes conduits par [l']Esprit, vous n'êtes pas sous [la] Loi.

19 Or les œuvres de la chair sont évidentes, lesquelles sont la fornication, l'impureté, la débauche,

20 l'idolâtrie, la magie[1], les haines, les querelles, les jalousies, les colères, les rivalités, les divisions, les sectes[2],

— [1] ou : les empoisonnements (par usage de drogues nocives). — [2] ou : partis religieux.

21 les envies,[1] les ivrogneries[2], les orgies et les choses semblables à celles-là, au sujet desquelles je vous déclare d'avance, comme aussi je l'ai déjà dit, que ceux qui commettent de telles choses n'hériteront pas du royaume de Dieu.

— [1] plusieurs manuscrits ajoutent : les meurtres. — [2] littéralement : intoxications.

22 Mais le fruit de l'Esprit est l'amour, la joie, la paix, la patience, la bienveillance, la bonté, la fidélité, 23 la douceur, la maîtrise de soi. Contre de telles choses, il n'y a pas de loi.

24 Or ceux qui sont du Christ [Jésus] ont crucifié la chair avec ses[1] passions et ses[1] désirs.

— [1] littéralement : les.

25 Si nous vivons par l'Esprit, marchons aussi par l'Esprit.

26 Ne cherchons pas à nous glorifier nous-mêmes[1], en nous provoquant les uns les autres [et] en nous envier les uns les autres.

— [1] ou : Ne soyons pas désireux d'une vaine gloire.

Soins mutuels et humilité

6 Frères, même si un homme s'est laissé surprendre par quelque faute, vous qui êtes spirituels, redressez un tel homme dans un esprit de douceur. [Et] prends garde à toi-même, de peur que toi aussi tu ne sois tenté.

2 Portez les charges les uns des autres et accomplissez ainsi la loi du Christ.

3 Car si, n'étant rien, quelqu'un pense être quelque chose, il se séduit lui-même.

4 Mais que chacun examine[1] sa propre œuvre, et alors il aura de quoi se glorifier par rapport à lui-même seulement, et non par rapport à autrui.

— [1] littéralement : examiner en vue d'approuver.

5 Car chacun portera son propre fardeau.

6 Que celui qui est enseigné dans la Parole donne une part de tous ses biens [temporels][1] à celui qui [l']enseigne.

— [1] littéralement : de toutes les bonnes choses.

On moissonnera ce que l'on a semé

7 Ne vous y trompez pas, on ne se moque pas de Dieu ! Car ce qu'un homme sème, c'est aussi cela qu'il moissonnera.

8 En effet, celui qui sème pour sa propre chair moissonnera de la chair la corruption. Mais celui qui sème pour l'Esprit moissonnera de l'Esprit la vie éternelle.

9 Or ne nous lassons pas de faire le bien, car nous moissonnerons en temps voulu, si nous ne nous relâchons pas.

10 Ainsi donc, pendant que nous en avons l'occasion, faisons du bien à tous, mais surtout à ceux de la maison de la foi.

Derniers avertissements et salutation

11 Voyez quelle longue lettre je

vous ai écrite de ma propre main !

12 Tous ceux qui veulent avoir une belle apparence dans la chair, ceux-là vous obligent à vous faire circoncire. C'est uniquement afin de ne pas être persécutés pour la croix de Christ.

13 Car ceux-là mêmes qui se font circoncire ne gardent pas [la] Loi, mais ils veulent que vous soyez circoncis afin de se glorifier dans votre chair.

14 Mais qu'il ne m'arrive pas à moi de me glorifier, sinon dans la croix de notre Seigneur Jésus Christ, par laquelle[1] le monde est crucifié pour moi et moi [crucifié] pour le monde.

— [1] ou : par lequel.

15 Car ni la circoncision ni l'incirconcision n'ont d'importance, mais [ce qui compte, c'est] une nouvelle création.

16 Et pour tous ceux qui marcheront selon cette règle, [que la] paix et [la] miséricorde [soient] sur eux et sur l'Israël de Dieu !

17 Désormais, que personne ne vienne me troubler, car moi, je porte sur mon corps les marques[1] de Jésus[2].

— [1] c.-à-d. : les marques des souffrances endurées par Paul au service de Jésus ; voir 2 Cor. 6:4-5. — [2] plusieurs manuscrits portent : du Seigneur Jésus.

18 [Que] la grâce de notre Seigneur Jésus Christ soit avec votre esprit, frères ! Amen.

Éphésiens

Salutation

1 Paul, apôtre du Christ Jésus par la volonté de Dieu, aux saints et fidèles dans le Christ Jésus *[qui sont à Éphèse]* :

2 Grâce et paix à vous de la part de Dieu notre Père et du Seigneur Jésus Christ !

Le propos éternel de Dieu

3 [1]Béni soit le Dieu et Père de notre Seigneur Jésus Christ qui nous a bénis de[2] toute bénédiction spirituelle dans les lieux célestes en Christ.

— [1] les versets 3 à 14 forment une seule phrase dans le texte original. — [2] littéralement : en.

4 [C'est] ainsi qu'il nous a élus en lui avant la fondation du monde pour que nous soyons saints et irréprochables devant lui, dans l'amour,

5 nous ayant prédestinés à l'adoption filiale[1], par Jésus Christ [et] pour lui, selon le bon plaisir de sa volonté,

— [1] adoption filiale : désigne l'acte d'adoption et le statut de fils à part entière qui en résulte.

6 à la louange de la gloire de sa grâce dont il nous a comblés[1] dans le Bien-Aimé.

— [1] littéralement : fait grâce.

La richesse de la grâce en Christ

7 [C'est] en lui que nous avons la rédemption par son sang, la rémission des fautes selon la richesse de sa grâce,

8 laquelle il a fait abonder envers nous en toute sagesse et intelligence.

9 Et il nous a fait connaître le mystère de sa volonté selon son bon plaisir – [dessein] qu'il s'est proposé en lui-même

10 pour l'administration de la plénitude des temps – [à savoir] de réunir toutes choses dans le Christ[1], celles qui sont dans les cieux et celles qui sont sur la terre, en lui.

— [1] c.-à-d. : sous l'autorité de Christ.

Les croyants ont été prédestinés et faits héritiers

11 [C'est] en lui que nous avons aussi été faits héritiers, ayant été prédestinés selon le propos de celui qui opère toutes choses selon le dessein de sa volonté,

12 afin que nous soyons à la louange de sa gloire, nous qui avons espéré à l'avance dans le Christ.

Le Saint Esprit, sceau et arrhes de l'héritage

13 [C'est] en lui que vous aussi, [vous avez espéré][2], ayant entendu la parole de la vérité, l'Évangile de votre salut. [C'est] aussi en lui qu'ayant cru, vous avez été scellés du Saint Esprit de la promesse,

— [1] ou : [vous êtes] ; ou : [vous avez été faits héritiers].

14 lequel est les arrhes de notre héritage, pour[1] la rédemption des biens acquis[2], à la louange de sa gloire.[3]

— [1] ou : jusqu'à ; on peut lier « pour la rédemption » aussi bien à « arrhes » qu'à « scellés ». — [2] littéralement : de l'acquisition. — [3] les versets 3 à 14 forment une seule phrase dans le texte original.

Première prière de l'apôtre
L'espérance de l'appel céleste – La

puissance de la résurrection –
Christ, chef sur toutes choses

15 [1]C'est pourquoi, moi aussi, ayant entendu parler de la foi au Seigneur Jésus qui est en[2] vous, et de l'amour que [vous avez] pour tous les saints,

— [1] les versets 15 à 23 forment une seule phrase dans le texte original. — [2] littéralement : chez.

16 je ne cesse pas de rendre grâce pour vous, faisant mention [de vous] dans mes prières,

17 afin que le Dieu de notre Seigneur Jésus Christ, le Père de gloire, vous donne [l']esprit de sagesse et de révélation pour une pleine connaissance de lui-même.

18 [C'est afin] que les yeux de [votre] cœur soient éclairés pour que vous sachiez quelle est l'espérance de son appel, et quelle est la richesse de la gloire de son héritage dans les saints,

19 et quelle est l'excellente grandeur de sa puissance envers nous qui croyons, selon la puissance agissante de sa force.

20 [Cette puissance,] il l'a opérée dans le Christ en le ressuscitant d'entre les morts et en le faisant asseoir à sa droite dans les lieux célestes,

21 au-dessus de toute seigneurie, et autorité, et puissance, et domination, et de tout nom qui peut être nommé, non seulement dans ce siècle, mais aussi dans celui qui est à venir.

22 Et il a soumis toutes choses sous ses pieds, et il l'a donné [pour être] chef[1] sur toutes choses à l'Assemblée

— [1] littéralement : tête.

23 qui est son corps, la plénitude de celui qui remplit tout en tous.[1]

— [1] les versets 15 à 23 forment une seule phrase dans le texte original.

L'homme est sauvé et rendu vivant
par la grâce de Christ

2 [1]Et vous, vous étiez morts[2] dans vos fautes et dans vos péchés,

— [1] les versets 1 à 7 forment une seule phrase dans le texte original. — [2] littéralement : lorsque vous étiez morts.

2 dans lesquels vous avez marché autrefois selon le cours de ce monde, selon le prince de l'autorité de l'air, de l'esprit qui opère maintenant dans les fils de la désobéissance.

3 Parmi eux, nous tous aussi, nous avons vécu autrefois dans les convoitises de notre chair, accomplissant les volontés[1] de la chair et des pensées. Et nous étions par nature des enfants de colère, comme aussi les autres.

— [1] c.-à-d. : les choses voulues.

4 Mais Dieu, qui est riche en miséricorde, à cause de son grand amour dont il nous a aimés,

5 alors même que nous étions morts dans nos fautes, nous a rendus vivants ensemble avec le Christ – vous êtes sauvés par [la] grâce –

6 et nous a ressuscités ensemble, et nous a fait asseoir ensemble dans les lieux célestes dans le Christ Jésus.

7 [Et c'est] afin qu'il montre dans les siècles à venir les immenses richesses de sa grâce, dans sa bonté envers nous dans le Christ Jésus.[1]

— [1] les versets 1 à 7 forment une seule phrase dans le texte original.

8 Car vous êtes sauvés par la grâce, par la foi[1], et cela ne vient pas de vous, c'est le don de Dieu.

— [1] littéralement : car par la grâce vous êtes sauvés par la foi ; voir Rom. 3:24.

9 [Et ce n'est] pas par les œuvres [que vous êtes sauvés], afin que

personne ne se glorifie.

10 Car nous sommes son ouvrage, ayant été créés dans le Christ Jésus pour les bonnes œuvres que Dieu a préparées à l'avance, afin que nous marchions en elles.

Les résultats de l'œuvre de Christ

11 C'est pourquoi souvenez-vous qu'autrefois, vous les nations dans la chair, qui étiez appelés « l'Incirconcision » par ce qu'on appelle « la Circoncision » – [circoncision] faite dans la chair par la main de l'homme –

12 vous étiez en ce temps-là sans Christ, privés du droit de cité en Israël et étrangers aux alliances de la promesse, n'ayant pas d'espérance et étant sans Dieu[1] dans le monde.

— [1] ou : athées.

13 Mais maintenant, dans le Christ Jésus, vous qui étiez autrefois loin, vous avez été approchés par le sang du Christ.

14 Car c'est lui qui est notre paix, qui des deux [ensembles][1] en a fait un et a détruit le mur mitoyen de séparation[2], ayant annulé dans sa chair l'inimitié,

— [1] c.-à-d. : Israël et les nations. — [2] littéralement : mur mitoyen de la clôture.

15 la loi des commandements, [qui consiste] en ordonnances. [Et c'est] afin qu'il crée les deux [ensembles] en lui-même pour être un seul homme nouveau, en faisant la paix,

16 et qu'il réconcilie avec Dieu les deux [ensembles] en un seul corps, par la croix, ayant tué par elle l'inimitié.

17 Et étant venu, il a annoncé la bonne nouvelle de la paix à vous qui étiez loin et la [bonne nouvelle de la] paix[1] à ceux qui étaient près.

— [1] littéralement : a évangélisé la paix... et la paix.

18 Car par lui nous avons, les uns et les autres[1], accès auprès du Père par un seul Esprit.

— [1] littéralement : tous les deux.

La maison de Dieu

19 Ainsi donc, vous n'êtes plus des étrangers ni des gens de passage[1], mais vous êtes concitoyens des saints et gens de la maison de Dieu,

— [1] en contraste avec ceux qui jouissent des droits de citoyens.

20 ayant été édifiés sur le fondement des apôtres et des prophètes, Jésus Christ lui-même étant la pierre de l'angle.

21 [C'est] en lui que[1] tout l'édifice, bien ajusté ensemble, grandit pour être un Temple[2] saint dans le Seigneur.

— [1] littéralement : en qui. — [2] la maison même.

22 [C'est] en lui que[1] vous aussi, vous êtes édifiés ensemble pour être une habitation de Dieu par l'Esprit[2].

— [1] littéralement : en qui. — [2] ou : en Esprit.

Le mystère du corps de Christ

3 C'est pour cela que moi, Paul, le prisonnier du Christ [Jésus] pour vous, les nations...[1]

— [1] la phrase est interrompue jusqu'au début du chapitre 4.

2 [1](si du moins vous avez entendu parler de l'administration de la grâce de Dieu qui m'a été donnée pour vous,

— [1] tout le chapitre 3, depuis le verset 2, forme une parenthèse ; les versets 2 à 7 forment une seule phrase dans le texte original.

3 comment, par révélation, le mystère m'a été donné à connaître, ainsi que je l'ai déjà écrit brièvement.

4 D'après cela, en [me] lisant, vous

pouvez comprendre quelle est mon intelligence dans le mystère du Christ,

5 lequel, en d'autres générations, n'a pas été donné à connaître aux fils des hommes, comme il a été maintenant révélé à ses saints apôtres et prophètes par[1] l'Esprit.

— [1] ou : en.

6 [Ce mystère, c'est] que les nations seraient cohéritières, et d'un même corps, et coparticipantes de la promesse dans le Christ Jésus, par l'Évangile, 7 dont je suis devenu serviteur, selon le don de la grâce de Dieu qui m'a été donné selon l'efficacité de sa puissance.[1]

— [1] les versets 2 à 7 forment une seule phrase dans le texte original.

La sagesse de Dieu est maintenant révélée aux autorités célestes par l'Assemblée

8 [1]À moi qui suis moins que le moindre de tous les saints, cette grâce a été donnée d'annoncer[2] parmi les nations la richesse insondable du Christ

— [1] les versets 8 à 12 forment une seule phrase dans le texte original. — [2] littéralement : évangéliser (annoncer la bonne nouvelle).

9 et de mettre en lumière [devant tous] quelle est l'administration du mystère caché[1] depuis les siècles en Dieu qui a créé toutes choses.

— [1] non pas caché maintenant, mais caché dans les siècles passés.

10 [Et c'est] afin que la sagesse de Dieu, dans sa grande diversité, soit maintenant donnée à connaître, par l'Assemblée, aux seigneuries et aux autorités dans les lieux célestes,

11 selon le dessein éternel qu'il a réalisé dans le Christ Jésus notre Seigneur,

12 en qui nous avons hardiesse et accès en confiance par la foi en lui.[1]

— [1] les versets 8 à 12 forment une seule phrase dans le texte original.

13 C'est pourquoi je [vous] prie de ne pas perdre courage à cause de mes afflictions pour vous, ce qui est votre gloire.

Seconde prière de l'apôtre

14 [1]C'est pour cela que je fléchis mes genoux devant le Père[2],

— [1] les versets 14 à 19 forment une seule phrase dans le texte original. — [2] plusieurs manuscrits ajoutent : de notre Seigneur Jésus Christ.

15 de qui toute famille est nommée dans les cieux et sur la terre.

16 [C'est] afin que, selon la richesse de sa gloire, il vous donne d'être fortifiés en[1] puissance par son Esprit quant à l'homme intérieur,

— [1] « en » et « par ».

17 pour que le Christ habite, par la foi, dans vos cœurs, [et que vous soyez] enracinés et fondés dans l'amour.

18 [C'est] afin que vous soyez capables de comprendre avec tous les saints quelle est la largeur, et la longueur, et la hauteur, et la profondeur

19 — et de connaître l'amour du Christ qui surpasse toute connaissance — afin que vous soyez remplis jusqu'à toute la plénitude de Dieu.[1]

— [1] les versets 14 à 19 forment une seule phrase dans le texte original.

20 Or à celui qui peut, au-delà de toute mesure, faire infiniment plus que ce que nous demandons ou pensons, selon la puissance qui opère en nous,

21 à lui [soit la] gloire dans l'Assemblée et dans le Christ

Jésus, pour toutes les générations du siècle des siècles ! Amen.)[1]

— [1] tout le chapitre 3, depuis le verset 2, forme une parenthèse.

Unité de l'Assemblée – Diversité des dons et des services

4 Je vous exhorte donc, moi, le prisonnier dans le Seigneur, à marcher d'une manière digne de l'appel dont[1] vous avez été appelés,

— [1] ou : selon lequel.

2 avec toute humilité et douceur, avec patience, vous supportant les uns les autres dans l'amour,

3 vous appliquant à garder l'unité de l'Esprit par[1] le lien de la paix.

— [1] ou : dans.

4 [Il y a] un seul corps et un seul Esprit[1], comme aussi vous avez été appelés pour une seule espérance, [celle] de votre appel.

— [1] ou : Le corps est un et l'Esprit un ; et ainsi de suite.

5 [Il y a] un seul Seigneur, une seule foi, un seul baptême.

6 [Il y a] un seul Dieu et Père de tous[1], qui est au-dessus de tous[1] et parmi tous[2] et en[3] tous[1].

— [1] ou : tout ; les deux sens étant possibles en grec. — [2] ou : partout. — [3] plusieurs manuscrits ajoutent : nous.

7 Mais à chacun de nous la grâce a été donnée selon la mesure du don de Christ.

8 C'est pourquoi il dit : « Étant monté là-haut, il a emmené la captivité comme prisonnière et a donné des dons aux hommes. »[1]

— [1] Psaume 68:19.

9 Or que signifie « il est monté », si ce n'est qu'il est aussi descendu dans les régions inférieures de la terre ?

10 [1]Celui qui est descendu est le même que celui qui est aussi monté au-dessus de tous les cieux, afin qu'il remplisse toutes choses.

— [1] les versets 10 à 16 forment une seule phrase dans le texte original.

11 Et lui-même a donné les uns [comme] apôtres, et les autres [comme] prophètes, et les autres [comme] évangélistes, et les autres [comme] pasteurs et docteurs[1].

— [1] docteur : celui qui enseigne.

12 [Il les a donnés] en vue du perfectionnement des saints, pour l'œuvre du service, pour l'édification du corps de Christ,

13 jusqu'à ce que nous parvenions tous à l'unité de la foi et de la pleine connaissance du Fils de Dieu, à l'état d'homme accompli, à la mesure de la stature de la plénitude du Christ.

14 [Et c'est] afin que nous ne soyons plus de petits enfants, ballottés et emportés çà et là par tout vent de doctrine dans la tromperie des hommes, dans leur habileté à user de voies détournées pour égarer.

15 Mais, en étant vrais[1] dans l'amour, nous grandirons en toutes choses jusqu'à lui qui est le chef[2], [le] Christ.

— [1] ou : en gardant la vérité. — [2] littéralement : la tête.

16 [C'est à partir] de lui que tout le corps, harmonieusement ajusté et bien uni par chaque articulation qui le soutient, produit, selon l'activité de chaque partie dans sa mesure, la croissance du corps pour l'édification de lui-même en amour.[1]

— [1] les versets 10 à 16 forment une seule phrase dans le texte original.

Exhortation à rejeter le vieil homme et à revêtir le nouvel homme

17 Voici donc ce que je dis et témoigne dans le Seigneur, c'est que vous ne marchiez plus comme

marche le reste des nations, dans la vanité de leurs pensées,

18 ayant leur intelligence obscurcie, étant étrangers à la vie de Dieu à cause de l'ignorance qui est en eux, à cause de l'endurcissement[1] de leur cœur.

— [1] ou : aveuglement.

19 Et ayant perdu tout sens moral, ils se sont livrés à la débauche pour pratiquer avec avidité toute impureté.

20 Mais vous, vous n'avez pas ainsi appris le Christ,

21 si du moins vous l'avez entendu et avez été instruits en lui selon que la vérité est en Jésus.

22 [Il s'agit] – en ce qui concerne votre conduite précédente – d'avoir rejeté le vieil homme qui se pervertit selon les convoitises trompeuses,

23 et d'être renouvelés dans l'esprit de votre intelligence,

24 et d'avoir revêtu le nouvel homme, créé selon Dieu, en justice et sainteté de la vérité.

25 C'est pourquoi, ayant renoncé au mensonge, dites la vérité chacun à son prochain ; car nous sommes membres les uns des autres.

26 Mettez-vous en colère et ne péchez pas[1]. Que le soleil ne se couche pas sur votre irritation,

— [1] c.-à-d. : Si vous vous mettez en colère, ne péchez pas ; voir Psaume 4:5.

27 et ne donnez pas d'occasion au Diable.

28 Que celui qui volait ne vole plus, mais plutôt qu'il travaille en faisant de ses [propres] mains ce qui est bien, afin qu'il ait de quoi donner à celui qui est dans le besoin.

29 Qu'aucune mauvaise parole ne sorte de votre bouche, mais celle-là qui est bonne, [propre] à l'édification selon le besoin, afin qu'elle communique la grâce à ceux qui l'entendent.

30 Et n'attristez pas le Saint Esprit de Dieu, par lequel vous avez été scellés pour le jour de la rédemption.

31 Que toute amertume, et tout emportement, et toute colère, et tout éclat de voix, et toute injure, soient ôtés du milieu de vous, de même que toute méchanceté.

32 [Mais] soyez bons les uns envers les autres, compatissants, usant de grâce entre vous[1] comme aussi Dieu, en Christ, a usé de grâce envers vous[2].

— [1] ou : vous pardonnant les uns aux autres. — [2] ou : vous a pardonné.

Amour, sainteté et prudence des enfants de Dieu

5 Soyez donc des imitateurs de Dieu comme de bien-aimés enfants,

2 et marchez dans l'amour, comme le Christ aussi nous a aimés et s'est livré lui-même pour nous, comme offrande et sacrifice à Dieu, en parfum de bonne odeur.

3 Mais que ni la fornication, ni aucune forme d'impureté ou d'avidité ne soient même mentionnées parmi vous, comme il convient à des saints,

4 ni aucune chose honteuse, ni parole folle ou scabreuse – lesquelles sont inconvenantes – mais plutôt des actions de grâces.

5 En effet, sachez-le bien, aucun fornicateur ou impur ou accapareur[1] – qui est un idolâtre – n'a d'héritage dans le royaume du

Christ et de Dieu[2].

6 Que personne ne vous séduise par des paroles creuses[1], car, à cause de ces choses, la colère de Dieu vient sur les fils de la désobéissance.

— [1] littéralement : vides.

7 N'ayez donc pas de participation avec eux !

8 Car vous étiez autrefois ténèbres, mais maintenant, vous êtes lumière dans le Seigneur. Marchez comme des enfants de lumière

9 – car le fruit de la lumière [consiste] en toute bonté et justice et vérité –

10 discernant[1] ce qui est agréable au Seigneur.

— [1] littéralement : examiner en vue d'approuver.

11 Et n'ayez rien de commun avec les œuvres stériles des ténèbres, mais plutôt reprenez-les aussi.

12 Car les choses qu'ils font en secret, il est honteux même de les dire.

13 Mais toutes choses étant reprises par la lumière sont manifestées,

14 car ce qui manifeste tout, c'est la lumière. C'est pourquoi il dit : « Réveille-toi, toi qui dors, et relève-toi d'entre les morts, et le Christ brillera sur toi ! »[1]

— [1] voir Ésaïe 60:1.

15 Faites donc bien attention à la façon dont vous marchez, non comme étant dépourvus de sagesse, mais comme étant sages,

16 saisissant l'occasion[1], parce que les jours sont mauvais.

— [1] littéralement : rachetant le temps.

17 C'est pourquoi ne soyez pas sans intelligence, mais comprenez quelle est la volonté du Seigneur.

18 Et ne vous enivrez pas de vin, ce qui mène à la débauche, mais soyez remplis de l'Esprit[1].

— [1] littéralement : remplis en Esprit.

19 Entretenez-vous par des psaumes, et des hymnes, et des cantiques spirituels, chantant et psalmodiant de votre cœur[1] au Seigneur.

— [1] littéralement : dans votre cœur.

20 Rendez toujours grâce pour toutes choses à Dieu le Père[1], au nom de notre Seigneur Jésus Christ.

— [1] ou : à celui qui est Dieu et Père.

21 Soyez soumis les uns aux autres dans la crainte de Christ.

Les devoirs mutuels entre mari et femme

22 Femmes, [soyez soumises] à vos propres maris[1] comme au Seigneur,

— [1] les versets 21 et 22 sont liés dans le texte original : Soyez soumis les uns aux autres… les femmes aux propres maris.

23 parce que le mari[1] est le chef[2] de la femme, comme le Christ aussi est le chef[2] de l'Assemblée, lui le sauveur du corps.

— [1] ou : l'homme ; en contraste avec la femme. — [2] littéralement : la tête.

24 Mais comme l'Assemblée est soumise au Christ, ainsi que les femmes le soient aussi à leurs maris en toutes choses.

25 Maris, aimez vos femmes, comme le Christ aussi a aimé l'Assemblée et s'est livré lui-même pour elle,

26 afin qu'il la sanctifie en la purifiant par le lavage d'eau par [la] Parole,

27 afin que lui se présente l'Assemblée à lui-même, glorieuse,

n'ayant ni tache, ni ride, ni rien de semblable, mais afin qu'elle soit sainte et irréprochable.

28 De même, les maris doivent aimer *[aussi]* leurs propres femmes comme leurs propres corps. Celui qui aime sa propre femme s'aime lui-même.

29 Car personne n'a jamais haï sa propre chair, mais il la nourrit et en prend soin, comme le Christ [le fait] aussi [pour] l'Assemblée,

30 car nous sommes membres de son corps[1].

— [1] plusieurs manuscrits ajoutent : de sa chair et de ses os.

31 « C'est pour cela que l'homme quittera [son] père et [sa] mère, et s'attachera à sa femme, et les deux deviendront une seule chair. »[1]

— [1] Gen. 2:24.

32 Ce mystère est grand, mais moi, je parle relativement à Christ et à l'Assemblée.

33 Toutefois que chacun de vous aussi, pour sa part, aime ainsi sa propre femme comme lui-même ; et quant à la femme, qu'elle ait pour son[1] mari un attachement profond[2].

— [1] littéralement : le. — [2] littéralement : craindre, vénérer.

Devoirs des enfants et des parents

6 Enfants, obéissez à vos parents, *[dans le Seigneur,]* car cela est juste.

2 « Honore ton père et [ta] mère » – c'est le premier commandement avec promesse –

3 « afin qu'il t'arrive du bien et que tu vives longtemps sur la terre. »[1]

— [1] Exode 20:12 ; Deut. 5:16.

4 Et [vous], pères, n'irritez pas vos enfants, mais élevez-les dans la discipline[1] et sous les avertissements du Seigneur.

— [1] discipline au sens large : éducation, formation, correction.

Devoirs des serviteurs et des maîtres

5 Esclaves, obéissez à vos maîtres selon la chair avec crainte et tremblement, dans la simplicité de votre cœur, comme à Christ.

6 [Ne le faites] pas seulement sous leurs yeux, comme pour plaire aux hommes, mais [obéissez] comme des esclaves de Christ, faisant de cœur la volonté de Dieu.

7 Servez de bon gré, comme servant le Seigneur et non des hommes,

8 sachant que chacun, soit esclave, soit homme libre, quelque bien qu'il fasse, le recevra du Seigneur.

9 Et [vous], maîtres, faites de même envers eux, renonçant aux menaces, sachant que leur maître – qui est [aussi] le vôtre – est dans les cieux, et qu'il n'y a pas de favoritisme devant lui.

L'armure complète de Dieu

10 Du reste[1], fortifiez-vous dans le Seigneur et dans la puissance de sa force.

— [1] plusieurs manuscrits ajoutent : frères.

11 Revêtez-vous de l'armure complète[1] de Dieu, afin que vous puissiez tenir ferme contre les ruses du Diable.

— [1] c.-à-d. : armure et armes.

12 Car notre lutte n'est pas contre le sang et la chair, mais contre les seigneuries, contre les autorités, contre les souverains de ce monde de ténèbres, contre les [puissances] spirituelles de méchanceté qui sont dans les lieux célestes.

13 C'est pourquoi prenez l'armure complète[1] de Dieu, afin qu'au mauvais jour vous puissiez résister

et, après avoir tout surmonté[2], tenir ferme.

— [1] c.-à-d. : armure et armes. — [2] ou : accompli, mené à bonne fin.

14 Tenez donc ferme, ayant mis autour de vos reins la vérité pour ceinture, et ayant revêtu la cuirasse de la justice,

15 et ayant chaussé vos[1] pieds de la préparation de l'Évangile de paix.

— [1] littéralement : les.

16 Par-dessus tout[1], prenez le bouclier de la foi par lequel vous pourrez éteindre tous les projectiles enflammés[2] du Méchant.

— [1] ou : En toutes circonstances. — [2] ou : brûlants.

17 Prenez aussi le casque du salut[1] et l'épée de l'Esprit, qui est la Parole de Dieu.

— [1] plutôt ce qui sauve que le salut en lui-même ; comparer avec Luc 2:30 ; 3:6 ; Actes 28:28.

18 Priez par toutes sortes de prières et de supplications[1], en tout temps, par l'Esprit, et veillez à cela avec toute persévérance. Et [faites] des supplications[2] pour tous les saints

— [1] littéralement : toute prière et supplication. — [2] littéralement : toute persévérance et supplication.

19 et pour moi, afin que, lorsque j'ouvrirai la bouche, la parole me soit donnée pour faire connaître avec hardiesse le mystère de l'Évangile.

20 [C'est] pour lui[1] que je suis un ambassadeur lié de chaînes, afin que j'en[1] parle avec hardiesse, comme je dois [en[1]] parler.

— [1] c.-à-d. : le mystère de l'Évangile (verset 19).

Mission de Tychique

21 Mais afin que vous aussi, vous sachiez ce qui me concerne, ce que je fais, Tychique, le bien-aimé frère et fidèle serviteur dans le Seigneur[1], vous fera tout savoir.

— [1] c.-à-d. : qui servait Paul comme servant le Seigneur.

22 Je l'ai envoyé vers vous tout exprès, afin que vous connaissiez l'état de nos affaires, et qu'il réconforte vos cœurs.

Salutations

23 Paix aux frères, et amour, avec la foi, de la part de Dieu le Père et du Seigneur Jésus Christ !

24 [Que] la grâce soit avec tous ceux qui aiment notre Seigneur Jésus Christ en pureté[1] !

— [1] littéralement : en incorruptibilité.

Philippiens

Salutation

1 Paul et Timothée, esclaves du Christ Jésus, à tous les saints dans le Christ Jésus qui sont à Philippes, avec les surveillants et les serviteurs :

2 Grâce et paix à vous, de la part de Dieu notre Père et du Seigneur Jésus Christ !

Affection de l'apôtre pour les Philippiens

3 ¹Je rends grâce à mon Dieu pour tout le souvenir que j'ai de vous,

— ¹ les versets 3 à 7 forment une seule phrase dans le texte original.

4 dans chacune de mes supplications. [Et] je fais toujours des supplications pour vous tous, avec joie,

5 à cause de la part que vous prenez à l'Évangile depuis le premier jour jusqu'à maintenant.

6 [Et] je suis persuadé de ceci même, que celui qui a commencé en vous une bonne œuvre la mènera à son terme jusqu'au jour du Christ Jésus.

7 Ainsi, il est juste que je pense cela de vous tous, parce que vous me portez dans votre cœur¹ et que, dans mes liens comme dans la défense et la confirmation de l'Évangile, vous avez tous été participants de la grâce avec moi.²

— ¹ ou : je vous porte dans mon cœur. — ² les versets 3 à 7 forment une seule phrase dans le texte original.

8 Car Dieu m'est témoin que j'ai une vive affection pour vous tous, dans les profondes affections¹ du Christ Jésus.

— ¹ littéralement : les entrailles.

9 Et je demande ceci dans mes prières, que votre amour abonde encore de plus en plus en pleine connaissance et en toute intelligence.

10 [C'est] pour que vous discerniez les choses excellentes, afin que vous soyez purs et sans reproche pour le jour de Christ,

11 étant remplis du fruit de la justice qui est par Jésus Christ, à la gloire et à la louange de Dieu.

La captivité de Paul contribue à l'avancement de l'évangile

12 Or je veux que vous sachiez, frères, que les circonstances que je traverse sont plutôt arrivées pour l'avancement de l'Évangile.

13 En effet, mes liens sont devenus manifestes comme étant en Christ, dans tout le prétoire¹ et partout ailleurs².

— ¹ le prétoire était à Rome le siège de la garde impériale. — ² littéralement : à tous les autres.

14 Et la plupart des frères, ayant dans le Seigneur pris confiance par mes liens, ont beaucoup plus de hardiesse pour annoncer la Parole¹ sans crainte.

— ¹ plusieurs manuscrits ajoutent : de Dieu.

15 Quelques-uns, il est vrai, prêchent aussi le Christ par jalousie et dans un esprit de querelle, mais quelques-uns aussi de bonne volonté.

16 Ceux-ci [le font] par amour, sachant que je suis établi pour la défense de l'Évangile ;

17 ceux-là annoncent le Christ par esprit de parti, [et] non en pureté, pensant ajouter quelque affliction à mes liens¹.

— [1] c.-à-d. : rendre ma captivité encore plus pénible.

18 Qu'importe ! En tout cas, de toute manière, soit comme prétexte, soit en vérité, Christ est annoncé, et en cela je me réjouis et je me réjouirai encore.

19 Car je sais que cela aboutira à mon salut[1] par vos supplications et par les secours de l'Esprit de Jésus Christ.

— [1] c.-à-d. : à ma délivrance.

20 Selon ma vive[1] attente et mon espérance, je ne serai confus en rien, mais avec toute hardiesse, maintenant encore comme toujours, Christ sera glorifié dans mon corps, soit par la vie, soit par la mort.

— [1] ou : constante.

21 Car pour moi, vivre [c'est] Christ, et mourir [est] un gain.

22 Mais si [je dois] vivre dans la chair, il en vaut bien la peine[1], et ce que je dois choisir, je n'en sais rien.

— [1] littéralement : cela est pour moi le fruit du travail.

23 Mais je suis tiraillé[1] des deux côtés, ayant le désir de partir[2] et d'être avec Christ, [car] [c'est] de beaucoup le meilleur.

— [1] littéralement : pressé. — [2] c.-à-d. : mourir ; ce terme est employé pour un bateau qui lève l'ancre ou largue les amarres pour partir vers la haute mer ; comparer avec 2 Tim. 4:6.

24 Mais il est plus nécessaire à cause de vous que je reste dans la chair.

25 Et ayant cette confiance, je sais que je resterai et que je séjournerai auprès de vous tous pour l'avancement et la joie de votre foi,

26 afin qu'en moi vous ayez un abondant sujet de vous glorifier dans le Christ Jésus, par mon retour au milieu de vous.

Exhortation à la persévérance

27 Seulement, conduisez-vous d'une manière digne de l'Évangile du Christ afin que, soit que je vienne et que je vous voie, soit que je sois absent, j'apprenne à votre sujet que vous tenez ferme dans un seul esprit, combattant ensemble d'une même âme, avec[1] la foi de l'Évangile,

— [1] ou : pour.

28 et n'étant en rien effrayés par les adversaires. Pour eux, c'est une démonstration de perdition, mais pour vous, de salut[1], et cela de la part de Dieu.

— [1] littéralement : mais de votre salut.

29 Car il vous a été donné par grâce, par rapport à[1] Christ, non seulement de croire en lui, mais aussi de souffrir pour lui,

— [1] ou : pour.

30 ayant [à soutenir] le même combat que vous m'avez vu mener et que, vous le savez, je mène encore maintenant.

Exhortation à avoir la même pensée

2 Si donc il y a quelque encouragement en Christ, s'il y a quelque réconfort d'amour, s'il y a quelque communion de l'Esprit, s'il y a quelque affection profonde[1] et quelque compassion,

— [1] littéralement : quelques entrailles.

2 rendez ma joie accomplie [en ceci], que vous ayez la même pensée, ayant le même amour, étant d'un même sentiment[1], pensant à une seule et même chose.

— [1] littéralement : étant d'une seule âme.

3 [Que] rien [ne se fasse] par esprit de parti ou par vaine gloire, mais que dans l'humilité l'un estime l'autre supérieur à lui-même,

4 chacun ne regardant pas à ce qui

est à lui, mais chacun [regardant] [aussi] à ce qui est aux autres.

Jésus Christ, modèle d'humilité

5 Qu'il y ait donc en vous cette pensée qui a été aussi dans le Christ Jésus :

6 lui, dont la nature était celle de Dieu[1], n'a pas estimé comme une chose à saisir à tout prix d'être égal à Dieu,

— [1] littéralement : étant en forme de Dieu ; mais ce terme « forme » évoque souvent la nature ou l'identité réelles et non une simple apparence ; tout ceci est en contraste avec le premier Adam.

7 mais il s'est anéanti[1] lui-même, prenant la condition[2] d'esclave, étant fait[3] à la ressemblance des hommes. Et étant trouvé en apparence[4] comme un homme,

— [1] littéralement : vidé. — [2] littéralement : forme ; mais ce terme « forme » évoque souvent la nature ou l'identité réelles et non une simple apparence. — [3] littéralement : devenu. — [4] le terme traduit ici par « apparence » désigne la manière extérieure dont il a vécu.

8 il s'est abaissé lui-même, étant devenu obéissant jusqu'à la mort, et à la mort de la croix.

9 C'est pourquoi aussi, Dieu l'a élevé à la plus haute position et lui a donné le nom qui est au-dessus de tout nom,

10 afin qu'au nom de Jésus fléchisse tout genou, dans les cieux, et sur la terre, et sous la terre,

11 et que toute langue reconnaisse pleinement que Jésus Christ est Seigneur à la gloire de Dieu le Père.

Exhortations à la sanctification

12 Ainsi donc, mes bien-aimés, de même que vous avez toujours obéi, non seulement comme en ma présence, mais beaucoup plus maintenant en mon absence, travaillez[1] à votre propre salut[2] avec crainte et tremblement.

— [1] dans le sens de : amener à bonne fin en travaillant. — [2] ou : délivrance.

13 Car c'est Dieu qui opère en vous et le vouloir et le faire[1], selon son bon plaisir.

— [1] littéralement : opérer.

14 Faites toutes choses sans murmures ni raisonnements,

15 afin que vous soyez sans reproche et purs[1], des enfants de Dieu irréprochables, au milieu d'une génération dévoyée et pervertie, parmi laquelle vous brillez comme des luminaires dans le monde,

— [1] littéralement : sans mélange.

16 présentant[1] la parole de vie. [Ce sera] pour ma gloire au jour de Christ, [en témoignage] que je n'ai pas couru pour rien[2] ni travaillé pour rien[2].

— [1] littéralement : tenant au-dessus (comme un luminaire pour éclairer). — [2] littéralement : pour du vide.

17 Mais si même je sers de libation[1] sur le sacrifice et le service de votre foi, j'en suis joyeux et je m'en réjouis avec vous tous.

— [1] comme en 2 Tim. 4:6 ; allusion au rite consistant à verser du vin sur un sacrifice (Nombres 15:5, etc.).

18 Et de la même manière, vous aussi, soyez-en joyeux et réjouissez-vous-en avec moi.

Paul envoie Timothée et Épaphrodite à Philippes

19 Or j'espère dans le Seigneur Jésus vous envoyer bientôt Timothée, afin que moi aussi, je sois encouragé quand j'aurai connu ce qui vous concerne.

20 Car je n'ai personne [d'autre] qui partage mes sentiments pour s'inquiéter sincèrement de ce qui vous concerne.

21 En effet, tous cherchent leurs propres intérêts, non ceux de Jésus Christ.

22 Mais vous savez que Timothée[1] a été connu à l'épreuve, car il a servi[2] avec moi dans l'Évangile comme un enfant [sert] son père.

— [1] littéralement : il. — [2] servir, être esclave ; comme en Rom. 12:11.

23 J'espère donc l'envoyer sans délai, dès que j'aurai vu clair au sujet de mes affaires.

24 Et je suis persuadé dans le Seigneur que, moi-même aussi, j'irai bientôt [vous voir].

25 Mais j'ai estimé nécessaire de vous envoyer Épaphrodite, mon frère, et mon compagnon d'œuvre, et mon compagnon d'armes, mais [aussi] votre envoyé et serviteur[1] pour mes besoins.

— [1] serviteur, ici : administrateur officiel ; voir Rom. 13:6 ; 15:16 ; comparer avec Héb. 1:7 ; 8:2.

26 Car il pensait à vous tous avec une vive affection, et il était très abattu parce que vous aviez entendu dire qu'il était malade.

27 Et en effet, il a été malade, bien près de la mort. Mais Dieu a eu pitié de lui, et non seulement de lui, mais aussi de moi, afin que je n'aie pas tristesse sur tristesse.

28 Je l'ai donc envoyé avec d'autant plus d'empressement, afin qu'en le revoyant vous ayez de la joie, et que moi, j'aie moins de tristesse.

29 Recevez-le donc dans le Seigneur avec une joie entière, et ayez de l'estime pour de tels [hommes].

30 Car, pour l'œuvre de Christ, il a été près de la mort, ayant risqué sa vie pour suppléer à[1] ce qui manquait à votre service envers moi.

— [1] ou : pour compléter.

Les faux docteurs – La vraie Circoncision – Paul a renoncé à tout pour gagner Christ – Paul court droit au but pour ce prix

3 Du reste, mes frères, réjouissez-vous dans le Seigneur ! Vous écrire les mêmes choses n'est pas pénible pour moi, et c'est votre sûreté.

2 Prenez garde aux chiens[1], prenez garde aux mauvais ouvriers, prenez garde à la fausse circoncision[2].

— [1] c.-à-d. : hommes dangereux, méprisables. — [2] littéralement : coupure, ou : incision ; désignation méprisante de la circoncision rituelle juive, en opposition à la vraie séparation pour Dieu revendiquée au verset 3.

3 Car nous sommes la Circoncision, nous qui rendons culte par l'Esprit de Dieu, et qui nous glorifions dans le Christ Jésus, et qui n'avons pas confiance dans la chair,

4 bien que moi, j'aie [de quoi avoir] confiance même dans la chair. Si quelqu'un d'autre pense avoir confiance dans la chair, moi davantage :

5 [moi] circoncis le huitième jour, de la race d'Israël, de la tribu de Benjamin, Hébreu [fils] d'Hébreux ; quant à la Loi, Pharisien ;

6 quant au zèle, persécutant l'Assemblée ; quant à la justice qui est par [la] Loi, étant sans reproche.

7 [Mais] les choses qui étaient pour moi un gain, je les ai considérées comme une perte, à cause du Christ.

8 Et même je considère aussi toutes choses comme étant une perte, à cause de l'excellence de la

connaissance du Christ Jésus, mon Seigneur. À cause de lui j'ai fait la perte de toutes choses et je les considère comme des déchets[1], afin que je gagne Christ,

— [1] littéralement : des déchets que l'on jette aux chiens.

9 et que je sois trouvé en lui, n'ayant pas ma justice qui vient de [la] Loi, mais celle qui est par [la] foi en Christ, la justice qui vient de Dieu, par la foi.

10 [Et c'est] afin de le connaître, lui, et la puissance de sa résurrection, et la communion de ses souffrances, étant rendu conforme à sa mort,

11 si en quelque sorte je peux parvenir à la résurrection d'entre les morts.

12 Ce n'est pas que j'aie déjà reçu [le prix] ou que je sois déjà parvenu à la perfection ; mais je poursuis, cherchant à le saisir, vu que j'ai aussi été saisi par le Christ *[Jésus]*.

13 Frères, pour moi, je ne pense pas moi-même l'avoir saisi. Mais [je fais] une[1] chose : oubliant les choses qui sont derrière et tendant avec effort vers celles qui sont devant,

— [1] littéralement : une seule.

14 je cours droit au but pour [obtenir] le prix de l'appel céleste[1] de Dieu dans le Christ Jésus.

— [1] littéralement : d'en haut.

15 Nous tous donc qui sommes des [hommes] accomplis, ayons ce sentiment. Et si sur quelque point vous avez un autre sentiment, cela aussi, Dieu vous le révélera.

16 Cependant, dans les choses auxquelles nous sommes parvenus, marchons sur le même [sentier][1].

— [1] ou : dans la même [direction] ; ou : marchons ensemble.

Paul exhorte les Philippiens à suivre son exemple

17 Soyez tous ensemble mes imitateurs, frères, et portez vos regards sur ceux qui marchent ainsi selon le modèle que vous avez en nous.

18 Car beaucoup marchent comme des ennemis de la croix du Christ ; je vous l'ai souvent dit, et maintenant je le dis même en pleurant.

19 Leur fin sera la perdition, leur dieu, c'est leur ventre, et leur gloire est dans leur honte, eux qui ne pensent qu'aux choses terrestres.

20 Car notre citoyenneté[1] est dans les cieux, d'où nous attendons aussi le Seigneur Jésus Christ [comme] Sauveur,

— [1] le mot a le double sens de « cité » et de « citoyenneté » ; c.-à-d. : droits et devoirs liés au titre de citoyen.

21 qui transformera notre corps d'abaissement en le rendant conforme à son corps de gloire, selon l'énergie de ce pouvoir qu'il a de soumettre même toutes choses à lui-même.

Exhortations diverses

4 Ainsi donc, mes frères bien-aimés que je désire tant revoir, ma joie et ma couronne, tenez ainsi ferme dans le Seigneur, bien-aimés !

2 Je supplie Évodie et je supplie Syntyche d'avoir la même pensée dans le Seigneur.

3 Oui, toi aussi, vrai compagnon de travail, je te prie d'aider celles qui ont combattu avec moi dans l'Évangile, avec Clément aussi et mes autres compagnons d'œuvre, dont les noms sont dans le livre de vie.

4 Réjouissez-vous toujours dans le Seigneur ! Je le dirai encore : réjouissez-vous !

5 Que votre douceur[1] soit connue de tous les hommes. Le Seigneur est proche.

— [1] douceur : caractère de celui qui n'insiste pas sur ses droits.

6 Ne vous inquiétez de rien, mais en toutes choses exposez vos requêtes à Dieu[1] par la prière et la supplication, avec des actions de grâces.

— [1] ou : devant, envers Dieu.

7 Et la paix de Dieu, qui surpasse toute intelligence, gardera vos cœurs et vos pensées dans le Christ Jésus.

8 Du reste, frères, tout ce qui est vrai, tout ce qui est honorable, tout ce qui est juste, tout ce qui est pur, tout ce qui est digne d'être aimé, tout ce qui est de bonne réputation – s'il y a quelque perfection morale et quelque louange – que ces choses occupent vos pensées[1].

— [1] littéralement : faites un inventaire de ces choses.

9 Ce que vous avez appris, et reçu, et entendu, et vu en moi, mettez-le en pratique et le Dieu de paix sera avec vous.

Paul remercie les Philippiens pour leurs dons

10 Or je me suis beaucoup réjoui dans le Seigneur de ce que vous avez enfin fait revivre votre intérêt pour moi. Vous y aviez bien aussi pensé, mais l'occasion vous manquait.

11 Non, je ne dis pas [cela] en raison de privations, car moi j'ai appris à être satisfait dans les circonstances où je me trouve.

12 Je sais être abaissé, je sais aussi être dans l'abondance. En toutes choses et à tous égards, je suis enseigné[1] aussi bien à être rassasié qu'à avoir faim, aussi bien à être dans l'abondance qu'à être dans les privations.

— [1] littéralement : initié.

13 Je peux tout en celui qui me fortifie.

14 Néanmoins, vous avez bien fait de prendre part à mon affliction.

15 Or vous aussi, Philippiens, vous savez qu'au commencement de l'Évangile, quand j'ai quitté[1] la Macédoine, aucune assemblée n'est entrée en compte avec moi pour ce qu'elle donnait et recevait[2], excepté vous seuls.

— [1] Paul emploie ici une expression commerciale.

16 Car même à Thessalonique, une fois et même deux fois, vous m'avez fait un envoi pour mes besoins.

17 Ce n'est pas que je recherche le don, mais je recherche le fruit qui abonde pour votre compte.

18 Or j'ai tout reçu et je suis dans l'abondance. Je suis comblé, ayant reçu d'Épaphrodite ce qui vient de vous : un parfum de bonne odeur, un sacrifice agréé, qui plaît à Dieu.

19 Mais mon Dieu comblera tous vos besoins selon sa richesse en gloire, dans le Christ Jésus.

20 Or [qu']à notre Dieu et Père soit la gloire aux siècles des siècles ! Amen.

Salutations

21 Saluez chaque saint dans le Christ Jésus. Les frères qui sont avec moi vous saluent.

22 Tous les saints vous saluent, mais surtout ceux de la maison de

César.

23 [Que] la grâce du Seigneur Jésus Christ soit avec votre esprit ![1]

— [1] plusieurs manuscrits ajoutent : Amen.

Colossiens

Salutation

1 Paul, apôtre du Christ Jésus par la volonté de Dieu, et le frère Timothée,

2 aux saints et fidèles frères en Christ qui sont à Colosses : Grâce et paix à vous, de la part de Dieu notre Père[1] !

— [1] plusieurs manuscrits ajoutent : et du Seigneur Jésus Christ.

Actions de grâces de Paul et Timothée au sujet de la foi et de l'amour des Colossiens

3 [1]Nous rendons grâce au Dieu et Père de notre Seigneur Jésus Christ, priant toujours pour vous[2],

— [1] les versets 3 à 8 forment une seule phrase dans le texte original. — [2] ou : Nous rendons toujours grâce... priant pour vous.

4 ayant entendu parler de votre foi dans le Christ Jésus et de l'amour que vous avez pour tous les saints,

5 à cause de l'espérance qui vous est réservée dans les cieux et dont vous avez déjà entendu parler dans la parole de la vérité de l'Évangile.

6 [Cet Évangile] est parvenu jusqu'à vous, et il porte du fruit et se répand[1] aussi dans le monde entier. C'est le cas aussi parmi vous, depuis le jour où vous avez entendu et pleinement connu la grâce de Dieu en vérité,

— [1] littéralement : grandit.

7 comme vous l'avez appris d'Épaphras, notre bien-aimé compagnon d'esclavage[1], qui est un fidèle serviteur du Christ pour vous.

— [1] littéralement : co-esclave.

8 C'est aussi lui qui nous a fait connaître votre amour dans l'Esprit.[1]

— [1] les versets 3 à 8 forment une seule phrase dans le texte original.

Prière de Paul et Timothée au sujet des Colossiens – Christ, image du Dieu invisible

9 [1]C'est pourquoi nous aussi, depuis le jour où nous en avons entendu parler, nous ne cessons pas de prier pour vous. Et nous demandons que vous soyez remplis de la pleine connaissance de sa volonté, en toute sagesse et intelligence spirituelle,

— [1] les versets 9 à 20 forment une seule phrase dans le texte original.

10 pour marcher d'une manière digne du Seigneur, pour lui plaire à tous égards, portant du fruit en toute bonne œuvre et faisant des progrès[1] par la vraie connaissance de Dieu.

— [1] littéralement : grandissant.

11 Vous serez pleinement fortifiés[1] selon la puissance de sa gloire, pour toute persévérance et patience, avec joie.

— [1] littéralement : Vous serez fortifiés en toute force.

12 Et nous rendons grâce au Père qui vous a rendus capables[1] d'avoir part à l'héritage des saints dans la lumière,

— [1] littéralement : dignes.

13 qui nous a délivrés du pouvoir des ténèbres et nous a transportés dans le royaume du Fils de son amour,

14 en qui nous avons la rédemption, la rémission des péchés.

15 Il est, lui, [l']image du Dieu invisible, [le] Premier-Né de toute [la] création.

16 Car par lui ont été créées toutes les choses [qui sont] dans les cieux et sur la terre, [celles qui sont] visibles et invisibles, soit trônes ou dominations, ou seigneuries, ou autorités : toutes choses ont été créées par lui et pour lui.

17 Et il est, lui, avant toutes choses, et toutes choses subsistent par lui.

18 Et il est le chef[1] du corps, de l'Assemblée, lui qui est [le] commencement, [le] Premier-Né d'entre les morts, afin qu'en toutes choses il tienne, lui, la première place.

— [1] littéralement : la tête.

19 Car toute la plénitude s'est plu à habiter en lui,

20 et à réconcilier par lui toutes choses avec elle-même[1] – en ayant fait la paix par le sang de sa croix – [par lui,] soit les choses qui sont sur la terre, soit les choses qui sont dans les cieux.[2]

— [1] c.-à-d. : la plénitude ; comparer avec 2:9. — [2] les versets 9 à 20 forment une seule phrase dans le texte original.

21 Et vous qui étiez autrefois étrangers et ennemis dans vos[1] pensées, par vos[1] mauvaises œuvres,

— [1] littéralement : les.

22 il vous a maintenant réconciliés dans[1] le corps de sa chair, par la mort, pour vous présenter saints et sans défaut et irréprochables devant lui.

— [1] ou : par.

23 Mais c'est seulement si vous demeurez dans la foi, fondés et fermes, et si vous ne vous laissez pas détourner de l'espérance de l'Évangile que vous avez entendu, lequel a été prêché dans toute la création qui est sous le ciel, [et] dont moi, Paul, je suis devenu serviteur.

Le ministère de Paul et ses souffrances

24 [1]Maintenant, je me réjouis dans les souffrances pour vous, et j'accomplis dans ma chair ce qui reste [encore à souffrir] des afflictions du Christ pour son corps qui est l'Assemblée.

— [1] les versets 24 à 29 forment une seule phrase dans le texte original.

25 [C'est d'elle] que moi, je suis devenu serviteur selon l'administration de Dieu qui m'a été donnée envers vous, pour compléter[1] la parole de Dieu.

— [1] littéralement : remplir complètement.

26 [Il s'agit du] mystère qui avait été caché depuis les[1] siècles et depuis les[1] générations, mais qui a été manifesté maintenant à ses saints.

— [1] ou : aux.

27 Et Dieu a voulu leur faire connaître quelle est la richesse de la gloire de ce mystère parmi les nations, c'est-à-dire Christ en[1] vous, l'espérance de la gloire.

— [1] ou : parmi.

28 [C'est] lui[1] que nous annonçons, exhortant tout homme et enseignant tout homme en toute sagesse, afin que nous présentions tout homme accompli en Christ.

— [1] c.-à-d. : Christ.

29 À cela aussi je travaille, combattant selon sa force qui agit en moi avec puissance.[1]

— [1] les versets 24 à 29 forment une seule phrase dans le texte original.

2 Car je veux que vous sachiez quel grand combat j'ai pour vous, et pour ceux qui sont à Laodicée, et pour tous ceux qui n'ont pas vu mon visage dans la chair.

2 [Je combats ainsi,] afin que leurs

cœurs soient encouragés [et] que, étant bien unis dans l'amour, ils parviennent à toutes les richesses de la pleine certitude d'intelligence, pour la pleine connaissance du mystère de Dieu, [c'est-à-dire] Christ.

3 [C'est] en lui que sont cachés tous les trésors de la sagesse et de la connaissance.

4 Or je dis cela afin que personne ne vous séduise par des discours séduisants.

5 Car même si je suis absent de corps[1], toutefois je suis avec vous en esprit, me réjouissant et voyant votre ordre et la fermeté de votre foi en Christ.

— [1] littéralement : de chair.

Marcher en Christ

6 Ainsi, comme vous avez reçu le Christ Jésus, le Seigneur, marchez en lui,

7 enracinés et édifiés en lui, et affermis dans la foi, comme vous avez été enseignés, abondant en actions de grâces[1].

— [1] plusieurs manuscrits portent : abondant en elle avec des actions de grâces.

Dangers de la philosophie – La circoncision du Christ et le baptême

8 Prenez garde que personne ne fasse de vous sa proie[1] par la philosophie et par des tromperies creuses[2], selon la tradition[3] des hommes, selon les principes du monde, et non selon Christ.

— [1] ou : ne vous séduise. — [2] littéralement : vides. — [3] ou : l'enseignement.

9 Car en lui habite toute la plénitude de l'Être divin, corporellement.

10 Et vous êtes comblés[1] en lui qui est le chef[2] de toute seigneurie et de toute autorité.

— [1] littéralement : pleins ; ou : remplis. — [2] littéralement : la tête.

11 [C'est] en lui aussi que vous avez été circoncis d'une circoncision qui n'a pas été faite par la main de l'homme, dans l'entière mise de côté[1] du corps de la chair, par la circoncision du Christ,

— [1] littéralement : enlever, mettre de côté.

12 ayant été ensevelis avec lui dans[1] le baptême. En lui aussi vous avez été ressuscités ensemble par la foi en l'action puissante de Dieu qui l'a ressuscité d'entre les morts.

— [1] ou : par.

Le légalisme et la croix de Christ

13 Et vous, lorsque vous étiez morts dans vos fautes et dans l'incirconcision de votre chair, il vous a vivifiés ensemble avec lui, vous[1] ayant pardonné toutes les fautes,

— [1] plusieurs manuscrits portent : nous.

14 ayant effacé l'obligation écrite[1] qui était contre nous, qui consistait en ordonnances [et] qui nous était contraire, et il l'a ôtée[2] en la clouant à la croix.

— [1] littéralement : acte écrit, engageant celui qui l'a signé de sa main. — [2] littéralement : enlevée du milieu.

15 Ayant dépossédé[1] les seigneuries et les autorités, il les a produites en public, triomphant d'elles par la croix[2].

— [1] littéralement : dévêtu. — [2] ou : en lui.

Liberté chrétienne

16 Que personne donc ne vous juge en ce qui concerne la nourriture et la boisson, ou à propos d'un jour de fête, ou de nouvelle lune, ou de sabbats,

17 lesquels sont une ombre des choses à venir ; mais la réalité[1] est en Christ.

— [1] littéralement : le corps, par opposition à l'ombre.

18 Que personne ne vous frustre du prix [du combat], faisant sa propre volonté dans [l']humilité et dans [le] culte des anges, s'abandonnant à ses visions, enflé d'un vain orgueil par les pensées de sa chair,

19 et ne tenant pas ferme le chef[1]. C'est de lui que tout le corps, bien alimenté et bien uni par des articulations et des ligaments, grandit de la croissance [qui vient] de Dieu.

— [1] littéralement : la tête.

Morts avec Christ – Les dangers de l'ascétisme

20 Du moment que vous êtes morts[1] avec Christ aux principes du monde, pourquoi, comme si vous étiez encore en vie dans le monde, vous soumettez-vous à des ordonnances :

— [1] littéralement : Si vous êtes morts ; mais c'est un fait réel et passé.

21 « Ne prends pas, ne goûte pas, ne touche pas ! » ?

22 Ces choses, toutes destinées à disparaître par l'usage, sont selon les commandements et les enseignements des hommes.

23 [Ces ordonnances] ont bien une apparence de sagesse en fausse piété, et en humilité, [et] en traitement rigoureux du corps, mais elles n'ont aucune valeur [et ne servent qu']à la satisfaction de la chair.

Ressuscités avec le Christ

3 Alors, du moment que vous avez été ressuscités[1] avec le Christ, cherchez les choses qui sont en haut, là où le Christ est assis à la droite de Dieu.

— [1] littéralement : si vous avez été ressuscités ; mais c'est un fait réel et passé.

2 Pensez aux choses qui sont en haut, [et] non à celles qui sont sur la terre.

3 Car vous êtes morts et votre vie est cachée avec le Christ en Dieu.

4 Quand le Christ qui est votre[1] vie sera manifesté, alors vous aussi, vous serez manifestés avec lui en gloire.

— [1] plusieurs manuscrits portent : notre.

Mortifier nos membres qui sont sur la terre

5 Mortifiez[1] donc vos membres qui sont sur la terre : la fornication, l'impureté, les passions, les mauvais désirs, et l'avidité qui est de l'idolâtrie.

— [1] le terme grec a donné le verbe : nécroser.

6 À cause de ces choses, la colère de Dieu vient [sur les fils de la désobéissance].

7 [Et c'est] même dans ces choses que vous, vous avez marché autrefois quand vous viviez dans ces péchés[1].

— [1] littéralement : choses.

8 Mais maintenant, renoncez, vous aussi, à toutes ces choses : la colère, l'emportement, la méchanceté, les injures, les paroles honteuses venant de votre bouche.

9 Ne mentez pas les uns aux autres, ayant ôté complètement le vieil homme avec ses actions

10 et ayant revêtu le nouvel [homme] qui est renouvelé en vue de la pleine connaissance, selon [l']image de celui qui l'a créé.

11 Là, il n'y a pas Grec et Juif, Circoncision et Incirconcision, Barbare[1], Scythe, esclave, homme libre, mais Christ est tout[2] et en

tous[2].

— [1] les Grecs, et à leur suite les Romains, appelaient ainsi les peuples en marge de leur civilisation et ne parlant ni le grec ni le latin. — [2] littéralement : toutes choses.

Revêtir les caractères de Christ

12 Revêtez-vous donc, comme des élus de Dieu, saints et bien-aimés, de profonde miséricorde[1], de bonté, d'humilité, de douceur, de patience,

— [1] littéralement : d'entrailles de miséricorde.

13 vous supportant les uns les autres et vous pardonnant les uns aux autres, si l'un a un sujet de plainte contre un autre. Tout comme le Seigneur[1] vous a pardonné, vous aussi, [faites] de même.

— [1] plusieurs manuscrits portent : le Christ.

14 Et par-dessus toutes ces choses, [revêtez-vous] de l'amour qui est le lien de la perfection[1].

— [1] ou : de l'accomplissement.

15 Et que la paix du Christ, à laquelle aussi vous avez été appelés en un seul corps, règne dans vos cœurs ; et soyez reconnaissants.

La parole du Christ doit habiter en nous

16 Que la parole du Christ habite en vous en abondance, vous enseignant et vous exhortant les uns les autres en toute sagesse par des psaumes, des hymnes, des cantiques spirituels, chantant de[1] vos cœurs à Dieu dans [un esprit de] grâce.

— [1] littéralement : dans.

17 Et quoi que vous fassiez, en parole ou en œuvre, [faites] tout au nom du Seigneur Jésus, rendant grâce par lui à Dieu le Père.

Devoirs domestiques

18 Femmes, soyez soumises à vos maris, comme il convient dans le Seigneur.

19 Maris, aimez vos femmes et ne vous aigrissez pas contre elles.

20 Enfants, obéissez à vos parents en toutes choses, car cela est agréable dans le Seigneur.

21 Pères, n'exaspérez pas vos enfants afin qu'ils ne soient pas découragés.

22 Esclaves, obéissez en toutes choses à vos maîtres selon la chair, [ne servant] pas sous leurs yeux seulement, comme voulant plaire aux hommes, mais en simplicité de cœur, craignant le Seigneur.

23 Quoi que vous fassiez, faites-[le] de cœur, comme pour le Seigneur et non pour les hommes,

24 sachant que du Seigneur vous recevrez la récompense de l'héritage. Vous servez[1] le Seigneur[2] Christ.

— [1] ou : Servez : servir : être esclave. — [2] ou : Maître.

25 Car celui qui agit injustement recevra ce qu'il aura fait injustement ; et il n'y a pas de favoritisme.

4 Maîtres, accordez à vos esclaves ce qui est juste et équitable, sachant que vous aussi, vous avez un Maître[1] dans le ciel.

— [1] ou : Seigneur.

Exhortation à la prière

2 Persévérez dans la prière, veillant en elle avec des actions de grâces.

3 [Et] en même temps, priez aussi pour nous afin que Dieu nous ouvre une porte pour la Parole, en vue d'annoncer le mystère du Christ –

[mystère] pour lequel aussi je suis dans les liens[1] –

— [1] littéralement : je suis lié.

4 afin que je le fasse connaître comme je suis tenu d'en parler.

Exhortation à la sagesse

5 Marchez dans la sagesse envers ceux du dehors, saisissant l'occasion[1].

— [1] littéralement : rachetant le temps.

6 Que votre parole soit toujours dans [un esprit de] grâce, assaisonnée de sel, afin que vous sachiez comment vous devez répondre à chacun.

Mission de Tychique

7 Tychique, le bien-aimé frère et fidèle serviteur, et [mon] compagnon d'esclavage[1] dans le Seigneur, vous fera savoir tout ce qui me concerne.

— [1] littéralement : co-esclave.

8 Je l'ai envoyé vers vous tout exprès afin que vous connaissiez l'état de nos affaires[1] et qu'il réconforte vos cœurs.

— [1] plusieurs manuscrits portent : qu'il connaisse l'état de vos affaires.

9 [Je l'ai envoyé] avec Onésime, le fidèle et bien-aimé frère qui est [l'un] des vôtres. Ils vous informeront de tout ce qui se passe ici.

Salutations et recommandations diverses

10 Aristarque, mon compagnon de captivité, vous salue, et Marc, le neveu[1] de Barnabas, au sujet duquel vous avez reçu des ordres – s'il vient à vous, recevez-le –

— [1] ou : cousin.

11 et Jésus appelé Justus, lesquels sont de la Circoncision[1]. Ceux-là sont les seuls compagnons d'œuvre pour le royaume de Dieu, qui m'ont été en consolation.

— [1] c.-à-d. : d'origine juive.

12 Épaphras, qui est [l'un] des vôtres, esclave du Christ [Jésus], vous salue. Il combat toujours pour vous par des prières afin que vous teniez ferme[1], [étant] accompli et bien assurés dans toute la volonté de Dieu[2].

— [1] littéralement : soyez debout. — [2] littéralement : en toute volonté de Dieu (en tout ce qui est tel).

13 Car je lui rends témoignage qu'il est dans un grand travail [de cœur] pour vous, et pour ceux qui sont à Laodicée, et pour ceux qui sont à Hiérapolis.

14 Luc, le médecin bien-aimé, vous salue, ainsi que Démas.

15 Saluez les frères qui sont à Laodicée, et Nympha, et l'assemblée qui [se réunit] dans sa maison.

16 Et quand la lettre aura été lue parmi vous, faites qu'elle soit lue aussi dans l'assemblée des Laodicéens. Et lisez, vous aussi, celle qui [viendra] de Laodicée.

17 Et dites à Archippe : « Prends garde au service que tu as reçu dans le Seigneur afin que tu l'accomplisses. »

18 La salutation [est] de ma main à moi, Paul. Souvenez-vous de mes liens. [Que] la grâce soit avec vous !

1 Thessaloniciens

1 Paul, et Silvain, et Timothée, à l'assemblée des Thessaloniciens [qui est] en Dieu le Père et dans le Seigneur Jésus Christ : Grâce et paix à vous !

Actions de grâces pour la foi, l'amour et l'espérance des Thessaloniciens

2 Nous rendons toujours grâce à Dieu pour vous tous, faisant sans cesse mention [de vous] dans nos prières,

3 nous souvenant de votre œuvre de foi, et de votre travail d'amour, et de votre persévérance dans l'espérance en[1] notre Seigneur Jésus Christ, devant notre Dieu et Père,

— [1] littéralement : de.

4 sachant, frères aimés de Dieu, votre élection.

5 Car notre Évangile n'est pas venu à vous en paroles seulement, mais aussi en puissance, et dans l'Esprit Saint, et dans une grande plénitude d'assurance. [C'est] ainsi, comme vous le savez, que nous avons été parmi vous, à cause de vous.

6 Et vous, vous êtes devenus nos imitateurs et ceux du Seigneur, ayant reçu la Parole — [accompagnée] de beaucoup d'afflictions – avec la joie de l'Esprit Saint.

7 C'est ainsi que vous êtes devenus des modèles pour tous ceux qui croient en Macédoine et en Achaïe[1].

— [1] la Macédoine et l'Achaïe sont des provinces de la Grèce.

8 Car non seulement la parole du Seigneur a retenti depuis chez vous en Macédoine et en Achaïe, mais votre foi envers Dieu s'est répandue en tout lieu, de sorte que nous n'avons pas besoin d'en parler.

9 Car eux-mêmes racontent à notre sujet quel accueil[1] nous avons eu auprès de vous, et comment vous vous êtes tournés vers Dieu, vous détournant des idoles pour servir[2] le Dieu vivant et vrai,

— [1] littéralement : entrée, arrivée. — [2] servir : être esclave ; comme en Col. 3:24.

10 et pour attendre des cieux son Fils qu'il a ressuscité d'entre les morts, Jésus, qui nous délivre de la colère qui vient.

Conduite de Paul et d'autres serviteurs à l'égard des Thessaloniciens

2 Car vous savez vous-mêmes, frères, que notre arrivée au milieu de vous n'a pas été inutile[1].

— [1] littéralement : vide.

2 Mais après avoir souffert et avoir été maltraités à Philippes, comme vous le savez, nous avons eu toute hardiesse en notre Dieu pour vous annoncer l'Évangile de Dieu au milieu de grands combats.

3 Car notre exhortation [n'a reposé] ni sur l'erreur, ni sur l'impureté, ni sur la ruse.

4 Mais comme nous avons été approuvés[1] par Dieu pour que l'Évangile nous soit confié, nous parlons ainsi, non pour plaire aux hommes, mais [pour plaire] à Dieu qui examine[1] nos cœurs.

— [1] littéralement : examiner en vue

d'approuver.

5 Car nous n'avons jamais eu de paroles flatteuses, comme vous le savez, ni d'arrière-pensée d'avidité, Dieu en est témoin.

6 Et nous n'avons pas cherché la gloire qui vient des hommes, ni de votre part, ni de la part des autres, 7 quand nous aurions pu [vous] être à charge comme apôtres de Christ. Mais nous avons été pleins de douceur au milieu de vous. Comme une nourrice chérit ses propres enfants, 8 ainsi, dans une tendre affection pour vous, nous étions tout disposés non seulement à vous communiquer l'Évangile de Dieu, mais aussi [à vous donner] nos propres vies, parce que vous nous étiez devenus très chers.

9 Car vous vous souvenez, frères, de notre souffrance dans le travail et de notre fatigue : c'est en travaillant nuit et jour, pour n'être à charge à aucun de vous, que nous vous avons prêché l'Évangile de Dieu.

10 Vous êtes vous-mêmes témoins – et Dieu [l'est] aussi – que nous nous sommes conduits, envers vous qui croyez, d'une manière sainte, et juste, et irréprochable.

11 Vous savez aussi comment [nous avons agi envers] chacun de vous, comme un père avec ses propres enfants, 12 vous exhortant, et vous réconfortant, et rendant témoignage pour que vous marchiez d'une manière digne de Dieu qui[1] vous appelle à son propre royaume et à sa propre gloire.

— [1] ou : du Dieu qui.

Fidélité des Thessaloniciens dans l'épreuve

13 Et c'est aussi pourquoi nous rendons sans cesse grâce à Dieu de ce qu'ayant reçu de nous la parole de la prédication [qui est] de Dieu, vous avez accepté, non la parole des hommes, mais – comme ce qu'elle est vraiment – la parole de Dieu, laquelle agit aussi en vous qui croyez.

14 Car vous, frères, vous êtes devenus les imitateurs des assemblées de Dieu qui sont en Judée, dans le Christ Jésus, parce que vous aussi, vous avez souffert de la part de vos propres compatriotes les mêmes souffrances qu'elles [ont subies] aussi de la part des Juifs.

15 [Ce sont] eux aussi qui ont mis à mort le Seigneur Jésus et les prophètes, et qui nous ont chassés par la persécution. Et ils ne plaisent pas à Dieu et sont opposés à tous les hommes.

16 Ils nous empêchent de parler aux nations afin qu'elles soient sauvées, pour mettre en tout temps le comble à leurs péchés. Mais la colère est venue sur eux, à la fin.

Les Thessaloniciens sont la couronne de l'apôtre

17 Or pour nous, frères, ayant été séparés de vous pour un temps, de visage [mais] non de cœur, nous avons redoublé d'efforts pour voir votre visage, car c'était un grand désir.

18 C'est pourquoi nous avons voulu aller vers vous – moi-même[1] Paul, une fois et deux fois – mais Satan nous en a empêchés.

— [1] littéralement : à savoir, moi.

19 Quelle est en effet notre espérance, ou notre joie, ou la couronne dont nous nous

glorifions ? N'est-ce pas vous aussi, devant notre Seigneur Jésus, à sa venue ?

20 Car vous êtes notre gloire et notre joie.

Paul a envoyé Timothée à Thessalonique

3 C'est pourquoi, n'y tenant plus, nous avons trouvé bon d'être laissés seuls à Athènes,

2 et nous avons envoyé Timothée, notre frère et compagnon d'œuvre [au service] de Dieu dans l'Évangile du Christ, pour vous affermir et vous encourager[1] au sujet de votre foi,

— [1] ou : exhorter ; ou : consoler.

3 afin que personne ne soit ébranlé dans ces afflictions. Car vous savez vous-mêmes que nous sommes destinés à cela.

4 Et en effet, quand nous étions auprès de vous, nous vous avons dit d'avance que nous allions subir des afflictions, comme cela est aussi arrivé, et comme vous le savez.

5 C'est pourquoi moi aussi, n'y tenant plus, j'ai envoyé [Timothée] afin de connaître [ce qui en était de] votre foi, de peur que le tentateur ne vous ait tentés, et que notre travail n'ait été inutile[1].

— [1] littéralement : vide.

6 Mais Timothée vient d'arriver de chez vous auprès de nous, et il nous a apporté les bonnes nouvelles de votre foi et de votre amour. Et [il nous a dit] que vous gardez toujours un bon souvenir de nous, désirant ardemment nous voir, comme nous aussi, [nous désirons] vous [voir].

7 C'est pourquoi, frères, nous avons été réconfortés à votre sujet par votre foi, dans toutes nos contraintes et dans notre affliction.

8 Car maintenant, nous revivons[1], puisque vous, vous tenez ferme dans le Seigneur.

— [1] littéralement : vivons.

Actions de grâces et prière de l'apôtre

9 En effet, comment pourrions-nous rendre à votre sujet assez d'actions de grâces à Dieu pour toute la joie dont nous nous réjouissons à cause de vous devant notre Dieu ?

10 Nous [le] prions nuit et jour très instamment pour que nous puissions voir votre visage et compléter ce qui manque à votre foi.

11 Or que notre Dieu et Père lui-même, et notre Seigneur Jésus, dirige[1] notre chemin vers vous.

— [1] le verbe est au singulier dans le texte original, alors qu'il y a deux sujets ; mais Dieu est unique.

12 Et quant à vous, que le Seigneur vous fasse abonder et surabonder en amour les uns envers les autres et envers tous – de même que nous aussi envers vous !

13 Qu'il affermisse ainsi vos cœurs sans reproche en sainteté devant notre Dieu et Père, lors de la venue de notre Seigneur Jésus avec tous ses saints ! [Amen.]

Exhortation à la sanctification

4 Du reste donc, frères, comme vous avez appris[1] de nous comment il faut que vous marchiez et plaisiez à Dieu – [et] c'est bien ainsi que vous marchez – nous vous prions et nous vous exhortons par le Seigneur Jésus d'y abonder de plus en plus.

— [1] littéralement : reçu.

2 Vous savez en effet quels commandements nous vous avons donnés par le Seigneur Jésus.

3 Car la volonté de Dieu, c'est votre sainteté[1] : que vous vous absteniez de la fornication ;
— [1] ou : sanctification.

4 que chacun de vous sache posséder son propre corps[1] en sainteté et en honneur,
— [1] littéralement : vase.

5 non dans la passion de mauvais désirs, comme font aussi les nations qui ne connaissent pas Dieu ;

6 que personne, dans cette affaire[1], n'agisse au détriment de[2] son frère ni ne lui fasse tort, parce que le Seigneur est le vengeur de toutes ces choses, comme d'ailleurs nous vous l'avons dit précédemment et affirmé.
— [1] littéralement : l'affaire ; il s'agit ici sans doute d'une simple référence à ce qui précède. — [2] littéralement : ne passe par-dessus.

7 Car Dieu ne nous a pas appelés à l'impureté, mais dans la sainteté[1].
— [1] ou : sanctification.

8 C'est pourquoi celui qui rejette [cela] ne rejette pas l'homme, mais Dieu qui vous a donné [aussi] son Esprit Saint.

Exhortation à l'amour fraternel et au travail

9 Or quant à l'amour fraternel, vous n'avez pas besoin que je vous écrive [à ce sujet], car vous êtes vous-mêmes enseignés de Dieu à vous aimer les uns les autres.

10 Et c'est bien ce que vous faites à l'égard de tous les frères qui sont dans toute la Macédoine. Mais nous vous exhortons, frères, à y abonder de plus en plus,

11 et à vous appliquer à vivre paisiblement, à faire vos propres affaires et à travailler de vos [propres] mains, comme nous vous l'avons ordonné.

12 [Faites cela] afin que vous marchiez honorablement envers ceux du dehors et que vous n'ayez besoin de personne[1].
— [1] ou : de rien.

La venue du Seigneur

13 Or nous ne voulons pas, frères, que vous soyez dans l'ignorance à l'égard de ceux qui dorment[1], afin que vous ne soyez pas affligés comme les autres qui n'ont pas d'espérance.
— [1] c.-à-d. : qui sont morts ; voir 1 Cor. 15:6, 17-18, 51 ; et versets 14-17 ci-dessous.

14 Car si nous croyons que Jésus est mort et qu'il est ressuscité, de même aussi, Dieu amènera avec lui ceux qui se sont endormis par[1] Jésus.
— [1] ou : en.

15 Car nous vous disons ceci par la parole du Seigneur, que nous les vivants qui restons jusqu'à la venue du Seigneur, nous ne devancerons en aucune façon ceux qui se sont endormis.

16 Car le Seigneur lui-même, avec un cri de commandement[1], avec [la] voix d'un archange, et avec [la] trompette de Dieu, descendra du ciel, et les morts en Christ ressusciteront en premier lieu.
— [1] ou : de rassemblement.

17 Puis nous les vivants qui restons, nous serons enlevés ensemble avec eux dans les nuées à la rencontre du Seigneur, dans les airs. Et ainsi, nous serons toujours avec le Seigneur.

18 Encouragez-vous[1] donc les uns les autres par ces paroles.
— [1] ou : Consolez-vous ; comparer avec 5:11 et 2 Cor. 1:4.

Le jour du Seigneur

5 Mais en ce qui concerne les temps et les saisons, frères, vous n'avez pas besoin qu'on vous écrive [à ce sujet].

2 Car vous savez vous-mêmes parfaitement que le jour du Seigneur vient comme un voleur dans la nuit.

3 Quand ils diront : « Paix et sécurité », alors une subite destruction viendra sur eux, comme les douleurs sur celle qui est enceinte, et ils n'échapperont absolument pas.

Exhortation à la vigilance et à la sobriété

4 Mais vous, frères, vous n'êtes pas dans les ténèbres, pour que le jour vous surprenne comme un voleur.

5 Car vous êtes tous des fils de la lumière et des fils du jour. Nous ne sommes pas de la nuit ni des ténèbres.

6 Ainsi donc, ne dormons pas comme les autres, mais veillons et soyons sobres.

7 Car ceux qui dorment dorment la nuit, et ceux qui s'enivrent s'enivrent la nuit.

8 Mais nous qui sommes du jour, soyons sobres, ayant revêtu la cuirasse de la foi et de l'amour, et [ayant] pour casque l'espérance du salut.

9 Car Dieu ne nous a pas destinés à la colère, mais à la possession du salut par notre Seigneur Jésus Christ

10 qui est mort pour nous, afin que, soit que nous veillions, soit que nous dormions, nous vivions ensemble avec lui.

11 C'est pourquoi encouragez-vous[1] les uns les autres et édifiez-vous l'un l'autre, comme vous le faites déjà.

— [1] ou : exhortez-vous ; comparer avec 4:18 et 2 Cor. 1:4.

Exhortations diverses

12 Or nous vous prions, frères, de reconnaître ceux qui travaillent parmi vous, et qui sont à la tête parmi vous dans le Seigneur, et qui vous avertissent.

13 Et ayez pour eux la plus haute estime dans l'amour, à cause de leur œuvre. Soyez en paix entre vous.

14 Or nous vous exhortons, frères : avertissez les indisciplinés, réconfortez ceux qui sont découragés, venez en aide aux faibles, soyez patients envers tous.

15 Prenez garde que personne ne rende à autrui le mal pour le mal, mais poursuivez toujours ce qui est bon, [et] entre vous, et à l'égard de tous.

16 Réjouissez-vous toujours,

17 priez sans cesse,

18 rendez grâce en toutes choses, car telle est la volonté de Dieu dans le Christ Jésus à votre égard.

19 N'éteignez pas l'Esprit,

20 ne méprisez pas les prophéties,

21 mais examinez[1] toutes choses [et] retenez ce qui est bon.

— [1] littéralement : examiner en vue d'approuver.

22 Abstenez-vous de toute forme de mal.

23 Or [que] le Dieu de paix lui-même vous sanctifie entièrement. Et [que] tout votre être – l'esprit, et l'âme, et le corps – soit conservé d'une manière irréprochable lors de la venue de notre Seigneur Jésus

Christ.

24 Celui qui vous appelle est fidèle ; [c'est] aussi lui qui le fera.

Salutations

25 Frères, priez [aussi] pour nous.
26 Saluez tous les frères par un saint baiser.
27 Je vous adjure par le Seigneur que la lettre soit lue à tous les[1] frères.

— [1] plusieurs manuscrits ajoutent : saints.

28 [Que] la grâce de notre Seigneur Jésus Christ [soit] avec vous !

2 Thessaloniciens

Salutation

1 Paul, et Silvain, et Timothée à l'assemblée des Thessaloniciens, en Dieu notre Père et dans le Seigneur Jésus Christ :

2 Grâce et paix à vous, de la part de Dieu *[notre]* Père et du Seigneur Jésus Christ !

Progrès des Thessaloniciens malgré les persécutions – Jugement prévu le jour de la venue du Seigneur

3 [1]Nous devons toujours rendre grâce à Dieu pour vous, frères – comme il est juste – parce que votre foi augmente beaucoup et que l'amour que vous avez les uns pour les autres s'accroît en chacun de vous tous,

— [1] les versets 3 à 10 forment une seule phrase dans le texte original.

4 de sorte que nous-mêmes, nous nous glorifions de vous dans les assemblées de Dieu au sujet de votre persévérance et de votre foi dans toutes les persécutions et les afflictions que vous supportez.

5 [Elles sont] la preuve du juste jugement de Dieu, afin que vous soyez estimés dignes du royaume de Dieu pour lequel aussi vous souffrez.

6 En effet, n'est-il pas juste devant Dieu de rendre l'affliction à ceux qui vous oppriment,

7 et [de vous donner], à vous qui êtes opprimés, du repos avec nous lors de la révélation du Seigneur Jésus venant du ciel, avec les anges de sa puissance,

8 en flammes de feu, pour punir ceux qui ne connaissent pas Dieu et ceux qui n'obéissent pas à l'Évangile de notre Seigneur Jésus[1].

— [1] plusieurs manuscrits ajoutent : Christ.

9 Ils subiront la peine d'une destruction éternelle, loin de la face du Seigneur et loin de la gloire de sa force,

10 quand il viendra pour être, en ce jour-là, glorifié dans ses saints et admiré dans tous ceux qui auront cru. Car notre témoignage auprès de vous a été cru.[1]

— [1] les versets 3 à 10 forment une seule phrase dans le texte original.

11 C'est pour cela aussi que nous prions toujours pour vous, afin que notre Dieu vous juge dignes de l'appel et qu'il accomplisse, avec puissance, tout le bon plaisir de sa bonté et l'œuvre de la foi,

12 afin que le nom de notre Seigneur Jésus[1] soit glorifié en vous et vous en lui, selon la grâce de notre Dieu et du Seigneur Jésus Christ.

— [1] plusieurs manuscrits ajoutent : Christ.

La venue de l'Antichrist et le jour du Seigneur

2 Or nous vous prions, frères, concernant la venue de notre Seigneur Jésus Christ et notre rassemblement auprès de lui,

2 de ne pas vous laisser rapidement ébranler dans vos pensées[1] ni troubler par un esprit, ou par une parole, ou par une lettre – [présentée] comme [venant] de nous – comme si le jour du Seigneur était là.

— [1] ou : égarer dans vos idées.

3 Que personne ne vous séduise d'aucune manière, car il faut que

vienne d'abord l'apostasie et que soit révélé l'homme de péché, le fils de perdition,

4 celui qui s'oppose et s'élève contre tout ce qui est appelé Dieu ou qui est un objet de vénération, de sorte que lui-même s'assiéra dans le Temple[1] de Dieu, se présentant lui-même comme étant Dieu[2].

— [1] le Temple proprement dit, la maison même ; non pas tout l'ensemble des cours et bâtiments sacrés. — [2] ou : comme un dieu.

5 Ne vous souvenez-vous pas que je vous disais ces choses lorsque j'étais encore auprès de vous ?

6 Et maintenant, vous savez ce qui retient pour qu'il soit révélé en son propre temps.

7 Car le mystère d'iniquité[1] est déjà à l'œuvre. Seulement celui qui retient maintenant [le fera] jusqu'à ce qu'il ne soit plus là[2].

— [1] iniquité, ici : état ou marche sans loi, sans frein ; comme en Rom. 6:19. — [2] littéralement : qu'il soit hors du milieu.

8 Et alors sera révélé l'[homme] inique[1], que le Seigneur [Jésus] détruira par le souffle[2] de sa bouche et qu'il anéantira par l'apparition de sa venue.

— [1] celui qui est sans loi, sans frein. — [2] ou : l'esprit.

9 La venue [de cet homme inique] est selon l'action puissante de Satan, avec toutes sortes de miracles, et de signes, et de prodiges mensongers,

10 et avec toutes les tromperies de l'injustice pour ceux qui périssent, parce qu'ils n'ont pas reçu l'amour de la vérité pour être sauvés.

11 Et à cause de cela, Dieu leur envoie une énergie d'erreur[1] pour qu'ils croient au mensonge,

— [1] ou : puissance d'égarement.

12 afin que soient jugés tous ceux qui n'ont pas cru la vérité, mais qui ont pris plaisir à l'injustice[1].

— [1] ou : à l'iniquité.

Exhortation à tenir ferme dans l'adversité et à retenir les enseignements appris

13 Mais nous, nous devons toujours rendre grâce à Dieu pour vous, frères aimés du Seigneur, parce que Dieu vous a choisis dès le commencement[1] pour le salut, dans la sainteté de l'Esprit et dans la foi de la vérité.

— [1] ou : comme prémices.

14 C'est à cela [aussi] qu'il vous a appelés par notre Évangile, pour que vous obteniez la gloire[1] de notre Seigneur Jésus Christ.

— [1] littéralement : pour [l']obtention de [la] gloire.

15 Ainsi donc, frères, tenez ferme et retenez les enseignements que vous avez appris, soit par [notre] parole, soit par notre lettre.

16 Or [que] notre Seigneur Jésus Christ lui-même et Dieu notre Père, celui qui nous a aimés et [nous] a donné une consolation éternelle et une bonne espérance par grâce,

17 veuille[1] consoler vos cœurs et [vous][2] affermir en toute bonne œuvre et en toute bonne parole.

— [1] dans cette phrase (versets 16 et 17), les verbes sont au singulier dans le texte original, alors qu'il y a deux sujets ; mais Dieu est unique. — [2] ou : [les].

Exhortation à la prière

3 Du reste, frères, priez pour nous afin que la parole du Seigneur coure et soit glorifiée, comme elle l'est aussi chez vous,

2 et que nous soyons délivrés des hommes méchants et mauvais, car la foi n'est pas [la part] de tous.

3 Mais le Seigneur est fidèle ; il vous affermira et vous gardera du

Méchant[1].

— [1] ou : du mal.

4 Et nous avons confiance dans le Seigneur, à votre sujet, que vous faites et que vous ferez ce que nous [vous] prescrivons.

5 Or que le Seigneur dirige vos cœurs vers l'amour de Dieu et vers la persévérance du Christ !

Ordre et discipline dans l'assemblée

6 Mais nous vous ordonnons, frères, au nom de *[notre]* Seigneur Jésus Christ, de vous tenir à distance de tout frère qui marche dans le désordre et non selon l'enseignement qu'il a reçu[1] de nous.

— [1] plusieurs manuscrits portent : qu'ils ont reçu.

7 En effet, vous savez vous-mêmes comment il faut que vous nous imitiez. Car nous n'avons pas vécu dans le désordre au milieu de vous,

8 et nous n'avons mangé gratuitement le pain de personne. Mais dans la souffrance et la fatigue, nous avons travaillé nuit et jour pour n'être à la charge d'aucun de vous.

9 Ce n'est pas que nous n'en ayons pas le droit, mais [c'est] afin de nous donner nous-mêmes à vous comme modèle, pour que vous nous imitiez.

10 Et en effet, quand nous étions auprès de vous, nous vous avons ordonné ceci, que si quelqu'un ne veut pas travailler, qu'il ne mange pas non plus.

11 Car nous apprenons que certains parmi vous marchent dans le désordre, ne travaillant pas du tout, mais se mêlant de tout.

12 Et à ceux-là, nous ordonnons – et nous les exhortons dans le Seigneur Jésus Christ – de manger leur propre pain en travaillant paisiblement.

13 Mais vous, frères, ne vous lassez pas de faire le bien.

14 Et si quelqu'un n'obéit pas à notre parole [qui vous est adressée] dans cette lettre, notez-le et n'ayez pas de relations avec lui, afin qu'il en ait honte.

15 Et ne le considérez pas comme un ennemi, mais avertissez-le comme un frère.

Souhaits et salutation

16 Or [que] le Seigneur de paix lui-même vous donne toujours la paix de toute manière. [Que] le Seigneur soit avec vous tous !

17 La salutation [est] de ma main à moi, Paul, ce qui est le signe dans chaque lettre ; [c'est] ainsi [que] j'écris.

18 [Que] la grâce de notre Seigneur Jésus Christ soit avec vous tous !

1 Timothée

1 Paul, apôtre du Christ Jésus selon le commandement de Dieu notre Sauveur et du Christ Jésus notre espérance,

2 à Timothée, [mon] véritable enfant dans la foi : Grâce, miséricorde [et] paix de la part de Dieu le Père et du Christ Jésus notre Seigneur !

Paul rappelle à Timothée l'usage légitime de la Loi

3 Comme je t'y ai vivement exhorté en allant en Macédoine, reste à Éphèse afin que tu ordonnes à certaines personnes de ne pas enseigner des doctrines étrangères[1],

— [1] littéralement : ne pas enseigner autrement.

4 et de ne pas s'attacher à des fables et à des généalogies interminables, qui produisent des discussions plutôt que la réalisation du dessein de Dieu, laquelle est par la foi.

5 Or le but de [cette] prescription, c'est l'amour qui provient d'un cœur pur, et d'une bonne conscience, et d'une foi sincère.

6 Quelques-uns, s'étant écartés de ces choses, se sont détournés vers de vains bavardages,

7 voulant être des docteurs[1] de la Loi, ne comprenant ni ce qu'ils disent ni ce sur quoi ils insistent.

— [1] docteur : maître qui enseigne.

8 Mais nous savons que la Loi est bonne si l'on en fait un usage légitime.

9 Comprenons [bien] ceci, que [la] Loi n'est pas là pour le juste mais pour ceux qui sont sans loi et insoumis, pour les impies et les pécheurs, pour les sacrilèges et les profanateurs, pour ceux qui tuent père et mère, pour les meurtriers,

— [1] iniques : sans loi ; ou : sans frein.

10 pour les fornicateurs, pour les hommes qui couchent avec des hommes, pour les trafiquants d'esclaves[1], pour les menteurs, pour les parjures et pour toute autre chose qui s'oppose à la saine doctrine,

— [1] littéralement : trafiquants d'hommes.

11 [celle qui est] selon l'Évangile de la gloire du Dieu bienheureux, [Évangile] qui m'a été confié.

Paul rappelle la miséricorde divine dont il a été l'objet

12 Je rends grâce à celui qui m'a fortifié, [le] Christ Jésus notre Seigneur, parce qu'il m'a estimé fidèle, m'ayant établi dans le service,

13 moi qui auparavant étais un blasphémateur, et un persécuteur, et un outrageux. Mais miséricorde m'a été faite, parce que j'ai agi par ignorance, dans l'incrédulité.

14 Et la grâce de notre Seigneur a surabondé avec la foi et l'amour qui est dans le Christ Jésus.

15 Cette parole est certaine et digne d'être pleinement reçue, que le Christ Jésus est venu dans le monde pour sauver les pécheurs, dont moi, je suis le premier.

16 Mais à cause de ceci, miséricorde m'a été faite, afin qu'en moi, le premier, [le] Christ Jésus montre toute sa patience, et que je sois un exemple de[1] ceux qui viendront à croire en lui pour la vie

éternelle.

— [1] c.-à-d. : un exemple des voies de Christ à l'égard de ; non pas : un exemple pour.

17 Or qu'au Roi des siècles, l'immortel[1], invisible, seul Dieu, soient honneur et gloire aux siècles des siècles ! Amen.

— [1] littéralement : incorruptible.

La mission de Timothée est de mener le bon combat

18 Je te confie cette prescription[1], [mon] enfant Timothée, conformément aux prophéties faites précédemment à ton sujet, afin que, t'appuyant sur elles[2], tu combattes le bon combat,

— [1] voir les versets 3 à 5. — [2] voir 4.14.

19 en gardant la foi et une bonne conscience. Quelques-uns, l'ayant rejetée[1], ont fait naufrage quant à la foi,

— [1] c.-à-d. : ayant rejeté la bonne conscience.

20 parmi lesquels sont Hyménée et Alexandre, que j'ai livrés à Satan afin qu'ils apprennent par la discipline à ne pas blasphémer.

Prier pour tous les hommes

2 J'exhorte donc, avant toute chose, à faire des supplications[1], des prières, des intercessions, des actions de grâces pour tous les hommes,

— [1] littéralement : pétitions.

2 pour les rois et tous ceux qui sont haut placés, afin que nous puissions mener une vie paisible et tranquille, en toute piété et probité.

3 [1]Cela est bon et agréable devant notre Dieu sauveur,

— [1] plusieurs manuscrits ajoutent : Car.

4 qui veut que tous les hommes soient sauvés et parviennent à la pleine connaissance de la vérité.

5 Car il y a un seul Dieu, [et] un seul médiateur entre Dieu et les hommes, [l']homme Christ Jésus,

6 qui s'est donné lui-même en rançon pour[1] tous. [Tel est le] témoignage [rendu] en son propre temps,

— [1] littéralement : envers, concernant ; différent de Matt. 20:28.

7 pour lequel moi, j'ai été établi prédicateur et apôtre – je dis la vérité, je ne mens pas – docteur des nations dans la foi et dans la vérité.

Position et attitude des hommes et des femmes

8 Je veux donc que les hommes[1] prient en tout lieu, élevant des mains saintes[2], sans colère ni raisonnement.

— [1] ici : les hommes en contraste avec les femmes. — [2] ou : pures.

9 De même [aussi], que les femmes soient revêtues[1] d'une tenue décente, avec pudeur et modestie, non avec des tresses et de l'or, ou des perles, ou des vêtements somptueux,

— [1] littéralement : s'ornent.

10 mais avec de bonnes œuvres, ce qui convient à des femmes qui affirment honorer Dieu.

11 Que la femme apprenne en silence, dans une entière soumission.

12 Et je ne permets pas à la femme d'enseigner ni d'user d'autorité sur l'homme, mais elle doit demeurer dans le silence.

13 Car Adam a été formé le premier, puis Ève.

14 Et Adam n'a pas été trompé, mais [c'est] la femme [qui], ayant été trompée, est tombée dans la transgression.

15 Mais elle[1] sera protégée au moment de l'accouchement si elles[2] persévèrent dans la foi, et

l'amour, et la sainteté, avec modestie.

— [1] c.-à-d. : la femme en général. — [2] c.-à-d. : les femmes chrétiennes.

Qualités requises du surveillant

3 La parole est certaine : si quelqu'un aspire à la charge de surveillant, il désire une œuvre bonne[1].

— [1] ou : une belle œuvre.

2 Il faut donc que le surveillant soit irréprochable, mari d'une seule femme, sobre, sage[1], de bonne tenue, hospitalier, capable d'enseigner.

— [1] ou : pondéré, de bon sens.

3 [Qu'il ne soit] ni buveur ni violent, mais doux, non querelleur, non attiré par l'argent.

4 [Qu'il sache] bien conduire sa propre maison[1], tenir ses enfants dans la soumission, en toute probité.

— [1] c.-à-d. : sa propre famille.

5 (Mais si quelqu'un ne sait pas conduire sa propre maison, comment prendra-t-il soin de l'assemblée de Dieu ?)

6 [Qu'il ne soit] pas un nouveau converti, de peur qu'étant enflé d'orgueil il ne tombe dans la condamnation du Diable.

7 Or il faut aussi qu'il ait un bon témoignage de ceux du dehors, afin qu'il ne tombe pas dans le discrédit et dans le piège du Diable.

Qualités requises du serviteur

8 De même, [il faut] que les serviteurs soient dignes, non doubles en paroles, modérés dans l'usage du vin, non avides d'un gain honteux,

9 gardant le mystère de la foi dans une conscience pure.

10 Et que ceux-ci soient d'abord mis à l'épreuve[1] ; ensuite qu'ils servent, étant trouvés sans reproche.

— [1] littéralement : examiner en vue d'approuver.

11 De même, que les femmes soient dignes, non médisantes, sobres, fidèles en toutes choses.

12 Que les serviteurs soient maris d'une seule femme, conduisant bien leurs enfants et leur propre maison.

13 Car ceux qui ont bien servi obtiennent un bon avancement pour eux-mêmes et une grande hardiesse dans la foi qui est dans le Christ Jésus.

Le mystère de la piété

14 Je t'écris ces choses, espérant me rendre bientôt auprès de toi.

15 Mais, si je tarde, tu sauras comment il faut se conduire dans la Maison de Dieu qui est l'Assemblée du Dieu vivant, la colonne et le soutien de la vérité.

16 Et incontestablement le mystère de la piété est grand : Celui qui a été manifesté[1] en chair a été justifié par[2] l'Esprit, a été vu des anges, a été prêché parmi les nations, a été cru dans le monde, a été enlevé[3] dans la gloire.

— [1] littéralement : rendu apparent. — [2] ou : dans. — [3] ou : reçu.

Les faux docteurs

4 Or l'Esprit dit expressément que dans les derniers temps quelques-uns se détourneront de la foi, s'attachant à des esprits trompeurs et à des enseignements de démons,

2 disant des mensonges par hypocrisie, ayant leur propre conscience cautérisée[1].

— [1] littéralement : marquée au fer rouge.

3 Ils défendront de se marier, [prescriront] de s'abstenir des aliments que Dieu a créés pour être pris avec actions de grâces par les fidèles et par ceux qui connaissent pleinement la vérité.

4 Car toute créature de Dieu est bonne, et il n'y en a aucune qui soit à rejeter si elle est prise avec actions de grâces,

5 car elle est sanctifiée par la parole de Dieu et par la prière.

Timothée est exhorté à être un bon serviteur du Christ Jésus

6 En exposant ces choses aux frères, tu seras un bon serviteur du Christ Jésus, nourri dans les paroles de la foi et de la bonne doctrine que tu as suivie avec exactitude.

7 Mais rejette les fables profanes et de vieilles femmes, et exerce-toi toi-même à la piété.

8 Car l'exercice corporel est utile à peu de chose, mais la piété est utile à toutes choses, ayant la promesse de la vie présente et de la vie à venir.

9 Cette parole est certaine et digne d'être pleinement reçue.

10 Car si nous travaillons et si nous combattons, c'est parce que nous espérons dans le Dieu vivant qui est [le] Sauveur de tous les hommes, en particulier des fidèles.

11 Ordonne ces choses et enseigne-les !

12 Que personne ne méprise ta jeunesse, mais sois un modèle pour les fidèles, en parole, en conduite, en amour, en foi, en pureté.

13 Jusqu'à ce que je vienne, applique-toi à la lecture[1], à l'exhortation, à l'enseignement.

— [1] c.-à-d. : la lecture publique.

14 Ne néglige pas le don de grâce qui est en toi, qui t'a été donné par prophétie, avec l'imposition des mains de l'ensemble des anciens.

15 Occupe-toi de ces choses, sois-y tout entier afin que tes progrès soient évidents pour tous.

16 Fais attention à toi-même et à l'enseignement[1]. Persévère dans ces choses, car en faisant ainsi, tu te sauveras toi-même ainsi que ceux qui t'écoutent.

— [1] ou : à la doctrine.

Conduite à tenir envers les frères et sœurs jeunes ou âgés, notamment les veuves

5 Ne reprends pas rudement l'homme âgé[1], mais exhorte-le comme un père, les jeunes gens comme des frères,

— [1] ailleurs : l'ancien.

2 les femmes âgées comme des mères, les jeunes [femmes][1] comme des sœurs, en toute pureté.

— [1] ou : jeunes [filles].

3 Honore les veuves qui sont vraiment veuves[1].

— [1] c.-à-d. : celles qui n'ont aucun soutien familial.

4 Mais si une veuve a des enfants ou des petits-enfants, qu'ils apprennent d'abord à montrer leur piété envers leur propre maison[1] et à rendre à [leurs] ascendants les soins qu'ils ont reçus d'eux, car cela est agréable devant Dieu.

— [1] c.-à-d. : leur propre famille.

5 Or celle qui est vraiment veuve et qui est laissée seule a mis son espérance en Dieu, et elle persévère dans les supplications et dans les prières nuit et jour.

6 Mais celle qui vit dans les plaisirs est morte, bien que vivante.

7 Ordonne aussi ces choses afin

qu'elles[1] soient irréprochables.

— [1] ou : qu'ils (enfants et veuves).

8 Mais si quelqu'un n'a pas soin des siens et spécialement de ceux de sa maison, il a renié la foi et il est pire qu'un incrédule.

9 Pour qu'une veuve soit inscrite sur la liste, [il faut] qu'elle n'ait pas moins de 60 ans, [qu'elle ait été] la femme d'un seul mari,

10 [et qu'elle] ait le témoignage [d'avoir fait] de bonnes[1] œuvres : si elle a élevé des enfants, si elle a exercé l'hospitalité, si elle a lavé les pieds des saints, si elle a secouru ceux qui sont dans l'affliction, si elle s'est appliquée à toute bonne œuvre.

— [1] ou : belles.

11 Mais refuse les veuves qui sont jeunes, car, lorsque leurs désirs les détournent du Christ, elles veulent se marier,

12 s'exposant à un jugement[1] parce qu'elles ont rejeté leur première foi.

— [1] littéralement : ayant un verdict.

13 Et en même temps, elles apprennent aussi à être désœuvrées, allant de maison en maison. Et non seulement [elles sont] désœuvrées, mais encore bavardes et se mêlant de tout, en disant des choses qui ne conviennent pas.

14 Je veux donc que les jeunes [veuves] se marient, aient des enfants, gouvernent leur maison, ne donnent aucune occasion à l'Adversaire à cause des mauvais propos.

15 Car quelques-unes se sont déjà détournées pour suivre[1] Satan.

— [1] littéralement : derrière.

16 Si une croyante[1] a des veuves [dans sa famille], qu'elle les assiste et que l'assemblée n'en soit pas chargée, afin qu'elle assiste celles qui sont vraiment veuves.

— [1] plusieurs manuscrits portent : Si un croyant ou une croyante.

Conduite à tenir envers les anciens

17 Que les anciens qui dirigent bien soient estimés dignes d'un double honneur, spécialement ceux qui travaillent[1] dans la Parole et dans l'enseignement.

— [1] littéralement : travaillent dur.

18 Car l'Écriture dit : « Tu ne muselleras pas le bœuf qui foule le grain »[1], et : « L'ouvrier est digne de son salaire. »[2]

— [1] Deut. 25:4. — [2] Luc 10:7.

19 Ne reçois pas d'accusation contre un ancien, sauf s'il y a deux ou trois témoins.

20 Ceux qui pèchent, reprends-les devant tous, afin que les autres aient aussi de la crainte.

21 Je t'adjure devant Dieu et le Christ Jésus et les anges élus, que tu gardes ces choses sans préjugé, ne faisant rien avec partialité.

Exhortations diverses

22 N'impose les mains précipitamment à personne et ne participe pas aux péchés d'autrui. Toi-même, garde-toi pur.

23 Ne bois plus de l'eau [seulement], mais fais usage d'un peu de vin, à cause de ton estomac et de tes fréquentes indispositions.

24 Les péchés de certains hommes sont évidents et conduisent au jugement ; mais pour d'autres [hommes], ils se manifestent plus tard[1].

— [1] littéralement : ils (les péchés) suivent aussi.

25 De même aussi, les bonnes[1] œuvres sont évidentes et celles qui sont autrement ne peuvent pas

rester cachées.

— ¹ ou : belles.

Conduite des esclaves envers leurs maîtres

6 Que tous ceux qui sont sous le joug de l'esclavage estiment leurs propres maîtres¹ dignes de tout honneur, afin que le nom de Dieu et la doctrine ne soient pas blasphémés.

— ¹ maître d'un esclave ; ailleurs : souverain.

2 Et que ceux qui ont des maîtres¹ croyants ne les méprisent pas parce qu'ils sont des frères, mais qu'ils les servent² d'autant plus que ceux qui bénéficient de leurs bons services sont des fidèles et des bien-aimés. Enseigne ces choses et exhorte.

— ¹ maître d'un esclave ; ailleurs : souverain. — ² servir, ici : être esclave.

Condamnation des faux docteurs

3 Si quelqu'un enseigne autrement et ne s'attache pas aux saines paroles, celles de notre Seigneur Jésus Christ, et à la doctrine qui est selon la piété,

4 il est enflé d'orgueil. Il ne sait rien, mais il a la maladie des questions et des querelles de mots. [C'est] de là que naissent les jalousies, les disputes, les paroles injurieuses, les mauvais soupçons, 5 les altercations d'hommes pervertis dans leur intelligence et privés de la vérité, qui estiment que la piété est une source de gain.

La piété avec le contentement plutôt que l'amour de l'argent

6 Or la piété, avec le contentement, est un grand gain.

7 Car nous n'avons rien apporté dans le monde et il est évident que nous ne pouvons rien en emporter. 8 Mais si nous avons de la nourriture et des vêtements, nous en serons satisfaits¹.

— ¹ ou : soyons satisfaits.

9 Or ceux qui veulent devenir riches tombent dans la tentation, et dans un piège, et dans beaucoup de désirs insensés et nuisibles, qui plongent les hommes dans la ruine et la perdition. 10 Car l'amour de l'argent est la racine de tous les maux, et quelques-uns, pour s'y être livrés, se sont égarés loin de la foi et se sont eux-mêmes transpercés de beaucoup de douleurs.

Exhortations adressées à Timothée

11 Mais toi, ô homme de Dieu, fuis ces choses et poursuis la justice, la piété, la foi, l'amour, la persévérance, la douceur d'esprit.

12 Combats le bon combat de la foi ; saisis la vie éternelle, à laquelle tu as été appelé et pour laquelle tu as fait la belle déclaration [de foi] devant beaucoup de témoins.

13 Je t'ordonne devant Dieu qui maintient en vie toutes choses¹ et devant le Christ Jésus qui a rendu témoignage par une belle déclaration de foi devant² Ponce Pilate,

— ¹ selon quelques-uns : qui appelle toutes choses à l'existence. — ² ou : sous.

14 que tu gardes le commandement sans tache, sans reproche, jusqu'à l'apparition de notre Seigneur Jésus Christ. 15 [Cette apparition,] le bienheureux et seul Souverain, le roi de ceux qui règnent et le Seigneur de ceux qui dominent, la montrera en son propre temps.

16 [Il est] le seul à posséder l'immortalité, [lui qui] habite la lumière inaccessible, qu'aucun des hommes n'a vu ni ne peut voir. À lui soient l'honneur et la puissance éternelle ! Amen.

Recommandations aux riches

17 Ordonne à ceux qui sont riches dans le présent siècle, qu'ils ne soient pas hautains et qu'ils ne mettent pas leur confiance dans l'incertitude des richesses, mais dans le Dieu qui nous donne toutes choses avec abondance pour que nous en jouissions.

18 Qu'ils fassent du bien, qu'ils soient riches en bonnes[1] œuvres, qu'ils soient disposés à donner, généreux,

— [1] ou : belles.

19 s'amassant comme trésor de bonnes fondations pour l'avenir, afin qu'ils saisissent ce qui est vraiment la vie.

Dernière exhortation adressée à Timothée – Salutation finale

20 Ô Timothée, garde ce qui t'a été confié[1] ! Détourne-toi des discours vains et profanes, ainsi que des objections d'une[2] connaissance faussement ainsi nommée.

— [1] littéralement : garde le dépôt. — [2] ou : les raisonnements opposés par une.

21 Certains, s'en réclamant, se sont écartés de la foi. [Que] la grâce soit avec vous[1] !

— [1] plusieurs manuscrits portent : avec toi.

2 Timothée

Salutation

1 Paul, apôtre du Christ Jésus par la volonté de Dieu, selon la promesse de la vie qui est dans le Christ Jésus,

2 à Timothée, [mon] enfant bien-aimé : Grâce, miséricorde, paix, de la part de Dieu le Père et du Christ Jésus notre Seigneur !

Paul reconnaît la foi sincère de Timothée

3 Je suis reconnaissant envers Dieu – à qui je rends, à la suite de [mes] ancêtres, un culte avec une conscience pure – lorsque sans cesse, nuit et jour, je fais mention de toi dans mes prières.

4 Je me souviens de tes larmes, et je désire ardemment te voir afin que je sois rempli de joie.

5 Je garde [en effet] le souvenir de la foi sincère qui [est][1] en toi, qui a d'abord habité dans ta grand-mère Loïs et dans ta mère Eunice et, j'en suis persuadé, en toi aussi.

— [1] ou : [était] ; à cause de « ranimer » au verset 6.

Paul exhorte Timothée à prendre part avec lui aux souffrances pour l'Évangile

6 C'est pourquoi je te rappelle de ranimer[1] le don de grâce de Dieu qui est en toi par l'imposition de mes mains.

— [1] littéralement : rallumer.

7 Car Dieu ne nous a pas donné un esprit de crainte, mais de puissance, et d'amour, et de pondération[1].

— [1] littéralement : de maîtrise de soi.

8 [1]N'aie donc pas honte du témoignage de notre Seigneur ni de moi son prisonnier, mais prends part aux souffrances pour l'Évangile, selon la puissance de Dieu.

— [1] les versets 8 à 12 forment une seule phrase dans le texte original.

9 [C'est lui] qui nous a sauvés et nous a appelés d'un saint appel, non selon nos œuvres, mais selon son propre dessein et sa propre grâce qui nous a été donnée dans le Christ Jésus avant les temps des siècles.

10 Mais cette grâce a été manifestée maintenant par l'apparition de notre Sauveur, le Christ Jésus, qui a annulé la mort et a fait briller la vie et l'incorruptibilité par l'Évangile,

11 pour lequel moi, j'ai été établi prédicateur et apôtre et docteur[1].

— [1] docteur : celui qui enseigne ; plusieurs manuscrits ajoutent : des nations.

12 C'est pourquoi aussi, je souffre ces choses, mais je n'ai pas honte, car je sais qui j'ai cru et je suis persuadé qu'il a la puissance de garder ce que je lui ai confié[1] jusqu'à ce jour-là.[2]

— [1] ou : ce qui m'a été confié ; littéralement : mon dépôt ; voir verset 14. — [2] les versets 8 à 12 forment une seule phrase dans le texte original.

Timothée est exhorté à garder l'enseignement de Paul

13 Possède un aperçu[1] des saines paroles que tu as entendues de moi, dans la foi et dans l'amour qui est[2] dans le Christ Jésus.

— [1] ou : exposé, sommaire ; ailleurs : exemple. — [2] ou : qui sont.

14 Garde le bon dépôt par l'Esprit Saint qui habite en nous.

La fidélité d'Onésiphore

15 Tu le sais, tous ceux qui sont en Asie se sont détournés de moi, parmi lesquels sont Phygelle et Hermogène.

16 [Que] le Seigneur fasse miséricorde à la maison[1] d'Onésiphore, car il m'a souvent réconforté[2] et n'a pas eu honte de ma chaîne.

— [1] c.-à-d. : la famille. — [2] littéralement : rafraîchi.

17 Au contraire, quand il était à Rome, il m'a cherché avec beaucoup d'empressement et il m'a trouvé.

18 [Que] le Seigneur lui fasse trouver miséricorde de la part du Seigneur en ce jour-là. Et tu sais mieux [que personne] combien de services il a rendus à Éphèse.

Sois « un bon soldat du Christ Jésus »

2 Toi donc, mon enfant, fortifie-toi[1] dans la grâce qui est dans le Christ Jésus.

— [1] ou : sois fort.

2 Et les choses que tu as entendues de moi en présence de nombreux témoins, confie-les à des hommes fidèles qui soient capables de les enseigner aussi à d'autres.

3 Prends part aux souffrances[1] comme un bon soldat du Christ Jésus.

— [1] voir verset 1:8.

4 Aucun homme servant comme soldat ne s'embarrasse des affaires de la vie, afin qu'il plaise à celui qui l'a recruté.

5 Et de même, l'athlète n'est pas couronné s'il n'a pas lutté selon les règles.

6 Il faut que le cultivateur se donne d'abord de la peine pour qu'il reçoive sa part des fruits.

7 Considère ce que je dis ! Car le Seigneur te donnera de l'intelligence en toutes choses.

« Souviens-toi de Jésus Christ ressuscité »

8 Souviens-toi de Jésus Christ, ressuscité d'entre les morts, de la descendance de David, selon mon Évangile,

9 pour lequel[1] j'endure des souffrances jusqu'à être lié de chaînes[2] comme un malfaiteur. Toutefois la parole de Dieu n'est pas liée.

— [1] littéralement : dans lequel. — [2] littéralement : jusqu'aux liens.

10 C'est pourquoi j'endure tout à cause des élus, afin qu'eux aussi obtiennent le salut qui est dans le Christ Jésus, avec la gloire éternelle.

11 Cette parole est certaine ; car si nous sommes morts avec [lui], nous vivrons aussi avec [lui] ;

12 si nous persévérons[1], nous régnerons aussi avec [lui] ; si nous [le] renions, lui aussi nous reniera ;

— [1] proprement : persévérer dans les épreuves.

13 si nous sommes infidèles[1], lui reste fidèle, car il ne peut pas se renier lui-même.

— [1] ou : incrédules.

Pas de querelles de mots — La grande maison

14 Remets ces choses en mémoire, adjurant devant Dieu[1] qu'on n'ait pas de querelles de mots, lesquelles ne servent à rien, [sinon] à la ruine de ceux qui les écoutent..

— [1] plusieurs manuscrits portent : le Seigneur.

15 Efforce-toi de te présenter devant Dieu [comme] approuvé[1],

un ouvrier qui n'a pas à avoir honte, qui dispense avec droiture[2] la parole de la vérité.

— [1] ou : [comme celui] qui a fait ses preuves. — [2] littéralement : qui découpe droit.

16 Mais évite les discours vains et profanes, car [ceux qui s'y livrent] avanceront toujours plus dans l'impiété,

17 et leur parole rongera comme une gangrène. C'est le cas d'Hyménée et de Philète

18 qui se sont écartés de la vérité, en disant que la résurrection a déjà eu lieu, et qui renversent la foi de quelques-uns.

19 Toutefois le solide fondement de Dieu tient bon[1], ayant ce sceau : « Le Seigneur connaît ceux qui sont à lui », et : « Qu'il se retire de l'injustice, quiconque prononce[2] le nom du Seigneur. »

— [1] littéralement : tient debout. — [2] littéralement : nomme.

20 Or dans une grande maison, il n'y a pas seulement des vases en or et en argent, mais aussi en bois et en argile. Et certains [sont] pour l'honneur[1] et d'autres pour le déshonneur[2].

— [1] c.-à-d. : pour un usage honorable, noble. — [2] c.-à-d. : pour un usage vil ou ordinaire.

21 Si donc quelqu'un se purifie de ceux-ci[1], il sera un vase pour l'honneur, sanctifié, utile au[2] maître, préparé pour toute bonne œuvre.

— [1] c.-à-d. : se purifie en se séparant des vases pour le déshonneur. — [2] ou : propre au service du.

22 Et fuis les passions[1] de la jeunesse, et poursuis la justice, la foi, l'amour, la paix avec ceux qui invoquent le Seigneur d'un cœur pur.

— [1] passions, ici : très grands désirs condamnables.

23 Mais refuse les controverses insensées et stupides, sachant qu'elles engendrent des contestations.

24 Et il ne faut pas que l'esclave du Seigneur conteste[1], mais qu'il soit doux envers tous, capable d'enseigner, supportant la méchanceté,

— [1] littéralement : combatte.

25 redressant avec douceur les opposants. [Et cela dans l'espoir] que Dieu, peut-être[1], leur donnera la repentance pour arriver à la pleine connaissance de la vérité,

— [1] ou : un jour.

26 et qu'ils reviendront à leur bon sens – en se dégageant du piège du Diable par qui ils ont été pris – pour faire la volonté de Dieu[1].

— [1] littéralement : sa volonté.

Les temps difficiles des derniers jours

3 Or sache ceci, que dans les derniers jours il surgira des temps difficiles.

2 Car les hommes seront égoïstes, avides d'argent, vantards, hautains, blasphémateurs, désobéissants à leurs parents, ingrats, sans piété,

3 sans affection naturelle, implacables, calomniateurs, sans maîtrise de soi, cruels, ennemis du bien[1],

— [1] ou : ennemis des gens de bien.

4 traîtres, emportés, enflés d'orgueil, amis des plaisirs plutôt qu'amis de Dieu,

5 ayant la forme de la piété, mais en ayant renié la puissance. Aussi, détourne-toi de ces gens-là.

6 Car parmi eux sont ceux qui s'introduisent dans les maisons et qui prennent dans leurs filets des femmes irréfléchies, chargées de

péchés, entraînées par toutes sortes de convoitises,

7 qui apprennent toujours et qui ne peuvent jamais parvenir à la pleine connaissance de la vérité.

8 Or de même que Jannès et Jambrès[1] s'opposèrent à Moïse, de même ces gens-là – des hommes à l'intelligence pervertie – s'opposent à la vérité, [étant] disqualifiés quant à la foi.

— [1] Jannès et Jambrès : noms que la tradition juive donne aux magiciens d'Égypte, mentionnés en Exode 7 à 9.

9 Mais ils n'iront pas plus loin, car leur folie sera évidente pour tous, comme le fut aussi celle de ceux-là[1].

— [1] c.-à-d. : Jannès et Jambrès.

Timothée est exhorté à rester attaché aux choses qu'il a apprises

10 Mais toi, tu as suivi avec exactitude mon enseignement, ma conduite, mon but constant, ma foi, ma patience, mon amour, ma persévérance,

11 [ainsi que] mes persécutions [et] mes souffrances telles qu'elles me sont arrivées à Antioche, à Iconium, à Lystre. J'ai supporté de telles persécutions, mais le Seigneur m'a délivré de toutes.

12 Et tous ceux aussi qui veulent vivre pieusement dans le Christ Jésus seront persécutés.

13 Mais les hommes méchants et les imposteurs avanceront toujours plus dans le mal, égarant les autres et s'égarant eux-mêmes.

14 Mais toi, reste attaché aux choses que tu as apprises et dont tu as été pleinement convaincu, sachant de qui tu les as apprises.

15 Et tu connais dès l'enfance les Saints Écrits qui peuvent te rendre sage en vue du salut par la foi qui est dans le Christ Jésus.

16 Toute Écriture est inspirée de Dieu et utile pour[1] enseigner, pour convaincre, pour corriger, pour instruire dans la justice,

— [1] ou : Toute Écriture, divinement inspirée, est utile pour.

17 afin que l'homme de Dieu soit accompli et parfaitement préparé[1] pour toute bonne œuvre.

— [1] littéralement : équipé.

Rôle et qualités d'un serviteur fidèle – Mort prochaine de Paul

4 Je t'adjure devant Dieu et le Christ Jésus – celui qui va juger les vivants et les morts – et par[1] son apparition et par son règne,

— [1] c.-à-d. : je t'adjure par.

2 prêche la Parole, insiste en toute occasion, favorable ou non, convaincs, reprends, exhorte, avec toute patience et [selon la] doctrine.

3 Car il y aura un temps où ils ne supporteront pas le sain enseignement. Mais, ayant des oreilles qui leur démangent, ils s'amasseront des docteurs selon leurs propres convoitises,

4 et détourneront leurs oreilles de la vérité, et se tourneront[1] vers les fables.

— [1] ou : auront été détournés.

5 Mais toi, sois sobre en toutes choses, supporte les souffrances, fais l'œuvre d'un évangéliste, accomplis pleinement ton service.

6 Car pour moi, je sers déjà de libation[1] et le temps de mon départ[2] est arrivé.

— [1] comme en Phil. 2:17, allusion au rite consistant à verser du vin sur un sacrifice (Nombres 15:5, etc.). — [2] c.-à-d. : ma mort ; ce terme est employé pour un bateau qui lève l'ancre ou largue les amarres pour partir vers la haute mer ; comparer avec Phil. 1:23.

7 J'ai combattu le bon combat, j'ai

achevé la course, j'ai gardé la foi.

8 Désormais m'est réservée la couronne de justice que le Seigneur, le juste juge, me donnera en ce jour-là[1], et non seulement à moi mais aussi à tous ceux qui aiment[2] son apparition.

— [1] c.-à-d. : le jour de l'apparition du Seigneur en gloire, qui sera aussi le jour des récompenses. — [2] ou : auront aimé.

Recommandations diverses

9 Efforce-toi de venir rapidement auprès de moi.

10 Car Démas m'a abandonné, ayant aimé le présent siècle. Et il est allé à Thessalonique, Crescens en Galatie, Tite en Dalmatie ;

11 Luc seul est avec moi. Prends Marc et amène-le avec toi, car il m'est utile pour le service.

12 Et j'ai envoyé Tychique à Éphèse.

13 Quand tu viendras, apporte le manteau que j'ai laissé à Troas chez Carpus, et les livres, surtout les parchemins.

14 Alexandre, l'ouvrier en cuivre, a montré envers moi beaucoup de méchanceté. Le Seigneur lui rendra selon ses œuvres.

15 Méfie-toi aussi de lui, car il s'est violemment opposé à nos paroles.

16 Lors de ma première défense[1], personne n'a été avec moi, mais tous m'ont abandonné ; que cela ne leur soit pas imputé.

— [1] il s'agit de sa défense lors de son procès à Rome devant l'empereur.

17 Mais le Seigneur s'est tenu près de moi et m'a fortifié, afin que par moi la prédication[1] soit pleinement assurée et que toutes les nations l'entendent. Et j'ai été délivré de la gueule du lion.

— [1] littéralement : la proclamation.

18 Le Seigneur me délivrera de toute œuvre mauvaise et [me] protègera en vue de son royaume céleste. [Qu']à lui [soit] la gloire aux siècles des siècles ! Amen.

Salutations

19 Salue Prisca et Aquilas, ainsi que la maison[1] d'Onésiphore.

— [1] c.-à-d. : la famille.

20 Éraste est resté à Corinthe, et j'ai laissé Trophime malade à Milet.

21 Empresse-toi de venir avant l'hiver. Eubulus, et Pudens, et Linus, et Claudia, et tous les frères te saluent.

22 [Que] le Seigneur Jésus Christ soit avec ton esprit. [Que] la grâce soit avec vous !

Tite

Salutation

1 Paul, esclave de Dieu et apôtre de Jésus Christ, selon la foi des élus de Dieu et la pleine connaissance de la vérité qui est selon la piété,
2 dans l'espérance de la vie éternelle que Dieu, qui ne peut pas mentir, a promise avant les temps des siècles
3 (mais, en son propre temps, il a manifesté sa parole, dans la prédication qui m'a été confiée, à moi, d'après le commandement de notre Dieu sauveur)
4 à Tite, mon véritable enfant selon la commune foi : Grâce et paix de la part de Dieu le Père et du Christ Jésus notre Sauveur !

Tite doit établir des anciens en Crète

5 Je t'ai laissé en Crète pour ceci, que tu mettes en bon ordre les choses qui restent [à régler], et que tu établisses des anciens dans chaque ville, comme je te l'ai moi-même ordonné :
6 si quelqu'un est irréprochable, mari d'une seule femme, ayant des enfants croyants qui ne soient ni accusés de débauche ni insoumis.
7 Car il faut que le surveillant soit irréprochable comme administrateur de Dieu, ni présomptueux, ni coléreux, ni buveur, ni violent, ni avide d'un gain honteux.
8 Mais [il doit être] hospitalier, ami du bien[1], sage[2], juste, pieux, maître de soi,

— [1] ou : des gens de bien. — [2] ou : pondéré, de bon sens.

9 fermement attaché à la fidèle parole[1] selon la doctrine, afin qu'il soit capable aussi bien d'exhorter par un sain enseignement que de réfuter les contradicteurs.

— [1] ou : à la parole digne de foi.

Les faux docteurs

10 Car il y a beaucoup d'insubordonnés, vains discoureurs et imposteurs, surtout [parmi] ceux de la Circoncision[1].

— [1] c.-à-d. : les Juifs.

11 Il faut leur fermer la bouche, car ils renversent des maisons entières, enseignant ce qui ne convient pas pour un gain honteux.
12 L'un d'entre eux, leur propre prophète, a dit : « Les Crétois sont toujours menteurs, de méchantes bêtes, des gloutons[1] paresseux. »[2]

— [1] littéralement : ventres. — [2] citation du poète crétois Épiménide (6e siècle av. J.-C.).

13 Ce témoignage est vrai. C'est pourquoi reprends-les sévèrement afin qu'ils soient sains dans la foi,
14 ne s'attachant pas à des fables juives et à des commandements d'hommes qui se détournent de la vérité.
15 Toutes choses sont pures pour ceux qui sont purs ; mais, pour ceux qui sont souillés et incrédules, rien n'est pur, mais même leur intelligence et leur conscience sont souillées.
16 Ils affirment connaître Dieu, mais par leurs œuvres ils le renient, étant abominables et désobéissants, et pour toute bonne œuvre, disqualifiés.

Les devoirs des frères et sœurs âgés, des jeunes gens, des

2 Mais toi, annonce[1] ce qui convient au sain enseignement.

— [1] littéralement : parle de, dis.

2 Que les hommes âgés soient sobres, dignes, sages[1], sains dans la foi, dans l'amour, dans la persévérance.

— [1] ou : pondérés, de bon sens.

3 De même, que les femmes âgées soient, dans toute leur manière d'être, comme il convient à de saintes femmes. [Qu'elles soient] ni médisantes ni asservies à beaucoup de vin ; [qu'elles] enseignent de bonnes choses,

4 afin d'apprendre aux jeunes femmes à aimer leurs maris, à aimer leurs enfants,

5 à être sages[1], pures, occupées des soins de la maison, bonnes, soumises à leur propre mari, pour que la parole de Dieu ne soit pas blasphémée.

— [1] ou : pondérées, de bon sens.

6 Exhorte de même les jeunes hommes à être pondérés,

7 te montrant toi-même en toutes choses un modèle de bonnes[1] œuvres, [faisant preuve], dans l'enseignement, de pureté de doctrine, de probité,

— [1] ou : belles.

8 de parole saine [et] irréprochable, afin que celui qui s'oppose ait honte, n'ayant rien de mal à dire de nous.

9 [Exhorte] les esclaves à être soumis en toutes choses à leurs propres maîtres, à leur être agréables, à ne pas les contredire,

10 à ne rien détourner, mais à montrer toute bonne fidélité, afin qu'ils ornent en toutes choses l'enseignement qui est de notre Dieu sauveur.

11 Car la grâce de Dieu est apparue, apportant le salut à tous les hommes.

12 Elle nous enseigne pour que, renonçant à l'impiété et aux convoitises mondaines, nous vivions dans le présent siècle sobrement, et justement, et pieusement,

13 attendant la bienheureuse espérance et l'apparition de la gloire de notre grand Dieu et Sauveur Jésus Christ.

14 Il s'est donné lui-même pour nous afin de nous racheter de toute iniquité[1] et de purifier pour lui-même un peuple qui lui appartienne, zélé pour les bonnes[2] œuvres.

— [1] iniquité : état ou marche sans loi. — [2] ou : belles.

15 Annonce ces choses, et exhorte, et reprends avec une pleine autorité. Que personne ne te méprise.

3 Rappelle-leur d'être soumis aux magistrats [et] aux autorités, d'être obéissants, d'être prêts à toute bonne œuvre,

2 de n'insulter personne, de ne pas être querelleurs, [mais] modérés, montrant toute douceur envers tous les hommes.

3 Car nous aussi, nous étions autrefois insensés, désobéissants, égarés, esclaves de toutes sortes de convoitises et de plaisirs, vivant dans la méchanceté et la jalousie, détestables, nous haïssant les uns les autres.

4 Mais, quand la bonté de notre

Dieu sauveur et son amour envers les hommes[1] sont apparus,

— [1] littéralement : sa philanthropie.

5 il nous sauva, non en vertu d'œuvres [accomplies] en justice, que nous, nous aurions faites, mais selon sa propre miséricorde, par le lavage[1] de la régénération[2] et le renouvellement de l'Esprit Saint.

— [1] littéralement : bain ; comme en Jean 13:10. — [2] c'est un changement de position, un état de choses nouveau ; comparer avec Matt. 19:28.

6 [Cet Esprit,] il l'a répandu abondamment sur nous par Jésus Christ notre Sauveur,

7 afin que, ayant été justifiés par sa grâce, nous devenions héritiers selon l'espérance de[1] la vie éternelle.

— [1] ou : nous devenions, selon l'espérance, héritiers de.

8 Cette parole est certaine et je veux que tu insistes sur ces choses, afin que ceux qui ont cru Dieu s'appliquent à être les premiers dans les bonnes[1] œuvres. Ces choses sont bonnes[1] et utiles aux hommes.

— [1] ou : belles.

9 Mais évite les controverses insensées, et les généalogies, et les querelles, et les disputes[1] sur la Loi, car elles sont inutiles et sans profit.

— [1] littéralement : combats.

10 Écarte l'homme qui provoque des divisions, après un premier et un second avertissement,

11 sachant qu'un tel homme est perverti et pèche, étant condamné par lui-même.

Dernières recommandations et salutations

12 Quand j'enverrai Artémas auprès de toi, ou Tychique, empresse-toi de venir auprès de moi à Nicopolis, car j'ai décidé d'y passer l'hiver.

13 Pourvois avec soin au voyage de Zénas, le docteur[1] de la Loi[2], et d'Apollos, afin que rien ne leur manque.

— [1] docteur : maître qui enseigne. — [2] ou, peut-être : homme de loi, juriste.

14 Et que les nôtres apprennent aussi à être les premiers dans les bonnes[1] œuvres pour [faire face aux] besoins nécessaires, afin qu'ils ne soient pas sans fruits.

— [1] ou : belles.

15 Tous ceux qui sont avec moi te saluent. Salue ceux qui nous aiment dans la foi. [Que] la grâce soit avec vous tous !

Philémon

Salutation

1 Paul, prisonnier du Christ Jésus, et le frère Timothée, à Philémon, le bien-aimé et notre compagnon d'œuvre,

2 et à la sœur Apphia, et à Archippe notre compagnon d'armes, et à l'assemblée [qui se réunit] dans ta maison :

3 Grâce et paix à vous, de la part de Dieu notre Père et du Seigneur Jésus Christ !

La foi et l'amour de Philémon

4 Je rends grâce à mon Dieu, faisant toujours mention de toi dans mes prières,

5 car j'entends parler de ton amour et de la foi que tu as envers le Seigneur Jésus et pour tous les saints.

6 [Et je lui demande] que la communion de ta foi[1] soit agissante en reconnaissant pleinement tout le bien qui est en nous à l'égard du Christ[2].

— [1] ou : ta communion dans la foi. — [2] plusieurs manuscrits ajoutent : Jésus.

7 Car j'ai eu une grande joie et un grand encouragement dans[1] ton amour, parce que les affections profondes[2] des saints ont été rafraîchies par toi, frère.

— [1] ou : à propos de. — [2] littéralement : les entrailles.

Paul intercède en faveur d'Onésime

8 C'est pourquoi, tout en ayant une grande liberté en Christ de te prescrire ce qui convient,

9 je préfère, à cause de l'amour, t'adresser une requête. Tel que je suis, [moi,] Paul, un homme âgé, et maintenant aussi, un prisonnier du Christ Jésus,

10 je te prie pour mon enfant Onésime[1] que j'ai engendré [en étant] dans les chaînes.

— [1] Onésime : utile, profitable.

11 Il t'a été autrefois inutile, mais maintenant, il est utile à toi et à moi ;

12 et je te le renvoie, lui, une partie de moi-même[1].

— [1] littéralement : mes propres entrailles.

13 Moi, j'aurais voulu le retenir auprès de moi afin qu'il me serve à ta place, [pendant que je suis] enchaîné à cause de l'Évangile[1].

— [1] littéralement : dans les chaînes de l'Évangile.

14 Mais je n'ai rien voulu faire sans ton avis, afin que le bien que tu fais[1] ne soit pas l'effet de la contrainte, mais qu'il soit volontaire.

— [1] littéralement : afin que ton bien.

15 Car c'est peut-être pour cette raison qu'il a été séparé [de toi] pour un temps, afin que tu le possèdes pour toujours,

16 non plus comme un esclave, mais plus qu'un esclave, comme un frère bien-aimé, spécialement pour moi, mais combien plus pour toi, et dans la chair[1], et dans le Seigneur.

— [1] c.-à-d. : dans les rapports humains.

17 Si donc tu me considères comme associé [à toi], reçois-le comme moi-même.

18 Mais, s'il t'a fait quelque tort ou s'il te doit quelque chose, mets-le sur mon compte.

19 Moi, Paul, je l'écris de ma propre main, moi, je paierai en totalité – pour ne pas te dire que tu te dois toi-même aussi à moi.

20 Oui frère, que moi, j'obtienne de toi cet avantage dans le Seigneur : rafraîchis mes affections[1] en Christ.
— [1] littéralement : mes entrailles.

21 Je t'écris, étant pleinement assuré de ton obéissance, [et] sachant que tu feras même plus que je ne dis.
22 Mais en même temps, prépare-moi aussi un logement[1], car j'espère vous être rendu[2] par le moyen de vos prières.
— [1] ou : l'hospitalité. — [2] littéralement : vous être accordé par grâce.

Salutations
23 Épaphras, mon compagnon de captivité dans le Christ Jésus, te salue,
24 [ainsi que] Marc, Aristarque, Démas, Luc, mes compagnons d'œuvre.
25 [Que] la grâce du[1] Seigneur Jésus Christ soit avec votre esprit ![2]
— [1] plusieurs manuscrits portent : de notre.
— [2] plusieurs manuscrits ajoutent : Amen.

Hébreux

Jésus Christ, le Fils de Dieu, est supérieur aux anges

1 Dieu ayant autrefois[1], à de nombreuses reprises et de bien des manières, parlé aux pères par[2] les prophètes,
— [1] ou : anciennement. — [2] ou : dans.

2 à la fin de ces jours-là, nous a parlé dans le Fils[1] qu'il a établi héritier de toutes choses, par qui aussi il a fait les mondes.
— [1] littéralement : en Fils.

3 Lui[1] qui est l'éclat de sa gloire et l'expression de son être, et qui soutient toutes choses par la parole de sa[2] puissance, ayant fait[3] la purification des péchés, s'est assis à la droite de la Majesté dans les hauts [lieux],
— [1] c.-à-d. : le Fils. — [2] la sienne, celle du Fils. — [3] plusieurs manuscrits ajoutent : par lui-même.

4 étant devenu tellement supérieur aux anges qu'il a hérité d'un nom qui les surpasse.

5 Car auquel des anges a-t-il jamais dit : « Toi, tu es mon Fils, moi, je t'ai aujourd'hui engendré »[1] ? Et encore : « Moi, je serai pour lui un Père et lui sera pour moi un Fils »[2] ?
— [1] Psaume 2:7. — [2] 1 Chron. 17:13.

6 Et encore, quand il introduit[1] le Premier-Né dans le monde habité, il dit : « Et que tous les anges de Dieu se prosternent devant lui. »[2]
— [1] il s'agit du fait, non du temps. — [2] Psaume 97:7.

7 Et pour les anges, il dit : « Il fait ses anges [tels] des esprits et ses serviteurs[1] [tels] des flammes[2] de feu. »[3]
— [1] serviteur, ici : administrateur officiel ; ainsi aussi en Rom. 13:6 ; 15:16 ; Phil. 2:25 ; Hébr. 8:2. — [2] littéralement : une flamme. — [3] Psaume 104:4.

8 Mais pour le Fils, [il dit] : « Ton trône, ô Dieu, [est] pour les siècles des siècles[1] ; c'est un sceptre de droiture que le sceptre de ton règne ;
— [1] littéralement : au siècle du siècle.

9 tu as aimé la justice et haï l'iniquité[1] ; c'est pourquoi Dieu, ton Dieu, t'a oint d'une huile de joie au-dessus de tes compagnons. »[2]
— [1] ce qui est sans loi. — [2] Psaume 45:7-8.

10 Et [encore] : « Toi, dans les commencements, °Seigneur, tu as fondé la terre et les cieux sont les œuvres de tes mains.

11 Eux, ils périront, mais toi, tu subsistes ; et ils vieilliront tous comme un vêtement,

12 et tu les enrouleras comme un manteau, et ils seront changés comme un vêtement. Mais toi, tu es le Même[1], et tes années ne cesseront pas. »[2]
— [1] le Même : Celui qui est et qui ne change pas ; comparer avec Néh. 9:6. — [2] Psaume 102:26-28.

13 Et auquel des anges a-t-il jamais dit : « Assieds-toi à ma droite jusqu'à ce que j'aie mis tes ennemis pour marchepied de tes pieds »[1] ?
— [1] Psaume 110:1.

14 Ne sont-ils pas tous des esprits administrateurs envoyés pour servir en faveur de ceux qui vont hériter du salut ?

Un si grand salut

2 C'est pourquoi nous devons porter une plus grande attention aux choses que nous avons entendues, de peur que nous ne soyons emportés[1].

— [1] littéralement : nous glissions loin.

2 Car si la parole annoncée par l'intermédiaire des anges[1] a été ferme, et si toute transgression et toute désobéissance ont reçu une juste punition,

— [1] c.-à-d. : la loi de Moïse ; voir Actes 7:53.

3 comment échapperons-nous si nous négligeons[1] un si grand salut ? [Ce salut,] ayant commencé par être annoncé par le Seigneur, nous a été confirmé par ceux qui l'avaient entendu,

— [1] ou aussi : méprisons, tenons pour rien.

4 Dieu appuyant leur témoignage par des signes et des prodiges, et par divers miracles et distributions de l'Esprit Saint, selon sa volonté.

Jésus Christ, le Fils de l'homme, s'est abaissé pour le salut des hommes

5 Car ce n'est pas à des anges qu'il a soumis le monde habité à venir[1] dont nous parlons.

— [1] c.-à-d. : le siècle que le Messie devait introduire, en contraste avec ce qui, pour le Juif, était ce siècle-ci, le siècle de la Loi.

6 Mais quelqu'un a rendu ce témoignage quelque part, en disant : « Qu'est-ce que l'homme pour que tu te souviennes de lui, ou le fils de l'homme pour que tu t'occupes de lui[1] ?

— [1] ou : tu portes tes regards sur lui ; littéralement : inspecter, aller voir.

7 Tu l'as fait un peu[1] inférieur aux anges ; tu l'as couronné de gloire et d'honneur[2] ;

— [1] on peut comprendre aussi : pour un peu de temps. — [2] plusieurs manuscrits ajoutent : et tu l'as établi sur les œuvres de tes mains.

8 tu as soumis toutes choses sous ses pieds. »[1] Car en *[lui]* soumettant toutes choses, il n'a rien laissé qui ne lui soit soumis. Or maintenant, nous ne voyons pas encore que toutes choses lui soient soumises.

— [1] Psaume 8:5-7.

9 Mais nous voyons Jésus, qui a été fait un peu[1] inférieur aux anges à cause de la souffrance de la mort, couronné de gloire et d'honneur. Ainsi, par la grâce de Dieu, il a fait l'expérience de la mort pour tout.

— [1] on peut comprendre aussi : pour un peu de temps.

10 Car il convenait pour Dieu[1], à cause de qui sont toutes choses et par qui sont toutes choses, que, amenant de nombreux fils à la gloire, il rende parfait[2] l'auteur[3] de leur salut par des souffrances.

— [1] littéralement : lui. — [2] dans cette épître, rendre parfait, c'est faire tout ce qui est nécessaire pour rendre propre à remplir une fonction. — [3] ou : l'initiateur.

11 Car, et celui qui sanctifie et ceux qui sont sanctifiés sont tous issus d'un seul. C'est pourquoi il n'a pas honte de les appeler frères,

12 en disant : « J'annoncerai ton nom à mes frères, je te chanterai des hymnes au milieu de l'assemblée. »[1]

— [1] Psaume 22:23.

13 Et encore : « Moi, je mettrai ma confiance en lui. »[1] Et encore : « Me voici, moi et les enfants que Dieu m'a donnés. »[2]

— [1] Ésaïe 8:17. — [2] Ésaïe 8:18.

14 [Ainsi] donc, puisque les enfants ont part[1] au sang et à la chair, lui aussi, de façon semblable, y a participé, afin que par la mort il rende impuissant[2] celui qui avait le pouvoir[3] de la mort, c'est-à-dire le Diable,

— [1] c.-à-d. : les enfants ont été placés et sont dans cette condition comme leur commun lot. — [2] littéralement : entièrement inactif. — [3] littéralement : la force.

15 et qu'il délivre tous ceux qui, par la crainte de la mort, étaient soumis à l'esclavage pendant toute leur

vie.

16 Car assurément, il ne prend pas en charge les anges, mais il prend en charge[1] la descendance d'Abraham.

— [1] dans le sens de: prendre la cause d'une personne pour lui venir en aide ; voir Jérémie 31:32.

17 C'est pourquoi il devait[1] en toutes choses être rendu semblable à ses frères, afin qu'il soit un miséricordieux et fidèle souverain sacrificateur[2] dans les choses qui concernent Dieu, en vue de faire propitiation pour les péchés du peuple.

— [1] c.-à-d. : lorsqu'il devint homme ; c'est historique. — [2] ou : prêtre.

18 Car, du fait qu'il a souffert lui-même, étant tenté[1], il est capable de secourir ceux qui sont tentés[1].

— [1] ou : mis à l'épreuve ; littéralement : testé(s).

Jésus Christ est supérieur à Moïse

3 C'est pourquoi, frères saints, [vous] qui avez part à l'appel céleste, considérez l'apôtre et le souverain sacrificateur de ce que nous reconnaissons publiquement[1], Jésus[2],

— [1] c.-à-d. : l'ensemble de la vérité chrétienne. — [2] plusieurs manuscrits ajoutent : Christ.

2 qui est fidèle à celui qui l'a établi, comme Moïse aussi [l'a été] dans *[toute]* sa maison[1].

— [1] c.-à-d. : la maison de Dieu ; voir Nombres 12:7.

3 Car celui-là a été jugé digne d'une gloire plus grande que celle de Moïse, dans la mesure où celui qui a construit la maison a plus d'honneur que la maison.

4 Car toute maison est construite par quelqu'un, mais celui qui a construit toutes choses, [c'est] Dieu.

5 Et Moïse a bien été fidèle dans toute sa maison comme serviteur – en témoignage des choses qui devaient être dites –

6 mais Christ [l'est] comme Fils sur sa maison. Et nous sommes sa maison, si *[du moins]* nous retenons[1] la confiance et l'espérance dont nous nous glorifions[2].

— [1] plusieurs manuscrits ajoutent : ferme jusqu'à la fin. — [2] littéralement : la gloire de l'espérance.

Les incrédules n'entrent pas dans le repos de Dieu

7 C'est pourquoi, comme dit l'Esprit Saint : « Aujourd'hui, si vous entendez sa voix,

8 n'endurcissez pas vos cœurs comme lors de l'irritation au jour de la tentation[1] dans le désert,

— [1] ou : mise à l'épreuve.

9 là où vos pères m'ont tenté[1] en me mettant à l'épreuve, et ont vu mes œuvres

— [1] littéralement : testé.

10 [pendant] 40 ans. C'est pourquoi j'ai été indigné contre cette génération, et j'ai dit : "Ils s'égarent toujours dans leur cœur et ils n'ont pas connu mes voies."

11 Ainsi, je jurai dans ma colère : Ils n'entreront certainement pas dans mon repos ![1] »[2]

— [1] littéralement (hébraïsme) : S'ils entrent dans mon repos ! — [2] Psaume 95:7-11.

12 Prenez garde[1], frères, que personne parmi vous n'ait un cœur mauvais [et] incrédule qui le détourne du Dieu vivant.

— [1] ou (versets 7 à 11) : C'est pourquoi (comme dit l'Esprit Saint : « Aujourd'hui… colère : Ils n'entreront certainement pas dans mon repos ! ») prenez garde.

13 Mais exhortez-vous[1] les uns les autres chaque jour, aussi longtemps qu'il est dit : « Aujourd'hui », afin qu'aucun d'entre vous ne s'endurcisse par la

séduction du péché.

— [1] ou : encouragez-vous.

14 Car nous sommes devenus les compagnons[1] du Christ, si du moins nous retenons fermement jusqu'à la fin l'assurance [que nous avions] au commencement[2],

— [1] ou : associés ; ou : participants. — [2] littéralement : le commencement de notre assurance.

15 aussi longtemps qu'il est dit : « Aujourd'hui, si vous entendez sa voix, n'endurcissez pas vos cœurs, comme lors de l'irritation. »

16 Car qui sont ceux qui l'irritèrent après [l]'avoir entendu ? Mais n'est-ce pas tous ceux qui sont sortis d'Égypte par [le moyen de] Moïse ?

17 Et contre qui fut-il indigné pendant 40 ans ? N'est-ce pas contre ceux qui ont péché et dont les corps sont tombés dans le désert ?

18 Et à qui jura-t-il qu'ils n'entreraient pas dans son repos, sinon à ceux qui ont refusé de croire[1] ?

— [1] ou : refusé d'obéir ; voir Deut. 1:26 ; Nombres 14:43.

19 Et nous voyons qu'ils n'ont pas pu [y] entrer à cause de l'incrédulité.

Les croyants entrent dans le repos de Dieu

4 Craignons donc, alors qu'il reste une promesse d'entrer dans son repos, que l'un de vous paraisse ne pas l'atteindre.

2 Car nous aussi, nous avons été évangélisés de même que ceux-là ; mais la parole qu'ils entendirent ne leur servit à rien, n'étant pas mêlée avec de la foi chez ceux qui l'entendirent.

3 Car nous qui avons cru, nous entrons dans le repos, comme il l'a dit : « Ainsi, je jurai dans ma colère : Ils n'entreront certainement pas dans mon repos[1] », bien que les œuvres[2] aient été faites dès la fondation du monde.

— [1] littéralement (hébraïsme) : S'ils entrent dans mon repos. — [2] c.-à-d. : les œuvres de Dieu qui préparaient le repos.

4 Car il a dit quelque part au sujet du septième jour : « Et Dieu se reposa de toutes ses œuvres le septième jour »[1] ;

— [1] Gen. 2:2.

5 et encore dans ce passage[1] : « Ils n'entreront certainement pas dans mon repos ![2] »

— [1] littéralement : celui-ci. — [2] littéralement (hébraïsme) : S'ils entrent dans mon repos !

6 Ainsi, puisqu'il est réservé à quelques-uns d'y entrer, et que ceux qui avaient reçu auparavant la bonne nouvelle n'y sont pas entrés à cause de leur désobéissance,

7 encore une fois il détermine un jour – « aujourd'hui » – en disant par David[1], bien longtemps après, ce qui a été dit auparavant : « Aujourd'hui, si vous entendez sa voix, n'endurcissez pas vos cœurs. »

— [1] c.-à-d. : dans le Psaume de David.

8 Car si Josué leur avait donné le repos, Dieu[1] n'aurait pas parlé après cela d'un autre jour.

— [1] littéralement : il.

9 Il reste donc un repos sabbatique pour le peuple de Dieu.

10 Car celui qui est entré dans le repos de Dieu[1], s'est reposé lui aussi de ses œuvres, comme Dieu [s'est reposé] de ses propres œuvres[2].

— [1] littéralement : son repos. — [2] littéralement : des siennes propres.

11 Appliquons-nous donc à entrer dans ce repos-là, afin que personne ne tombe en imitant une semblable désobéissance[1].

— [1] voir Deut. 1:26 et Nombres 14:43.

Puissance de la parole de Dieu

12 Car la parole de Dieu est vivante et agissante et plus acérée que n'importe quelle épée à deux tranchants. Et elle pénètre jusqu'à séparer âme et esprit, jointures et moelles aussi. Et elle discerne les pensées et les délibérations du cœur.

13 Et il n'y a aucune créature qui soit cachée devant lui[1], mais toutes choses sont nues et découvertes aux yeux de celui[2] à qui nous devons rendre compte.

— [1] ou : devant elle. — [2] ou : de celle.

Jésus Christ, le grand souverain sacrificateur

14 Ayant donc un grand souverain sacrificateur qui a traversé les cieux, Jésus, le Fils de Dieu, tenons fermement ce que nous reconnaissons publiquement[1].

— [1] c.-à-d. : l'ensemble de la vérité chrétienne.

15 Car nous n'avons pas un souverain sacrificateur qui soit incapable de compatir à nos faiblesses, mais [nous avons un souverain sacrificateur qui a été] tenté[1] en toutes choses à notre ressemblance[2], à l'exception du péché.

— [1] littéralement : testé, mis à l'épreuve. — [2] littéralement : selon ressemblance.

16 Approchons-nous donc avec assurance du trône de la grâce, afin que nous recevions miséricorde et que nous trouvions grâce pour [avoir du] secours au moment opportun.

Jésus Christ est supérieur aux sacrificateurs de l'ancienne alliance

5 Car tout souverain sacrificateur pris parmi les hommes est établi pour les hommes dans les choses qui concernent Dieu, afin qu'il offre des dons et aussi des sacrifices pour les péchés.

2 Il est capable d'avoir de l'indulgence pour les personnes ignorantes et égarées, puisqu'il est lui-même enveloppé de faiblesse.

3 Et à cause de cette faiblesse[1], il doit offrir, pour le peuple mais aussi pour lui-même, [des sacrifices] pour les péchés.

— [1] littéralement : d'elle.

4 Or personne ne s'attribue cet honneur[1], mais [seulement] s'il est appelé par Dieu, comme l'a été aussi Aaron.

— [1] littéralement : l'honneur.

5 [1]De même, le Christ aussi ne s'est pas glorifié lui-même pour devenir souverain sacrificateur, mais [il a été glorifié par] celui qui lui a dit : « Toi, tu es mon Fils, moi, je t'ai aujourd'hui engendré. »[2]

— [1] les versets 5 à 10 forment une seule phrase dans le texte original. — [2] Psaume 2:7.

6 [C'est] ainsi qu'il dit aussi dans un autre passage : « Tu es sacrificateur pour l'éternité selon l'ordre de Melchisédec[1]. »[2]

— [1] Melchisédec : roi de justice. — [2] Psaume 110:4.

7 [C'est] lui qui, pendant les jours de sa chair, ayant offert avec de grands cris et avec larmes des prières et même des supplications à celui qui pouvait le sauver[1] de[2] la mort, et ayant été exaucé à cause de sa piété[3],

— [1] ou : délivrer. — [2] proprement : hors de ; c.-à-d. : le sauver en le faisant sortir hors de. — [3] ou : crainte ; comme en 12:28.

8 bien qu'étant Fils[1], a appris l'obéissance par les choses qu'il a souffertes.

— [1] allusion au psaume 2 cité plus haut.

9 Et ayant été rendu parfait[1], il est

devenu, pour tous ceux qui lui obéissent, l'auteur d'un salut éternel,

— [1] dans cette épître, rendre parfait, c'est faire tout ce qui est nécessaire pour rendre propre à remplir une fonction.

10 étant proclamé par Dieu souverain sacrificateur selon l'ordre de Melchisédec.[1]

— [1] les versets 5 à 10 forment une seule phrase dans le texte original.

Prendre garde à la paresse spirituelle

11 Sur ce sujet, nous avons beaucoup de choses à dire et qui sont difficiles à expliquer puisque vous êtes devenus paresseux à écouter.

12 Car lorsque vous devriez être des docteurs[1], vu le temps, vous avez de nouveau besoin qu'on vous enseigne quels sont les premiers éléments des oracles de Dieu, et vous êtes devenus tels que vous avez besoin de lait [et] non de nourriture solide.

— [1] docteur : celui qui enseigne.

13 Or quiconque se nourrit de lait[1] est inexpérimenté dans la parole de la justice, car il est un petit enfant.

— [1] littéralement : participe au lait.

14 Mais la nourriture solide est pour les hommes accomplis, pour ceux qui, par la pratique, ont les sens exercés à discerner le bien et aussi le mal.

Conséquences terribles de l'abandon de la foi

6 C'est pourquoi, ayant laissé le commencement de la parole du Christ[1], avançons vers l'état d'hommes accomplis[2], ne posant pas de nouveau [le] fondement que sont la repentance des œuvres mortes et la foi en Dieu,

— [1] littéralement : la parole du commencement du Christ ; c.-à-d. : les premiers éléments de la doctrine chrétienne. — [2] ou : vers la perfection.

2 la doctrine des ablutions et de l'imposition des mains, et la résurrection des morts, et le jugement éternel.

3 Et c'est ce que nous ferons si du moins Dieu le permet.

4 Car il est impossible que ceux qui ont été une fois éclairés, et qui ont expérimenté le don céleste, et qui sont devenus participants de l'Esprit Saint,

5 et qui ont apprécié la bonne parole de Dieu et les miracles[1] du siècle à venir,

— [1] ou : puissances.

6 et qui sont tombés – [il est impossible qu'ils] soient encore renouvelés en vue de la repentance, crucifiant de nouveau pour eux-mêmes le Fils de Dieu et l'exposant à l'infamie.

7 Car lorsque la terre boit la pluie qui vient souvent sur elle et produit des plantes[1] utiles à ceux pour qui elle est aussi cultivée, elle reçoit une bénédiction de Dieu.

— [1] littéralement : herbes.

8 Mais si elle produit des ronces et des chardons, elle est jugée sans valeur[1] et près d'être maudite, et sa fin est d'être brûlée.

— [1] ou : désapprouvée.

L'exemple d'Abraham

9 Mais nous sommes persuadés en ce qui vous concerne, bien-aimés, de choses meilleures et qui appartiennent au salut, bien que nous parlions ainsi.

10 Car Dieu n'est pas injuste pour oublier votre œuvre et l'amour que vous avez montré pour son nom, ayant servi les saints et les servant

[encore].

11 Mais nous désirons que chacun de vous montre jusqu'à la fin le même empressement[1] pour la pleine assurance de l'espérance,

— [1] ou : zèle.

12 afin que vous ne deveniez pas paresseux, mais imitateurs de ceux qui, par la foi et par la persévérance, héritent ce qui avait été promis[1].

— [1] littéralement : la promesse.

13 Car lorsque Dieu fit la promesse à Abraham, puisqu'il n'avait personne de plus grand par qui jurer, il jura par lui-même,

14 en disant : « Assurément, je te bénirai abondamment et je te multiplierai considérablement[1]. »[2]

— [1] littéralement : en bénissant je te bénirai et en multipliant je te multiplierai. — [2] Gen. 22:17.

15 Et ainsi Abraham[1], ayant fait preuve de persévérance, obtint ce qui avait été promis[2].

— [1] littéralement : lui. — [2] littéralement : la promesse.

16 Car les hommes jurent par un plus grand [qu'eux-mêmes], et le serment, pour confirmer [ce qui est convenu], est pour eux un terme à toute contestation.

17 Et Dieu, voulant en cela montrer plus abondamment aux héritiers de la promesse le caractère immuable de son dessein, est intervenu par un serment.

18 Ainsi, par deux choses immuables[1] dans lesquelles il était impossible que Dieu mente, nous avons un puissant encouragement, nous qui nous sommes enfuis pour saisir l'espérance proposée.

— [1] c.-à-d. : la promesse et le serment.

19 [Cette espérance], nous l'avons comme une ancre de l'âme, sûre et ferme, et qui pénètre jusqu'au-delà[1] du voile,

— [1] littéralement : à l'intérieur.

20 là où Jésus est entré comme précurseur pour nous, étant devenu souverain sacrificateur pour l'éternité selon l'ordre de Melchisédec.

Melchisédec, au-dessus d'Abraham, est sacrificateur pour toujours

7 [1]Car ce Melchisédec[2] [est] roi de Salem[3], sacrificateur du Dieu Très-Haut[4]. Il alla à la rencontre d'Abraham lorsqu'il revenait de la défaite des rois, et il le bénit.

— [1] les versets 1 à 3 forment une seule phrase dans le texte original. — [2] Melchisédec : roi de justice. — [3] Salem : paix. — [4] Très-Haut, hébreu : Hélion ; voir Luc 1:32 ; comparer avec Gen. 14:18.

2 C'est aussi Abraham qui lui donna pour part la dîme de tout[1]. D'après la traduction [de son nom, Melchisédec] est d'abord roi de justice et puis aussi roi de Salem, c'est-à-dire roi de paix.

— [1] voir Gen. 14:18-20.

3 Sans père, sans mère, sans généalogie, n'ayant ni commencement de jours ni fin de vie, mais assimilé[1] au Fils de Dieu, il reste sacrificateur pour toujours.[2]

— [1] ou : rendu semblable. — [2] les versets 1 à 3 forment une seule phrase dans le texte original.

4 Mais considérez combien grand était celui à qui [même] Abraham donna en dîme la meilleure part du butin, [lui] le patriarche.

5 Et ceux d'entre les fils de Lévi qui reçoivent la sacrificature[1] ont bien un commandement, selon la Loi, de prélever la dîme sur le peuple, c'est-à-dire sur leurs frères, bien qu'ils soient sortis des reins d'Abraham.

— [1] la sacrificature (ou : sacerdoce) était le

service que le sacrificateur (ou : prêtre) exerçait dans le Tabernacle ou le Temple.

6 Mais celui qui ne tire pas généalogiquement son origine d'eux a soumis Abraham à la dîme et a béni celui qui avait les promesses.

7 Or incontestablement, le plus petit est béni par le plus excellent.

8 Et d'un côté, ce sont des hommes mortels qui reçoivent des dîmes ; de l'autre, c'est quelqu'un dont on atteste qu'il est vivant.

9 Et pour ainsi dire, Lévi même qui reçoit des dîmes a été soumis à la dîme à travers Abraham,

10 car il était encore dans les reins de son père[1] quand Melchisédec alla à la rencontre d'Abraham[2].

— [1] c.-à-d. : Abraham. — [2] littéralement : l'a rencontré.

La sacrificature selon l'ordre de Melchisédec est supérieure à la sacrificature lévitique

11 Si donc la perfection était [réalisée] par [le moyen de] la sacrificature lévitique – car c'est en relation avec elle[1] que le peuple a reçu la Loi – quel besoin y avait-il encore qu'un autre sacrificateur se lève selon l'ordre de Melchisédec, et qui ne soit pas nommé selon l'ordre d'Aaron ?

— [1] ou : car c'est sur ce fondement.

12 Car la sacrificature étant changée, il y a aussi par nécessité un changement de loi.

13 En effet, celui à l'égard duquel ces choses sont dites appartient à une autre tribu, dont personne n'a été affecté [au service] de l'autel.

14 Car il est évident que notre Seigneur est sorti[1] de Juda, d'une tribu pour laquelle Moïse n'a rien dit en ce qui concerne les sacrificateurs.

— [1] littéralement : s'est levé ; les Septante

rendaient le « Germe » de Jér. 23:5, Zach. 3:8, etc. par : lever [du soleil], ou : orient, lever d'un astre ; voir Luc 1:78.

15 Et cela est encore bien plus évident si, à la ressemblance de Melchisédec, un autre sacrificateur se lève,

16 qui n'a pas été établi selon la loi d'un commandement qui concerne la chair[1], mais selon la puissance d'une vie impérissable.

— [1] littéralement : commandement charnel ; c.-à-d. concernant la seule descendance charnelle de Lévi ; voir Nombres 18:7-8 ; Lév. 21:16-24.

17 Car [ce] témoignage [lui] est rendu : « Tu es sacrificateur pour l'éternité selon l'ordre de Melchisédec. »[1]

— [1] Psaume 110:4.

Excellence de la sacrificature de Christ

18 En effet, il y a abrogation[1] du commandement qui a précédé, à cause de sa faiblesse et de son inutilité

— [1] littéralement : annulation.

19 – car la Loi n'a rien amené à la perfection – et introduction d'une meilleure espérance par laquelle nous nous approchons de Dieu.

20 [1]Et de plus, [cela n'a] pas [eu lieu] sans serment. Car ceux-là sont devenus sacrificateurs sans serment,

— [1] les versets 20 à 22 forment une seule phrase dans le texte original.

21 mais Jésus[1] [l'est devenu] avec serment par celui qui lui a dit[2] : « Le °Seigneur a juré et ne se repentira pas : Tu es sacrificateur pour l'éternité[3]. »

— [1] littéralement : lui. — [2] ou : celui qui a dit de lui. — [3] plusieurs manuscrits ajoutent : selon l'ordre de Melchisédec.

22 C'est pour cela que Jésus est [aussi] devenu le garant d'une meilleure alliance[1].[2]

— [1] ou : bien meilleure. — [2] les versets 20 à 22 forment une seule phrase dans le texte original.

23 De plus, il y a eu un grand nombre de sacrificateurs parce que la mort les empêchait de continuer [leur service].

24 Mais lui, parce qu'il subsiste éternellement, a la sacrificature qui ne se transmet pas[1].

— [1] ou : qui ne change pas.

25 De là vient aussi qu'il peut sauver entièrement[1] ceux qui s'approchent de Dieu par lui, étant toujours vivant pour intercéder pour eux.

— [1] littéralement : jusqu'à l'achèvement.

Excellence de Jésus Christ comme souverain sacrificateur

26 Car c'est bien un tel souverain sacrificateur qui nous convenait : saint[1], exempt de tout mal, sans souillure, séparé des pécheurs, et élevé[2] plus haut que les cieux.

— [1] ou : pieux ; voir Actes 2:27. — [2] littéralement : devenu.

27 Lui n'a pas besoin, comme les souverains sacrificateurs, d'offrir chaque jour des sacrifices, d'abord pour ses propres péchés, ensuite pour ceux du peuple. Car il a fait cela une fois pour toutes, s'étant offert lui-même.

28 En effet, la Loi établit pour souverains sacrificateurs des hommes qui sont dans la faiblesse[1], mais la parole du serment, celle qui est après la Loi, [établit] un Fils qui est rendu parfait[2] pour l'éternité.

— [1] littéralement : des hommes ayant faiblesse. — [2] dans cette épître, rendre parfait, c'est faire tout ce qui est nécessaire pour rendre propre à remplir une fonction.

8 Or le point capital[1] de ce que nous disons, c'est que nous avons un tel souverain sacrificateur qui s'est assis[2] à la droite du trône de la Majesté dans les cieux,

— [1] ou : la somme. — [2] ou : qui est assis.

2 [et qui est] serviteur[1] des lieux saints[2] et du vrai Tabernacle, celui dressé par le °Seigneur, non par l'homme.

— [1] en tant qu'administrateur officiel ; comme en Rom. 13:6 ; 15:16 ; Phil. 2:25 ; Hébr. 1:7. — [2] littéralement : des choses saintes.

Une meilleure alliance

3 Car tout souverain sacrificateur est établi pour offrir des dons et aussi des sacrifices ; c'est pourquoi il était nécessaire que celui-ci ait aussi quelque chose à offrir.

4 Or s'il était sur la terre, il ne serait même pas sacrificateur, puisqu'il y a ceux qui offrent des dons selon la Loi.

5 (Ceux-ci rendent un culte dans une copie et une ombre des choses célestes, comme Moïse en fut divinement averti lorsqu'il allait construire le Tabernacle : « Prends garde, dit-t-il en effet, à tout faire selon le modèle qui t'a été montré sur la montagne. »[1])

— [1] Exode 25:40.

6 Mais maintenant, Christ[1] a obtenu un service[2] bien supérieur, d'autant qu'il est aussi médiateur d'une meilleure alliance établie[3] sur de meilleures promesses.

— [1] littéralement : il. — [2] service officiel ; comme en Luc 1:23 ; ailleurs : administration. — [3] ici : formellement établie, comme par une loi.

7 En effet, si cette première [alliance] avait été irréprochable, il n'y aurait pas eu lieu d'en chercher une seconde.

8 Car en les blâmant il dit : « Voici, des jours viennent, dit le °Seigneur,

où je conclurai une nouvelle alliance pour la maison d'Israël et pour la maison de Juda,

9 non selon l'alliance que j'ai faite avec leurs pères, le jour où je les pris par la main pour les faire sortir du pays d'Égypte. Parce qu'ils n'ont pas persévéré dans mon alliance, moi aussi, je les ai délaissés, dit le °Seigneur.

10 Car voici l'alliance que j'établirai pour[1] la maison d'Israël après ces jours-là, dit le °Seigneur : En mettant[2] mes lois dans leur intelligence[3], je les écrirai aussi sur leurs cœurs, et je serai leur Dieu, et ils seront mon peuple[4].

— [1] ici, plutôt : à. — [2] littéralement : donnant. — [3] intelligence, en opposition aux sentiments (le cœur). — [4] littéralement : je leur serai pour Dieu, et ils me seront pour peuple.

11 Et ils n'enseigneront plus chacun son concitoyen et chacun son frère, en disant : "Connais le °Seigneur !", car ils me connaîtront tous, depuis le [plus] petit jusqu'au [plus] grand d'entre eux.

12 Car j'aurai pitié de leurs injustices et je ne me souviendrai absolument plus[1] de leurs péchés[2]. »[3]

— [1] ou : plus jamais. — [2] plusieurs manuscrits ajoutent : ni de leurs iniquités. — [3] Jér. 31:31-34.

13 En disant : « une nouvelle », il a rendu ancienne la première. Or ce qui devient ancien et qui vieillit est près de disparaître.

Un meilleur sanctuaire

9 La première [alliance], donc, avait [aussi] des ordonnances pour le culte et le sanctuaire – un [sanctuaire] terrestre.

2 Car un Tabernacle fut construit[1]. Dans le premier [Tabernacle][2], qui est appelé Saint, [se trouvaient] le chandelier, et la table, et la présentation des pains[3].

— [1] voir Exode 26. — [2] c.-à-d. : la première partie, le lieu saint. — [3] c.-à-d. : les pains de présentation, sur leur table ; voir Exode 25:23-30.

3 Et derrière le second voile, [se trouvait] un Tabernacle[1] qui est appelé Saint des Saints,

— [1] c.-à-d. : la seconde partie, le lieu très saint ou Saint des Saints.

4 ayant l'encensoir d'or et l'arche[1] de l'alliance entièrement recouverte d'or, de tous côtés, dans laquelle était la cruche en or contenant la manne, et le bâton d'Aaron qui avait fleuri, et les tables de l'alliance.

— [1] ou : le coffre.

5 Et au-dessus de l'arche[1] [se tenaient] des chérubins de gloire couvrant de leur ombre le propitiatoire[2]. Sur ces choses, il n'y a pas lieu de parler maintenant en détail.

— [1] littéralement : d'elle. — [2] c.-à-d. : le couvercle de l'arche.

6 Or ces choses étant ainsi disposées, les sacrificateurs entrent constamment dans le premier Tabernacle, accomplissant les services cultuels.

7 Mais dans le second [Tabernacle], seul le souverain sacrificateur [pénètre] une fois par an, non sans du sang qu'il offre pour lui-même et pour les fautes[1] du peuple,

— [1] littéralement : péchés d'ignorance.

8 l'Esprit Saint indiquant clairement ceci, que le chemin des lieux saints[1] n'a pas encore été manifesté tant que le premier Tabernacle a encore sa place.

— [1] littéralement : du lieu saint ; mais à présent, le voile étant déchiré depuis la mort de Christ, les deux ne font qu'un.

9 C'est là une illustration pour le[1]

temps présent ; elle signifie que les dons et aussi les sacrifices qui sont offerts ne peuvent pas rendre parfait quant à la conscience celui qui rend le culte[2].

— [1] ou : jusqu'au. — [2] rendre culte, c'est s'approcher de Dieu avec des prières, ou en offrant de quelque manière que ce soit un service religieux.

10 [Ce culte] consiste seulement en aliments, et en boissons, et en diverses ablutions, ordonnances charnelles imposées jusqu'au temps du rétablissement[1].

— [1] c.-à-d. : l'économie nouvelle, en rapport avec la nouvelle alliance.

Un meilleur sacrifice

11 Mais Christ est venu, souverain sacrificateur des biens à venir[1], par le Tabernacle plus grand et plus parfait qui n'est pas fait par la main de l'homme – c'est-à-dire qui n'est pas de cette création –

— [1] c.-à-d. : des bénédictions que le Christ devait amener.

12 et non avec le sang de boucs et de veaux, mais avec son propre sang. [Et] il est entré une fois pour toutes dans les lieux saints[1], ayant obtenu une rédemption éternelle.

— [1] littéralement : le lieu saint ; mais à présent, le voile étant déchiré, les deux ne font qu'un.

13 Car si le sang de boucs et de taureaux – ainsi que la cendre d'une génisse avec laquelle on fait aspersion sur ceux qui sont souillés – sanctifie pour la pureté de la chair,

14 combien plus le sang du Christ, qui par l'Esprit éternel s'est offert lui-même à Dieu sans tache, purifiera-t-il notre[1] conscience des œuvres mortes, pour rendre un culte[2] au Dieu vivant !

— [1] plusieurs manuscrits portent : votre. — [2] rendre culte, c'est s'approcher de Dieu avec des prières, ou en offrant de quelque

manière que ce soit un service religieux.

15 Et c'est pour cela qu'il est médiateur d'une[1] nouvelle alliance, afin que, la mort étant intervenue pour la rançon des transgressions commises sous la première alliance, ceux qui sont appelés reçoivent l'héritage éternel qui a été promis[2].

— [1] ou : de la. — [2] littéralement : la promesse de l'héritage éternel.

16 (Car là où il y a un testament[1], il est nécessaire que la mort du testateur intervienne.

— [1] alliance et testament sont le même mot en grec ; proprement : une disposition.

17 Car un testament est valide lorsque la mort est intervenue, puisqu'il n'a pas de force tant que le testateur vit.)

18 C'est pourquoi la première [alliance] elle-même n'a pas été inaugurée sans du sang.

19 Car Moïse, après avoir proclamé à tout le peuple chaque commandement selon la Loi, prit le sang des veaux [et des boucs] avec de l'eau, et de la laine écarlate, et de l'hysope, et il en fit aspersion sur le livre lui-même et sur tout le peuple,

20 en disant : « Ceci est le sang de l'alliance que Dieu a prescrite pour vous. »[1]

— [1] Exode 24:8.

21 Et de même, il fit aspersion du sang sur le Tabernacle et sur tous les ustensiles du service.

22 Et presque toutes choses sont purifiées avec[1] du sang, selon la Loi ; et sans effusion de sang il n'y a pas de rémission.

— [1] littéralement : dans.

23 Il était donc nécessaire que les images des choses qui sont dans les cieux soient purifiées par de telles choses, mais que les choses

célestes elles-mêmes le soient par des sacrifices meilleurs que ceux-là.

.

24 Car le Christ n'est pas entré dans des lieux saints[1] faits par la main de l'homme, copies des vrais, mais dans le ciel même, afin de paraître maintenant pour nous devant la face[2] de Dieu.
— [1] littéralement : un lieu saint ; mais à présent, le voile étant déchiré, les deux ne font qu'un. — [2] littéralement : à la face.

25 Ce n'est pas non plus afin qu'il s'offre souvent lui-même, comme le souverain sacrificateur qui entre dans les lieux saints[1] chaque année avec un sang autre [que le sien].
— [1] littéralement : le lieu saint ; mais à présent, le voile étant déchiré, les deux ne font qu'un.

26 Dans ce cas, il aurait fallu qu'il souffre souvent lui-même depuis la fondation du monde. Mais maintenant, à l'achèvement des siècles, il a été manifesté une fois pour l'abolition[1] du péché par son sacrifice[2].
— [1] littéralement : l'annulation. — [2] ou : le sacrifice de lui-même.

27 Et comme il est réservé aux hommes de mourir une fois – et après cela [le] jugement –

28 de même aussi, le Christ, ayant été offert une fois pour porter les péchés d'un grand nombre, apparaîtra une seconde fois, sans rapport avec le péché[1], à ceux qui l'attendent pour le salut.
— [1] littéralement : en dehors du péché ; c.-à-d. n'ayant plus rien à faire avec lui.

Seul le sacrifice de Christ est efficace

10 Car la Loi, ayant l'ombre des biens à venir, non l'image même de ces choses, ne peut jamais, par les

mêmes sacrifices que l'on offre continuellement chaque année, rendre parfaits ceux qui s'approchent.

2 Autrement n'auraient-ils pas cessé d'être offerts ? Car ceux qui rendent le culte, étant une fois purifiés, n'auraient plus eu aucune conscience des péchés.

3 Mais par ces sacrifices[1], les péchés sont remis en mémoire chaque année.
— [1] littéralement : par eux.

4 Car il est impossible que le sang de taureaux et de boucs ôte les péchés.

5 C'est pourquoi, en entrant dans le monde, il dit : « Tu n'as pas voulu de sacrifice ni d'offrande, mais tu m'as formé un corps.

6 Tu n'as pas pris plaisir aux holocaustes ni aux sacrifices pour le péché.

7 Alors j'ai dit : Voici, je viens – il est écrit à mon sujet dans le[1] livre en rouleau – pour faire, ô Dieu, ta volonté. »[2]
— [1] ou : en tête du. — [2] Psaume 40:7-9.

8 Ayant dit plus haut[1] : « Tu n'as pas voulu de sacrifices, ni d'offrandes, ni d'holocaustes, ni de sacrifices pour le péché, et tu n'y as pas pris plaisir » – lesquels sont offerts selon la Loi –
— [1] ou : auparavant.

9 alors il dit : « Voici, je viens pour faire ta volonté. » Il abolit le premier [ordre de choses] afin d'établir le second.

10 C'est par cette volonté que nous avons été sanctifiés, par l'offrande du corps de Jésus Christ, [faite] une fois pour toutes.

11 Et tout sacrificateur se tient debout chaque jour, faisant le service et offrant souvent les

mêmes sacrifices qui ne peuvent jamais ôter les péchés.

12 Mais celui-ci, ayant offert un seul sacrifice pour les péchés, s'est assis pour toujours à la droite de Dieu,

13 attendant désormais « que[1] ses ennemis soient mis pour marchepied de ses pieds. »[2]

— [1] littéralement : jusqu'à ce que. — [2] Psaume 110:1.

14 Car par une seule offrande il a rendu parfaits pour toujours ceux qui sont sanctifiés.

15 Et l'Esprit Saint nous en rend aussi témoignage, car après avoir dit :

16 « Voici l'alliance que j'établirai pour eux après ces jours-là, dit le °Seigneur : en mettant[1] mes lois sur leur cœur, je les écrirai aussi dans leur esprit », [il dit] :

— [1] littéralement : En donnant.

17 « Et je ne me souviendrai absolument plus[1] de leurs péchés ni de leurs iniquités[2]. »[3]

— [1] ou : plus jamais. — [2] littéralement : actes sans loi, sans frein. — [3] Jér. 31:33-34.

18 Or là où il y a rémission des péchés[1], il n'y a plus [à présenter] d'offrande pour le péché.

— [1] littéralement : de ceux-ci.

L'entrée dans les lieux saints – Exhortation à persévérer dans la foi

19 Ayant donc, frères, l'assurance d'un [libre] accès dans les lieux saints[1] par le sang de Jésus,

— [1] littéralement : le lieu saint ; mais à présent, le voile étant déchiré, les deux ne font qu'un.

20 par le chemin nouveau et vivant qu'il a ouvert[1] pour nous à travers le voile, c'est-à-dire sa chair,

— [1] littéralement : inauguré.

21 et ayant un grand sacrificateur [établi] sur la maison de Dieu,

22 approchons-nous avec un cœur droit[1], en pleine assurance de foi, [ayant] les cœurs par aspersion purifiés[2] d'une mauvaise conscience et le corps lavé[3] d'eau pure.

— [1] littéralement : véridique. — [2] littéralement : quant au cœur, aspergés. — [3] littéralement : baigné ; il s'agit du corps tout entier ; voir la note à « lavé » en Jean 13:10.

23 Retenons fermement l'espérance que nous reconnaissons publiquement, car celui qui a promis est fidèle.

24 Et veillons les uns sur les autres pour nous stimuler à l'amour et aux bonnes[1] œuvres,

— [1] ou : belles.

25 n'abandonnant pas le rassemblement de nous-mêmes, comme quelques-uns ont l'habitude [de faire], mais nous exhortant [les uns les autres], et cela d'autant plus que vous voyez le jour approcher.

26 Car si nous péchons volontairement après avoir reçu la pleine connaissance de la vérité, il ne reste plus de sacrifice pour les péchés,

27 mais une certaine attente terrible du jugement et l'ardeur d'un feu qui va dévorer les adversaires.

28 Si quelqu'un a rejeté la loi de Moïse, il meurt sans miséricorde sur [la déposition de] deux ou [de] trois témoins.

29 Ne pensez-vous pas que sera jugé digne d'une punition bien plus sévère celui qui a foulé aux pieds le Fils de Dieu, et qui a estimé sans valeur[1] le sang de l'alliance par lequel il avait été sanctifié, et qui a outragé l'Esprit de grâce ?

— [1] littéralement : commun, usuel ; c.-à-d. : n'ayant aucun caractère sacré.

30 Car nous connaissons celui qui a dit : « À moi la vengeance, moi, je

rendrai[1] » ; et encore : « Le °Seigneur jugera son peuple. »[2]

— [1] plusieurs manuscrits ajoutent : dit le °Seigneur. — [2] Deut. 32:35-36.

31 C'est une chose terrible que de tomber entre les mains du Dieu vivant !

32 Mais souvenez-vous des jours précédents, où, après avoir été éclairés, vous avez enduré un grand combat de souffrances,

33 soit en ce que vous avez été donnés en spectacle avec des insultes et aussi des détresses, soit en ce que vous vous étiez associés à ceux que l'on traitait ainsi.

34 Car vous avez montré de la compassion pour les prisonniers, et vous avez accepté avec joie l'enlèvement de vos biens, sachant que vous avez pour vous-mêmes des biens meilleurs et permanents.

35 N'abandonnez pas votre assurance qui a une grande récompense.

36 Car vous avez besoin de persévérance afin que, ayant fait la volonté de Dieu, vous obteniez ce qui est promis[1].

— [1] littéralement : la promesse.

37 Car encore un peu, très peu de temps [et] « celui qui vient viendra et il ne tardera pas.

38 Or le juste[1] vivra par la foi » ; et : « Si quelqu'un se retire, mon âme ne prend pas plaisir en lui. »[2]

— [1] littéralement : mon juste. — [2] Habakuk 2:3-4.

39 Mais quant à nous, nous ne sommes pas de ceux qui se retirent[1] pour la perdition, mais de ceux qui croient pour la conservation de l'âme.

— [1] littéralement : apostasient.

Des exemples d'hommes de foi tirés de l'Ancien Testament

11 Or la foi est l'assurance[1] des choses qu'on espère et la conviction[2] de celles qu'on ne voit pas.

— [1] ou : ferme conviction ; le mot signifie aussi : preuve, réalité, fondement. — [2] littéralement : démonstration ; mais une démonstration intérieure.

2 Car c'est par elle que les anciens ont reçu un [bon] témoignage.

3 Par la foi, nous comprenons que les mondes ont été formés par la parole de Dieu, de sorte que ce qui se voit n'a pas été fait à partir de choses visibles[1].

— [1] littéralement : qui apparaissent.

4 Par la foi, Abel offrit à Dieu un meilleur sacrifice que [celui de] Caïn, [et] par lui[1], il a reçu le témoignage d'être juste, Dieu rendant témoignage à ses dons. Et par lui[1], il parle encore, bien qu'étant mort.

— [1] c.-à-d. : par ce sacrifice ; ou : par elle, c.-à-d. : par cette foi.

5 Par la foi, Énoch fut enlevé pour qu'il ne voie pas la mort, et il ne fut pas trouvé parce que Dieu l'avait enlevé. Car avant son enlèvement, il a reçu le témoignage d'avoir plu à[1] Dieu.

— [1] les Septante rendent ainsi le « marcha avec » de Gen. 5:24.

6 Or, sans la foi, il est impossible de [lui] plaire ; car il faut que celui qui s'approche de Dieu croie que Dieu[1] existe et qu'il récompense ceux qui le recherchent.

— [1] littéralement : il.

7 Par la foi, Noé, étant averti divinement des choses qui ne se voyaient pas encore, craignit et construisit une arche pour le salut de sa maison[1]. Et par cette arche[2]

il condamna le monde et devint héritier de la justice qui est selon la foi.

— [1] c.-à-d. : sa famille ; voir Gen.6:9-22. — [2] littéralement : elle.

8 Par la foi, Abraham, étant appelé, obéit pour partir vers le lieu qu'il devait recevoir en héritage[1] ; et il partit sans savoir où il allait.

— [1] voir Gen. 12:1-5.

9 Par la foi, il séjourna dans la terre de la promesse comme dans [une terre] étrangère, habitant sous des tentes avec Isaac et Jacob, les cohéritiers de la même promesse.

10 Car il attendait la cité qui a des fondations, dont Dieu est l'architecte et celui qui construit[1].

— [1] proprement : le constructeur public.

11 Par la foi aussi, Sara elle-même, [bien que] stérile[1], reçut la force de fonder une descendance[2] – or elle avait passé l'âge [d'avoir des enfants] – parce qu'elle estima fidèle celui qui avait promis.

— [1] plusieurs manuscrits omettent : [bien que] stérile. — [2] voir Gen. 21:1-7.

12 C'est pourquoi aussi, à partir d'un seul [homme] déjà marqué par la mort[1], sont nés des gens qui sont nombreux comme les étoiles du ciel et comme le sable qui est le long du rivage de la mer, lequel ne peut pas être compté.

— [1] comparer avec Rom. 4:19.

13 Tous ceux-là sont morts dans la foi[1], n'ayant pas reçu les choses promises[2] mais les ayant vues de loin et saluées, et ayant reconnu qu'ils étaient étrangers et de passage sur la terre[3].

— [1] ou : selon la foi ; c.-à-d. : ayant seulement la promesse et non la chose promise. — [2] littéralement : les promesses. — [3] ou : dans le pays ; voir la note à Matt. 5:5.

14 Car ceux qui disent de telles choses montrent clairement qu'ils recherchent une patrie.

15 Et en effet, s'ils s'étaient souvenus de celle d'où ils étaient sortis, ils auraient eu du temps pour y retourner.

16 Mais maintenant, ils en désirent une meilleure, c'est-à-dire une céleste. C'est pourquoi Dieu n'a pas honte d'eux – d'être appelé leur Dieu – car il leur a préparé une cité.

17 Par la foi, Abraham, étant mis à l'épreuve, a offert Isaac[1]. Et celui qui avait reçu les promesses offrit son fils unique,

— [1] voir Gen. 22.

18 à l'égard de qui il avait été dit : « En Isaac te sera appelée [une] descendance »[1].

— [1] Gen. 21:12.

19 [Car] il avait estimé que Dieu pouvait même le ressusciter d'entre les morts, d'où aussi, de manière figurée[1], il le reçut.

— [1] littéralement : en parabole.

20 Par la foi aussi, Isaac bénit Jacob et Ésaü au sujet des choses à venir[1].

— [1] voir Gen. 27; 28:1-4.

21 Par la foi, Jacob, sur le point de mourir, bénit chacun des fils de Joseph et se prosterna en adoration, [appuyé] sur l'extrémité de son bâton[1].

— [1] selon Gen. 47:31, d'après les Septante.

22 Par la foi, Joseph, en terminant sa vie, fit mention de la sortie des fils d'Israël et donna un ordre au sujet de ses os.

23 Par la foi, Moïse, après sa naissance, fut caché trois mois par ses parents, parce qu'ils virent que l'enfant était beau, et ils ne craignirent pas le décret du roi[1].

— [1] voir Exode 2:1-2.

24 Par la foi, Moïse, étant devenu

grand, refusa d'être appelé fils de la fille du Pharaon.

25 Il choisit d'être maltraité avec le peuple de Dieu plutôt que d'avoir momentanément la pleine jouissance du péché,

26 estimant l'humiliation du Christ une plus grande richesse que les trésors de l'Égypte ; car il regardait à la récompense.

27 Par la foi, il quitta l'Égypte, ne craignant pas la colère du roi ; car il tint ferme comme voyant celui qui est invisible.

28 Par la foi, il a fait la Pâque et l'aspersion du sang, afin que le destructeur des premiers-nés ne les touche pas.

29 Par la foi, ils traversèrent la mer Rouge comme une terre sèche, tandis que les Égyptiens, qui tentèrent [de le faire], furent engloutis.

30 Par la foi, les murailles de Jéricho tombèrent après qu'on en eut fait le tour pendant sept jours.

31 Par la foi, Rahab la prostituée ne périt pas avec ceux qui n'avaient pas cru, car elle avait reçu les espions en[1] paix[2].

— [1] littéralement : avec. — [2] voir Josué 2 ; 6:22-25.

32 Et que dirai-je encore ? Car le temps me manquera si je parle en détail de Gédéon, de Barac, de Samson, de Jephté, de David et aussi de Samuel et des prophètes.

33 Par la foi, ils vainquirent des royaumes, accomplirent la justice, obtinrent les choses promises[1], fermèrent la gueule des lions,

— [1] littéralement : [les] promesses.

34 éteignirent la force du feu, échappèrent au tranchant de l'épée. Ils furent rendus forts alors qu'ils étaient faibles, ils devinrent forts dans la bataille, ils repoussèrent les armées des étrangers.

35 Des femmes reçurent leurs morts par la résurrection, mais d'autres furent torturés, n'ayant pas accepté la délivrance, afin d'obtenir une meilleure résurrection.

36 Et d'autres furent mis à l'épreuve par des moqueries, et par des coups de fouet, ou encore par des liens et par la prison.

37 Ils furent lapidés, sciés[1] ; ils moururent tués par l'épée ; ils errèrent çà et là, [habillés] de peaux de brebis, de peaux de chèvres[2], dans le besoin, affligés, maltraités

— [1] plusieurs manuscrits ajoutent : tentés.
— [2] littéralement : en peaux de brebis, en peaux de chèvres.

38 – eux dont le monde n'était pas digne. Ils errèrent dans les déserts, et les montagnes, et les cavernes, et les trous de la terre.

39 Et tous ceux-là, ayant reçu un [bon] témoignage par leur[1] foi, n'ont pas reçu ce qui avait été promis[2],

— [1] littéralement : la. — [2] littéralement : la promesse.

40 car Dieu avait en vue quelque chose de meilleur pour nous, afin qu'ils ne parviennent pas à la perfection sans nous.

Exhortation à la persévérance au milieu des épreuves

12 C'est pourquoi, nous aussi, étant entourés d'une si grande nuée de témoins[1], rejetant tout fardeau et le péché qui [nous] enveloppe[2] si facilement, courons avec persévérance la course qui

est devant nous,

— [1] c.-à-d. : témoins de cette vérité de la vie par la foi. — [2] ou : harcèle, assaille.

2 les yeux fixés[1] sur Jésus, le chef[2] de la foi et celui qui l'accomplit pleinement[3]. [C'est] lui qui, à cause de la joie qui était devant lui, a enduré la croix, ayant méprisé la honte, et est assis à la droite du trône de Dieu.

— [1] avec le sens de : détourner ses regards d'autres objets et les fixer exclusivement sur un seul. — [2] celui qui commence et marche à la tête. — [3] c.-à-d. : celui qui mène la foi à son terme et l'achève parfaitement ; comparer avec 2:10.

3 Car considérez celui qui a enduré une telle opposition de la part des pécheurs contre lui-même, afin que vous ne soyez pas lassés, étant découragés dans vos âmes.

L'épreuve, discipline paternelle et moyen de sanctification

4 Vous n'avez pas encore résisté jusqu'au sang dans votre combat contre le péché,

5 et vous avez oublié l'exhortation qui s'adresse à vous comme à des fils : « Mon fils, ne méprise pas la discipline[1] du °Seigneur et ne perds pas courage quand tu es réprimandé par lui.

— [1] la discipline : la formation morale de l'enfant, pas seulement la punition ; ainsi jusqu'au verset 11.

6 Car le °Seigneur discipline celui qu'il aime, et il fouette tous ceux qu'il reconnaît comme ses fils[1]. »[2]

— [1] littéralement : tout fils qu'il reçoit. — [2] voir Prov. 3:11-12.

7 Vous endurez [des peines] comme discipline ; Dieu agit envers vous comme envers des fils. Car qui est le fils que le père ne discipline pas ?

8 Mais si vous êtes sans [la] discipline à laquelle tous participent, alors vous êtes des bâtards et non des fils.

9 De plus, nous avons eu nos pères selon la chair[1] pour nous discipliner, et nous les avons respectés. À plus forte raison ne serons-nous pas soumis au Père des esprits et nous vivrons ?

— [1] littéralement : nos pères de la chair ; ou : les pères de notre chair.

10 Car ceux-là disciplinaient pendant peu de jours, comme ils le trouvaient bon, mais celui-ci [nous discipline] pour notre profit, afin que nous participions à sa sainteté[1].

— [1] sainteté : ici, non seulement comme caractère, mais dans sa nature propre.

11 Or aucune discipline sur le moment ne semble être [un sujet] de joie, mais [plutôt] de tristesse. Mais plus tard, elle rend le fruit paisible de la justice à ceux qui sont exercés par elle.

12 C'est pourquoi redressez les mains défaillantes et les genoux chancelants[1],

— [1] voir Ésaïe 35:3.

13 et faites des sentiers droits pour vos pieds[1], afin que ce qui est boiteux ne se démette pas, mais plutôt guérisse.

— [1] voir Prov. 4:26.

14 Poursuivez la paix avec tous, ainsi que la sainteté[1], sans laquelle personne ne verra le Seigneur.

— [1] ou : sanctification.

15 Veillez à ce que personne ne soit privé de la grâce de Dieu, à ce qu'aucune racine d'amertume, poussant vers le haut, ne [vous] trouble et que par elle un grand nombre ne soient souillés.

16 [Veillez] à ce qu'il n'y ait pas de fornicateur ou de profanateur comme Ésaü qui pour un seul plat vendit son droit d'aînesse.

17 Car vous savez que même plus

tard, voulant hériter de la bénédiction, il fut rejeté – car il ne trouva pas lieu à la repentance – bien qu'il l'ait recherchée[1] avec larmes.

— [1] c.-à-d. : la bénédiction ; voir Gen. 27:34-38.

Privilèges et responsabilités des croyants de la nouvelle alliance

18 Car vous ne vous êtes pas approchés de la [montagne] qui pouvait être touchée et qui était toute en feu, ni de l'obscurité, ni des ténèbres, ni de la tempête,

19 ni du son de la trompette, ni du bruit des paroles, [bruit tel] que ceux qui l'entendaient demandèrent instamment que la parole ne leur soit plus adressée.

20 Car ils ne pouvaient pas supporter ce qui était commandé : « Même si une bête touche la montagne, elle sera lapidée. »[1]

— [1] Exode 19:13.

21 Et ce qui apparaissait était si terrible que Moïse a dit : « Je suis épouvanté et tout tremblant. »

22 Mais vous vous êtes approchés du mont Sion ; et de la cité du Dieu vivant, la Jérusalem céleste ; et de myriades[1] d'anges, le rassemblement universel ;

— [1] une myriade est un nombre de 10 000.

23 et de l'Assemblée des premiers-nés inscrits dans les cieux ; et de Dieu, juge de tous ; et des esprits des justes parvenus à la perfection ;

24 et de Jésus, médiateur d'une nouvelle alliance ; et du sang d'aspersion qui parle mieux qu'Abel.

25 Prenez garde de ne pas refuser [d'écouter] celui qui parle ! Car si ceux-là n'ont pas échappé [au jugement], ayant refusé [d'écouter] celui qui parlait en oracles sur la terre, à plus forte raison [n'échapperons]-nous [pas] si nous nous détournons de celui [qui parle ainsi] des cieux,

26 [lui] dont la voix ébranla alors la terre. Mais maintenant, il a promis, en disant : « Encore une fois, moi, je secouerai non seulement la terre, mais aussi le ciel. »[1]

— [1] Aggée 2:6.

27 Or ces mots « encore une fois » indiquent clairement le changement des choses [ainsi] ébranlées, en tant que choses créées, afin que subsistent celles qui sont inébranlables.

28 C'est pourquoi recevant un royaume inébranlable, retenons la grâce[1] par laquelle nous pourrons rendre à Dieu un culte qui lui soit agréable, avec piété et avec crainte.

— [1] ou : soyons pleins d'une reconnaissance.

29 Car aussi notre Dieu est un feu dévorant[1].

— [1] voir Deut. 4:24 ; 9:3.

Exhortations diverses

13 Que l'amour fraternel demeure.

2 N'oubliez pas l'hospitalité, car en l'exerçant[1], quelques-uns ont logé des anges sans le savoir.

— [1] littéralement : à travers elle.

3 Souvenez-vous des prisonniers, comme si vous étiez emprisonnés avec eux ; de ceux qui sont maltraités, comme étant vous-mêmes aussi dans un corps.

4 Que le mariage soit honoré de tous et le lit conjugal sans souillure, car Dieu jugera les fornicateurs et ceux qui commettent l'adultère.

5 Que votre conduite ne soit pas

guidée par l'amour de l'argent, étant satisfaits de ce que vous avez présentement. Car lui-même a dit : « Je ne te laisserai absolument pas et je ne t'abandonnerai absolument pas »[1].

— [1] Josué 1:5.

6 Si bien qu'avec assurance nous pouvons dire : « Le °Seigneur est mon aide [et] je ne craindrai pas ; que me fera l'homme ? »[1]

— [1] Psaume 118:6.

7 Souvenez-vous de vos conducteurs qui vous ont annoncé la parole de Dieu, et, considérant le résultat[1] de leur conduite, imitez leur foi.

— [1] ou : l'issue.

Vers Jésus, hors du camp

8 Jésus Christ est le même hier, et aujourd'hui, et éternellement[1].

— [1] littéralement : pour les siècles.

9 Ne vous laissez pas emporter par des doctrines diverses et étrangères. En effet, il est bon que le cœur soit affermi par la grâce, non par des aliments qui n'ont été d'aucun profit à ceux qui [y] ont marché[1].

— [1] c.-à-d. : qui en ont usé selon les rites prescrits.

10 Nous avons un autel dont ceux qui font le service dans le Tabernacle n'ont pas le droit de manger.

11 Car les corps des animaux, dont le sang est porté, pour le péché, dans les lieux saints[1] par le souverain sacrificateur, sont brûlés hors du camp.

— [1] littéralement : le lieu saint ; mais à présent, le voile étant déchiré, les deux ne font qu'un.

12 C'est pourquoi aussi Jésus, afin de sanctifier le peuple par son propre sang, a souffert hors de la porte.

13 Par conséquent, sortons vers lui hors du camp, portant son humiliation.

14 Car nous n'avons pas ici de cité permanente, mais nous recherchons celle qui est à venir.

15 Offrons [donc,] par lui sans cesse à Dieu un sacrifice de louange, c'est-à-dire le fruit des lèvres qui reconnaissent publiquement son nom.

16 Mais n'oubliez pas la bienfaisance et de faire part de vos biens, car Dieu prend plaisir à de tels sacrifices.

17 Obéissez à vos conducteurs et soyez soumis, car ils veillent sur vos âmes comme ayant à rendre compte. [C'est] afin qu'ils fassent cela avec joie et non en gémissant, car cela ne vous serait pas profitable.

18 Priez pour nous, car nous sommes persuadés d'avoir une bonne conscience, voulant bien nous conduire en toutes choses.

19 Mais je vous supplie d'autant plus instamment de faire cela, afin que je vous sois rendu plus tôt.

Jésus, le grand Berger des brebis

20 Or [que] le Dieu de paix – qui a ramené[1] d'entre les morts notre Seigneur Jésus, le grand Berger des brebis, par le sang d'une alliance éternelle –

— [1] littéralement : celui qui ramène ; c'est caractéristique, sans question de temps.

21 vous forme complètement en toute bonne œuvre pour faire sa volonté, produisant en nous[1] ce qui est agréable devant lui par Jésus Christ, à qui soit la gloire aux siècles [des siècles] ! Amen.

— [1] plusieurs manuscrits portent : vous.

22 Or je vous exhorte, frères, à supporter la parole d'exhortation, car ce n'est qu'en peu de mots que je vous ai écrit.

Nouvelles et salutations

23 Sachez que notre frère Timothée a été remis en liberté ; s'il vient bientôt, je vous verrai avec lui.
24 Saluez tous vos conducteurs et tous les saints. Ceux d'Italie vous saluent.
25 [Que] la grâce soit avec vous tous ![1]

— [1] plusieurs manuscrits ajoutent : Amen.

Jacques

Salutation

1 Jacques, esclave de Dieu et du Seigneur Jésus Christ, aux douze tribus qui sont dans la Diaspora[1], salut !

— [1] la Diaspora est la dispersion des Juifs parmi les nations, hors de la Palestine ; elle a commencé au VIe siècle av. J.-C. et s'est accentuée en 70 apr. J.-C. à la prise de Jérusalem par les Romains ; voir 1 Pierre 1:1.

« La mise à l'épreuve de votre foi produit la persévérance »

2 Estimez-le comme une parfaite[1] joie, mes frères, quand vous serez en butte à diverses épreuves,

— [1] littéralement : toute.

3 sachant que la mise à l'épreuve de votre foi produit la persévérance.

4 Mais que la persévérance accomplisse son œuvre, afin que vous soyez accomplis et parfaits, ne manquant de rien.

Comment prier

5 Et si quelqu'un de vous manque de sagesse, qu'il demande à Dieu qui donne à tous généreusement et qui ne fait pas de reproches, et elle lui sera donnée.

6 Mais qu'il demande avec foi, ne doutant nullement ; car celui qui doute est semblable à une vague de la mer que le vent agite et soulève.

7 Or[1] qu'un tel homme ne pense pas qu'il recevra quoi que ce soit du Seigneur ;

— [1] littéralement : car.

8 il est un homme partagé dans ses pensées[1], inconstant dans toutes ses voies.

— [1] littéralement : double d'âme.

Le pauvre et le riche

9 Or que le frère d'humble condition se glorifie dans son élévation,

10 et le riche dans son abaissement, parce qu'il passera comme la fleur de l'herbe.

11 Car le soleil s'est levé avec sa brûlante chaleur et a desséché l'herbe ; et sa fleur est tombée et la beauté de son apparence a disparu. De même aussi, le riche se flétrira dans ses voies.

12 Bienheureux est l'homme qui endure l'épreuve ! Car lorsqu'il aura été manifesté fidèle par elle, il recevra la couronne de vie que Dieu[1] a promise à ceux qui l'aiment.

— [1] littéralement : il.

La tentation

13 Que personne, quand il est tenté, ne dise : « Je suis tenté par Dieu. » Car Dieu ne peut pas être tenté par le mal, et lui-même ne tente personne.

14 Mais chacun est tenté, étant attiré et amorcé par sa propre convoitise.

15 Puis la convoitise ayant conçu donne naissance au péché, et le péché étant parvenu à son terme produit[1] la mort.

— [1] littéralement : engendre.

Relation avec Dieu

16 Ne vous égarez pas, mes frères bien-aimés !

17 Tout ce qui nous est donné de bon et tout don parfait descendent d'en haut, du Père des lumières, en qui il n'y a ni changement ni l'ombre d'une variation[1].

— [1] comparer avec Ésaïe 37:16 ; 41:4 ; 43:10, etc.

18 De sa propre volonté il nous a engendrés par la parole de vérité, pour que nous soyons comme les prémices de ses créatures.

Mettre en pratique la parole de Dieu

19 Sachez-le[1], mes frères bien-aimés, que tout homme soit prompt à écouter, lent à parler, lent à [se mettre en] colère.

— [1] plusieurs manuscrits portent : Ainsi donc.

20 Car la colère de l'homme n'accomplit pas[1] la justice de Dieu.

— [1] ou : n'opère pas.

21 C'est pourquoi, rejetant toute saleté et tout débordement de méchanceté, recevez avec douceur la Parole implantée [en vous], qui a le pouvoir de sauver vos âmes.

22 Mais mettez la Parole en pratique et ne l'écoutez pas seulement, vous trompant vous-mêmes.

23 En effet, si quelqu'un écoute la Parole et ne la met pas en pratique, il est semblable à un homme qui considère son visage naturel dans un miroir.

24 Car il s'est observé lui-même, puis s'en est allé, et aussitôt il a oublié comment il était.

25 Mais celui qui aura regardé de près dans la loi parfaite, celle de la liberté, et qui aura persévéré, n'étant pas un auditeur oublieux mais un faiseur d'œuvres, celui-là sera bienheureux dans ce qu'il fait.

26 Si quelqu'un pense[1] être religieux et qu'il ne tienne pas sa langue en bride, mais trompe son cœur, la religion de cet homme est sans valeur.

— [1] ou : paraît.

27 La religion pure et sans tache devant [celui qui est] Dieu et Père est celle-ci : visiter les orphelins et les veuves dans leurs afflictions, se conserver pur du monde.

Ne pas faire de favoritisme

2 Mes frères, ne mêlez pas le favoritisme à la foi en[1] notre Seigneur Jésus Christ, [Seigneur] de gloire.

— [1] littéralement : de.

2 Supposez en effet qu'il entre dans votre lieu de réunion[1] un homme ayant une bague en or [et] des vêtements resplendissants, et qu'il entre aussi un pauvre en vêtements sales.

— [1] le terme grec a donné le mot « synagogue ».

3 Alors, si vous tournez les regards vers celui qui porte les vêtements resplendissants, et que vous [lui] disiez : « Toi, assieds-toi ici en bonne [place] ! », et que vous disiez au pauvre : « Toi, tiens-toi là debout ! » ou : « Assieds-toi au bas de mon marchepied ! »,

4 n'avez-vous pas fait une discrimination en vous-mêmes et n'êtes-vous pas devenus des juges ayant de mauvaises pensées ?

5 Écoutez, mes frères bien-aimés : Dieu n'a-t-il pas choisi les pauvres quant au monde, riches en foi et héritiers du royaume qu'il a promis à ceux qui l'aiment ?

6 Mais vous, vous avez méprisé le pauvre. N'est-ce pas les riches qui vous oppriment, et encore eux qui vous traînent devant les tribunaux ?

7 N'est-ce pas eux qui blasphèment le beau nom qui a été invoqué sur vous ?

8 Si en effet vous accomplissez la loi royale[1], selon l'Écriture[2] : « Tu aimeras ton prochain comme toi-même »[3], vous faites bien.

— [1] c.-à-d. : celle du Roi. — [2] ou : la loi royale selon l'Écriture. — [3] Lév. 19:18.

9 Mais si vous faites du favoritisme, vous commettez un péché et vous êtes convaincus par la Loi comme [étant] des transgresseurs.

10 Car quiconque garde toute la Loi, mais trébuche sur un seul point, est coupable sur tous.

11 En effet, celui qui a dit : « Tu ne commettras pas d'adultère »[1] a dit aussi : « Tu ne commettras pas de meurtre. »[1] Or si tu ne commets pas d'adultère, mais que tu commettes un meurtre, tu es devenu transgresseur de [la] Loi.

— [1] Exode 20:14. — [2] Exode 20:13.

12 Ainsi parlez et ainsi agissez comme devant être jugés par une loi de liberté.

13 Car le jugement est sans miséricorde pour celui qui n'a pas usé de miséricorde. La miséricorde s'élève au-dessus[1] du jugement.

— [1] ou : se glorifie vis-à-vis.

La foi sans les œuvres est morte

14 Mes frères, quel profit y a-t-il si quelqu'un dit avoir la foi, mais qu'il n'ait pas d'œuvres ? La foi peut-elle le sauver ?

15 Si un frère ou une sœur se trouvent sans vêtements[1] et manquent de la nourriture quotidienne,

— [1] littéralement : sont nus.

16 et que quelqu'un parmi vous leur dise : « Allez en paix, chauffez-vous et rassasiez-vous ! », et que vous ne leur donniez pas les choses nécessaires pour le corps, à quoi cela sert-il ?

17 De même aussi, la foi, si elle n'a pas d'œuvres, est morte en elle-même.

18 Mais quelqu'un dira : « Toi, tu as la foi et moi, j'ai des œuvres. Montre-moi ta foi sans les œuvres et moi, par les œuvres, je te montrerai ma foi[1]. »

— [1] ou : par mes œuvres, je te montrerai la foi.

19 Toi, tu crois que Dieu est unique[1] ? Tu fais bien ; les démons [le] croient aussi, et ils tremblent.

— [1] littéralement : un.

20 Mais veux-tu savoir, ô homme sans intelligence[1], que la foi sans les œuvres est stérile ?

— [1] littéralement : vide.

21 Abraham notre père n'a-t-il pas été justifié par des œuvres, ayant offert son fils Isaac sur l'autel ?

22 Tu vois que la foi agissait avec ses œuvres ; et par les œuvres, la foi a été menée à son accomplissement[1].

— [1] ou : rendue parfaite.

23 Ainsi a été accomplie l'Écriture qui dit : « Et Abraham crut Dieu, et cela lui fut compté comme justice »[1]. Et il a été appelé ami de Dieu.

— [1] Gen. 15:6.

24 Vous voyez clairement qu'un homme est justifié par les œuvres et non par la foi seulement.

25 Et de même aussi, Rahab la prostituée n'a-t-elle pas été justifiée par des œuvres, ayant reçu les messagers et les ayant fait partir par un autre chemin[1] ?

— [1] voir Josué 2 et 6:22-23.

26 Car comme le corps sans esprit est mort, de même aussi, la foi sans œuvres est morte.

Maîtriser sa langue

3 Ne soyez pas beaucoup de docteurs[1], mes frères, sachant que nous en recevrons un jugement plus sévère.

— [1] docteur : celui qui enseigne.

2 Car tous nous trébuchons souvent[1]. Si quelqu'un ne trébuche pas en paroles, celui-là est un homme accompli, capable aussi de tenir tout le corps en bride.

— [1] ou : de bien des manières.

3 Et si nous mettons le mors dans la bouche des chevaux pour qu'ils nous obéissent, nous dirigeons aussi leur corps tout entier.

4 Voici, les bateaux aussi, qui sont si grands et qui sont poussés par des vents violents, sont dirigés par un très petit gouvernail, au gré des décisions du pilote.

5 De même aussi, la langue est un petit membre et elle se vante de grandes choses. Voyez comme un petit feu peut allumer une grande forêt[1] !

— [1] ou : quantité de bois.

6 Et la langue est un feu, un monde d'iniquité[1]. La langue est établie parmi nos membres ; c'est elle qui souille le corps tout entier, et enflamme le cours de la nature[2], et est enflammée par la géhenne[3].

— [1] ailleurs aussi : injustice. — [2] ou : de l'existence. — [3] géhenne : lieu des tourments infernaux ; comparer avec l'étang de feu en Apoc. 20:10, 14.

7 Car toutes les espèces de bêtes sauvages et aussi d'oiseaux, de reptiles et aussi d'animaux marins, sont domptées et ont été domptées par l'espèce humaine.

8 Mais [pour] la langue, aucun homme ne peut la dompter ; c'est un mal qu'on ne peut pas maîtriser ; [elle est] pleine d'un venin mortel.

9 Par elle nous bénissons le Seigneur et Père, et par elle nous maudissons les hommes faits à la ressemblance de Dieu.

10 De la même bouche sortent la bénédiction et la malédiction. Mes frères, il ne devrait pas en être ainsi.

11 Une source fait-elle jaillir par le même orifice [de l'eau] douce et [de l'eau] amère ?

12 Mes frères, un figuier peut-il produire des olives, ou une vigne des figues ? De l'eau salée ne peut pas non plus donner de l'eau douce.

Sagesse humaine et sagesse qui vient d'en haut

13 Qui est sage et intelligent parmi vous ? Que par une bonne conduite il montre ses œuvres avec la douceur de la sagesse.

14 Mais si vous avez une jalousie amère et un esprit de rivalité dans vos cœurs, ne vous glorifiez pas et ne mentez pas contre la vérité[1].

— [1] « contre la vérité » se lie à « glorifiez » comme à « mentez ».

15 Cette sagesse-là n'est pas celle qui descend d'en haut, mais [c'est une sagesse] terrestre, charnelle[1], démoniaque.

— [1] littéralement : animale ; par opposition à spirituelle ; voir 1 Cor. 2:14, Jude 10, 19 et notes.

16 Car là où il y a de la jalousie et un esprit de rivalité, il y a également du désordre et toute espèce de mauvaises actions.

17 Mais la sagesse d'en haut est d'abord pure, ensuite paisible, modérée, conciliante, pleine de miséricorde et de bons fruits, sans parti pris, sans hypocrisie.

18 Or le fruit de la justice dans la paix est semé pour ceux qui

procurent la paix.

Résister à ses passions et rester fidèle à Dieu

4 D'où [viennent] les conflits et d'où [viennent] les luttes[1] parmi vous ? N'est-ce pas de cela, de vos passions[2] qui combattent dans vos membres ?

— [1] littéralement : combats. — [2] littéralement : plaisirs sensuels, désirs.

2 Vous convoitez et vous n'avez pas ; vous commettez un meurtre, et vous êtes jaloux, et vous ne pouvez [rien] obtenir ; vous avez des luttes[1] et des conflits. Vous n'avez pas, parce que vous ne demandez pas.

— [1] littéralement : vous combattez.

3 Vous demandez et vous ne recevez pas, parce que vous demandez mal, afin de le dépenser pour vos passions[1].

— [1] littéralement : plaisirs sensuels, désirs.

4 Adultères[1] [que vous êtes] ! Ne savez-vous pas que l'amitié du monde, c'est l'hostilité contre Dieu ? Celui donc qui voudra être ami du monde se constitue ennemi de Dieu.

— [1] c.-à-d. : infidèles à Dieu (le mot « adultères » est au féminin) ; comparer avec les nombreux passages des prophètes où l'Éternel stigmatise, sous cette comparaison, l'infidélité de son peuple (Ézéch. 16 et 23 ; Osée 1 et 2, etc.).

5 Ou pensez-vous que l'Écriture parle en vain ? L'Esprit qu'il a fait habiter en nous désire-t-il intensément jusqu'à la jalousie ?

6 Mais il donne une plus grande grâce. C'est pourquoi il dit : « Dieu résiste aux orgueilleux, mais il donne [la] grâce aux humbles. »[1]

— [1] Prov. 3:34.

7 Soumettez-vous donc à Dieu. Mais[1] résistez au Diable et il fuira loin de vous.

— [1] plusieurs manuscrits omettent : mais.

8 Approchez-vous de Dieu et il s'approchera de vous. Nettoyez vos mains, pécheurs, et purifiez vos cœurs, vous qui êtes doubles de cœur[1].

— [1] littéralement : vous à l'âme double.

9 Sentez vos misères, et soyez dans le deuil, et pleurez. Que votre rire se change en deuil et votre joie en tristesse.

10 Humiliez-vous devant le °Seigneur et il vous élèvera.

Ne pas médire, ne pas juger son frère

11 Ne parlez pas les uns contre les autres, frères. Celui qui parle contre son frère ou qui juge son frère parle contre la Loi et juge la Loi. Or si tu juges la Loi, tu n'es pas quelqu'un qui met en pratique la Loi, mais un juge.

12 Un seul est législateur et juge, celui qui peut sauver et détruire. Mais toi, qui es-tu qui juges ton prochain ?

Comment former des projets pour le lendemain

13 À vous maintenant qui dites : « Aujourd'hui ou demain nous irons dans telle ou telle ville, et nous y passerons une année, et nous ferons du commerce, et nous gagnerons [de l'argent] »,

14 vous qui ne savez pas ce [qui arrivera] le jour de demain. [Car] qu'est-ce que votre vie ? Elle n'est en effet qu'une vapeur paraissant pour un peu de temps et puis disparaissant.

15 Mais dites plutôt : « Si le Seigneur le veut, alors nous vivrons et nous ferons ceci ou cela. »

16 Mais maintenant, vous vous

glorifiez dans vos vantardises. Toute gloriole de ce genre est mauvaise.

17 Ainsi, pour celui qui sait faire le bien et qui ne le fait pas, pour lui c'est un péché.

Jugement des mauvais riches

5 À vous maintenant, les riches ! Pleurez en poussant des cris à cause des malheurs qui vont venir sur vous !

2 Vos richesses sont pourries et vos vêtements sont rongés par les vers.

3 Votre or et votre argent sont rouillés, et leur rouille sera en témoignage contre vous et dévorera votre chair comme un feu. Vous avez amassé des trésors[1] dans les derniers jours.
— [1] littéralement : Vous avez thésaurisé.

4 Voici, le salaire des ouvriers qui ont fait la récolte dans vos champs et dont vous les avez frustrés crie, et les cris des moissonneurs sont parvenus aux oreilles du °Seigneur Sabaoth[1].
— [1] c.-à-d. : de l'Éternel (Jéhovah) des armées.

5 Vous avez vécu dans le luxe sur la terre et vous avez vécu dans les plaisirs ; vous avez rassasié vos cœurs au jour de la tuerie.

6 Vous avez condamné, vous avez mis à mort le juste ; il ne vous résiste pas.

Patience dans les souffrances

7 Soyez donc patients, frères, jusqu'à la venue du Seigneur. Voici, le cultivateur attend le fruit précieux de la terre, prenant patience à son égard jusqu'à ce qu'il reçoive les pluies de la première et de la dernière saison[1].
— [1] la première saison correspond à l'automne, et la dernière saison correspond au printemps.

8 Vous aussi, soyez patients ; affermissez vos cœurs, car la venue du Seigneur est proche.

9 Ne vous plaignez[1] pas les uns des autres, frères, afin que vous ne soyez pas jugés. Voici, le juge se tient aux portes.
— [1] littéralement : ne gémissez pas.

10 Frères, prenez pour exemple de souffrance[1] et de patience les prophètes qui ont parlé au nom du °Seigneur.
— [1] ou : mauvais traitement.

11 Voici, nous disons bienheureux ceux qui endurent [l'épreuve avec patience]. Vous avez entendu parler de la persévérance de Job, et vous avez vu la fin [accordée] par le °Seigneur[1], [à savoir] que le °Seigneur est plein de compassion et miséricordieux.
— [1] c.-à-d. : l'issue, le but du °Seigneur.

Que votre oui soit oui

12 Mais avant toutes choses, mes frères, ne jurez pas, ni par le ciel, ni par la terre, ni par aucun autre serment. Mais que votre oui soit oui et [que] votre non [soit] non, afin que vous ne tombiez pas sous le jugement.

La prière, la confession des péchés et la conversion des pécheurs

13 Quelqu'un parmi vous est-il dans la souffrance ? Qu'il prie. Quelqu'un est-il joyeux ? Qu'il chante des cantiques.

14 Quelqu'un parmi vous est-il malade ? Qu'il appelle les anciens de l'assemblée auprès de lui et qu'ils prient pour lui en l'oignant d'huile au nom du Seigneur.

15 Et la prière de la foi sauvera le malade et le Seigneur le relèvera.

Et s'il a commis des péchés, il lui sera pardonné.

16 Confessez donc vos péchés les uns aux autres et priez les uns pour les autres, afin que vous soyez guéris. La prière fervente[1] d'un homme juste a une grande force.

— [1] ou : opérante.

17 Élie était un homme ayant les mêmes penchants[1] que nous, et il pria avec instance[2] qu'il ne pleuve pas, et il ne tomba pas de pluie sur la terre pendant trois ans et six mois.

— [1] c.-à-d. : ayant les mêmes sentiments, mobiles, passions. — [2] littéralement : pria avec prière.

18 Puis il pria de nouveau, et le ciel donna de la pluie, et la terre produisit son fruit[1].

— [1] voir 1 Rois 17:1 ; 18:41-45.

19 Mes frères, si quelqu'un parmi vous s'est égaré loin de la vérité et que quelqu'un le ramène,

20 sachez que celui qui aura ramené un pécheur de la voie où il s'était égaré[1] sauvera son[2] âme de la mort et couvrira une multitude de péchés.

— [1] littéralement : de l'égarement de son chemin. — [2] plusieurs manuscrits portent : une.

1 Pierre

Salutation

1 Pierre, apôtre de Jésus Christ, à ceux qui vivent en étrangers dans la Diaspora¹ – dans le Pont, la Galatie, la Cappadoce, l'Asie et la Bithynie – élus

– ¹ la Diaspora est la dispersion des Juifs parmi les nations, hors de la Palestine ; elle a commencé au VI° siècle av. J.-C. et s'est accentuée en 70 apr. J.-C. à la prise de Jérusalem par les Romains ; voir Jacq. 1:1.

2 selon la prescience de Dieu le Père, dans la sainteté de l'Esprit, pour l'obéissance et l'aspersion du sang de Jésus Christ¹ : que la grâce et la paix vous soient multipliées !

– ¹ « de Jésus Christ » se lie à « obéissance » comme à « aspersion du sang ».

L'espérance chrétienne – L'épreuve de la foi

3 ¹Béni soit le Dieu et Père de notre Seigneur Jésus Christ qui, selon sa grande miséricorde, nous a régénérés pour une espérance vivante par la résurrection de Jésus Christ d'entre les morts,

– ¹ les versets 3 à 12 forment une seule phrase dans le texte original.

4 pour un héritage incorruptible, et sans souillure, et inaltérable¹. Il est conservé dans les cieux pour vous

– ¹ littéralement : qui ne se flétrit pas.

5 qui êtes gardés par la puissance de Dieu, par la foi, pour un salut¹ qui est prêt à être révélé au dernier temps.

– ¹ ou : une délivrance.

6 C'est en cela que vous vous réjouissez, tout en étant affligés maintenant pour un peu de temps par diverses épreuves, si cela est nécessaire,

7 afin que la mise à l'épreuve de votre foi – bien plus précieuse que celle de l'or qui périt et qui pourtant est soumis à l'épreuve du feu – se trouve être un sujet de louange et de gloire et d'honneur dans la révélation de Jésus Christ.

8 [C'est lui] que vous aimez sans l'avoir vu ; et croyant [en lui], bien que maintenant vous ne le voyiez pas, vous vous réjouissez d'une joie indicible et glorieuse¹,

– ¹ littéralement : glorifiée.

9 recevant ce qui est le but de votre foi, [le] salut des âmes¹.

– ¹ littéralement : un salut d'âmes ; en contraste avec des délivrances temporelles.

Les prophètes et le salut

10 Les¹ prophètes, qui ont prophétisé de la grâce qui vous était destinée, ont fait, au sujet de ce salut, des recherches et des investigations.

– ¹ littéralement : des.

11 Ils recherchaient à quel temps ou à quelles circonstances¹ se rapportaient les indications de l'Esprit de Christ qui était en eux, quand il rendait par avance témoignage des souffrances qui devaient être la part de Christ et des gloires qui suivraient.

– ¹ littéralement : quelle sorte de temps.

12 Et il leur fut révélé que ce n'était pas pour eux-mêmes, mais pour vous, qu'ils administraient ces choses. Elles vous sont maintenant annoncées par ceux qui vous ont prêché l'Évangile¹ par l'Esprit Saint envoyé du ciel, [choses] sur lesquelles des anges désirent se pencher pour voir.²

– ¹ littéralement : évangélisé. – ² les versets 3 à 12 forment une seule phrase dans le texte original.

Exhortation à la sainteté, à la vigilance et à l'amour

13 C'est pourquoi, ayant bien préparé votre esprit[1] et étant sobres, espérez parfaitement dans la grâce qui vous sera apportée lors de la révélation de Jésus Christ.

– [1] littéralement : ayant ceint les reins de votre esprit.

14 Comme des enfants d'obéissance, ne vous conformez pas à vos convoitises d'autrefois, quand vous étiez dans l'ignorance.

15 Mais, comme celui qui vous a appelés est saint, vous aussi, soyez saints dans toute [votre] conduite,

16 parce qu'il est écrit : « Soyez saints, car moi, je suis saint. »[1]

– [1] Lév. 19:2.

17 [1]Et si vous invoquez comme père celui qui, sans faire de favoritisme, juge selon l'œuvre de chacun, conduisez-vous avec crainte pendant le temps de votre séjour [ici-bas].

– [1] les versets 17 à 21 forment une seule phrase dans le texte original.

18 [Car] vous savez que vous avez été rachetés de votre conduite sans valeur qui vous avait été enseignée par vos pères, non par des choses périssables, par de l'argent ou de l'or,

19 mais par le sang précieux de Christ, comme d'un agneau sans défaut et sans tache.

20 [Il a été] désigné d'avance, avant la fondation du monde, mais manifesté à la fin des temps pour vous

21 qui, par lui, croyez en Dieu qui l'a ressuscité d'entre les morts et lui a donné la gloire, de sorte que votre foi et votre espérance soient en Dieu.[1]

– [1] les versets 17 à 21 forment une seule phrase dans le texte original.

22 Ayant purifié vos âmes par l'obéissance à la vérité pour [que vous ayez] une affection fraternelle sans hypocrisie, aimez-vous les uns les autres ardemment, d'un cœur pur,

23 vous qui êtes régénérés, non par une semence corruptible, mais [par une semence] incorruptible, par la vivante et permanente parole de Dieu.

24 Car « toute chair est comme l'herbe et toute sa gloire comme la fleur de l'herbe. L'herbe s'est desséchée et la fleur est tombée,

25 mais la parole du °Seigneur subsiste pour l'éternité. »[1] Or c'est cette parole qui vous a été annoncée par l'Évangile[2].

– [1] Ésaïe 40:6-8. – [2] littéralement : qui vous a été évangélisée.

Les croyants sont des pierres vivantes et Jésus Christ est la pierre angulaire

2 [1]Rejetant donc toute méchanceté, et toute ruse, et l'hypocrisie[2], et les jalousies, et les médisances de toutes sortes,

– [1] les versets 1 à 5 forment une seule phrase dans le texte original. – [2] littéralement : [les] hypocrisies.

2 désirez ardemment, comme des enfants nouveau-nés, le lait pur de la Parole, afin que par lui vous grandissiez pour le salut,

3 si[1] vous avez fait l'expérience que le Seigneur est bon[2].

– [1] plusieurs manuscrits ajoutent : toutefois. – [2] comparer avec le psaume 34:9.

4 Vous approchant de lui [comme] d'une pierre vivante, rejetée par les hommes mais choisie[1] [et] précieuse auprès de Dieu,

– [1] ou : élue ; comme aux versets 6 et 9.

5 vous-mêmes aussi, comme des pierres vivantes, [vous] êtes édifiés en une maison spirituelle, pour une sainte sacrificature[1], afin d'offrir des sacrifices spirituels, agréables à Dieu[2] par Jésus Christ.[3]

– [1] la sacrificature (ou : sacerdoce) était le service que le sacrificateur (ou : prêtre) exerçait dans le tabernacle ou le temple ; maintenant, tous les croyants sont des sacrificateurs (ou : prêtres), c.-à-d. des adorateurs. – [2] ou : agréés de Dieu. – [3] les versets 1 à 5 forment une seule phrase dans le texte original.

6 Car on trouve dans l'Écriture : « Voici, je pose dans Sion une pierre angulaire, élue, précieuse, et celui qui met sa confiance en elle ne sera pas du tout confus. »[1]

– [1] Ésaïe 28:16.

7 C'est donc pour vous qui croyez qu'elle a ce prix[1], mais pour ceux qui ne croient pas, « la pierre qu'ont rejetée ceux qui construisaient, celle-là est devenue la pierre maîtresse[2] de l'angle »[3],

– [1] ou : L'honneur est donc pour vous qui croyez. – [2] littéralement : la tête. – [3] Psaume 118:22.

8 « et une pierre d'achoppement et un rocher propre à faire trébucher. »[1] Ils heurtent contre la Parole, étant désobéissants, [et c'est] à cela aussi qu'ils ont été destinés.

– [1] Ésaïe 8:14.

9 Mais vous, vous êtes une race élue, une sacrificature royale, une nation sainte[1], un peuple acquis[2], pour que vous annonciez les perfections de celui qui vous a appelés des ténèbres à sa merveilleuse lumière.

– [1] comparer avec Exode 19:6. – [2] littéralement : pour l'acquisition.

10 [C'est] vous qui autrefois n'étiez pas un peuple, mais qui maintenant êtes le peuple de Dieu ; [c'est] vous qui n'aviez pas obtenu miséricorde, mais qui maintenant avez obtenu miséricorde[1].

– [1] comparer avec Osée 2:1, 25.

La bonne conduite du croyant

11 Bien-aimés, je vous exhorte, en tant qu'étrangers et gens de passage, à vous abstenir des convoitises charnelles, lesquelles font la guerre à l'âme.

12 Ayez [donc] une bonne conduite parmi les nations afin que, sur les points où ils vous calomnient comme des gens qui font le mal, ils glorifient Dieu le jour où il interviendra, à cause des bonnes[1] œuvres qu'ils observent.

– [1] ou : belles.

La soumission aux autorités

13 Soyez soumis à toute institution humaine à cause du Seigneur, soit au roi comme étant au-dessus de tous,

14 soit aux gouverneurs comme envoyés par lui pour punir ceux qui font le mal et pour louer ceux qui font le bien.

15 Car telle est la volonté de Dieu, qu'en faisant le bien vous fermiez la bouche à l'ignorance des hommes dépourvus de sens,

16 comme libres – et non comme ayant la liberté pour voile de la méchanceté – mais comme esclaves de Dieu.

17 Honorez tous [les hommes] ; aimez tous les frères ; craignez Dieu ; honorez le roi.

Les devoirs des domestiques – Christ le modèle

18 [Vous,] les domestiques, soyez soumis en toute crainte à vos maîtres[1], non seulement à ceux qui sont bons et doux, mais aussi à ceux qui sont pervers.

– ¹ maître d'un esclave ; comme en Luc 2:29.

19 Car c'est une grâce si quelqu'un, par conscience envers Dieu, supporte des afflictions, souffrant injustement.

20 En effet, quelle gloire y a-t-il si, frappés pour avoir mal agi, vous l'endurez ? Mais si vous souffrez en faisant le bien et si vous l'endurez, cela est une grâce devant Dieu,

21 car c'est à cela que vous avez été appelés. Car Christ aussi a souffert pour vous, vous laissant un modèle afin que vous suiviez ses traces.

22 « [C'est] Lui qui n'a pas commis de péché, et dans la bouche duquel il n'a pas été trouvé de fraude. »¹
– ¹ Ésaïe 53:9.

23 [C'est] Lui qui ne rendait pas d'outrage lorsqu'on l'outrageait, qui ne menaçait pas quand il souffrait, mais qui s'en remettait¹ à celui qui juge justement.
– ¹ ou : se livrait.

24 [C'est] Lui qui a lui-même porté nos péchés dans son corps sur le bois¹, afin qu'étant morts aux péchés, nous vivions pour la justice. « [Et c'est] par sa blessure² que vous avez été guéris. »³
– ¹ c.-à-d. : sur la croix. – ² littéralement : sa marque de coup. – ³ Ésaïe 53:5.

25 Car vous étiez égarés comme des brebis, mais maintenant, vous êtes retournés au berger et au surveillant de vos âmes.

Les devoirs des époux

3 De même [vous,] les femmes, soyez soumises à vos propres maris, afin que, même s'il y en a qui n'obéissent pas à la Parole, ils soient gagnés sans parole par la conduite de leurs femmes,

2 ayant observé la pureté de votre conduite dans la crainte.

3 Que votre parure ne soit pas [une parure] extérieure – cheveux richement tressés, et ornements d'or, ou vêtements recherchés –

4 mais [qu'elle soit] l'être caché du cœur¹, la parure incorruptible² d'un esprit doux et paisible qui est d'un grand prix devant Dieu.
– ¹ littéralement : l'homme caché du cœur ; c.-à-d. : l'être intérieur, le cœur ; comparer avec 2 Cor. 4:16. – ² littéralement : dans l'incorruptibilité.

5 Car c'est ainsi qu'autrefois se paraient aussi les saintes femmes qui espéraient en Dieu. Elles étaient soumises à leurs propres maris,

6 comme Sara [qui] obéissait à Abraham, l'appelant seigneur¹, de laquelle vous êtes devenues les enfants en faisant le bien et sans vous laisser troubler par aucune crainte.
– ¹ voir Gen. 18:12.

7 De même [vous,] les maris, habitez avec elles en montrant de la compréhension¹, comme avec un être² plus faible [c'est-à-dire] féminin, leur portant honneur, comme étant aussi ensemble héritiers de la grâce de la vie, afin que vos prières ne soient pas interrompues.
– ¹ littéralement : selon la connaissance. – ² littéralement : un vase.

Exhortation à l'amour, à la paix, à la patience

8 Et enfin, soyez tous d'un même sentiment, compatissants, fraternels, miséricordieux, humbles,

9 ne rendant pas le mal pour le mal, ni l'outrage pour l'outrage, mais au contraire bénissant parce

que vous avez été appelés à cela, afin que[1] vous héritiez une bénédiction.

– [1] ou : à ceci, que.

10 « En effet, que celui qui veut aimer la vie et voir d'heureux jours, garde sa langue du mal et ses lèvres de paroles trompeuses ;

11 mais qu'il se détourne du mal et fasse le bien ; qu'il recherche la paix et la poursuive.

12 Car les yeux du °Seigneur sont sur les justes et ses oreilles sont [tournées] vers leurs supplications ; mais la face du °Seigneur est contre ceux qui font le mal. »[1]

– [1] Psaume 34:13-17.

13 Et qui est-ce qui vous fera du mal si vous êtes zélés pour le bien ?

14 Mais même si vous deviez souffrir pour la justice, soyez-en bienheureux. « Et ne craignez pas leurs craintes et ne soyez pas troublés,

15 mais sanctifiez le °Seigneur, le Christ, dans vos cœurs. »[1] Et soyez toujours prêts à répondre à quiconque vous demande de rendre compte de l'espérance qui est en vous.

– [1] Ésaïe 8:12-13.

16 Mais [que ce soit] avec douceur et crainte, en ayant une bonne conscience, afin que sur les points où ils vous calomnient, ceux qui décrient votre bonne conduite en Christ soient couverts de honte.

17 En effet, il vaut mieux, si la volonté de Dieu le voulait, souffrir en faisant le bien qu'en faisant le mal.

Souffrances et résurrection de Christ

18 Car Christ aussi a souffert une fois pour les péchés, [lui le] juste pour ceux qui sont injustes, afin de vous amener à Dieu, ayant été mis à mort dans la chair, mais rendu vivant par l'Esprit.

19 C'est aussi par l'Esprit qu'il est allé prêcher aux esprits [qui sont] en prison,

20 qui ont été autrefois désobéissants[1], quand la patience de Dieu attendait dans les jours de Noé, tandis que l'arche se construisait, dans laquelle un petit nombre, à savoir huit personnes, furent sauvées à travers l'eau.

– [1] ou : incrédules.

21 Or c'est là une figure du baptême[1], lequel vous protège[2] aussi maintenant. Il n'enlève pas la saleté de la chair, mais [il est] la demande à Dieu d'une bonne conscience. [Il vous protège[2]] par la résurrection de Jésus Christ,

– [1] le salut à travers les eaux du déluge est une figure du baptême. – [2] ou : délivre.

22 lequel, étant allé au ciel, est à la droite de Dieu, anges, et autorités, et puissances lui étant soumis.

Rompre avec le péché pour vivre selon la volonté de Dieu

4 Christ ayant donc souffert[1] dans la chair, vous aussi armez-vous de la même pensée – car celui qui a souffert dans la chair en a fini avec le péché –

– [1] plusieurs manuscrits ajoutent : pour nous.

2 afin de vivre non plus selon les convoitises des hommes, mais selon la volonté de Dieu, pendant le temps qui vous reste à vivre dans la chair.

3 Car il est suffisant [pour vous] d'avoir accompli dans le temps passé la volonté des nations en marchant dans la débauche, les

convoitises, l'ivrognerie, les orgies, les beuveries et les idolâtries criminelles.

4 À ce sujet, ils trouvent étrange que vous ne couriez pas avec eux dans le même débordement de débauche, [vous] disant des injures.

5 Et ils rendront compte à celui qui se tient prêt à juger les vivants et les morts.

6 Car c'est pour cela que l'Évangile a aussi été annoncé à ceux qui sont morts, afin qu'ils soient jugés, selon les hommes, quant à la chair[1], et qu'ils vivent, selon Dieu, quant à l'esprit[2].

— [1] ou : dans la chair. — [2] ou : dans l'Esprit.

Sobriété, amour et activité chrétienne

7 Mais la fin de toutes choses s'est approchée ; soyez donc sages et sobres pour prier.

8 Avant toutes choses, ayez un amour fervent les uns pour les autres, car l'amour couvre une multitude de péchés.

9 Soyez hospitaliers les uns envers les autres, sans murmurer.

10 Suivant que chacun de vous a reçu quelque don de grâce, employez-le les uns pour les autres comme de bons intendants de la grâce variée de Dieu.

11 Si quelqu'un parle, [qu'il le fasse] comme [annonçant] les oracles de Dieu ; si quelqu'un sert, [qu'il serve] comme par la force que Dieu fournit, afin qu'en toutes choses Dieu soit glorifié par Jésus Christ. Qu'à lui soient la gloire et la puissance, aux siècles des siècles ! Amen.

Souffrir comme chrétien

12 Bien-aimés, ne trouvez pas étrange le feu ardent qui est au milieu de vous, qui est venu sur vous pour vous mettre à l'épreuve, comme s'il vous arrivait quelque chose d'extraordinaire.

13 Mais, dans la mesure où vous avez part aux souffrances du Christ, réjouissez-vous afin qu'aussi, à la révélation de sa gloire, vous vous réjouissiez avec allégresse.

14 Si vous êtes insultés pour le nom de Christ, vous êtes bienheureux, car l'Esprit de gloire, [l'Esprit] de Dieu, repose sur vous.

15 Mais qu'aucun de vous ne souffre comme meurtrier, ou voleur, ou comme faisant le mal, ou s'ingérant dans les affaires d'autrui.

16 Et si [quelqu'un souffre] comme chrétien, qu'il n'en ait pas honte, mais qu'il glorifie Dieu dans cette situation[1].

— [1] littéralement : dans cette part ; plusieurs manuscrits portent : dans ce nom.

17 Car le temps [est venu] de commencer le jugement par la maison de Dieu. Mais s'il commence par nous, quelle sera la fin de ceux qui n'obéissent pas[1] à l'Évangile de Dieu ?

— [1] ou : qui ne croient pas.

18 Et si le juste est sauvé difficilement, où apparaîtront l'impie et le pécheur ?

19 Ainsi, que ceux aussi qui souffrent selon la volonté de Dieu remettent leur âme à un fidèle Créateur, en faisant le bien.

Exhortation aux anciens

5 J'exhorte les anciens qui sont parmi vous, moi qui suis ancien avec eux et témoin des souffrances du Christ, qui aussi ai part à la gloire qui va être révélée :

2 faites paître le troupeau de Dieu

qui est parmi vous, en veillant sur lui, non par contrainte, mais volontairement, selon Dieu. Et [faites-le], non pour un gain honteux, mais avec dévouement[1],

– [1] littéralement : avec empressement, avec ardeur.

3 non comme dominant en seigneurs sur ceux qui vous sont confiés, mais en étant [les] modèles du troupeau.

4 Et quand le souverain Berger sera manifesté, vous recevrez la couronne inaltérable[1] de gloire.

– [1] littéralement : qui ne se flétrit pas.

Exhortation à tous, notamment aux jeunes gens

5 De même, jeunes gens, soyez soumis aux anciens. Et tous, les uns à l'égard des autres, soyez revêtus d'humilité, car « Dieu résiste aux orgueilleux, mais il donne [la] grâce aux humbles. »[1]

– [1] Prov. 3:34 ; Jacq. 4:6.

6 Humiliez-vous donc sous la puissante main de Dieu afin qu'il vous élève au moment voulu,

7 rejetant sur lui tout votre souci, car il prend soin de vous.

Résister au Diable

8 Soyez sobres, veillez ; votre adversaire, le Diable, rôde autour [de vous] comme un lion rugissant, cherchant qui [il pourra] dévorer.

9 Résistez-lui, étant fermes dans[1] la foi, sachant que les mêmes souffrances s'accomplissent dans vos frères qui sont dans le monde.

– [1] ou : par.

10 Mais le Dieu de toute grâce qui vous a appelés à sa gloire éternelle dans le Christ[1], lorsque vous aurez souffert un peu de temps, vous formera lui-même complètement, vous affermira, vous fortifiera et vous établira sur un fondement [inébranlable].

– [1] plusieurs manuscrits ajoutent : Jésus.

11 Qu'à lui [soit][1] la puissance aux siècles des siècles ! Amen.

– [1] plusieurs manuscrits ajoutent : la gloire et.

Salutations

12 Je vous ai écrit brièvement par Silvain qui est un frère fidèle, comme je le pense, vous exhortant et attestant que cette [grâce] dans laquelle vous vous tenez est la vraie grâce de Dieu.

13 Celle qui est élue avec vous[1] à Babylone vous salue, ainsi que Marc mon fils.

– [1] littéralement : la co-élue.

14 Saluez-vous les uns les autres par un baiser d'amour. [Que] la paix [soit] avec vous tous qui êtes en Christ !

1 Siméon Pierre, esclave et apôtre de Jésus Christ, à ceux qui ont reçu en partage une foi du même prix que la nôtre, par [la] justice de notre Dieu et Sauveur Jésus Christ :

2 que la grâce et la paix vous soient multipliées dans[1] la pleine connaissance de Dieu et de Jésus notre Seigneur !

— [1] ou : par.

Les fruits de l'appel de Dieu

3 En effet, sa divine puissance nous a donné tout ce qui regarde la vie et la piété, par la pleine connaissance de celui qui nous a appelés par [la] gloire et par [la] force morale.

4 Par celles-là, les très grandes et précieuses promesses nous ont été données[1] afin que par elles vous deveniez participants de la nature divine, ayant échappé à la corruption qui existe dans le monde par la convoitise.

— [1] plusieurs manuscrits portent : Par celles-là, il nous a donné les très grandes et précieuses promesses.

5 Et pour cette même raison, y apportant[1] tout empressement, joignez à votre foi, la force morale ; et à la force morale, la connaissance ;

— [1] littéralement : apportant en plus (ou : en même temps).

6 et à la connaissance, la maîtrise de soi ; et à la maîtrise de soi, la persévérance ; et à la persévérance, la piété ;

7 et à la piété, l'affection fraternelle ; et à l'affection fraternelle, l'amour.

8 En effet, si ces choses sont en vous et y abondent, elles ne vous laisseront pas inactifs ni stériles pour ce qui concerne la pleine connaissance de notre Seigneur Jésus Christ.

9 Car celui en qui ces choses ne se trouvent pas est aveugle et ne voit pas loin, ayant oublié la purification de ses péchés d'autrefois.

10 C'est pourquoi, frères, appliquez-vous d'autant plus à affermir votre appel et votre élection ; car en faisant ces choses, alors vous ne trébucherez jamais.

11 C'est ainsi, en effet, que l'entrée dans le royaume éternel de notre Seigneur et Sauveur Jésus Christ vous sera largement accordée.

Autorité de l'apôtre et des prophètes

12 C'est pourquoi je veillerai à vous rappeler toujours ces choses, bien que vous les connaissiez et que vous soyez affermis dans la vérité présente.

13 Mais j'estime qu'il est juste, tant que je suis dans cette tente[1], de vous réveiller par [ces] rappels,

— [1] c.-à-d. : ce corps ; comparer avec 2 Cor. 5:1-3.

14 sachant que le moment de déposer ma tente[1] s'approche rapidement, comme notre Seigneur Jésus Christ me l'a aussi clairement montré.

— [1] c.-à-d. : mon corps ; comparer avec 2 Cor. 5:1-3.

15 Mais je m'appliquerai à ce qu'après mon départ vous puissiez aussi vous souvenir en tout temps de ces choses.

16 Car ce n'est pas en suivant des fables habilement imaginées que nous vous avons fait connaître la puissance et la venue de notre Seigneur Jésus Christ, mais parce que nous avons été les témoins oculaires de sa majesté.

17 Car il reçut de Dieu le Père honneur et gloire lorsqu'une telle voix lui fut adressée par la gloire magnifique : « Celui-ci est mon Fils bien-aimé en qui moi, j'ai trouvé mon plaisir. »[1]

— [1] Matt. 17:5.

18 Et cette voix venue du ciel, nous l'avons nous-mêmes entendue lorsque nous étions avec lui sur la sainte montagne.

19 De plus, nous avons la parole prophétique [rendue] plus ferme, à laquelle vous faites bien de prêter attention – comme à une lampe qui brille dans un lieu obscur – jusqu'à ce que [le] jour commence à paraître et que [l']Étoile du matin se lève dans vos cœurs.

20 Sachez tout d'abord ceci, qu'aucune prophétie de l'Écriture n'est d'une interprétation particulière[1].

— [1] littéralement : privée ; c.-à-d. : ne doit pas être considérée isolément.

21 Car [la] prophétie n'est jamais[1] venue par la volonté de l'homme, mais c'est poussés[2] par l'Esprit Saint que des hommes ont parlé de la part de Dieu[3].

— [1] ou : pas autrefois. — [2] littéralement : portés. — [3] certains lisent : de saints hommes de Dieu ont parlé.

Il y aura des faux docteurs

2 Or comme il y a eu de faux prophètes parmi le peuple, de même il y aura aussi parmi vous de faux docteurs[1] qui introduiront furtivement des sectes[2] de perdition, reniant aussi le Maître[3] qui les a achetés, faisant venir sur eux-mêmes une soudaine destruction.

— [1] docteur : maître qui enseigne. — [2] c.-à-d. : écoles ; ou : doctrines (non pas schismes) ; comme en 1 Cor. 11:19. — [3] maître d'un esclave ; ailleurs : seigneur, ou : souverain ; comme en Luc 2:29.

2 Et beaucoup [les] suivront dans leurs débauches et, à cause d'eux, la voie de la vérité sera blasphémée.

3 Et par avidité, ils vous exploiteront avec des paroles trompeuses ; mais depuis longtemps, leur jugement ne reste pas inactif et leur destruction n'est pas en sommeil.

Les leçons du passé

4 [1]En effet, Dieu n'a pas épargné les anges qui avaient péché, mais, les ayant précipités dans l'abîme, il les a livrés pour être gardés dans des chaînes d'obscurité, en vue du jugement.

— [1]les versets 4 à 10a forment une seule phrase dans le texte original.

5 Et il n'a pas épargné l'ancien monde, mais il a préservé Noé, le huitième[1] [des survivants], prédicateur de justice, quand il fit venir [le] Déluge sur un monde d'impies.

— [1] c.-à-d. : avec sept autres ; voir Gen. 7:13.

6 Et réduisant en cendres les villes de Sodome et de Gomorrhe, il les a condamnées par une totale destruction, les donnant comme exemple à ceux qui vivraient dans l'impiété.

7 Et il a délivré le juste Lot qui était accablé par la conduite débauchée de ces [hommes] sans loi.

8 (Car ce juste qui habitait parmi

eux, les voyant et les entendant, tourmentait jour après jour son âme juste à cause de leurs actions iniques[1].)[2]

— [1] actes sans loi, sans frein ; voir 1 Cor. 9:21. — [2] pour les versets 6 à 8, voir Gen. 19.

9 [Ainsi donc,] le Seigneur sait délivrer de l'épreuve les hommes pieux et garder les [hommes] injustes pour le jour du jugement, afin d'être punis.

10 Mais [c'est] spécialement [le cas de] ceux qui courent[1] après la chair, dans la convoitise de l'impureté, et qui méprisent toute autorité.[2] Gens audacieux, arrogants, ils ne tremblent pas en injuriant les êtres glorieux[3],

— [1] littéralement : vont. — [2] les versets 4 à 10a forment une seule phrase dans le texte original. — [3] littéralement : les gloires.

11 tandis que les anges, plus grands en force et en puissance, ne portent pas contre eux de jugement injurieux devant le °Seigneur.

12 Mais ceux-là, comme des animaux dépourvus de raison, destinés par nature à être capturés et détruits, parlant injurieusement des choses qu'ils ignorent, périront aussi dans leur propre corruption.

13 Ils recevront le salaire de l'iniquité[1], eux qui trouvent leur plaisir dans la débauche, en plein jour[2]. [Ils sont] des taches et des souillures, se régalant de leurs propres tromperies tout en faisant des festins avec vous.

— [1] ailleurs aussi : injustice ; comme en Jacq. 3:6. — [2] en contraste avec 1 Thess. 5:7.

14 Leurs yeux sont pleins d'adultère et ils ne cessent jamais de pécher ; ils amorcent les

personnes[1] mal affermies [et] ont le cœur exercé à l'avidité ; ce sont des enfants de malédiction.

— [1] littéralement : âmes.

15 Ayant laissé le droit chemin, ils se sont égarés, ayant suivi le chemin de Balaam, [fils] de Bosor, qui aima le salaire d'iniquité[1].

— [1] ailleurs aussi : injustice ; comme en Jacq. 3:6.

16 Mais il fut repris pour sa propre transgression : une bête de somme muette, parlant d'une voix d'homme, réprima la folie du prophète[1].

— [1] voir Nombres 22.

17 Ceux-là sont des sources sans eau et des nuages poussés par la tempête ; l'obscurité des ténèbres leur est réservée[1].

— [1] plusieurs manuscrits ajoutent : pour toujours.

18 Car en prononçant des discours prétentieux et vides de sens, ils amorcent, par les convoitises de la chair, par leurs débauches, ceux qui avaient depuis peu[1] échappé aux hommes vivant dans l'erreur.

— [1] ou : à peine ; ou : à peu près.

19 Ils leur promettent la liberté alors qu'ils sont eux-mêmes esclaves de la corruption ; car on est esclave de ce par quoi on est vaincu.

20 En effet, après avoir échappé aux souillures du monde par la vraie connaissance du Seigneur et Sauveur Jésus Christ, s'ils se laissent de nouveau enlacer et vaincre par elles, leur dernière condition est pire que la première.

21 Car il aurait mieux valu pour eux ne pas avoir connu la voie de la justice que de se détourner, après l'avoir connue, du saint commandement qui leur avait été transmis.

22 Mais ce que dit le vrai proverbe

leur est arrivé : « Le chien est retourné à son propre vomissement et la truie lavée s'est vautrée dans le bourbier. »[1]

— [1] voir Prov. 26:11.

Les derniers jours

3 [1]Je vous écris déjà, bien-aimés, cette seconde lettre et, dans l'une et dans l'autre, je réveille votre pure intelligence par le rappel [de ces choses].

— [1] les versets 1 à 4 forment une seule phrase dans le texte original.

2 [C'est] afin que vous vous souveniez des paroles qui ont été dites auparavant par les saints prophètes, ainsi que du commandement du Seigneur et Sauveur [enseigné] par vos apôtres.

3 Sachez tout d'abord ceci, qu'aux derniers jours des moqueurs viendront ; ils marcheront dans la moquerie selon leurs propres convoitises,

4 et ils diront : « Où est la promesse de sa venue ? Car depuis que les pères se sont endormis, toutes choses restent dans le même état depuis le commencement de la création. »[1]

— [1] les versets 1 à 4 forment une seule phrase dans le texte original.

5 Car ils ignorent volontairement ceci, que, par la parole de Dieu, des cieux existaient autrefois, ainsi qu'une terre [tirée] des eaux[1] et se tenant au milieu des eaux[1],

— [1] littéralement : de l'eau.

6 par lesquelles le monde d'alors fut détruit, étant submergé par de l'eau[1].

— [1] c.-à-d. : le déluge ; voir Gen. 7 et 8.

7 Mais les cieux et la terre de maintenant sont réservés par la même parole pour le feu, gardés pour le jour du jugement et de la destruction des hommes impies.

8 Et n'ignorez pas cette chose, bien-aimés, c'est qu'un jour est devant le °Seigneur comme 1 000 ans, et 1 000 ans comme un jour.

9 Le °Seigneur ne tarde pas pour ce qui concerne la promesse, comme quelques-uns estiment qu'il y a du retard. Mais il est patient envers vous, ne voulant pas qu'aucun périsse, mais [voulant] que tous parviennent à la repentance.

10 Or le jour du °Seigneur viendra comme un voleur. Et en ce jour-là, les cieux passeront avec un grand fracas, et les éléments enflammés seront dissous, et la terre et les œuvres qui sont sur elle seront brûlées entièrement[1].

— [1] plusieurs manuscrits portent : ne seront pas trouvées.

Le jour de Dieu

11 Toutes ces choses devant donc être dissoutes, quelles [gens] devriez-vous être en sainte conduite et en piété,

12 attendant et hâtant la venue du jour de Dieu, [jour] où les cieux en feu seront dissous et où les éléments enflammés fondront.

13 Mais selon sa promesse, nous attendons de nouveaux cieux et une nouvelle terre, où la justice habite.

14 C'est pourquoi, bien-aimés, en attendant ces choses, appliquez-vous à être trouvés par lui sans tache et irréprochables, dans la paix.

15 Et estimez que la patience de notre Seigneur est [pour le] salut, comme notre bien-aimé frère Paul

vous l'a aussi écrit selon la sagesse qui lui a été donnée.

16 [C'est] ainsi qu'[il le fait] aussi dans toutes ses lettres où il parle de ces choses dont certaines sont difficiles à comprendre, que les [personnes] ignorantes et mal affermies tordent, comme aussi les autres Écritures, pour leur propre destruction.

Exhortation finale

17 Vous donc, bien-aimés, sachant [ces choses] à l'avance, prenez garde, de peur qu'étant entraînés par l'égarement des [hommes] sans loi, vous ne veniez à abandonner[1] votre propre fermeté.

— [1] littéralement : tomber de.

18 Mais grandissez dans la grâce et dans la connaissance de notre Seigneur et Sauveur Jésus Christ. Qu'à lui [soit] la gloire dès maintenant et jusqu'au jour d'éternité ![1]

— [1] plusieurs manuscrits ajoutent : Amen.

1 Jean

Le témoignage de Jean

1 Ce qui était dès le commencement, ce que nous avons entendu, ce que nous avons vu de nos yeux, ce que nous avons contemplé et que nos mains ont touché, concernant la Parole de la vie, [nous vous l'annonçons.]

2 Et la vie a été manifestée, et nous avons vu, et nous rendons témoignage, et nous vous annonçons la vie éternelle qui était auprès du Père et qui nous a été manifestée.

3 Ce que nous avons vu et entendu, nous vous l'annonçons également, afin que vous aussi, vous ayez communion avec nous. Or notre communion est avec le Père et avec son Fils Jésus Christ.

4 Et nous vous écrivons ces choses afin que notre[1] joie soit complète[2].

— [1] plusieurs manuscrits portent : votre. — [2] littéralement : remplie, complétée.

La communion avec Dieu et le pardon des péchés par Jésus Christ

5 Et voici le message que nous avons entendu de lui et que nous vous annonçons : Dieu est lumière et il n'y a en lui aucunes ténèbres.

6 Si nous disons que nous avons communion avec lui et que nous marchions dans les ténèbres, nous mentons et nous ne mettons pas la vérité en pratique.

7 Mais si nous marchons dans la lumière, comme lui-même est dans la lumière, nous avons communion les uns avec les autres, et le sang de Jésus[1] son Fils nous purifie de tout[2] péché.

— [1] plusieurs manuscrits ajoutent : Christ. — [2] ou : chaque.

8 Si nous disons que nous n'avons pas de péché[1], nous nous séduisons nous-mêmes et la vérité n'est pas en nous.

— [1] c.-à-d. : le péché en nous.

9 Si nous confessons nos péchés, il est fidèle et juste pour nous pardonner nos péchés et nous purifier de toute iniquité[1].

— [1] ailleurs aussi : injustice.

10 Si nous disons que nous n'avons pas péché, nous le faisons menteur, et sa Parole n'est pas en nous.

2 Mes enfants, je vous écris ces choses afin que vous ne péchiez pas. Mais si quelqu'un a péché, nous avons un avocat[1] auprès du Père, Jésus Christ le juste.

— [1] avocat : celui qui assiste, défend, soutient ; ailleurs : Consolateur (Jean 14 à 16) ; c'est quelqu'un qui soutient la cause d'une personne, et lui vient en aide, et l'assiste.

2 Et lui est la propitiation pour nos péchés, et non seulement pour les nôtres, mais aussi pour le monde entier.

Celui qui connaît Jésus Christ garde sa Parole

3 Et à ceci nous savons que nous le connaissons : si nous gardons ses commandements.

4 Celui qui dit : « Je le connais », mais ne garde pas ses commandements, est un menteur et la vérité n'est pas en lui.

5 Mais celui qui garde sa Parole, en lui l'amour de Dieu est vraiment rendu parfait[1]. À cela, nous savons que nous sommes en lui.

— [1] ou : accompli.

6 Celui qui dit demeurer en lui, doit lui-même aussi marcher comme lui a marché.

L'amour pour les frères

7 Bien-aimés, je ne vous écris pas un commandement nouveau mais un commandement ancien que vous avez eu dès le commencement. Le commandement ancien, c'est la Parole que vous avez entendue.

8 Encore une fois, je vous écris un commandement nouveau – ce qui est vrai en lui et en vous – parce que les ténèbres s'en vont et que la vraie lumière brille déjà.

9 Celui qui dit être dans la lumière et qui déteste son frère est dans les ténèbres jusqu'à maintenant.

10 Celui qui aime son frère demeure dans la lumière, et il n'y a pas en lui de cause de chute.

11 Mais celui qui déteste son frère est dans les ténèbres. Et il marche dans les ténèbres, et il ne sait pas où il va, parce que les ténèbres ont aveuglé ses yeux.

Trois degrés de maturité spirituelle

12 Je vous écris, enfants[1], parce que vos péchés vous sont pardonnés à cause de son nom.

— [1] enfants : terme général évoquant la filiation ; aux versets 13 et 18, l'appellation « petits enfants » marque le jeune âge ; les « enfants » des versets 12 et 28 englobent les trois catégories : petits enfants, jeunes gens et pères.

13 Je vous écris, pères, parce que vous connaissez[1] celui qui est dès le commencement.

Je vous écris, jeunes gens, parce que vous avez vaincu[2] le Méchant.

— [1] c.-à-d. : vous avez connu et vous connaissez. — [2] vous avez vaincu et êtes victorieux.

14 Je vous ai écrit, petits enfants, parce que vous connaissez[1] le Père.

Je vous ai écrit, pères, parce que vous connaissez[1] celui qui est dès le commencement.

Je vous ai écrit, jeunes gens, parce que vous êtes forts, et que la parole de Dieu habite en vous, et que vous avez vaincu[2] le Méchant.

— [1] c.-à-d. : vous avez connu et vous connaissez. — [2] vous avez vaincu et êtes victorieux.

«.N'aimez pas le monde ! »

15 N'aimez pas le monde ni les choses qui sont dans le monde. Si quelqu'un aime le monde, l'amour du Père n'est pas en lui.

16 En effet, tout ce qui est dans le monde – la convoitise de la chair, et la convoitise des yeux, et l'orgueil de la vie – ne vient pas du Père, mais vient du monde.

17 Or le monde s'en va et sa convoitise, mais celui qui fait la volonté de Dieu demeure éternellement.

Les antichrists

18 Petits enfants, c'est la dernière heure. Et comme vous avez entendu [dire] que l'Antichrist vient, il y a aussi maintenant beaucoup d'antichrists. Par conséquent, nous savons que c'est la dernière heure.

19 Ils sont sortis du milieu de nous, mais ils n'étaient pas des nôtres[1], car s'ils avaient été des nôtres[1], ils seraient restés avec nous. Mais c'est afin qu'ils soient tous manifestés comme n'étant pas des

nôtres[1].

— [1] littéralement : de nous.

20 Et vous, vous avez l'onction de la part du Saint et vous savez tout[1].

— [1] certains manuscrits portent : et tous, vous savez.

21 Je vous ai écrit, non parce que vous ne connaissez pas la vérité, mais parce que vous la connaissez et qu'aucun mensonge ne vient de la vérité.

22 Qui est le menteur, sinon celui qui nie que Jésus est le Christ ? Celui-là est l'Antichrist, qui nie le Père et le Fils.

23 Quiconque nie le Fils n'a pas non plus le Père ; celui qui reconnaît le Fils a aussi le Père.

24 Pour vous, que ce que vous avez entendu dès le commencement demeure en vous. Si ce que vous avez entendu dès le commencement demeure en vous, vous aussi, vous demeurerez dans le Fils et dans le Père.

25 Et voici la promesse que lui-même nous a faite[1] : la vie éternelle.

— [1] littéralement : promise.

26 Je vous ai écrit ces choses au sujet de ceux qui vous égarent.

27 Mais pour vous, l'onction que vous avez reçue de lui demeure en vous, et vous n'avez pas besoin que quelqu'un vous enseigne. Mais comme son onction vous enseigne à l'égard de toutes choses – et elle est vraie et n'est pas mensonge – demeurez en lui, comme elle vous [l']a aussi enseigné.

28 Et maintenant, enfants[1], demeurez en lui afin que, lorsqu'il sera manifesté, nous ayons de l'assurance et que nous ne soyons pas couverts de honte, loin de lui, à sa venue.

— [1] enfants : terme général évoquant la filiation ; aux versets 13 et 18, l'appellation « petits enfants » marque le jeune âge ; les « enfants » des versets 12 et 28 englobent les trois catégories : petits enfants, jeunes gens et pères.

29 Si vous savez qu'il est juste, sachez aussi que quiconque pratique la justice est né de lui.

Espérance et pureté des enfants de Dieu

3 Voyez de quel amour le Père nous a fait don, que nous soyons appelés enfants de Dieu ! Et nous le sommes. C'est pourquoi le monde ne nous connaît pas, parce qu'il ne l'a pas connu.

2 Bien-aimés, nous sommes maintenant enfants de Dieu, et ce que nous serons n'a pas encore été manifesté. Nous savons que, lorsqu'il sera manifesté, nous lui serons semblables car nous le verrons tel qu'il est.

3 Et quiconque a cette espérance en lui[1] se purifie comme lui est pur.

— [1] c.-à-d. : en Christ qui doit être manifesté.

4 Quiconque commet[1] le péché commet[1] aussi l'iniquité[2] ; et le péché est l'iniquité[2].

— [1] littéralement : fait. — [2] c.-à-d. : une marche sans loi, sans frein.

5 Et vous savez que lui a été manifesté afin qu'il ôte les[1] péchés. Mais [le] péché n'est pas en lui.

— [1] plusieurs manuscrits portent : nos.

6 Quiconque demeure en lui ne pèche pas ; quiconque pèche ne l'a pas vu et ne l'a pas connu.

7 Enfants, que personne ne vous égare. Celui qui pratique la justice est juste, comme lui est juste.

8 Celui qui commet[1] le péché est

du Diable, car le Diable pèche dès le commencement. C'est pour cela que le Fils de Dieu a été manifesté, afin qu'il détruise les œuvres du Diable.

— [1] littéralement : fait.

9 Quiconque est né de Dieu ne commet[1] pas [le] péché, car la semence de Dieu[2] demeure en lui ; et il ne peut pas pécher parce qu'il est né de Dieu.

— [1] littéralement : fait. — [2] littéralement : sa semence.

10 À ceci sont [rendus] manifestes les enfants de Dieu et les enfants du Diable : quiconque ne pratique pas la justice n'est pas de Dieu, ni celui qui n'aime pas son frère.

S'aimer les uns les autres

11 Car voici le message que vous avez entendu dès le commencement : que nous nous aimions les uns les autres,

12 non comme Caïn qui était du Méchant et qui tua son frère. Et pour quelle raison le tua-t-il ? Parce que ses œuvres étaient mauvaises et que celles de son frère étaient justes.

13 Et ne vous étonnez pas, frères, si le monde vous déteste.

14 Nous, nous savons que nous sommes passés de la mort à la vie, parce que nous aimons les frères. Celui qui n'aime pas[1] demeure dans la mort.

— [1] plusieurs manuscrits ajoutent : son frère.

15 Quiconque déteste son frère est un meurtrier, et vous savez qu'aucun meurtrier n'a la vie éternelle demeurant en lui.

16 À ceci nous avons connu[1] l'amour, c'est que lui a laissé[2] sa vie pour nous ; et nous, nous devons laisser[2] notre vie pour les frères.

— [1] nous avons connu et nous connaissons.
— [2] littéralement : déposer.

17 Mais celui qui a les biens[1] de ce monde, et qui voit son frère dans le besoin, et qui lui ferme son cœur[2], comment l'amour de Dieu demeure-t-il en lui ?

— [1] c.-à-d. : biens ou subsistance. — [2] littéralement : ses entrailles.

L'assurance des enfants de Dieu

18 Enfants, n'aimons pas en paroles ni avec la langue, mais en action et en vérité.

19 Et par ceci nous saurons que nous sommes de la vérité, et nous rassurerons[1] nos cœurs devant lui,

— [1] littéralement : persuaderons.

20 c'est que, si notre cœur nous condamne, Dieu est plus grand que notre cœur, et il sait toutes choses.

21 Bien-aimés, si notre cœur ne [nous] condamne pas, nous avons de l'assurance auprès de Dieu.

22 Et quoi que nous demandions, nous le recevons de lui, parce que nous gardons ses commandements et que nous faisons les choses qui sont agréables devant lui.

23 Et voici son commandement : que nous croyions au nom de son Fils Jésus Christ et que nous nous aimions les uns les autres, comme il nous en a donné le commandement.

24 Et celui qui garde ses commandements demeure en Dieu[1] et Dieu[1] en lui ; et [c'est] à ceci que nous savons qu'il demeure en nous, par l'Esprit qu'il nous a donné.

— [1] littéralement : lui.

« Mettez les esprits à l'épreuve ! »

4 Bien-aimés, ne croyez pas tout esprit, mais examinez[1] les esprits [pour savoir] s'ils sont de Dieu ; car beaucoup de faux prophètes sont sortis dans le monde.

— [1] littéralement : examiner en vue d'approuver.

2 À ceci vous connaissez l'Esprit de Dieu : tout esprit qui reconnaît Jésus Christ venu en chair est de Dieu,

3 et tout esprit qui ne reconnaît pas Jésus[1] n'est pas de Dieu. Et c'est là l'esprit[2] de l'Antichrist dont vous avez entendu dire qu'il vient, et qui maintenant est déjà dans le monde.

— [1] plusieurs manuscrits ajoutent : Christ venu en chair. — [2] littéralement : celui ; esprit, dans le sens de : principe.

4 Vous, enfants, vous êtes de Dieu et vous les[1] avez vaincus[2], parce que celui qui est en vous est plus grand que celui qui est dans le monde.

— [1] c.-à-d. : les faux prophètes (verset 1er). — [2] c.-à-d. : vous en êtes victorieux.

5 Eux, ils sont du monde, c'est pourquoi ils parlent à la manière du monde[1] et le monde les écoute.

— [1] littéralement : d'après le monde.

6 Nous, nous sommes de Dieu. Celui qui connaît Dieu nous écoute ; celui qui n'est pas de Dieu ne nous écoute pas. C'est à cela que nous connaissons l'esprit de vérité et l'esprit d'erreur.

L'amour de Dieu pour nous

7 Bien-aimés, aimons-nous les uns les autres, car l'amour vient de Dieu, et quiconque aime est né de Dieu et connaît Dieu.

8 Celui qui n'aime pas n'a pas connu Dieu, car Dieu est amour.

9 En ceci a été manifesté l'amour de Dieu pour[1] nous, c'est que Dieu a envoyé son Fils unique dans le monde afin que nous vivions par lui.

— [1] c.-à-d. : à l'égard de.

10 En ceci est l'amour, non en ce que nous, nous ayons aimé Dieu, mais en ce que lui nous a aimés et qu'il a envoyé son Fils [pour être la] propitiation pour nos péchés.

L'amour de Dieu en nous

11 Bien-aimés, si Dieu nous a ainsi aimés, nous aussi, nous devons nous aimer les uns les autres.

12 Personne n'a jamais vu Dieu. Si nous nous aimons les uns les autres, Dieu demeure en nous et son amour est rendu parfait[1] en nous.

— [1] ou : accompli.

13 À ceci nous savons que nous demeurons en lui et lui en nous, c'est qu'il nous a donné de son Esprit.

14 Et nous, nous avons vu et nous témoignons que le Père a envoyé le Fils [pour être le] Sauveur du monde.

15 Celui qui reconnaît que Jésus est le Fils de Dieu, Dieu demeure en lui et lui en Dieu.

16 Et nous, nous avons connu et cru l'amour que Dieu a pour[1] nous. Dieu est amour et celui qui demeure dans l'amour demeure en Dieu et Dieu demeure en lui.

— [1] c.-à-d. : à l'égard de.

L'amour de Dieu avec nous

17 C'est en cela[1] qu'est rendu parfait[2] l'amour avec nous, afin que nous ayons de l'assurance au jour du jugement, parce que, comme il est, lui, nous sommes, nous aussi, dans ce monde.

— [1] « en cela » renvoie à ce qui précède. — [2] ou : accompli.

18 Il n'y a pas de crainte dans l'amour, mais l'amour parfait chasse la crainte. Car la crainte implique une punition, et celui qui craint n'est pas rendu parfait[1] dans l'amour.

— [1] ou : accompli.

19 Nous, nous aimons parce que lui nous a aimés le premier.

Il est impossible d'aimer Dieu et de haïr son frère

20 Si quelqu'un dit : « J'aime Dieu » et qu'il haïsse son frère, il est menteur. Car celui qui n'aime pas son frère qu'il voit ne peut pas aimer Dieu qu'il ne voit pas.[1]

— [1] plusieurs manuscrits portent : comment peut-il aimer Dieu qu'il ne voit pas ?

21 Et nous avons ce commandement de sa part : Que celui qui aime Dieu aime aussi son frère.

Amour obéissant et foi victorieuse

5 Quiconque croit que Jésus est le Christ est né de Dieu. Et quiconque aime celui qui a engendré aime aussi celui qui est engendré de lui. 2 À ceci nous savons que nous aimons les enfants de Dieu, c'est quand nous aimons Dieu et que nous mettons en pratique ses commandements. 3 Car c'est cela l'amour de Dieu, que nous gardions ses commandements. Et ses commandements ne sont pas pénibles, 4 parce que tout ce qui est né de Dieu est victorieux du monde. Et la victoire qui a vaincu le monde, c'est notre foi. 5 Et qui est celui qui est victorieux du monde, sinon celui qui croit que Jésus est le Fils de Dieu ?

Les témoignages rendus au Fils de Dieu

6 C'est lui qui est venu par [l']eau et par [le] sang, Jésus Christ, non seulement dans [la puissance de] l'eau, mais dans [la puissance de] l'eau et du sang. Et c'est l'Esprit qui rend témoignage, parce que l'Esprit est la vérité. 7 Car il y en a trois qui rendent témoignage : 8 l'Esprit, et l'eau, et le sang ; et les trois sont [d'accord] pour un même [témoignage]. 9 Si nous recevons le témoignage des hommes, le témoignage de Dieu est plus grand ; car c'est là le témoignage de Dieu, [celui] qu'il a rendu au sujet de son Fils. 10 Celui qui croit au Fils de Dieu a le témoignage au-dedans de lui-même. Celui qui ne croit pas Dieu l'a fait menteur, car il n'a pas cru au témoignage que Dieu a rendu au sujet de son Fils. 11 Or voici le témoignage : Dieu nous a donné la vie éternelle, et cette vie est dans son Fils. 12 Celui qui a le Fils a la vie ; celui qui n'a pas le Fils de Dieu n'a pas la vie.

13 Je vous ai écrit ces choses afin que vous sachiez que vous avez la vie éternelle, vous qui croyez au nom du Fils de Dieu.

La prière exaucée

14 Et voici la confiance que nous avons en lui : si nous demandons quelque chose selon sa volonté, il nous écoute. 15 Et si nous savons qu'il nous écoute, quoi que nous demandions, nous savons que nous avons les choses[1] que nous

lui avons demandées.
— [1] littéralement : les demandes.

16 Si quelqu'un voit son frère pécher d'un péché [qui ne conduit] pas à la mort, il demandera [pour lui] et Dieu[1] lui donnera la vie. [Cela vaut] pour ceux qui commettent un péché [qui ne conduit] pas à la mort. Il y a un péché [qui conduit] à la mort ; pour ce péché-là, je ne dis pas qu'il demande.
— [1] littéralement : il.
17 Toute iniquité[1] est [un] péché, mais [tout] péché [ne conduit] pas à la mort.
— [1] ailleurs aussi : injustice.

Conclusion

18 Nous savons que quiconque est né de Dieu ne pèche pas, mais celui qui est né de Dieu se conserve lui-même, et le Méchant ne le touche pas.
19 Nous savons que nous sommes de Dieu et que le monde entier se trouve sous le [pouvoir du] Méchant[1].
— [1] littéralement : dans le Méchant.
20 Or nous savons que le Fils de Dieu est venu, et il nous a donné l'intelligence pour que nous connaissions le vrai [Dieu]. Et nous sommes dans le vrai [Dieu], [c'est-à-dire] dans son Fils Jésus Christ. Celui-ci est le vrai Dieu et la vie éternelle.

21 Enfants, méfiez-vous des idoles !

1 L'ancien à la dame élue et à ses enfants, que moi, j'aime dans [la] vérité – et non seulement moi, mais aussi tous ceux qui connaissent la vérité –

2 à cause de la vérité qui habite en nous et qui sera avec nous pour l'éternité.

3 La grâce, la miséricorde, la paix seront avec nous[1] de la part de Dieu le Père et de la part de[2] Jésus Christ, le Fils du Père, dans [la] vérité et [dans l']amour.

— [1] plusieurs manuscrits portent : vous. — [2] plusieurs manuscrits ajoutent : le Seigneur.

Marcher dans la vérité et dans l'amour

4 Je me suis beaucoup réjoui d'avoir trouvé [quelques-uns] de tes enfants qui marchent dans [la] vérité, comme nous en avons reçu le commandement de la part du Père.

5 Or maintenant, ô dame, je te demande – non comme t'écrivant un commandement nouveau, mais celui que nous avons eu dès le commencement – que nous nous aimions les uns les autres.

6 Et voici ce qu'est l'amour : que nous marchions selon ses commandements. C'est là le commandement que vous avez entendu dès le commencement, afin que vous y marchiez.

Repousser les imposteurs et demeurer dans la doctrine du Christ

7 Car beaucoup d'imposteurs sont sortis dans le monde, ceux qui ne reconnaissent pas Jésus Christ venant en chair. C'est là [ce qui caractérise] l'Imposteur et l'Antichrist.

8 Prenez garde à vous-mêmes afin que vous ne perdiez pas le fruit de notre travail[1], mais que vous receviez un plein salaire.

— [1] littéralement : les choses que nous avons travaillées.

9 Quiconque va au-delà [de l'enseignement reçu] et ne demeure pas dans la doctrine du Christ n'a pas Dieu. Celui qui demeure dans la doctrine, celui-là a le Père et le Fils.

10 Si quelqu'un vient à vous et n'apporte pas cette doctrine, ne le recevez pas dans votre maison et ne le saluez pas.

11 Car celui qui le salue participe à ses mauvaises œuvres.

Salutations

12 Ayant beaucoup de choses à vous écrire, je n'ai pas voulu le faire avec du papier et de l'encre, mais j'espère aller vers vous et vous parler face à face[1], afin que notre joie soit complète.

— [1] littéralement : bouche à bouche.

13 Les enfants de ta sœur élue te saluent.

3 Jean

Adresse

1 L'ancien à Gaïus, le bien-aimé, que moi, j'aime dans [la] vérité.

Gaïus, un exemple à imiter

2 Bien-aimé, je souhaite qu'à tous égards tu prospères et que tu sois en bonne santé, comme prospère [l'état de] ton âme.
3 Car je me suis beaucoup réjoui quand des frères sont venus et ont rendu témoignage à la vérité qui est en toi, comment toi, tu marches dans la vérité.
4 Je n'ai pas de plus grande joie que ceci, que j'entende dire que mes enfants marchent dans la vérité.

5 Bien-aimé, tu agis fidèlement dans tout ce que tu fais envers les frères, et cela, [même envers ceux qui sont] étrangers,
6 qui ont rendu témoignage à ton amour devant l'assemblée. Et tu feras bien de les aider à voyager d'une manière digne de Dieu,
7 car ils sont sortis pour le Nom, ne recevant rien de ceux des nations.
8 Nous, nous devons donc recevoir de tels hommes, afin que nous coopérions avec la vérité.

Diotrèphe, un contre-exemple à éviter

9 J'ai écrit quelque chose à l'assemblée, mais Diotrèphe qui aime être le premier parmi eux ne nous reçoit pas.
10 C'est pourquoi, si je viens, je me souviendrai des œuvres qu'il fait en débitant de méchantes paroles contre nous. Et non content de cela, il ne reçoit pas lui-même les frères, et ceux qui voudraient [les recevoir], il [les en] empêche et [les] chasse de l'assemblée.

Démétrius, un exemple à imiter

11 Bien-aimé, n'imite pas le mal, mais le bien. Celui qui fait le bien est de Dieu ; celui qui fait le mal n'a pas vu Dieu.
12 Démétrius a le témoignage de tous et de la vérité elle-même. Et nous aussi, nous [lui] rendons témoignage, et tu sais que notre témoignage est vrai.

Salutations

13 J'avais beaucoup de choses à t'écrire, mais je ne veux pas t'écrire avec l'encre et la plume,
14 car j'espère te voir bientôt, et nous parlerons face à face[1].

— [1] littéralement : bouche à bouche.

15 [Que la] paix soit avec toi. Les amis te saluent. Salue les amis, chacun par son nom.

Jude

Salutation

1 Jude, esclave de Jésus Christ et frère de Jacques, à ceux qui sont appelés, bien-aimés en Dieu le Père et gardés en[1] Jésus Christ :
— [1] ou : par.

2 Que la miséricorde, et la paix, et l'amour vous soient multipliés !

But de la lettre : exhortation à combattre pour la foi, c'est-à-dire pour la bonne doctrine

3 Bien-aimés, alors que je m'empressais de vous écrire au sujet de notre commun salut, je me suis trouvé dans la nécessité de vous écrire pour vous exhorter à combattre pour la foi[1] qui a été transmise aux saints une fois [pour toutes].
— [1] foi, ici : ensemble de la doctrine chrétienne.

4 Car certains hommes se sont glissés [parmi les fidèles], inscrits à l'avance [et] depuis longtemps pour ce jugement[1], des impies qui changent la grâce de notre Dieu en débauche et qui renient notre seul Maître[2] et Seigneur Jésus Christ.
— [1] ici, la chose mise à leur charge. — [2] maître d'un esclave ; ailleurs : seigneur, ou : souverain ; comme en Luc 2:29.

Rappel des jugements passés pour indiquer le sort réservé aux faux docteurs

5 Or je veux vous rappeler, à vous qui connaissez tout cela une fois [pour toutes], que le Seigneur[1], ayant délivré le peuple du pays d'Égypte, a détruit ensuite ceux qui n'ont pas cru.
— [1] plusieurs manuscrits portent : Jésus (ou : Josué).

6 Et il a réservé dans des liens éternels, sous l'obscurité, pour le jugement du grand jour, les anges qui n'ont pas gardé leur première condition[1], mais qui ont abandonné leur propre demeure.
— [1] littéralement : leur commencement.

7 Quant à Sodome, et Gomorrhe[1], et les villes des environs, qui s'étaient abandonnées à la fornication de la même manière qu'eux et qui étaient allées après une autre chair, elles sont là comme exemple, subissant la peine d'un feu éternel.
— [1] voir Gen. 19.

Les agissements des faux docteurs vis-à-vis des autorités célestes

8 Cependant, de la même manière, ces rêveurs, eux aussi, souillent la chair, et méprisent [toute] autorité, et injurient les êtres glorieux[1].
— [1] littéralement : les gloires.

9 Mais quand Michel l'archange, s'opposant au Diable, discutait au sujet du corps de Moïse, il n'osa pas porter un jugement injurieux contre [lui], mais il dit : « Que le °Seigneur te réprimande ! »

10 Or ceux-là injurient tout ce qu'ils ne connaissent pas, et se détruisent eux-mêmes dans tout ce qu'ils ne comprennent que d'une manière naturelle[1], comme des bêtes dépourvues de raison.
— [1] c.-à-d. : selon leur nature.

11 Malheur à eux, car ils ont suivi le chemin de Caïn[1], et se sont abandonnés à l'égarement de Balaam[2] pour une récompense, et ont péri dans la révolte de Coré[3].
— [1] voir Gen. 4. — [2] voir Nombres 22 à 24. — [3] voir Nombres 16.

12 Ceux-là sont des taches[1] dans vos agapes, faisant des festins avec vous, sans crainte, se nourrissant eux-mêmes. [Ce sont] des nuages sans eau, emportés par les vents ; des arbres de fin d'automne, sans fruit, deux fois morts, déracinés ;

— [1] ou : écueils.

13 des vagues furieuses de la mer, rejetant l'écume de leur propre honte ; des étoiles errantes à qui l'obscurité des ténèbres est réservée pour toujours.

Jugement annoncé par Énoch

14 Or Énoch, le septième depuis Adam, a aussi prophétisé à leur sujet[1], en disant : « Voici, le Seigneur est venu au milieu de[2] ses saintes myriades[3]

— [1] littéralement : pour ceux-là. — [2] ou : avec. — [3] une myriade est un nombre de 10 000.

15 pour exécuter le jugement contre tous et pour les convaincre[1] de toutes leurs œuvres d'impiété qu'ils ont commises de façon impie, et de toutes les [paroles] dures qu'en pécheurs impies ils ont proférées contre lui.

— [1] littéralement : pour convaincre toute âme ; plusieurs manuscrits portent : pour convaincre tous les impies.

16 Ceux-là sont des hommes qui murmurent, qui se plaignent de leur sort, qui marchent selon leurs propres convoitises – tandis que leur bouche prononce des discours prétentieux – et qui admirent les hommes par motif d'intérêt.

Exhortations adressées aux chrétiens fidèles

17 Mais vous, bien-aimés, souvenez-vous des paroles qui ont été dites à l'avance par les apôtres de notre Seigneur Jésus Christ,

18 comment ils vous disaient qu'au dernier temps il y aurait des moqueurs marchant selon leurs propres convoitises d'impiété.

19 Ceux-là sont ceux qui créent des divisions, des hommes naturels[1], n'ayant pas l'Esprit.

— [1] c.-à-d. : des hommes animés seulement par leur âme créée, sans l'enseignement et la puissance du Saint Esprit.

20 Mais vous, bien-aimés, vous édifiant vous-mêmes sur votre très sainte foi[1], priant par le Saint Esprit,

— [1] foi, ici : ensemble de la doctrine chrétienne.

21 maintenez-vous dans l'amour de Dieu, attendant la miséricorde de notre Seigneur Jésus Christ pour la vie éternelle.

22 Et usez de miséricorde envers ceux qui hésitent[1].

— [1] plusieurs manuscrits portent : Et reprenez ceux qui contestent.

23 Et pour d'autres, sauvez-les en les arrachant du feu avec crainte. Et pour d'autres [encore], usez de miséricorde, avec crainte, haïssant même le vêtement souillé par la chair.

Louange finale

24 Or à celui qui a le pouvoir de vous garder sans que vous trébuchiez et de vous faire tenir devant sa gloire, sans tache, avec abondance de joie,

25 au seul Dieu, notre Sauveur, par notre Seigneur Jésus Christ, [soient] gloire, majesté, force et autorité, dès avant tout siècle, et maintenant, et pour tous les siècles ! Amen.

1 Révélation[1] de Jésus Christ, que Dieu lui a donnée pour montrer à ses esclaves les choses qui doivent arriver bientôt. Et, l'envoyant par son ange, il l'a fait connaître à son esclave Jean

— [1] grec : apokalupsis ; d'où le nom du livre : Apocalypse.

2 qui a rendu témoignage de la parole de Dieu et du témoignage de Jésus Christ, [de] tout ce qu'il a vu.

3 Bienheureux celui qui lit, et ceux qui écoutent les paroles de la prophétie et qui gardent les choses qui y sont écrites, car le temps est proche !

Message aux sept assemblées d'Asie

4 Jean, aux sept assemblées qui sont en Asie : Grâce et paix à vous de la part de Celui qui est[1], et qui était, et qui vient, et de la part des sept Esprits qui sont devant son trône,

— [1] c.-à-d. : la nature essentielle de l'Être.

5 et de la part de Jésus Christ, le Témoin fidèle, le Premier-Né des morts et le Prince des rois de la terre ! À Celui qui nous aime et qui nous a délivrés de nos péchés par[1] son sang

— [1] plusieurs manuscrits portent : lavés de nos péchés dans.

6 – et il a fait de nous un royaume, des sacrificateurs[1] pour son Dieu et Père – à lui [soient] la gloire et la puissance aux siècles *[des siècles]* ! Amen.

— [2] ou : prêtres.

7 Voici, il vient avec les nuées et tout œil le verra, même ceux qui l'ont transpercé ; et toutes les tribus de la terre[1] se lamenteront à cause de lui. Oui, amen !

— [1] ou : du pays ; voir Matt. 5:5 et Psaume 37:11.

8 Moi, je suis l'Alpha et l'Oméga[1], dit le °Seigneur Dieu, Celui qui est, et qui était, et qui vient, le Tout-Puissant.

— [1] alpha et oméga : première et dernière lettre de l'alphabet grec.

La vision de l'apôtre Jean

9 Moi, Jean, qui suis votre frère et qui ai part avec vous à l'affliction, et au royaume, et à la persévérance en Jésus, j'étais dans l'île appelée Patmos pour la parole de Dieu et pour le témoignage de Jésus.

10 Je fus en esprit, le jour du Seigneur[1], et j'entendis derrière moi une voix forte, comme d'une trompette,

— [1] c.-à-d. : un dimanche.

11 qui disait : « Ce que tu vois, écris-le dans un livre et envoie-le aux sept assemblées : à Éphèse, et à Smyrne, et à Pergame, et à Thyatire, et à Sardes, et à Philadelphie, et à Laodicée[1]. »

— [1] sept villes d'Asie Mineure (voir verset 4).

12 Et je me retournai pour voir [quelle était] la voix qui me parlait. Alors, m'étant retourné, je vis sept chandeliers[1] d'or,

— [1] littéralement : porte-lampes.

13 et au milieu des chandeliers, [quelqu'un de] semblable au Fils de l'homme[1], revêtu d'une robe qui allait jusqu'aux pieds, et portant autour de la poitrine une ceinture d'or.

— [1] littéralement : à un fils d'homme ; de même en 14:14 ; comparer avec Daniel 7:13 ; 10:5-6.

14 Et sa tête et ses cheveux étaient blancs comme de la laine blanche, comme de la neige, et ses yeux comme une flamme de feu.

15 Et ses pieds [étaient] semblables à du bronze brillant, comme enflammés dans une fournaise, et sa voix comme un bruit[1] de grandes eaux.

— [1] littéralement : une voix.

16 Et il avait dans sa main droite sept étoiles ; et de sa bouche sortait une épée acérée à deux tranchants ; et son visage [était] comme le soleil [quand il] brille dans sa force.

17 Mais lorsque je le vis, je tombai à ses pieds comme mort. Alors il mit sa [main] droite sur moi, en disant : « Ne crains pas ! Moi, je suis le Premier, et le Dernier,

18 et le Vivant. Et j'ai été mort et voici, je suis vivant aux siècles des siècles, et je tiens les clefs de la mort et de l'Hadès[1].

— [1] Hadès : expression très vague, comme Shéol dans l'Ancien Testament ; le lieu invisible où les âmes des hommes vont après la mort ; distinct de Géhenne, le lieu des tourments infernaux.

19 Écris donc les choses que tu as vues, et les choses qui sont, et les choses qui doivent arriver après celles-ci.

20 [Quant au] mystère des sept étoiles que tu as vues dans ma [main] droite, et des sept chandeliers d'or, [le voici] : les sept étoiles sont [les] anges[1] des sept assemblées et les sept chandeliers sont [les] sept assemblées.

— [1] ou : messagers.

Lettre à l'assemblée qui est à Éphèse

2 « À l'ange[1] de l'assemblée qui est à Éphèse, écris : "Voici ce que dit Celui qui tient ferme les sept étoiles dans sa [main] droite, qui marche au milieu des sept chandeliers d'or :

— [1] ou : messager.

2 Je connais tes œuvres, et ton travail, et ta persévérance, et [je sais] que tu ne peux pas supporter les méchants. Et tu as mis à l'épreuve ceux qui se disent apôtres – mais ils ne le sont pas – et tu les as trouvés menteurs.

3 Et tu as de la persévérance, et tu as supporté [des afflictions] à cause de mon nom, et tu ne t'es pas lassé.

4 Mais j'ai contre toi que tu as abandonné ton premier amour.

5 Souviens-toi donc d'où tu es tombé, et repens-toi, et fais les premières œuvres ! Mais sinon, je viendrai à toi et j'ôterai ton chandelier de sa place, à moins que tu ne te repentes.

6 Mais tu as ceci [pour toi], que tu détestes les œuvres des Nicolaïtes, lesquelles je déteste moi aussi.

7 « Que celui qui a des oreilles écoute ce que l'Esprit dit aux assemblées !

« À celui qui vaincra, je donnerai à manger de l'arbre de la vie qui est dans le paradis de Dieu."

Lettre à l'assemblée qui est à Smyrne

8 « Et à l'ange de l'assemblée qui est à Smyrne, écris : "Voici ce que dit le Premier et le Dernier, [Celui] qui a été mort et qui est revenu à la

vie :

9 Je connais ton affliction et ta pauvreté – mais tu es riche – et l'outrage[1] de ceux qui se disent juifs. Or ils ne le sont pas, mais ils sont une synagogue de Satan.

— [1] ou : le blasphème.

10 Ne crains en aucune manière les choses que tu vas souffrir. Voici, le Diable va jeter en prison [quelques-uns] d'entre vous, afin que vous soyez mis à l'épreuve, et vous aurez une détresse pendant dix jours. Sois fidèle jusqu'à la mort et je te donnerai la couronne de vie !

11 « Que celui qui a des oreilles écoute ce que l'Esprit dit aux assemblées !
« Celui qui vaincra n'aura absolument pas à souffrir de la seconde mort."

Lettre à l'assemblée qui est à Pergame

12 « Et à l'ange de l'assemblée qui est à Pergame, écris : "Voici ce que dit Celui qui a l'épée acérée à deux tranchants :

13 Je sais où tu habites, là où est le trône de Satan. Et tu tiens ferme mon nom et tu n'as pas renié ma foi, même dans les jours où Antipas était mon fidèle témoin, lequel a été mis à mort parmi vous, là où Satan habite.

14 Mais j'ai certaines choses contre toi, car tu as là des gens attachés à la doctrine de Balaam, lequel enseignait à Balak à jeter une pierre d'achoppement devant les fils d'Israël pour qu'ils mangent ce qui est sacrifié aux idoles et pour qu'ils commettent la fornication[1].

— [1] voir Nombres 25:1-3 et 31:16.

15 Ainsi, toi aussi, tu as des gens attachés de la même manière à la doctrine des Nicolaïtes.

16 Repens-toi donc ! Mais sinon je viens à toi rapidement et je les combattrai avec l'épée de ma bouche.

17 « Que celui qui a des oreilles écoute ce que l'Esprit dit aux assemblées !
« À celui qui vaincra, je donnerai de la manne cachée. Et je lui donnerai un caillou blanc, et, sur le caillou, un nouveau nom écrit que personne ne connaît sinon celui qui le reçoit."

Lettre à l'assemblée qui est à Thyatire

18 « Et à l'ange de l'assemblée qui est à Thyatire, écris : "Voici ce que dit le Fils de Dieu, [Celui] qui a les yeux comme une flamme de feu, et dont les pieds sont semblables à du bronze brillant :

19 Je connais tes œuvres, et ton amour, et ta foi, et ton service, et ta persévérance, et tes dernières œuvres plus nombreuses que les premières.

20 Mais j'ai contre toi que tu laisses faire la femme Jésabel[1] qui se dit prophétesse. Et elle enseigne et égare mes esclaves [en les entraînant] à commettre la fornication et à manger ce qui est sacrifié aux idoles.

— [1] allusion probable à l'épouse païenne et idolâtre d'Achab, roi d'Israël ; voir 1 Rois 16:31 ; 21:25.

21 Or je lui ai donné du temps afin qu'elle se repente, mais elle ne veut pas se repentir de sa fornication.

22 Voici, je la jette sur un lit, dans une grande détresse, avec ceux qui commettent l'adultère avec elle,

à moins qu'ils ne se repentent de ses[1] œuvres.

— [1] plusieurs manuscrits portent : leurs.

23 Et je frapperai de mort[1] ses enfants. Et toutes les assemblées sauront que moi, je suis Celui qui sonde les reins et les cœurs ; et je vous donnerai à chacun selon vos œuvres.

— [1] littéralement : je ferai mourir de mort.

24 Mais à vous, aux autres qui sont à Thyatire, à tous ceux qui n'ont pas cette doctrine, qui n'ont pas connu les profondeurs de Satan comme ils les appellent, je dis : Je ne vous impose pas d'autre charge. 25 Seulement, ce que vous avez, tenez-le ferme jusqu'à ce que je vienne.

26 « Et celui qui vaincra et celui qui gardera mes œuvres jusqu'à la fin, je lui donnerai autorité sur les nations. 27 Et il les fera paître avec un sceptre de fer, comme sont brisés les vases d'argile, 28 selon que j'[en] ai moi-même reçu [le pouvoir] de mon Père. Et je lui donnerai l'étoile du matin.

29 « Que celui qui a des oreilles écoute ce que l'Esprit dit aux assemblées !"

Lettre à l'assemblée qui est à Sardes

3 « Et à l'ange de l'assemblée qui est à Sardes, écris : "Voici ce que dit Celui qui a les sept Esprits de Dieu et les sept étoiles : Je connais tes œuvres, [je sais] que tu as la réputation d'être vivant[1], mais tu es mort.

— [1] littéralement : tu as le nom de vivre.

2 Sois vigilant et affermis ce qui reste, qui est sur le point de mourir,

car je n'ai pas trouvé tes œuvres parfaites devant mon Dieu. 3 Souviens-toi donc comment tu as reçu et entendu [la Parole], et garde[-la][1], et repens-toi. Si donc tu ne veilles pas, je viendrai comme un voleur et tu ne sauras certainement pas à quelle heure je viendrai sur toi.

— [1] ou : prends garde.

4 Toutefois tu as quelques noms à Sardes qui n'ont pas souillé leurs vêtements. Alors ils marcheront avec moi en [vêtements] blancs, car ils [en] sont dignes.

5 « Ainsi celui qui vaincra sera habillé de vêtements blancs, et je n'effacerai certainement pas son nom du livre de vie, et je reconnaîtrai son nom devant mon Père et devant ses anges.

6 « Que celui qui a des oreilles écoute ce que l'Esprit dit aux assemblées !"

Lettre à l'assemblée qui est à Philadelphie

7 « Et à l'ange de l'assemblée qui est à Philadelphie, écris : "Voici ce que dit le Saint, le Véritable, Celui qui a la clef de David, Celui qui ouvre et personne ne fermera, [celui] qui ferme et personne n'ouvrira[1] :

— [1] littéralement : n'ouvre.

8 Je connais tes œuvres. Voici, j'ai mis devant toi une porte ouverte[1] que personne ne peut fermer. Car tu as peu de force, et tu as gardé ma Parole, et tu n'as pas renié mon nom.

— [1] proprement : qui a été ouverte.

9 Voici, je livre[1] [des gens] de la synagogue de Satan, ceux qui disent eux-mêmes être juifs ; et ils

ne le sont pas, mais ils mentent. Voici, je les ferai venir se prosterner devant tes pieds, et ils sauront que moi, je t'ai aimé.

— [1] littéralement : donne.

10 Parce que tu as gardé la parole de ma persévérance, moi aussi, je te garderai de l'heure de l'épreuve qui va venir sur la terre habitée tout entière pour mettre à l'épreuve ceux qui habitent sur la terre.

11 Je viens bientôt[1] ; tiens ferme ce que tu as afin que personne ne prenne ta couronne !

— [1] littéralement : vite.

12 « Celui qui vaincra, je ferai de lui une colonne dans le Temple[1] de mon Dieu, et il ne sortira plus jamais dehors. Et j'écrirai sur lui le nom de mon Dieu et le nom de la cité de mon Dieu – la nouvelle Jérusalem qui descend du ciel d'auprès de mon Dieu – et mon nouveau nom.

— [1] le Temple proprement dit, la maison même ; non pas tout l'ensemble des cours et bâtiments sacrés ; ici et dans toute l'Apocalypse.

13 « Que celui qui a des oreilles écoute ce que l'Esprit dit aux assemblées !"

Lettre à l'assemblée qui est à Laodicée

14 « Et à l'ange de l'assemblée qui est à Laodicée, écris : "Voici ce que dit l'Amen, le Témoin fidèle et véritable, le Commencement de la création de Dieu :

15 Je connais tes œuvres, [je sais] que tu n'es ni froid ni bouillant. Si seulement tu étais froid ou bouillant !

16 Ainsi, parce que tu es tiède et que tu n'es ni bouillant ni froid, je vais te vomir de ma bouche.

17 Parce que tu dis : 'Je suis riche, et je me suis enrichi, et je n'ai besoin de rien', et que tu ne sais pas que toi, tu es malheureux, et pitoyable, et pauvre, et aveugle, et nu,

18 je te conseille d'acheter d'auprès de moi de l'or purifié[1] par le feu afin que tu deviennes[2] riche, et des vêtements blancs afin que tu sois habillé et que la honte de ta nudité ne paraisse pas, et un collyre pour oindre tes yeux afin que tu voies[2].

— [1] littéralement : enflammé. — [2] proprement : que tu sois devenu, arrivé à cet état ; de même pour « que tu voies » à la fin du verset.

19 Moi, je reprends et je corrige tous ceux que j'aime. Aie donc du zèle et repens-toi !

20 Voici, je me tiens à la porte et je frappe. Si quelqu'un entend ma voix et ouvre la porte, *[alors]* j'entrerai chez lui, et je dînerai avec lui, et lui avec moi.

21 « Celui qui vaincra, je lui donnerai de s'asseoir avec moi sur mon trône, comme moi aussi, j'ai vaincu et je me suis assis avec mon Père sur son trône.

22 « Que celui qui a des oreilles écoute ce que l'Esprit dit aux assemblées !" »

Le trône de Dieu, les 24 Anciens et les 4 Êtres vivants

4 Après ces choses, je regardai et voici, une porte était ouverte dans le ciel, et la première voix que j'avais entendue, comme d'une trompette, parlant avec moi[1], disait : « Monte ici et je te montrerai les choses qui doivent arriver après celles-ci. »

— [1] voir 1:10.

2 Aussitôt je fus en Esprit. Et voici, un trône était placé dans le ciel, et sur le trône [quelqu'un était] assis.
3 Et Celui qui était assis avait l'aspect d'une pierre de jaspe et de sardoine, et, tout autour du trône, [se trouvait] un arc-en-ciel ayant l'aspect d'une émeraude.
4 Et tout autour du trône [il y avait] 24 trônes, et, assis sur les trônes, 24 Anciens, habillés de vêtements blancs et [ayant] des couronnes d'or sur leurs têtes.
5 Et du trône sortent des éclairs, et des voix, et des tonnerres. Et 7 lampes[1] de feu brûlent devant le trône, lesquelles sont les 7 Esprits de Dieu.
— [1] lampe, ailleurs : flambeau.

6 Et devant le trône, [il y a] comme une mer de verre, semblable à du cristal. Et au milieu du trône et tout autour du trône [se tiennent] 4 Êtres vivants pleins d'yeux devant et derrière.
7 Et le 1er Être vivant [est] semblable à un lion ; et le 2e Être vivant [est] semblable à un veau ; et le 3e Être vivant a le visage comme [celui] d'un homme ; et le 4e Être vivant [est] semblable à un aigle qui vole.
8 Et les 4 Êtres vivants – chacun d'eux ayant 6 ailes – sont pleins d'yeux, tout autour et au-dedans. Et ils ne cessent pas de dire jour et nuit : « Saint, saint, saint [est le] °Seigneur Dieu, le Tout-Puissant[1], Celui qui était, et qui est, et qui vient. »
— [1] voir Ésaïe 6:2-3.

9 Et quand les Êtres vivants rendront gloire, et honneur, et actions de grâces à Celui qui est assis sur le trône, à Celui qui vit aux siècles des siècles,
10 les 24 Anciens tomberont [sur leurs faces] devant Celui qui est assis sur le trône, et ils se prosterneront devant Celui qui vit aux siècles des siècles. Alors ils jetteront leurs couronnes devant le trône, en disant :
11 « Tu es digne, notre Seigneur et notre Dieu, de recevoir la gloire, et l'honneur, et la puissance ; car c'est toi qui as créé toutes choses, et c'est à cause de ta volonté qu'elles étaient et qu'elles furent créées. »

Le livre scellé de 7 sceaux et l'Agneau au milieu du trône

5 Alors je vis, dans la [main] droite de Celui qui était assis[1] sur le trône, un livre écrit au-dedans et au-dehors[2], scellé de 7 sceaux.
— [1] ou : qui est assis ; c'est un titre : « Celui qui est assis sur le trône ». — [2] le livre avait la forme d'un rouleau ; voir 6:14.

2 Et je vis un ange puissant, proclamant d'une voix forte : « Qui est digne d'ouvrir le livre et d'en rompre les sceaux ? »
3 Mais personne, ni dans le ciel, ni sur la terre, ni au-dessous de la terre ne pouvait ouvrir le livre ni le regarder.
4 Et je pleurais beaucoup parce que personne n'était trouvé digne d'ouvrir le livre ni de le regarder.
5 Mais l'un des Anciens me dit : « Ne pleure pas ! Voici, le lion qui est de la tribu de Juda[1], la racine de David, a vaincu pour ouvrir le livre et ses 7 sceaux. »
— [1] comparer avec Gen. 49:9.

6 Et je vis au milieu du trône et des 4 Êtres vivants, et au milieu des Anciens, un agneau qui se tenait là comme immolé, ayant 7 cornes et

7 yeux, qui sont les *[7]* Esprits de Dieu envoyés sur toute la terre.

7 Et il vint et prit [le livre] de la [main] droite de Celui qui était assis[1] sur le trône.

— [1] ou : qui est assis ; c'est un titre : « Celui qui est assis sur le trône ».

8 Et lorsqu'il eut pris le livre, les 4 Êtres vivants et les 24 Anciens tombèrent [sur leurs faces] devant l'Agneau, ayant chacun une harpe et des coupes d'or pleines de parfums, qui sont les prières des saints.

9 Et ils chantent un cantique nouveau, en disant : « Tu es digne de prendre le livre et d'en ouvrir les sceaux, car tu as été immolé et tu as acheté pour Dieu par ton sang [des hommes] venant de toute tribu, et [de toute] langue, et [de tout] peuple, et [de toute] nation.

10 Et tu as fait d'eux un royaume et des sacrificateurs pour notre Dieu, et ils régneront sur la terre. »

11 Alors je regardai et j'entendis une voix de beaucoup d'anges tout autour du trône, et des Êtres vivants, et des Anciens. Et leur nombre était des myriades[1] de myriades et des milliers de milliers.

— [1] une myriade est un nombre de 10 000.

12 Ils disaient d'une voix forte : « Digne est l'Agneau qui a été immolé de recevoir la puissance, et la richesse, et la sagesse, et la force, et l'honneur, et la gloire, et la bénédiction. »

13 Et toutes les créatures qui sont dans le ciel, et sur la terre, et au-dessous de la terre, et sur la mer, et toutes les choses qui s'y trouvent, je [les] entendis qui disaient : « À Celui qui est assis sur le trône et à l'Agneau [soient] la bénédiction, et l'honneur, et la

gloire, et la puissance aux siècles des siècles ! »

14 Et les 4 Êtres vivants disaient : « Amen ! » Et les Anciens tombèrent [sur leurs faces] et se prosternèrent.

Ouverture des six premiers sceaux de jugement

6 Et je regardai, lorsque l'Agneau ouvrit l'un des sept sceaux, et j'entendis l'un des quatre Êtres vivants qui disait, comme d'une voix de tonnerre : « Viens ! »

2 Alors je regardai, et voici un cheval blanc, et celui qui était assis dessus avait un arc. Et une couronne lui fut donnée et il sortit en vainqueur et pour vaincre.

3 Et lorsqu'il ouvrit le deuxième sceau, j'entendis le deuxième Être vivant qui disait : « Viens ! »

4 Alors il sortit un autre cheval, rouge feu. Et à celui qui était assis dessus, il fut donné d'ôter la paix de la terre afin que les hommes[1] s'égorgent les uns les autres. Et une grande épée lui fut donnée.

— [1] littéralement : ils.

5 Et lorsqu'il ouvrit le troisième sceau, j'entendis le troisième Être vivant qui disait : « Viens ! » Alors je regardai, et voici un cheval noir, et celui qui était assis dessus avait une balance dans sa main.

6 Et j'entendis comme une voix qui disait au milieu des quatre Êtres vivants : « Une mesure[1] de blé pour un denier[2] et trois mesures d'orge pour un denier ; et ne touche pas[3] à l'huile et au vin. »

— [1] 1 mesure = 1,1 litre environ. — [2] un denier romain correspondait au salaire journalier d'un ouvrier ; voir Matt. 20:2. — [3] littéralement : ne fais pas de mal.

7 Et lorsqu'il ouvrit le quatrième sceau, j'entendis la voix du quatrième Être vivant qui disait : « Viens ! »

8 Alors je regardai, et voici un cheval verdâtre, et celui qui était assis dessus avait pour nom « la Mort ». Et l'Hadès[1] l'accompagnait[2]. Et il leur fut donné le pouvoir, sur le quart de la terre, de tuer par l'épée, et par la famine, et par la mort, et par les bêtes sauvages de la terre.

— [1] Hadès : expression très vague, comme Shéol dans l'Ancien Testament ; le lieu invisible où les âmes des hommes vont après la mort ; distinct de Géhenne, le lieu des tourments infernaux. — [2] littéralement : suivait avec lui.

9 Et lorsqu'il ouvrit le cinquième sceau, je vis sous l'autel les âmes de ceux qui avaient été égorgés à cause de la parole de Dieu et à cause du témoignage qu'ils avaient [rendu].

10 Et elles criaient d'une voix forte, en disant : « Jusqu'à quand, ô Souverain[1] saint et véritable, ne juges-tu pas et ne venges-tu pas notre sang sur ceux qui habitent sur la terre ? »

— [1] ailleurs : maître (d'un esclave) ; voir Actes 4:24 et Luc 2:29.

11 Alors une longue robe blanche fut donnée à chacun d'eux. Et il leur fut dit qu'ils se reposent encore un peu de temps, jusqu'à ce que soient au complet, aussi bien leurs compagnons d'esclavage que leurs frères qui devaient être mis à mort comme eux.

12 Et je regardai, lorsqu'il ouvrit le sixième sceau, et il se fit un grand tremblement de terre, et le soleil devint noir comme un sac de crin, et la lune entière devint comme du sang.

13 Puis les étoiles du ciel tombèrent sur la terre, comme lorsqu'un figuier agité par un grand vent jette au loin ses figues tardives.

14 Et le ciel se retira comme un livre qui s'enroule, et toutes les montagnes et les îles furent remuées de leur place.

15 Et les rois de la terre, et les grands [seigneurs], et les chiliarques, et les riches, et les forts, et tous, esclaves et hommes libres se cachèrent dans les cavernes et dans les rochers des montagnes.

16 Et ils disaient aux montagnes et aux rochers : « Tombez sur nous et cachez-nous loin de la face de Celui qui est assis sur le trône et loin de la colère de l'Agneau.

17 Car le grand jour de leur[1] colère est venu, et qui peut résister[2] ? »

— [1] plusieurs manuscrits portent : sa. — [2] littéralement : tenir debout.

L'intervalle avant le septième sceau : les esclaves marqués d'un sceau et la joie des élus dans le ciel

7 Après cela, je vis 4 anges debout aux 4 coins de la terre. Ils retenaient les 4 vents de la terre, afin qu'aucun vent ne souffle sur la terre, ni sur la mer, ni sur aucun arbre.

2 Et je vis un autre ange montant [du côté] du soleil levant, ayant le sceau du Dieu vivant. Et il cria d'une voix forte aux 4 anges à qui il avait été donné de faire du mal à la terre et à la mer,

3 en disant : « Ne faites pas de mal à la terre, ni à la mer, ni aux arbres, jusqu'à ce que nous ayons marqué

d'un sceau le front des esclaves de notre Dieu. »

4 Et j'entendis le nombre de ceux qui étaient marqués du sceau, 144 000, marqués du sceau, venant de toutes les tribus des fils d'Israël :

5 de la tribu de Juda, 12 000, marqués du sceau ; de la tribu de Ruben, 12 000 ; de la tribu de Gad, 12 000 ;

6 de la tribu d'Aser, 12 000 ; de la tribu de Nephthali, 12 000 ; de la tribu de Manassé, 12 000 ;

7 de la tribu de Siméon, 12 000 ; de la tribu de Lévi, 12 000 ; de la tribu d'Issachar, 12 000 ;

8 de la tribu de Zabulon, 12 000 ; de la tribu de Joseph, 12 000 ; de la tribu de Benjamin, 12 000, marqués du sceau.

9 Après ces choses, je regardai et voici, une grande foule que personne ne pouvait dénombrer, venant de toute nation, et [de toutes] tribus, et [de tous] peuples, et [de toutes] langues. Ils se tenaient debout devant le trône et devant l'Agneau, habillés de longues robes blanches et [ayant] des palmes dans leurs mains.

10 Et ils criaient d'une voix forte, en disant : « Le salut est à notre Dieu qui est assis sur le trône, et à l'Agneau ! »

11 Et tous les anges se tenaient tout autour du trône, et des Anciens, et des 4 Êtres vivants. Et ils tombèrent sur leurs faces devant le trône et se prosternèrent devant Dieu,

12 en disant : « Amen ! La bénédiction, et la gloire, et la sagesse, et l'action de grâce, et l'honneur, et la puissance, et la force [sont] à notre Dieu, aux siècles des siècles ! Amen. »

13 Et l'un des Anciens prit la parole, et me dit : « Ceux-là, habillés de longues robes blanches, qui sont-ils et d'où sont-ils venus ? »

14 Mais je lui dis : « Mon seigneur, toi, tu le sais. » Et il me dit : « Ce sont ceux qui viennent de la grande détresse, et ils ont lavé leurs robes[1] et les ont blanchies dans le sang de l'Agneau.

— [1] littéralement : longues robes ; comme aux versets 9 et 13.

15 C'est pourquoi ils sont devant le trône de Dieu et lui rendent un culte jour et nuit dans son Temple[1]. Et Celui qui est assis sur le trône dressera sa Tente sur eux.

— [1] le Temple proprement dit, la maison même ; non pas tout l'ensemble des cours et bâtiments sacrés ; ici et dans toute l'Apocalypse.

16 Ils n'auront plus faim, et ils n'auront plus soif, et le soleil ne les frappera certainement pas, ni aucune chaleur,

17 parce que l'Agneau qui est au milieu du trône les fera paître[1] et les conduira aux sources des eaux de la vie[2]. Et Dieu essuiera toute larme de leurs yeux. »

— [1] ou : sera leur berger. — [2] littéralement : de vie.

Le septième sceau et les quatre premières trompettes

8 Et lorsqu'il ouvrit le septième sceau, il se fit dans le ciel un silence d'environ une demi-heure.

2 Et je vis les sept anges qui se tiennent devant Dieu, et il leur fut donné sept trompettes.

3 Et un autre ange vint et se tint debout devant l'autel, ayant un

encensoir d'or. Et on lui donna beaucoup de parfums afin qu'il [les] offre[1], avec les prières de tous les saints, sur l'autel d'or qui est devant le trône.

— [1] littéralement : donne.

4 Alors, de la main de l'ange, la fumée des parfums monta devant Dieu, avec les prières des saints.

5 Et l'ange prit l'encensoir, et le remplit du feu de l'autel, et jeta [le feu] sur la terre. Et il y eut des tonnerres, et des voix, et des éclairs, et un tremblement de terre.

6 Et les sept anges qui avaient les sept trompettes se préparèrent pour sonner de la trompette.

7 Alors le premier [ange] sonna de la trompette. Et il y eut de la grêle et du feu, mêlés de sang, et ils furent jetés sur la terre. Et le tiers de la terre fut brûlé[1], et le tiers des arbres fut brûlé[1], et toute herbe verte fut brûlée[1].

— [1] littéralement : entièrement brûlé(e).

8 Puis le deuxième ange sonna de la trompette. Et [quelque chose] comme une grande montagne toute en feu[1] fut jetée dans la mer. Et le tiers de la mer devint du sang,

— [1] littéralement : brûlante de feu.

9 et le tiers des créatures qui étaient dans la mer et qui avaient la vie mourut, et le tiers des bateaux fut détruit.

10 Puis le troisième ange sonna de la trompette. Et il tomba du ciel une grande étoile, brûlant comme une torche. Et elle tomba sur le tiers des fleuves et sur les sources des eaux.

11 Et le nom de l'étoile est « Absinthe ». Et le tiers des eaux devint de l'absinthe, et beaucoup d'hommes moururent à cause des eaux, parce qu'elles avaient été rendues amères.

12 Puis le quatrième ange sonna de la trompette. Et le tiers du soleil fut frappé, ainsi que le tiers de la lune et le tiers des étoiles, afin que le tiers de ces [astres] soit obscurci, et que le jour perde un tiers de sa clarté[1], et la nuit de même.

— [1] ou : de sa durée ; littéralement : que le jour n'apparaisse pas pour son tiers.

13 Et je regardai et j'entendis un aigle, volant au milieu du ciel, qui disait d'une voix forte : « Malheur, malheur, malheur à ceux qui habitent sur la terre, à cause des autres sons[1] des trompettes[2] des trois anges qui vont sonner de la trompette ! »

— [1] littéralement : voix. — [2] littéralement : de la trompette.

Les cinquième et sixième trompettes

9 Puis le cinquième ange sonna de la trompette. Et je vis une étoile qui était tombée du ciel sur la terre, et la clé du puits de l'abîme lui fut donnée.

2 Alors elle[1] ouvrit le puits de l'abîme, et une fumée monta du puits, comme la fumée d'une grande fournaise. Et le soleil et l'air furent obscurcis par la fumée du puits.

— [1] c.-à-d. : l'étoile.

3 Et de la fumée, sortirent des sauterelles [pour se répandre] sur la terre. Et il leur fut donné un pouvoir semblable au pouvoir qu'ont les scorpions de la terre.

4 Et il leur fut dit de ne pas faire de mal à l'herbe de la terre, ni à aucune verdure, ni à aucun arbre,

mais seulement aux hommes qui n'ont pas le sceau de Dieu sur leurs fronts.

5 Et il leur fut donné de ne pas les tuer, mais qu'ils soient tourmentés cinq mois. Et leur tourment est comme le tourment causé par le scorpion quand il pique[1] un homme.

— [1] littéralement : frappe.

6 Alors en ces jours-là, les hommes chercheront la mort, mais ils ne la trouveront absolument pas. Et ils désireront mourir, mais la mort fuira loin d'eux.

7 Et l'aspect des sauterelles était comme celui de chevaux préparés pour le combat. Et sur leurs têtes il y avait comme des couronnes semblables à de l'or, et leurs visages étaient comme des visages d'hommes.

8 Et elles avaient des cheveux comme des cheveux de femmes, et leurs dents étaient comme [des dents] de lions.

9 Et elles avaient des thorax comme des cuirasses de fer, et le bruit de leurs ailes était comme le bruit de chars à plusieurs chevaux courant au combat.

10 Et elles ont des queues semblables à [celles] des scorpions, avec des aiguillons. Et leur pouvoir était dans leurs queues pour faire du mal aux hommes [pendant] cinq mois.

11 Elles ont sur elles un roi, l'ange de l'abîme, dont le nom est en hébreu « Abaddon[1] », et qui en grec a pour nom « Apollyon[2] ».

— [1] Abaddon : destruction ; voir Job 26:6. — [2] Apollyon : destructeur.

12 Le premier malheur est passé ; voici, il arrive encore deux malheurs après ces choses.

13 Puis le sixième ange sonna de la trompette. Et j'entendis une voix sortant des [quatre] cornes de l'autel d'or qui est devant Dieu.

14 Elle disait au sixième ange qui avait la trompette : « Délie les quatre anges qui sont liés sur le grand fleuve Euphrate. »

15 Alors les quatre anges, qui étaient préparés pour l'heure, et le jour, et le mois, et l'année, furent déliés afin de tuer le tiers des hommes.

16 Et le nombre des armées de la cavalerie était de deux myriades de myriades[1] ; j'en entendis le nombre.

— [1] une myriade est un nombre de 10 000 ; ce qui fait : 200 millions.

17 Et c'est ainsi que je vis les chevaux dans la vision, et ceux qui étaient assis dessus, ayant des cuirasses [couleur] de feu, et d'hyacinthe[1], et de soufre. Et les têtes des chevaux étaient comme des têtes de lions ; et de leur bouche sortaient du feu, et de la fumée, et du soufre.

— [1] hyacinthe : pierre précieuse de couleur jaune orangé ; on lui attribue aussi la couleur bleu violet.

18 Par ces trois fléaux, le tiers des hommes fut tué : par le feu, et la fumée, et le soufre qui sortaient de leur bouche.

19 Car le pouvoir des chevaux est dans leur bouche et dans leurs queues. En effet, leurs queues sont semblables à des serpents ayant des têtes, et c'est par elles qu'ils font du mal.

20 Et les autres hommes, qui n'avaient pas été tués par ces fléaux, ne se repentirent pas des

œuvres de leurs mains. Ils ne cessèrent pas de se prosterner devant les démons et les idoles d'or, et d'argent, et de bronze, et de pierre, et de bois, lesquelles ne peuvent ni voir, ni entendre, ni marcher.

21 Et ils ne se repentirent pas de leurs meurtres, ni de leur magie, ni de leur fornication, ni de leurs vols.

L'ange avec le petit livre ouvert

10 Puis je vis un autre ange puissant descendre du ciel, enveloppé d'une nuée et [ayant] l'arc-en-ciel sur sa tête. Et son visage [était] comme le soleil et ses pieds comme des colonnes de feu. 2 Et il avait dans sa main un petit livre ouvert. Alors il posa le pied droit sur la mer et le [pied] gauche sur la terre, 3 et il cria d'une voix forte, comme un lion qui rugit. Et quand il eut crié, les sept tonnerres firent entendre[1] leurs propres voix.

— [1] littéralement : parlèrent.

4 Et quand les sept tonnerres eurent parlé, j'allais écrire ; mais j'entendis une voix venant du ciel, qui disait : « Scelle les choses que les sept tonnerres ont prononcées[1], et ne les écris pas. »

— [1] littéralement : parlèrent.

5 Alors l'ange que j'avais vu se tenir debout sur la mer et sur la terre leva la main droite vers le ciel, 6 et jura par Celui qui vit aux siècles des siècles (lequel a créé le ciel et ce qui s'y trouve, et la terre et ce qui s'y trouve, et la mer et ce qui s'y trouve) qu'il n'y aurait plus de délai. 7 Mais aux jours où l'on entendra le[1] septième ange, quand il sera

sur le point de sonner[2] de la trompette, alors le mystère de Dieu sera achevé, comme il en a annoncé la bonne nouvelle à ses esclaves les prophètes.

— [1] littéralement : aux jours de la voix du. — [2] ou : quand il sonnera.

8 Et la voix que j'avais entendue du ciel me parla de nouveau, et dit : « Va, prends le livre qui est ouvert dans la main de l'ange qui se tient debout sur la mer et sur la terre. » 9 Alors je m'en allai vers l'ange, en lui disant de me donner le petit livre. Et il me dit : « Prends-le et dévore-le ! Et il remplira ton ventre d'amertume, mais dans ta bouche il sera doux comme du miel. » 10 Et je pris le petit livre de la main de l'ange et je le dévorai. Et il fut dans ma bouche doux comme du miel, mais quand je l'eus mangé, mon ventre fut rempli d'amertume. 11 Alors on me dit[1] :« Il faut que tu prophétises de nouveau sur des peuples, et des nations, et des langues, et beaucoup de rois. »

— [1] littéralement : ils me disent.

Les deux témoins sont mis à mort par la Bête, mais ils ressuscitent

11 Puis l'on me donna un roseau semblable à un bâton, en disant : « Lève-toi, et mesure[1] le Temple[2] de Dieu et l'autel, et [dénombre] ceux qui s'y prosternent en adorant.

— [1] comparer avec Ézéch. 40. — [2] le Temple proprement dit, la maison même ; non pas tout l'ensemble des cours et bâtiments sacrés ; ici et dans toute l'Apocalypse.

2 Mais le parvis qui est à l'extérieur du Temple, laisse-le de côté[1] et ne le mesure pas, car il a été donné aux nations, et elles fouleront aux pieds la cité sainte [pendant] 42

mois.

— [1] littéralement : jette-le dehors.

3 Et je donnerai [puissance] à mes 2 témoins et ils prophétiseront [pendant] 1 260 jours, habillés de sacs. »

4 Ceux-là sont les 2 oliviers et les 2 chandeliers qui se tiennent devant le Seigneur de la terre.

5 Et si quelqu'un veut leur faire du mal, du feu sort de leur bouche et dévore leurs ennemis. Oui, si quelqu'un veut leur faire du mal, c'est ainsi qu'il doit être mis à mort.

6 Ceux-là ont le pouvoir de fermer le ciel afin qu'il ne tombe pas de pluie pendant les jours de leur prophétie[1]. Et ils ont [le] pouvoir sur les eaux pour les changer en sang[2] et pour frapper la terre de toutes sortes de fléaux, autant de fois qu'ils le voudront.

— [1] comparer avec Jacq. 5:17. — [2] comparer avec Exode 7:17-25.

7 Puis, quand ils auront achevé leur témoignage, la Bête qui monte de l'abîme leur fera la guerre, et les vaincra, et les mettra à mort.

8 Et leurs corps morts [seront étendus] sur la place de la grande ville – laquelle est appelée, dans un sens spirituel, Sodome et Égypte – là même où leur Seigneur a été crucifié.

9 Et [des hommes] parmi les peuples, et les tribus, et les langues, et les nations verront leurs corps morts pendant trois jours et demi, et ils ne permettront pas que leurs corps morts soient mis dans un tombeau.

10 Et ceux qui habitent sur la terre se réjouiront à leur sujet et seront dans l'allégresse. Et ils s'enverront des cadeaux les uns aux autres, parce que ces deux prophètes tourmentaient ceux qui habitent sur la terre.

11 Mais après les trois jours et demi, un esprit[1] de vie venant de Dieu entra en eux, et ils se tinrent debout sur leurs pieds ; et une grande crainte tomba sur ceux qui les regardaient attentivement.

— [1] ou : un souffle.

12 Et ils entendirent[1] une voix forte venant du ciel, qui leur disait : « Montez ici ! » Et ils montèrent au ciel dans la nuée, et leurs ennemis les regardaient attentivement.

— [1] plusieurs manuscrits portent : j'entendis.

13 Alors, à cette heure-là, il y eut un grand tremblement de terre. Et la 10e partie de la ville tomba, et 7 000 hommes[1] furent tués dans le tremblement de terre. Et ceux qui restaient furent effrayés et donnèrent gloire au Dieu du ciel.

— [1] littéralement : noms d'hommes.

La septième trompette

14 Le 2e malheur est passé ; voici, le 3e malheur vient rapidement.

15 Alors le 7e ange sonna de la trompette. Et il y eut dans le ciel des voix fortes qui disaient : « Le royaume du monde de notre °Seigneur et de son Christ est arrivé, et il régnera aux siècles des siècles. »

16 Et les 24 Anciens, [ceux] qui sont assis devant Dieu sur leurs trônes, tombèrent sur leurs faces et se prosternèrent devant Dieu,

17 en disant : « Nous te rendons grâce, °Seigneur, Dieu, Tout-Puissant, Celui qui est et qui était, parce que tu as pris en main ta grande puissance et établi ton règne.

18 Et les nations ont été exaspérées. Mais ta colère est venue, et c'est le temps de juger les morts, et de donner la récompense à tes esclaves les prophètes, et aux saints, et à ceux qui craignent ton nom, petits et grands, et de détruire[1] ceux qui pervertissent[1] la terre. »

— [1] le mot grec a le double sens de : pervertir et détruire.

Le Temple de Dieu est ouvert

19 Alors le Temple de Dieu qui est dans le ciel fut ouvert[1], et l'arche de son alliance apparut dans son Temple. Et il y eut des éclairs, et des voix, et des tonnerres, et un tremblement de terre, et une grosse grêle.

— [1] ou : Et le Temple de Dieu fut ouvert dans le ciel.

La femme, son fils et le Dragon

12 Et un grand signe apparut dans le ciel : [c'était] une femme enveloppée du soleil, avec la lune sous ses pieds, et une couronne de 12 étoiles sur sa tête.
2 Et elle est enceinte et crie, [étant] en travail et dans de grandes douleurs pour accoucher.

3 Puis un autre signe apparut dans le ciel. Et voici, [c'était] un grand dragon rouge feu, ayant 7 têtes et 10 cornes, et sur ses têtes 7 diadèmes.
4 Et sa queue entraînait le tiers des étoiles du ciel ; et elle les jeta sur la terre. Et le Dragon se tint devant la femme qui allait accoucher afin que, lorsqu'elle aurait accouché, il dévore son enfant.
5 Et elle donna naissance à un fils, [un enfant] mâle, qui doit faire paître toutes les nations avec un sceptre[1] de fer[2]. Et son enfant fut enlevé vers Dieu et vers son trône.

— [1] ou : bâton. — [2] voir Psaume 2:9.

6 Et la femme s'enfuit dans le désert, là où elle a un lieu préparé par Dieu, afin qu'on la nourrisse là [pendant] 1 260 jours.

7 Et il y eut un combat dans le ciel, Michel et ses anges faisant la guerre au Dragon. Et le Dragon combattit avec ses anges,
8 mais il ne fut pas le plus fort et il ne fut plus trouvé de place pour eux dans le ciel.
9 Et le grand dragon fut précipité[1], le serpent ancien, celui qui est appelé le Diable et Satan[2], celui qui séduit la terre habitée tout entière. Il fut précipité[1] sur la terre, et ses anges furent précipités[1] avec lui.

— [1] littéralement : jeté(s) ; ici et versets 10 et 13. — [2] littéralement : le Satan ; c.-à-d. : l'adversaire, l'accusateur ; voir Job 1:6.

10 Et j'entendis une voix forte dans le ciel, qui disait : « Maintenant, le salut est arrivé, ainsi que la puissance, et le règne de notre Dieu, et le pouvoir de son Christ. Car l'accusateur de nos frères, qui les accusait devant notre Dieu jour et nuit, a été précipité.
11 Et eux l'ont vaincu à cause du sang de l'Agneau et à cause de la parole de leur témoignage. Et ils n'ont pas aimé leur vie, [même] jusqu'à la mort.
12 C'est pourquoi réjouissez-vous, cieux, et vous qui y habitez ! Malheur à la terre et à la mer ! Car le Diable est descendu vers vous, étant en grande fureur [et] sachant qu'il a peu de temps. »

13 Et quand le Dragon vit qu'il avait été précipité sur la terre, il

poursuivit la femme qui avait mis au monde l'[enfant] mâle.

14 Mais les deux ailes du grand aigle furent données à la femme afin qu'elle s'envole au désert, vers son lieu[1], là où elle est nourrie un temps et des temps et une moitié de temps, loin de la face du Serpent.

— [1] voir verset 6.

15 Et de sa bouche, le Serpent lança de l'eau, comme un fleuve, derrière la femme, afin de la faire emporter par le fleuve.

16 Mais la terre vint au secours de la femme, et la terre ouvrit sa bouche et engloutit le fleuve que le Dragon avait lancé de sa bouche.

17 Et le Dragon fut en colère contre la femme, et il s'en alla faire la guerre au reste de la descendance de la femme[1], ceux qui gardent les commandements de Dieu et qui ont le témoignage de Jésus.

— [1] littéralement : au reste de sa descendance.

18 Et il se tint[1] sur le sable de la mer.

— [1] plusieurs manuscrits portent : je me tins.

La première Bête monte de la mer

13 Et je vis monter de la mer une bête qui avait 10 cornes et 7 têtes, et sur ses cornes 10 diadèmes, et sur ses têtes des noms[1] de blasphèmes.

— [1] plusieurs manuscrits portent : un nom.

2 Et la Bête que je vis était semblable à un léopard, et ses pattes [étaient] comme celles d'un ours, et sa gueule comme la gueule d'un lion. Et le Dragon lui donna sa puissance, et son trône, et un grand pouvoir.

3 Puis [je vis] une de ses têtes comme frappée à mort. Mais sa blessure mortelle avait été guérie, et la terre entière était pleine d'admiration pour[1] la Bête.

— [1] littéralement : derrière ; c.-à-d. : pour la suivre.

4 Et ils se prosternèrent en adoration devant le Dragon, parce qu'il avait donné le pouvoir à la Bête. Et ils se prosternèrent devant la Bête, en disant : « Qui est semblable à la Bête et qui peut la combattre ? »

5 Et il lui fut donné une bouche qui proférait de grandes choses et des blasphèmes. Et le pouvoir d'agir[1] [pendant] 42 mois lui fut donné.

— [1] c.-à-d. : de faire de grands exploits ; comparer avec Daniel 8:24.

6 Alors elle ouvrit sa bouche pour [proférer] des blasphèmes contre Dieu, pour blasphémer son nom, et son habitation[1], et ceux qui habitent[2] dans le ciel.

— [1] littéralement : tabernacle. — [2] littéralement : ont leur tabernacle.

7 Et il lui fut donné de faire la guerre aux saints et de les vaincre. Et il lui fut donné le pouvoir sur toute tribu, et [tout] peuple, et [toute] langue, et [toute] nation.

8 Et tous ceux qui habitent sur la terre se prosterneront devant lui, [ceux] dont le nom n'a pas été écrit dès la fondation du monde dans le livre de vie de l'Agneau immolé.

9 Si quelqu'un a des oreilles, qu'il écoute !

10 Si quelqu'un [emmène] en captivité, il ira en captivité ; si quelqu'un tue par l'épée, il faut qu'il soit tué par l'épée[1]. C'est ici la persévérance et la foi des saints.

— [1] autre traduction : Si quelqu'un [doit aller] en captivité, il ira en captivité ; si quelqu'un doit être tué par l'épée, il faut qu'il soit tué par l'épée.

La seconde Bête monte de la terre

11 Et je vis une autre Bête monter de la terre. Et elle avait 2 cornes semblables à [celles d']un agneau, mais elle parlait comme un dragon. 12 Et elle exerce tout le pouvoir de la 1re Bête devant elle, et elle fait que la terre et ceux qui habitent sur elle se prosternent devant la 1re Bête dont la blessure mortelle avait été guérie. 13 Et elle fait de grands miracles[1], à tel point qu'elle fait descendre le feu du ciel sur la terre, devant les hommes.

— [1] littéralement : signes.

14 Et elle séduit ceux qui habitent sur la terre à cause des miracles[1] qu'il lui a été donné de faire devant la Bête, en disant à ceux qui habitent sur la terre de faire une statue[2] en l'honneur de[3] la Bête qui a la blessure de l'épée et qui a repris vie.

— [1] littéralement : signes. — [2] ou : image. — [3] littéralement : une statue à, pour.

15 Puis il lui fut donné d'animer[1] la statue de la Bête, afin que la statue de la Bête parle même et qu'elle fasse que tous ceux qui ne se prosterneraient pas devant la statue de la Bête soient mis à mort.

— [1] littéralement : de donner un souffle à.

16 Et elle fait que tous, petits et grands, et riches et pauvres, et hommes libres et esclaves, reçoivent une marque sur leur main droite ou sur leur front, 17 et que personne ne puisse acheter ou vendre, sinon celui qui a la marque, le nom de la Bête, ou le nombre de son nom. 18 Ici est la sagesse. Que celui qui a de l'intelligence calcule le nombre de la Bête, car c'est un nombre d'homme ; et son nombre est 666.

L'Agneau et les 144 000 rachetés

sur la montagne de Sion

14 Et je regardai et voici, l'Agneau se tenait sur le mont Sion, et avec lui [les] 144 000 ayant son nom et le nom de son Père écrits sur leurs fronts. 2 Et j'entendis une voix venant du ciel, comme le bruit[1] de grandes eaux et comme le bruit[1] d'un grand tonnerre. Et la voix que j'entendis était comme [le son] de joueurs de harpe, jouant de leurs harpes.

— [1] littéralement : une voix.

3 Et ils chantent [comme] un cantique nouveau devant le trône, et devant les 4 Êtres vivants et les Anciens. Et personne ne pouvait apprendre le cantique, sinon les 144 000 qui ont été achetés de la terre. 4 Ce sont ceux qui ne se sont pas souillés avec des femmes, car ils sont vierges. Ce sont ceux qui suivent l'Agneau partout où il va. Ceux-là ont été achetés d'entre les hommes, des prémices pour Dieu et pour l'Agneau. 5 Et il n'a pas été trouvé de mensonge dans leur bouche ;[1] ils sont irréprochables.

— [1] plusieurs manuscrits ajoutent : car.

Trois anges annoncent les jugements de Dieu – Une autre voix du ciel déclare bienheureux les morts dans le Seigneur

6 Et je vis un autre ange qui volait au milieu du ciel. Il avait l'Évangile éternel[1], pour l'annoncer à[2] ceux qui résident sur la terre, et à toute nation, et [à toute] tribu, et [à toute] langue, et [à tout] peuple.

— [1] littéralement : une éternelle bonne nouvelle. — [2] littéralement : pour évangéliser.

7 Il disait d'une voix forte : « Craignez Dieu et donnez-lui

gloire, car l'heure de son jugement est venue. Et prosternez-vous devant Celui qui a fait le ciel, et la terre, et la mer, et les sources d'eau. »

8 Puis un autre, un deuxième ange suivit, en disant : « Elle est tombée, elle est tombée, Babylone la grande qui a fait boire à toutes les nations du vin de la fureur de sa fornication. »

9 Puis un autre, un troisième ange les suivit, en disant d'une voix forte : « Si quelqu'un se prosterne devant la Bête et devant sa statue, et s'il reçoit une marque sur son front ou sur sa main,
10 lui aussi boira du vin de la fureur de Dieu, versé sans mélange dans la coupe de sa colère. Et il sera tourmenté dans le feu et le soufre devant les saints anges et devant l'Agneau.
11 Et la fumée de leur tourment monte aux siècles des siècles. Et ils n'ont de repos ni jour ni nuit, ceux qui se prosternent devant la Bête et devant sa statue, et quiconque reçoit la marque de son nom. »
12 C'est ici la persévérance des saints, ceux qui gardent les commandements de Dieu et la foi en[1] Jésus.
— [1] littéralement : de.

13 Et j'entendis une voix venant du ciel, qui disait : « Écris : "Bienheureux les morts qui meurent dans le Seigneur, dès maintenant ! Oui, dit l'Esprit, qu'ils se reposent de leurs travaux, car leurs œuvres les suivent." »

La crise finale : la moisson et la vendange

14 Et je regardai, et voici une nuée blanche, et sur la nuée [quelqu'un] était assis, semblable au Fils de l'homme[1], ayant sur sa tête une couronne d'or et dans sa main une faucille tranchante.
— [1] littéralement : à un fils d'homme ; de même en 1:13 ; comparer avec Daniel 7:13 ; 10:5-6.
15 Puis un autre ange sortit du Temple, criant d'une voix forte à Celui qui était assis sur la nuée : « Lance[1] ta faucille et moissonne, car l'heure de moissonner est venue, parce que la moisson de la terre est plus que mûre. »
— [1] littéralement : Envoie.
16 Et Celui qui était assis sur la nuée jeta sa faucille sur la terre, et la terre fut moissonnée.

17 Puis un autre ange sortit du Temple qui est dans le ciel, ayant lui aussi une faucille tranchante.
18 Puis un autre ange, ayant pouvoir sur le feu, sortit de l'autel et cria d'une voix forte à celui qui avait la faucille tranchante, en disant : « Lance[1] ta faucille tranchante et vendange les grappes de la vigne de la terre, car ses raisins sont mûrs[2]. »
— [1] littéralement : Envoie. — [2] littéralement : ont mûri.
19 Et l'ange jeta sa faucille sur la terre, et vendangea la vigne de la terre, et jeta [les grappes] dans la grande cuve de la fureur de Dieu.
20 Et la cuve fut foulée[1] à l'extérieur de la ville ; et du sang sortit de la cuve jusqu'aux mors des chevaux, sur une étendue de 1 600 stades[2].

— [1] littéralement : foulée avec les pieds. — [2] 1 stade = 185 m environ.

Les sept coupes de la fureur de Dieu

15 Et je vis dans le ciel un autre signe, grand et merveilleux : sept anges ayant sept fléaux, les derniers. Car par[1] eux s'achève la fureur de Dieu.
— [1] littéralement : en.

2 Et je vis comme une mer de verre, mêlée de feu. Et ceux qui avaient remporté la victoire sur la Bête, et sur sa statue, et sur le nombre de son nom se tenaient debout sur la mer de verre, ayant des harpes de Dieu.
3 Et ils chantent le cantique de Moïse, l'esclave de Dieu, et le cantique de l'Agneau, en disant : « Grandes et merveilleuses sont tes œuvres, °Seigneur, Dieu, Tout-Puissant ! Justes et véritables sont tes voies, ô Roi des nations !
4 Qui pourrait ne pas [te] craindre, °Seigneur, et ne pas glorifier ton nom ? Car toi seul es saint[1]. Car toutes les nations viendront se prosterner devant toi, parce que tes actes justes[2] ont été manifestés. »
— [1] ou : pieux ; voir Actes 2:27 ; 2 Chron. 6:41-42. — [2] ou : tes jugements.

5 Et après ces choses je regardai, et le Temple du Tabernacle du témoignage dans le ciel fut ouvert.
6 Alors les sept anges, *[ceux]* qui avaient les sept fléaux, sortirent du Temple, revêtus d'un lin pur et éclatant, et portant des ceintures d'or autour de la poitrine.
7 Et l'un des quatre Êtres vivants donna aux sept anges sept coupes d'or, pleines de la fureur de Dieu qui vit aux siècles des siècles.
8 Et le Temple fut rempli de fumée à cause de la gloire de Dieu et à cause de sa puissance. Et personne ne pouvait entrer dans le Temple jusqu'à ce que les sept fléaux des sept anges soient achevés.

Les six premières coupes

16 Puis j'entendis une voix forte venant du Temple, qui disait aux sept anges : « Allez et versez sur la terre les sept coupes de la fureur de Dieu ! »

2 Et le premier [ange] s'en alla et versa sa coupe sur la terre. Et un ulcère mauvais et douloureux vint sur les hommes qui avaient la marque de la Bête et sur ceux qui se prosternaient devant sa statue.

3 Puis le deuxième [ange] versa sa coupe sur la mer. Et elle devint du sang, comme [le sang] d'un mort ; et tous les êtres vivants[1] qui étaient dans la mer moururent.
— [1] littéralement : toute âme de vie.

4 Puis le troisième [ange] versa sa coupe sur les fleuves et [sur] les sources des eaux. Et ils devinrent du sang.
5 Et j'entendis l'ange des eaux qui disait : « Tu es juste, toi qui es et qui étais, le Saint[1], parce que tu as exercé ce jugement[2].
— [1] ou : pieux ; voir Actes 2:27 ; 2 Chron. 6:41-42. — [2] littéralement : tu as jugé ces choses.
6 Car ils ont versé le sang des saints et des prophètes, et tu leur as donné du sang à boire ; ils le méritent. »
7 Et j'entendis l'autel qui disait : « Oui, °Seigneur, Dieu, Tout-Puissant, véritables et justes sont tes jugements ! »

8 Puis le quatrième [ange] versa

sa coupe sur le soleil. Et il lui fut donné de brûler les hommes par le feu.

9 Et les hommes furent brûlés par une intense chaleur. Alors ils blasphémèrent le nom de Dieu qui a le pouvoir sur ces fléaux. Et ils ne se repentirent pas pour lui donner gloire.

10 Puis le cinquième [ange] versa sa coupe sur le trône de la Bête, et son royaume devint ténébreux. Et ils se mordaient la langue de douleur,

11 et ils blasphémèrent le Dieu du ciel, à cause de leurs douleurs et à cause de leurs ulcères. Et ils ne se repentirent pas de leurs œuvres.

12 Puis le sixième [ange] versa sa coupe sur le grand fleuve, l'Euphrate. Et son eau tarit, afin de préparer la voie aux rois qui viennent du [côté du] soleil levant.

L'intervalle avant la septième coupe : les trois esprits impurs

13 Alors je vis [sortir] de la bouche du Dragon, et de la bouche de la Bête, et de la bouche du faux prophète trois esprits impurs, comme des grenouilles.

14 Car ce sont des esprits de démons qui font des miracles[1] [et] qui s'en vont vers les rois de la terre habitée tout entière, pour les rassembler pour le combat du grand jour de Dieu le Tout-Puissant.

— [1] littéralement : signes.

15 (Voici, je viens comme un voleur. Bienheureux celui qui veille et qui garde ses vêtements, afin qu'il ne marche pas nu et qu'on ne voie pas sa honte !)

16 Et il les rassembla au lieu qui est appelé en hébreu Armaguédon[1].

— [1] vraisemblablement la montagne de Meguiddo (2 Rois 23:29 ; Zach. 12:11).

La septième coupe

17 Puis le septième [ange] versa sa coupe dans l'air. Et du Temple il sortit une voix forte venant du trône, qui disait : « C'est fait ! »

18 Et il y eut des éclairs, et des voix, et des tonnerres. Et il y eut un grand tremblement de terre, tel qu'il n'y en a pas eu [de semblable] depuis que l'homme est sur la terre, un tremblement de terre aussi grand que celui-ci.

19 Et la grande ville fut [divisée] en trois parties, et les villes des nations tombèrent. Et Dieu se souvint de Babylone la grande pour lui donner la coupe du vin de la fureur de sa colère.

20 Et toutes les îles s'enfuirent, et les montagnes ne furent pas trouvées.

21 Et de gros grêlons[1], du poids d'un talent[2], descendent du ciel sur les hommes. Et les hommes blasphémèrent Dieu à cause du fléau de la grêle, car ce fléau est extrêmement grand.

— [1] littéralement : une grosse grêle. — [2] 1 talent = 34,2 kg environ.

Babylone, la grande prostituée

17 Alors l'un des sept anges qui avaient les sept coupes vint me parler, en disant : « Viens [et] je te montrerai le jugement de la grande prostituée qui est assise sur de grandes[1] eaux,

— [1] littéralement : de nombreuses.

2 avec laquelle les rois de la terre ont commis la fornication. Et ceux qui habitent sur la terre ont été enivrés du vin de sa fornication. »

3 Et il m'emporta en esprit dans un désert. Et je vis une femme assise sur une bête écarlate, pleine de noms de blasphèmes, ayant sept têtes et dix cornes.

4 Et la femme était habillée de pourpre et d'écarlate, et parée d'or, et de pierres précieuses, et de perles. Elle avait dans sa main une coupe d'or pleine d'abominations et des impuretés de sa fornication.

— [1] littéralement : les.

5 Et sur son front, un nom [était] écrit, un mystère : « Babylone la grande, la mère des prostituées et des abominations de la terre. »

6 Et je vis la femme enivrée du sang des saints et du sang des témoins de Jésus. Et en la voyant, je fus saisi[1] d'un grand étonnement.

— [1] littéralement : étonné.

7 Et l'ange me dit : « Pourquoi es-tu étonné ? Je te dirai, moi, le mystère de la femme et de la Bête qui la porte, qui a les sept têtes et les dix cornes.

La Bête romaine et les dix cornes

8 « La Bête que tu as vue était, et n'est pas, et va monter de l'abîme, et s'en aller à la perdition. Et ceux qui habitent sur la terre, dont les noms ne sont pas écrits dès la fondation du monde dans le livre de vie, s'étonneront en voyant la Bête, de ce qu'elle était, et qu'elle n'est pas, et qu'elle sera présente[1].

— [1] c.-à-d. : qu'elle reparaîtra.

9 « C'est ici [qu'il faut de] l'intelligence, celle qui a de la sagesse : les sept têtes sont sept montagnes sur lesquelles la femme est assise. Et il y a sept rois :

10 cinq sont tombés, l'un est [là], l'autre n'est pas encore venu. Et quand il sera venu, il faut qu'il reste un peu de temps.

11 Et la Bête qui était et qui n'est pas est elle-même un huitième [roi], et elle fait partie des sept, et elle s'en va à la perdition.

12 « Et les dix cornes que tu as vues sont dix rois qui n'ont pas encore reçu de royaume, mais qui reçoivent le pouvoir[1] de régner[2] [pendant] une heure avec la Bête.

— [1] ou : l'autorité. — [2] littéralement : comme rois.

13 Ceux-là ont une même pensée, et ils donnent leur puissance et leur pouvoir[1] à la Bête.

— [1] ou : autorité.

14 Ceux-là combattront l'Agneau, et l'Agneau les vaincra, car il est Seigneur des seigneurs et Roi des rois. Et [seront] avec lui ceux qui sont appelés, et élus, et fidèles. »

Le jugement de la grande Babylone, la prostituée

15 Puis il me dit : « Les eaux que tu as vues, là où la prostituée est assise, sont des peuples, et des foules, et des nations, et des langues.

16 Et les dix cornes que tu as vues et la Bête, celles-ci[1] haïront la prostituée, et la rendront déserte et nue, et mangeront sa chair, et la[2] brûleront entièrement par le feu.

— [1] littéralement : ceux-ci. — [2] c.-à-d. : la prostituée.

17 Car Dieu a mis dans leurs cœurs d'exécuter son dessein, et d'exécuter un même dessein, et de donner leur royaume à la Bête, jusqu'à ce que les paroles de Dieu soient accomplies.

18 Et la femme que tu as vue est la grande ville, celle qui exerce[1] la

royauté sur les rois de la terre.
— [1] littéralement : a.

La chute de la grande Babylone et ses conséquences

18 Après ces choses, je vis un autre ange descendant du ciel, ayant un grand pouvoir ; et la terre fut illuminée de sa gloire.

2 Et il cria d'une voix forte, en disant : « Elle est tombée, elle est tombée, Babylone la grande ! Et elle est devenue l'habitation de démons, et le repaire de tout esprit impur, et le repaire de tout oiseau impur, *[et le repaire de tout animal impur]* et détestable.

3 Car toutes les nations ont bu du vin de la fureur de sa fornication, et les rois de la terre ont commis la fornication avec elle, et les marchands de la terre se sont enrichis par la puissance de son luxe. »

4 Puis j'entendis une autre voix venant du ciel, qui disait : « Sortez du milieu d'elle, mon peuple, afin que vous ne participiez pas à ses péchés et que vous ne receviez pas [une part] de ses fléaux.

5 Car ses péchés se sont amoncelés[1] jusqu'au ciel et Dieu s'est souvenu de ses iniquités.
— [1] littéralement : ont été liés ensemble.

6 Rendez-lui comme elle-même [vous] a rendu et donnez-lui[1] le double, selon ses œuvres ! Dans la coupe où elle a versé[2], versez-lui[3] le double !
— [1] littéralement : doublez. — [2] littéralement : mélangé. — [3] littéralement : mélangez-lui.

7 Autant elle s'est glorifiée et a vécu dans le luxe, autant donnez-lui de tourment et de deuil. Parce qu'elle dit dans son cœur : "Je suis assise en reine, et je ne suis pas veuve, et je ne verrai jamais le deuil",

8 à cause de cela, ses fléaux viendront en un seul jour, la mort, et le deuil, et la famine, et elle sera brûlée entièrement par le feu. Car le °Seigneur Dieu[1] qui l'a jugée est puissant. »
— [1] c.-à-d. : l'Éternel Dieu.

L'effondrement de l'économie mondiale

9 Et les rois de la terre qui, avec elle, ont commis la fornication et vécu dans le luxe, pleureront et se lamenteront sur elle quand ils verront la fumée de la ville incendiée[1].
— [1] littéralement : de son incendie.

10 Se tenant loin par crainte de son tourment, ils diront : « Hélas ! hélas ! la grande ville, Babylone, la ville puissante ! Car en une seule heure ton jugement est venu. »

11 Et les marchands de la terre pleurent et sont dans le deuil à cause d'elle, parce que personne n'achète plus leurs marchandises,

12 marchandises d'or et d'argent, et de pierres précieuses, et de perles, et de fin lin, et de pourpre, et de soie, et d'écarlate ; et tout bois de citrus, et tout objet en ivoire, et tout objet en bois très précieux, et en bronze, et en fer, et en marbre ;

13 et de la cannelle, et de l'amome[1], et des parfums, et de l'huile aromatique, et de l'encens, et du vin, et de l'huile, et de la fleur de farine, et du blé, et du bétail, et des brebis, et des chevaux, et des chars, et des corps[2], et des âmes d'hommes.
— [1] amome : plante aromatique. — [2] c.-à-

d. : des esclaves.

14 « Et les fruits que désirait ton âme se sont éloignés de toi, et toutes les choses délicates et splendides sont perdues pour toi, et on ne les retrouvera plus jamais. »

15 Les marchands de ces produits, ceux qui se sont enrichis par son moyen[1], se tiendront loin à cause de la crainte de son tourment. Ils pleureront, et seront dans le deuil,
— [1] littéralement : enrichis d'elle.

16 [et] diront : « Hélas ! hélas ! la grande ville qui était habillée de fin lin, et de pourpre, et d'écarlate, et parée d'or, et de pierres précieuses, et de perles !

17 Car en une seule heure, tant de richesses ont été détruites ! »
Et tout pilote, et quiconque navigue vers [quelque] lieu, et les marins, et tous ceux qui travaillent en[1] mer, se tenaient à distance.
— [1] littéralement : la.

18 Et voyant la fumée de la ville incendiée[1], ils s'écriaient, en disant : « Quelle [ville] est semblable à la grande ville ? »
— [1] littéralement : de son incendie.

19 Alors ils jetèrent de la poussière sur leurs têtes, et ils criaient, dans les pleurs et le deuil, [en] disant : « Hélas ! hélas ! la grande ville dont l'opulence a enrichi tous ceux qui avaient des bateaux sur la mer ! Car en une seule heure, elle a été dévastée ! »

Le jugement de Babylone, la grande ville

20 Ciel, réjouis-toi à son sujet, et [vous aussi,] les saints, et les apôtres, et les prophètes ! Car Dieu vous a fait justice en la jugeant[1].
— [1] littéralement : Car Dieu a jugé votre jugement à partir d'elle ; comparer avec

Ésaïe 34:8.

21 Et un ange puissant prit une pierre, comme une grande meule, et il la jeta dans la mer, en disant : « Ainsi sera jetée avec violence Babylone, la grande ville, et elle ne sera plus jamais trouvée.

22 Et les sons[1] des joueurs de harpe, et des musiciens, et des joueurs de flûte et de trompette ne seront plus jamais entendus en toi. Et aucun ouvrier, d'aucun métier, ne sera plus jamais trouvé en toi. Et le bruit de la meule ne sera plus jamais entendu en toi.
— [1] littéralement : la voix.

23 Et la lumière de la lampe ne brillera plus jamais en toi. Et la voix de l'époux et de l'épouse ne sera plus jamais entendue en toi. [Cela arrivera] parce que tes marchands étaient les grands [seigneurs] de la terre et que toutes les nations ont été égarées par ta magie.

24 Et en toi[1] a été trouvé le sang des prophètes, et des saints, et de tous ceux qui ont été égorgés sur la terre. »
— [1] littéralement : elle.

Le ciel se réjouit de la ruine de Babylone

19 Après ces choses, j'entendis dans le ciel comme une voix forte d'une foule nombreuse, qui disait : « Alléluia ! Le salut et la gloire et la puissance [sont] à notre Dieu !

2 Car ses jugements sont véritables et justes. En effet, il a jugé la grande prostituée qui pervertissait la terre par sa fornication, et il a vengé le sang de ses esclaves, [le réclamant] de sa main. »

3 Et ils dirent une 2e fois : « Alléluia ! Et sa fumée monte aux

siècles des siècles. »

4 Et les 24 Anciens et les 4 Êtres vivants tombèrent [sur leurs faces] et se prosternèrent devant Dieu qui était assis[1] sur le trône, en disant : « Amen ! Alléluia ! »

— [1] ou, comme ailleurs : qui est assis.

5 Alors une voix sortit du trône, en disant : « Louez notre Dieu, [vous,] tous ses esclaves [et] vous qui le craignez, petits et grands ! »

Les noces de l'Agneau

6 Et j'entendis comme une voix d'une foule nombreuse, et comme le bruit[1] de grandes eaux, et comme le bruit[1] de forts tonnerres, qui disait : « Alléluia ! Car le °Seigneur [notre] Dieu, le Tout-Puissant, est entré dans son règne.

— [1] littéralement : une voix.

7 Réjouissons-nous et exultons, et donnons-lui gloire ! Car les noces de l'Agneau sont venues, et sa femme s'est préparée.

8 Et il lui a été donné d'être revêtue de fin lin éclatant [et] pur. » Car le fin lin, ce sont les actes justes des saints.

9 Et il me dit : « Écris : "Bienheureux ceux qui sont invités au dîner des noces de l'Agneau !" » Et il me dit : « Ce sont [là] les véritables paroles de Dieu. »

10 Et je tombai devant ses pieds pour me prosterner devant lui. Mais il me dit : « Ne le fais surtout pas ![1] Je suis ton compagnon d'esclavage et [celui] de tes frères qui ont le témoignage de Jésus. Prosterne-toi devant Dieu ! Car l'esprit de la prophétie, c'est le témoignage de Jésus[2]. »

— [1] littéralement : Vois clairement à ne pas [le faire] ! — [2] ou : Car le témoignage de Jésus, c'est l'esprit de la prophétie.

Le Cavalier fidèle et véritable sur un cheval blanc

11 Alors je vis le ciel ouvert, et voici un cheval blanc. Et Celui qui est assis dessus [est appelé] « Fidèle et Véritable », et il juge et combat avec justice.

12 Et ses yeux sont [comme] une flamme de feu, et sur sa tête il y a de nombreux diadèmes. Il porte un nom écrit que personne ne connaît sinon lui [seul].

13 Et il est revêtu d'un vêtement trempé de sang. Et il est appelé du nom de « La Parole de Dieu ».

14 Et les armées qui sont dans le ciel le suivaient sur des chevaux blancs, revêtues de fin lin, blanc et pur.

15 Et une épée acérée[1] sort de sa bouche, afin qu'il en frappe les nations. Et c'est lui qui les fera paître avec un sceptre de fer, et c'est lui qui foule[2] la cuve du vin de la fureur de la colère de Dieu le Tout-Puissant.

— [1] plusieurs manuscrits ajoutent : à deux tranchants. — [2] littéralement : foule aux pieds.

16 Et il a sur son vêtement et sur sa cuisse un nom écrit : « Roi des rois et Seigneur des seigneurs. »

Victoire sur la Bête et le faux prophète

17 Puis je vis un ange qui se tenait debout dans le soleil. Et il cria d'une voix forte, en disant à tous les oiseaux qui volaient au milieu du ciel : « Venez, rassemblez-vous au grand dîner de Dieu,

18 afin que vous mangiez la chair des rois, et la chair des chiliarques, et la chair des puissants, et la chair des chevaux et de ceux qui sont assis dessus, et la chair de tous, hommes libres et même esclaves,

petits et grands. »

19 Et je vis la Bête, et les rois de la terre, et leurs armées, rassemblés pour faire la guerre à Celui qui était assis sur le cheval et à son armée. 20 Et la Bête fut prise et, avec elle, le faux prophète qui avait fait devant elle les miracles[1] par lesquels il avait séduit ceux qui recevaient la marque de la Bête et ceux qui se prosternaient devant sa statue. Ils furent [tous] les deux jetés vivants dans l'étang de feu brûlant par le soufre.

— [1] littéralement : signes.

21 Et le reste fut tué par l'épée de Celui qui était assis sur le cheval, laquelle sortait de sa bouche. Et tous les oiseaux furent rassasiés de leur chair.

Satan est enchaîné

20 Alors je vis un ange descendant du ciel, ayant la clef de l'abîme et une grande chaîne dans sa main. 2 Et il saisit le Dragon, le serpent ancien, qui est le Diable et Satan[1], et il le lia pour 1 000 ans.

— [1] littéralement : le Satan ; c.-à-d. : l'adversaire, l'accusateur ; voir Job 1:6.

3 Puis il le jeta dans l'abîme, et l'enferma, et mit un sceau sur lui afin qu'il ne séduise plus les nations, jusqu'à ce que les 1 000 ans soient passés. Après cela, il faut qu'il soit délié pour un peu de temps.

Le règne de 1 000 ans

4 Et je vis des trônes, et ils étaient assis dessus[1], et le jugement leur fut donné. [Je vis] aussi les âmes de ceux qui avaient été décapités à cause du témoignage de Jésus et à cause de la parole de Dieu, [et] aussi ceux qui ne s'étaient pas prosternés devant la Bête ni devant sa statue, et qui n'avaient pas reçu la marque sur leur front et sur leur main. Et ils vécurent et régnèrent avec le Christ [pendant] 1 000 ans.

— [1] dans Daniel 7, on ne voit personne assis sur les trônes.

5 Le reste des morts ne vécut pas jusqu'à ce que les 1 000 ans soient passés.
C'est là la première résurrection.
6 Bienheureux et saint celui qui a part à la première résurrection ! Sur eux la seconde mort n'a pas de pouvoir, mais ils seront sacrificateurs de Dieu et du Christ, et ils régneront avec lui [pendant] [les] 1 000 ans.

Le dernier conflit – Satan jeté dans l'étang de feu

7 Et quand les 1 000 ans seront passés, Satan sera délié de sa prison. 8 Et il sortira pour égarer les nations qui sont aux quatre coins de la terre, Gog et Magog[1], afin de les rassembler pour la guerre, eux dont le nombre est comme le sable de la mer.

— [1] voir Ézéch. 38 et 39.

9 Et ils montèrent sur l'étendue[1] de la terre, et ils environnèrent le camp des saints et la cité bien-aimée. Mais un feu descendit du ciel[2] et les dévora.

— [1] littéralement : la largeur. — [2] plusieurs manuscrits ajoutent : de la part de Dieu.

10 Et le Diable qui les avait égarés fut jeté dans l'étang de feu et de soufre, là où sont aussi la Bête et le faux prophète. Et ils seront tourmentés jour et nuit aux siècles des siècles.

Le grand trône blanc et le jugement

des morts

11 Puis je vis un grand trône blanc et Celui qui était assis dessus. [Et] la terre et le ciel s'enfuirent loin de sa face, et il ne fut pas trouvé de place pour eux.

12 Et je vis les morts, les grands et les petits, qui se tenaient debout devant le trône. Et des livres furent ouverts. Et un autre livre fut ouvert qui est celui de la vie. Et les morts furent jugés d'après les choses écrites dans les livres, selon leurs œuvres.

13 Et la mer rendit les morts qui étaient en elle. Et la mort et l'Hadès[1] rendirent les morts qui étaient en eux, et ils furent jugés, chacun selon ses œuvres.

— [1] Hadès : expression très vague, comme Shéol dans l'Ancien Testament ; le lieu invisible où les âmes des hommes vont après la mort ; distinct de géhenne, le lieu des tourments infernaux.

14 Alors la mort et l'Hadès furent jetés dans l'étang de feu ; c'est là la seconde mort, l'étang de feu[1].

— [1] ou : cette seconde mort est l'étang de feu.

15 Et si quelqu'un n'était pas trouvé écrit dans le livre de vie, il était jeté dans l'étang de feu.

Un nouveau ciel et une nouvelle terre – L'état éternel

21 Puis je vis un nouveau ciel et une nouvelle terre, car le premier ciel et la première terre s'en étaient allés, et la mer n'est plus.

2 Et je vis la cité sainte, la nouvelle Jérusalem, descendant du ciel d'auprès de Dieu, préparée comme une épouse ornée pour son mari.

3 Et j'entendis une voix forte venant du trône, qui disait : « Voici, le Tabernacle de Dieu est avec les hommes, et il habitera[1] avec eux. Et ils seront son peuple et Dieu lui-même sera avec eux *[leur Dieu]*.

— [1] littéralement : il dressera son Tabernacle ; comparer avec Jean 1:14.

4 Et il essuiera toute larme de leurs yeux, et la mort ne sera plus. Il n'y aura plus ni deuil, ni cri, ni peine, car les premières choses sont passées. »

5 Et Celui qui était assis sur le trône dit : « Voici, je fais toutes choses nouvelles. » Et il[1] dit : « Écris, car ces paroles sont certaines et véridiques. »

— [1] plusieurs manuscrits ajoutent : me.

6 Puis il me dit : « C'est fait[1]. Moi, *[je suis]* l'Alpha et l'Oméga, le Commencement et la Fin. À celui qui a soif, moi, je donnerai [à boire] gratuitement de la source de l'eau de la vie.

— [1] littéralement : Elles sont arrivées.

7 Celui qui vaincra héritera de ces choses, et je serai son Dieu, et lui sera mon fils[1].

— [1] littéralement : je serai Dieu pour lui, et lui sera fils pour moi.

8 Mais quant aux lâches, et aux incrédules, et à ceux qui se sont souillés avec des abominations, et aux meurtriers, et aux fornicateurs, et aux magiciens, et aux idolâtres, et à tous les menteurs, leur part sera dans l'étang brûlant de feu et de soufre, qui est la 2de mort. »

L'Épouse, nouvelle Jérusalem

9 Alors l'un des 7 anges qui avaient eu les 7 coupes pleines des 7 derniers fléaux, vint et me parla, en disant : « Viens [et] je te montrerai l'Épouse, la femme de l'Agneau. »

10 Et il m'emporta en esprit sur une grande et haute montagne, et il me

montra la cité sainte, Jérusalem, descendant du ciel d'auprès de Dieu,

11 ayant la gloire de Dieu. Son éclat était semblable à [celui d']une pierre très précieuse, comme une pierre de jaspe cristalline.

12 Elle avait une grande et haute muraille. Elle avait 12 portes, et aux portes 12 anges, et des noms écrits sur [elles], qui sont *[les noms]* des 12 tribus des fils d'Israël :

13 au levant, 3 portes, et au nord, 3 portes, et au sud, 3 portes, et au couchant, 3 portes.

14 Et la muraille de la cité avait 12 fondations, et sur elles, les 12 noms des 12 apôtres de l'Agneau.

15 Et celui qui me parlait avait pour mesure un roseau en or pour mesurer la cité, et ses portes, et sa muraille.

16 Et la cité est [construite] en carré et sa longueur est aussi grande que sa largeur. Et il mesura la cité avec le roseau, [et trouva] 12 000 stades[1] ; sa longueur, et sa largeur, et sa hauteur étaient égales.

— [1] 1 stade = 185 m environ ; ce qui fait 2 200 km environ ; nombre symbolique.

17 Puis il mesura sa muraille [et trouva] 144 coudées[1], mesure d'homme, c'est-à-dire celle d'un ange.

— [1] 1 coudée = 44,45 cm environ ; ce qui fait 64 m environ ; nombre symbolique.

18 Et sa muraille était construite en jaspe ; et la cité était d'or pur, semblable à du verre pur.

19 Les fondations de la muraille de la cité étaient ornées de pierres précieuses de toutes sortes. La 1re fondation était [faite] de jaspe, la 2e de saphir, la 3e de calcédoine, la 4e

d'émeraude,

20 la 5e de sardonyx, la 6e de sardoine[1], la 7e de chrysolithe, la 8e de béryl, la 9e de topaze, la 10e de chrysoprase, la 11e d'hyacinthe, la 12e d'améthyste.

— [1] ou : cornaline.

21 Et les 12 portes étaient 12 perles ; chacune des portes était d'une seule perle. Et la place de la cité était en or pur, comme du verre transparent.

22 Mais je ne vis pas de Temple en elle, car le °Seigneur Dieu, le Tout-Puissant, est son Temple, ainsi que l'Agneau.

23 Et la cité n'a pas besoin du soleil ni de la lune pour l'éclairer, car la gloire de Dieu l'a illuminée, et l'Agneau est sa lampe.

24 Et les nations marcheront à sa lumière, et les rois de la terre lui apporteront leur gloire.

25 Et ses portes ne seront certainement pas fermées de jour, car là il n'y aura pas de nuit.

26 Et on lui apportera la gloire et l'honneur des nations.

27 Et il n'y entrera aucune chose souillée ni *[celui]* qui commet une abomination ou un mensonge, mais seulement ceux qui sont écrits dans le livre de vie de l'Agneau.

Bonheur des élus

22 Puis il me montra un fleuve d'eau vive[1], éclatant comme du cristal, sortant du trône de Dieu et de l'Agneau.

— [1] littéralement : d'eau de vie.

2 Au milieu de la place de la cité[1] et du fleuve, de part et d'autre, était un arbre de vie portant 12 fruits, rendant son fruit chaque mois. Et

les feuilles de l'arbre sont pour la guérison des nations.

— [1] littéralement : sa place.

3 Et il n'y aura plus de malédiction. Et le trône de Dieu et de l'Agneau sera dans la cité[1], et ses esclaves lui rendront un culte.

— [1] littéralement : en elle.

4 Et ils verront sa face, et son nom sera sur leurs fronts.

5 Alors il n'y aura plus de nuit et ils n'auront pas besoin de la lumière d'une lampe ni de la lumière du soleil, car le °Seigneur Dieu fera briller [sa] lumière sur eux. Et ils régneront aux siècles des siècles.

Certitude des prophéties de ce livre

6 Et il me dit : « Ces paroles sont certaines et véridiques, et le °Seigneur, le Dieu des esprits des prophètes, a envoyé son ange pour montrer à ses esclaves les choses qui doivent arriver bientôt[1]. »

— [1] littéralement : rapidement.

7 « Et voici, je viens bientôt[1]. Bienheureux celui qui garde les paroles de la prophétie de ce livre ! »

— [1] littéralement : vite.

8 Or c'est moi, Jean, qui ai entendu et vu ces choses. Et quand j'ai entendu et vu, je suis tombé aux pieds de l'ange qui me montrait ces choses pour me prosterner devant lui.

9 Mais il me dit : « Ne le fais surtout pas ![1] Je suis ton compagnon d'esclavage, et [celui] de tes frères les prophètes, et de ceux qui gardent les paroles de ce livre. Prosterne-toi devant Dieu ! »

— [1] littéralement : Vois clairement à ne pas [le faire] !

10 Puis il me dit : « Ne scelle pas les paroles de la prophétie de ce livre, car le temps est proche.

11 Que celui qui est injuste commette encore l'injustice ; et que celui qui est souillé se souille encore ; et que celui qui est juste pratique encore la justice ; et que celui qui est saint soit sanctifié encore. »

12 « Voici, je viens bientôt[1] et ma récompense est avec moi, pour rendre à chacun selon ce qu'est son œuvre.

— [1] littéralement : vite.

13 Moi, je suis l'Alpha et l'Oméga, le Premier et le Dernier, le Commencement et la Fin.

14 « Bienheureux ceux qui lavent leurs robes[1] afin qu'ils aient droit à l'arbre de la vie et qu'ils entrent par les portes dans la cité !

— [1] littéralement : longues robes ; comme en 7:14.

15 Dehors sont les chiens, et les magiciens, et les fornicateurs, et les meurtriers, et les idolâtres, et quiconque aime et pratique[1] le mensonge.

— [1] littéralement : fait.

Dernier message de Jésus et réponse de l'Épouse

16 « Moi, Jésus, j'ai envoyé mon ange pour vous rendre témoignage de ces choses dans les assemblées. Moi, je suis la racine et la descendance de David, l'Étoile brillante du matin. »

17 Et l'Esprit et l'Épouse disent : « Viens ! » Et que celui qui entend dise : « Viens ! » Et que celui qui a soif vienne ! Que celui qui veut prenne gratuitement de l'eau de la vie[1].

— [1] littéralement : l'eau de vie.

18 Moi, je rends témoignage à quiconque entend les paroles de la prophétie de ce livre : si quelqu'un ajoute [quelque chose] à ces paroles[1], Dieu lui ajoutera les fléaux décrits dans ce livre.
— [1] littéralement : à ces choses.

19 Et si quelqu'un enlève [quelque chose] aux paroles du livre de cette prophétie, Dieu ôtera sa part de l'arbre de la vie et de la cité sainte, qui sont décrits dans ce livre.

20 Celui qui rend témoignage de ces choses dit : « Oui, je viens bientôt[1]. » Amen, viens, Seigneur Jésus !
— [1] littéralement : vite.

21 Que la grâce du Seigneur Jésus[1] soit avec tous[2] !
— [1] plusieurs manuscrits ajoutent : Christ.
— [2] plusieurs manuscrits ajoutent : les saints.

Remarques

Il serait malvenu de notre part d'affirmer que notre travail ne présente aucune erreur, car toute publication produite par l'homme est imparfaite. Nous ressentons un sentiment d'incompétence devant la grandeur de la tâche, mais nous avons aussi l'assurance d'avoir bénéficié l'aide de Dieu sans laquelle tout travail ne peut être profitable.

Par cette traduction, nous espérons être utile au lecteur afin de l'amener à découvrir toujours plus les merveilleux enseignements contenus dans la Bible qui est la Parole de Dieu.

Si un lecteur souhaite souligner certaines erreurs présentes dans cette nouvelle édition, nous serons heureux de les recevoir car notre but est de proposer la Parole de Dieu dans une version aussi proche que possible du texte original. Les remarques sont à addresser à info@bibleenligne.com.